スペイン内戦（一九三六～三九）と現在

川成 洋・渡辺雅哉・久保 隆 編
KAWANARI You
WATANABE Masaya
KUBO Takashi

ぱる出版

装幀————工藤強勝＋勝田亜加里

本書の刊行によせて

イアン・ギブソン

スペイン内戦から今年で、八〇周年となります。民主的に選出された政府に対する国軍の蜂起がもたらしたあの残虐な戦争に関する本が、日本において新たに刊行されると知って、大変嬉しく思います。この本の刊行は、一九三六年から三九年にかけてスペインで起こったことが、いまなお世界中の人々の関心を惹きつけ続けているということの証明でもあります。当地で起こったことが、第二次世界大戦の前哨戦であったことを思えば、それも不思議ではありません。

今日のスペインでは、ファシズムによる迫害に勇気を持って立ち向かうという事態は過去のものとなりましたが、それでも未だに一〇万人以上の犠牲者が共同墓地に眠っています。この、残酷非道な蛮行の犠牲者たちの最大のシンボルが、まぎれもなくフェデリコ・ガルシア・ロルカです。彼が埋葬された場所でさえ、未だに確定することができないのです。

このような状況に対して、スペイン本国以外からも、熱意のこもった関心が払われ続けることは、おおいに意義のあることです。この意味において、いまここに誕生するこの本が貢献するであろうことを願ってやみません。刊行の成功を心から望んで、わたしの祝辞といたします。

最後までフランコに抵抗したマドリードから、心を込めて。

（二〇一六年・執筆／平井うらら・訳）

Me complace saber que, en este año en que se cumple el 80 aniversario de la Guerra Civil Española, va a salir en Japón un nuevo libro sobre aquella brutal contienda, fruto de una sublevación militar contra un Gobierno democráticamente elegido. Ello confirma que lo ocurrido en España en 1936-1939 sigue interesando a lectores alrededor del mundo. Lo cual tampoco es sorprendente teniendo en cuenta que lo ocurrido aquí fue el preludio de la Segunda Guerra Mundial. España, hoy, no está afrontando con valentía el horror de la represión fascista, y todavía yacen en fosas comunes más de cien mil víctimas de la misma. El máximo símbolo de aquella barbarie, claro, es Federico García Lorca, cuyos restos todavía no se han localizado. Es importante que desde fuera se siga llamando la atención sobre esta situación y espero que, en este sentido, el libro que ahora ve la luz haga su contribución. Les deseo mucho éxito y felicito a sus autores. Muy cordialmente desde el Madrid que resistió a Franco hasta el final, Ian Gibson

イアン・ギブソンは、1939年生まれのアイルランドの詩人である。彼がスペインを初めて訪れたのは1957年。65年の2度目のスペイン行きは、ロルカの運命の地であったグラナダに1年間滞在する。78年以降スペインに移り住み、84年にスペイン国籍を取得する。85年と87年に、ロルカ研究の金字塔というべき浩瀚な全2巻の評伝 *Federico García Lorca I: De Fuente Vaquevos a Nueva York (1898-1929)*、*Federico García Lorca II. De Nueva York a Fuente Grande (1929-1936)* を上梓する。89年にそのダイジェスト版である英語版 *Fedrico García Lorca: A Life*（『フェデリコ・ガルシア・ロルカ――生涯』内田吉彦・本田誠二訳、中央公論、1997年）が出版される。

1998年、ロルカ生誕100年に当たり、スペイン政府は、ロルカ記念委員会を立ち上げた。1月16日、国王フアン・カルロス1世夫妻がロルカの生家を訪問し、「ロルカの年」と宣言した。ついで夫妻はロルカが虐殺される10日ほど前に逃げ込んだサン・ビセンテ農園で、ロルカが植えたとされる木の隣に記念樹を植えた。こうした政府主催のロルカ記念行事に対してギブソンは、「右翼はロルカを愛することはできない。彼は革命詩人であった」（『朝日新聞』1998年2月9日夕刊）と強烈な疑義を表明したのだった。　（川成洋）

はじめに

川成　洋

来るべき「第二次世界大戦」の勃発を予想させるような不気味な戦雲が低く垂れこめ、混迷と彷徨を重ねた一九三〇年代。この三〇年代の折り返し点に当たる一九三六年の二月二六日、我が国では真っ白に雪化粧をした東京の中枢部を銃とサーベルで血染めにした「二・二六事件」が勃発した。また三月七日、ドイツは、ヨーロッパ七ヵ国の安全保障条約である「ロカルノ条約」の破棄を宣言し、ラインラントに進駐した。五月二日、イタリアはエチオピアを併合した。さらに一一月二五日に至って、日独防共協定が締結された。

この年、スペインでは二月一六日の総選挙において、史上初の選挙協定である人民戦線ブロックが勝利し、一八日、人民戦線内閣が誕生した。ところが、かねてからの噂の通り、七月一七日の一七時、スペイン領北モロッコのメリーリャ、テトゥアン、セウタの陸軍駐屯地で第二共和国政府に対する軍事蜂起が勃発した。このクーデターの成功を受けて、翌一八日払暁、スペイン本土の約五〇ヵ所の陸軍駐屯地で武装蜂起が起こった。叛乱軍は「フランコはわれわれとともにいる！　われわれは勝利した！」と雄叫びを上げた。

一方、この軍事蜂起に対して、第二共和国政府は何ら有効な措置を講ずることもできず、ただ狼狽するばかりであった。一八日朝、「政府は、叛乱がモロッコの一部地域に限られ、本土では誰一人、絶対に誰一人としてこの愚かな冒険に加わっていないと断言する」という声明が出され、政府はモロッコにおける陰謀をすみやかに粉砕すると約束した。午後三時、カサレス・キローガ首相はアナルコサンディカリスト労組CNT（全国労働連合）と社会党系労組UGT（労働者総同盟）からの武器の配布要請を拒否した。おかげで彼は、後に「シビロン（非戦闘員）」というあだ名を頂戴することになった。翌一九日午前四時、彼は首相を辞任した。後継首相にコルテス（国会）議長のマルティネス・バリオが就任した。彼は共和主義者のみ入閣させ、人民戦線の社会党と共産党を無視したのだ。叛乱軍首脳との和解を意図していたからだった。しかし、彼は叛乱軍のモラ将軍と和平交渉するために二回も電話し、次回の内閣改造では陸相に起用する旨を提案しさえもしたが、全く相手にされなかった。その間、政府が叛乱軍に妥協を企てているいう噂が流れ、マドリードの街路では民衆の抗議デモが続いた。一九日の午前中、マルティネス・バリオは辞職する。彼の首相在任期間はほんの数時間であった。後任にホセ・ヒラールが就任した。一九日午前中、彼はただちに叛乱軍の解散を公布し、労働者の武装化を承認した。わずか二日間で、首相が三回も交代した。まさに「大学教授の共和国政府」と叛乱軍首脳から揶揄されていた通りの体たらくであった。

この全国的規模の軍事蜂起を指揮した軍首脳部は、軍事蜂起、戒厳令の布告、軍事政権の樹立などを目論んでいた。こうした軍事叛乱にいち早く対応したのは、ＵＧＴやＣＮＴ、そしてこれらの組織に連帯した市井の民衆であった。

具体的には、一九日午後、マドリードのモンタニャ兵舎からホアキン・ファンフル将軍麾下の叛乱軍が出撃する構えを見せた。ところが兵舎はたちまち労働者や大群衆に包囲されてしまい、彼らは白旗を掲げたのだった。そこで労働者や民衆は彼らの降伏を受け容れるためにその兵舎の中に進んで行くと、突然、兵舎から銃撃された。憤激した労働者たちは、それに応戦し、若干名の将校を殺害した。この武力紛争は翌二〇日の正午まで続き、結局、彼らは兵舎を占拠し、指揮官のファンフル将軍を逮捕した。

バルセロナにおいては、カタルーニャ自治政府のリュイス・クンパニュース大統領が労働者や民衆への武器の配布を拒否したが、その交渉中にＣＮＴの労働者が各所の兵器庫を奇襲し制圧してしまった。一九日未明、叛乱軍はアタラサナス兵舎をはじめ各兵舎からバルセロナの中心地、カタルーニャ広場に向けて進撃を開始し、そこに結集することになっていた。ところが彼らの行く手に立ちはだかったのが、勇猛果敢なＣＮＴの労働者たちで、例外的に第二共和国政府に忠実だった治安警備隊も労働者や民衆の戦列に加わったのだった。結局、叛乱軍部隊はごく一部を除いてカタルーニャ広場に集結することができなかった。一九日の午前中に、ゴデード将軍はバルセロナの武装蜂起を指揮するために、マヨルカ島から到着したが、その日の夕方、司令部となっていた港近くの旧司令長官官邸が襲撃され、ゴデードは叛乱軍を指揮することもなく、捕虜となってしまった。彼は説き伏せられて、威厳のある、しかし敗北した者の口調で、叛乱軍将兵に武器を放棄するよう、放送局を通じて訴えたのだった。将軍の声明は、当然だが、共和国陣営の各地で流されたのだった。

このように、マドリードとバルセロナの軍事叛乱はすみやかに鎮圧された。第三の都市、バレンシアも、軍の指揮官の優柔不断な指揮のために、ほぼ数日後、共和国支持者たちに制圧されてしまった。この時点で、従来から「無知蒙昧で怯懦な羊のごとく従順」と軍部から蔑視されてきた市井の民衆や労働者が、叛乱軍に対して、屈辱的な隷属をよりも果敢な武力抵抗による「内戦」を、さらにはより良き社会を建設するための「革命」を選んだのだった。ここに、二年九ヵ月に及ぶスペイン内戦の「原風景」があったといえよう。

たしかに、スペイン内戦は、正規軍のクーデターと、労働者たちや市井の民衆の対立として始まった。しかし、やがてヨーロッパ全域を席巻した一九三〇年代の百花繚乱のイデオロギーが、たちまち内戦にも大きな影を落とす。両陣営の間ではむろんのこと、時には同じ陣営においても非寛容な流血の闘争を繰り広げられ、スペイン全土がついに焦土と化したのだった。「聡明なヨーロッパにかくも下手くそに蝋付けされた断片」（W・H・オーデン）のスペインが、世界中の希望と不安の坩堝となり、この戦闘に馳せ参じた人間たちは、おのれの信ずる主義に従って、命を賭けて果敢に戦ったのである。

その一例。一九三六年一一月六日、マドリードの大自然公園カサ・デ・カンポに野砲陣地を構築した叛乱軍がマドリード包囲作戦を発動し、CNTが猛反対をしたのだったが、共和国政府はバレンシアに首都機構を全面移転した。二日後の八日、マドリード市民はこれでマドリードは陥落すると諦め気分に陥ったとき、アトーチャ駅から市内の目抜き通りのグラン・ビアを通り、最前線となっていたマドリード大学へ整然と行進する一、八〇〇人の若き武装集団があった。これが第一一国際旅団の初陣であった。孤立無援にみえた共和派にとって、自分たちは孤立していないと実感する瞬間であったろう。これ以降、国際旅団の義勇兵は続々とスペインに入国し、共和国の戦列で戦ったのだ。

約五〇ヵ国から、四万人。それに、教育、医療、プロパガンダ、などに従事する非戦闘員二万人ほどが駆けつけてきた。彼らは三八年一一月一五日の国際旅団の解散まで激烈な戦場で戦っていたのだった。

二年前の二〇一六年は、スペイン内戦勃発八〇周年に当たる年だった。この八〇周年を記念して、スペイン本国では、七月一八日から二〇日にかけて、サンティアゴ・デ・コンポステラ大学で、「スペイン内戦は新しい物語を構築し得るか――歴史と記憶の八〇年」が、一一月八日から一二日にかけて、ロビーラ・ビルジリ大学（タラゴナ）で、「スペイン内戦八〇周年記念国際学術会議」が、またドイツのミュンスター大学では、七月一〇日から一六日にかけて、「国際スペイン学研究者学会、第一九回国際学術会議」が開催された。我が国では、九月一三日（東京古書会館）と二〇日（四谷地域センター）、「スペイン革命と現在、一九三六～二〇一六」があった。

我々は東京で開かれた催しの内容を記録しておこうと考え、さらに企画・編集の段階で、あらゆる分野から「革命」ばかりでなく、「内戦」をも論じてもらうことにした。スペイン人はもちろん、フランス人やカナダ人、ドイツ人、アメリカ人も多数寄稿してくれた。彼らは学者、研究者、ジャーナリスト、作家、活動家、など多士済々である。スペインでのあの出来事がわれわれの現代史に、いかなる重要性を刻印していたかを確認するための手がかりとして、本書に収められている六四篇の論考を紐解いていただきたい。

スペイン内戦（一九三六～三九）と現在　目　次

Ⅲ　スペイン内戦と世界

Ⅳ　スペイン人たちのスペイン内戦

V　アナキズムとスペイン内戦

凡例

一、「スペイン内戦」「スペイン市民戦争」「スペイン戦争」「スペイン革命」の表記は、著者の選択による。

二、人名や地名の表記についても、著者や訳者の判断を優先した。例えば人名の「フランシスコ・ラルゴ・カバリェロ」「フランシスコ・ラルゴ・カバリェーロ」「フランシスコ・ラルゴ・カバジェロ」や、地名の「セビリア」「セビーリャ」「セビージャ」その他、いずれも既に一応の定着をみているうえ、どのように一本化しても結局のところ無理がある。

三、全国的な政党や労働者団体に関しては、表記の統一を図った。一例として、「スペイン社会主義労働者党」「スペイン社会労働党」「スペイン社労党」ではなく、「スペイン社会党」もしくは「社会党」。その一方で、地域主義政党の表記は著者の判断に委ねた。

四、翻訳されたテキストの場合、著者名と表題を冒頭に原語で表示した。訳者名はテキストの最後に添えてある。文中の〔　〕は訳者による補足または註である。

五、書籍や新聞、それに雑誌は『　』で（アーサー・ケストラーの『スペインの遺書』その他）、芸術作品は《　》で（パブロ・ルイス・ピカソの《ゲルニカ》その他）、それぞれ括った。

六、参考文献だけでなく、註を設けた論考も一部にある。

七、著者と訳者の略歴は巻末にまとめた。

略年表

渡辺雅哉

（共）は第二共和制側で、（反）は反乱軍側でそれぞれ生じた出来事。

一九三六年
七月一八日　前日のスペイン領モロッコでの軍事クーデタが本土に飛び火。翌日にかけてのマドリードやバルセローナその他での軍事行動の頓挫による、クーデタの内戦への変質。（共）サンティアゴ・カサーレス・キローガの首相辞任。
　一九日　（共）ディエゴ・マルティネス・バリオ首班の、次いでホセ・ヒラール首班の内閣発足。
　二一日　（共）バルセローナでの、カタルーニャ反ファシスト民兵中央委員会の発足。（反）セビーリャの制圧。
　二三日　（反）ブルゴスでの防衛評議会の成立。
八月　一日　ベルリン・オリンピックの開催（～同月一六日）。
　四日　ロンドンでの不干渉委員会の発足。
　一四日　（反）バダホースの制圧。
九月　四日　（共）フランシスコ・ラルゴ・カバリェーロ内閣の発足。
　二七日　（反）トレードの制圧。
一〇月　一日　（反）フランシスコ・フランコ将軍の国家元首就任。（共）バスク自治憲章の国会承認。カタルーニャ反ファシスト民兵中央委員会の解散。
　六日　（共）ブハラロスでの、アラゴン評議会の発足。
　二五日　ベルリン・ローマ枢軸の結成。
一一月　四日　（共）四人のアナルコサンディカリストのラルゴ・カバリェーロ内閣への参加。
　六日　（共）マドリードからバレンシアへの首都機能の移転。マドリード防衛評議会の発足。

八日　（共）マドリードでの国際旅団の初陣。
一八日　イタリアとドイツのフランコ政権承認。
二五日　日独防共協定の締結。

一九三七年

二月　六日　ハラマ川の戦い（〜同月二七日）。
八日　（反）マラガの制圧。
三月　八日　グアダラハラの戦い（〜同月二三日）。
四月一九日　（反）単一政党「伝統主義とＪＯＮＳ（国家サンディカリスト攻撃評議会）のスペイン・ファランヘ」の発足。
二六日　（反）ゲルニカの爆撃。
五月　三日　（共）バルセローナでの「五月事件」（〜八日）。
一七日　（共）ファン・ネグリン内閣の発足。
六月一九日　（反）ビルバオの制圧。
七月　一日　（反）教団司牧書簡を通じての、カトリック教会からの十全な支持の取りつけ。
六日　ブルネテの戦い（〜同月二五日）。
一二日　（共）パリ万国博覧会（同年五月二五日〜一一月二五日）での、スペイン館の開館。パブロ・ルイス・ピカソの《ゲルニカ》展示。
八月一一日　（共）アラゴン評議会の解散。
一〇月三一日　（共）バレンシアからバルセローナへの首都機能の移転。
一一月　六日　日独伊三国防共協定の締結。
一二月　一日　日本のフランコ政権承認。
一五日　テルエルの戦い（〜翌年二月二八日）。

一九三八年

一月三〇日　(反) フランコ将軍のもとでの最初の組閣。

三月一三日　ドイツによるオーストリア併合。

四月二八日　ポルトガルのフランコ政権承認。

　三〇日　(共) ネグリンの、戦争目的を連ねた「一三ヵ条の原則」公表。

七月一八日　(共) バルセローナからの、マヌエル・アサーニャ大統領による「平和・憐れみ・赦し」のアピール。

　二五日　エブロ川の戦い（〜同年一一月一六日）。

九月二九日　ミュンヘン会談（〜三〇日）。

一〇月二八日　(共) バルセローナでの国際旅団の解散式。

一九三九年

一月二六日　(反) バルセローナの制圧。

二月　七日　(共) アサーニャのフランス亡命。

　一三日　(反) 政治責任法の公布。

　二七日　イギリスとフランスのフランコ政権承認。

　二八日　(共) コロンジュ・スー・サレーヴでの、アサーニャの大統領辞任。

三月　五日　(共) マドリードでの、セヒスムンド・カサード大佐らによるネグリン政権に対する軍事クーデタと全国防衛評議会の発足。

　二七日　(反) 日独伊三国防共協定への参加。

　二八日　(反) マドリードの制圧。

四月　一日　(反) マドリードでの、フランコ将軍による内戦終結及び勝利の宣言。

「2つの」スペイン
―1936年7月22日の時点―

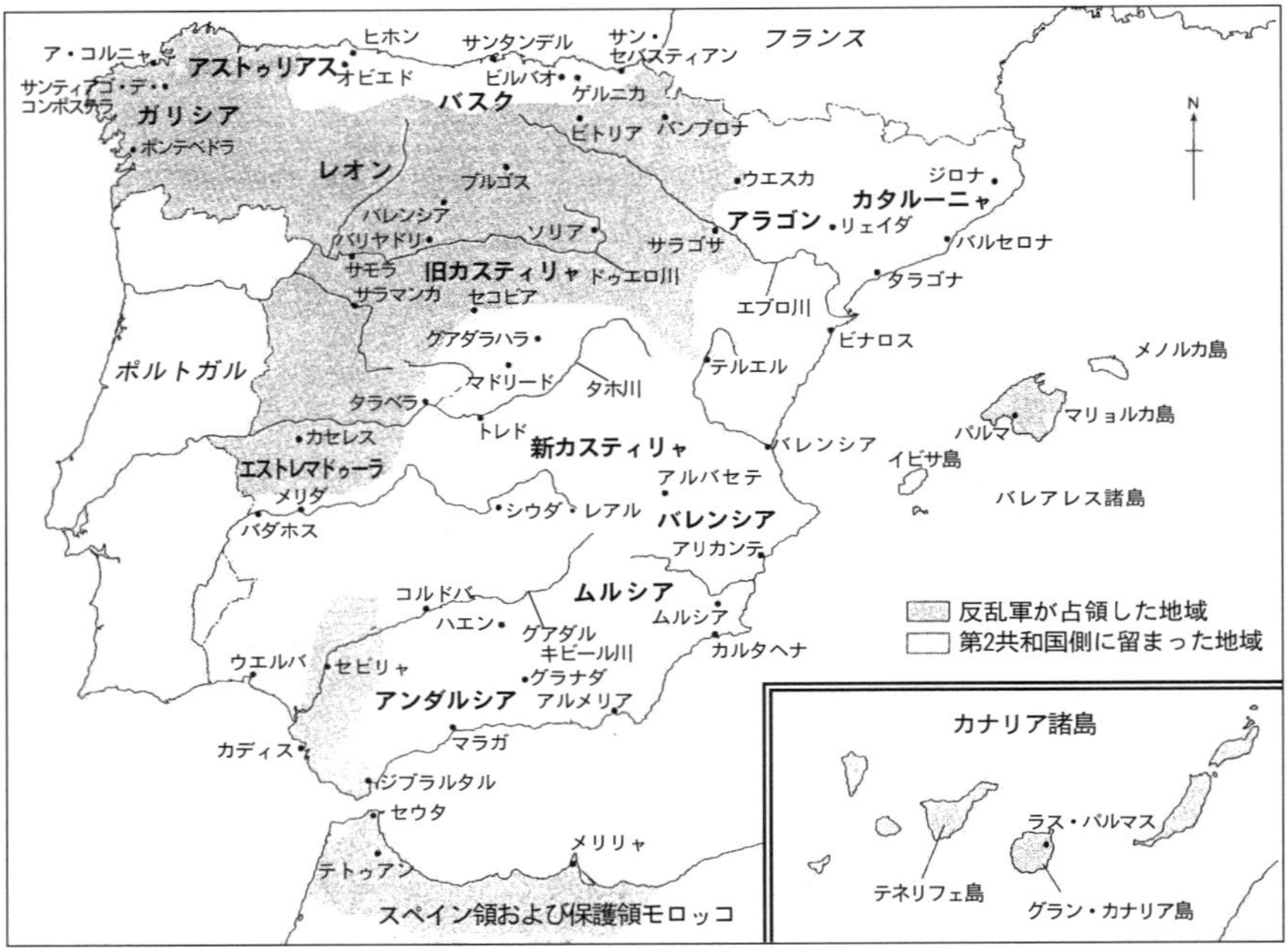

ポール・プレストン『スペイン内戦――包囲された共和国1936～1939』(宮下嶺夫訳)、明石書店、2009年、4頁。内容を一部変更。

I　スペイン内戦への道

Gérard Brey, "Las causas de la Guerra de España".

スペイン戦争の諸原因

ジェラール・ブレイ

三三ヵ月にわたったあの戦争は、ヨーロッパのさまざまな国々を巻き込んだ。積極的であれ、消極的であれ、それらの国々はあの戦争に介入した。このため、あの戦争を第二次世界大戦の「総合的な演習」と見なすことに躊躇しない歴史家もいる。実際には、件の争いは就中スペイン人たちの間での内戦だった。それは外国の干渉によってではなく、複数の反動的な将軍や将校たちによる、一九三六年二月の総選挙を経て生まれた政府に対する、そして結局のところ共和主義体制そのものに対する軍事クーデタによって引き起こされたのである。あれが内戦だったというのは、軍人たちの一部は第二共和制に忠実であり続けたからであり、さらに（「共和派」と総称される）スペインの左翼がそのような反動的な軍事クーデタに対して立ち上がったのだからである。

無慈悲な激突は、構造的な原因を持つと同時に状況の産物でもあった。時代背景は新しい諸原因を付け加えてきたのではなく、とりわけ一九二九年の世界的な経済危機の影響を通じて、構造的な諸原因をいっそう悪化させてきたのである。例えば、失業は抑えがたいまでの重みを伴いつつ増加した。しかし、既に一九三一年よりも前の段階から、それは風土病的な現象だったのである。第二共和制の最初の政府が着手し、人民戦線政府によって再開された改革にいよいよ敵意を剝き出しにした反動陣営。その頑なな姿勢。そして、激しさを増していった憎悪。それらがあの戦争を招いたのである。

一九三〇年には、［スペインの］二、三七〇万の人口のなかの三五・五パーセントが労働に従事していた。その労働人口の四五・五パーセントを、農業・漁業部門が占めていた。工業や建設業は二六・五パーセントに、サーヴィス業は二八パーセントに相当した。一九三一年四月に第二共和制の樹立が宣言されたとき、この国は民主主義体制もどきの立憲君主制（一八七五～一九二三）に続いた七年間の独裁体制〔ミゲル・プリモ・デ・リベーラ将軍の軍事独裁〕に別れを告げたところだった。一九三三年九月まで、共和派と社会党の改良主義的な連合が統治する。以後〔とりわけ同年一一月の総選挙を経て〕、一九三六年二月までは改革に反対する二つの政党（急進党とＣＥＤＡ〔スペイン独立右翼連合〕）が権力を行使する。一九三六年の二月から七月までの間は、社会党とまだ弱小だった共産党に支えられた左翼の共和派の連合が改めて政権を担う。一九三六年の七月から内戦が終わるまでの間は、（ことを単純化してしまえば）二重権力が存在した。「第二共和制側の」人民戦線政府と反乱軍側のフランシスコ・フランコの独裁政府である。

第二共和制の到来は、（歴史家のマヌエル・トゥニョン・デ・ラーラが的確にまとめてみせたように）「新しい立憲主義的な政治システムの導入」を意味している。それは「厳密に民主主義的であって、生産様式の変革という意味での社会的な変革を含意するのではなく、ともかくも不公正を和らげ、旧態依然の状況を清算し、同時代の資本主義的な世界との調和を目指そうとした」。一九三一年四月から三三年九月まで権力の座にあった人間たちの改革への意思は、一方では現状の維持に固執する党派の敵意と、また数十年にわたって冷遇され続け、一九一〇年以降、アナルコサンディカリスト労組ＣＮＴ（全国労働連合）によって組織されてきた階級の側の敵意に遭遇する。〔一九二七年に誕生した〕ＦＡＩ（イベリア・アナキスト連盟）の熱弁は、後者の積年の苛立ちをさらに激しいものにする。おまけに、一九三一年から三三年にかけて改革を支援していた社会党の多くの指導者や活動家たちも、その三三年を境に、〔具体的には改革のための共闘が解消された〕同年九月から三六年二月までの間、右翼が件の改革を停止させ、労働者組織を厳しく弾圧するありさまを目の当たりにして、革命的な選択へと傾斜するだろう。一九三六年二月、極度に緊張した社会的・政治的な空気のなかで投票箱から生まれ出た左翼政権〔人民戦線政府〕が改革を再開させる。

それでは、一九三一年に権力の座に到達した共和派と社会党の連立政権が打開策を与えようとした、過去から引き継がれ、決して解決されることのなかったさまざまな問題とはどのようなものだったのだろうか。本来の意味での民主主義を樹立すること。若干の地方のナショナリスト的な宿願に配慮しつつ、国家を再構築すること。教会の経済的・イデオロギー的な、さらに教育上の権力を減殺すること。社会的な不公正を和らげ、労働者たちに権利を与えること。農業部門の富の偏在を是正すること。最後に、軍部を文民統制のもとに置くこと。以上の改革が日程に上ったのである。こうした改革が世論の多くから受け容れられ、支援されることはなかった。そうではなくて、それらは既に存在していたスペイン社会の分裂や緊張をかえって悪化させたのだった。

一　権威主義に敵対する民主主義

〔王国組織法の公布と異端審問所の廃止を通じて〕絶対主義が終焉のときを迎え、自由主義が導入された一八三四年以後も、〔ブルボン家の支配が中断された〕六八年から〔第一共和制がともかくも体をなした〕七三年にかけての一時期を除けば、スペインは整った民主主義体制をまったく経験したことがなかった。一八六八年以前には、反民主主義的な制限選挙のシステムが機能していた。一八七四年以降も、保守派の勢力が政治システムを完全に牛耳り、たとえ温和なものであれ、その政治的・経済的なヘゲモニーを脅かす可能性を秘めたどんな改革をも回避した。対照的に、一九三一年六月の総選挙〔憲法制定議会選挙〕に勝利した共和派と社会党の連立政権は、フランス革命の「自由・平等・兄弟愛」の理想を継承する。そこで、一九三一年一二月に公布された憲法には、権力の分立の他、市民の個人・集団としての権利、両性の普通選挙権、統治に関わる県及び市町村の自治権、集会・結社・表現・出版・ストライキその他の権利が明記された。

代議制の民主主義を敵視する、権威主義的な王政の支持者たちにとって、それらは許しがたいものであったし、またあり続ける。軍事クーデタとフランコ独裁に、彼らは歓んで与するだろう。極右の運動やフランコのような将軍に関していえば、政治的な自由主義はスペインのあらゆる悪の根源であり、除去されて然るべきものだったのである。

二 中央集権主義と自治権

伝統的に、スペインは中央集権主義のもとに統治されてきた。しかし、一九世紀の半ば以降、三つの地方で自治権獲得への願望や、分離主義的な傾向さえもが現れた。それらの地方とはカタルーニャ、バスク、ガリシアである。

カタルーニャの場合には、ナショナリズムは二つの顔を持っていた。王政派の保守的・ブルジョワ的なナショナリズムに対して、大衆的・共和主義的・進歩的なもう一つのナショナリズムが存在した。後者は、第二共和制の憲法が地方自治の権利を承認するのと引き換えに、権力を手にした共和派と社会党の連立政権に足並みを揃えた。〔一九三二年九月に〕カタルーニャ人たちに与えられた自治憲章は、カタルーニャ語とカスティーリャ語〔スペイン語〕をともに公用語とし、その自治政府に公民権と市町村行政の権利の分野においてのみ権限を与えた。他方で、財政と教育の分野には重要な抑制が働いていた。バスクにあっては、マドリードの人民戦線政府がその自治憲章を承認するには、一九三六年九月まで待たねばならなかった。このとき、バスクの一部は既にフランコ派の統制のもとに置かれていたし、残された空間も第二共和制の他の領域から隔てられていた。憲章は一九三七年六月のビスカージャ県とギプスコア県での第二共和制の敗北までは効力を保っていたものの、その後フランコにより撤廃されてしまう。ガリシアに関しては、一九三六年六月二八日に至るまで、この地方の住民投票を通じての自治憲章の裁可はなされない。フランコ派の軍事力が反乱の最初の週にこの地方を制圧するよりも前に、国会にはそれを承認するだけの時間がなかった。ガリシアの自治憲章は公布されることも、適用されることもついにない。

一九三一年の憲法に謳われた、地方自治獲得の（義務づけではなく）可能性は、保守派や徹底した中央集権論者たちの間に極めて悪意に満ちた抵抗を呼び起こした。権力の座に就いた右翼は、バルセローナにおいて「スペイン連邦共和国内のカタルーニャ国家」の樹立が宣言された一九三四年一〇月から二ヵ月後、この地方の自治権を停止した〔人民戦線期に復活〕。「〔完全な〕分離主義」と今や同一視された自治の問題は、軍事クーデタに訴えた、過激なまでに中央集権に固執する将軍たちが、第二共和制に対する決起を正当化するための口実の一つになる。自治権の獲得をもくろんだ政党の指導者や活動家たちは、無慈悲に弾圧されるだろう。

三　教会の権力と世俗主義

一九世紀の自由主義革命は教会が所有していた農村部の土地や、都市部の不動産の一部を収用した。にもかかわらず、教会は軽視されるべきではないだけの不動産を保持しており、修道会を再建した。一九三一年に権力の座に到達した連立政権は、自由思想の世俗主義の理念に満ち、フランスの共和主義の影響のもとにあって、カトリシズムの国教としてのあり方に、また私的・公的な教育システムへの聖職者たちの甚大な影響力に終止符を打とうとした。立憲的な手続きにより、一連の方策に道が開かれた。それらの方策を通じて、政権を担う左翼は国家と教育の深い次元での世俗化に着手したのだった。しかし、カトリシズムがしっかりと根を下ろしていたスペインでは、なるほど一部の世論は世俗的で、さらに反教権主義的でさえもあったにせよ、左翼の政策は広い範囲にわたって無理解や敵意を醸成することしかできなかった。そうした無理解は、「家族の破壊」を予言する多くのカトリック系の新聞によって巧妙に利用された。離婚法は、実際のところほとんど適用されることはなかったものの、カトリックの信徒らを憤激させた。政府はスペインにおける法人としてのイエズス会に引導を渡し、その修道院を解散させ、さらにその資産の一部、ことにその教育施設を国有化することによっても、信徒たちを苛立たせた。

一九三三年六月には、公的な宗教活動の実践を規定する法律が国会を通過した。教会のための政府の助成金は撤廃され、その資産である教会の施設や神学校、修道院やその他の宗教活動のために設けられた場の一部が、教会がそれらを宗教的な目的に沿って使用することは可能ではあり続けたにせよ、国有化された。さらに、神学校を除く教会の教育施設の閉鎖を命じて、同法はカトリック的な教育システムの土台に攻撃を加えた。ところで、教会は二九五の中等教育機関（生徒数は二〇、六八四名）と四、九六五の初等教育機関（生徒数は三五二、〇〇四名）を抱えていた。宗教的な教育施設の即時の閉鎖を埋め合わせるために、政府は数ヵ月の間に七、〇〇〇の公立学校と二〇の国家が管轄する高等教育機関を開き、その後、一年ごとに四、〇〇〇の学校を創設しようと考えた。中等教育の場合には、こうした置き換えはそれほど重大な問題を惹起することもなく実現された。初等教育の場合には事情が違った。というのも、意志や手段が欠けていたせいで、新設の学校を開くまでには至らなかった市町村も多かったからである。その一方で、教育を世俗化させようとの熱望は、公教育の宗教的な性格と、修道会による私的な教育の統制が俎上に載せられた際、猛烈な反発を呼び起こした。世俗化のためのこれらの手段に対するカトリック陣営の反撃はいよいよ激しさを増していき、それはフランコ将軍らの決起への教会と信徒たちの側からのほとんど全面的な支援へと帰結する。

四　経営者たちの伝統的な権力と労働者たちの新たな諸権利

社会党員たちの投票のおかげもあって選ばれた政府は、社会的な不公正を是正し、労働者たちに新しい権利を与えようとして、改良主義的な社会立法の土台を据えた。社会党から入閣したのは三名である。主な措置の一つは、経営者組織の代表たちと組合の代表との間で交渉された、最低二年に及ぶ集団的な労働条件の策定の導入である。同数委員会〔労使混成協議会〕は報酬、労働時間、休息、契約のあり方、解雇その他の規約を定めなければならなかった。争議の発生を見越したうえで、それが現実のものとなった場合に、合意を模索するのがその目的だった。義務づけられた退職手当の受給対象となる労働者の数は、三五〇万から五五〇万にまで増加した。一九三二年一〇月の法律は労災保険を確立し、補償額を定めた。にもかかわらず、拡大された社会保障システムの導入の実現は、時間と手立ての不足にたたられ、また経営者側と他でもない労働者側からの、分担金の増額への抵抗にあったために不可能だった。それでも、以上の改良主義的な方策は農業・工業・鉱業の各部門の持てる者たちにとってはほとんど革命的な決裂を意味しており、経営者団体からの激しい反発を買った。経営者団体の目には、それらの措置は、そのときまでほぼ絶対的なものだった自分たちの権力に対する許しがたい制約と映じたのである。

五　経済的に旧態依然の、そして社会的に不公正な農業システムを改革する

一九世紀の自由主義の農業政策は、アンシャン・レジームの時代を通じて国土の三分の一の領域で支配的だった大

土地所有を一掃してはいなかった。その逆である。そして、それは広大な未耕地があったにもかかわらず、土地を持つすべのなかった数千の農民たちに、部分的なその再分配に与ることすらも許容しなかった。日雇い農と小土地所有農たちの状況は、際立って不安定だった。そして、工業化の進展は脆弱なうえにひどく局地的であったから、農村部にあって恒常的な雇用の機会に恵まれなかった過剰な労働力には、工場や鉱山にそれを見出すことも叶わなかった。そうした者たちは悲惨ななかで生き続けるか、イスパノアメリカやアルジェリアに移住した。農村部に留まった人間のなかからは、自分たちの運勢を上向かせるために（アナキスト的な傾向の、あるいは社会党系の）組合組織を創設する者も出た。土地を持たない日雇い農と、（〔一つの目安としてラティフンディオ（大土地）の範疇に入る〕二五〇ヘクタール以上の農場を一つ、あるいは複数所有している）大地主の間には、他のカテゴリーが存在した。一方では中・小規模の土地所有者やごく零細な土地持ちであり、他方では大・中・小規模の借地農である。

一九三一年の五月以降、改良主義的な政府は日雇い農や小規模な土地持ちの状況を改善すると同時に、併せて遅れた農業の収益性を向上させるためのいくつかの方策を実施した。収用の罰則を盾に、大地主たちには所有地の耕作が義務づけられた。小借地農の追い立てが禁止された。大地主たちは、他の誰よりも先に、自らが農場を所有する自治体の失業者たちと契約を結ばねばならなかった。組合に加入していない労働者を農作業に投入することの阻止が、その狙いだった。これらの（さらにその他の）方策の適用は、その影響を被った、自身の所有地や自身が抱える労働力をまったく勝手気ままに用いることに慣れてきた大地主たちの極めて暴力的な敵意を醸成した。農民たちのストライキや抗議行動が増加していた農村部では、衝突が、ときには流血をも伴いながら発生した。

同様に、一九三二年〔九月〕、改良主義的な政府は農民たちの世帯からなる集団に土地を委ねるべく、一定の農地の一部の有償での収用を想定した農地改革法を発布した。当初、その適用はかなり限られたものであったし、その遅れが日雇い農たちの苛立ちを招いた。アナキストたちの支援を受けて、彼ら日雇い農はさまざまな暴動を引き起こした。そうこうするうち、社会党系の農民労組〔ＵＧＴ（労働者総同盟）傘下のＦＮＴＴ（全国土地労働者連盟）〕の一部も幻滅を覚え、国会に陣取る改良主義的な〔ブルジョワ〕左翼から次第に距離を置くようになる。他方で、農村部における労使関係を変革しつつあった、制定に最も急を要した先の農業立法は、土地の収用の可能性の脅威とも相まって、大地主たちを激怒させた。大地主たちは右翼の諸政党を支援し、それらの政党に投票した。そのおかげで、右翼の諸政党は一九三三年一一月の総選挙に勝利したのだった。権力の座を射止めるや、彼ら右翼は件の労働立法と農地改革法を停止させた。一九二九年の世界危機により増幅されていた風土病的な失業は、とりわけ大土地所有が支配的な地域では深刻化する一方だった。一九三二年七月、スペインはおよそ四五万人の失業者を抱えていた。そのなかの二六万人近くが農業労働者だった。一九三六年の前半、失業者数は約八〇万に達し、うち農業労働者が五二万以上を占めた。人民戦線政府は農地改革を再開し、さらにそれを加速させた。〔一九三六年〕三月から七月までに、五二万から五七万ヘクタールの土地が農民たちに引き渡された。同時に、大農場の自然発生的・非合法的な占拠が頻発した。このような農地改革の再活性化と大農場の占拠は農業ブルジョワジーを一九三六年七月の謀略者たちの腕のなかへと押しやった。その御曹司たちの多くが、フランコ派の隊列の下士官のリストに名を連ねることになる。

六　軍隊を文民権力のもとに置く

第二共和制の最初の政府が解決しなければならなかった他のもう一つの問題が、軍部の構造と効率性に関わる、さらに人民主権によって定められた文民権力へのその従属に関わる問題だった。軍事問題に大きな関心を寄せていた左翼の共和派で、一九三一年一〇月以降は首相の座にあったマヌエル・アサーニャは、同じ年の四月から三三年九月まで陸相をも務めている。イギリスの歴史家マイケル・アルパートが要約したように、アサーニャの見立てでは「スペインは途轍もなく経費がかさむうえに、政治的な重要性が誇張され、同時に国防上の有効性には疑問符が付く軍隊に苦しめられている」というものだった。一九三一年、第二共和制は大都市での地方選挙における共和派と社会党の勝利と、反王政派の示威行動を経たうえでその樹立が宣言されていた。軍人たちはその成りゆきに反対はしなかったとはいえ、だからといって彼らが皆揃って新体制に献身的であったというわけではない。第二共和制に対する陰謀を企てる軍人たちが現れるのも遠い先のことではなかった。にもかかわらず、政府は何一つ粛清の手を打たなかったし、

（将軍から副官に至るまでの）将校たちに軍籍を離れるか、第二共和制への忠誠を誓うよう勧告した〔だけだった〕。そして、ほぼすべての将校たちが忠誠を誓ってみせたのである。

当時、軍部は兵士七・五人当たり一人の将校を擁していた。こうした巨頭症を克服するため、それを望むすべての将校たちに、俸給の全額を支給したうえでの退職が提案された。その恩恵に浴したおよそ一万人が、一人残らず体制に敵対していたわけではない。とはいえ真相は別のところにあって、軍部に留まった者たちの全員が確固とした共和派であったわけでも、遵法主義者ですらあったわけでもなかった。

軍部の最も反動的なセクトが市民社会の保守的なグループとブロックを形成し、決起した動機は、第一義的にはこのような方策に帰せられるべきではない。そうではなくて、双方のイデオロギー上の親近性に、さらには治安維持のために軍隊に救いの手が求められてきたうえ、その軍隊が国内の事件にとかく暴力的に干渉してきたという伝統の一貫性に帰されねばならない。一八七四年、一人の将軍〔アルセニオ・マルティネス・カンポス〕が短かった第一共和制に引導を渡した。一九二三年には、別の将軍〔ミゲル・プリモ・デ・リベーラ〕が立憲体制に終止符を打った。仕舞いには、一九〇六年から二七年にかけて、モロッコの北部（リフ）の住民たちを相手どった植民地戦争にスペイン軍の一部が関与し、手慣れたやり口で現地の住民たちを残忍に抑圧、政治的な統制の及ばぬところで行動した。フランコ自身、彼の地で出世の階段を迅速に駆け上がった、良心のとがめとは無縁だった将校たちの典型である。

結　論

一九三六年の春、右翼の市民・軍人は、協定を結んだ人民戦線の総選挙での勝利と、自分たちがその原因を第二共和制の存在それ自体に求めた暴力的な紛争の多発に呆然とする。右翼は自分たちが（単純に「共産主義的な」との烙印が押された）革命的な脅威と考える事態を前にして過激化し、（絶対王政を懐かしみ、コーポラティヴなイデオロギーを旨とする）古参のカルリスタ党や（一九三三年春に旗揚げされ、同年一一月の総選挙に勝利した）ＣＥＤＡから、ナチ風の政党（国家サンディカリスト攻撃評議会）やファシスト的な政党（ファランヘ党）まで、議会内外の政治勢力を再組織するか新たに生みだした。

内戦に直に先行する数年間は、階級間の、また思想の対立が急進化し、政治紛争の軍事的な傾向が激しさを増した時期に該当する。政治紛争の軍事的な傾向の増大とは、ＦＡＩの側からの、「お上」によって鎮圧された蜂起の企てや（一九三二年一月と一九三三年一月と一二月）、アストゥリアスでの革命運動（一九三四年一〇月）がその例であり、極右の武装グループの形成がこれに加わった。さらに、一九三六年の春には政治的な暗殺がはびこった。民主的・改良主義的な共和派と、権威主義的で改革を嫌う王政派との対立。中央集権主義と地域の自治主義との対立。教権主義と世俗化・フリーメーソン団との対立。工場主・（外資系も少なくなかった）鉱山会社と、社会正義との対立。アナキストと国家との対立。さらに、一九三三年以後の、〔改良主義的な共和派との共闘に〕幻滅を覚え、革命的な立場へと移った社会党と、国家との対立。自分たちの特権と「キリスト教的な価値観」を救う目的から体制転覆に知恵を絞る右翼に唆された、反動的な軍人たちと、増大する「無秩序」との対立。一九三〇年代のスペインは、以上のような状況のもとにあった。

複数の高級将校が、倦むことなく体制に対する陰謀をもくろんだ。一九三二年八月には、第二共和制は〔ホセ・サンフルホ将軍による〕そのような企てを封じることができた。政治権力が右翼の手を離れ、長期化するストライキや土地占拠の形のもとでの、労働条件の改善を訴える、〔将校たちには〕革命前夜を思わせる動員が強化されていくなか、一九三六年の春、決定的な謀略が煮詰められた。改良派は、自分たち自身の分裂や矛盾によっても破綻していた。単一かつ均質の共和主義政党は存在しなかった。さまざまな共和主義政党があって、社会的に見てそのなかのいくつかは他のいくつかに比べてなおいっそう改良主義的だった。そのような政党の一つ（急進党）はむしろ明らかに保守的で、反社会主義的だった。疑う余地のない政治的なヘゲモニーが自らに欠如していたために、また急進的な左翼と最も後ろ向きな右翼の双方の側からの改革への暴力的な敵対にたたられて、改良派の試みは頓挫した。しかし、対立の原因は一九三一年四月にではなく、その遙か以前、一九世紀初頭の自由主義の黎明期に発生していた。一九三六年七月は、経済的にダイナミックで、社会的に公正で、政治的に民主主義的で、富の再分配の不平等を緩和し、おそらく紛争の平和裡の解決を許容しうるようなシステムを介して、市民と国家との協定を締結するにしては、自由主義者たちが一世紀にもわたってあまりに力不足であり続けたことの結果だった。少数派の共和主義的な自由主義は難破し、憎しみが増幅され、政治の軍事化と急進化は絶頂に達する。一九三六年の忌まわしい夏、階級闘争は階級戦争へと転じる。決起した軍人たちの背後にあって、右翼と極右はブロックを形成する。そんな相手に、改良派・社会党・アナキスト〔ＦＡＩ〕・アナルコサンディカリスト〔ＣＮＴ〕・共産党・親トロツキスト〔ＰＯＵＭ（マルクス主義統一労働者党）〕・地域主義者‐ナショナリストらは、際立って分裂した状態のまま立ち向かわねばならない。

（訳・渡辺雅哉）

参考文献

Alpert, Michael, *La reforma militar de Azaña(1931-1933)*, Madrid, Siglo XXI, 1982.

Avilés Farré, Juan, *La izquierda burguesa y la tragedia de la II República*, Madrid, Consejería de Educación, 2006.

Cobo Romero, Francisco, *Por la reforma agraria hacia la revolución. El sindicalismo agrario socialista durante la II República y la Guerra Civil(1930-1939)*, Granada, Universidad de Granada, 2007.

Constitución española de 1931, https://www.congreso.es/docu/constituciones/1931/1931_cd.pdf

Elorza, Antonio, *La utopía anarquista bajo la Segunda República, procedido de otros textos*, Madrid, Ayuso, 1973.

González Calleja, Eduardo, "La violencia política y la crisis de la Democracia republicana(1931-1936)," *Hispania Nova*, Madrid, Consejo Superior de Investigaciones Científicas, 1, 1998-2000.

González Calleja, Eduardo, Cobo Romero, Francisco, Martíonez Rus, Ana y Sánchez Pérez, Francisco, *La Segunda República española*, Barcelona, Pasado y Presente, 2015.

Malefakis, Edward, *Reforma agraria y revolución campesina en la España del siglo XX*, Barcelona, Ariel, 1971.

Martín Valverde, Antonio y otros, *La legislación social en la historia de España, de la revolución liberal a 1936*, Madrid, Congreso de

Diputados, 1987.

Maurice, Jacques, *La reforma agraria en España en el siglo XX(1900-1936)*, Madrid, Siglo XXI, 1975.

Gil Pecharromán, Julio, *La Segunda República(1931-1936)*, Madrid, Biblioteca Nova, 2006.

Tuñón de Lara, Manuel (dir.), *La crisis del Estado. Dictadura, república, guerra(1923-1939). Historia de España*, t.IX, Madird, Labor, 1981.

Viñas, Ángel (ed.), *En el combate por la historia. La República, la guerra civil, el franquismo*, Barcelona, Pasado y Presente, 2012.

スペイン第二共和国の誕生から内戦勃発まで

渡部　哲郎

はじめに

現代社会の病癖には大衆とエリートの相関がもたらす問題がある。民主主義の行く末にポピュリズム（大衆迎合主義）が論議されている。大衆の不満・不安を梃子に支持を得るリーダーがいる。ポピュリズムは改革のエネルギーとなるが、民主主義が衆愚政治を招く危険もある。哲学者オルテガ・イ・ガセットが『大衆の反逆』において「大衆の蝟集《いしゅう》」と「エリートの登場」など初版一九三〇年ころの社会を分析している。第二共和国樹立にも参加した、この言論人はその後の祖国を書物において予測しているようだ。

その年から七五年が経った、二〇〇六年七月七日に「二〇〇六年、歴史記憶の年宣言」法が成立した。スペイン内戦勃発から七〇周年記念の日（七月一八日）に同法が発効した。この法の導入文には、内戦に加えて第二共和国宣言から七五周年の年に民主主義が確固たるものとなった現在、将来へ向けてさらなる和解と共生を求める絶好の機会と説明している。第二共和国時代（一九三一～三六）スペインに民主主義が導入されたと認知されている。しかし、その導入がもたらした政治、経済、社会の混乱から、事態収拾を求める保守・右派の政治勢力に支援されて、フランシスコ・フランコ将軍が「プロヌンシアミエント（軍事蜂起宣言）」を発し、内戦（一九三六～三九）が始まった。その首謀者には自由主義にも民主主義にも染まらない「スペイン」を救済するという固定観念があった。反「民主主義」独裁がこれに繋がって行く。

第二共和国の直前にはプリモ・デ・リベラ将軍の軍事独裁制（一九二三～三〇）があった。その独裁樹立の手法も

「プロヌンシアミエント（軍事蜂起宣言）」に始まり、一九世紀以来伝統的な方策による。一九世紀自由主義思想の流入と共に議会主義が導入されて、政治の中心は「議会」における「討議」にあり、一九世紀後半からの王政復古時代には議会主義が取り戻されたかに見えた。しかし、スペイン流は議会外の直接行動を選択した。一九三六年スペイン「民主主義」の申し子であった第二共和国が混乱に陥ると、伝統的な手段が登場したのである。第二共和国の崩壊は単なる体制の交代に止まらなかった。初めて導入された民主主義による諸改革の可能性とその影響を見ると、主要な左右双方の政治勢力が追求する「大衆」民主主義が社会の分立を招き、共和国成立期のコンセンサスを霧散させることになる。その状況は後述する一九三六年二月一六日の総選挙の投票結果に明らかである。

一　第二共和国の成立――「民主主義」の実験

現代の開幕と言われる第一次世界大戦は民主主義の実質的な誕生と結びつけて論じられる。その大戦において、スペインはヨーロッパで敵対する両陣営からも疎外されて外交的孤立「中立」の立場にあった。戦時景気の後、戦後不況が深刻であり、民主主義を求める「大衆」の政治参加が顕著になった他国に比して、一九二三年九月スペインは軍事独裁制を選択し、軍人の政治参加を排除する立憲主義体制を放棄した。この軍事独裁は治安の安定に貢献し、工業経営者には支持されたが、「大衆」「民主主義」を無視した。しかし抜本的な危機打開に至らず、国王アルフォンソ一三世は体制維持の選択として一九三一年四月地方選挙の実施を宣言した。この選挙は政党別の活動もままならず王制か共和制か、体制選択をめぐる選択肢しかなかった。王制支持派が地方、農村部において勝利したが、マドリードやバルセロナなど大都市では共和派が勝った。この最終結果が出る前に、国王は王権を停止して亡命へ船出した。

＊一九三一年四月一二日　地方選挙（全国）王制支持派二二、一五〇議席　反対派五、〇七七議席、（都市部のみ）王制支持派六〇二議席　反対派九五三議席

一九三一年四月一四日、臨時政府首相アルカラ・サモラが第二共和国樹立を宣言した。第二共和国の到来とともに新しい政治指導者たちが登場した。彼らの中心は、先ず王制に反対する「陰謀」を画策した政治家たちだったとすれ

ば、前年八月一八日夏のバカンスに北部バスク地方保養地サン・セバスティアンに集まり、王制打倒・共和制に向けて具体的な政治プランを討謀し、この「サン・セバスティアン協定」に参加した政治家たちにほかならない。

また労働「大衆」側においては労働組合運動を二分するスペイン社会党系のＵＧＴ（労働者総同盟）とアナルコ・サンディカリスト系のＣＮＴ（全国労働連合）が、一九三〇年終りまでには革命行動への参加を決定していた。しかし同年一二月、共和国樹立を支持する労働者と一部の軍人達は共和革命の試みに失敗した（一二月一二日ウエスカ県「ハカの蜂起」、一二月一五日マドリード県「クアトロ・ビエントスの蜂起」）。

一九三〇年政治化された社会情勢の中、当時の新聞各紙は連日、王制支持及び共和制支持をめぐる政治家たちの行動を記事にし、またインテリたちが政治刷新を訴える記事を寄稿していた。そのインテリたちは積極的に共和制樹立へ関与し、後に「共和制奉仕団」を結成し、先のオルテガも同じ哲学者ウナムーノもこれに加わった。

保守自由主義者で共和派唯一の閣僚経験者であったアルカラ・サモラが首相となり、臨時政権が樹立された。その臨時政府の構成は前述した「サン・セバスティアン協定」直後に結成された「革命委員会」のメンバーが中心であり、旧体制下の政治家である保守自由主義派二人（アルカラ・サモラ首相、マウラ内相。保守共和主義者の支持）、社会党三人（デ・ロス・リオス法相、プリエト蔵相、ラルゴ・カバリェロ労働相。アナキスト及び共産主義者を除く労働者の支持）、急進党二人（レルース外相、マルティネス・バリオ運輸通信相。都市中産層の利益代表）、カタルーニャとガリシアの地方主義（ニコラウ・ドルウェル経済相、カサレス・キローガ海相）、左翼共和主義インテリ代表一人（アサーニャ陸相）、急進社会党二人（ドミンゴ公教育相、アルボルノス勧業相）であった。

新国家の指針は最初の政府布告に示された。その中には国民主権を基本に宗教、信仰の自由を含む個人の自由が保証され、法律による私有財産を保証し、公益を目的とした以外の土地没収はないと言明された。従来から不利益な立場を強いられた農民大衆に対しては、土地の社会的利用が考慮された。この臨時政府は自己定義するように憲法制定議会の成立までの代行執行機関であったが、臨時政府成立の背景にある「サン・セバスティアン協定」の合意から旧体制に攻撃的な面を内包していた。しかし最初の「布告」は新国家が穏健なブルジョア民主主義の線上にあることを示していた。

旧体制から新体制への連続性及び不連続性を見るとき、旧体制下に関係する政治家と役人が新体制の閣僚の中にいて、政治組織として旧体制下からそのまま組織を受け継いだのは王制下では共和主義野党であったが、社会党と急進党がこれにあたり、それぞれ閣内に代表が入っていた。旧体制・王制支持の保守派は、共和国成立当初、中立かまた明確な対応の考えもなく、共和国反対派野党の側は空白の状態であった。

保守派の内相マウラは、新国家は「王制下の国家とその伝統的な構造の基盤を尊重し、漸次、国家行政における諸機関の民主化を達成するために必要な諸改革を企てていく」と考えた。この見解は体制の変化が根幹部分においてはないにしても、従来の体制が抱えていた諸矛盾に対して解決の期待を懐かせるものだった。新閣僚の中に純粋な自由主義理念を持つ者たちが参加していることから、政治変革の方向性もあった。

後に共和国の反教会的立場が明らかになると、保守派である首相アルカラ・サモラと内相マウラが辞任した。さらに共和国の改革が軍及び大土地所有者に向けられることが明確となってくる。ブルジョア民主主義の枠内にある共和国政府の改革を支持する枠外に置かれた勢力は、中立的で、戸惑った伝統的な保守派及び産業界、CNT系の労働者のように政権に参加した社会党系労働組合（UGT）以外の労働者たちがいた。スペインが抱える諸問題の根本的な改革に向けて第二共和国はそれぞれの勢力にとって好機であった。

第二共和国誕生から二ヵ月、一九三一年六月制憲議会選挙が実施され、右派が十分な準備もない中、共和制擁護派が中道から左翼まで選挙協力を一本化し、共和国の方針が支持された。その投票行動によって政治参加を経験した国民は民主主義がスペインに初めて到来したことを意識した。これからの、いわゆる「改革主義の二年間」が始った。立憲議会において、国会議長がフリアン・ベステーロ（マドリード大学教授、社会党）、憲法制定委員会委員長がヒメネス・アスア（マドリード大学教授、社会党）、二人は当時著名な穏健な社会主義者であった。ヒメネス・アスアはスペインの多様性、地方自治を認める「統合国家」を提唱した。統一国家でも連邦国家でもない新しい国家像の提案であった。内容的にも民主的な憲法は当時のドイツのワイマール憲法に比された。一九三一年一二月九日第二共和国憲法が発布され、宗教問題の対立から辞任していた前首相アルカラ・サモラが初代大統領に就任（一二月一〇日）、サモラ首相辞任のあと、首相になっていたアサーニャが第二次内閣を組閣した（一二月一六日）。

＊一九三一年六月二八日　憲法制定議会選挙。比例代表制による議席配分（総投票数　四、三四八、六九一票　投票率七〇・一四％：四月一二日選挙より三％アップ）

七月一四日国会（開会）招集・確定議席。社会党（一一六議席）急進党（九〇議席）急進社会党（五六議席）カタルーニャ左翼共和党（三六議席）共和主義行動団（二六議席）共和自由主義右派（二二議席）ＯＲＧＡ（ガリシア自治共和派）（一五議席）共和制奉仕団（一六議席）バスク・ナバラ伝統主義・バスク民族党（一四議席）農民党（二六議席）地方主義リーグ（三議席）王党派（一議席）自由主義民主派（四議席）連邦主義・急進左派他（一四議席）

新憲法に基づき、アルカラ・サモラ初代大統領、アサーニャ首相の下で、社会改革が着手された。その新憲法の骨子はアサーニャの政策に反映している。地方自治改革においてはスペイン国家の多様性を認知し、三二年九月一五日カタルーニャ地方は自治権を獲得した。ガリシア地方とバスク地方にも地方自治を求める動きがあったが、その成果は一九三六年一〇月スペイン内戦開始以後になった。農業改革の中で大土地所有制の是正、富の公平な分配が論議された。その過程で農民の土地占拠も始まった。この施策をめぐって、政府内部で初めて共和主義者と社会主義者の対立を生むことになる。さらに教会影響力の排除、つまり教会・国家関係の改革に着手し、自由主義者が主張する「国家の世俗化」をはかった。そのために臨時政府時の閣内にいた保守派（アルカラ・サモラ首相とミゲール・マウラ内相）が辞任したが、アサーニャ首相が国会で「スペインはカトリックを止める」と宣言（一九三一年一一月）したように、それ位の覚悟で改革にあたる決意が示された。カトリックが国家宗教であった時代を思えば、格段の注意が教会に向くことになる。修道院焼打ちや聖職者迫害が助長され、これに反共和制勢力は反発した。

労使関係では労相ラルゴ・カバリェロ（社会党左派　労働組合ＵＧＴ指導者）が関与する労働者擁護に関する諸策があった。税と刑法の改革においては、蔵相プリエト（社会党右派穏健派）は金融・財政政策の責任者になったが、懸念された「金融の国有化」はなかった。教育改革では公立小学校が増設され、教育の機会を拡大するとともに従来の教会の影響を排除しようとした。

一連の改革のなかでも農業改革は社会党の政権参加の意味をただすのに重要な意味を持った。臨時政府布告にも明言された農村、農民の救済は、一八世紀の啓蒙主義社会改革から唱え続け、失敗をくり返して来た周知の改革されるべき項目であった。その是正の対象となる農地改革は大土地所有制による弊害を是正するのみならず、富の社会的分配にかかわる重大問題であった。それゆえに、右派反対勢力は農業改革＝社会革命への恐れと考えた。従って改革の徹底、不徹底は共和国の性格規定及び方向性にかかわる問題をも内包していたと言える。

さらに労相ラルゴ・カバリェロが指導する労働関係における改革は、共和国に積年の社会矛盾解決を期待させる一方、雇用主・地主層を刺激した。反共和制勢力は王党派系日刊紙『ＡＢＣ』及びカトリック保守派の『エル・デバテ』紙等で自らの立場や意見を明らかにした。双方勢力のイデオロギー対立は教会に対する態度で決定的となり、左翼共和派・社会主義者連合による教会・国家関係分離の意図が内閣内対立を引き起したことは前述した。さらにその影響は社会的にも重大であった。一九三一年五月一一日、マドリードで多数の修道院焼打ちがあり、翌日には南部、南東部の諸地方に広がった。この騒ぎの中でマドリードでは自然発生的に反教会デモ・集会があり、ついに戒厳令が敷かれた。このように共和国の支柱となる勢力が明らかに限定され、社会不安が農村ばかりか都市にも広がってきた。

軍人たちにとって第二共和国時代とはいかなる時代であったのか。アサーニャ首相による軍制改革（一九三二）が軍隊内部にくすぶる共和国政府に対する不満の出発点となった、と言われてきた。王制が崩壊し、共和政が樹立されたとき、軍人たちは政治に介入しなかった。将校団も新体制を見守っていた。なかには不満分子もいたが、少数派であった。一九三一年四月二五日の法令で共和国臨時政府は、軍制改革を宣告し、政府側も軍の忠誠を信頼していた。改革が兵員削減へ向かい、その幅は軍当局にまかされた。また士官学校の廃校へ向け新入生募集が中止された。一九世紀の内戦だったカルリスタ戦争時代のカルリスタ軍をスペイン軍に編入したために、軍の将校団の人員は過剰気味であった。

一九三一年の軍人名簿で一九〇人の将軍、二万三〇三三人の佐・尉官がいたが、三二年の名簿では、七二人の将軍、一万三〇三二人の佐・尉官となっている。計算上、一一八人の将軍、七、二七一人の佐・尉官が退役したことになる。アサーニャは国会演説（三一年一二月二日）で、二万一、〇〇〇人の将校団を八、〇〇〇人に縮小したと述べていた。三二年当時、スペイン軍には八、八五一人の将校が在籍していたので、アフリカ軍とその他の治安警備隊を除いた数字をアサーニャは言っていた。名簿に基づく正確な削減は、七四人の将軍、三、三七一人の将校、一万七、八五九人の下士官・兵卒だった。この兵員の削減が軍事経費の削減につながったわけではなく、退役軍人への退職金の支払いおよび年金給付で出費は増加した。

兵員削減よりも、政府による軍隊の権限や裁判権へのシビリアン・コントロールの強化、および職業軍人の昇進のストップが軍人の不満を募らせた。軍隊内部にある専制主義の打破を意図した士官学校の閉鎖（三一年六月）は政治的過ぎ、軍人の服務規定や通常勤務区分の改正、いわゆる軍の共和主義化によって軍人の職業意識が減退した、と受け取られた。陸軍大臣の自由裁量権限を強化したのも軍人の反発を受けた。さらにアサーニャの最大の失策は、軍隊を治安出動に向かわせたことであった。治安警備隊の延長線上に軍隊が置かれていることへの不満は誇り高い伝統主義体質の軍人たちを刺激した。三二年八月、反共和国の王党派がサンフルホ将軍を中心に反共和国の狼煙をあげたとき、はじめてモロッコのアフリカ軍を半島本土に投入させたのもアサーニャであった。このために軍隊は、国内政治の展開に密接にかかわりをもつ治安維持の機関と化していた。その結果、政治、社会の正常化をはかる唯一の手段に軍隊があると考えるようにもなった。

共和国政府は公共秩序の安定に力点を置いていたが、しかし治安の悪化を止めることができなかった。ストライキは頻発し、テロ活動は激化した。前述したサンフルホ将軍のプロヌンシアミエントは未遂に終ったが、この時の団結が議会でもめていたカタルーニャ自治の承認に結びついた。その後、治安問題から政権の危機に至る事件が起きた。一九三三年一月南部アンダルシアでアナキストが蜂起した時に、アサーニャ首相は「共和国防衛」の名の下、国家権力によって鎮圧した。いわゆる「カサス・ビエハスの悲劇」である。この事件を契機に左派共和主義と社会党の連立が崩壊し、アサーニャ政権は崩壊した。九月にアサーニャ首相の辞任（「改革主義の二年間」終焉）によって、中道・急進党党首レルースが組閣することになった（第一次レルース内閣）。

二 「民主主義」への反動――共和国の分立

一九三三年一一月一九日総選挙が実施され、前回の総選挙とは逆に右派が選挙協力に成功した。選挙結果は、以下の通りである（各選挙区で四〇％以上の票がない場合の再投票――一二月三日）。

＊右派（三、三六五、七〇〇票）中道派（二、〇五一、五〇〇票）左派（三、一一八、〇〇〇票）。議席配分は、「右派」―CEDA（スペイン独立右翼連合）（一一五議席）農業党（三六議席）伝統主義・刷新党（三六議席）その他。「中道派」―急進党（一〇二議席）バスク民族党（一二議席）カタルーニャ・リーグ（二六議席）その他。「左派」―社会党（五八議席）共和主義行動団（五議席）カタルーニャ左翼（一九議席）ORGA（六議席）であった。

上記の結果から第一党（CEDA）が政権を担当するのが順当であったが、当時のヨーロッパ情勢が影響し、ドイツにおけるようなナチス一党支配の懸念に配慮して政権基盤が弱い中道派急進党単独政権（レルース、サンペル内閣）が続いた。これらの中道内閣は、前政権の改革否定を示唆するものも、政策論議ができなくなり、議会の外で左派はストライキ、テロ活動戦術のアナキストの他、社会労働党内にも急進派が台頭した。一方では暴力へ訴えるファランへ党が誕生、一九三四年二月にファシスト的な政治結社JONS（国民サンディカリスト青年行動隊）と合併し、勢力を拡大した。もはや国民共存の可能性が幻想になりつつあった。

一九三四年一〇月一日、議会再開にあたってアルカラ・サモラ大統領は、議会解散よりも第一党CEDAが入閣する急進党・右派の連立内閣を認めた（レルース第二次内閣）。これに対して北部アストゥリアス地方の鉱山地帯、バルセロナで社会主義者とアナキストが蜂起した。バルセロナではカタルーニャ自治政府が「独立宣言」したが、一日で鎮圧、アストゥリアスでは鉱山地帯の労働組合がゼネストで抵抗し、「コミューン」化して約二週間の戦闘があった（アストゥリアス革命）。最後はスペイン軍中の精鋭部隊アフリカ駐屯軍が鎮圧した。

一九三六年二月総選挙に向けて、左派勢力は前回の反省から三五年五月社会党右派・穏健派プリエトと共和主義者アサーニャが提唱した提案が選挙協定に結実した（三六年一月一五日）。左派政治勢力が結集する人民戦線の結成、一九三四年「革命」で投獄された仲間への恩赦要求が今まで投票行動をしなかったアナキストをも動かした。共産党は提案者のプリエトとアサーニャ支持者が反対にもかかわらず、社会党左派・急進派が支持して人民戦線に参加した。この時期、国際社会では「国際共産主義運動（コミンテルン）」第七回大会が開催されて人民戦線戦術を採択し左翼勢力の大同団結を訴えていた（三五年七〜八月）。名称から混同されるが、スペイン人民戦線は選挙協定であった。

右派は各派が反目し合っていた。三五年九月経済スキャンダル（「闇取引事件」）が発覚してレルース内閣が崩壊、政治が不安定になった。双方、過激な集団が対決する情勢になっていた。このような中で一九三六年一月議会が解散し、総選挙となった。二月一六日総選挙（人民戦線選挙）の結果は、以下のとおりであった。

＊総投票数　九、八六四、七八三票、投票率七二％。獲得総数は、人民戦線（四、六五四、一一六票）中道派（四〇〇、九〇一票）バスク民族党（一二五、七一四票）右派（四、五〇三、五二四票）であった。この票数による議席配分（全議席四七三議席）は、社会党（九九議席）ＣＥＤＡ（八八議席）左翼共和党（八七議席）共和主義同盟（三九議席）カタルーニャ左翼共和党（三六議席）共産党（一七議席）その他であった。大別すると、左派二八六議席、右派一三二議席、中道四二議席、バスク民族党一〇議席になる。

選挙結果は暫定的なものと言いながら、この結果に基づいて内閣が樹立された。しかし、「革命前」を自覚する急進各派にとって政治の場は議会ではなかった。同月一九日アサーニャは自由主義者のみによる組閣、労働者を基盤とする政党が革命を目指し閣外協力する組閣となった。このアサーニャ内閣は「弱い」内閣の印象が持たれた。人民戦線協定は一九三一年状況（共和国精神）への復帰、三四年「革命」で投獄された政治犯の恩赦を合意事項とし、単なる選挙協定にすぎなかった。その中で「人民戦線選挙」で勝利した左派勢力、なかでも大衆を基盤とした政党・労働組合は「社会革命」へ動き出そうとした。

右派においても野党第一党党首ヒル・ロブレスが遵法主義を訴えたために、右派急進勢力はより急進的政党へ傾いた。ヒル・ロブレスは国会で次のように報告していた。二月一六日から六月一五日、死者二六九名、重軽傷者一、二八七名、襲撃・放火された教会二五一、完全に破壊された教会一六〇、住宅・政党関係の建物への襲撃・破壊三八一、ストライキ二二八、ゼネスト一一三、政治の場が議会よりも「街頭」へ移り、社会党と共産党の「青年部」が合同し、急進化したファランへ党と対峙した。教会の焼き討ち、農村暴動が続発した。治安が悪化し、世論が分裂し、双方がそれぞれに「大衆」を動員した。その数ヵ月は「悲劇の春」と呼ばれた。

第二共和国後半における不毛な政治的緊張にもかかわらず、軍隊は組織、制度として政治への直接介入をしなかった。一九三六年二月「人民戦線」内閣の成立以降、社会対立のなかで軍には各派からアプローチがあり、支持か、そうでなくとも少なくとも中立であることが求められた。「人民戦線」政府は軍事陰謀の芽をつみ取るために、そのリーダーとなるべき将校たちの配置転換を断行した。フランコとゴデーの両将軍はマドリードから遠ざけられ、カナリア諸島とバレアレス諸島にそれぞれ左遷された。またモラ将軍はモロッコからナバラのパンプローナに移され、より弱小な部隊の指揮官になった。反乱を予防しようとする処置が以後、逆に裏目となって動き出すことになったのである。

治安の混乱に敏感であったのは、軍隊を治安活動に利用したアサーニャだけでなく、「民衆」側もそうだった。陰謀は、種々の目的をもち、多様であり、それぞれのあいだには調整もなされていなかった。そのリーダーに期待された軍人は複数いた。共和制の下、大衆の意志が反映する選挙によって政権交代が可能になった。しかし、その結末は混乱、治安の乱れとなり、その収拾の名目で「プロヌンシアミエント」軍事クーデタが発動され、内戦が勃発、選挙協定に過ぎない「人民戦線」内閣は総辞職した。

三 共和国の終焉——内戦・二つの「国家」の戦争へ

共和国政府側では、七月一八日から一九日にかけて四八時間の間に三つの内閣が交替した。カサレス・キローガ(ORGA)は政党や労働組合からの武器引き渡しに躊躇し、次のマルティネス・バリオ(共和主義同盟)は反乱側の中心人物モラ将軍と交渉するが、失敗した。最後のヒラール（左翼共和党）は武器の配布に同意した。この配布によって政府機構は実質的に解体して行く。共和派の三人は「労働運動」勢力を外し、ブルジョア民主主義革命の遂行、共和主義者と小ブルジョアが権力を手中にする考えであったが、七月一九日ヒラール首相はマドリードとバルセロナで民衆に武器を渡すことに同意したことで、軍事的な面での勝利があったかもしれないが、国家機構はバラバラになってしまった。武装した「民衆」の姿が出現したのは、この時からだった。

軍事蜂起した勢力の中心人物と目されたモラは決裂に至らない「交渉」も視野にあったが、断念した。彼は第二共和国成立の時に治安長官の任にあり政変を静観した体験があった。軍制改革で退役になり、三四年五月政権交代で現役に復帰し、蜂起の首謀者に推された。第二共和国の変転に運命をゆだねた高級軍官僚の典型でもあった。一九三〇年代にはエリートたちの采配に盲従するだけではない左右双方に成長する「民衆」が構えていた。モラ将軍が指揮するナバラ地方の反乱軍にはカルリスタ初め右派民衆が支持して蜂起が成功していた。

左派の民衆を基盤とする政党や労働組合は反乱軍を粉砕し、次にプロレタリア革命を確実なものにしようとする考えがでてきたが、それを遂行するためには政府側の軍組織の大部分が混乱、または欠如してしまっていた。さらに共和国政府の管轄下にある地方自治体ではすべての権力が崩壊していた。この権力に代って、自然発生的に双方に分立した民衆の力が台頭してきた。それは統一性と結集力のない民衆の権力であった。全国には、フンタ（評議会）、ミリシアス（民兵隊）、各派の委員会が設置され、すべての面でこれらの機構が民衆生活をコントロールしようとした。公務員は逃げ出し、「合法権力」が消滅していた。民衆権力はアナルコサンディカリストや社会主義者や共産主義者の指導の下にあった。共和国陣営では、統一的な政治単位が欠如し、統一的な命令系統もなかった。中央権力の解体とともに、従来なかった独自の地方権力がやがて誕生した。カタルーニャとバスクの地方自治政府の成立であり、アラゴンの地方評議会、アストゥリアス＝レオン、サンタンデール＝パレンシアの各地方評議会が樹立した。スペインはもはや唯一の国家ではなくなっていた。

なぜスペインでは「内戦」が戦われたか。プロヌンシアミェント（軍事蜂起宣言）によって政権が転覆し、戦争にまで発展した分裂状況は、一九三〇年代のスペイン社会の危機の反映でもあった。そのスペインは第二共和国時代を通じて生み出され、内戦によって深刻な社会分裂を修復不可能なものにした。単なる軍事蜂起に民衆が抵抗するという図式ではない、二つのスペインの衝突であった。二つに分立したスペイン民衆が軍隊をも二分して戦う、二つの国家の戦争へ進んで行った。

参考文献

Tuñón de Lara, Manuel, *La II República*, 2vols, Siglo XXI de España, S.A., 1976.

Salas Larrazábal, Ramón, *Los datos exatos de la guerra civil*, Madrid, 1980.

J・ソペーニャ編著『スペイン人民戦線史料』法政大学出版局、一九八〇年

川成洋・渡部哲郎『新スペイン内戦史』三省堂、一九八六年

渡辺雅哉『改革と革命と反革命のアンダルシア』皓星社、二〇一七年

II スペイン内戦の諸相

José Manuel Azcona, “La Guerra Civil en el País Vasco”.

スペイン内戦とバスク

ホセ・マヌエル・アスコナ

一　はじめに――反目の開始

ビスカヤ県はいつでも第二共和制の政治・社会・経済制度において重要な役割を持っていた。一九三六年二月総選挙における人民戦線の勝利から七月一八日反乱蜂起まで、共和国政府支持派と軍事蜂起支持派は、県の支配をめぐってそれぞれに独自な戦術を練っていたはずで、特に成功の証になるのは県都ビルバオの支配であった。しかし蜂起派はビスカヤ県における決起のもくろみに失敗し、ビルバオは共和国支持となった。

スペインで経済が最も豊かな県の一つであるビスカヤ県は、一九三一年に開始したスペイン第二共和国に反対してきた蜂起支持派が一九三六年七月一八日に準備していた全国決起計画の枠外に置かれていたとは信じがたい。同県にある製鉄や造船の多くの企業が必要な軍事物質供給においてビスカヤ県を生命線の重点としたことは、もし決起が成功し、敵に対峙しなければならない時には十分に想定できる。しかし、ビスカヤ県のとりわけ社会上層部やカルリスタの伝統に基盤を置く人々である蜂起支持派は、クーデタを支持する数をさらにもっと多く集めなければならないにもかかわらず、彼らはそうしたが、二つの相反する状況があることを理解していた。

一つは、伝統的な工業が他方ではマルクス主義イデオロギーに与する労働運動につながる強力な反対勢力にもなること。二つ目に、彼らのスペインへの祖国統一という理念がバスク独立のナショナリズムと衝突することがある。これらの二つの相離反する状況が進行する中で、蜂起支持派は他の共和国で採用される同じやり方をビスカヤでも採用した。つまり、軍人が首謀者となり、指揮する決起であり、支持を決めた民間人が常にこれを支持することである。しかし、第二共和国が定着するようになると、右派政党は政治的な敵に対抗するために強力な政治的な代言・表現に四苦八苦していた。右派はそうではなかったが、敵対する勢力はより際立った指導者がいた。社会主義にはインダレシオ・プリエト、共産主義にはドロレス・イバルリ、バスク・ナショナリズムにはホセ・アントニオ・アギーレであった。ビスカヤ県の右派は王党派と伝統主義者諸党の限られた支持者、「同県のスペイン人の意見はスペインの敵による教義的報道に反対する意見を持つ」報道機関とみなされる『エル・ネルビオン』紙と『エル・プエブロ・バスコ・デ・ビルバオ』紙に支えられていた。状況は人民戦線の政治的な勝利によって逼迫していた。一九三六年二月から七月、右派に対する政府の追及はファランヘ党と伝統主義者サークル双方の党員を繰り返し逮捕し、同県内のファランヘ党施設への繰り返す閉鎖や解散の指示、伝統主義者サークルへの立ち入り探索によって一層鮮明になった。暴力のエスカレートと政治闘争に好都合な雰囲気は、重大な様相を伴う県都ビルバオだけでなく、県内の他の町にも及んでいた。

人民戦線勝利に始まる不安定な政治状況に直面し、スペイン右派は、短期間に政治のみならずあらゆるレベルにおいて共産主義革命が起こらないまでも、スペインが崩壊の長期波動に入り、カオス（大混乱）に陥ることは明らかだと考えていた。この事態ゆえに、熱狂的な愛国心や宗教心に燃えるファシストまたカトリック組織の政党は彼らによればこの取り返しのつかない状況に対抗する組織をつくる義務に駆られた。ビスカヤ県において、他のスペイン同様に影響力がある三政党、「伝統主義団」、「スペイン・ファランヘ党」、「スペイン刷新党」がある程度の連携をして取り組むように務めた。政党間の会合がビルバオで繰り返された。その主要な目標は折衝を維持し、右派の共通な軍事事項の調整に至ることだった。つまり、この会合に時にはスペイン軍の最上級の指揮官たち、ポンテ将軍、バレラ将軍、ラダ将軍が馳せ参じていた。彼らは歩兵隊隊長ファン・ラモス・モスケラを指名し、モスケラはビルバオ駐留部隊第六ガレリャーノ山岳大隊を割り当てられた。この部隊は一九三六年七月一八日全国蜂起前にビスカヤ県における民間部門と連携して行動するように指令されていた。

公共機関は共和国政府の側にとどまっていた。治安についてはビスカヤ県知事ホセ・エチェバリア・ノボアを筆頭に、左翼と地方ナショナリストの諸政党についてはアナキスト、ＣＮＴ（全国労働連合）、人民戦線、ＰＮＶ（バスク民族党）も政府側にとどまっていた。七月二二日まではビルバオとビスカヤ県において（蜂起派の）「国民運動」の意図は明らかに失敗で流産とみなすことができた。七月二三日エチェバリア・ノボアがビスカヤ県における共和国防衛の治安長官として動き出した。その機関は共和国防衛を受け持ち、人民戦線、バスク・ナショナリスト行動団、ＰＮＶ、ＵＧＴ（労働者総同盟）、ＣＮＴ、ＳＴＶ（バスク労働者連帯）の諸党派代表が構成する小委員会を介して機能していた。

一九三六年七月一八日蜂起は、ギプスコア、ビスカヤ、サンタンデール、アストゥリアスの各県では失敗し、それらの県は共和国に忠実にとどまった。しかし、フランス国境にナバラ部隊が到着し、そのあとギプスコアが崩壊すると、他の政府側領域の孤立が明らかになり、一九三六年九月末ビスカヤ県境に戦闘前線ができた。

二　エウスカディ（バスク自治）臨時政府

バスクにおける内戦は独特な性質を伴っていた。左翼諸政党の急進派はバスク・ナショナリストが戦いに参入してきたことへの違和感、権力の空白状況を引き起こした組織の消滅を利用した。一九三六年夏ギプスコア県では革命前期の様相が作り出された。政府側が揺れ動く県内において、あの夏に差し迫っていたのはコルチャガ大佐指揮するナバラ部隊に応戦することだった。アスペイティア防衛評議会を入れると、ギプスコア防衛評議会、強力なエイバル防衛評議会の三つがあった。エイバルは一九三一年（共和国の）三色旗がたなびいた最初の町であった。

バスク・ナショナリストと蜂起軍人たちとの一連の接触が諸々の人を介して異なるルートやチャンネルを通して行われ、スペイン内戦最初のころには継続していた。（地方）自治憲章の承認を前にバスク・ナショナリストたちは二つの防衛評議会を結成、軍人を入れない役人の権限の下に小さな連立政府として、共和国政府に忠実なバスクの県ビスカヤとギプスコアを統括しようとした。

軍隊と多くの治安部隊による蜂起によって共和国政府支配地域は権力の大きな空白に陥っていた。この空白は左翼諸政党急進派に利用され、数多くの生命が追い詰められて際限ない暴力行為が発生した。このことは、紛争の両陣営において見解が異なる一点で、略奪と処刑については全く反対の見解となる。少なくとも戦闘最初の勢いの中ではそうであろうが、反乱側には権力の空白が生じてなくすでに命令系統が確立していた。人民戦線、CNT、バスク・ナショナリストに傾く諸組織・団体、そうであると疑われる、それらの戦闘員に対して実行された政治的な暴行は、新しい軍事の指導者たちが最初から政敵の排除を求めてつねに勢いづける手段に利用されてきた。

一九三六年九月でもPNVは二つの陣営と交渉をしていた。一つは、自治憲章の認可に対するフランシスコ・ラルゴ・カバリェロ政権との交渉、もう一つは反乱軍のブルゴス政権と交渉が始まっていた。モラ将軍は流血やビルバオ破壊を回避するバスク地方の征服を容易にする交渉の決着に固執していた。これらの蜂起派軍人たちとの交渉をバリャドリード大聖堂司教座参事アルベルト・オナインディアが始め、その重要な仲介努力においてはフランコ派であったためにPNVから追放されたフランシスコ・ホーンが背後にいた。

一九三六年一〇月七日ホセ・アントニオ・アギーレがゲルニカ議事堂における感動的な行事で宣誓の後、バスク自治（エウスカディ）政府大統領になった。バスク・ナショナリストたちは第二共和国と運命を共にする側を選んだ。そしてアスペイティア防衛評議会から生まれた民兵隊「エウスコ・グダロステア」がついに反乱軍と戦闘に入った。PNVは独自の立場を貫いたが、彼らは心からのカトリック教徒であり、彼らの歴史の中で運命が分かれる時に教会上部組織に立場を釈明しなければならなかった。バスク自治（エウスカディ）政府を率いる役を務めざるを得ないホセ・アントニオ・アギーレは、スペイン共和国との同盟がすべて正当であると主張する書類をバチカンに手渡すためにローマにオナインディアを派遣した。一九三六年一〇月二三日バスク代表団はバチカン国務次官ジウセッペ・ピザルドに迎えられた。軍人たちが正当な政府に対して反乱を起こし、ギプスコア県に侵入、自己防衛するも攻め落とされた。反乱者たちには道徳的な正当性がなにもない。このようにバスク・ナショナリストたちは訴えた。バチカンは社会的には戦争に対峙するバスク・ナショナリストたちを咎めることがなにもないが、政治的には違う、左翼との連合の利を見出すことはない、と返答した。しかし、ナショナリストたちは彼らの任務遂行を保証する第三者の仲介なしに反乱軍人との合意を一度も受け入れていなかった。少なくともその時点では戦争はまだ敗れていなかった。

これらの用心と逡巡の後、ＰＮＶは共和国と運命を共にし、ＣＮＴを除く全バスク政治勢力による連立政府を形成した。ＣＮＴはいつもバスク・ナショナリストを首班とする政府に参加したがったが、ホセ・アントニオ・アギーレ政権とは緊張関係にあった。その緊張関係は『ＣＮＴ北部（ノルテ）』新聞の閉鎖を契機に最高潮に達した。ナショナリストたちは治安擁護に全力を上げていた。確かに、戦争が始まってから国をカトリック教徒のオアシスの状態にする、そこではギプスコア県を唯一除けば秘密警察（チェカ）はなく、教会は礼拝のために開放していた。唯一汚点として、ラリナガ、エル・カルメロ、ロス・アンヘル・クストディオスの刑務所における囚人の恐ろしい大量虐殺によって濁ったものになった。宗教者たちがバスクの場合における特殊な点を際立たせ、カトリックとカトリックが敵対する唯一な前線となった。バスク・ナショナリストの態度は、ジャック・マリタンやフランソワ・モーリアックのようなカトリック知識人の共鳴を引き付けた。彼らはカトリック主義を自由民主主義に結びつけようとしていた。バスクの態度は教会ヒエラルキーにとって重大問題になり、世界的にはフランコ十字軍の正当性が問題視された。

三　モラ将軍指揮するフランコ軍の攻勢

一九三六年一一月末共和国軍の攻撃は北部方面軍全体を巻き込んだ。主な目標としてブルゴス県ミランダ・デ・エブロ占領だったが、マドリードに対するフランコ軍の圧力を減らす緊急な必要性を前にラルゴ・カバリェロ政権が命令した分断作戦だった。創設間もないバスク（エウスカディ）軍はこれに応えて前進、ビリャレアル、ビトリア、ナンクラレス、ミランダ・デ・エブロの占領に向かった。しかし、目標の最初、小さな町アラバ県ビリャレアルでバスク軍は潰され、その後恐ろしいほどの消耗戦に入り、一九三六年一二月末まで続いた。三ヵ月真冬の不動のにらみ合いが続いた。バスク（エウスカディ）軍は、組織的にはサンタンデール軍、アストゥリアス軍との三軍の一角にあり、リャノ・デ・ラ・エンコミエンダ将軍指揮下の北部軍を形成し、民兵大隊と共和国に従う全政党とアナキストも含む全組合の義勇兵（グダリ）によって構成されていた。

明らかになったのは、北部三県の孤立がそれぞれバラバラになる地方分立主義（カントナリスモ）をもたらしたことだ。一元的な指揮が無く、他にもアギーレ（バスク自治政府大統領）が北部軍の指揮官フランシスコ・リャノ・デ・ラ・エンコミエンダ将軍を常時、信用していないことにもよった。彼はこの将軍をバスクにおける権限を無いままにし、彼個人が軍隊指揮の役を引き受けさえした。サンタンデール軍やアストゥリアス軍との関係は一層悪くなるが、そのことはバスク人のみの責任ではなかった。バスク（エウスカディ）政府は権限のすべての実行を独り占めしたので、共和国政府とのその続きの難題問題が予想された。バスク・ナショナリストたちによるこの差別的な意思にもかかわらず、理論上に成り立つ自治と現実にある独立の状況は奇妙にも、アストゥリアス軍の末端に届いていなかった。アストゥリアス・レオン評議会の自主的な統治権は北部最前線の最終局面で宣言された。

マドリードを防衛する共和国民兵の抵抗を打ち破ることができず、反乱軍は北部戦線を攻撃することになった。一九三七年三月三一日モラ将軍はアラバ県前線から強力なビスカヤ攻撃に着手した。そのために彼は内戦開始から初めて総てで一三〇門の大砲と曲射砲を備えた砲兵隊二大隊、その上にドイツ指揮下の戦闘機一五〇機から成る強力な航空兵力を招集した。攻撃する歩兵隊（ナバラ第一、第三、第四大隊）に直接な支援が追加された。すべては近代戦の実験であり、第二次世界大戦の最初二年間にドイツが大きな戦果を得た戦術「電撃戦」の前哨戦だった。その新戦術は前線への供給物質や増援部隊の到着を阻止するためにバスク後方地域における大々的な爆撃を含んだ。その上にもっと重要なことは、心理的な恐怖状態をつくり出すことであり、ドゥランゴに始まり一九三七年四月二六日ゲルニカで最高点に達した。聖なる町はコンドル兵団、イタリア飛行団、数少ないがフランコ軍の飛行機によって爆撃されて瓦礫の山になった。

ゲルニカ爆撃はバスク・ナショナリストたちにとって転換点となった。あの兵力を見せつけられて彼らは正面にいる敵の本質を見せつけられて、軍事兵器をもはや止めることができないと自覚した。戦争終結のやり方を決断する時が来た。ゲルニカ爆撃の直後、バチカンはバスク・ナショナリストたちの今後の降伏についてモラ将軍側の条件を探るためにゴマ枢機卿のビトリア派遣を決めた。

一九三七年五月七日モラ将軍は、基本的にほぼ三ヵ月前にトルビア伯爵に手渡した同じ提案を具体化するにとどめた。全部で六条件、フランコに相談後に八条件に広げた。翌日、教皇ピオ一一世下バチカンの国務長官パチェリ枢機卿がアギーレ首相に届くはずの電信文でこれらの条件を知らせた。しかし、その電信はバルセロナにおいて共和国通信の配信事情から傍受されてアギーレの元に届かなかった。この通信手段は教皇庁が使う唯一の経路ではなかった。パリ駐在教皇大使バレリオ・バレリはメキシコ前大統領フランシスコ・デ・ラ・バラにバチカンの名前で同じ和平提案を渡していた。同時にパリのバスク政府代表団にそれを送り、五月一一日アギーレに送られていた。アギーレ大統領はバチカンへの回答を拒否した。フランコとモラの提案は受け入れ難いものであったからだ。どんな政治的な代償もない屈辱的な降伏の扱いで、その上に反乱軍が約束を果たす保証もなかった。

またイタリア・ファシスト政府はフランコ派と同盟しているが、一九三七年四月からビルバオ市のあり得る降伏前に保証を提供することに関心を示した。しかし、その前にＰＮＶの明確な要請を得る必要があった。五月、六月が過ぎても、アギーレの回答はなかった。最終的に六月一一日、大統領はイタリア人捕虜とバスク人捕虜の交換実施の可能性を主張する書簡を作成した。その時点からＰＮＶ最高指導者はフアン・アフリアゲラだったが、彼はホセ・アントニオ・アギーレをその任務から離れさせてイタリアとの交渉を一人で引き受け、バスク政府法務・文化長官レイサオラと一緒になって、彼らは戦争指揮に全力が投入できるように他のあらゆる心配から大統領を解放することに決めた。もしアギーレがイタリアとの交渉に全く無関係であれば、歴史家フェルナンド・デ・メールが立てた仮説を否定することができない。その仮説は「これらの事実は内戦中にＰＮＶとホセ・アントニオ・アギーレとの間が離れていた可能性が提起できる。もし大統領があり得る和平交渉を何も知らず、バチカンの電報の存在も知らなかったならば、彼（大統領）の現状把握の程度を大いに問題しなければならない。この役割解除が故意でなかったにしても」というものである。

四　バスクの崩壊

一九三七年五月初旬以来、アギーレは共和国政府軍事相プリエトを頼りしていた。共和国将軍アセンシオがバスク（エウスカディ）軍指揮の役を全うしていないことから、バスク政府が以前から全面的にそうであったが、大統領自身が全面的、専断的にバスク軍の直接指揮をとることをプリエトに同意を求めた。アギーレはサンタンデールとアストゥリアスの隣人たちとの真摯な関係を維持し、ビスカヤへの敵の攻勢を食い止める助言を求めて数週間まえに到着した顧問役ゴレフ将軍から有効な支援を受けると、プリエトに断言した。

しかし共和国政府はビスカヤではすべてが崩壊すると認識していた。ソ連の顧問たちや共産主義者の軍人たちの到着も敵の前進を食い止めることができなかった。五月終わり北部軍の視察長官マルティネス・カブレラ将軍がバスク軍の実施した作戦を判断して、大きな問題点がバスク（エウスカディ）軍参謀本部組織にある、個人的な決定的な技術の無さによると確認した。すでにその長であるバスク政府大統領である防衛指揮者は何度も改善をしてきたが、専門的な意見が必要であり、いつでもそう調整してきた。マルティネス・カブレラはビスカヤにバスク政府に信頼され威厳のある指揮者の存在を助言した。しかし、北部軍全軍の長は（大統領の）下位に置かれた。共和国政府はそのことを再度考慮することもなく、六月にガミル・ウリバリ将軍を送り込んだ。

六月が始まると、両陣営の流血の戦闘を犠牲にして防衛線が突破され、運命はビルバオに降りかかってきた。アギーレは町の全破壊を避けようとし、バイヨンヌにあるバスク（エウスカディ）政府代表部報道事務所によれば、文明世界、つまりアルゼンチン、ベルギー、ブラジル、チェコスロバキア、チリ、デンマーク、エクアドル、アメリカ合衆国、フランス、イギリス、ハンガリー、オランダ、ノルウェー、スイス、ポーランド、ルーマニア、ロシアの各政府に向けてメッセージを送り、外国勢力とスペインのファシズムによるゲルニカとドゥランゴの爆撃の後、ビルバオ破壊へ至ることを避けるために世界の良識に訴えた。

国民戦線の手中に落ちないために、共和国政府は戦闘部隊にビルバオとその周辺のすべての重工業の破壊を命令するのにためらいがなかった。ビルバオの工業の重みとその生産が戦局を左右する均衡に影響することになるであろう。バスク政府のバスク・ナショナリスト陣営は共和国の同僚と同じ意見ではなかった。彼らにとっては戦争がビスカヤの領域を失ってしまうと終わるだろうが、大ビルバオの工業網の破壊は復興に何年かかかってしまう喪失であると考えた。ビスカヤがますます多くの生産をし、その工業の中心が非常に重要であったということだ。つまり、バスク（エウスカディ）軍を組織する参謀本部はバスク政府に十分な保証をしていなかったようで、バスク政府は作戦指令の順守を否定した。

この期に及んですでにバスク・ナショナリストと全面的な争いの中で、ゴレフ将軍はビルバオに防衛戦を張り、敵が町に到着する前に一日から二ヵ月は抵抗できるという意見だった。多くの部門が影響されるのは明らかだった。確かに明らかなことは緊急、効果的に全面撤退を準備しなければならないことだった。撤退できなければ、その爆破しかなかった。最初の爆破が始まったが、しかし問題が発生した。敵の前進を妨げるために実施したいくつかの爆破を理由に警察署長ラニャガに対する逮捕、告訴の命令が出た。その命令はアギーレの秘書室長ホセバ・レソラから出ていた。唯一、爆破されたのは敵の渡橋を許さないためにすべての川の橋だった。その中に数週間まえに開通した市役所前の橋、半年前に開通したデウスト橋があった。有名なコルガンテ橋（後にバスク最初の世界遺産となったビスカヤ橋）は、県の建築の宝であったが、六月一六日に爆破された。しかしビスカヤ高炉群はバスク・ナショナリスト大隊の射程内で守られて爆破できなかった。

バスク人の抵抗はほぼ三ヵ月の間続けられた。山から山へビルバオ陥落からさらに抵抗は一九三七年六月一九日まで続いた。八月二四日と二六日の間、共和国政府の庇護下で行われた長い交渉の後、バスク・ナショナリスト大隊はラレドとサントーニャでイタリア軍に投降した。残りのバスク（エウスカディ）軍大隊は散り散りとなり、サントーニャとサンタンデールの間で降伏した。例外的に、そのうち少数がアストゥリアスにまで行き、一九三七年一〇月北部戦線終了まで戦った。

共和国すべての北部戦線戦局を調査した数ヵ月後、共和国検察側が実施した報告書には、以下のことがまとめられていた。ビスカヤ、サンタンデール、アストゥリアスの喪失は特殊な任務にあった人物による背信行為などの裏切りによった。同様に軍事指導する人物の無能、すべての上に立つ指揮における気力不足、それらは政党や組合の党派主義に委ねるままで、基本が共和国防衛であることを忘れてしまった、とある。

（訳・渡部哲郎）

バスクにおけるスペイン内戦と現在

狩野美智子

一　バスクとは

バスク人は、ビスケー湾に沿って北はフランス南部から、スペイン北岸一帯に、おそらくヨーロッパの国々の先祖、印欧語族より前から住んでいた民族である。やがてイギリスやフランス、スペインなどになっていく印欧語族とは、言語の構造が異なり、血液型の割合も違う。バスク人は長い間に培ってきた生活、習慣を頑固に守り、他民族の支配には、バスクの「フエロ（慣習法）」を守ることを条件に、自らの生活、習慣を守ってきた。

一六五九年、スペインとフランスの間に国境が確定された。このピレネー条約によって、バスクはスペインとフランスに分断された。異なる国のシステムの中で、それぞれの歴史を歩むことになる。

スペイン・バスクは、いまのナバラ、ギプスコア、ビスカヤ、アラバの四つの県から成る。この四県が一つの「バスク国」という国を作ったわけではないが、この中でナバラは九世紀に「ナバラ王国」を形成した。この国は、サンチョ大王の時代（一〇〇四〜一〇三五）、

バスク全図

領土を拡大し、ギプスコア、ビスカヤ、アラバからカスティーリャにまでまたがる広大な超大国になった。しかし彼の死後王国は分裂して版図は縮小し、結局一四七九年、カスティーリャ王国がアラゴン王国と合併し、スペインがほぼ統一されるとやがてナバラもその支配下に入ることになった。ナバラ王国が消滅したのは一五一五年である。しかしナバラは「王国」であったのだから、あくまでナバラの「フエロ」を尊重させる「特権」をスペインから得ることに固執した。

ナバラの産業は農牧業であり、保守主義が優勢であった。アラバもナバラと似た傾向があった。

二　バスク・ナショナリズム

スペイン・バスク四県のうち、ビスカヤとギプスコアは、ビスケー湾に沿って良質の鉄鉱石をふんだんに産出する山々が繋がっている。その鉄を利用して、一九世紀からビルバオ、ポルトガレテ、バラカルドなどネルビヨン川の左岸に大きな重工業地帯ができた。スペイン全土、ことにアンダルシアからたくさんの労働者が集まって来た。労働者の流入による労働運動、社会主義思想、フランス革命以後高まった自由、平等の思想が入ってきた。

バスク語を話すことができず、バスクの伝統も知らないたくさんの労働者が特にビスカヤに集まった。商工業、金融業の発達によりスペイン語が優勢になっていくことにも危機感を持ったバスクの人々は、やがてサビノ・デ・アラナを中心にバスク語、バスク文化を守ろうと一八九五年、民族主義の政党ＰＮＶ（バスク民族党）を作った。バスクの紋章を作り、バスクの旗を作り、バスクが古くから持っていた特権の回復を求める「バスク主義政党」である。

三　スペイン内戦とバスク

二〇世紀に入り、スペインの政情は混乱を極めていた。王党派、カトリック教会、大地主、カシケ（地方ボス）、軍隊などに対し、様々な立場から反王政を望む共和派、社会主義者、アナキストなどなどとの、抗争、対立が続く中、一九三一年四月一二日、スペイン各地方で一斉に選挙が行われた。その結果は、大都市で圧倒的に共和派の勝利だった。国王アルフォンソ一三世は、マドリードを去り、スペインは革命を起こすことなく共和国になった。

共和国政府を作った左派勢力に敵対する、大地主、大企業、カトリック教会などの右派勢力を支援して、一九三六年七月一七日、フランコ将軍、モラ将軍などが共和国政府を倒すべく一斉蜂起の命令をスペイン全国の部隊に命令した。この反乱軍とスペイン共和国を支持する政党や民兵との間で内戦が勃発。すぐ軍隊に制圧されたところ、あくまで抵抗したところがあって、スペイン内戦の状況は、地方によって異なるが、反乱軍を、ヒトラー治下のナチス・ドイツ、ムッソリーニのイタリア軍が援助に駆けつけたにも関わらず、あくまで戦う民衆の力も強く、内戦は一九三九年三月末まで二年九ヵ月も続いた。スペイン内戦は、ファシズム勢力に対する民衆の戦いでもあった。

バスクではどうだったのか。

ナバラは内戦が始まる前から、共和国政府に大きな不満を持っていた。共和制に反対し、内戦前から義勇兵組織「レケテス」を組織し、武器を蓄えて、軍事訓練まで行っていた。ナバラは内戦が始まると、勇みたって反乱軍の戦列に加わった。

一方、商工業の発達しているギプスコア、ビスカヤは、社会党、共産党、アナキストの勢力が勢いを増し、PNVも初期の頑迷さから、時代に即して近代的な柔軟性を持つようになっていった。そして共和国政府を支持し、共和国政府の下で、バスクの自治を求める方針をとった。カトリック教会に対し厚い信仰を持つPNVは、教会を迫害している共和派に反感を持ってはいたが、王政末期プリモ・デ・リベラの独裁政治の時代（一九二三～一九三〇）、バスク民族主義がどんなに迫害されたかを考えると、また、共和国政権のもと行われた一九三三年の選挙で右派のCEDA（スペイン独立右翼連合）が勝利した「暗黒の二年間」、バスクの民族主義に加えられた弾圧を考えると、バスクの自治権のためには、右翼（反乱軍）より左翼（共和国軍）の方が可能性が大きいという判断を、PNVの若い指導者は持ったのである。スペインを二分したスペイン内戦は、バスクでも二つに分かれて戦うことになった。

ナバラ軍は、軍の蜂起を聞いてすぐ共和国側についたギプスコアを攻めた。ナバラ軍とともにモロッコ軍、イタリア軍も加わり、まずフランスとの国境の町、イルンを攻めた。武器弾薬の決定的に足りないギプスコアのバスク軍は、イルンを持ちこたえることができず、バスク軍の中のアナキストの方針で、降伏の前に、イルンの町を焼き尽くしてしまった。政府軍の中のPNVは、このことに衝撃を受け、次にサン・セバスティアンが攻められた時、町を無傷のまま、反乱軍に明け渡した。前線はビスカヤ県境まで後退し、ギプスコアの人々は、大勢ビスカヤ県に逃れた。

四 内戦の中、「バスク自治政府」誕生

スペイン共和国政府では一九三六年九月四日、ヒラール首相が辞任し、社会党のラルゴ・カバリェロが首相になった。彼は人民戦線総力内閣を作った。PNVのマヌエル・イルホも入閣を打診され、彼はバスクの自治憲章の国会での承認を条件に入閣した。一〇月一日、「バスク自治法」がスペインの国会で承認された。バスク人は長年の望みを叶えることができた。ビスカヤ選出の国会議員だったPNVのアギーレは、議事場で「バスクはファシズムが征服されるまで、共和国と共にある」と熱のこもった演説をした。

バスクでは、一〇月七日、バスク各地、反乱軍に占領されている土地からも、秘密裏にゲルニカに代表者が集まり、圧倒的多数でホセ・アントニオ・アギーレを大統領に選んだ。バスク人にとって、ゲルニカは、かつて支配する領主たちに、バスクの「フエロ」を厳守させる宣誓が行われた聖地である。

ホセ・アントニオ・デ・アギーレ
（1904 ～ 1960）

祖先がバスクの自由を守るために行ってきた行事を、今、内戦の最中、自分たちの「大統領」として選んだアギーレが、伝統の「樫の木」の下で行った宣誓式を、集まったバスク人たちが、頼るべき「バスク共和国」の誕生、頼るべき「大統領」の誕生と意識したことは想像に難くない。

ホセ・アントニオ・アギーレは、一九〇四年、ビスカヤ県ゲッチョに生まれた。父テオドロ・アギーレはサビノ・デ・アラナの

同志であり、ＰＮＶの創立者の一人だった。ホセ・アントニオはビルバオのデウスト大学を卒業して弁護士になったが、二七歳の時ゲッチョの市長に選出され、政治家として出発した。彼は、ＰＮＶ二世のリーダーとして頭角を表し、初期のＰＮＶの頑迷さを、時代に即した柔軟な政党に変えていった。

アギーレ家の経営するチョコレート会社でも、彼の理念として労働者の有給休暇の制度、無料の健康診断など労働条件を改善し、収益を上げてスペイン有数の優良企業と認められた。また彼は、ビルバオのサッカーチーム「アスレチック・クラブ」のメンバーでもあった。アギーレはその正義感、誠実さ、バスクへの愛情、雄弁さで、バスクのリーダーとして、終生バスクの人々に敬愛された。

大統領に選出されたアギーレは、共和国政府の側に立つ全ての政党からなる内閣を作った。アナキストのＣＮＴ（全国労働連合）は政党でないことを口実に外したが、彼らのカトリック教会への迫害と、イルンを焼いてしまった戦術をどうしても許せなかったのである。バスクではカトリックの聖職者は多くの場合決して保守派ではなかった。彼らは聖職者であると同時に、バスク人として民族の文化の擁護者だった。他の共和国地区とは異なり、バスクで教会は正常に活動していた。

アギーレは三二歳、他の閣僚も三〇代前半の若いリーダーが、フランコ軍と戦いながら、ビスカヤの住民だけでなく、ギプスコアやアラバからの十数万人に及ぶ避難民を養っていかなければならなかった。

ビスカヤの飢えを救うため、イギリス海軍が自国の政府の方針に反して助けてくれた。バスクに同情するイギリスの民衆から集められた食料などを積み込んだ船がフランコ軍の監視下にあるビスカヤ湾を巧みに航行しバスクの港に入港した。イギリス海軍当局が「古典的寛大さ」で、これらの船の航行を見逃したのである。「七つの海のしぶき号」、「ソープ号」、「ハムスタリー号」「マクレガー号」など、これらの援助はどれだけ助けになったかわからない。

バスク政府は、いろいろな政党から集まったグダリ（義勇兵）を一つの隊が百人ほどからなる部隊に編成し、四年期限の徴兵制度を作った。中央政府から任命されたシウタット北部司令長官は、反乱軍側に占領されているアラバを攻めてフランコ反乱軍のマドリッド攻撃の勢いを削ぐプランを強行させ、失敗に終わったのち、シウタットの方針には従わずアギーレが先頭に立って指揮をとった。

戦闘を続けるにも武器がなかった。アギーレは、テレストロ・モンソンを武器を買うべくフランスに派遣していたが、フランスでは失敗し、結局ハンブルグからエージェントを通じて購入に成功しフランスの小さい港を経て、バスクの漁船に積み替えて、実際に五千丁の銃と五五〇万発の弾薬を手にいれた。それでは到底足りない。共和国政府にはどんなに要求しても、共和国自体が武器弾薬や飛行機の不足に悩んでいたので、バスクに回すことはできなかった。ソ連からの武器援助の一部が送られたが、それはあまりにも古い武器で、実戦に役立つようなものではなかった。一方フランコ軍は好戦的なムッソリーニのイタリア軍と、来るべき対イギリス戦に備えて、空軍などの実戦訓練の場としてスペイン内戦を利用しているナチス・ドイツ軍の強力な支援のおかげで、有利な戦いを展開していた。

アギーレは漁船を徴用して海軍まで作った。唯一の出口、海を守ることも必要だった。外国に逃れる疎開者に、バスクのパスポートを発行した。

バスクに残された中心部を守るために、ビルバオを取り囲んで周囲一・五キロに及ぶ「鉄の帯」を作った。バスク軍には職業軍人である将校が一三人しかいなかった。その中の一人、アレハンドロ・ゴイコエチェア大尉が「鉄の帯」の設計をして、現場監督をしていたのだが、彼は図面ごと自分の自動車で、フランコ側に寝返ってしまった。あと数人の将校も敵前逃亡する始末。バスク軍は素人の指揮下に置かれることになった。

反乱軍の本格的なバスクへの攻撃は、翌一九三七年三月末である。ナバラ師団、イタリアの「黒矢」旅団、ムーア人部隊がビスカヤ周辺を囲み、アラバ県のビトリアにはドイツの監督のもと飛行場が作られ、たくさんの爆撃機に加え、ハインケル一一一重爆撃機、戦闘機などが追加された。ビスカヤ県に封じ込まれているバスクへの、このような過大な陸空軍連携作戦には、フランコ側のバスクへの悪意が感じられる。

三月三一日、ドゥランゴの町に戦闘機九機、爆撃機四機による大空襲があった。たくさんの家が焼かれ、三つの大きな教会も大破した。バスク政府は早速救護活動と共にできるだけの調査を行った。副大統領のレイサオラは、死者二七八人、負傷者三〇〇人以上と公表した。死者の中に、サンタ・マリア教会でミサをあげていたカレニョ神父、イエズス会のビリャベイティア神父、サンタ・スサナ修道院の一二人の修道女も含まれている。

バスクの取材に外国のジャーナリストが数人常駐していた。彼らはそれぞれバスク政府から車を一台貸与され、自由に取材を行う許可が与えられた。タイムズ紙の記者ジョージ・スティーアは空襲の最中のビスカヤ各地を見て、「ドイツ機が空から狙うのは人や家であって設備ではないこと、町に空襲を加え、逃げまどう人々を低空の機銃掃射で狙い撃ちにすること、軍と後衛地を遮断し、地上軍の侵入の地ならしをする戦術である」と彼の著書に書いている。

ゲルニカが空襲を受けたのは一九三七年年四月二六日である。市《いち》の立つ月曜日の午後四時半から七時四五分まで、ビトリア空港からドイツ空軍の爆撃機など数機が、二、三〇分おきに、波状攻撃をこの人口数千の小さな町に加えたのである。この空襲では、爆弾に加え、初めて焼夷弾が六千発近く使われた。爆弾で破壊された建物を、焼夷弾が焼き払った。戦争の歴史の中で、町全体を破壊する戦略爆撃の始まりである。

ゲルニカ空襲の夜

ゲルニカ爆撃の後三日でゲルニカはフランコ軍に占領された。爆撃の被害について、バスク政府は調査をする時間がなかった。ゲルニカの惨禍について世界中に非難の声があがると、フランコは、ゲルニカを破壊したのはバスク人自身だと強弁した、イルンを焼いたようにと。バスク人の自由の象徴の町「ゲルニカ」を無残に破壊し、その罪までバスク人に押し付ける非道さをバスク人は到底許すことができなかった。

アギーレは、ヨーロッパなどの国々に、子供たちだけでも空襲下のバスクから、救ってくれるよう呼びかけた。フランス、イギリス、ベルギー、デンマークなどの国々では、それぞれバスクの子供を救うことを引き受けてくれた。

イタリア人部隊を含め、モーロ人部隊、スペイン軍による攻撃は、ドイツ空軍との協力で熾烈さを増し、これ以上の犠牲をバスク国民に負わせることはできないというところまで来た。アギーレは降伏を決意した。バスク軍が捕らえていたフランコ軍の捕虜を無事フランコ側に引き渡した。バスクの重工業地帯を爆破すべきだという意見にアギーレは同意することができなかった。残せば敵を利する結果になっても、バスク人が営々と築きあげ、今もバスク人の働く工場を破壊することはできない。敵の侵入口の橋だけ壊した。ビルバオ陥落は一九三七年六月一九日である。

ビルバオの最後の交渉はレイサオラと数人の閣僚に任せた。この後アギーレは、亡命政府を作って、バスク政府の中心を常に確保する政策をとった。

五 亡命政府

アギーレは、フランス・バスクにたくさんの施設を作った。疎開の子供たち、逃れてきた人たち、負傷兵の為の施設など。フランス・バスクの三地方（ラブルディ、低ナバラ、スベロア）は、ビスケー湾に面したサン・ファン・デ・ルス、ビアリッツなどの保養地は別として、ピレネー山脈麓の農牧地ではバスク人意識はあるもののフランコ反乱軍と戦う共和派に対し「アカ」と罵るような保守的な地域だった。しかし、敗北して逃れて来た同胞を受け入れて、だんだん「バスク」の独立の同志にすらなっていった。

また、まだフランコ軍と戦っているカタルーニャの首都バルセロナにも、大勢のバスク人を受け入れてもらい、最初にバスク亡命政府を置いた。スペイン内戦がフランコの勝利で終わる時、アギーレは、カタルーニャのクンパニュス大統領とともにピレネーを超えた。アギーレとクンパニュスは親友になり、バルセロナの最後の日、彼のそばにいると約束していたのである。カタルーニャは、バスクとちがってフランスに亡命の組織を持たず、根拠になる施設を持たなかった。クンパニュスはたくさんのカタルーニャ人を見殺しにしなければならなかったし、彼自身フランコ軍に捕らえられ、射殺されてしまった。

第二次世界戦争が始まり、ナチス・ドイツがフランスを制して、パリがナチスに占領された一九四〇年六月、パリに作っていたバスク亡命政府をロンドンに移し、マヌエル・イルホをその責任者に任命した。

アギーレはその時、たまたまベルギーに行っていた。彼がベルギーに着いた時、ナチス・ドイツがベルギーに攻め入った時にあたり、アギーレと在住バスク人のグループは、ドイツ軍の空襲に逃げ回る状況になった。特にアギーレは、フランコの重要戦犯としてドイツのゲシュタポに捕まればフランコに引き渡され、処刑される立場にあった。この場を脱出し、一九四一年八月二七日に南米のリオ・デ・ジャネイロに姿を現すまでのことは、『ゲルニカからニューヨークへ、ベルリンを通って』（邦訳書名『バスク大統領亡命記』）に詳しい。

大冒険のあげく、アギーレは家族と南米ブラジルの首都に無事到着、数日後アメリカ合衆国の永住権と、コロンビア大学での教授就任の報を聞く。

彼は、「祖国を追われ、ヨーロッパを横切って逃亡した私を、アメリカでは隠れ家を与えるだけではなく、敬意を持って受け入れてくれた」と、感謝した。

早速アギーレは、ニューヨークに、バスク亡命政府を移し、制度を整え機能を強化することができた。

コロンビア大学では、アギーレの講義を聞いた学生の中に、ハーバート・ルットレッジ・サウスワースがいた。彼はのち、バスクのゲルニカ爆撃に関する研究に取り組み、高い評価を受ける学者になった。

アギーレはまた、勢力的に中南米の国々を訪れた。

南米の国々には多くのバスク人が居住していた。子だくさんのバスクの家庭では、長子に家を継がせるから、年下の子供達の中には一六世紀以来、中南米に運を求めて渡る人々が多かった。バスク人は、その勤勉さから成功者が多く、彼らはバスク人としてのアイデンティティは決して失わず、次々に来るバスク人に成功の足がかりを与えた。ちなみにラテンアメリカの解放者シモン・ボリーバルはバスク人である。

アギーレは中南米のバスク人社会から、熱烈な歓迎を受けた。彼らは「我々の大統領」を熱烈に歓迎した。バスク人の結束はますます強くなった。アギーレは、各地に作られていた「バスクの家」を中心にバスクの伝統行事の発展を奨励した。また、バスク語の普及にも力を入れ、その波は日本にも及んでいた。パリミッションから日本に派遣されたローラン・ラバルト神父はフランス・バスク人であるが、慶應義塾大学や当時の東京教育大学でバスク語の講師をしていて、この活動もアギーレの熱意に応えるものであっただろうと思われる。

一九四二年にはブエノスアイレスに、〝ＥＫＩＮ〟（「継承」という意味）という出版社を設立した。ここで、バスクの歴史、伝統文化などなど、一九七七年までに一〇〇冊を超える本が出版された。アギーレの『ゲルニカからニューヨークへ、ベルリンを通って』もここで出版された。ＥＫＩＮ社で出版されたバスク文化、歴史、民話など、どれもフランコ政府の禁書だが、密かにバスクに届けられたことだろう。また、これらの出版物によってバスクに関する知識を広く世界に広めた。また、チリで「エウスカディ」（Euzkadi, ＰＮＶ創始者サビノ・デ・アラナが命名した「バスク国」という意味の言葉）という新聞が発行されたが、これもバスクの同胞の許に秘密裏に持ち込まれた。

メキシコには、スペイン共和国の亡命政府も、カタルーニャ亡命政府も、ガリシア亡命政府も、パリがナチス・ドイツに占領されて以来集まっていた。バスク亡命政府は、スペイン共和国亡命政府から、ナバラを含むバスクの自決権を改めて与えられた。

アギーレはまた、アメリカ合衆国と交渉し、中南米におけるナチス・ドイツの動きをアメリカに報告していたらしい。

六　再びパリへ

アギーレはパリがナチス・ドイツから解放された一九四四年に再び亡命政府をパリに移した。フランスのナチス・ドイツからの解放に、バスクは「ゲルニカ部隊」を組織し、フランスのレジスタンスを助け、ナチス軍と戦った。アギーレは終始連合国側に立ち、ナチスと戦うことを宣言している。

バスクに居住するバスク人は、アギーレ大統領の亡命の中、フランコ政府の残虐な治世下にあって苦しんでいた。ギプスコアとビスカヤは、裏切り県として差別され、バスク語を始め、バスク民族を象徴するものは全て「法律」によって禁止された。逮捕、処刑されたバスク人は数かぎりない。スペイン内戦中バスクでの戦死、空襲などの死者は、推定一八、五〇〇人、フランコ体制の中、国家への反逆罪で殺されたのは、これも推定だが、五六、三三〇人に達する。こういう状況の中、アギーレは、「レジスタンス委員会」を組織し、ヨセバ・レソラを責任者に任命した。一九四七年と一九五一年に、ビルバオとサン・セバスティアンを中心として、大きなゼネストが行われた。バスク亡命政府の支援のもと、レジスタンス委員会、ＳＴＶ（バスク労働者連帯、ＰＮＶ系の労働組合）の呼びかけで、二五万人が参加した。フランコ政権へのバスクの反撃である。

これらの費用は、アメリカ大陸のバスク人が拠出した。

イタリアは一九四三年に降伏し、一九四五年五月八日にはナチス・ドイツの無条件降伏により、ヨーロッパ大陸における第二次世界大戦は、連合国側の勝利で終わった。これでフランコ政権は孤立するだろう。実際、一九四五年から一九四七年まで、フランコ政権下のスペインは孤立していた。国連のスペイン代表は、バスク亡命政府からの一人だけだった。

しかし、アメリカとソ連の対立から、冷戦の時代に入り、反共主義を掲げるフランコの立場にアメリカが近づき、トルーマン大統領は「フランコはもはや脅威ではない、何か有効な条約を結ぶ必要がある」ことを表明した。一九五三年には、フランコ体制下にあるスペインが、ユネスコに加入した。このことは、アギーレに、そしてバスクに、絶望的ショックを与えた。バスクはこれら大国の援助に頼ることはできなくなった。

いつまで経ってもバスクの主張は実らず、アギーレの平和的な方法では効果がないと、テロを実践するＥＴＡ（バスク・祖国と自由）が一九五九年に誕生した。その次の年、一九六〇年にアギーレは、祖国の土を踏むことなくパリでその生涯を閉じた。五六歳だった。副大統領だったレイサオラが二代目の大統領になった。

七　フランコの死・新しいスペイン

一九七五年、やっとフランコが死んだ。フランコは、自分の後継者としてファン・カルロス王子を教育していたが、彼の死で国王に即位したファン・カルロス一世は、フランコの意思に反し、立憲君主国として憲法、二院制国会の制度を後押しし、民主国家の方針をとった。一九七八年には憲法も制定された。

フランコ体制下で敵視され、弾圧されてきたバスクも、カタルーニャも、これで解放されることになった。パリのバスク亡命政府はその役目を終え、レイサオラ大統領を先頭に一九七七年にバスクに帰還した。

バスクは、フランコ後のスペインで、ビスカヤ県、ギプスコア県、アラバ県が「バスク国」(País Vasco)という名で州となり、ナバラ県は一県でナバラ州となった。フランコは反乱軍の側に立ったナバラを優遇し、様々の特権を与えてきた。フランコ後の新しい体制の中で、ナバラは、他のバスクと同様に扱われるのを拒んだ。バスクの紋章の中にナバラを表す部分を消すようにさえ要求している。かつて王国だったナバラのプライドなのだろうか。

フランコ後のスペイン国は、民主主義国になった。バスク語はスペイン語とともに公用語になった。スペインの他の州にはない経済協定、バスクがスペイン政府に一定額の「賦課金」を支払い、バスクの税制はバスク自治政府の自由とされた。この財政の裁量権は、歴史的特権としてバスク、ナバラと共に認められている。

しかし、バスクは独立したわけではない。アギーレの死の前年に生まれたＥＴＡは、独立をあくまで求め、テロを度々起こした。ＥＴＡは党名をＨＢ（Herri Batasuna 人民統一）と名乗り、選挙にも参加したが、民主国になったスペインでのテロには国際的に批判が多く、最終的にＥＴＡのテロは、二〇一一年一〇月二〇日にやっと終焉した。バスク民族政党は、ＰＮＶを穏健派とし、独立を強く主張する強硬派ＨＢ（選挙の都合でＥＨ、バタスナ党、EH–Bildu などと名前を変えつつ続いている）が、バスクの独立を目的とする民族政党左派として機能している。

八　バスクの今

二〇〇四年はアギーレの生誕一〇〇年に当たる。一九三七年に自治が認められ、アギーレが大統領として執務したビルバオの建物の前に、アギーレの像が建てられた。また、彼の生まれた町ゲッチョでは、彼を名誉市民にした。

『エル・ムンド』紙によると、二〇一六年一〇月七日、バスクが自治権を認められてちょうど八〇年目の記念日に、今の大統領、イニゴ・ウルクリュ主催の、初代大統領アギーレを讃え、またバスクの民主勢力が、総力を挙げて「バスクの独立」を志していこうという催しがゲルニカで開催された。

この日参集したのは、歴代大統領、ガライコエチェア（ＰＮＶ）、アルダンサ（ＰＮＶ）、イバレチェ（ＰＮＶ）、パチ・ロペス（ＰＳＥ）と主催者であるイニゴ・ウルクリュ（ＰＮＶ）、そしてアギーレの家族、政党ＰＮＶ、EH Bildu とＰＳＥ（バスク社会党）の代表者、この中には、テロ容疑で一〇年の刑の判決を受け、八年で釈放されたばかりのアーノルド・オテギがいた。またアギーレゆかりの自治体の代表、音楽家、作家も招待され、その中に、キルメン・ウリベ（『ムシエ・小さな英雄の物語』など、邦訳もある）の名もあった。

『エル・ムンド』紙のこの記事を見て、アギーレが行なってきたように、党派の垣根を超えて「民族の独立」に向けての道を志していこうという意志を、これからもバスク人は持ち続けていくのだろうと思えた。

二〇一六年のバスク自治政府選挙で、ＨＢの流れをくむ EH Bildu は一七議席を獲得したが、これは総議席七五人の二二・七％にあたる（ＰＮＶは二九議席、三八・七％）。バスクの民族政党に投票した人は六割強で、「バスク人」意識を持っている人は、アギーレの時代から決して減っているわけではない。

バスクは健在である。

参考文献

（スペイン史・スペイン内戦）
ヒュー・トマス『スペイン市民戦争　Ⅰ・Ⅱ』（都築忠七訳）、みすず書房、一九六六年
斉藤孝『スペイン戦争』中公文庫、一九八九年
立石博高・関哲行・中川功・中塚次郎編『スペインの歴史』昭和堂、一九九八年
ポール・プレストン『スペイン内戦』（宮下嶺夫訳）、明石書店、二〇〇九年

（バスク・ナバラ）
Ugalde , Martin de, *Historia de Euskadi V*, Madrid, 1982

Steer, G.L., *El Arbol de Guernica*, 1978 (*The Tree of Gernika– a field study of modern war*, London, 1938.)
渡辺哲郎『バスク・もう一つのスペイン』彩流社、一九八四年
渡辺哲郎『バスクとバスク人』平凡社、二〇〇四年
石塚秀雄『バスク・モンドラゴン』彩流社、一九九二年
狩野美智子『バスクとスペイン内戦』彩流社、二〇〇三年
バード、レイチェル『ナバラ王国の歴史』（狩野美智子訳）、彩流社、一九九五年
ホセ・アントニオ・デ・アギーレ『バスク大統領亡命記』（狩野美智子訳）、三省堂、一九九五年（Aguirre y Lecube, Jose Antonio de, *De Guernica a Nueva York pasando por Berlín*, Editorial Vasca EKIN, 1944.)
ルイス・デ・カストレサナ『もう一つのゲルニカの木』（狩野美智子訳）、平凡社、一九九一年
萩尾生・吉田浩美編著『現代バスクを知るための50章』明石書店、二〇一二年
Estella, Bernardeno de, *Historia vasca*, Bilbao, 1979.
Davant, Jean Lous, *Historia del Pueblo Vasco*, Donostia, 1977.
San Sebastian, Koldo, *El Exilio Vasco en América*, San Sebastián, 1988.
Irujo, Xabier, *Expelled from the Motherland" (The Government of President José Antonio Agirre in Exile 1937-1960)* Reno, Nevada, 2012.
Fusi Aizpurua, Juan Pablo, *El problema vasco en la II república*, Madrid, 1979.
Southworth, Herbert Rutledge, *La destrucción de Guernica*, Ruedo Ibérico, 1977.
Gerediaga elkartea "*DURANGO 1937 MARTXOAK 31*".
日本スペイン法研究会・サラゴサ大学法学部・Nichiza日本法研究班、共編『現代スペイン法入門』嵯峨野書院、二〇一〇年

「ゲルニカ爆撃」事件

渡部　哲郎

はじめに

空前の出来事に対してあれこれと「打つ手」を思い巡らす。「事件」が発生し、それも戦時という待ったなしに事態は動いている。思い巡らす「時間」もなくなり、偶然の「作為」が寓意を生み、時間が経過した後にはそれらが偽りの「事実」となってしまう。それぞれの「立場」から正当性が主張される。「事件」実行者は単に作戦を遂行した、事を積み重ねるように。八〇年前の「事件」の出来事を積み重ねて得られた事実と渦中の「思い」「作意」は整理して伝えることが肝要であろう。ゲルニカの「事実」、「真実」は何か、今でも求められ続けている。

スペイン内戦の中で、一九三七年四月二六日の事件は必ず取り上げられる。その日午後四時半ごろから約三時間、ドイツのコンドル兵団を中心に、イタリア軍飛行機も参加して人口七、〇〇〇人のバスクの町ゲルニカは爆撃された。同年三月末日からスペイン内戦の主戦場は北部戦線に移っていた。国民戦線の北部方面軍（フランコ軍）がバスクの町に総攻撃をかけ、ドゥランゴの町に続きゲルニカを空襲した。爆弾と焼夷弾が投下され中心街三〇〇家屋の建物七一％が破壊されたが、議事堂と聖なる木は火災を免れた。犠牲者の数は、爆撃二日後にフランコ軍がゲルニカを占領し被害状況を封印したために定かではない。直後から現場にいた目撃者やバスク自治政府側のコメントには「多数、かなりの」犠牲者としかなく、正確な数字はない。

バスク自治政府とスペイン共和国首都バレンシアにあったバスク代表部が「八〇〇人」と発表、共和国政府宣伝パンフレットには死者「一、六五四人」、負傷者「八八九人」と具体的な数字が登場、これが国際的に流布した数字となった。この根拠のない具体的な数字が一人歩きしたのは「宣伝」による。爆撃後占領したフランコ軍は爆撃を否定した。一九三七年当時の町の戸籍登記簿が焼失したので復元された登記簿（三七年一一月から四八年七月分）には住民三一人死亡の記録がある。

その後、保守派の歴史家（リカルド・デ・ラ・シエルバ）は「一二人」、フランコ体制下のジャーナリスト（ビセンテ・タロン）は「二〇〇人」、当時の戸籍、墓地、病院、住民証言などの情報を整理・分析したジャーナリスト（G・トーマスとM・モーガン・ウイッツ）「一二六人」、町の建築家（カストル・デ・ウリアルテ）の証言「二五〇人」、空軍の専門家で爆弾の威力など客観的な資料を精査したという軍人歴史家（ヘスス・サラス・ララサバル）「一二〇人」などなど、それぞれ真実と称して論戦が続いた。一九九〇年代初め、地元のジャーナリスト（ウンベルト・ウンスエタ）は被害者が収容されたビルバオ市の病院記録や戸籍登記簿を個々に当り、一二〇から一五〇人の数字を出し、一一五人を特定したと報告した。当時の中心に位置するゲルニカ町中心街の一角（三三家屋）を図面上に再現し、住民の消息確認をすると、犠牲者は三人。このように確認作業が進み、爆撃犠牲者数は一五〇人前後と予測可能になった。

その前にあった、三月末日のドゥランゴ爆撃については、二日後に英仏の国際調査委員会が入り、焼夷弾は使用されなかったものの爆撃による死亡者二五八人、負傷一四五人と明確な数字がある。市街地八五％が被害を受けたこの爆撃は世界にも発信されて、「事件」が日本の新聞にも報道された。しかし、ゲルニカ「事件」は詳細がなく、「ベタ」記事であった。

一　現場の第一報、証言

ゲルニカ爆撃の第一報は『タイムズ』紙特派員ジョージ・スティアの記事（ビルバオ発、四月二七日電）から始まった。

「バスク人最古の町であり、その文化的伝統の中心であるゲルニカは、昨日午後、反乱軍飛行部隊によって完全に破壊された。戦線から遠く離れた、この無防衛都市の爆撃は正確には三時間一五分続いた。その間、三種のドイツ機ユンカース型とハインケル型爆撃機、ハインケル型戦闘機からなる強力な編隊が最大一、〇〇〇ポンド（約四五三キロ）爆弾と、見積もれば重量二ポンド（約一キロ）のアルミニウム製焼夷弾三、〇〇〇個を町の上空に休みなく投下した。他方、戦闘機は町の中心から郊外の畑へ外に逃げ出す住民たちを機銃掃射して追った。……

目標の選定においてもだが、その執行や破壊の程度においてゲルニカ爆撃は軍事史上、例をみない。ゲルニカは軍事目標ではなかった。……爆撃の目的は、明らかに市民の士気を喪失させること、バスク民族揺籃の地の破壊であった。」

爆撃直後に、バスク自治政府大統領アギーレは声明を出していた。

「スペインの反乱側についたドイツの飛行機がゲルニカを爆撃し、すべてのバスク人が崇める歴史的な町を焼き尽くした。それら飛行機はわれわれの愛国精神の最も感じ入れるところでわれわれを傷つけようとした。エウスカディ（バスク）が何世紀にもわたって自由と民主主義の聖なる御堂の場所とさえ言えるところを、ためらいもなく破壊する者たちに何も期待することができないことを何度も示しながら。この屈辱に対して、すべてのバスク人は激しく抗議しなければならない。そして、心から我々民族の考えを必要とならば、強い執念と英雄心でもって守ることを誓う。われわれは事態の重大さを隠すことができない。もし、われわれの精神を力強く確固として高めながら、われわれが侵入者を打ち負かすと誓うならば、侵入者は決して勝利しないであろう。……今日の侮辱はすぐにもわれわれを勝利へ導くための突き先棒となろう。」（二七日夜、アギーレ）

『タイムズ』紙特派員ジョージ・スティアが、その第一報の内容、わけても「ゲルニカは軍事目標ではなく、……バスク民族の揺籃の破壊」と断言したことに疑問が持たれてきた。この記事は彼が爆撃当日（二六日）ニュース現場には途中までしか行けず、バスク政府首脳に取材をして完成した記事であったと。その内容はアギーレの主張と一致する。欧米に広まったゲルニカ報道にある「バスクの大義」キャンペーンは、アギーレの相談役であったオナインディア神父が発意して訴え、自らフランス、バチカンへ出向いて発表したものである。この流れから「バスク民族の揺籃の地の破壊」が定着した。

アギーレの第一声を受けて、フランコ陣営のサラマンカはラジオ放送で直ちに反論した。

「嘘つけ、アギーレ。卑劣な嘘つき。第一に、国民戦線にはドイツの飛行機も外国の飛行機もない。スペインの飛行機はあるが、気高く、勇ましいスペインの飛行機はロシアやフランス製の外国人操縦士が操る赤の飛行機といつも戦っている。第二には、ゲルニカはわれわれによって焼かれたのではない。フランコのスペインは、火付けはしない。放火の松明はイルンの火付けども の物だ。その者どもがエイバールを焼き、トレドのアルカーサル（王宮）の守備隊を生きたまま焼こうとした。」（二七日夜、フランコ陣営のサラマンカからのラジオ放送）

再びアギーレは訴えた。

「われわれの判断を委ねるべき神と歴史に対して、私は三時間半にわたってドイツの飛行機がかつてない残忍さでもって歴史的な町ゲルニカの無防備な市民を爆撃したと言明する。町を灰にし、機銃掃射で女や子供を追い回した。彼らの多数は死んでしまった。その間、恐怖から逃げ回ったものもいた。」（二九日、アギーレ）

サラマンカのフランコ将軍司令部は敵の共和派民兵が退却の時に火を放ったと否定したが、バスク自治政府はゲルニカの蛮行を非難するキャンペーンを展開する。史上初の「無防備な都市」への無差別爆撃を訴える最初の主張であった。

フランコ陣営は反論する。四月二六日には天候が悪く、自軍の飛行機が飛行できなかったことを挙げ、四月二九日夜半にサラマンカの司令部ら次のような発表をした。

「ゲルニカは人とガソリンによって破壊されている。邪悪で罪深いアギーレ側の赤の一団が町に人をつけて廃虚にした。……放火は一昨日に始まり、アギーレは破廉恥な嘘をついていた。というのは、彼は共犯でありながら、その罪を我が国民戦線軍の勇敢な気高い飛行隊に負わせた。国民戦線の飛行壊が雲のためにゲルニカ上空にもビスカヤ戦線の他のどこの地点にも水曜日には飛行していなかった、といつでも証明できる。昨日確かに国民戦線の飛行機はゲルニカ上空に飛行した。その飛行機が飛んでゲルニカのものすごい火災写真を撮った。町は殆ど破壊されているように見える。アギーレはゲルニカの破壊を敵に負わせて、バスク人の中に怒りの運動を起こすためにその破壊を準備していたのだ。……」

四月二九日正午ごろ、総司令官モラ将軍が率いる北部方面軍はゲルニカを占領していた。欧米の新聞がモニターして批判をすることになる「ラジオ・セビーリャ」から南部方面軍総司令官ケーポ・デ・リャノ将軍が繰り返し次のように述べていた。

「(ゲルニカは)アストゥリアスの鉱夫部隊に占領された。彼らは普段からダイナマイトを扱い、それほど気もとめないで彼らの邪魔ものを破壊した。エイバールでもそうであったように。」

このようにして真逆な「事実」が主張され、初動の「事実」は消されてしまった。その中で論調が過熱するほどナーバスなテーマとなったのが「ゲルニカ爆撃事件」だった。

その一方で「ゲルニカ」の地がそこまで注目されることを知らなかったのがこの「事件」に直接に関わった外国人たちであった。つまり、ゲルニカ爆撃の当事者たちの証言である。その爆撃がドイツのコンドル兵団とイタリア軍の飛行部隊によって実施されたことは、今日疑い得ない事実である。しかし、そのゲルニカの町の持つ意味をドイツ・イタリアの外国人たちが事前に知っていたか。またこの作戦がスペイン側と協議し了承を得ていたものであったのか。それに、後に問題となる爆撃の心理的効果を狙った威嚇攻撃であったのか。議論が続いた。コンドル兵団の参謀長フォン・リヒトホーフェンは、ゲルニカ占領の翌日、四月三〇日に現地を視察して日記を書いている。

「住民五、〇〇〇人の町、ゲルニカは文字通り大地と化した。攻撃は二五〇キロ（爆弾）と焼夷弾で行われたが、後者はおよそ三分の一。ユンカース第一飛行中隊が到着した時、すでに至る所に黒煙（三機で攻撃したVB部隊による）、もはや道路、橋、城外の目標を認めることができず、そこで市内に投下した。二五〇キロはいくつかの家を倒壊させ、水道を破壊した。焼夷弾はそれまでにばらまかれて、効果を発揮する時間があった。家の建築様式……瓦葺きの屋根。木の回廊、木骨建築は完全に壊滅した。……住民の大部分は祭日のため外にいた。その他の大衆は、はじまった時すぐ町を見捨てた。一部は見つけた避難所で死んだ。……爆撃による穴がいまだに見られるが、全くおそろしい。……町は少なくとも二四時間にわたって完全に封鎖された。敵軍が退却する以外に方法がない場合には、それは戦勝をおさめるための絶好の前提であった。それはまさにわが二五〇キロとＥＣＢ１（エレクトロン焼夷弾）のおさめた完全な技術的成功である。」

ドイツのベルリンでは、爆撃の翌日からヨーロッパの新聞でドイツの蛮行が取り上げられるに付き、サラマンカのドイツ派遣部隊の総司令官シュペレルに報告を求めている。四月二八日にシュペレルはその返答し、ゲルニカの町に入る道と橋のみが破壊されたと報告した。この橋（エンテリア橋）と進入路が攻撃目標と発表された最初と思われる。またサラマンカのシュペレルは、ゲルニカが交通の要衝で武器製造の町であることをベルリンに報告した。よく巷間に伝播されているゲルニカの「神話」と言われる部分は、フランコ陣営内部とドイツとのこのような対応から形成されたと考えられる。さらに攻撃側の様子を伝えている史料がある。当時、コンドル兵団司令部に滞在していた特別司令部「Ｗ」の将校イエネッケ大佐のスペイン滞在報告書（一九三七年五月一八日付）である。

「ゲルニカは、イタリア人により、そしてさらに後にはドイツ人が橋と道路交差点に向けて投下した爆弾によって、徹底的に破壊され、この町ではスペインの他地方とちがい、家屋建築に多くの木材が使われていたために焼失した。住民は逃げだし、消火できなかった。バスク民族によって聖化されてきた神聖な樹は焼けずに残った。ゲルニカは何よりも空軍の完全な戦果だ。赤側の全地帯からの唯一の退路は、炎と二メートルに及ぶ廃虚とで完全に絶たれた。」

このようにドイツ側も認めることは、ゲルニカ報道の第一報となったスティアの記事に述べられている。それゆえに、ロンドンとニューヨークで報道された記事はほぼ正しいゲルニカ爆撃の評価であった。

二　論　戦

スペイン・フランコ軍の飛行機も少しながら攻撃に参加していたことも分かっている。前述したようにフランコ側から発せられたものは事実を曲げる反論宣伝にすぎない。厳しい検閲があったにしても、当時ビトリア発のゲルニカ報道はスティアの記事を打ち消すように伝えられた。四月二九日正午前（正確には一一時四〇分）、国民戦線軍はイタリア兵を伴ってゲルニカに入城し、イギリス、フランス、イタリア、ドイツ、スイス、スカンジナビア、東欧、南米の外国人特派員を伴っていた。彼らの一報は、同日と五月初めにそれぞれの国の新聞に掲載されている。その内容は、ゲルニカ火災の様子を伝えるものであった。フランコ陣営のセビーリヤで発行された『ＡＢＣ』紙は四月二九日夜半にサラマンカ司令部の発表として、赤の分離主義者の放火とゲルニカの町を象徴する教会や議事堂や聖なる木をレケテス（カルリスタ民兵）が守っている様子を伝えた（『ＡＢＣ』セビーリヤ、三七年四月三〇日）。

また、同じ二九日にフランス側のビアリッツからビルバオまで運行されていた飛行便を利用して、ビルバオ経由で占領される直前のゲルニカ入り、町の写真撮影をしたフランス人記者がいた。『ラ・プティ・ジロンド』紙のジョルジュ・ベルナール記者はフランスのボルドー発でゲルニカの写真を五月一日の同紙に掲載した。フランスでは、この日にアバス通信社がモラ将軍との会見記事を配電していた。その内容は、ヨーロッパの各紙には五月九日に掲載されている。

ビルバオにいたスペイン人特派員によるゲルニカ爆撃の第一報が遅れたアバス通信社は、ビトリアからは次々にニュースを送っていた。アバス通信社内部でのゲルニカ報道に対するサボタージュが懸念される中で、フランスの世論を沸き立たせたのは、バスク人のカトリック役僧アルベルト・オナインディアの記者会見であった。爆撃当日ゲルニカに入り、その惨状を目撃したオナインディアはビルバオに帰り、バスク大統領アギーレと会見した後に空路フランス領のビアリッツに向かい、そこでフランス七社ほかの報道機関にゲルニカ事件を伝えた。オナインディアは、ビルバオ出発にあたって二七日にも報道機関にゲルニカを訴え、二八日にビアリッツに到着、会見、その夜の夜行列車でパリに向かった。翌二九日にパリ到着とともに記者会見に臨んだ。その会見内容が翌三〇日のフランス各紙に掲載された。その日、オナインディアはロンドンの『ディリー・ヘラルド』にも会見した。

オナインディアの主張は、『タイムズ』紙のスティア記者に始まる事件報道とは違っていた。彼はゲルニカを訴えながらも、バスクの運動、つまりバスク民族運動の正当性を訴えていたのである。その中でもバスク民族運動がカトリックの運動であることにその主張が貫かれている点に注日する必要がある。この主張によって後にフランス世論がゲルニカ事件を介してバスクに傾いて行くのである。なかでもフランス・カトリックの支持をバスク側が獲得して行く。さらにローマのバチカンも動かされた。このように、バスク政府によるカトリック世論を味方に付けての反フランコ陣営のキャンペーンの開始にフランコ側が気づく、気づかないは別にしても、サラマンカのフランコ陣営の司令部はカトリック世論の自陣への反発を懸念せざるを得なくなった。反対にバスク政府はこれら世論とバチカンの姿勢を味方に今や陥落しつつあるバスクの建て直し、バスク難民の救出など、またイタリアとの単独終戦交渉を進めて行く。

スペイン国内は内戦の勃発で分裂していた。もともとマドリードの新聞であった『ＡＢＣ』紙もマドリードが共和国陣営にあったために、政治的には王党派の意見を代表していたので反乱の勃発とともに反乱軍陣営の領域となったセビーリャにおいても『ＡＢＣ』紙がマドリードと別に発刊された。その双方の『ＡＢＣ』紙を見ると、バスク側の広く世論に訴えようとする姿勢と、サラマンカ陣営の必死になってゲルニカ爆撃の事実を否定しようとする態度が対照的に鮮明に表れている。フランコ側のサラマンカからの報道は、ドイツと口裏を合わせた虚実を塗り重ねて、バスクを悪者に陥れようとする。これに対してバスク大統領アギーレは宗教的格調の高さを守りながら自らのバスクの正義を訴える声明を繰り返し、オナインディアがバチカンと交渉した。このようにして、バスク政府はゲルニカ報道をバスク・キャンペーンに利用し、一方でフランコ陣営は諸外国のゲルニカ報道が事実を伝えているにもかかわらず、嘘で固めて行くことになる。両陣営は、社会的にも、思想的にも保守であり、カトリックを基盤としていた。

フランス世論の動向に見られたように、カトリック運動という宗教的要因をゲルニカ報道は持っていた。その一方でスティアの記事に見られるように戦争の恐怖、つまりこれから人類が経験するかもしれない非武装の市民が攻撃対象となる予感からゲルニカ報道は、ゲルニカ爆撃を一つの警鐘として伝わる。

最初のゲルニカ爆撃の報道は、爆撃当日の夜にビルバオから発せられたロンドンの『タイムズ』紙特派員ジョージ・スティアの電信記事であり、それが翌朝の『タイムズ』と『ニューヨーク・タイムズ』各紙に掲載された。その他ロンドンのロイター通信社のビルバオ電が『ザ・スター』、『ニュース・クロニクル』に載り、夕刊紙『ザ・イブニング・ニュース』と『イブニング・スタンダード』各紙も「ゲルニカ」を伝えた。『タイムズ』紙のスティアの記事が二四時間のうちに世界中に伝えられ、それが七二時間以内に論争に発展した、と言われるところにゲルニカ報道の特異性がある。

三　フランスの報道からピカソへ

H・R・サウスワースは『ゲルニカの破壊――報道・外交・宣伝・歴史』の執筆にあたってゲルニカ事件をめぐる戦時における報道のあり様を検証し、ゲルニカ爆撃の真相に迫ろうとしている。スペイン・バスクの歴史家F・ガルシア・デ・コルターサルは、ゲルニカ爆撃の重要性は事件のそれほどではない軍事的意味に根ざすのではなく、その象徴的な価値と宣伝への利用にあることが明らかであると言った。

その中でも、フランスへのニュース伝達は、「ゲルニカ」の象徴的な価値と宣伝への利用を明確に示している。まず、「報道の遅れ」が指摘されている。ビルバオから送られた情報はイギリスの新聞でスクープとして扱われた。北部バスク戦線の共和国陣営にあるビルバオにはイギリスの報道機関の特派員は三人いた。これに対してフランスはスペインと国境を接し、当時人民戦線協定が一時停止されていたとはいえ、レオン・ブルム人民戦線内閣の下にあったが、フランスの各紙はフランコ陣営に多くの特派員を派遣し、ビルバオにはフランス人特派員はいなかった。フランス各紙のゲルニカ報道は初めイギリスから入る情報を報じたのみであった。唯一ビルバオにスペイン人の特派員を置いていたフランスのアバス通信社もその対応に遅れた。三月二日に創刊したばかりのパリの『ス・ソワール』紙はベルギー人特派員が駐在し、フランスでは最も早い段階でゲルニカ爆撃を伝えたものの、ゲルニカの綴りを誤っている（Guernica が Quirmica に誤記）。イギリスの新聞が情報伝達を中心に行うのに対して、フランスの新聞は政治的な主張を主に扱うものが多い傾向があるが、それにしてもフランスの報道は遅れてしまった。この遅れについてフランス各紙に配電する役割にあったアバス通信社にみられる体質問題が指摘されている。歴史家ピエール・ヴィラールは「サボタージュ」とまで言っている。

「フランスの報道」が問題視されるのは、当時パリに住むピカソが制作した《ゲルニカ》にも関係するからである。当時パリにいたピカソがこの事件を耳にして、パリ万国博のスペイン館壁画に《ゲルニカ》を製作した（三七年五月）ことも、反響を大きくする。

ピカソは一九三七年五月からパリで開催される万国博覧会スペイン館の壁画制作をスペイン共和国政府から依頼されて受諾、《ゲルニカ》習作を開始するのが五月一日である。仏紙に報道された「ゲルニカ炎上」写真（『ス・ソワール』紙）がこの天才画家にヒントを与えたと言われる。ピカソのアトリエを訪問する恋人ドラ・マールによって完成に至る《ゲルニカ》の構図が写真撮影されている。ゲルニカ爆撃をヒントに不朽の戦争絵画が製作されたことは間違いない。この壁画の「運命」は内戦の帰趨にも関わり、依頼された共和国政府が敗れたために、作者がスペインに民主主義が戻るまで返還しないと決めた。そのためにピカソの《ゲルニカ》は万博閉幕（一九三七年一一月）からロンドン、フランス国内、ニューヨークと渡り、一九八一年九月フランコ没後の民主化が進むスペインの首都マドリードにやっと「帰国」した。民主主義と《ゲルニカ》の結びつきは「バスクの大義（＝民主主義）」追求が《ゲルニカ》のバスク帰還要求にまで拡大して考えられた。

筆者は「戦争報道」をテーマにゲルニカ爆撃が日本にいかに伝わったかについて調査したことがある。一九三七年三月末日に近くのドゥランゴの町が爆撃された時には、国際調査団が直後の町に入り報告資料を作成し、日本にも報道された。しかし、四月二六日のゲルニカ爆撃は、英米各紙が速報しているにもかかわらず、雑誌『セルパン』（第一書房）七月号が新聞報道の感度の悪さを嘆くように、事態を詳述していない。その雑誌九月号は、おそらく日本で最初にピカソ《ゲルニカ》の写真を掲載していた。

隣国フランスにおける報道の事情は前述した通りであり、世論が「ゲルニカの真相」の詳細を知るのに時間がかかったことも事実だった。敗色濃厚なバスク自治政府はゲルニカ爆撃によってカトリック世論を味方に付けるべく行動したことが明らかだ。フランスの通信社はフランコ陣営中心に配置していた。さらにフランコ側は内戦を反キリスト教陣営に対抗する「十字軍」と位置づけてフランス保守世論（多くがカトリック教徒）の支持を受けていた。スペインの中で最もカトリックが強いと自認するバスク地方が同じ信徒であることを前面に出すフランコ陣営によって破壊されようとしている。バスク政府大統領顧問のカトリック神父がフランスを回り、バチカンまで「ゲルニカの真相」を伝えるために記者会見と講演を行っている。この効果がフランス保守派カトリック世論を動かした、と言われている。「カトリックによるキャンペーン」がパリに陣取る日本人記者の感度を鈍らしたとも考えられる。さらに、日本では報道統制が強化され始め、その題材に「スペイン内戦報道」を扱ったこともあった。

日本での感度を鈍らしたのは、スペインおよび隣国フランスにおける「混迷」「迷走」もあったから、とわかってきた。ピカソがゲルニカ「情報」に確信を持つようになるのに時間を要したことも、このような事情が反映していたであろう。ゲルニカ「事件」報道の道筋は、「爆撃」の衝撃、重大さに加えて、考慮されても良い。この意味からもゲルニカは「戦争プロパガンダ」の一例として扱われることが多いのもうなずける。

おわりに――スペイン、フランス、日本の事情

フランコ軍はドイツ・イタリアの飛行部隊の支援を受けて、山がちなバスクの地を効果的に攻撃した。攻撃開始日のドゥランゴ爆撃に続き、制空権のないバスク軍を空から攻撃し、それに地上軍が呼応して進軍する作戦がとられた。バスクの都市に対する空襲作戦、その過程でゲルニカ爆撃が起こったのである。このゲルニカ爆撃におけるドイツの蛮行は、ヨーロッパの各新聞が将来の我が身を予想してか、大々的に取り上げたことは、前述した。しかし、いくら無防備の市民への爆撃が論じられながらも、「誰もゲルニカの言葉をあえて口にしようとしない」雰囲気がヨーロッパの外交団の内にはあったという。それは、不干渉政策のためであった。この時期、ゲルニカ報道とともにスペイン内戦に対する国際監視体制の状況が新聞紙上を賑わしていた。戦争の危機を、むしろその恐ろしさを伝えることから体得しようとするのではなく、外交手腕で回避しようとする当時の国際的事情・雰囲気があったのである。ゲルニカ報道に関しても、その口火となり、その内容が正確であったスティアの記事は五月六日にビトリアから『タイムズ』紙の正規特派員であったホルボーン記者が報道したゲルニカ火災の記事によって記事内容が疑われさえした。こ

のことは、当時の消極的な国際世論を物語る一面である。

日本における「スペイン内戦」のニュースをもう少し追ってみよう。一〇月の下旬から首都マドリードは攻防戦の修羅場になって行った。政府軍側にソ連の援助が本格的に行われ、それが表に出るようになると、ドイツとイタリアの反乱軍側への支援の様子が紙面を埋めるようになった。これには伏線があったのである。一一月二五日に締結された日独防共協定に繋がる伏線であった。一一月中の「革命軍」（＝反乱軍、フランコ軍）の動きは、ドイツ・イタリアの「革命政権」承認が間近いことを知らせ（一一月二〇日夕刊）、一一月二六日には日独防共協定の調印を報じた。さらに翌年一九三七年に入ると、もう新聞論調は反政府・革命軍側、つまりブルゴス政権（フランコ政権）支持を明確に打ち出していた。このように同盟通信社の報道姿勢は国策会社としての役割を果たすこと、つまり国益に合うことを探りながら国外のニュースを収集していた。それにつけ加えるならば、マスメディアの統制が以後に強化されて行くことを考慮すると、まだその統制の方法も十分には確立してはいない時期がスペイン内戦の勃発から一九三七年春のゲルニカ爆撃の時期であった。さらに、スペイン内戦は日本が国際連盟を脱退し国際的孤立の道を歩む中で最初に起こったヨーロッパの戦争であり、ヨーロッパの政治情勢を本格的に探り得る絶好の機会でもあった。この意味でも日本の報道機関が国際的情報戦において果たすべき役割を認識する機会となった。国際報道の立場から見れば、スペイン内戦は第一次大戦以来再び到来した大事件であり、欧米の特派員が現地に入って行った。しかし、日本の報道機関から特派員派遣は少しの例外を除けば、皆無に近い状態であった。

日本の新聞（『朝日』、『大阪日日』、『読売』、同盟通信配信『静岡民友』）は北部戦線についてバスク総攻撃の戦況「戦時ニュース」（ドゥランゴ爆撃からビルバオ陥落まで）を報道していたが、問題となる四月二六日のゲルニカ爆撃、四月二九日のその占領に関する記事は経過報告にとどまり、内容については全く触れられていない。その爆撃について「速報」で伝えられた欧米各紙の比ではない。日本の各新聞紙面は、ゲルニカ爆撃の時期、三月三一日に衆議院が解散し、四月三〇日から第二〇回総選挙が実施されたことから、選挙関係を中心とした国内政局が多くを占めている。当時の新聞には、今日のように国内記事と国外記事が別々な紙面を設けて掲載されず、一緒に政治関連記事として紙面が作られていた。しかし、ゲルニカ爆撃の事件が欧米の新聞に大々的に報道されていたことから、少しも掲載されていないのは不思議にさえ思えるのである。当時のフランスの報道事情がこれに影響していたと考えざるを得ない。その一端を前述したようにフランスの各新聞に配電していたアバス通信社を初め特派員のほとんどを国民戦線・フランコ側に派遣していたフランス新聞各社の事情があった。フランスにゲルニカ爆撃の様子を伝え、世論に影響を与えるようになったのは、バスク人のカトリック神父オナインディアの会見記事であったが、一部のフランスの新聞社にしか取り上げられなかった。ロンドンを初めとした報道機関にはビルバオからのゲルニカ爆撃の第一報とともに事件への注目度は高かったはずである。その後、国民戦線側にいたフランス人特派員の「放火」情報が入って来ると、オナインディアの主張も疑われた。オナインディアの主張は、バスクのカトリック運動の一環としてローマの教皇庁への訴えと連動して、フランスのカトリック与論に反響が見られるようになった。しかし、爆撃か、放火か、「ゲルニカ」は双方陣営の宣伝合戦にもなってしまった。これに対してカトリック与論に影響力のあるフランス・アカデミー会員であるフランソワ・モーリャックなどの知識人たちが、初めの沈黙を破って親バスクの論陣を張るようになった。これはフランコ陣営への打撃となり、フランコ軍はバスク無条件降伏を急ぐことになった。

このようにゲルニカ報道は与論に浸透して行くなかでカトリック、つまり宗教的な要素が「バイアス」となって伝わったのも事実であった。この宗教性を脱却させたのが、パリ万国博覧会の会場に掲げられたピカソの壁画《ゲルニカ》ではなかったのではなかろうか。『タイムズ』の報道に始まるニュースを、スペイン、フランス、日本における報道を比較すると、「ゲルニカ」報道の本質が分かってくる。

また、出来事のその後を見ると、当時のドイツ航空相、つまりドイツ機派遣の最高責任者ヘルマン・ゲーリングはニュールンベルグ法廷で「スペイン内戦は（創設したばかりの）私の若い空軍を試す機会だった。同様に私の部下たちは経験をした」と証言し、爆撃したパイロットの一人アドルフォ・ヘルマンは「爆撃は市民にとってはリンチの鞭だった」と言う。一九九七年四月二七日「ゲルニカ爆撃六〇周年」式典において、ドイツ連邦共和国大統領ロマン・ヘルツォークは「私はその過去に鑑み、関与したドイツ飛行機の罪を明確に認めましょう。私はその攻撃の生き残りで、その生々しい恐怖の証人であるあなたがたに同情と悲しみの意（言葉）を手向けます」と述べた（マドリード駐在大使代読）。禍根への和解は進んでいる。

初出データ　引用訳文は以下の拙稿による。

渡部哲郎「スペイン内戦・ゲルニカ事件報道——日本に於ける報道の例」『常葉学園大学研究紀要　外国語学部』第四号
一九八七年

参考文献

Cava Mesa, María Jesús, *Memoria colectiva del bombardeo de Gernika*, Bilbao, 1996.

Cierva, Ricardo de la, *Historia ilustrada de la guerra civil española*, Madrid, 1970.

García de Cortázar, Fernando, "Guernica,medio siglo después", *Historia 16*, nº 133, 1987.

Salas Larazábal, Jesús, *Guernica. el bombardeo*, Madrid, 1981.

Kasper, Michael, *Gernika y Alemania. Historia de una reconciliación*, Bilbao, 1998.

Southworth, Herbert R., *La destrucción de Guernica*, Barcelona, 1977.

Talón, Vicente, *Arde Guernica*, Madrid, 1970.

Thomas, G. y Morgan-Witts, *M., El día en que murió Guernica*, Barcelona, 1976.

Watanabe, Tetsuro, La guerra cvil española y "Guernica" en la prensa japonesa, *Congreso de Historia de Euskal Herria*, Vol. 7, 1988.

El Correo Digital, 25 de abril de 2004.

荒井信一『ゲルニカ物語——ピカソと現代史』岩波新書、一九九一年

荒井信一「ゲルニカ——歴史と象徴」A・ブランド『ピカソ〈ゲルニカ〉の誕生』（荒井信一訳）、みすず書房、一九八一年

渡部哲郎『バスクとバスク人』平凡社新書、二〇〇四年

Carlos Arenas Posadas, "Andalucía en guerra(1936-1939). Los antecedentes, el conflicto y la represión de los vencidos".

戦乱のアンダルシア（一九三六〜三九）
——その背景と戦闘、そして敗れた者たちへの弾圧

カルロス・アレナス・ポサーダス

アンダルシアはその面積がおよそ九万平方キロ、スペインでは二番目に大きな地方である。今日のヨーロッパ連合の多くの国々よりも広い。この章で扱われる時代、一九三〇年代にはほぼ五百万の人口を抱えていた。この数字は、当時のスペインの総人口の約二〇パーセントに相当した。大多数が農村地帯、それも中規模の集村に居住しており、農業人口が就業人口の七〇パーセント近くを占めていた。

一九三〇年当時のアンダルシアの経済的・社会的な構造の最大の特徴は、主要な生産手段である土地の所有のあり方の明らかな不均衡にあった。とりわけ西部における巨大な私有地、ラティフンディオ（大土地）は、アンダルシアの農業のパノラマを決定づけた。どの市町村自治体でも、数十人の土地所有者が耕作可能な土地の最大かつ最良の部分を占有する一方で、数百人の農民が、自分たちが生き延びるためには他の収入源を求めることを強いられる小さな土地を分かち合っていた。この二つのグループとともに、第三のグループ、場所により農業人口の四〇パーセントから九〇パーセントの間を揺れ動く、土地を持たない日雇い農たちのグループが悲惨な暮らしを営んでいた。日雇い農たちは、「日当」を稼ぐために、地主から声がかかるのを待つしか生きるすべがなかった。アンダルシアの産業の選択肢の際立った乏しさ——工業も、強力なサーヴィス業部門もなかった——と農業生産の単作という性質——多くのところでは非灌漑地での穀物畑、別のところではオリーヴ畑、そして限られた地域での葡萄畑——を考慮すれば、農作業は大きく季節に制約されていた。年間の労働日は一五〇日ほどだった。そこから推測されるように、また、アン

ダルシア人たちの大半はもともと一九世紀に山林その他、生計維持のための共同体的な手段を奪われていた農民であったから、彼らは最大限の悲惨のなかで生息していた。同じ街並みのなかで、彼らの姿は大地主たちの富と巨大な教会の壮麗さとともにあった。それらの教会の塔からは、極度に貧しい集村が見下ろされた。

アンダルシアにあって、不都合に再分配されていたのは土地ばかりではない。他の形態の資本にしてもそうだった。その名に値するだけの立派な銀行がないなか、小農は高利貸に従属していた。その一方で、大地主たちは銀行や、市町村が運営する共済組合のような公的な機関からの信用の供与に特権的に与っていた。教育に関していえば、最も特筆されるべきは成年人口の半分は――この比率は〔労働人口に占める〕日雇い農たちの割合に合致する――字が読めなかったということである。アンダルシアのどの市町村役場も、就学児童の数に応じて最低限の教室を設置するとの国家のノルマを果たしていなかった。プエブロ〔町や村〕でも都会でも、資本の再分配は同じように不均等だった。持てる者たちは人生を謳歌し、自分たちのカジノやクラブの柔らかい肘掛け椅子から地元の労働市場や暮しを組織した。他方で、治安警備隊から厳しく監視されるなか、地元の守護聖人を讃えるパレードや巡礼への参加を除けば、農民や労働者たちが行動をともにすることは不可能だった。それぞれのプエブロのなかで権力を握っていた連中が、町や村の役場の安楽椅子や、県議会の議席を代々引き継いできた地元の大物と近しい人間たちであったことは、あえて断わるまでもないだろう。件の大物たちが直にそこに腰を下ろすにせよ、その意のままになる政治家やカシーケ（ボス）を介してであれ、である。権力の座から、そうした名門一族は自治体所有地や共有地を私物化するか、その用益権を独占していた。同様に、自分たちの分を低く抑えるため、税金の支払いは小地主や一般の消費者らに任せるように仕向けるか、土地所有の実態を偽った。要するに、政治的な元手が少数の掌中に集中していたのに引き換え、圧倒的多数の人間からは自分たちの将来を決めるための手立てが周到に奪われていたのだった。

ラティフンディオ、信用の欠如、識字率の低さ、不平等な人間関係、権力の私的な濫用、その結果としての慢性的な失業、社会的な不均衡、そして脅え。これらが、独特の制度上の風土、社会的・経済的なシステム、スペインの北の他の地方に存在する資本主義とは異なったそれを形成した。述べてきたように、こうした資本主義は、資金調達に関する極端な不平等、あるいは、同じことではあれ、資金を引き出すうえでの農業・商業エリートの並外れた能力によって特色づけられた。この資本主義の収益性が高かったとすれば、主としてそれは労働市場の極端なまでの柔軟性のおかげだった。この労働市場にあっては、日雇いの労働力の過剰が賃金を押し下げ、土地所有がもたらす富を増大させた。おかげで、農業の近代化や、農業からの他の生産部門への資本の移転に向かうはずの意欲が削がれてしまった。以上が、アンダルシアの経済の慢性的な後進性の原因である。

このような特異な資本主義の起源を発見するためには中世、具体的にはキリスト教のカスティーリャ王国とグラナダのイスラム教の王国、ナスル朝との間で国境が一応の安定を見た一二六五年から、〔レコンキスタ（国土再征服）が完了する〕一四九二年にかけての時代にまで遡らねばならない。この間、領土をめぐる長期化した戦争が繰り広げられるなか、戦う貴族たちは自らの戦闘能力を旨みのあるものとした。自らが押さえた空間の主人としての政治的な利益の抽出を、さらには富とサーヴィスの大がかりな生産とビジネスに挺身することによる経済的な利益の抽出をその特色とする経済的・社会的なシステムをまずは西アンダルシアに構築し、次いで征服されたグラナダにそれを持ち込むことによって、である。続く数世紀の間、こうした生産のモデルに本質的な変化は起こらなかった。このモデルのなかでは、地代や〔その他の〕経済的な収益、暴力や宗教的な狂信が相互に結びついていた。一九世紀初頭の自由主義革命そのものが、〔貧困にあえぐ〕アンダルシア人たちに自由を割り当てることはなかった。機会の欠如のせいで、彼らは持てる者たちの気まぐれに服従し続ける事態を強要された。その一方で、軍隊風の警察、治安警備隊がその「小ぢんまりとした詰め所」――小さな要塞――から、地元民たちの反逆の動きに監視の目を光らせていた。

以上のような環境のもと、そして必要に迫られるなか、アンダルシア人たちの一部が悲惨な境遇から逃れるための方策を個別に追い求め、大地主や商人やカシーケらと恩顧関係のうちに自らを慰めたというのは理屈に見合ったことである。このような物乞い風の態度に訴えて、彼らはより多くの仕事や貸し出されていた土地、あるいはささやかな恩恵や「お上」からの給付金を手に入れようとしたのだった。引き換えに、農民たちのなかのこの階層には大地主と日雇い農との間の緩衝材として奉仕する腹づもりがあった。おかげで、大地主たちの異論の余地のない権力はさらに強化されたのである。

これほどまでに明白な社会的な不平等という状況に直面して、階級憎悪は大衆階級の性癖の一部をなした。一九世紀と二〇世紀の最初の四半世紀のさまざまな折に、階級憎悪は爆発的な形で表現され、そのすべてが軍隊により圧殺された。一八六一年のロハ（グラナダ県）や一八九二年のヘレス・デ・ラ・フロンテーラに、そして特に一九一八年から二〇年にかけての周知の「ボリシェヴィキの三年間」に、そうやって農民たちは集結した。「ボリシェヴィキの三年間」には、やがて第二共和制に対する飽くなき謀略者となるマヌエル・デ・ラ・バレッラ将軍が、コルドバ県の農村地帯を占拠した。都市空間においても、連邦共和主義やアナキズムに鼓舞された労働運動が、一八八二年、九一年、一九一一年のような、ある程度の政治的な解放期や、一九〇一年や一八年から二〇年にかけての、雇用の危機やインフレーションの時期と符合しつつ高揚のときを迎えた。

強引にまとめてみれば、以上が一九三一年のアンダルシアに引き続き存在した経済的・政治的・社会的な状況だった。四月一四日、国王アルフォンソ一三世は〔ミゲル・プリモ・デ・リベーラ将軍のもとでの〕八年間の軍事独裁期をも含めて、二八年に及んだ自身の統治時代の後、王政派の候補者たちが敗北を喫した地方選挙を経て、マドリードを逃れて亡命。権力は、第二共和制の樹立を宣言した臨時政府のもとに移った。スペイン史上初めて、平和裡の市民主導の運動が軍隊に保護された国王を破るとともに、希望が持てそうな民主的な体制を導入する機会が生まれた。

かなり前から、共和国はアンダルシアにおける大衆の解放の神話的な対象だった。ところが、当初の希望を現実が裏切るまで、ほんのわずかな時間しか経っていなかった。スペインの社会を近代化するとの理念のもとに、新政府は保守的な共和派と改良主義的な共和派、そして社会党との間の政治的な協定から誕生した。共和派が差し出す中産階級の支持と、社会党に従う労働者勢力を計算に入れたうえでのことである。にもかかわらず、一九三一年には、これら二つの階級のいずれも、一方には大地主とカシーケたちが、他方には悲惨な労働者と日雇い農たちが陣取るアンダルシアにあって、量のうえで充分なまとまりをなしてはいなかった。

一九三一年の春と夏、アンダルシアの農村部で企てられた最初のストライキのいくつかは、いつもどおりの「お上」の返礼に出くわした。軍隊が大土地所有の防衛のために出動したのである。第二共和制の樹立が宣言されてから数日後、第二軍管区の総司令官に任命されたばかりで、後に軍事クーデタに与することになるミゲル・カバネーリャス将軍は戒厳令を布告した。つまり、同じ軍管区の政治的な指導を引き受けたわけである。マドリードの政府への相次いだ報告書のなかで、カバネーリャス将軍は社会的な動乱をめぐる自身の決断を正当化し、労働者たちの抗議を断ち切るために可能な手立てを講じるように進言した。将軍がアナキズムの根づきのために最も危険な県と考えていたコルドバ県の場合には、将軍は「三つの騎兵連隊と四つの歩兵連隊、それに治安警備隊の四つの部隊」の介入を要請した。

都市部での労働者たちと第二共和制との関係も、農村部よりましなものというわけではなかった。セビーリャでは、一九二九年のイベロアメリカ博覧会のための工事が終わるや極めて高い水準に達した失業が、労働者たちの間に非常な不快感を呼び覚ました。一九三一年の七月、共和派の市長が社会党の勧業相インダレシオ・プリエートに要請したように失業者たちを救済する代わりに、右翼のミゲル・マウラの手中にあった内務省とマヌエル・アサーニャが率いていた陸軍省は準軍事的な集団〔治安警備隊〕と軍部が共産党員の労働者たちに逃亡者処罰法を適用し、さらに彼らが屯していた場所を砲撃することにさえも許可を与えたのだった。

一九三一年の夏、農作業を正常化するために労働省が後押しした一連の法令が公布され、プエブロや〔市町村自治体に属する〕集落での緊張は深まった。例えば労使混成協議会や集団交渉に関わる法律によって、都市部では既に効力を持っていたノルマを〔農村部でも〕確立することが俎上に載せられた。しかし、労働力の搾取を自身の富の主要なファクターとしてきた農業経営者たちから、それは受け容れがたいものとして一貫して拒絶された。これらの法律による賃金の上昇と労働条件の改善に対する大地主たちの返礼は、農場の閉鎖と耕作面積の削減、労使混成協議会での合意事項への異議申し立て、あるいはその不履行だった。その結果、失業が増加する。労働省によると、一九三三年のアンダルシアでの失業率は三〇パーセントで、セビーリャ・コルドバ・ハエンの三県が最も高い水準にあった。

同じようにして打ち砕かれたのが大土地の収用と、日雇い農や零細農たちへのその再分配を想定していた一九三二年〔九月制定〕の農地改革法の適用にかけられた期待だった。セビーリャ県では、予定されていた数千人の農民のうち、農地改革法が土地を与えることができたのは、わずかに一四〇人に対してだけだった。アンダルシアの他の県にしても、数字は似かよっていた。一方には進歩的な法律。そして、もう一方には仕事の減少と偽りの公約。この二つが、大地主たちをも日雇い農たちをも激高させた。一九三二年八月、諸々の改革を実行するだけの政治的な意志の欠如を見越したうえで、多くの軍人も含まれる有力な農業経営者たちはセビーリャでのホセ・サンフルホ将軍の第二共和制に対する反乱に力を貸した。他方で、自らの状況への返礼として日雇い農の組合はストライキを宣言、そのいくつかは革命的な性質を帯びた。一九三二年八月のモロン・デ・ラ・フロンテーラや三三年一月のカサス・ビエハス、あるいは三四年一〇月のプラド・デル・レイは、第二共和制時代に起こった日雇い農たちの反乱の多くのエピソードのなかに数えられる。

一九三三年一二月から一九三六年二月にかけての間、右翼の諸政党がこの国を統治した。この二年間〔「暗黒の二年間」〕には、第二共和制の最初の二年間〔「改革の二年間」〕の法律のいくつかが廃止されるか、棚上げにされたうえ、「治安維持」の政策の指導とその実行は軍部のなかの最も反動的で最も好戦的なメンバーたちに一任された。それは、一九三四年一〇月にアストゥリアスとスペイン全土で証明されたとおりである。一九三六年二月、人民戦線の名のもとに集った左翼の諸政党が総選挙に勝利した。先送りにされた政策や改革が軌道に乗るとともに、第二共和制が他の西欧の民主主義体制と似た体制のもとで確固としたものとなることを阻む要素はもはや何もないはずだった。

しかし、そうはなりえなかった。人民戦線の勝利は、アンダルシアの寡頭支配層と軍部の特定の指導者たちの第二共和制への対決姿勢を、なおいっそうの敵意とともに再び生みだした。〔総選挙が実施された〕同じ二月一六日から、それまで第二共和制を悩ましてきたあらゆる策謀が、アフリカ派の将軍たちのグループに指導された単一のそれへと一本化された。彼らアフリカ派の将軍たちを支援したのは財界の面々、そしてもちろんアンダルシアの大地主たちである。一九三六年七月一七日〔のモロッコ〕と一八日の〔スペイン本土での〕軍事クーデタは不首尾に終わる。国家に対する爆発的な一撃となるものと期待された行動は、軍隊・治安維持装置の一部と左翼の政党・組合、そして民兵隊のなかに組み込まれた労働者の男女が第二共和制の防衛に立ち上がったため、三年に及ぶ内戦へと転じた。

アンダルシアにおいて、軍事クーデタは軍部の重要な拠点があったアルヘシーラス、サン・フェルナンド、カディス――以上は、アフリカからの傭兵たちの部隊のための隠れた港だった――、グラナダ、ヘレス・デ・ラ・フロンテーラ、セビーリャでは成功した。コルドバのように、治安警備隊と突撃警備隊、それに税関警備隊が決起した軍人たちに抵抗しなかったり、反乱軍側に与したところでも同様である。このコルドバでは、決起した軍人たちは一般市民やファランへ党員、それにカルリスタらの支援を計算に入れていたし、大衆組織からの断固とした反撃もなかった。

当初、駐留する軍隊が量的に充分ではなかったところでは軍事クーデタは頓挫した。後手に回るか、降伏を強いられた（アルメリア）。あるいは、他の武装勢力から攻撃された（マラガ）。ハエンのように、第二共和制を防衛するため、県知事が市民に武器を配ったところもある。県庁所在地を離れてみると、鉱山地帯――ペニャロージャ、ネルバ、リナーレス、ラ・カロリーナ――や、一九三四年の夏の〔農業〕ストライキと、同年一〇月の革命運動に対する弾圧が農民たちの間に反ファシズムの意識を植えつけていた農村部では、軍事クーデタは水泡に帰している。

それから一年後、アンダルシアは二つに分かたれていた。カディス・ウエルバ・マラガ・セビーリャの各県と、コルドバ・グラナダ・ハエン各県の一部は反乱軍のもとにあった。グラナダ・ハエン両県の大半とコルドバ県の北部、それにアルメリア県の全土は、合法的な〔第二共和制〕政府に忠実であり続けた。一九三六年には反乱軍はアフリカ風の流儀に従って作戦を展開し、モロッコ人の傭兵や右翼の軍団や義勇兵たちで構成された部隊を組織した。それらの部隊は戦略上の要となる地点を結びつけ、占拠するために主要な街道に沿って移動した。ウエルバ方面は七月二〇日に攻略。セビーリャと孤立したグラナダとの連絡を確保する狙いで東部に、また自分たちの謀略の拠点のバッハ・アンダルシアと〔北スペインの〕カスティーリャ・レオンの拠点とを繋ぎ合わせる目的でエストレマドゥーラに向かった。そのわずか後にはロンダの奪取、次いで一九三七年二月のマラガの包囲・攻略に着手するため、セビーリャ県の南部とカディス県の北部にまたがる山間部を目指した。同じ一九三七年の一〇月、反乱軍はペニャロージャの鉱山地帯を制圧した。

一九三六年が終わるまでの間、主に民兵たちで構成された第二共和制側の兵力は、何度となく都市部の奪還を企てた。こうして、セビーリャを自分たちの掌中に取り返そうとして、あるいはウエルバからの反乱軍の進撃に歯止めをかけようとして、ネルバの鉱山労働者たちは遠征隊を組織した。コルドバのハエンからの奪回が、グラナダのグアディクスとアルメリアからの奪回が、さらにロンダのマラガからの奪回がもくろまれた。軍事物資の不均衡と戦闘の経験不足にたたられて、これらの反攻は徒労に終わる。

一九三七年の暮れ以後、グラナダ県の海岸部のモトリールの周辺からコルドバ県北部のロス・ペドローチェスの盆地までの線に沿って戦闘は実質的に膠着状態に入った。マドリードの防衛や、その後のエブロ川の戦闘、そしてカタルーニャの陥落。幾度か衝突はあったものの、第二共和制側のアンダルシアは国内の他の地域での戦闘の行方を一年半にわたって見守ることになる。一九三九年三月、アルメリアは自称「国民」軍の掌中に帰したアンダルシア最後の都市となる。

一般に、内戦というものには同じ空間に暮らす人間たちの絶滅であるとか、肉体的・物理的な弾圧といった忌まわしいエピソードが付きまとう。憎しみを燃え立たせるものは、人種や宗教、それに社会階級の違いである。スペイン内戦の場合、プエブロ（国民）の一方の、他方への弾圧の見本として持ち出されることがしばしばある。

アンダルシアにおいて第二共和制がコントロールしていた領域のなかで処刑された右翼の数を、われわれは完全に把握している。およそ八、〇〇〇人であり、そのなかには決起した軍人、地主、聖職者、右翼政党の党員らが含まれる。これらの処刑は、地元のブルジョワとその同盟者であるカトリック教会に向けられた根深い階級憎悪の自然発生的な現れであり、対象が選別されたものと見なされうる弾圧だった。それは、反乱軍側が押さえた領域から届いたニュースを受けて、プエブロ〔、つまり自分たち〕への弾圧を組織化する可能性があった分子に対する予防的な暴力である。右翼の犠牲者の八〇パーセントが戦闘の最初の数ヵ月間に生じたことは、そこから説明がつく。当時、前線の位置は確定していなかったし、労働者たちの委員会が市町村単位の権力にアクティヴに参加していた。一九三七年以降、市町村自治体に対する第二共和制の国家権力が再度強化され、民兵隊が正規軍化されるなかで、人民法廷が〔右翼への〕裁きの実施を正常化させた。

ファシスト陣営での弾圧については、若干さらに書き添えておくに値する。まず第一に、共和派の市町村長、サンディカリスト、左翼の政治家、あるいは単なる労働者たちの処刑は、同じ七月一八日、軍人たちの「決起」に続いて始まった。つまり、西アンダルシアの多くの場所では、それが内戦の産物であったということはできない。というのは、そこでは〔本来の意味での〕内戦は決して起こらなかったからである。決起した者たちへのささやかな抵抗は、合法的な〔第二共和制〕政府の正規軍が関与することのない、局地的で、自然発生的、なおかつ大衆的な性質を伴っていた。第二に、「国民」軍側の弾圧はジェノサイド的なそれだった。というのは、こちらの側では政治的・軍事的な敵のみならず、スペイン人ではなく、ソヴィエト連邦に服従する劣った人種と見なされた、一つの社会階級がそっくり除去されたのだからである。

既に一九〇九年から二七年にかけてのモロッコでの植民地戦争の間、リフやイェバーラを舞台にアフリカ派の軍人たちは既にこの種の人種差別的な弾圧を行なっていた。一九三六年、植民地流の方法がアンダルシアのプエブロ〔町や村〕を占領した傭兵やファシストたちの部隊により活用された。あらゆる部隊のなかで最も血にまみれたのは、フアン・ヤーグエ〔中佐〕の部隊だった。この部隊はバダホースへ向けてセビーリャを離れ、通過したプエブロに亡骸をばら撒いた。それは、エストレマドゥーラの中心都市〔バダホース〕での〔三、八〇〇人ほどが生贄に供されたともいわれる、八月半ばの〕殺戮劇で頂点に達した。伝え残されるべき別のケースは、一九三七年二月にマラガからアルメリアへ、一〇万人が「敗走」するなかで生じたことである。「敗走」した人間の多くが、女や幼い子どもたちだった。海と空から砲撃された街道沿いに一〇万人が徒歩で逃亡するなかから、数千人の犠牲者が出た。あるいはまた、ハエンやアルメリアでの一般市民への砲撃も、そうしたケースに該当する。用意周到なサディズムは、一九三六年から四五年にかけて、五万人の共和派が処刑された際にも繰り返された。五万人には〔一九三六年〕七月一八日の戒厳令、または三九年〔二月九日〕の政治責任法が適用された。政治責任法により、第二共和制時代にたとえほんのわずかでも名を知られていた左翼の責任ある政治家や組合の代表たちが処罰された。

フランコ派による弾圧は、非常にはっきりと規定された相互に補完し合う二つの側面を見せた。一つは、労働者、貧しい者らへの人種差別的な弾圧であって、それは傭兵たちの「部隊」と、占領された市町村の反動的な分子たちにより、略式かつ見せしめの形で実行された。もう一つは操り人形の軍事法廷により実施された、一定の儀式に則った弾圧だった。そこでは、弁護の可能性が排除された囚人たちへの判決が、軍部の指揮官たち、とりわけアフリカ派が常に忌み嫌ってきた公徳心やそれに基づいた政治行動への懲らしめとして突きつけられた。要するに、大地主と軍人たちは、それぞれの不倶戴天の敵を相手に弾圧の足並みを揃えることで結束していたのだった。

一九三九年四月一日に第二共和国軍が降伏した後も、〔事実上〕内戦は続けられた。それからさらにほとんど四〇年、スペインの社会を相手にフランシスコ・フランコは一方的に内戦を継続した。協力への褒美として、アンダルシアの農業寡頭支配層は蓄財のためのすべての必要な条件をそっくり取り戻すことができた。労働力は再びふんだんなものとなり、賃金は低下した。反乱は生じなかった。公的で民主的な、あるいは労働に関わる自由は一切許容されなかったのだからである。軍隊やナシオナルカトリシスモ〔国家と教会の一体化〕の価値観に背くものはすぐさま見せしめに処罰された。数十年前から熱望してきたように、「国民」軍は「国民」軍で国家を占領した。フランコ自身が認めたように、〔フランコ派の所謂〕「国民的な決起」とは、暴力と大げさな言い回しの使用を除いて価値を見出さなかった軍部のなかのアフリカ派のロビーによる、市民社会と民主的な諸機構を踏み台にしたうえでの国家の襲撃の極限以外の何ものでもなかった。双方のグループ〔軍部と教会〕による権力の維持は、アンダルシアとスペインの大衆が内戦とそれに続いた弾圧を忘れないことを強く要求した。というのは、そうでない場合、両者には〔正真正銘の〕内戦と弾圧を繰り返すだけの用意があったのだからである。

（訳・渡辺雅哉）

参考文献

Arenas Posadas, Carlos, *Poder, economía y sociedad en el sur. Historia e instituciones del capitalismo andaluz*, Sevilla, Centro de Estudios Andaluces, 2016(2ª ed.).

Espinosa Maestre, Francisco, "Julio de 1936. Golpe militar y el plan de exterminio", Espinosa Maestre, Francisco, Contxita, Mir y Moreno Gómez, Francisco, *Morir, matar, sobrevivir*, Barcelona, Crítica, 2002.

VV.AA., *La Guerra Civil en Andalucía oriental, 1936-1939*, Granada, Diputación Provincial, 1987.

Benito López Pazos, "La Guerra Civil Española en Galicia: la llegada de la larga noche".

ガリシアにおけるスペイン内戦——長い夜の到来

ベニト・ロペス・パソス

一 ガリシア、不思議の国

地理的にガリシアはスペインの北西に位置している。大陸とつながっていながら、その塊は島国のようだ。西には大西洋、北にカンタブリア海と、海がガリシアの境界となっている。東にはメイラやオス・アンカレス、オ・コウレル、サン・マメデとシュレスといった山脈が連なり、これらの山々によってスペインから隔離されている。南には、古くからポルトガルとの国境となっているミニョ川が流れている。

政治的にガリシアはスペイン王国に属し、ア・コルーニャ、ルーゴ、オウレンセ、ポンテベドラの四県で構成されている。それぞれの県庁所在地は県と同名の都市にある。これらの四つの都市のほか、各県に重要な町がいくつかあるが、ときには県庁所在地よりも大きな都市がある。ア・コルーニャ県には港町のフェロルとガリシア州の首都であるサンティアゴ・デ・コンポステラがある。ルーゴ県にはビベイロとモンフォルテ・デ・レモス、オウレンセ県にはリバダビアやカルバジニョ、ベリンがある。またポンテベドラ県にはガリシア一の工業都市ビーゴのほか、トゥイやラリン、ビラガルシア・デ・アロウサがある。列挙した中に重要な都市がいくつか漏れているが本論文の目的は地理的な詳細を述べることではない。ただここでは、ガリシアがスペインに属してはいても、ガリシア固有の言語と文化を持つ統一性のある地域であることを強調しておきたい。政治的には正確な表現とは言えないが、ガリシアの州民がこの地域のことを「国」と呼ぶことが多いのである。

しかし、結局のところ、ガリシアとはいったい何なのか？　他の誰からも頼りにされない「国」だ。ガリシアは霧がかかったように自分の非現実性のために活路を見いだせないでいる「国」だ。時の流れについていけないため、時に跳んだり、時に自我を忘れて留まったりしている。

ジャーナリストのカルロス・レイゴサがコロンビアのノーベル文学賞作家のガブリエル・ガルシア・マルケスとの対話の中でマルケスのガリシアの先祖について話した際に、レイゴサが「あなたは祖母の話をよくするが『百年の孤独』にはガリシアの特徴がない」と訴えたところ、マルケスは「あるさ、語り方に」と答えたという。ガリシアは、つまり、「語り方」でもあるのだ。

最終的に、ガリシアは詩人のセルソ・エミリオ・フェレイロの言った「小人の国」であると言うことができる。ガリシアの国民性には恥じらいとともに、カインのような兄弟殺しの感情が含まれている。これは戦後の弾圧によるものかもしれない。または、アイデンティティの問題によるものかもしれない。ガリシアは自分が「国」だと自覚しながらも、それに対しての罪悪感を背負い続けているのだ。フランコ軍事独裁政権の「一つにして、偉大で自由な国」というスローガンのせいで、また民主化の時代には独立運動を恐れた政治家たちがその称号を与えなかったため、ガリシアが「国」であるという考えは嫌悪されるようになってしまった。

ガリシアには「品評会に行ったものは自分の利益を見て品評会の評価をする」ということわざがある。内戦に関する資料を調べていると、この表現がどの書物にも当てはまる気がしてくる。紛れもない事実もあれば、ピオ・モアやペインのようなファシスト側に偏った研究の信憑性が疑われるものも多い。

本稿ではガリシアの歴史の中でも揺れの大きい期間を扱う。まずは、スペインの第二共和制の流れを辿って、ガリシアにおける特異なアイデンティティの成立過程や採決されずに消滅した自治憲章の行方を追う。その後、スペイン内戦の発端からガリシアでの出来事を分析する。最後に、ガリシアでのフランコ政権による弾圧について紹介し、それが新政権に対する批判を持つ者を抹殺するための計画的、かつ戦略的な弾圧だったことを論証する。

二 第二共和制の到来

全ての戦争に準備期間があるなら、スペイン内戦も同様である。ほとんどの研究者が内戦直前の五年間、つまり一九三一年四月一四日から一九三六年七月一八日のスペイン第二共和制の期間を内戦の準備期間であるとする。ところが、内戦の引き金となった諸問題はそれ以前に火種を持っている。

スペインの一九世紀は二人の首相の暗殺（一八七〇年にファン・プリムと一八九七年にカノバス・デル・カスティーリョ）そして、一八九八年の米西戦争敗北という大惨事による海外植民地時代の閉幕で終わった。さらに、二〇世紀は同様に二つの要人の暗殺（一九一二年にホセ・カナレハス自由党党首と一九二一年にダト・イラディエル保守党党首）と植民地での失態（アンヌアルの大惨事）から始まった。更に、一九二三年から一九三〇年のプリモ・デ・リベラの独裁に、ダマソ・ベレンゲルの独裁、民衆主義を立て直そうとしたファン・バウティスタ・アスナルの政権と動きの激しい世紀が始まった。アスナル政権は国王の権利を縮小するための制憲議会の選挙を最初に行った。

一九三一年四月一二日に統一地方選挙が行われたが、王家への不満や共和主義者の奮闘によって国家の根幹を問う人民投票とみなされた。五〇県のうち四一もの県庁所在地で共和主義者が勝利を収めた。他の地方と同じく、ガリシアでもルーゴ県のようなカシケ（地方有力者）の力が強い地域では王党派が勝利した。しかし、ルーゴ県以外のところではその勝利は圧倒的ではなかった。ア・コルーニャやオウレンセ、ポンテベドラでは、県庁所在地および重要な都市に共産主義や社会主義などの左翼共和政党が勝利した。

同年の四月一四日、午前六時半にバスク地方のエイバルを筆頭に共和制が宣言される。そのため、共和制の国旗がエイバルで初めて挙げられたと思っている人が多いかも知れない。しかし、実際はそれより数時間前の午前一時頃、ガリシアの共和主義者がビーゴの市役所に三色の国旗を飾ったのであった。しかし四五分後、その国旗はグアルディア・シビル（治安警備隊）によって降ろされてしまった。改めて県知事の許可の元、午後八時に王党派の元市長のカシアノ・メンデスと共和主義者の新市長のブレイン・ブディニョの交代式が行われたのであった。

A　新たなる希望

ガリシアにとって共和制はどのような意味があったのだろうか。

二〇世紀とともに芸術の世界に前衛主義（アヴァンギャルド）が起こって、スペインで文化的なルネサンスが始まった。ピカソ、ダリ、ミロ、グラネルなどが当時の代表的な芸術家である。マチャードやウナムーノ、バローハ、マエストゥなどの「九八年代」の作家に加えて、「二七年代」の作家（ロルカ、アルベルティ、ダマソ・アロンソ、ギジェン、サリナス、ルイス・セルヌダなど）、音楽家（マヌエル・デ・ファジャ、ホアキン・ロドリゴ）、映画監督（ルイス・ブニュエル）などが加わった。

ガリシアでも同様の運動がみられたが一九世紀のロマン主義の影響が強かったため、ガリシア独自の民族精神や帰属意識をテーマにするものが多かった。一九一六年に「アス・イルマンダデス・ダ・ファラ（ガリシア語の兄弟愛）」というガリシア文化協会が設立され、様々な作家（アルフォンソ・ダニエル・ロドリゲス・カステラオ、ラファエル・ディエステ、アルバロ・クンケイロ、セルソ・エミリオ・フェレイロ、アンシェル・フォレ、ネイラ・ビラス）の出会いの場となった。このような文化的な覚醒と共に、ガリシアの政治界にもいろいろなイデオロギーの政治家が生まれた。アレシャンドレ・ボベダを筆頭にポルテラ・バジャダレス、カルボ・ソテロ、サンティアゴ・カサレス・キロガ、リカルド・メジャ、オテロ・ペドラジョなどを例に挙げることができる。

歴史的に孤立していた地域であったにもかかわらず、ガリシアはスペインの政界に積極的に参加した。社会党の創設者パブロ・イグレシアスがガリシア人だった。一九三六年のクーデターの時の首相サンティアゴ・カサレス・キロガもガリシア人だった。そしてさらに四〇年間に渡って独裁政権を握ったフランシスコ・フランコ将軍もまたガリシア人だった。しかし、国会でガリシア人の割合は約一割しかおらず、しかもそのほとんどがスペインの全国政党に属していたため、ガリシア主義の党とＯＲＧＡ（ガリシア自治州共和組織）の議員を除いてガリシアが実際の政治運動の主役にはならなかった。

共和国政府は、しかしながら治安に対する期待に応えることができなかったため、ガリシアの国民は何回かデモやストライキ運動を起こすことになった。今でも言えることだが、中央政府はガリシアより他の地方を優先的に考えることが多かった。時には、既に着工していたものを後回しにすることもあった。ガリシア北西部のア・コルーニャから南東部のオウレンセ間、さらにオウレンセ・サモラ間を走る鉄道の建設によってガリシアをメセタやその他の地域と結ぶ計画が中断されたのもそのうちの一つだった。繰り返される建設の中断の結果、一九三二年にガリシアで全面的なストライキが行われ、すべての社会階層から支持された。

また、労働基準法のありかたも社会運動のきっかけになった。労働者のための労働基準法が国会で採決されたがガリシアでは実行されなかっただけでなく逆に、労働者が自分の居住地外就労での労働の条件を悪化させるような法案が採決、施行されたのである。一九三二年の雇用者連盟のロックアウトがビーゴ市の水産業に大きな争議を引き起こした。アナキストの労働組合ＣＮＴ（全国労働連合）はこの争議の弾圧によって大きな損害を受けた。

Ｂ　自治憲章

一九三一年五月にいち早く、ガリシア文化研究セミナーに所属していたアレシャンドレ・ボベダ、マルティネス・リスコ、バレンティン・パス・アンドラデ、リカルド・カルバジョ・カレロとロイス・トビオ・フェルナンデスがガリシアの自治憲章の草稿を作成した。この最初の草稿は四一か条で構成され、ガリシアをスペイン共和国に属する自由な「国家」と定義していた。更に、ガリシアの財務省の設立やスペイン語とともにガリシア語を公用語とするといった基本条項が含まれていた。

一方、マヌエル・カサスが所長を務めていたガリシア文化研究所では一八か条で構成された控えめな憲章を作成した。この自治憲章は一九世紀の地域主義に基づき、ガリシア語の使用を許すもののスペイン語を文化の言語と定義するなど、様々な制限が含まれていた。

最終的に協議会で合議された唯一の自治憲章はガリシア共和連合が作成した一七か条で構成されていたものであった。それにはガリシアをスペイン共和国に所属する自治州と定義し、第四条ではスペイン語と共に、ガリシア語を公用語としていた。ガリシア自治州の政治制度は普通選挙により選出される州議会と州知事が選出する六名の内閣によって構成される。一九三一年一〇月二五日に各県知事にこの憲章が渡された。一九三一年一二月一五日にスペイン共和国の憲法が採決されたため、ガリシアの自治憲章も憲法に合わせて、修正が加えられた。当時、自治州案を擁護していたのはガリシア主義の党とガリシア自治協会といった二つの政党のみであった。社会党や共産党、急進党など、残りの政党全てが自治州案に反対していたのである。

一九三二年四月、サンティアゴ・デ・コンポステラの市議員エンリケ・ラホイ・レルプは七月に新しい協議会を開くことを提案した。すでにカタルーニャとバスク・ナバラでは自治州になることを決定し、それぞれの自治憲章の作成が進んでいた。ガリシアにおいても七月の協議会では新しい自治憲章の原稿を作成するための委員会を設立することが決まった。アレシャンドレ・ボベダやカベサ・デ・レオン、イグレシアス・コラル、モンテロ・ディアス等がその委員会のメンバーとなった。一二月中旬にはガリシアの三一九の市の内、二二七が参加した協議会が行われた。これには文化協会や商工会議の代表者、国会議員も一五名参加した。この協議会では自治憲章の最終稿が採決され、一九三三年四月に住民投票を行うことも決定された。ところが、この住民投票は延期となってしまった。ア・コルーニャ市がガリシア州の州都となることに反対したため、州都の案は取り下げられたのだった。またビーゴ市、ルーゴ市、モンドニェド市の市長が自治州案に反対していたため、協議会自体に参加していなかった。さらに、一九三三年一月にスペインではサンティアゴ・カサレス・キロガが関わっていた「カサス・ビエハスの事件」が起きた。こうしたこともあって、自治憲章委員会は住民投票を延期し、様子を見ることにした。一方スペイン政府ではアサーニャ内閣の総辞職の後、一九三三年一一月に総選挙が行われ、右翼政党が勝利した。そのため、自治州案が凍結され、一九三六年二月の人民戦線政府の成立まで日の目を見ることがなかった。人民戦線政府は、自治州案の住民投票を六月二八日に行うことを決定した。一九三一年の憲法により、自治憲章の採決のためには、選挙権のある者の三分の二の投票が必要だった。そのため、自治州案に賛成していた政党は二〇日間の選挙運動に励んだ。最終的に選挙権のある者の四分の三（七四・五二％）ほどの人が投票し、そのうちの九九・〇五％が賛成の票を選んだ。

一九三六年七月一五日にガリシアの自治憲章がスペイン共和国の国会議長に手渡された。その三日後、軍部によるクーデターを口火として、スペイン全土を巻き込む内戦が始まったのである。

三　クーデター

いくら予期されたとはいえ、クーデターの衝撃はいつの世も驚異的な事態である。スペインの第二共和制の六年間はリボルバー式拳銃を使ったロシアンルーレットに例えられる。このロシアンルーレットは既に一九三一年の国王退位から回り始めた。それ以来一九三二年にサンフルホ将軍のクーデター、一九三三年にカサス・ビエハスの事件（カサス・ビエハスという村で起こったCNTの農民に対する弾圧。青少年を含む二十数人が官憲によって虐殺された）、一九三四年にアストゥリアス一〇月革命、一九三五年にエストラペルロの事件。そして、最後に一九三六年の軍部によるクーデターと、次々に事変が起こる。ところが、このクーデターもまた意外にも軽視されてしまったのである。反乱軍は政府がすぐに降伏するであろうと予想していたし、一方、政府側では反乱軍に荷担する人は少なく、早々に諦めるであろうと予想していたのだ。

反乱軍側の説明によると、一九三六年七月一三日に行われた極右議員のホセ・カルボ・ソテロの暗殺が引き金となったとされている。さらに、当時のほとんどの資料でも同様な結論が出されている。しかし実際にはカルボ・ソテロの暗殺が引き金ではなく、反乱軍がねつ造した理由付けであったことが分かる。この暗殺がなくても、共和制の成立当時からクーデターは計画されていて着々と準備が進められていたのだ。スペインの状況は確かに不安定だったが、一三日のカルボ・ソテロの暗殺も一二日の極右団体によるホセ・デル・カスティジョ中尉の暗殺も内戦の引き金ではなかった。クーデターが共和政府と民衆の予想外の抵抗で成功しなかったことが、スペイン内戦の唯一の引き金なのである。

モロッコで反乱を引き起こすため、カタルーニャの財閥ファン・マルチュの資金を使ってフランコ将軍が飛行機でカナリア諸島からテトゥアンに移動したが、その飛行機は一一日にロンドンを出発した。

A　ア・コルーニャ県

ガリシアでは一九三六年七月一八日と一九日の週末に混乱状態が続いた。アフリカでの軍事蜂起の情報が飛び交う中、大きな町では社会主義と共産主義の青年団体が反乱を止めるため準備をし始める。一方、軍の基地内では第八師団の指示待ち状態が続く。ア・コルーニャ県を担当する二人の将軍たちはともに反乱に反対した。それどころか、カリダッド・ピタ将軍は共和制を支持しており、もう一人のサルセド・モリヌエボ将軍は判断を保留し、ポルトガルに亡命中のサンフルホ将軍からの指示の電話を待っていた。

七月一九日の夜には左翼政党の議員、ホセ・キニョーネスがサルセド将軍に反乱に加担しないよう忠告した。

七月二〇日午前五時にサルセド将軍がカリダッド将軍、トラド大佐とともに話し合いの場を持った。反乱の失敗を恐れ、ア・コルーニャでの動きを妨害しようと決めたのである。そのため、反乱軍を支持するマルティン・アロンソ大佐とルイス・トバル中佐を辞任させることにした。しかし、カリダッド・ピタ将軍がマルティン・アロンソを逮捕するため基地に向かったが、兵士たちに反対され最終的にアロンソの地位復帰を認めざるを得なかった。

一方、サルセド将軍もトバル中佐を一度は辞任させたが同じく兵士たちに反対され、共和国に宣戦布告をするように要請された。さらにトバル中佐を復帰させ、ア・コルーニャでの軍隊をエンリケ・カノバス大佐に任せるように求められた。サルセド将軍はそれらの要望を拒否したが、その時ガラン大尉と空軍のエンリケ・ジャック・カルンチョ大尉が入ってきてサルセド将軍に殴りかかった。サルセド将軍は突然の暴力に為す術もなく、囚われの身のように自室に閉じこもるしかなかった。彼はその部屋から他の軍人たちに向かって次の言葉を発した。「私は暴力を前にして、指揮権をカノバス大佐に譲ることを強いられた。あなたたちは間違っているが好きにすればよい」。

歩兵部隊の基地ではカリダッド将軍が他の将官や佐官と会議を行っていた。そこへオスナ中尉が入ってきて、サルセド将軍の逮捕の報を告げた。カリダッド将軍はあわててその場を去ろうとしたが、マルティン・アロンソ大佐に拘束され、その場で逮捕された。砲兵部隊の基地では親共和派のトラド大佐が辞任させられ、モンテル少佐が指揮官となった。そのころ、グアルディア・シビル（治安警備隊）の基地ではゴンサレス・バジェス少佐が反乱に加勢するように命令した。

同じころ、ア・コルーニャ県知事のフランシスコ・ペレス・カルバジョが早朝に起こされた。第八師団の指揮官と名乗るトバル中佐の電報で七月二〇日の一四時に町に宣戦布告をするという報であった。カルバジョのオフィスにグアルディア・デ・アサルト（突撃警察隊）のテヘロ大尉、グアルディア・シビル（治安警備隊）のリオス大尉、社会主義連盟のフランシスコ・マサリエゴス、UGT（労働者総同盟）のエラディオ・ムイニョス、CNTのメンデス・エスポリン、それからFAI（イベリア・アナキスト連盟）のロドリゲス・ビルバオが集まり、事態への対応を話し合った。午前一一時にコルーニャ・ラジオからペレス・カルバジョが民主主義を守るよう呼びかけをした。間もなく、反乱軍の兵士たちが町に侵入したことを知らせるために、港の船のサイレンが鳴り始めた。反乱に呼応したグアルディア・シビルのゴンサレス・バジェス少佐は自分の部隊にラジオ局と電話局の占領を命じた。一歩兵部隊がその占領に同調して行動した。歩兵の他の部隊はそれぞれ市役所と郵便局を占領した。一方、反乱軍の兵士たちが町に入ったと知った労働者のグループが応戦するのに適した建物に籠り、反乱軍に襲い掛かった。一つのグループがパストル銀行の建物の窓から襲撃を始めた。路面電車の運行に関わる労働者が電車を車庫に停車させ、ストライキを始めた。

県庁はグアルディア・デ・アサルト（突撃警察隊）によって守られていた。しかし、妊娠五ヵ月の知事の妻のファナ・カップデビエレは、迫り来る危機を感じて弁護士のフランシスコ・ガルシア・バルデカサスにエスコートされ、そこを逃げ出した。その後すぐに、県庁の攻防戦が始まった。パロテ地区に野砲部隊が陣取り、建物の裏側を攻撃した。一つの弾丸が知事のオフィスの壁を突き破った。この事態にたまりかねたペレス・カルバジョは夕方に降参したのであった。

次にラジオ局が占領され、アナウンサーのエンリケ・マリニャスがカノバスの宣戦布告の声明を読ませられた。彼は、数分前に知事の共和政を守る呼びかけを読み上げたばかりだった。その日のうちに、更に反乱を理由付けするため二つの声明が読み上げられた。「モスクワのコミンテルンに制圧されていたスペインが生き返る。ユダヤ人とフリーメーソンに牛耳られていた政府の終焉である」。

今から考えると悪い冗談のようで、他の地方の宣戦布告の声明と同様、各知らせの最後にこう付け加えるのだ。

「スペイン、万歳！　共和国、万歳！」

労働者が市街や郊外の町村の至るところで反乱を阻止しようとしていた。七月二一日の早朝、ラバデ、クジェレド、ノイアとビベイロの労働者や鉱夫がそれに加わり、更に二二日にはロウサメの鉱夫も加わった。その日、反乱を食い止めようとする労働者たちが町の中心に入ろうとしたが、大砲の衝撃を受けて、足止めされた。最終的に、軍隊が町の全ての地区を占領したためレジスタンスに参加していた人々は村に戻り、山岳地帯でのゲリラ戦を始めざるを得なかった。

ガリシアの他の都市では、軍隊がア・コルーニャの動静を探っていた。ア・コルーニャが反乱を起こし、共和制を裏切ったと見て取ると、ガリシア全体でこの戦争とともに新しい制度が始まったのである。

B　サンティアゴ・デ・コンポステラ市

アンシェル・カサルの元市長の辞表を受けて、七月一八日当時、ホセ・ヘルマン・ペレスがサンティアゴ・デ・コンポステラ市長の代行を務めていた。モロッコでの反乱の報に対し、市役所で集会を行い、フランシスコ・フェルナンデス・デル・リエゴ、ラファエル・フラデ、ミゲル・アルカルデ、フェルナンド・バルシアなどが集まり、国防委員会を結成した。

翌日、ヘルマン・フェルナンデスがグアルディア・シビル（治安警備隊）に武器の引き渡しを要請したが拒否されたため、市内のビラル通りにある銃砲店のリオス、同じく銃砲店のトリビオ及び突撃警備隊にある武器の使用を反乱に立ち向かう市民たちに許可した。

二〇日に市長代行がア・コルーニャに電話し知事のペレス・カルバジョと話した。カルバジョはトラックでロウサメ鉱山から二〇〇人の鉱夫を送ると約束した。次にサンティアゴでの軍隊の指揮官、ベルムデス・デ・カストロ少佐と連絡を取り、軍に頼れるかどうかを尋ねた。しかし少佐は、その依頼には曖昧に対応し、はっきりした答えを出さなかった。

午前〇時ごろ、軍とグアルディア・シビルが反乱に呼応して、町の占領を始めた。市役所、電話局、市民会館、ガリシア・ラジオ局等の戦略的な拠点が占拠された。午前一時半には町の大半が既に占領されていた。午前三時に宣戦布告を受けて辞任していた元市長のアンシェル・カサルはやむなくベルムデス少佐にサンティアゴの統治を譲った。サンティアゴは降参し、その夜は血が流れなかった。

C ルーゴ県

ルーゴ県知事、元銀行員のラモン・ガルシア・ヌーニェスは七月一八日、ビーゴでスペイン銀行の元同僚を訪問していた。彼はビーゴに留まるように勧められたが反乱の報を受けてすぐルーゴに向けて出発した。その間、市長のフランシスコ・ラマスが大臣に会って、軍隊の不穏な動きを忠告した上で、市民に武器を渡す許可を要請した。大臣はフェロルにいるアサローラ少佐に掛け合い、軍隊が共和政府を裏切らないとの言質を得て、ラマスに今はまだ何も行動を起こさず静観しているように言った。

一九日にルーゴの軍隊が集結し、指揮官のカソ大佐がア・コルーニャに伝令を送ろうとしたが、市民たちに妨害された。同日の午後にモンフォルテ・デ・レモスとビラオドリドから鉱夫たちの乗ったトラックが町に向かった。

二〇日の朝、ヘスス・マンソ少佐が軍に反乱軍支持の演説を行った後、軍隊が町に出てルーゴを囲むローマ時代の塀に機関銃を設置した。午後二時半にカソ大佐がア・コルーニャでの反乱の報を受けて県庁舎の前に大砲等を設置するように命じた。その後、プガ大尉が兵士たちを連れて宣戦布告を町の所々で読み上げた。圧倒的な軍力を見せつけられたガルシア・ヌーニェスはルーゴ県の統治権を軍に任せた。反乱を阻止しようと集まった鉱夫たちは元の場所に戻るしかなかった。

カソ大佐がマンソ大尉の部隊をポンフェラーダの占領に、グアルディア・シビル（治安警備隊）のアルバレス・オルギン少佐をリバデオの占領に派遣した。

D オウレンセ県

反乱が起こる数日前に、オウレンセ県の県知事ゴンサロ・マルティン・マルチュがオウレンセ県を駆け巡っていた。彼は共和制への反乱を先読みし、町を守るための下準備をしていた。

オウレンセの軍隊の指揮官がソト中佐とセアノ中佐だった。彼らは一八日にア・コルーニャからの情報を待つため軍隊を管内に集めた。

危機を感じたマルティン・マルチュは市民が反乱軍を迎え撃つためにグアルディア・シビル（治安警備隊）当局に対して武器を提供するように働くが失敗した。二〇日の朝、セアノ中佐を呼び出し、市民はあくまで共和政府を支持すると忠告した。中佐は市民がおとなしくしていれば軍人も動かないと答えた。

同日の午後、ア・コルーニャでの反乱の報を受けて、ソト中佐はカサル少佐に市役所を制圧するように命じた。しかし、治安警備隊のガルシア・バロ中尉が建物への侵入を妨害し、マルティン・マルチュとともに建物の中に立てこもった。カサル少佐はそこへ出向いていって、治安警備隊に軍隊と共に行動するよう要請した。バロ中尉はこの要請を受け容れ、治安警備隊は共和政府を裏切ることとなった。マルティン・マルチュとガルシア・バロ中尉たちは市役所を明け渡し、マルチュのオフィスに移動した後、ソト中佐からオウレンセの町を軍に任せるように言われた。マルティン・マルチュは従ったがその際、彼らに「紳士の礼儀」がなっていないとこぼした。こうしてオウレンセは一発の銃弾も打たずに降参した。

E　ポンテベドラ市

アフリカで勃発した反乱の報が一七日の夜に届いた。この地まで反乱がおよぶことを恐れた県知事のゴンサロ・アコスタ・パンは当時ポルトガルに亡命していたサンフルホ将軍とカバルカンティ将軍が国境を越えて侵入してくるのを防ぐため、国境の警備を強化した。また、商業従事者のストライキを治めるため、グアルディア・シビル（治安警備隊）のリカルド・マカロン大佐とグアルディア・デ・アサルト（突撃警察隊）のリコ大尉をビーゴに送った。

一七日の情報によれば軍隊の反乱は沈静化しているとのことであったが、念のため一八日に知事の秘書であったビアノ・フェルナンデス・オソリオ・タファルが他の政治家や労働組合の代表者を集めて共和制を守るための委員会を設立することにした。アレシャンドレ・ボベダ、ビクトル・カサス、アルマンド・ギアンセ、クライド・マグダレナ等が参加した。同時に、市長のマヌエル・ガルシア・フィルゲイラが市役所で同様な委員会を設立した。医者のセレスティノ・ポサ・パストラナと歯医者のアブラアムとハコボ・ズバルスキ親子は県立病院から医療機材を調達し、県庁の地下で救護施設の準備をした。

七月一九日新聞で初めてクーデターのニュースが載った。新聞では反乱は治まったと書いてあったため、ポンテベドラでも軍隊の反乱が起きるであろうという噂にはアコスタ・パンは耳を貸さなかった。しかし、反乱が起こることを確信していた共和制を守るための委員会は兵役中のハコボ・ズバルスキをリーダーにし、反乱軍に対抗する民兵を結成した。

二〇日に共和制や左翼政党の支持者たちが市役所と市民会館の前に集まり始めた。ビーゴから帰って来たマカロン大佐とリコ大尉、それにアコスタ・パンは軍部のクーデターに動揺を隠せない市民を安心させるため、そろって町を闊歩した。一一時半にゼネストが勃発し、郊外の町村から武器を持った民間人がさらに集まった。治安警備隊などが保有する武器の、市民への提供が要請されたが期待はできなかった。集会場所は市役所、県庁それからアラメダ公園の周辺だった。

ポンテベドラの軍隊の指揮官はイグレシアス将軍とマリオ・サンチェス中佐だった。反乱軍の指揮下にあったア・コルーニャからの命令を受けたにもかかわらず、彼らは町の占領に反対した。しだいに緊張感が高まる中で、エドゥアルド・ロドリゲス大尉は命令が下らなくても町を占領するべきだとサンチェス中佐に言った。カサル中尉とイグレシアス将軍との間にも同様なやり取りが行われた。意を決したイグレシアス将軍はアコスタ・パンに連絡し、ポンテベドラを軍隊の指揮下に置くと連絡する。一二時と一四時の間、ビーゴとア・コルーニャでは軍部が町を占領したという報を受け、イグレシアス将軍はついに共和国に対して宣戦布告を行うことを決心した。しかし、軍人の中には反乱に反対する声が多く上がった。ある軍曹の「軍隊は政治にかかわるべきでない。共和政府に対して反乱を起こしファシズムのような振る舞いは我々にはできない」という言葉のために、宣戦布告が遅れることになった。

午後六時に海軍のバスタレチェ大尉が隣の町のマリンにおいて共和政府にたいして宣戦布告をし、ポンテベドラに水上機を送った。最終的に、午後七時にイグレシアス将軍が宣戦布告をし、アコスタ・パンに五分以内に降伏するよう通達を出した。県庁内では言い合いがあったが、アコスタ・パンとアレシャンドレ・ボベダが七時四〇分ごろサンチェス・カントン大尉の元を訪れ、降伏した。その日の夜に、サンチェス・カントン大尉が周りの市民の批判を受けながらも、町の主な通りで宣戦布告の告示を貼った。

この軍部の振る舞いに抗議して市長のガルシア・フィルゲイラやカフェ・サボイのウエイターのフランシスコ・サチェイロ、社会党の議員のフランシスコ・ティルベ、レレスの労働組合員のマヌエル・カルボ・ロレス、そして教師のヘルマン・アドリオなどが市役所に立てこもった。午後七時半ごろ、ア・コルーニャから来たジャック・カルンチョ大尉が市役所の前に大砲を設置し、砲弾を浴びせ撃ったので、彼らの抗議運動はすぐに排除されてしまった。

翌日から、軍隊によって郊外の町村でのレジスタンスが制圧され、すぐに弾圧が始まった。

F　ビーゴ市

ガリシアの工業の中心であるビーゴ市では七月一八日から市長のエミリオ・マルティネス・ガリドが憲法と民衆主義を守るよう呼びかけをしていた。ビーゴ港で戦艦のハイメ・プリメロ号が停船していたため、反乱が起これば、それに同調して町を攻撃する恐れがあった。実際、戦艦に乗っていた海軍の責任者はその準備を進めていたが、同時に乗組員たちは町を攻撃しないよう艦上反乱を起こす計画を立てていた。二〇日の早朝、ハイメ・プリメロ号は突然タンジェに向かって出航し、ビーゴを後にした。これは乗組員の艦上反乱が成功した結果で、おかげでこの戦艦が共和制を裏切らずにすんだのであるが、これはガリシアにおける内戦とは関係のない話である。

七月一八日にファランへ党のマヌエル・エディジャがビーゴに到着し、軍隊の指揮官フェリペ・サンチェス少佐の副官であったパボン大尉と密会した。ア・コルーニャからの連絡を待っていたビーゴだったが一九日に既に宣戦布告のためのパンフレットの印刷等の準備が進められていた。同日、サンチェス少佐がガリド市長に連絡し、市民がストライキをする可能性について尋ねた。市長はその可能性を否定し、少佐を市役所へ招くが、少佐は行かなかった。

二〇日からファランへ党の支持者が次々と軍隊の元を訪れ、軍に協力した。労働者たちもスペイン全土を巻き込む出来事についての情報を求めて町の中心に集まり始めた。一二時前に宣戦布告をするようサンチェス少佐にア・コルーニャから連絡があり、カレロ大尉に宣戦布告をさせた。カレロ大尉が一つの部隊とともに共和国の国旗とドラムを持ってガラン大尉通り（現プリンシペ通り）にあった基地を出発した。その後、ウルサイス通りを上り、グアルディア・シビル（治安警備隊）の兵舎の前で初めて宣戦布告の声明文を読み上げた。周りに人だかりができたが市民たちはまだ状況を掴めていなかった。次にコロン通りを下り、ウルグアイ通りとの交差点で改めて宣戦布告を告知した。それからプエルタ・デル・ソル広場に向かってポリカルポ・サンス通りを通った。周りの市民たちが兵士たちに何をしているのかを問い詰め始める。兵士の中でも、自分が何をしているのかよくわからない者もいたため、市民の自由を求める叫び声に賛同した兵士もいた。混乱状態の中、共和国の国旗を見て、軍隊が共和制を守るため出てくれたと思った労働者もいた。状況を正確に理解した者たちはエルドゥアイエン通りにあったラ・コスモポリタ銃砲店に行き、銃と少量の銃弾を手にした後、再び軍隊の元に向かった。

プエルタ・デル・ソル広場に着いた頃、大勢の市民が集まっていた。昔のグラン・ホテルの建物の前で兵士が二列に並んで、カレロ大尉が宣戦布告の声明文を読み上げようとした。彼の幼馴染であったレンセという商人がカレロ大尉から宣戦布告の紙を奪い取り、言い争いが始まった。最終的に一人の兵士がレンセの頭を銃剣で突き刺した。混乱が広がり、他の兵士も逃げる市民を撃ち始めた。数分後、血だまりと十数人の遺体だけ残って、広場から市民の姿が消えた。被害者を無視しながら、カレロ大尉が宣戦布告の告知を広場に貼り付け、部隊に基地に戻るよう命令した。銃声を聞いて心配になったサンチェス少佐がカレロ大尉に現場報告を命ずると「大量の血を流した」と答えた。プエルタ・デル・ソル広場の出来事の後、軍隊がガルシア・バルボン通りの市民会館を占領し、グアルディア・シビル（治安警備隊）とグアルディア・デ・アサルト（突撃警察隊）が町の他の戦略的地点を占拠した。

夜九時に市役所に立てこもった者たちが降伏し、マルティネス・ガリド市長と社会党議員のセオアネとビルバトゥアが逮捕された。カルバリオの丘とテイスに行く道で労働者たちが塹壕などを掘ったが、銃も銃弾もわずかしかなかった。しかたなく、近くにあったクエルボ中佐の家に火をつけて気勢を上げた。二一日の早朝に軍隊の圧力に耐えきれず、じりじり引き下がっていく労働者たちはファランヘ党のラファエル・ポルタネットの家にも火をつけた。その勢いに乗じて、工場の持ち主であったエスタニスラオ・ヌニェスの家に押し入り、銃で身を守ろうとしたヌニェスを殺した。さらに、ヌニェスの二人の息子を捉えて、ラバドレスのスポーツクラブの建物に閉じ込めた。後に、二人の息子たちが解放された時、ヌニェスの長男がラバドレスに行って、自分の父親の死と全く関係なかった人たちまでも何人も殺した。

二二日にカルバリオの丘の最後の塹壕が崩れ、二三日にはビーゴのレジスタンスは壊滅したのであった。

四 弾圧

夜がやってきてガリシアが沈黙に包まれた。長年かけて作られた民主主義の夢が崩れてしまった。大砲の音とともにレジスタンスが終わり、恐怖が拡散した。大いなる恐怖。それは緊張感に満ちた待機状態であった。最初は将来の不確定性への不安が、後に治安が保護されないことへの確信とともに恐怖に変わった。この地ではファシストが圧倒的な権利を握っていた。スペインでは、クーデターに対する抵抗が激しく、内戦が勃発し、各地で戦闘、レジスタンス活動、戦線、外国からの援助などが広がった。ガリシアでは、クーデターが一応の成功を得た。しかし、不安定な成功だった。自分の弱さを自覚したファシズムが戦争を勝利へと導くため、安定した後衛が必要だった。これから建設しようとしていた新しい国では弱点が許されなかったのである。

内戦期、戦線の両陣営に復讐や殺人が日常茶飯事だったのは言うまでもない。しかし、共和制側では政府が微力ながらこれらの犯罪行為を防ごうと努力していた。それに対して、ファシスト側では最初からこの蛮行が戦略的に行われていた。「指揮官」とクーデターに関する書類にサインをしていたエミリオ・モラ将軍は一九三六年五月二五日の文書に以下のように指示した。「力強く整備された敵をいち早く負かすため、極端な暴力が必要である。軍事反乱をよく思っていない全政党、労働組合、同盟のリーダーが逮捕すべきであることは言うまでもない。反対運動やストライキを防ぐため、それらのリーダーに見せしめの罰を与える」。また、クーデターの後、七月一九日にはこうあった。

「恐怖感に満ちた空気を作らないといけない。自陣に優勢感を与えるため、我々と同じ考えを持たない人間は迷いなく抹殺されるべきである、という多大な印象を与える必要がある。公にも密にも人民戦線をサポートする人間を射殺すべきである」。

宣戦布告が行われ、民事裁判が軍事裁判と置き換えられ、新体制を支持しなかった者が、みんな裏切り者とされた。ファシストの軍人による政治弾圧に加え、警察やカトリック教会もそれに協力の姿勢を見せた。最も新体制に協力的だったのは一九三三年にホセ・アントニオ・プリモ・デ・リベラによって結成されたファランヘ党だった。新軍政が弾圧のメカニズムを起動させようとしていた時、水面下からファランヘ党が権力を集め始めた。時にはこの権力はグアルディア・シビル（治安警備隊）の権力を上回り、グアルディア・シビルの隊員がファランヘ党の殺人犯や拷問の見届け役になったこともあった。ファシスト陣営の政界を見渡せば例外なく全員が冷血な殺人犯だったという印象を与えかねないが、実際にはそこまでのことはなかったようである。しかし、例外が確かに多く存在したにもかかわらず、弾圧の戦略を妨げるまでには至らなかった。

モラ将軍の指示どおり、政界の指導者たちの処刑が即時に行われた。クーデターに反抗した彼らが裁かれるとき、彼らの運命はまったく考慮されることはなかった。軍隊内では、ア・コルーニャでの反乱を防ごうとしたサルセド将軍とカリダッド将軍が一時的に刑務所と化したプルス・ウルトラ郵船に移動され、その後フェロルのサン・フェリペ城に移された。一九三六年一〇月二四日に軍法会議によって二人の処刑が決まった。皮肉にもこの時の罪状は反乱罪であった。銃殺隊を前にカリダッド将軍は慈悲ではなく、正義を求むと遺言を残し、共和制への万歳を叫び斃れた。訃報を受けた未亡人は正気を失い、その三週間後に亡くなった。

先述したように、反乱に反対する行動を起こしたかどうかに関わらず、左翼共和党に所属していた四人が殺害された。四人の中で最年少は二五歳のフランシスコ・ペレス・カルバジョである。彼は一九三六年三月にマドリッド中央大学（現マドリード・コンプルテンセ大学）の司書であったファナ・カップデビエレと結婚した。クーデターの時、妻は妊娠五ヵ月だった。逮捕されたカルバジョは自分の一五歳の弟のアンヘルと一緒にア・コルーニャのアトーチャ基地に連れていかれた。弟のアンヘルはこれらの出来事の唯一の証言者だった。カルバジョはラ・トレ刑務所に移された後、早くも七月二四日に銃殺された。妻へは「君は私の人生で一番きれいなものだ。どこにいても考えることさえ許されたら君を思う」という遺言書を残している。電話で夫の行方を尋ねたファナ・カップデビエレも逮捕され、一週間刑務所で過ごした。その刑務所の中で、夫の死を知ったのであった。すぐに亡命させてやると言われ、釈放されたが、夫の同僚の家でしばらく過ごしてから八月一七日に再び逮捕された。この日の夜に「散歩《パセオ》（裁判なしに、村外れまで連れ出して逃亡したと称して処刑すること）」させられた。射殺されたファナの遺体がルーゴ県ラバデの近くのマドリード・コルーニャ道路で発見された。

ルーゴの県知事であった、ビラガルシア・デ・アロウサ生まれ三〇歳のラモン・ガルシア・ヌーニェスは反乱に反対しなかったが一〇月一四日に軍事裁判にかけられ一〇月二一日に銃殺された。更に、当時の一五〇万ペセタの罰金を科せられたため、親戚が支払うことになった。

ゴンサロ・マルティン・マルチュは、オウレンセの県庁で逮捕された後、二日後に釈放された。さらにポンテベドラに行ったマルティン・マルチュは七月二七日に再び逮捕されてしまった。彼が昔、教員として働いていたオウレンセにある高校の公会堂で軍事裁判にかけられた。その裁判において、反乱の時のオウレンセでの出来事の責任者であることを告白し、自分の命が平和への道の妨げになるようであれば、スペインのために身を捧げると言った。九月一七日、カンポ・デ・アラゴンという町の初めて造られたサッカー場で銃殺された。このサッカー場はその後、銃殺場所として有名になった。三九歳だったマルティン・マルチュは死を前にして、カトリックの秘蹟である終油を塗油されることを拒否した。

クーデターの時にポンテベドラの県庁にいた県職員全員が殺害された。アブラアムとハコボ・ズバルスキ、ルイス・ポサ、アレシャンドレ・ボベダ、などである。四七歳の政府高官のゴンサロ・アコスタ・パンがア・コルーニャに逃亡したが、逮捕された後九月一二日にカンパニョの道路の近くで銃殺された。二ヵ月後、同じ場所で医師のルイス・ポサも銃殺された。ルイス・ポサはガリシアの知識人で、フェデリコ・ガルシア・ロルカがガリシアを訪れた際に出迎えたうちの一人だった。歯医者のハコボ・ズバルスキはカンポロンゴにある砲兵の基地内で八月一〇日に銃殺された。彼の父親であったアブラアム・ズバルスキはサン・シモン島の刑務所に収監された。父親はポンテ・カルデラスの刑務所に移動されると言われ、一二月二九日に連れていかれたが同日ポンテベドラにあるサン・マウロの墓地の近くで遺体となって発見された。彼の親戚の遺産も全て没収された。しかし、ガリシアの文化において最も衝撃の大きかった死は、間違いなく政治家かつ知識人のアレシャンドレ・ボベダの死、いや殺害だった。

ボベダは県庁において社会党議員のアマンド・ギアンセとともに、カサル大尉とサンチェス・カントン大尉によって逮捕され、サン・フェルナンド基地に閉じ込められた。数時間後、隣のポイオ市にあった自分の家ではなくオリバ通りにあった義父のシェラルド・アルバレス・リメセスの家に泊まることを条件に釈放された。ボベダ自身の陳述によると、逃げようと思えばポルトガルに逃げることもできた。しかし、自分は何も罪を犯していないと思ったため、逃亡しなかった。翌日、取り調べを理由に連れていかれたが、最終的にポンテベドラの刑務所に入れられてしまった。夜になって、グアルディア・シビル（治安警備隊）が、彼を保護するという口実でボベダを刑務所と化したポンテ・カルデラスの小学校へと移動させ、途中で殺されかけたが危うく一命をとりとめた。この囚人が重要人物であったため、グアルディア・シビルの誰かが殺害を諦めさせたのであった。ボベダは一九三六年八月一四日の軍事裁判までその小学校で過ごした。そこでもまた、ボベダは逃げようと思えばできたと陳述しているが、自分が無罪であることを確信していたため逃げる必要はないと思った。裁判中ボベダが発した弁護証言がガリシアへの祖国愛（ナショナリズム）の頂点と言わざるを得ない。「私の罪状が国家への反逆の罪とのことですが、少し弁護させてください。私の母国はガリシアです。ガリシアを熱愛しています。何世紀も生き長らえるとしても決してガリシアを裏切りません。自分の命より愛しています。裁判官が私のこの愛が処刑の対象となるというのなら、ガリシアのためにそれを受け止めましょう。私はガリシアのためにできるだけのことはしたつもりです。もっとできるのであればもっとしたいと思っています。裁判官が私に処刑を下すのなら、私はガリシアの国旗の元に埋葬されたいです。私を生んでくれたこの聖地へのアガリモ（ガリシア語を使って申し訳ありませんが、生まれてからずっと使い続けてきた私の母国語です)、この聖地への愛は決して私の主であるスペインを憎んだりしません。私はただ、ガリシアに対する残酷や間違いを正そうとした、ただそれだけなのです」。

軍事裁判で死刑の判決が下された。ボベダの義理の兄弟であったフェリペとヘラルド・アルバレス・ガジェゴがフェリペの妻の叔父、レオカディオ・ゴメス元准将に嘆願し、ガリシアの軍隊の新しい将軍と任命されたばかりのルイス・ロンバルテ・セラノ将軍にボベダの助命嘆願書を持って行かせた。ロンバルテ将軍の答えは以下の通りだった。「レオカディオ、考えてみたまえ。我々はソビエトからスペインを救うために戦っていのだ。ボベダは共産主義者ではない。しかし、彼はガリシア主義者だ。なおさらだ」。

ボベダは八月一七日の早朝に妻のアマリア・アルバレス・ガジェゴへの最後の手紙を書いた。「沢山書きたかった。しかし、私が言えることの全てを君は既に知っている。ごめんなさい。子供が私のことを忘れないように頼む。あと数分だが君たちのため、この聖地のため、みんなのため、もうすこしだけ、勇気を持って生きよう。私はいつでも君たちのそばにいる。私は安心している。さようなら。子供のために、両親のために生きてください。自分らしく生きてください。向こうから君たちの喜びを感じられる気がする。君たちのことは決して忘れない。ずっと見守っている。さようなら」。

ボベダは夜明けにグアルディア・デ・アサルト（突撃警察隊）のトラックに乗せられ、ポイオ市のラ・カエイラにあるポンテベドラの町が見渡せるカーブで松の木の下で銃殺された。軍人とフランシスコ会の神父の他、銃殺を止められなかった彼の義理の兄弟がボベダの最後を見届けた。彼はサン・マウロの墓地で埋葬された。裁判官が受刑者の最後の願いを聞き届けなかったので、埋葬の際、彼の友達がジャケットのポケットに小さなガリシアの国旗を忍ばせた。それは暴力的で計画的な弾圧だった。短期間でガリシアの政界および軍部の中心的な人物、ガリシア主義の代表者が処刑された。同時にガリシア主義の代表的な他の人物たちも亡命するかたちで消されることになった。

しかし、彼らばかりの話をしてはいけない。この同時期に、ガリシアの七つの大都市のうち、五人の市長も殺害された。さらに、その他の二六もの町の町長も処刑された。公にクーデターに反対した者たち、反対はしていないが、将来的に反対するかもしれない者たち、労働組合の代表者たち、医者、弁護士、教師などあらゆる町の重要な知識人たち、これらの人たちがみな処刑されたのである。男女平等を訴えていた女性も忘れてはいけない。女性に関しては二重に弾圧を痛感したと言える。第一には家庭内で男の独裁的な権利に従わざるをえなかった。第二に、仕事において重要な役割が任されることがなかった。もちろん共和制の時期はこういった男女問題が克服されていたとは言いたいのであるが。現在でも同じことが言えるかもしれないが、共和制とともに男女の格差の是正が大きな進歩を見せたのは事実だ。フランコ政権ではこれらの進歩が巻き戻しになったのである。

この戦略的弾圧の目的はただ一つ、新政権に反対する者をなくすことであった。混乱とともに恐怖と沈黙が空気を漂う。「ああ、この家の者はみな、打ちのめされていた」。

弾圧を時に忍ばせ、時に見せつけることによって恐怖が生まれる。一方、人々は早朝に自分の家から連れ出され、永遠に消えることもあった。現在でも集団墓地や道路側で眠っているものが多い。他方、時に恐怖を与えるため道路の側や町の通りに遺体を放棄した。近所の人や親戚でさえも遺体を埋葬させることに対して恐怖を感じていた。共和制の期間に少しでも政治に関係していた人なら、だれでも「散歩《パセオ》」させられる対象となるため、多くの人が逃げたり知り合いの家の一角に隠れたりした。幾人となく逮捕と釈放を繰り返され、最終的に「散歩」させられた。しかし、弾圧は処刑だけではなかった。集団逮捕や拷問、女性の髪狩りなど社会的主義的言動を打ち消すため、あらゆる手段を使った。旧共和制の法律に基づいた文化的、学的、同盟的運動に参加した者はみな反乱罪の容疑者となり、「浄化」される対象となったのである。

クーデターは共和制だけでなく、社会そのものを壊してしまった。その代わり、恐怖に基づいた政策を展開し定着させた。言い訳や些細なコメント、根拠のない告げ口でも逮捕に繋がる。従って、沈黙の法則が生活を支配した。近所の人と社会の状況について話すのが怖くなり、家庭内でも沈黙が拡がっていった。その沈黙は日々の生活の中でスペイン人の身につけられたもので今日まで代々受け継がれていった。クーデターから八〇年たった。フランコ独裁政権が終わってから四〇年もたった。ところが、今になってもなお自由にあの頃の出来事を語ることが憚られる。多くの人が新しい政権に強制的に馴染まされた。多くの人が亡命した。また、多くの人が山岳地帯などに隠れ長年のゲリラ生活を送りながらレジスタンス活動を行った。

フィゲイリドやサン・シモン島の新設刑務所やサンタ・マリア・デ・オイアやカンポサンコスの強制収容所が建設されることで弾圧がいつまでも続いた。

五　おわりに

白黒がつけやすい歴史の地図と違ってガリシアは決してファシスト側をサポートしたわけではないことを強調したい。スペイン全体もまた、フランコ主義一色だったとも言えない。ただ、ガリシアは極端な、そして暴力的な弾圧戦略によって跪くことになった。その後、反共和派戦線のための人材や食料補給地になり、反乱軍の後衛の戦略的な拠点となった。

雌狼よ、私から息子を奪い
黄昏時に束縛させ
永遠の死に晒す。
雌狼よ、私の息子を奪い
君が握る勝利の剣の
罪に利用される。
見返りとして沈黙、
牢獄、
恐怖。

ガリシアには戦線は展開しなかったが戦争があった。負けた人たちが反抗して戦うことも許されなかったため敗北した。しかし、勝った人たちもまた許されない行為を犯したため勝利とは言い難い。ガリシアでは弾圧や逃亡、拷問、レジスタンス、そして恐怖、大いなる恐怖があった。ガリシアは魔法の国だ。他の魔法の国と同様で自分のうちに籠るのを得意とする。ガリシアの深層を生きた人、ガリシアの雨上がりの空気を吸った人ならわかる。しかしながら、ガリシアも苦痛を感じている。ガリシアも泣きながら自分の傷跡を舐める。みんなが外で遊んでいた時に夕立のように内戦がやってきた。何人かが予想し、止めようとしたが飛ばされてしまった。何人かが雨宿りしようと逃げたが二度と戻ることがなかった。残った者たちが仮衣を身に纏い、雨に耐えたが、そのせいで仮衣が肌に溶け込んで脱ぐことができなくなった。今日のガリシア人が天気を気にかけない子供のように、当時を生き抜いた人たちを批判するが、仮衣が脱げなくなった人たちは大声で真実を語りたい気持ちになるたびに、夕立が来るかもしれないと心の中で気持ちを引っ込めてしまっている。漆黒の夜がいつやってくるかと思い続けている。

（訳／ファン・ホセ・ロペス・パソス）

参考文献

Barreiro Fernández, Xosé Ramón, *Historia de Galicia 4. La Época Contemporánea*. Editorial del Faro de Vigo, Vigo, 1991.

Cocho, Federico, *Guerra Civil. Qué pasou en Galicia e en España*. Edicións Xerais de Galicia, Vigo, 2011.

Fernández, Carlos, *El Alzamiento de 1936 en Galicia. Datos para una historia de la guerra civil*. Edicións do Castro, A Coruña, 1982.

Fernández, Carlos, *La Guerra Civil en Galicia*. Biblioteca Gallega. Editorial La Voz de Galicia, A Coruña, 1988.

Prada Rodríguez, Julio, *Ourense, 1936-1939. Alzamento, Guerra e Represión*. Edicións do Castro, A Coruña, 2004.

Prada, Julio / De Juana, *Jesús, Lo que han hecho en Galicia. Violencia, represión y exilio (1936-1939)*. Crítica SL, Madrid, 2006.

Velasco Souto, Carlos Fernando, *1936 Represión e Alzamento militar en Galiza. Historia de Galicia*. Edicións A Nosa Terra, Vigo, 2006.

スペイン内戦期における第二共和制の外交姿勢と国際連盟
——マヌエル・アサーニャの視点の分析を中心に

安田　圭史

はじめに

一九三一年四月一四日に樹立されたスペイン第二共和制は、プリモ・デ・リベラ将軍の独裁（一九二三～一九三〇）を経験したスペイン国民にとって、待望の民主主義政権の期間であった。しかしながら、それはまた国内において数々の社会問題を抱えた期間でもあり、第二共和制は体制成立当初から、そのような問題と対峙しなければならなかった。それらの大半は前政権のプリモ・デ・リベラの独裁から続くものであったが、第二共和制は結局それらを満足に解決できず、スペインに民主主義による近代化をもたらしたものの、わずか五年で行き詰った。民主主義の試みが失敗したことは、その後スペインを二分する悲劇的な内戦（一九三六～一九三九）を防げなかったことからも明白である。

スペイン内戦は、一九三六年七月から一九三九年四月までの約二年九カ月間、共和国軍側とそれに反旗を翻した反乱軍側とに分かれて展開され、後者の勝利とともに終わった。スペイン内戦は、ドイツやイタリアの反乱軍側への援助によって早々に国際化し、これを問題と判断した共和国側は、当時の国際社会で最も影響力のあった国際機関である国際連盟に提訴した。スペイン第二共和制は、外交を「最優先事項」とみなしてはいなかったものの、外交において国際連盟との「協調」は重要であると認識していた。

本稿では、スペイン第二共和制が、第二共和制期と内戦期に進めた外交政策について、一九三一年一二月に制定された第二共和制憲法の外交面での特徴を分析しながら、主に第二共和制と国際連盟の関係に焦点を当てて考察したい。主たる資料は、第二共和制の最初の二年間に首相を務め、一九三六年には大統領に就任した著名な知識人かつ法学者でもあったマヌエル・アサーニャ（一八八〇〜一九四〇）の日記と論文である。アサーニャは、内戦が共和国側の敗北に終わってから一年後の一九四〇年一一月に亡命先のフランスで亡くなった。アサーニャによって第二共和制期、内戦期に書かれた日記や、内戦が終結した年の一九三九年にフランスで執筆された論文(1)は、内戦開始から八〇年が経過した今日でも、第二共和制期や内戦期を知る上でスペイン内外において貴重な資料とされていることを付言しておきたい。(2)

一　スペイン第二共和制の「平和主義」

第二共和制の政治家は、政権を安定させる必要性に迫られ、内部問題の解決を最優先しなければならなかった。しかし、同時に彼らは、当時のスペインの国際的地位と年々混乱を深めていた国際社会でスペイン第二共和制が果たしうる役割について考えることも忘れていなかった。結果として第二共和制は、外交において、「平和主義」に着目した。一九三一年一二月に制定された第二共和制の新憲法においては、平和主義は第二共和制が外交を展開する上での主要な信条として定義された。

第二共和制の最初の二年間に首相を務めた共和主義者、マヌエル・アサーニャは、最も平和主義を支持した人物のひとりであった。第二共和制憲法の第六条は、新政権の平和主義の意思を次のように定義している。

スペインはひとつの政治的手段としての戦争を放棄する。(3)

この戦争放棄の意思は、まさに民主主義の理想に合致する信条であり、もちろん第二共和制を担う大半の政治家が賛同していたものであった。一方で、この平和主義からは、当時の国際情勢を正確に捉えた第二共和制の姿勢が垣間見えるともいえる。その姿勢は、第一次世界大戦（一九一四〜一九一八）後の新しい国際情勢の中で世界平和を守るために、一九二〇年にジュネーヴに創設された国際連盟の方針に忠実なものであった。国際連盟こそが「平和主義」を標榜していたのであった。実際、国際連盟は、第一次世界大戦を引き起こした状況を繰り返さないような国際的な協力体制を形成しようとしていた。ただ、この目論みは、その後第二次世界大戦（一九三九〜一九四五）の勃発を止められなかったことから、第二共和制と同じように、決定的な失敗に終わったことが分かる。

ともあれ、当時の第二共和制が緻密な計算のもとに、国際連盟の平和主義に歩調を合わせたことは明白であった。国際連盟スペイン代表のサルバドール・デ・マダリアガは、スペインを「二番手の国家」とみなし、スペインが国際連盟の平和主義と一体感を持つことにより、国際舞台での重要性や影響力を意図的に高めようとしたと明らかにしている。

第二共和制において、国際的な信用を獲得し、それによって国家の国際的地位を上げるために、二つの条件が重要視された。第二共和制は、当時国際連盟において、大国の影響力が圧倒的であったことを考慮に入れ、自らが支持する平和主義の理想を掲げる一方で、控えめかつ打算的な外交を両立することを目指した。それは、国際的に重大な問題を起こさないためであり、とりわけ大国と敵対しないための姿勢であった。それは、特に第二共和制の外交において主要な方針のひとつとなった。

一方で、スペインの歴史家、ホセ・ルイス・ネイラ・エルナンデスによると六条のような第二共和制憲法の平和主義に関する条項は、サルバドール・デ・マダリアガの影響が大きく関係していたという[4]。スペインの二〇世紀初頭を代表する著名な知識人のひとりであったマダリアガは、第二共和制期の一九三一年から一九三六年にかけて、国際連盟スペイン代表を務めた。マダリアガは国際連盟を熟知し、内部においてもある程度の影響力を持っていた。というのも、マダリアガは、一九二一年から一九二七年にかけて国際連盟で勤務し、広報担当や軍縮部長を歴任した経験があったからであった[5]。国際連盟の構造を十分理解していたマダリアガは、第二共和制憲法に平和主義に関する条項を盛り込むことを積極的に推し進めた者のひとりであった。

また第二共和制憲法は、七七条において、第二共和制の大統領の存在に触れ、次のように定めている。

第二共和制の大統領は、いかなる宣戦布告にも署名してはならず、それは国際連盟条約において記されている条件においてのみ可能である。ただ、それも国際連盟によって定義されている好戦的な性格を持たない防衛手段や法的措置、また和解や仲裁といった方法を行使しても解決できない場合のみである。(6)

前述の六条に加えて、七七条が国際連盟によって主導される国際社会へのスペインの歩み寄りをより鮮明にしているといえる。七七条は、後に勃発するスペイン内戦のような事態が起こったとき、スペインの内政のみで解決が困難な場合は、国際連盟と密接に連携するということもより明確にしていた。

第二共和制の「平和主義」は、国際社会に多大な影響を及ぼしたもうひとつの条約からも着想を得ていた。それは、一九二八年八月、フランスの外務大臣ブリアンと、アメリカ合衆国の国務長官ケロッグの間で締結されたケロッグ＝ブリアン条約である。この条約には、国際連盟の平和主義に賛同する世界六二カ国が参加し、戦争放棄の意思が明確に示されていた。実際、スペインの歴史家であるアンヘレス・エヒード・レオンやイスマエル・サスは、第二共和制憲法が国際連盟の信条と、ケロッグ＝ブリアン条約の中間点に位置付けることを模索したものであったと主張している。(7)

要するに、一九三一年の第二共和制憲法で示され、新しい政権の外交の基礎となった平和主義には、第二共和制の世界的な信用を強化するためのより現実的な外交方針が反映されていたのである。第二共和制政府の閣僚は、国際舞台でスペインが果たしうる「控えめな」役割をよく理解していたのである。そのようにして、第二共和制は同じ理想や信条を持っていた国際連盟との間に相互理解を成立させた。第二共和制の大統領、アルカラ＝サモーラは双方の関係を次のように見ていた。

国際連盟においては、相互理解によってスペインへの信用が保証されていた。スペインにとっては、スペインの支持によって、新しい国際的機関である国際連盟を強化することは好都合であった。国際連盟にとっても、未だ意識的には大国としての名誉を持ちながらも、実際には強国ではなく、当時西洋のいかなる戦いからも離れ、旧世界から新世界まで影響力のある国際性を備えた国(8)であるスペインを味方につけることは都合が良かったといえる(9)。

結果的に、第二共和制は平和主義を介して、自らの国際社会での必要性を「巧みに」訴えたのである。

二　第二共和制政府の外交への「無関心さ」

第二共和制は、平和主義の理想を掲げる一方で、当時国際連盟の中で影響力のあった大国であるイギリスとフランスと協調することを意図した。サルバドール・デ・マダリアガは、この点と当時のスペイン外交について、次のように表現している。

スペインは、ヨーロッパで慢性的な覇権争いには中立であり、フランスとイギリスとは常に密接に連絡を取ることに努めた。そのことによって、その他の大国との対立を避けようとしたのである(10)。

スペインがリスクを冒すことなく国際的地位を確立するためには、フランスやイギリスに協力する手段しかなかった。ただ、同時に第二共和制の直接的な関心から離れた事件などに巻き込まれることは避けなければならなかった。第二共和制の主要な関心は、国内政治にあったからである。

その極めて「慎重な」外交を象徴する出来事があった。それは一九三二年一一月、当時のフランス第三共和制（一八七〇～一九四〇）の首相で、急進社会党のリーダーでもあったエドゥアール・エリオのマドリード訪問が決まった際に起こった。

エリオの訪問を前に、首相のアサーニャは、怒りを抑えることができなかった。アサーニャは、他の多くの閣僚と同じように、自他共に認めるフランスびいきで、フランスとのイデオロギー的な類似をとりわけ意識していた。なぜなら、アサーニャが自らの内閣を通して実行した軍事改革が、同じ政治形態のフランス第三共和制のものを手本としていたからであった。エリオの訪問の二カ月前の一九三二年九月、アサーニャは、当時国際連盟スペイン代表と駐パリのスペイン大使を兼任していたマダリアガと会談し、その際マダリアガに伝えた懸念を自身の日記の中で次のように記した。

マダリアガは私にフランスの件を持ってきた。最も重要な問題は、私を不安にさせているエリオのスペイン訪問である。仮にエリオが私たちに何かを頼みに来るのでないというのであれば、実際のところは頼みに来ると思う人が多いであろう。もしそうなれば、私たちは危険な問題に首を突っ込むことにもなりかねない。(11)

アサーニャが隣国であるフランスと良好かつ協力的な関係を維持し続ける意思があることは明白であったが、同時にアサーニャはフランスとの外交上の取り決めを交わすことも避けたかった。アサーニャは、国際社会でスペインに何か重大なことが起これば、その問題を解決するための軍事面を含めた国力がスペインには足りないと考えていた。このアサーニャの姿勢に関連して、第二共和制の大統領のアルカラ＝サモーラは、スペイン第二共和制の外交能力を「限りあるもの」として定義した。(12) アサーニャもアルカラ＝サモーラもスペインの外交上の「限界」について、とても敏感であったのである。この点について、イスマエル・サスはアサーニャの姿勢を次のように論じている。

アサーニャは、スペインが軍事的な準備ができていないため、いかなる国際的な紛争に巻き込まれることを恐れ、フランスとの対話には決して賛成しなかった。それは、エリオに対してそのような理由を説明するのが煩わしかったからでもあった[13]。

極度の用心深さ、言い換えれば計算された「慎重さ」は、当時の第二共和制外交を支配していた。そのような姿勢が第二共和制外交に貫かれたとすれば、スペインから地理的に遠く離れた地域に関連する問題に関心を抱くことはさらに困難であった。例えば、第二共和制成立から五カ月後の一九三一年九月、日本が満州を侵略し、国際問題に発展した。その問題は「満州事変問題」として、国際連盟で解決のための議論がなされることになった。このとき、アサーニャもアルカラ＝サモーラも、日本の帝国主義によって引き起こされたこの問題を、「東洋の一出来事」として一定の距離を持って受け止め、事態の進展の詳細を知ることには積極的ではなかった。実際一九三一年一〇月、当時の外相で、同時に国際連盟理事会の議長を務めていたアレハンドロ・レルーが特に「満州事変問題」について話し合う会議を進行するため、ジュネーヴに向かわなければならなくなったとき、閣僚たちはレルーに対して不満を隠さなかった。アサーニャは、自身の日記においてその時の様子を次のように記している。

金曜日の閣僚会議において、レルーは我々におそらく再びジュネーヴに行かなければならないと知らせた。それは、中国と日本の争いの悪化によって、国際連盟理事会の司会をしなければならないからというものであった。この知らせは私たちに不信感を抱かせた。そして昨日土曜日、レルーは我々にきっぱりとジュネーヴに向かうと言った。その日の午後、私たちはレルーが夜の列車の座席をすでに押さえていることを知った。この旅は私たち全員を不快にさせた。誰もレルーがジュネーヴでそんなに必要とされているとは考えておらず、この期間にスペインを出ることは、政府での議論に全く関わらないためのひとつの技術といってもよい。一番このことを不快に思ったのは、大統領のニセト氏であった[14]。

アサーニャとアルカラ＝サモーラにとっては、レルーがジュネーヴに向かうことは国内政治からの一種の「逃亡」

であった。実際、この期間、政府は宗教改革問題について激しく議論していた。

この出来事は、第二共和制政府が満州事変問題に関してほとんど関心を寄せていなかったことを明白にしている。いずれにしても、スペインは、一八九八年にアジアで唯一の「植民地」であったフィリピンを失い、アジアでの存在感を無くした結果、極東に関する興味が薄れていたのである。さらに満州事変問題への無関心さは、当時の閣僚が、新しい第二共和制を民主主義的かつ絶対的な体制として安定させたい意思を持っていたことから起こったものであるとも考えることができる。

この意思の実現のために、第二共和制は、二つの戦略に基づき、外交を展開していった。一点目は自らも新憲法に掲げたように、国際連盟の信条や精神に同調することであり、二点目は、民主主義体制を敷く大国との結びつきを強化することであった。それらは、第二共和制政府の計画を台無しにしかねない問題を避けるために考え出されたのであった。

安定した共和制を構築するためには、極めて現実主義的かつ慎重な外交を実行することが不可欠であり、その姿勢こそが一九三〇年代の国際的に重大な紛争に対して、意図的に「無関心な」態度を第二共和制の外交に取らせたのである。慎重さと無関心さは、第二共和制において、特に顕著な外交上の特徴であった。

三　スペイン内戦の国際化と不干渉委員会

一九三六年七月一七日、スペインで共和制に不満を持つ軍部のクーデタに端を発する内戦が勃発した。その後内戦は共和国軍と反乱軍とに分かれ、二年九カ月もの間続いた。一九三一年から一九三三年にかけて首相を務めたアサーニャは、内戦勃発時には第二共和制の大統領を務めていた。一九三六年七月の時点では、その年二月の総選挙で勝利した左派勢力が結集した人民戦線内閣が政権を握っており、アサーニャは政権のトップとして内戦に対峙することになったのである。内戦は、「平和主義」をその憲法に掲げる第二共和制、そしてアサーニャに重くのしかかった。アサーニャは直ちに解決に向け、反乱軍を率いる軍司令部と停戦合意を結ぼうとするが失敗に終わった(15)。

内戦の規模が次第に大きくなっていく中、アサーニャはこの状況を解決できる能力があるとみなしていた共和主義者であるホセ・ヒラールをディエゴ・マルティネス・バリオに代わって首相に任命した。七月二〇日、ヒラールは、同じく人民戦線内閣であった「隣国」かつ「大国」であるフランスのレオン・ブルム内閣に軍需品の提供を願う電報を送った。しかし、フランス政府は、当時保守党のスタンレー・ボールドウィンが首相を務めていたイギリスとともにスペイン内戦には「不干渉」の姿勢を表明し、結果的に軍需品の提供は行われなかった。[16] そしてこの「不干渉」の方針にはドイツ、イタリア、ソ連なども賛同し、一九三六年九月九日、ロンドンを本部としてスペイン内戦に対する「不干渉委員会」が結成されるに至った。[17] 参加したのはヨーロッパの二四カ国[18]であった。これによって、ヨーロッパの「大国」を含む大半の国々は、「表向き」にはスペイン内戦とは関わりを持たないということになった。

しかしながら、ドイツ、イタリア、ソ連といった「大国」は、不干渉委員会に参加しながらも、スペイン内戦に介入した。ドイツやイタリアは内戦勃発後、すぐにフランシスコ・フランコ将軍率いる反乱軍側に武器や援軍を提供したのに対して、ソ連は共和国軍側を支援した。この事実に関して、不干渉委員会のドイツ代表であったヨアヒム・フォン・リッベントロップは、「不干渉委員会」の名前は、「干渉委員会」とするべきであると皮肉った。[19] 最終的にスペイン内戦に対して、反乱軍支援のためドイツは約一万人、イタリアは約七万から一〇万人の兵士を投入したとされている。[20]

一九三六年九月末に反乱軍がスペイン本土の三分の二を支配し、一一月にフランコ将軍が樹立した反乱軍側の政府をドイツとイタリアが正式に承認すると、大統領のアサーニャは、第二共和制憲法の七七条に掲げた内容に基づき、ドイツとイタリアのスペイン内戦への介入を国際連盟理事会に提訴した。しかし、国際連盟はドイツ、イタリアの介入を非難したものの、解決のための有効な措置を講じることはなかった。[21] 当時、アサーニャは、特にドイツとイタリアの介入と内戦中のスペインの状況が「国際平和への重大な脅威」であったと述懐した。[22] またアサーニャは、ドイツやイタリアのような「侵入者」に対して、国際連盟に何らかの「罰則」を求めたとしても、それを発言した途端、全員に反対されるような雰囲気であったとも記している。[23] さらにアサーニャは、一九三一年に起こった満州事変問題は少なくとも国際連盟でよく議論されたが、スペイン内戦に関してはほとんど話もされなかったとも付言している。[24]おそらくこれには、国際連盟に加盟するヨーロッパの多くの国々が、すでに不干渉委員会への参加を通じて「不干渉」の意思を明らかにしていた事実が関わっていると思われる。後にアサーニャは、「不干渉委員会」に対しても怒りの矛先を向け、「第二共和制に最も打撃を与えたのが不干渉委員会であった」と記した。[25]スペイン第二共和制の外交は、内戦に際して国際連盟に助けを求めたものの、国際連盟、不干渉委員会とも第二共和制を有効に援助することはなかったのである。

スペインで内戦が続く一九三七年九月、国際連盟では、スペインが投票によって一九二八年から務めてきた国際連盟の非常任理事国を外される事態が起きた。[26]アサーニャは、スペインが敬遠された原因を内戦による不安定さとそれに伴うスペイン外交への不信感からであったと分析している。[27]このようにして、スペインは元々それほど高くなかった国際的地位をさらに落としていき、第二共和制は内戦においても次第に追い込まれていくのであった。一九三九年二月、反乱軍の勝利が確定的なものとなると、国際連盟と不干渉委員会の重鎮かつ「大国」のイギリスとフランスは、フランコが樹立した反乱軍側政府を承認した。この時点で、国際連盟とスペイン第二共和制は事実上「断交」の状態になったといってもよく、国際社会において、もはやスペイン第二共和制はほとんど存在しないに等しいものとなってしまった。この事実を受けて、当時パリに逃れていたアサーニャは大統領を辞任した。それから二カ月後の一九三九年四月、スペイン内戦は、反乱軍側の勝利とともに終結し、フランコ政府は一九三九年五月に国際連盟からの脱退を宣言した。それは、「平和主義」でつながっていたはずのスペインと国際連盟の信頼関係が完全に崩壊した瞬間でもあった。

四 国際連盟への批判

国際連盟において、スペイン内戦は早期の不干渉委員会の設置も相まって、積極的な組織の介入がなされるには至らなかった。同じことは、一九三一年に起こった満州事変問題についてもいえ、国際連盟は中国側の提訴があったにもかかわらず、すでに「大国」となっていた日本を制裁することに消極的な姿勢を取り、結果的に日本の領土拡張主義を食い止めることはできなかった。結局のところ、スペイン内戦も満州事変問題も、世界平和を実現するために設立された国際連盟がその機能を全く果たさなかったことを明らかにしたのである。後にこの国際連盟の状況をスペイン第二共和制外交の関係者が厳しく批判した。

アサーニャ内閣の一九三一年一二月から一九三三年六月にかけて外務大臣を務めたルイス・デ・スルエタは、一九三五年八月、当時起こったイタリアのエチオピア侵攻に触れ、国際連盟の理事会で常に存在した「沈黙」について回想した(28)。つまり、満州事変問題のような何か重要な問題が起こっても、解決を急ごうとせず、「沈黙」がはびこったということである。またその「沈黙」が大国イギリス主導で行われていたとしている。同時に、スルエタは、国際連盟が世界平和を実現するにはあまりにも「未発達」で「不完全」な機関であったと付け加えている(29)。

後にアサーニャもスルエタとほぼ同じ視点で国際連盟を批判した。アサーニャは内戦真只中の一九三七年五月三一日、自身の日記において国際連盟を次のように描写した。

ジュネーヴの会議。いつもの茶番。この国際連盟は永続的なウィーン会議になってしまった(30)。

アサーニャは国際連盟を、一八一四年から一八一五年にかけて、フランス革命やナポレオン戦争の戦後処理と後の国際秩序の構築について話し合うため、ウィーンで開催された国際会議に例えた。ウィーン会議では出席者の多くが晩餐会やダンスパーティーに夢中になり、なかなか本題に入らず、多くの問題が未解決となったとされている。アサーニャは国際連盟がウィーン会議と同じく、スペイン内戦のような国際問題に対して、漫然と会議を行うだけで、迅速に解決策を見いだせなかった事実を嘆いたのである(31)。またアサーニャは国際連盟で意見が聞き入れられるには、強い国でなければならず、スペイン第二共和制にはそのような力はなかったとしている(32)。

またアサーニャは、一九三九年に執筆した論文の中で、すでに内戦が共和国側の敗北に終わった事実を踏まえて、国際連盟を次のように批判した。

> 国際連盟は弱い者の擁護者になると思われた。しかし実際は、怖気づいた者たちが集う茶話会にしかすぎなかった。(33)

「弱い者」とはまさしくスペインのような「小国」であり、「小国」を救うべきであるはずの国際連盟がただの「茶話会」になった事実は、アサーニャにとって受け入れがたいものであった。

さらにアサーニャは同論文の中で、国際連盟を「失敗」と指弾し、次のように筆誅を加えている。

> 多くの人々が国際連盟の失敗を残酷な現実の報復として皮肉を込めて祝っているらしいが、私には何が国際連盟の「理想」であったのか皆目見当がつかない。少なくとも、国際連盟で私たちの権利を主張することは全くばかげたことであった。(34)

スペイン第二共和制は、国際連盟が「理想」として提示したはずの「平和主義」に賛同することによって、国際社会での地位を安定的なものにしようとした。そのスペインで内戦が起こったとき、国際連盟に助けを求めるのは自然なことであったが、国際連盟は自らが掲げた「理想」に反して、「大国」の顔色を窺いながら極めて「現実的」に振る舞った。(35)むろん、第二共和制憲法に則したアサーニャの国際連盟への援助要請は完全に無駄骨に終わった。

加えて、アサーニャが「ばかげたこと」として使用した表現は「quijotada」という単語である。これはスペインが生み出した世界的作家、ミゲル・デ・セルバンテス（一五四七～一六一六）の代表作『ドン・キホーテ』（一六〇五）に由来する言葉である。スペインを代表する著名な知識人でもあったアサーニャは、一九三〇年五月三〇日にスペイン女性クラブ(36)において『ドン・キホーテ』に関する講演を行うほど、『ドン・キホーテ』に精通していた。この講演の内容は一九三四年、*Cervantes y la invención del «Quijote»*（『セルバンテスと「ドン・キホーテ」の発明』）のタイトルで出版され、話題を呼んだ。[37]『ドン・キホーテ』は自らを「騎士」と思い込んだ郷士ドン・キホーテが従者サンチョ・パンサとともに遍歴の旅に出る物語である。この物語では、ドン・キホーテが風車を巨人と勘違いして、向こう見ずに風車に突っ込むのをサンチョ・パンサが冷静に受け止める場面が登場し、とりわけスペインではドン・キホーテが「理想主義者」、サンチョ・パンサが「現実主義者」として頻繁に例えられる。アサーニャの表現に従えば、第二共和制は国際連盟の平和主義という「理想主義」に賛同したが、それは実際には、「巨人と勘違いして風車に突っ込むくらい」に「ばかげたこと」であったということである。

スペイン内戦終結から五カ月後の一九三九年九月、ドイツがポーランドを侵攻したことをきっかけとして、その後約六年にも及ぶ第二次世界大戦が始まった。国際連盟は、スペイン内戦と同様にこの場においても、解決に向け積極的に行動することはなかった。アサーニャに「失敗」、「ばかげたこと」と酷評された国際連盟は、第二次世界大戦の勃発とともに、アサーニャが表現したような完全な「失敗作」となるに至ったのである。

おわりに

一九三一年に成立したスペイン第二共和制は、「小国」としての国力から、外交において、リスクを極限まで軽減する方針を取った。それが国際連盟の掲げていた「平和主義」への同調であり、第二共和制は、そうした意思を自らの憲法で戦争放棄を提唱する六条や紛争などを平和的に解決する大統領の権限を定める七七条などで明確に定義した。そのようにして、民主政を迎えたばかりで、内政に主に時間を割かなければならなかった第二共和制は、国際連盟という組織を自らの外交における心強い「味方」としようとしたのであった。

同時に、様々な改革に追われる第二共和制政府にとって、外交は優先分野ではなく、あえて「平和主義」を前面に打ち出すことで、外交面で起こりうる問題を回避しようとしていた。それは、外交に積極的に関心を寄せすぎないということを意味し、国際的な紛争に対しても「中立」であるということであった。「平和主義」を実践するスペインの外交姿勢は、国際連盟でも歓迎され、スペインと国際連盟のパートナーシップは強まっていった。また、スペインは、国際連盟で影響力の強い「大国」であるイギリスやフランスとの良好な関係を維持することには抜かりなかった。特にスペインにとって、「隣国」の大国フランスとの関係は最重要視されるべきものであった。

第二共和制は、一九三六年にスペイン内戦が起こると、連携を強めていた国際連盟に助けを求めた。ドイツやイタリアの反乱軍側への援助によって、内戦の形勢は共和国側に不利となったからである。しかし、イギリスやフランスといった「大国」が「不干渉委員会」の設置によって、早々と「不干渉」の意を表明したことも相まって、国際連盟は、スペインが期待したような「助け」は積極的に行わず、ドイツやイタリアに対しても何ら有効な策を取らなかった。一方で、「不干渉委員会」は、ドイツ、イタリア、またソ連といった「大国」の介入を黙認するかたちとなり、実際には「干渉委員会」と揶揄されるほど形骸化した。

スペイン内戦は一九三九年四月、共和国側の敗北に終わり、第二共和制大統領のアサーニャは国際連盟を「失敗」だったとして糾弾した。第二共和制は自らの憲法やイギリスやフランスとの関係を重視する政策を通して、国際連盟に歩み寄ったが、国際連盟はスペイン第二共和制のいかなる援助の申請にも、「理想主義者」としてではなく、極端な「現実主義者」となって冷ややかに対応した。国際連盟は創設当初、「理想主義」を掲げる「ドン・キホーテ的な」存在であったが、気づけば同じく「ドン・キホーテ的な」第二共和制を、自らが「サンチョ・パンサ」に変貌して排除していた。「平和主義」を掲げた第二共和制は、「平和主義」でつながっていたはずの国際連盟に最後に梯子を外されてしまった。この国際連盟の「裏切り」が、スペイン内戦期、窮地に陥った第二共和制に、崩壊への決定的な打撃を与えてしまったといえよう。

註

（1）アサーニャは一九三九年にスペイン内戦勃発の理由についての論文を計一一本執筆しており、本稿では中でもスペイン第二共和制と国際連盟との関係について論じた《La República española y la Sociedad de Naciones》（「スペイン第二共和制と国際連盟」）を主要参考史料としている。これら一一本の論文は、一九六六年、メキシコで出版されたアサーニャの全集の第三巻に初めてまとめて収録された。当時のスペインは、内戦の勝者である反乱軍を率いていたフランコ将軍の独裁政権（一九三九～一九七五）下にあり、共和国軍側のリーダーであったアサーニャの著作の出版は許されなかった。同論文がスペインで最初に出版されるのは、フランコが亡くなった後の一九八六年になってからのことであった。論文が書かれてから、スペインではその出版まで実に四七年を要したのである。

（2）アサーニャの日記は、内戦中に反乱軍側に付いていたある外交官によって盗まれ、長い間公表されることがなかったが、一九九七年からスペインの国立史料館（Archivo Histórico Nacional）においてマイクロフィルム化されたかたちで閲覧が可能になった。スペイン人の歴史家、アンヘレス・エヒード・レオンは、アサーニャの日記の公開によって、スペイン第二共和制の外交とアサーニャの姿勢について、「より多くの材料とともに分析できるようになった」としてその価値を高く評価している（Egido León, 2001, pp. 103, 110; Egido León, 2006a, p. 38）。また、アサーニャの日記が公開された一九九七年、アサーニャ研究の第一人者であり、日記の編纂作業にも携わった歴史学者サントス・フリアは、日記を「我々の国の歴史において重大な局面を知るのに、一次史料として他に代わるもののない重要性を持っている」と表現した（Juliá, 1997, p. 41）。なお、日記の大部分は、二〇〇〇年にサントス・フリアの解説とともに出版され、本稿では公刊された日記を主要参考史料としている。

（3）Egido León, 1984, p. 105; Egido León, 1987, p. 63; Egido León, 1996, p. 85; Egido León, 1998, p. 252; Egido León, 2001, p. 104; Egido León, 2006a, p. 32; Egido León, 2006b, p. 253; Moradiellos, 2003, p. 69; Nadal de Uhler, 2001, p. 76; Neila Hernández, 2003, p. 465; Neila Hernández, 2006, p. 119.

（4）Neila Hernández, 2003, p. 466.

（5）Preston, 1998, p. 182; Quintana Navarro, 1987, p. 53.

（6）Egido León, 1987, p. 63; Neila Hernández, 2003, p. 465.

（7）Egido León, 2000, p. 194; Saz, 1985, p. 843.

（8）旧世界はヨーロッパを指し、新世界はスペインが植民地としたラテンアメリカの国々を指している。

（9）Alcalá-Zamora, 1998, p. 373.
（10）Madariaga, 1955, p. 565.
（11）Azaña, 2000, p. 621; Egido León, 2001, p. 111.
（12）Alcalá-Zamora, 1998, p. 360.
（13）Saz, 1985, p. 851.
（14）Azaña, 2000, p. 308. レルーは満州事変勃発直前の一九三一年九月一日から国際連盟理事会の議長を務めており、一〇月一一日にジュネーヴに移動した。
（15）Preston, 1998, p. 283.
（16）Moradiellos, 2006, pp. 300-305.
（17）Avilés Farré, 1998, p. 23; Bernecker, 1996, p. 81; Bernecker y Brinkmann, 2009, p. 33.
（18）不干渉委員会には、フランス、イギリス、ドイツ、イタリア、ソ連の他に、アルバニア、オーストリア、ベルギー、ブルガリア、チェコスロバキア、デンマーク、エストニア、フィンランド、ギリシャ、ハンガリー、アイルランド、ラトビア、リトアニア、ルクセンブルク、ノルウェー、ポーランド、ルーマニア、トルコ、ユーゴスラビアの代表が出席していた。
（19）Pereira Castañares, 1998, p. 568.
（20）Fusi, 2012, p. 222; 篠原、二〇一〇年、二三三頁。
（21）Jorge y Maestro Bäcks backa, 2013, p. 139; Moradiellos, 2008, p. 108; 篠原、二〇一〇年、二三三頁。
（22）Azaña, 2002, pp. 58, 60.
（23）*Ibidem*, p. 61.
（24）*Ibidem*, p. 59.
（25）*Ibidem*, p. 66.
（26）篠原、二〇一〇年、二七七頁。

（27）Azaña, 2002, p. 62. アサーニャは、国際連盟で非常任理事国を選出する投票の前に、チリの代表がスペインの代表に接触してきた逸話を紹介している。それによると、チリは、その他のラテンアメリカの国々を代表して、内戦が勃発し、マドリードの各国大使館から出るのが困難となった大使や大使館員を安全に逃げさせるため、スペイン政府が港に船を用意し、それに大使らが自由に乗船できるように手配してもらえれば、スペインの非常任理事国としての再選を後押しするという提案を持ちかけた。しかし、その提案は実現には至らず、スペインはラテンアメリカの多くの国々の支持を得ることができなかった（Azaña, 2002, pp. 62-63）。

（28）Zulueta, 1996, pp. 62-63.

（29）*Ibidem*, p. 64.

（30）Azaña, 2000, p. 974.

（31）安田、二〇一四年、二一頁。

（32）Azaña, 2000, p. 975.

（33）Azaña, 2002, p. 65.

（34）Azaña, 2002, p. 66.

（35）Jorge, 2016, pp. 151-152, 366-368.

（36）スペイン女性クラブは、スペイン語では Club Femenino Español である。

（37）本稿では二〇〇五年の再版を参考史料としている。

参考文献

ALCALÁ-ZAMORA, Niceto, *Memorias*, Barcelona, Planeta, 1998.

AVILÉS FARRÉ, Juan, *Las grandes potencias ante la guerra de España*, Madrid, Arco Libros, 1998.

AZAÑA, Manuel, *Diarios completos. Monarquía, República, Guerra Civil*, Barcelona, Crítica, 2000.

—, *Causas de la guerra de España*, Barcelona, Crítica, 2002.

—, *Cervantes y la invención del «Quijote»*, Madrid, ELR Ediciones, 2005.

BERNECKER, Walther L., *Guerra en España 1936-1939*, Madrid, Editorial Síntesis, 1996.

BERNECKER, Walther L. y BRINKMANN, Sören, *Memorias divididas. Guerra Civil y franquismo en la sociedad y la política españolas 1936-2008*, Madrid, Abada editores, 2009.

EGIDO LEÓN, Ángeles, «La política exterior de España durante la II República (1931-1936)», *Proserpina*, 1, 1984, pp. 99-143.

—, *La concepción de la Política Exterior Española durante la Segunda República*, Madrid, UNED, 1987.

—, «La proyección exterior de España en el pensamiento de Manuel Azaña», en ALTED, Alicia, EGIDO, Ángeles y MANCEBO, María Fernanda (eds.), *Manuel Azaña: Pensamiento y acción*, Madrid, Alianza Universidad, 1996, pp. 75-100.

—, *Manuel Azaña. Entre el mito y la leyenda*, Valladolid, Junta de Castilla y León, 1998.

—, «La dimensión internacional de la Segunda República: un proyecto en el crisol», en TUSELL, Javier, AVILÉS, Juan y PARDO, Rosa (eds.), *La política exterior de España en el siglo XX*, Madrid, Biblioteca Nueva, 2000, pp. 189-220.

—, «Azaña y Herriot», en EGIDO LEÓN, Ángeles (ed.), *Azaña y los otros*, Madrid, Biblioteca Nueva, 2001, pp. 103-126.

—, «Los compromisos internacionales de un país «neutral»», *Historia del Presente*, 7, 2006a, pp. 27-42.

—, «Pacifismo y Europeísmo», en EGIDO LEÓN, Ángeles (ed.), *Memoria de la Segunda República. Mito y realidad*, Madrid, Biblioteca Nueva, 2006b, pp. 245-269.

FUSI, Juan Pablo, *Historia mínima de España*, Madrid, Turner, 2012.

JORGE, David y MAESTRO BÄCKSBACKA, Javier, «Éxitos y fracasos de la Sociedad de Naciones: Del litigio sobre las islas Âland a la Guerra de España», en AZCONA PASTOR, José Manuel, TORREGROSA CARMONA, Juan Francisco y RE, Matteo (eds.), *Guerra y paz. La sociedad internacional entre el conflicto y la cooperación*, Madrid, Editorial Dykinson, 2013, pp. 129-144.

JORGE, David, *Inseguridad colectiva. La Sociedad de Naciones, la Guerra de España y el fin de la paz mundial*, Valencia, Tirant Humanidades, 2016.

JULIÁ, Santos, «Los diarios de Azaña (1932-1933). Razones y votos, insultos y fusiles», *El País semanal*, 1. 105, 30 de noviembre de

1997, pp. 40-41.

MADARIAGA, Salvador de, *España. Ensayo de historia contemporánea*, Buenos Aires, Hermes, 1955.

MORADIELLOS, Enrique, «La política europea, 1898-1939», *Ayer*, 49, 2003, pp. 55-80.

—, «El mundo ante el avispero español: intervención y no intervención extranjera en la Guerra Civil», en JULIÁ, Santos (coord.), *República y guerra en España (1931-1939)*, Madrid, Espasa Calpe, 2006, pp. 287-361.

—, «La dimensión internacional de la guerra civil española», en CASANOVA, Julián y PRESTON, Paul (coords.), *La guerra civil española*, Madrid, Editorial Pablo Iglesias, 2008, pp. 85-121.

NADAL DE UHLER, María Ángeles, «El reformista: un radical en Buenavista», en EGIDO LEÓN, Ángeles y NÚÑEZ DÍAZ-BALART, Mirta (eds.), *El Republicanismo español. Raíces históricas y presencia ética-cultural de la España de hoy*, Madrid, Biblioteca Nueva, 2001, pp. 67-88.

NEILA HERNÁNDEZ, José Luis, «El proyecto internacional de la República: democracia, paz y neutralidad (1931-1936)», en PEREIRA, Juan Carlos (coord.), *La política exterior de España (1800-2003)*, Barcelona, Ariel, 2003, pp. 453-474.

—, *La Segunda República española y el mediterráneo: España ante el desarme y la seguridad colectiva*, Madrid, Editorial Dilema, 2006.

PEREIRA CASTAÑARES, Juan Carlos, «La política exterior de España (1875-1939)», en PAREDES, Javier (coord.), *Historia Contemporánea de España (siglo XX)*, Barcelona, Ariel, 1998, pp. 550-569.

PRESTON, Paul, *Las tres Españas del 36*, Barcelona, Plaza & Janés, 1998.

QUINTANA NAVARRO, Francisco, «Madariaga y el programa de Desarme de la Segunda República», en VV. AA., *Salvador de Madariaga, 1886-1986*, La Coruña, Ayuntamiento de La Coruña, 1987, pp. 51-55.

—, «Salvador de Madariaga, diplomático en Ginebra (1931-1936). La película de la política exterior de la II República», *Historia Contemporánea*, 15, 1996, pp. 107-124.

SAZ, Ismael, «La política exterior de la Segunda República en el primer bienio (1931-1933): una valoración», *Revista de Estudios*

Internacionales, 6, 1985, pp. 843-858.

ZULUETA, Luis de, *Articulos (1904-1964)*, Alicante, Instituto de Cultura «Juan Gil-Albert», 1996.

篠原初枝『国際連盟――世界平和への夢と挫折』、中央公論新社、二〇一〇年

安田圭史「マヌエル・アサーニャの日記に見るスペイン第二共和制の外交――サルバドール・デ・マダリアガとの関係を中心に」『スペイン現代史』、第二二号、二〇一四年、一五～二五頁

配給という名の支配――スペイン内戦時の食糧事情の一端

渡辺　万里

戦争はほとんど常に窮乏生活とつながり、なかでも食の欠乏へとつながっていく。特にそれが内戦である場合には、欠乏の状態にも戦いの両者に微妙な違いが存在するのが普通であり、より厳しい窮乏生活を強いられた側には、敗戦という結果が待っていることが多い。短絡的に言うことを許されるなら、欠乏の度合いのより浅かった側が、より多く、勝利への要因を持っていることが多いからである。

スペイン内戦もまた、例外ではなかった。特に、この内戦における配給制度の変遷を見て行くとき、共和国軍が迎えるべくして迎えた敗北へと向かったプロセス、さらには戦いが終わったあと、フランコの支配体制をより強化するために、配給が巧みなプロパガンダの手段となったプロセスをも、垣間みることができる。

限られた資料からではあるが、そういった角度から、内戦前後のスペインの食糧事情、配給の実態と推移の一端を見ていきたい。

欠乏とストライキで始まった二〇世紀

スペインの飢餓・欠乏を語るなら、内戦が一九三六年に始まる以前に、二〇世紀初頭のスペインがすでに深刻な欠乏状態にあったことを認めるべきだろう。悪化する一方の経済情勢は、スペインのほとんど全土での相次ぐストライキという形で表面化していた。

ビルバオ、カルタヘナでの鉱夫のストライキ。マラガの港湾労働者、サン・セバスチャンのパン職人。コルドバを始めとするアンダルシアの農民たち、などなど、物価の上昇による生活の貧困と欠乏を訴えるストライキが各地で展

バスク地方にて、貧民救済所の行列

開していく。この時期のスペインには、すでに何が起こっても不思議はない不穏な空気が高まっていたのである。それに拍車をかけたのが、人々の教育レベルの低さであり、未だにイベリア半島に居座っていた独自のラティフンディズム（大土地所有制）であり、法律によって守られた独裁政権であった。

一九二三年に発足したプリモ・リベラ政権が一九二九年に発表した報道陣へのコメントは、そういう事態と問題を、彼らがどのようにすり替えていたかを物語る例の一つといえるだろう。

「スペインの人々は、大して働かないのにあまりにも沢山食べすぎる。一般市民階級の食事習慣が、それを物語っている。午後二時半からの昼食、さらに夜九時半からの夕食という、ナンセンスで仕事の能率を極めて悪化させる習慣など、即刻やめるべきである。午後五時半から七時ごろのきちんとした食事一回、あとは朝一〇時半ごろに軽い朝食を取れば、それで十分である。早起きする人は、そこに早朝のコーヒー一杯を加えれば良いだろう。こういった食生活の改善は電気代、石炭代、テーブルクロスの洗濯代などの節約にもつながる。」

現実には、批判されるほどゆっくりと日に二度の食事を楽しんでいたのは、ごく一部の特権階級だけであったことを考えると、このコメントは一段と皮肉に響く。「食べる、という行為そのものが、生活の目的であった」という当時を語る言葉が、それを裏付けている。中世以来スペインで続いてきた、「肥えた支配者と痩せこけた庶民」というパターンは、この時代にも脈々と続いていた。中世との明らかな違いは、かつて特権階級の中心であった教会の権力が失墜し、それに変わる強大な勢力が軍部となったことだろう。

二〇世紀初頭のスペイン経済の基盤は依然として農業であり、農業従事者たちの生活の不安定さは、そのまま国の経済の不安定さにつながっていた。農業の不振が経済状況を直接的に圧迫するのを緩和するために、政府による主要な産物の買占めが繰り返し行われ、その結果は異常なまでの価格の高騰という結果を招いた。一九〇〇年から一九〇八年の間に、パンが三八パーセント、牛肉が三〇パーセント、ジャガイモが三三パーセント、オリーブオイルが三五パーセントの値上がりを記録している。

このような経済状況のもと、人々の不安感は募り、その結果が先に述べたストライキの繰り返し、さらにはクーデターの勃発へと繋がっていくことになる。

敗戦への必然性を見る、戦時中の共和国軍の配給事情

ついに内戦が勃発した時、庶民の食糧事情は一段と悪化することになる。その中でも、共和国軍の統制地域の事情は、おしなべて特に厳しいことが明らかだった。その一例としてマドリードの状況を見ていこう。

農村部を掌握せずにマドリードを支配下に置いた共和国軍は、内戦の初期からすでに深刻な物資の不足という問題に直面していた。配給制が敷かれたものの、食料の不足は明らかで実質を伴わず、マドリードの人々は、配給される食料自体が存在しないからには「配給切符」にも価値がないことを思い知らされる。

不法に医師の処方箋を入手して特別配給を手に入れる、家族の死亡を届けずにそのまま配給の割り当てを受け取るなど、様々な方法で食料を中心とする物資を確保しようと苦労した人々の記録が数多く記されている。当然、闇市の発生と物資の価格の高騰を防ぐことは誰にもできず、事態をより困難にしていく。

共和国軍がそれに対して提示した解決策とは、「マドリードの住民を減らす」というものだった。疎開を促すことで、都会での食糧難を緩和するとともに、戦闘時の防御を容易にしたいという意図から出た提案だったが、マドリードの人々のほとんどは疎開を良しとはせず、問題は解決しなかった。

人々の暮らしは、最小限度必要なものをいかにして入手するか、という関心に終始していた。一九三六年のマドリードにおける生活費についての記録では、「仮に一〇〇ペセタがあると、七〇ペセタを食料に、一五ペセタを住居費に、一〇ペセタが石炭代、五ペセタは石鹸に割り振った」と述べている。

ついに、共和国軍へ国際的な援助が到達し始める。チェコスロバキアから、ニュージーランドから、オランダから、食料や物資が届き始める。イギリスの鉱夫達はスペインの同輩達のために石炭を送り、パリの婦人連盟からは離乳食が、コペンハーゲンからは粉ミルクや缶詰の肉が到着する。

これらの援助は、国際社会がスペインの現状に目をとめるに至ったという意味では大きなメリットを持っていたが、現実には、事態を根本的な解決に向かわせるには至らなかった。何よりも問題だったのは、共和国軍内部の統制の悪さ、物資の管理状態の悪さ、さらには輸送体制の悪さが、救援物資を最も必要とするところに有効に配分することを妨げていたからである。

輸送体制は、常に大きな問題点だった。一例として、内戦の初期にはバレンシアからマドリードへ豊富に届いていた米が、ハラマの戦いで輸送路が分断されると届かなくなり、マドリードの配給には米は突如存在しなくなった。あるいは、マドリード近郊の農村からかろうじて運ばれていたタマネギ、ジャガイモなどの野菜も、戦況の変化で地域が分断されると輸送が途絶え、買い出しに行くことも危険性が増して困難になった。都市部を中心に占拠した共和国軍は、食料の輸送路を絶たれて孤立する危険と常に隣り合わせだったのである。

「我々が必要としているのは義勇兵ではない、食料だ」と書かれたパンフレットが、わずかな配給の食料を求めて並ぶ人々に繰り返し配られたというエピソードは、もともとアナーキーな要素を抱えて統制をとることが困難だった共和国軍が、さらなる内部分裂を招きつつあったことを推測させる。

さらには、各国から集まってきた義勇兵たち自身の中にも断念して戦線を離れていく者は多く、その理由は「単なる食料不足という場合も少なくなかった」と証人たちは語る。それらの証言と記録をもとに、「飢えが戦況を動かしていた」とこの内戦を解析するスペインのジャーナリストは少なくない。

ジャガイモが主役

戦時中から戦後に至る食料不足と食料全般の価格高騰のなかで生まれた料理が、幾つかある。その中の代表的なも

共和国軍が発行した食料切符

1951 年当時の配給と輸送に使用できるクーポン

のの一つとして、「パタタ・ア・ラ・インポルタンシア」を紹介しよう。

この料理名は、「ジャガイモが主役」と訳したい。普通なら主役となる肉や魚が入手できない状況で、ジャガイモを主役として考えられた料理だからである。

スライスしたジャガイモに水で溶いた小麦粉で衣をつける。それを少量の油で揚げたものを、玉ねぎ、にんにくなどで味をつけた水少量をソースとして煮込む。これがこの料理の基本形で、ソースとなる部分にも本来なら加えたい肉や魚系等による出汁は何も入らず、皿の中央に載せられているのは魚の切り身あるいは肉のスライスならぬジャガイモのスライスである。

後年、ここにアサリを加えたりするやや贅沢なバージョンも生まれ、今ではレストランで供されることもある質素とはいえバランスの良い料理になった。したがって現在では、内戦と戦後の時代を生き延びた人以外には、この料理もごく普通の郷土料理としか映らないかもしれない。しかし実際には、ジャガイモがあるだけでも恵まれている、と語られるほどの逼迫した状況で生まれた料理であることは記憶しておきたい。

同じ時期に、スペイン人ならではのブラックジョークのセンスから「代用料理」と呼ばれる料理のシリーズが生まれた。困窮も笑い飛ばせばしのぎやすいという彼らの感覚は、絶妙な命名となって新聞などで紹介され、いっときの苦笑いをもたらす話題として人々に歓迎されたらしい。

「メルルサ抜きのメルルサ」は、主役の魚の代わりにジャガイモが一切れ登場する。「卵なしのオムレツ」は、ジャガイモの皮をごく少量の油で炒め、それを水で溶いた小麦粉でまとめて焼いたもの。「イカのいないイカのフライ」は、玉ねぎの輪切りに衣をつけて少量の油で揚げたもの。「疎開したコシード」は、肉類が疎開してしまって不在の、野菜だけの煮込み……。という風に、魚もない、卵もない状況をとことん皮肉った命名である。ここでも、魚の代役はジャガイモ、卵の代役は小麦粉とジャガイモの皮で、ジャガイモは常に活躍している。

そう考えるとジャガイモは、南米大陸からヨーロッパへと運ばれてきて以来、長い歴史のなかで何度も人々を飢餓から救ってきたことになる。スペイン黄金世紀の貧しい人々のための施療院での使用から始まって、フランスに渡ってからも、それまでは興味を示さなかった人々に飢饉の解決策として受け入れられて食材として定着した。十九世紀のスペインでは、当時の内戦「カルリスタ戦争」に際して食料の枯渇した北部農村で、ジャガイモをたっぷり入れて少ない卵でオムレツを作ることで駐屯部隊の糧食をまかなうためにジャガイモを入れる「トルティージャ・エスパニョーラ（スペインオムレツ）」が考案されたと言われている。スペインからの征服者達がアメリカ大陸から持ち帰ったもののなかで、ジャガイモこそ、真の意味での「黄金」だったと言っていいかもしれない。

アルモルタの悲劇

内戦とそれに続く窮乏の時代のスペインの食卓に頻繁に登場したもう一つの食材が、アルモルタという名前の豆である。

アルモルタとは、学名をラティルス・サティヴスというインゲンマメの一種で、エジプトではごく一般的な存在であり、インドでもよく消費される。スペインでは、特にラ・マンチャ地方を中心として消費され、このアルモルタの粉で作る「ガチャ」という粥状の郷土料理もあるが、脂肪分は少なく繊維質が多いため、それ自体が美味という食材ではない。「代用食」という言葉にふさわしい、風味に乏しい豆である。

この豆は、他の植物が生き延びることができないような極限の気候でも生き延びて収穫することができる、いわば「生き延びるための食品」と言える。だからこそ、インド大陸、エジプトとその近隣諸国、そして地中海沿岸と南米の一部で、アルモルタの栽培が見られる。

しかし、レアル・アカデミア・エスパニョーラの辞書にはさらに、「その摂取は時として、重大な足の麻痺を引き起こすことがある」という一行が付け加えられている。

実際に、このアルモルタの摂取量が一日に摂取する食料の三〇パーセントを超え、その期間が数週間、数ヵ月を超えたとき、麻痺や死に至るようなきわめて重大な中毒症状を引き起こすことが判明している。チリのカトリック大学のシーボルト医師も「栽培が楽であること、洪水にも耐性が強いこと、価格が他の穀類より安いことなどの理由から、中毒性には目をつぶってこのマメを食べる習慣が伝統的に続いてきた地方も多い」と実情を述べている。このアルモルタによって引き起こされる病気はラティリスモと呼ばれる。

スペインでアルモルタとラティリスモの関連性が初めて公表されたのは、内戦終結後のことで、一九四一年に『クリニカ・エスパニョーラ』という医学雑誌に二人のドクターが、ある不思議な病例について発表したときに始まる。他の点では健康な二七歳の男性が、断続的なふくらはぎの震えを訴え、その一週間後にはつま先を引きずらずには歩けなくなり、一ヵ月後にはフォーク・ナイフが持てないほどに手も震えてきたという病例である。

彼らはこの症状を「地中海性ラティリスモ」と呼び、調査の結果、非常に反復して摂取している何らかの食品による中毒であるという推測がなされた。そのために病人たちの食事を調べた結果、全員が日に二回から三回にわたって、アルモルタの粉を食べていることがわかったのである。

にもかかわらず、フランコの統治する政府はアルモルタの有害性をはっきり公表することなく、依然として配給の基盤としていた。ラティリスモは短い期間にバスク、カンタブリア、バジャドリード、サラゴサ、バルセロナへと蔓延していった。例えばビスカヤ地方では一九四三年の四月から六月のあいだにトラック一〇〇台分以上のアルモルタを消費し、その結果として六八人の患者が発生し、そのうちの二〇人以上は杖なしでは歩けず、二人は完全に麻痺状態に至ったという。彼らのすべては、肉も卵も牛乳もない食生活を強いられ、一日ほぼ一キログラムのアルモルタを食べていたのである。

一八五九年からインドで大量に発生したラティリスモに起因する死者について研究したイギリス人医師アーヴィングは、「何千もの人々が、足に麻痺などの障害を残すことになると知っていながらこれを食べ続けている。毒を食べるか飢えて死ぬかという選択を迫られているのだ」と述べているが、内戦直後のスペインの人々は政府の判断によって、その認識すらなくラティリスモの危険性を押し付けられていたことになる。

同時期の、国民軍の勝利を祝う数々のバンケテ（宴会）の有り余るほどの贅沢さを誇示したメニューを見るとき、その落差の大きさは、この独裁政権の誕生がどれほどの国民の犠牲の上に成り立っていたかを痛感させるのである。

戦後の配給と「統一国家」の幻想

内戦終結後も配給制度は一九五二年まで続き、戦後当初の混乱期が収束すると、次第に「豊かな配給」が実現し始める。農業は地域ごとに復興し、戦地として荒廃した農地には優先的な復旧のための援助が行われる。レンズマメ、白インゲンなどの豆類、小麦、ジャガイモ、さらには動物性・植物性の油脂にいたるまでが長期的な配給の対象となった。この配給制は、スペイン庶民の食生活を支えると同時に、一方では食生活の傾向を大きく変えていくことになる。

フランコが宣伝効果を意図して実施した白パンの配給は小麦の需要をのばし、それまで地中海沿岸地域を中心とする地方でしか一般的でなかった米の消費地域も全国的に広がった。トシーノ（豚の背脂）に替わってオリーブ油を使う地域が拡大した。小麦やオリーブ生産者が潤った結果、農村部でも肉の消費が伸びた。さらには、輸出中心だったバレンシアのオレンジが、国内消費の比率を大きく伸ばした。いずれの場合も、それまで生産地域だけに限られていた食材の消費が、より広い地域に拡大したことは事実といえるだろう。

しかし同時に、一見豊かな料理が増えたように見えるスペイン庶民の食卓に、自家製の腸詰類を使ったコシードやファバーダなどの煮込み料理が登場する回数が減った。確実に手に入る食材のみで安易に献立を考えることを強いる配給という制度は、長年スペイン人の食卓を支えてきたはずの地方伝統料理からの乖離という結果を招いたのである。そういう角度から見るなら、この「豊かな配給」こそ、実はフランコの意図した「統一国家スペイン」という幻想を人々に植え付けることに、大きく貢献していたことがわかる。

スペインは多くの地方の集合体であって、複数の文化が存在する。そこに統一した文化は存在しないというこの国の基盤そのものを否定するところから、フランコ政権は始まっている。当然、「地方料理の集合体」ではなく、「統一スペインの料理」または「スペイン国民料理」と呼ばれるものが存在しなくてはならない。

そこで「国民的料理」として選ばれたのが、「パエリヤ」を筆頭とする一連の料理であった。地中海沿岸を訪れる外国人観光客が最も好む料理。もともとはバレンシアの地方料理に過ぎなかったこの料理を旗印として選ぶことで、フランコは彼の望む国家の方向を明らかにしたのである。

その実現に際して、配給という存在が大きな役割を果たすことになる。米もオリーブオイルも肉類も、配給システムなくしては、この時期に全国的に普及することは不可能だっただろう。結果として、スペインを訪れた外国人が、どこへ行ってもバレンシア風パエリャで迎えられるという時代が到来することになる。この時期に育まれた「パエリャ=スペイン料理」という幻想が、二一世紀の現在にも世界各地で依然として存在していることを考えるとき、その影響力の強さは驚くべきものがある。

さらに、数人の料理人に至ってはフランコの推薦の元、『コシーナ・エスパニョーラ（スペイン料理）』と題する本を出版してこの幻想をさらに拡大した。それまでのスペインに「バスク料理」「カタルニア料理」は存在しても、「スペイン料理」という言葉自体が存在しなかったことを考えるなら、その意図は明確である。

サッカーと闘牛に熱狂させ、政治に目を向けさせないこと。できる限り教育を受けさせず、政府批判の能力を持たせないこと。外国人観光客による収入に満足し、どこの地方でも「スペイン料理」としてパエリャを作ることを受け入れさせること。これらの意図のもとに展開していくフランコの政策は、実は戦後の配給制度によってすでにレールが敷かれていたことを、現代の我々は無視してはならないと思う。

そしてまた、フランコ政権がある程度まで庶民を掌握したという事実の裏には、この配給制度があったのではないかという感も拭うことはできない。私が最初にスペインに滞在したのはフランコ政権の末期だが、フランコの死後、本来なら資本家だけを保護する極右政権であったはずのフランコを擁護する一般庶民が多いことに、意外な驚きを感じたという実感がある。彼らが異口同音に語るのは「フランコの時には、我々は飢えなかった」という言葉だった。

戦後の物資の確保が困難な時期に、プロパガンダとしての配給を実現したことによってフランコのファシズム体制が成し遂げた人心の掌握を考える時、ナチスによるドイツの支配と同様に「飢えによる洗脳と支配」が可能な状況というものが、二〇世紀半ばにもまだ存在したことを、我々は思い知らされるのである。

スペイン人自身による内戦研究がやっと充実してきた今、今までは断片的にしか入手できなかった内戦時のデータが、スペイン人によってよりまとまった形で発表されてきている。食というジャンルにおいても、さらに深い分析が可能になっていくことを期待したい。

参考文献

El hambre en España, Miguel Ángel Almodóvar. 2003, Oberon.
Comer en España, Inés Butrón. 2011, Ediciones Península.
"El abastecimiento a la población civil durante la Guerra Civil: El caso de Madrid", Antonio Gálvez.
Los «cadáveres» del racionamiento español, ABC.
El abastecimiento de Madrid durante la Guerra Civil, Carmen Rueda y Laura Gutiérrez Rueda y Laura Gutiérrez Rueda. 2010.
Sobre Rreciclajes, Mikel Corcuela. 2014. Gastroleku.

フランス国境近くにあったスペイン内戦難民収容所について

市川　慎一

まえがき

わたしが南仏のモンペリエ大学に留学したのは他所でもふれておいたが[1]、一九六六～六九年だから、いまからちょうど半世紀も前の話である。車をもたないわたしは、フランスからスペインへ南下するのに鉄道をもっぱら利用したものだ。

その際、フランス側国境の終着駅セルヴェールで下車し、スペイン側の始発駅ポール・ブー（フランス語読み）まで乗客は己の荷物を持ってスペインの列車に乗り換えねばならなかった。ヨーロッパ諸国の鉄道レールが狭軌道なのに、内戦時、国防上の理由からスペイン国鉄ＲＥＮＦＥは、広軌道レールを採用しているためだ、と当時、説明されていた（現在もそうであるかは、わたしは寡聞にして知らない。当時、乗り換えなしでバルセロナまで直行できたのは、フランスの新幹線ＴＧＶにあたる超特急カタラン＝タルゴ〔スペイン鉄道の呼称〕だけで、乗車には高額の特別料金を徴収された）。

一九六〇年代ころの古い記憶であるが、スペインの列車に乗り換え、やっと薄暗い六人掛けのコンパートメントに座席を確保する。昼ごろになると同じ個室に乗り合せたスペイン人の乗客がサンドウィッチ等を差しだしながら、「いかがですか？　¿Le gusta?」などとわたしはよく尋ねられたものだ。これは断るのが礼儀なのだ。なぜならかれらは余分の食べ物をもっているわけではないのだ。フランスの列車内ではついぞ見かけない情景である。

あれから約十年後から幾度となく、古巣モンペリエを訪問するたびに、バルセロナへ行く機会に恵まれたが、わたしはいつもフランス側始発駅ポール・ブー～バルセロナ間を直行しただけで、列車を途中下車したことはなかった。その後、貧乏学生には高嶺の花だった超特急カタラン＝タルゴを利用して、家族とともにスペイン旅行をしたときもそうだった。

二〇〇四年秋、当時、早稲田大学エクステンション・センター講座の延長で集まってくれたフランス文学読書会(二木会)の女性グループと一緒に、はじめてポール・ブー～バルセロナ行きの列車を途中下車する経験をした。というのも、女性たちの希望もあって、沿線の中間駅にあたるフィゲラスで彼女らとともに下車する機会に恵まれたからである。

フィゲラス駅で下車した理由は、ほかのみんなも同じだったが、こうして一度は行ってみたかった奇才画家サルバドール・ダリ（一九〇四～八九）美術館訪問を果たすことだった。

この小文は、スペインの列車旅行のエッセイではなく、はたまたダリ美術館見学記でもない。その車内でわたしは、いまから八〇年前に勃発した「スペイン内戦」（一九三六～三九）に思いを馳せていた。というのも、フランコ軍に叛旗を翻し、共和派の志願兵として参戦した青年ファン・サンチェス・サンチェスの手記「スペイン内戦とフランスの難民収容所についての報告」(2)を読み、フィゲラスというなんの変哲もない町が内戦難民の逃亡経路になっていた史実を知っていたからだった。

本論で詳述するけれども、バルセロナ陥落は一九三九年一月二六日で、さらにフィゲラスがフランコ軍の手におちたのが翌二月七日(3)だった。内戦に敗れ、追い詰められた共和派支持の非戦闘員、婦女子、兵士たちが雪崩を打って敗走し、フランス国境を目指したのだった。さて、本題に入りたい。

スペイン内戦の発端と共和派難民のフランスへの脱出

スペイン内戦では、民主的選挙で当選し、最後の共和制大統領（一九三六～三九）になったマヌエル・アサーニャ・ディアス（一八八〇～一九四〇）を支持した人々（以下共和派と略）と一部の軍人による反乱軍（のちのフランコ総統（一八九二～一九七五）が指揮）との、二派に分かれ、自国内ではげしく戦った。結果は、共和派軍が敗れたため、国内にとどまることができず、国境を接するフランスに脱出したスペインの内戦難民数は、おおよそ五〇万人、死者数は約六〇万人にのぼったともいわれている。（因みにネット検索で調べてみると、一九三〇年代のスペイン人口は約二、三〇〇万人であり、内戦による死者数約六〇万人は同国にとって相当な人的損失となっただろう。）

英仏政府がナチス・ドイツに宣戦布告したのは一九三九年九月三日だから、この年の厳寒期――つまり、スペインから内戦難民がフランス国境に殺到した時期――には厳密にいえばフランスとドイツはまだ戦争状態に入っていなかった。第二次世界大戦で両国政府がドイツに宣戦したにもかかわらず、直ちに交戦しなかったことから、この大戦の初期は「奇妙な戦争」と形容されることもある。

とはいえ、スペイン内戦においてフランコ軍側を支援したヒトラーのドイツとムッソリーニのイタリアは、共和派＝人民戦線と見なして、ソ連＝コミンテルンによる謀略と宣伝して、民族統一主義と反共の理念を両国の内戦参加の理由とした。

しかしながら独伊両国の真の狙いは、ヨーロッパ大陸でのフランスの孤立化だった。そのため、共和国派の支持者の多いバスク地方のドゥランゴ、ゲルニカ（ピカソは名画《ゲルニカ》を描いて抗議した）やフランス国境に接するカタルーニャにたいして、ドイツとイタリア空軍機は爆撃をくりかえした。

前掲の手記「スペイン内戦とフランスの難民収容所についての報告」は、内戦時の貴重な文献であり、いずれ誰かが全訳されることを期待しつつ、この小文の目的は、内戦に敗れた共和派難民がフランコ軍に追い詰められ、祖国を脱出し、フランス収容所に入所するまでの粗描にすぎないことを急いでお断りしておく。

以下、一九三六年七月一八日、すなわち内戦の始まった南部スペインのブジァスでの朝の様子を簡略化し、紹介してみたい。

筆者サンチェスはムルシア近くのブジァスの出身。

――起床したのは、七時ごろだった。母に「父はどこなの」。「早朝、出かけたが、どこへ行ったか、知らない」と母。父はほどなく帰宅した。ひとのうわさでは、共和国政府にたいして、幾人かの陸軍将校が蜂起した、と父が言った。しばらくすると、いろいろな武器を手にした労働者のグループがブジァスの街路をパトロールする姿が見られた。共和国政府の著名な敵対者らが拘束されはじめた――。

そのように語るのは一九三八年当時、一七歳になる青年サンチェスで、新聞で共和軍の志願兵募集を見て応募したが、両親をはじめ家族から猛反対された。それにもかかわらず、彼は志願兵として空軍入隊を希望したが、すでに空軍には空きがなく、陸軍の後衛部隊に配属された。

一九三九年一月五日、共和国政府からの命令で、すべての兵隊は戦闘の前線へ営舎に集められた。彼らはムルシアの鉄道駅に集合し、貨物列車（一車両に五〇人）でバレンシアへ向かう。バレンシア港に着くと、貨物船でアリカンテからカルタヘナへ、カルタヘナからバルセロナを目指したが、バルセロナ港に着く前に、船長はバルセロナにフランコ軍が入城しているのを察知し、兵隊を上陸させたくなかったので、ヘローナ州のパラモス港に着いた。上陸中もフランコ軍の爆撃機が飛来し、貨物船を爆撃しはじめた。

パラモス港上陸後も逃げまどう人々にフランコ軍の追撃機が機銃掃射を浴びせ、重傷者と死者が出た(4)。そして、ローカル線の狭軌レールの鉄道駅まで進軍した。ラ・ビスバル駅まで列車に乗れたが、この駅が広軌レールのスペイン鉄道幹線（バルセロナ～フランス間）につながる接続駅だった。

その駅で下車を命じられる。若い彼は、仲間（パブロ青年）とともに列車移動を認めてもらえなかった。軍の司令官は、「フランコ軍の捕虜になりたい奴は、ここに留まれ。そうなりたくない者は進軍だ」と命令した(5)。

彼らの逃亡経路も大多数の内戦難民のそれとほぼ同じだったようだが、高齢者、負傷者を除くと、大半の内戦難民は列車乗車を許されず、道なき道を仏国境へ徒歩で急ぐ彼らをナチス・ドイツやイタリアの空軍機が襲い、容赦ない機銃掃射を浴びせてきて犠牲者もでた。

フランス税関のあるポール＝ブーにたどり着くと、二人は身障者でも負傷者でもないので、通関してもらえなかった。

そこで、意気軒昂な二人は一晩中、徒歩で氷のように冷たい川を渡り、近くの山に登ると頂上に出た。ノーマンズランドを挟み、スペイン側をしめす境界石と反対側のフランス側境界石とが、両国を分ける国境線だった。つまり、厳寒期のピレネー山脈の一つを越えて、ようやくフランスに入国することができたのだった。

仏国境近くのスペイン内戦難民収容所の劣悪な環境

フランス国境の近くに急造された収容所のうちで、比較的その名が知られているのは、アルジュレス＝シュール＝メール収容所（約一〇万人収容）や手記のサンチェスらが収容されたサン＝シプリヤンとバルカレス村の浜辺（ピレネー・オリアンタル県）収容所等であるが、内部の劣悪な状態は他の収容所も大同小異だったようだ。

各収容所は、周囲を有刺鉄線で包囲され、中央に木造の監視塔があり、難民に伝えるべき重要な事柄は拡声器で知らされた。有刺鉄線の外側警護の任務にあたるのは、フランスの兵士ではなく、外人部隊のセネガル狙撃兵だった。セネガル兵の難民にたいする扱いは、動物以下だった、とサンチェスは記している。

さらに収容所内は、内戦難民のうち、「スペインに帰国したいグループ」と「共和派の戦士のグループ」との二派に分けられた。むろん、サンチェスとパブロは後者のグループに入った。降雨のときとか寒いときには、トラックの大きなシート（荷物用の覆い）で雨露をしのぐことはできるが、収容所内にはそれ以外にはなにもなかった。

別の資料によると、厳寒期にもかかわらず、「野原は一面に一〇センチの雪に覆われていた。必要不可欠な防寒具もなかった。食べるものはなにもなかったし、飲み物もなにもなかった……寒さにかかわらず、人々は雪を口に含みながら休むべく一所懸命だった……雨露をしのぐべきたった一枚の毛布も、床板さえもなかった……多数の人が不動の姿勢で呻吟していた。（逃亡の）旅の間に開いた傷口から血が流れだしていた。彼らは、いまや死ぬ運命にあるのを知らないわけではなかった。負傷者に壊疽が蔓延し、二百メートル周辺の大気を腐敗臭が毒していた(6)」。

二月一四日、国際赤十字社の差し入れによる最初の食事が出たが、二五人用に、一日につき、パン一キロとオイル・サーディンの缶詰一箇を全員で分けあった。次に飲料水は、海に近い砂地からポンプで汲みあげられているため、収容者全員は下痢に悩まされた。排泄のための設備はどこにもなく、そのため、病んでいた人のうちには多数の落命者が出た、という(7)。

以上のような劣悪な生活を強いられていたにもかかわらず、収容者のあいだにスポーツ、演劇、音楽、歌唱の組織が生まれ、収容者が学べる学校までもがつくられた。

最後に、内戦難民は着の身着のまま、フランスの収容施設に入所しているので、当然のことながら、所持金を持ちあわせていない。スペインの残留家族や外国（中南米のスペイン語諸国）の親戚や知人との連絡のために必要な郵送代は、国際赤十字社の支援のおかげで、内戦難民が支払わないで手紙類を出せた、という。つまり、無料だった。

以上、サンチェスの手記「スペイン内戦とフランスの難民収容所についての報告」を中心にフランス国内の内戦難民収容所での劣悪な生活がどのようなものだったか紹介してきた。この辺で同文献の利用を打ちきり、別の話題に移りたい。（余談であるが帰国後のパブロらについて一言。彼らはフランコ側の厳しい尋問を無事にくぐり抜け、一九三九年八月二〇日午前一〇時にブジャスに無事帰還した。）

スペイン内戦難民にたいするフランス国内の反応

英仏政府の「不干渉政策」を理由に、スペイン内戦難民にたいして、いわば「頬っ被り」を決め込むフランス国内では中央政府の外国政策以外に、国民のあいだに様々な反響が出た。

内戦難民の受け入れに右翼勢力が反対した。とくに南仏では、彼らは得体のしれないテロリスト集団とみなされ、その国内流入は警戒された。ある文献によれば、こうして一九三九年一月〜二月期の「新聞報道は、苦慮とお騒がせな事件を織り交ぜながら、いずれも差し迫ったと予想される難民の到着を前にして、本当の強迫観念とピークに達した外国人排斥感情に必要な諸条件をつくりあげることになるだろう(8)」。反動右翼メディアが煽るためもあって、もともと保守主義の牙城である南仏においては、大半の農民の不満が反共和派のスペインに向けられたのだった。

現実問題としては、彼らの生活圏にスペイン内戦難民収容所がいくつも乱立して、そのために田畑が荒廃し、美しい浜辺が台なしになる実害があった。彼らの主張をごく単純化すると、「フランスはごみ溜めではない」[9]ということに尽きるだろう。

このような右翼を中心とする内戦難民受け入れ拒否にたいして、カトリック作家ジョルジュ・ベルナノス（一八八八〜一九四八）、フランソワ・モーリヤック（一八八五〜一九七〇）らが内戦難民の人道支援を呼びかけたが、大きな流れにならなかった。[10]

むすび

ここで取り立てて言うほどのことではないかもしれないが、ナチス・ドイツによるユダヤ人虐殺をおこなったアウシュヴィッツらについては、いまなお大々的に語りつがれているのに、夥しい数のスペイン内戦難民を受け入れたフランスの収容所にかんしては、内部の非人道的な受入れ態勢、さらには、その存在についてすら、先の南仏の大学のキャンパスでも、フランスの誰しもが口を閉ざすのである。これが、この小文の執筆のひとつの動機であると言えるであろう。

しかしながらスペイン内戦は、軍事政権独裁と共和制民主主義、革命と反革命、ファシズムと共産主義との対立等という観点から、世界中の関心の的になり、単にヨーロッパの一角に勃発した内戦だけにとどまらなかった。「スペインにおいては、時にスペインの、というよりも外国の、この戦争の小規模な戦闘は、悲惨を極めた」[11]。

スペイン内戦において、早い段階からフランコ軍を支援し続けたのは、ヒトラーのナチス・ドイツとムッソリーニのファシスト・イタリアだった。フランコ軍は、当初から物資の潤沢な独伊政府に頼れたのにたいし、物資の面で共和派人民軍を支持したのは旧ソ連一国だった。特にスペイン共産党は、旧ソ連から武器の調達をうけたまではよかったのが、軍隊の指揮等は共和派人民軍の意のままにならなかった。[12]

世界各国から共和派支援に駆けつけ、義勇兵で構成された国際旅団（その中に日本人のジャック白井がいた）[13]は、共和派人民軍の指導権を握ろうとする旧ソ連にたいする反ソ感情が強かった。[14] いわゆる左翼同士のあいだで内輪もめが生じ、互いを憎み合った。
一例をあげてみよう。この内戦に英国から共和派軍に駆けつけた作家ジョージ・オーウェル（一九〇三～五〇）は、旧ソ連の共産主義とは一線を画するＰＯＵＭ（マルクス主義統一労働者党）に属していたが、国際旅団の民兵組織には加わることはなかったのだ。
こうしてスペイン内戦八〇周年の現在、あえて私見を申すならば、この内戦においては、共和国派を支えた左翼勢力の足並みの乱れが、一敗因の要素だと思えてならないのである。

（二〇一六年九月八日～一〇月二九日記）

註

（1）市川慎一「わが青春のバルセロナ——モンペリエ大学時代の思い出」川成洋・坂東省治・小林雅夫・渡部哲郎・渡辺雅哉編『スペイン内戦とガルシア・ロルカ』南雲堂フェニックス、二〇〇七年、九五～一〇一頁。
（2）Juan Sánchez Sánchez,"Un relato de la guerra civil española y de los campos de concentración franceses", in *Migraciones & Exilios:Cuadernos de la Asociación para el estudio de los exilios y migraciones ibéricos contemporáneos*, No.6, 2005. pp.125-145（以下 Sánchez と略）
（3）Marie-Claude Rafaneau-Boj, *Odyssée pour la liberté. Les camps de prisonniers espagnols 1936-1945*, Denoel, 1993, p.42（以下 Rafaneau と略）
（4）Sánchez, *op. cit.*, p.136.
（5）*Ibid.*, p.137.
（6）Rafaneau, *op. cit.*, p.53.
（7）Sánchez, *op. cit.*, p.140.
（8）Rafaneau, *op. cit.*, p.40.

（9）*ibid.*, p.103.
（10）*ibid.*, p.36-37.
（11）*ibid.*, p.92.
（12）*ibid.*, p.71.
（13）ジャック白井については、石垣綾子『スペインで戦った日本人』朝日文庫、一九八九年、と川成洋『スペイン戦争――ジャック白井と国際旅団』朝日選書、一九八九年、を参照。
（14）Rafaneau, *op.cit.*, p.80.

〔付記〕最後に、この小論で引用した貴重な文献の貸与を快諾された渡辺雅哉氏に謝意を申し上げる。

スペイン内戦「難民」メキシコ「亡命」

渡部 哲郎

はじめに

一九八八年九月メキシコ・シティーにおいて「オーラル・ヒストリー」の大会があった。学会会場になった「モラ研究所」には、メキシコに滞在するスペイン内戦「難民」からの聞き取り調査の「記録」があると、前々年に東京で「スペイン内戦五〇周年」シンポジウムに参加したバルセロナ自治大学教授メルセデス・ビラノバ女史から聞いていた。彼女はスペイン内戦直前のバルセロナのアナキストへの聞き取り調査によって政治参加（選挙）をボイコットしてきたアナキストが一九三六年二月総選挙「人民戦線選挙」に投票したことを実証した研究で有名だった。メキシコにおいて当時のテープレコーダーに入った音声を紙面におこす作業に参加するなかで、証言者の言葉の抑揚にまで注意していた。活字になったものからは判らないことがあると、学んだ。「難民」「亡命者」の家族にも対面する経験を経て、さらなる次回の「出会い」を約束しながら、ままならず、時間は経過した。その後、社会党政権においてマドリードにあるスペイン国立図書館館長になった研究者から、メキシコの資料を話題にすると、その資料をマドリードでも図書館に保管すると連絡を受けたことがある。

スペインに出かける度に、「難民」「亡命者」の資料は収集した。専門分野からバスクに関係するものに関心が向くが、バスク側にあるものが「正確さ」において群を抜いていた。内戦がまだ継続しているなかで、故国を退去せざるを得なかったバスク亡命政府は組織を維持しながら時局に対応してきたからそう運んだと思われる。共和国政府崩壊後の大混乱を想定すれば納得できる。これらのバスク関係の資料を使用して拙稿を書き上げたが、その旧稿のデータを新たなものと突き合わせて、今回の論文になった。「バスク人」「難民」については、留学時代から友人やその家族から聞いていたが、その内容が「記録」や公の新聞などに公表されている、明らかになった「資料」を今回は使用した。

一　スペイン内戦「難民」、メキシコの支援

一九三七年三月末日から北部戦線が始まり、五月ごろから、スペイン北部から大量難民が発生した。共和国政府はフランス政府と合意して公式な救援組織の設立を準備、パリに本部を置く「スペイン難民脱出機関」を設立した。しかし、この機関が実際に動き出したのは一九三九年一月タラゴナが陥落した後、カタルーニャから大量な難民が発生し、この機関が避難を助けるようになってからである。それ以前にスペイン北部、特にバスク地方からは脱出が始まっていた。そのためにバスクの機関が継続して「脱出」を担うことは当然の成り行きだった。その一方で共和国政府が管轄する機関はどのような状況であったのか。一九三九年二月二八日にフランス政府がフランコ政権を承認したので、共和国政府とフランス政府による先の合意は機能しなくなり、フランス政府とメキシコ大使館との交渉の結果、外交交渉機関「フランス・メキシコ委員会」が設立され、この機関はメキシコ政府の保護下に移管された。メキシコ大統領ラサロ・カルデナスは、国際連盟の活動を重視してドイツとイタリアの介入を批判すると共に、不干渉委員会の決議に反対してスペイン共和国政府の正当性を訴えた。そのために、メキシコ大統領はスペイン内戦によって国外へ避難せざるを得ない人々を、「ファシストの犠牲者」と考えていた。

メキシコの救援は、一九三七年五月バレンシア港からメキシコへ渡った「モレリアの子供たち」が最初であった。大統領の故郷（モレリア）に共和国陣営の子供二〇名が疎開、避難したことに始まり、以後総計四八〇名が収容された。バスクの子供たちの場合、最初のメンバーにはスペイン社会党、スペイン共産党、アナキスト労働組合CNT（全国労働連合）の活動家の子息が中心であった。この子供たちのメキシコ入国がメキシコにおけるスペイン内戦「難民」集団到着の最初であった。

一九三九年二月共和国大統領アサーニャはフランスへ脱出し、同月二七日に大統領を辞任した。三月三日パリでスペイン国会の常任委員会が開催され、アサーニャの辞任が承認され、新大統領にマルティネス・バリオが選出された。しかし、ネグリン首相の承認がない決定であったので、共和国指導者の間に内紛の火種となった。そのころ、ネグリンと敵対し、閣僚を辞任していた社会党指導者の一人インダレシオ・プリエトは、ヨット「ビタ」号に共和国の資金を積んで、大西洋を渡り、三月二四日にメキシコに到着した。入国に際してバスク人船長は「ビタ」号の所属を示す船旗にバスク「国旗」をかざした。そのために資金の所属をめぐって、後に問題視されたが、バスク人が一時保管する資金はスペイン人難民のために使われる予定であった。

ネグリン派が運営する「スペイン難民救出団体」は機関として管轄していない資金（ヨット「ビタ」号が運んだ資金）の監督を提案し、七月二八日に開催された国会常任委員会において承認された。しかし、プリエトを中心に反ネグリン派は、同様な救援組織「スペイン共和派救済評議会」を設立した。「ビタ」号資金は、最終的にプリエト派が管理した。この事態についてバスク側の記録によると、バスク亡命政府アギーレ大統領が出身基盤であるＰＮＶ（バスク民族党）を共和国政府の内紛の局外に置こうと考え、共和国政府の「正統性」にこだわってプリエトから距離を置いた。しかし、一九三九年一二月一二日バスク亡命政府財政顧問とプリエト派「スペイン共和国救済評議会」事務長が会見して双方は合意し、資金は従来通りプリエトの元に置いた。

プリエトはビルバオ選出の代議士であり、バスク民族党を共和国政府陣営に参加するように説得した中心人物だった。共和国政府内部対立はそれぞれの派が亡命してからも新天地においても持ち越す様子があったが、同時進行の状況変化の中でその資金が「難民」支援に有効に活用されていた。バスク人を含むスペイン難民たちにはフランスに滞留できない情勢が迫っていた。一九四〇年五月、ドイツ軍がオランダ、ベルギーを撃破してフランス国境に迫った。

さらにドイツがフランスに侵攻し一九四〇年六月パリが占領されると、フランス政府に代わってスペイン内戦の犠牲者たちの保護に乗り出したのは、メキシコ政府だった。一九三九年初めから四〇年六月までのフランスに滞留するスペイン「難民」について、先の「フランス・メキシコ委員会」による調査がある。

その調査によれば、約五〇万名の難民のうち、ナチス・ドイツとフランスが停戦する時までに五万人が外国に脱出し、一五万名がスペインに帰国した。残りの三〇万名がフランスにいた。一九四二年、ヴィシー政府の非公式発表によれば、スペイン共和国兵士たちが収容されたプロヴァンスの強制収容所では、待遇の悪さから七万名が死亡した。そこでフランスからの脱出が急務となっていた。

パリ占領からスペインの救援組織も本部を移動しなければならなくなった。さらに、ドイツ軍は一九四〇年六月にはボルドーまで侵攻し、フランス側バスクにドイツ軍が迫ってきた。バスク人右翼の活動も活発になり、スペイン側の同胞難民への扱いに変化が生じていた。フランス政府（ヴィシー政権）も難民を強制収容所に集結させようとした。これを避けるためにも難民のアメリカ移送が急がれた。後述するように、メキシコ政府が支援する「難民」船による脱出が続いた。

一九四〇年秋、バスク亡命政府要人は南仏マルセイユ港に集結して、アメリカへ脱出した。アギーレ大統領もフランス、ベルギー、そしてドイツの首都ベルリンまで変装して逃げ回り、四一年五月、スウェーデンのイエーテボリから乗船してブラジルに向かい、八月にリオデジャネイロに到着した。四二年五月二二日、最後の難民船「ニャッサ」号がメキシコに到着した。この船には、共和国派の人々、約一、〇〇〇名が乗船していた。そのうち、バスク政府要人とその家族を含むバスク人は、一二三名だった。

メキシコにおいては、カルデナス大統領がすでに一九三八年に「メキシコ・スペインの家（カサ・デ・エスパーニャ）」を設置し、スペインの知識人を招待して彼らが仕事を継続できるようにしていた。この機関が後に高等教育研究機関「コレヒオ・メヒコ」（一九四〇年一〇月八日創立）になる。さらに三九年初め、カルデナスはフランスにいるスペイン人を制限なしに受け入れることを認めた。その際、政治家だけでなく、農民や労働者も受け入れる用意がある旨、発表した。同年五月には、メキシコ政府は公式に準備に取りかかった。これを受けて、スペイン共和国政府は、メキシコに来ていたホセ・プチェ博士を代表に「メキシコ・スペイン人援助技術委員会」を設立した。この委員会は、メキシコ政府内務省と連絡しながら活動することになった。

一九三九年からスペイン人のメキシコに向けてのフランス脱出はすでに始まっていた。メキシコ以外のラテンアメリカ諸国は「人民戦線派」の受け入れに積極的でなかった。宗教的迫害や経済的要因から国外に脱出するスペイン人は今まで歴史上存在したが、今回は大量な政治亡命である。メキシコ政府はこれらの亡命脱出者を受け入れるにあたって、どのような基準を設けたのであろうか。政治的、また民族的基準でもって選別したのだろうか。メキシコ国立自治大学人類歴史学研究所の「聞き取り調査」から以下の例を招介する。

メキシコ政府はカルデナス大統領の指示に従い、フランス現地の駐在公使が中心になってビザの発行をした。その選別の基準は二つあった。一つは、道義的理由、つまり政治的理由で本国スペインに帰還できない者の危険の程度によって、また二つ目に、技術的理由、つまりメキシコ社会で役立つ人材であることだった。最初は、メキシコの産業状況から農業労働者の入国を歓迎する意図があった。そのためか、初期にメキシコ行きに乗船したスペイン人の中には有利な扱いを期待して、乗船に際して職業欄に「農民」と記載したものが多かった。例えば、「メヒケ」号の九九四名の乗船者のうち、二四四名、実に二五％強が農民と登録している。しかし、上陸の時に変更している。

農民優先が方針通りでなかったことは、その亡命者の多くが都市に住んだことにも分る。特にメキシコ・シティーに多数の亡命スペイン人が住み着いた。乗船の際の選別基準に、亡命者の教養が考慮されたことは次の数値が示している。乗船者の識字率は、例えば「シナイア」号で九八・九％、「イパネマ」号で九九・二％、「メヒケ」号で九七・七％である。知識人はもちろん、労働者の枠の中には職人、熟練労働者、技師が多く含まれていた。農民の枠には、オリーブやブドウ栽培の農業技師が入っていた。彼らは政府の意図するように、農村に居住したが、その他が結果的に都市に住んだのも納得できる。

選別の基準が公式なものでなかった証拠が以上のことからも分かるが、ある種の選別者の好み、傾向はあったと思われる。政党に関しては、共産党が優遇されたとの説もあったが、結果はその通りではない。ただし、カタルーニャ人とバスク人がイベリア半島の人口比からして比較的多い傾向はある。特に知識人においてそうであり、大学関係者や研究者にその傾向があった。これは、選別者の好みと言うよりはかつての移民の例やフランスにおけるバスク人たちの組織的支援活動などを考慮すれば、当然とも受け取れる。

二「難民」「亡命者」の実数

一九三七年の「モレリアの子供たち」の集団疎開から、一九四二年までメキシコに到着した亡命スペイン人は、総計で約一万四、〇〇〇名から二万六、〇〇〇名になった。正確な数字が確定できないのは、フランスから直接にメキシコに到着した者の他に、メキシコ以外のラテンアメリカ諸国やアメリカ合衆国経由でメキシコに入った者、さらにメキシコから次の国に向かった人々もいたからである。

メキシコへ向かった共和国派亡命者の一人であり、その行動の責任者でもあった、バスク人元代議士フリオ・デ・ハウレギが残した証言・記録によれば、その大量移動には三段階があった。この記録は、バスク亡命政府への報告と同じである。

第一段階は、一九三九年冬のフランスへの大量避難から始まり、フランスからアメリカへ渡った時期である。スペイン共和国政府の救援組織とメキシコ政府の支援による、「シナイア」、「イパネマ」、「メヒケ」(第一回航海)、「メヒケ」(第二航海)、「クバ」、「ラサジエ」の各船でメキシコに到着した。その数は、七、三〇〇名、個人の資金で大西洋を渡った人々(メキシコ：二、三〇〇名。その他のアメリカ諸国：二、五〇〇名)、その他で総計一万三、七〇〇名であった。

第二段階は、フランスがドイツ軍に占領され、「難民が難民」になった時期であり、フランスのヴィシー政権にスペインのフランコ政権から派遣された官憲による追求があった。フランス駐在メキシコ大使の尽力で、「アルシナ」、「セルパ・ピント」、「サント・トメ」、「ニャッサ」の各船で総計三、〇八〇名がメキシコに上陸した。

第三段階は、フランス駐在メキシコ大使が個人的に共和国派の著名人たちを救出して、スペインのフランコ側からの追求を逃れた人々がメキシコに着いた。その数は、以前よりずっと少ない。しかし、この時期、メキシコに樹立される共和国亡命政府にとっては重要な人材が多かった。

これらのスペイン人の大量「難民」は、メキシコ社会にどのような影響を与えたのだろうか。従来の「移民」とは違って、スペインの知識人の大量移動は、一九三〇年代のスペインの文化がそのままメキシコに移って来たことを意味した。このことは、メキシコに次々設立される学術機関を初め、「メキシコ・スペイン人援助技術委員会」が企画した各種の企業が活動するようになると、経済、文化、社会の各分野において「亡命」スペイン人は不可欠な存在となって行ったのである。

三「バスク」組織再編、サッカー・チーム遠征

大量な「難民」「亡命者」の発生の中で、バスク人はいかに動いたか。メキシコ在住同胞たちによる受け入れ側の状況を見ておこう。メキシコには歴史的にも早い段階から「拠点」があった。一九三〇年代からに限って見ても、スペイン内戦が勃発すると、故国同様にバスク・コロニーの中でも全員一致は困難であった。共和国支持派は「セントロ・バスコ」に結集したバスク民族主義者であり、これに対してフランコ陣営支持派は脱会して「セントロ・バスコ・エスパニョール」を設立した。「セントロ・バスコ」の中心的存在であったベラウステギゴイティア家は、本国の民族主義者に武器調達のために資金を提供した。一九三六年一〇月七日のバスク政府が成立する以前に、すでにフランシスコ・デ・ベラウステギゴイティアはパリに居た、後にバスク政府閣僚になるテレスホロ・デ・モンソンに資金を送っている。モンソンがナチス・ドイツも含むヨーロッパから武器を調達したことを、アギーレ・バスク政府大統領は彼から報告を受けていた。

このように「セントロ・バスコ」は、本国のバスク政府のプロパガンダの一翼を担った。さらにカルデナス大統領がスペイン共和国政府を支持したことから、メキシコがバスク政府の格好な宣伝地となり、ますますメキシコのバスク人たちはバスク民族主義の大義のために働くことができるようになった。

バスクにおいて戦局が悪化して来た、一九三七年春からバスクの子供たちの集団疎開が開始された。メキシコ政府がすばやくその受け入れを承諾し、五月二〇日にギプスコアの子供たちがバレンシアから出発した。「モレリアの子

供たち」の第一陣であった。この子供たちへの資金集めに、アメリカ諸国で興行試合を開催したバスクのサッカー・チームがあった。「エル・エウスカディ」いう名のバスク・ナショナル・チームは、ニューヨーク、ハバナ、ベラクルスを経由してメキシコ・シティーに到着したのが一九三七年一〇月だった。

このサッカー・チームはメキシコ国内で試合した後、アルゼンチンのクラブ・チームから招待を受けた。しかし、フランコ派を支持するアルゼンチン・サッカー協会は試合の実施を認めず、再びメキシコに引き返した。チリへも遠征したが、そこでは地方連盟が許可したために、試合ができた。その後、キューバのナショナルーチームと対戦して勝利した。都合、八から一〇試合した結果、全勝してメキシコに疎開したバスクの子供たちや在住のバスク人を喜ばせた。このチームは、一九三八～三九年のメキシコ・リーグに参加している。内戦の終結後にも、メキシコに留まったメンバーの多くは、それぞれのクラブ・チームで活躍したのである。

このようにバスク人の集団は、メキシコにあっても一団を成し、組織的に行動した。さらに、その活動の資金面での援助は、共和国政府がヨット「ビタ」号でメキシコに運んだ軍資金が一部当てられたとの説がある。「ビタ」号は大西洋を航行する際に、バスクの国旗（イクリニャ）を翻していた。その航海の責任者がバスク人であり、彼は政治的な自治と同様に財政面における「自治・自主性」を主張したのである。バスク政府はこの点について共和国政府と論議したが、決着を見ないうちに、前述したように、最終的な落着き先がプリエトの元に置かれ、プリエトそのものが共和国陣営の「金庫番」として扱われて行く。

すでに一九三七年に難民支援のためにメキシコで設立されていた「バスク代表団」が翌年秋、パリにいたバスク亡命政府大統領アギーレとの会見を契機に正式組織と認知され、一九三九年一月から活動を開始した。このようにして、メキシコはバスク首班も認める亡命共和国陣営――もちろんバスク政府も参加して――の政治活動の中心になっていた。そのため、バスク代表団も非常に政治化された。一九四一年一二月、アギーレを初めバスク政府要人がメキシコに到着すると、それまで代表団を支えていた活動家が辞任して、組織そのものが二次的な機関になってしまった。

一九四二年五月二二日最後の難民船「ニャッサ」号が到着した。共和国政府要人を多数含む約一、〇〇〇人の共和派亡命者、その中にはバスク亡命政府要人もいた。共和国政府はメキシコのスペイン大使館に本部を移し、ニューヨーク代表部の強化に取り掛かった。バスク亡命政府も同様に動いた。同じ一九四二年九月二〇日には、メキシコの「セントロ・バスコ」執行部の入れ替えがあり、亡命者がそのなかに入った。また、PNVは約二〇〇名が参加する外地党評議会を設立した。さらに、同年終わりにはバスク文化委員会も設置され、翌年三月一日から季刊『エウスコ・デイア』がバスク代表部から発行され、亡命地からバスク同胞へメッセージを送ることになった。バスク関係の組織作りが進み、そこにはアギーレ・バスク亡命政府大統領の意に反してプリエト「資金」が投入されていた。他の組織の立ち上げに先駆けて「バスク」は動いた。一九四四年一〇月七日、バスク政府樹立八周年記念大会において、アギーレは反フランコの勢力結集のために全ての政治勢力の参加を呼び掛け、政党や組合代表が参集した。反共産党、反ネグリン派のプリエトとは意見を異にしていた。かつて、理想を追うアギーレ、現実的なプリエトが接近したことが「バスクに自治」をもたらした。プリエト派「資金」の活用は前述したようにバスク亡命政府内では「合意」事項だった。亡命地という異郷における「人」には多面、多義な複雑な様相があったことが分かる。

おわりに

プリエトが絡むエピソードを最後に紹介しておこう。彼は共和国政府の要人であり、出生地はアストリアス地方オビエドであったが、幼少時からバスク地方ビルバオで生活した。亡命地にあって祖国「望郷の思い」はビルバオの友人たちであったことが諸々の証言から分かる。

メキシコ亡命者の一人、画家アルテタ（一八七九～一九四〇）「回顧展」（一九九八年一二月～九九年三月）がビルバオ美術館であった。バスク美術界の最高峰と謳った作品展はこの画家の軌跡が波乱万丈となったバスクの同時代の動向にシンクロしていた。ビルバオ生まれの画家が描く人物や自然風景の色使いは印象派そのものだが、その輪郭線は明確で力強く象徴派の影響がある。どことなくメランコリーな表情・雰囲気をかもし出す作品は、バスクの町やその人々の営み、生活振りが素材であり題材であった。牧歌的な農山村の風景や農作業の様子、工業都市ビルバオの工場やそこに働く職工たち、と庶民生活の様の中に現代のメランコリー（憂鬱）な深層が描き出されている。スペイン内戦中にはバスク自治政府のためにポスターを描き、その敗北によってフランス、メキシコへと避難、この亡命先で客死した。その間の作品は社会主義レアリズムを思わせる野太い輪郭線で描かれていた。

一九一九年バスク資本の中枢にあったビルバオ銀行が首都マドリードに新たな拠点を開設するにあたって、株主たちはこの画家を指名し建物メインホールの壁に「バスクの姿」を描くことを求めた。アルテタが当時のバスクを代表する画家であった証しである。首都に登場するバスク「経済力」の象徴は後述する建築家の設計であり、この友人の画家を強く推した。その壁にあるフレスコ画にはバスク人の特色と言われる力強さと身体の機敏さが表現されている。バスクそのものの「時代」と「姿」を描いた証人としてバスクには周知の忘れられない画家である。しかし、彼の存在がスペイン美術史の中に登場するのは稀である。

最近、思わぬことからこの画家の名が浮上した。邦訳された『ビルバオ―ニューヨーク―ビルバオ』（キルメン・ウリベ著、二〇一二年刊）に登場し、その作品には彼とバスク人建築家リカルド・バスティダ（一八七九～五三）との友情物語がある。友人の建築家については筆者が留学時代に居住した学生寮の同室にその孫がいて、祖父の話をよく聞かされた。建築家の祖父はビルバオ・ビスカヤから選出された政治家インダレシオ・プリエト（一九八三～一九六二）の友人でもあり、二人は今日のビルバオ市街の骨格を作ったと言われている。社会主義者の政治家と敬虔なカトリック信者の建築家の交流は政治家がメキシコに亡命した後にも続いた。先の邦訳著作にも招介された建築家の死は、メキシコに逃れた友人の病状を心配して駆けつける途上だった。それほどに両者は固く友情を育んでいた。政治家は初の社会主義者のビスカヤ県会議員、ビルバオ市会議員に始まり、第二共和国時代には蔵相、公共事業相、内戦中は海陸相、軍事相、そしてメキシコ亡命時にはヨット「ビタ」号で共和国の資金を満載して到着、亡命者の支援、共和国亡命政府樹立に尽力した。彼はその死の時（一九六二年）、筋金入りの社会主義者であったが、臨終の時に十字架を握っていたと報じられた。その十字架は、友人の建築家長男が内戦勃発の時にフランコ側で戦死したが、その長男の初聖体時に手にしたもので、メキシコへ逃れた政治家に贈ったものである、と具体的に伝えられていた。このニュースの根拠は不明だが、フランコ派の宣伝にも使われた。故郷の友人、故郷の町への思いがなせるエピソードである。その政治家プリエト没後五〇周年にビルバオ市役所は彼の胸像をホールに設置した。「望郷の思い」ここに実現と出席者のコメントがあるが、当時の市長（ＰＮＶ、カトリック信者）は彼の業績を称えながら、敬虔なカトリック信者で毎日メキシコの友人の無事を祈った建築家の話を紹介した（二〇一三年二月）。

参考文献

初出論文（基本資料の活用）

渡部哲郎「スペイン内戦『難民』――フランスからメキシコへ」『スペイン現代史』第七号、一九九〇年

聞き取り調査・資料

Instituto Nacional de Antropología e Historia, *Palabras del exilio 2*, México DC., 1982.

その他の参考文献

Anasagasti, Iñaki y San Sebastián, Koldo, *Los años oscuros.El Gobierno Vasco-El exilio (1937-1941)*, San Sebastian, 1985.

Douglass,William A. & Bilbao, Jon, *Amerikanuk (Basques in The New World)*, Reno, Nevada, 1975.

Fondo de Cultura Económica, *El exilio español en México 1939-1982*, México D. F., 1983.

Legarreta, Dorothy, *The Guernica Generation*, Reno, Nevada, 1984.

Romana Arteaga, José Miguel, *La segunda guerra mundial y los vascos*, Bilbao, 1989.

Rubio, Javier, "La España de fuera. Exodo y exilio, 1939-1977", *La guerra civil española*, Tomo 12, Barcelona, 1979.

Salas Larrazabal, Ramón, *Perdidas de la guerra*, Barcelona, 1977.

San Sebastián, Koldo, *El exilio vasco en America, 1936-1946*, San Sebastián, 1988.

Sola Ayape,Carlos, "El exilio puesto a prueba:la polémica periodística entre Indalecio Prieto y el mexicano Alfonso Junco en torno al oro del Vita", *Historia Mexicana*, núm. 252, 2014.

Ulrich Winter, "Entre trauma y memoria: narrativas sobre la Guerra Civil y la Dictadura en el Estado español en perspectiva transversal (literatura, cultura, historia, ciencias sociales)".

トラウマと記憶の間で――学際的視点(文学、文化、歴史、社会科学)から見るスペイン内戦とフランコ独裁政権についての語り

ウルリヒ・ヴィンター

一　歴史的・理論的・観念的側面

「スペインにおけるホロコースト（大量虐殺）の統計学的な見方は、数字の背後にある恐怖を具体化できていない」（イギリス人の歴史家、ポール・プレストンの表現）。プレストンやその他の歴史家たちは、次のデータを挙げている。スペイン第二共和制（一九三一～一九三六）に対するフランシスコ・フランコ将軍のクーデタ、その後の内戦（一九三六～一九三九）、そしてフランコ独裁政権（一九三九～一九七五）は、内戦において三〇万人の死者、またその前線以外でも二〇万人の死者を出し、少なくとも一三万人の共和国軍側の関係者、また四万九、〇〇〇人の反乱軍側の関係者が犠牲となった。内戦終結後は、共和国軍側からは四五万人が亡命し、二七万人が投獄された。約三万人の子供たちが内戦期、その後のフランコ独裁政権期に共和国軍側から連れ去られた。スペインにおいて、それほど遠くない過去の内戦のトラウマには全くの疑いの余地はない。スペイン現代史の全ては、内戦によって傷つけられたのである。スペイン人の歴史家、アルベルト・レイグ・タピアは、「内戦は一九三九年四月一日ではなく、フランコ将軍が死去した一九七五年一一月二〇日に終わった」と表現した。民主政移行期（一九七五～一九八二）から、歴史学、社会科学、文化（文学、映画、記録映画、写真）は、トラウマを「再現する」ことに固執した。それは内戦にお

ける暴力、日常生活での抑圧、内戦の記憶に対するフランコ政権の姿勢を分析することによってなされた。しかしながら、二〇〇〇年代の初めまで、「トラウマ」という概念と、この言葉に関連する表現（「犠牲」、「人権」、「ホロコースト」、「虐殺」など）を用いた語りの形成はほとんどなかった。スペインの過去における残忍な行為は、「回復」されなければならなかった内戦の勝者と敗者の「歴史的記憶」の言葉で概念化された。そのことは、スペイン社会での最も重要な動きのひとつであり、二〇〇〇年には「歴史的記憶回復協会（ＡＲＭＨ）」が設立された。「歴史的記憶」という概念は、どんな問題や矛盾を孕んでいようとも、歴史的、イデオロギー的、そして政治的理由と「死者を正当に評価する」という道徳的かつ法的な必要性から、過去における暴力行為を取り上げるものである。「トラウマ」が未来にも続く時間的に無限の過程を意味するのであれば、「記憶の回復」は、むしろ目的論的かつ限られた時間の状況を暗黙に示している。その時間は、歴史的な不当行為を解決するための正義に基づいている。フランコの死に伴う独裁政権の終焉からの二五年間は、過去の暴力行為の政治的、イデオロギー的、また道徳的解釈の必要性が、脱政治化、脱イデオロギー化、脱偶像化の傾向がある「トラウマ」、あるいは「犠牲」という言葉の使用を許さなかった。特に「犠牲」という言葉は、共和国軍側、反乱軍側の死者を指して無差別に使用されることを意味し、スペイン国民の大部分が持つ鋭い感受性とはぶつかるものであった。今世紀の始まりまでは、スペインの過去の暴力的行為に関して、その記憶化の問題と方法は、アルゼンチンの文民独裁政権やアウシュビッツにおけるそれとは大きく異なっていた。二〇〇〇年以降、パリのホロコースト記念館の国際化などで、スペインでも記憶化の動きが始まったが、それがすぐに活発化することはなかった。一方で、トラウマ、犠牲、人権、ホロコーストといった言葉がスペイン社会での議論に登場した。それによって、フランコ独裁政権時代の弾圧が、人々に損害を与えた犯罪、そして「ホロコースト」として認知された。また、アルゼンチンの社会運動の経験者でもあった「歴史的記憶回復協会」の活動家が、スペインでの議論において、「行方不明者」という言葉を使い、犯人の罪を追求して国際連合に提訴した。近年の歴史学は、犠牲者の存在をより考慮に入れているが、共和国軍側、反乱軍側の間ではそれぞれ規模、犠牲者の数などが異なっている。さらに、「トラウマ」という言葉は、スペインにおける議論では最も厳しい意味で定着した。多くの人々は、「トラウマ」の症状（具体的には症状の効果や再発、また再発への強迫観念など）とその弁証法的な特徴（例えば混乱と安定、暴力的行為における被害者と加害者など）に関心を持った。また、トラウマには、時間や世代を超えた伝心的な副作用もあった。この点について、トラウマの集団的な側面は特に重要である。スペインにおけるトラウマの特徴では、その時間的な側面も見逃せない。時間的側面は、フランコ独裁政権が約四〇年の制度化された恐怖を与え、その恐怖が多くの人々に苦しみをもたらしただけでなく、内戦時に負った精神的に深い傷をさらに広げたことを示している。同時に独裁の四〇年間は、その傷を治す最小限の可能性をも人々に与えなかった。なぜなら、内戦の敗者は、その勝者と親密に共存することを余儀なくされたからである。スペインの小説家、アルフォンス・セルベラの言葉を借りるならば、内戦の敗者は、「銃弾と沈黙を通した二重の死」に苦しんだのである。

スペインにおいて、「歴史的記憶の回復」から「集団的トラウマの形成過程」への人々の関心の転換は、「回復」というスローガンの下での社会的、政治的、また道徳的義務の放棄を意味するものではない。社会心理学も歴史学も、どの点まで「過去を掘り起こす」作業の道徳的かつ政治的性格に固執しているかは我々の興味を引くところである。内戦における敗者と勝者を正当に扱うことに関して共有された不安は、様々な分野において、記憶の文化を形成することにつながった。したがって、スペインにおける記憶やトラウマの語りのために、文学、映画、歴史学、社会心理学などが多様な方向から過去を論じ、記憶を回復している。その際に、それぞれの分野がお互いを補完し、強化し、協力し合うことが重要である。この学際的な試みは、おそらくスペインでは、アウシュビッツやアルゼンチンの場合とは異なり、自らの司法機関が過去を正当に評価する義務を果たさなかったことに起因している。スペインの裁判所は、真実を求め、公平な立場を保ち、適切な賠償を行い、内戦を再び繰り返さないことを保証するのを拒んできた。スペインでは、内戦とフランコ独裁政権期の犠牲者は、その他の暴力行為と比較して差別され続け、その責任は、政府と司法機関にあった。言い換えれば、今日まで過去のトラウマが続くことが、社会の認知とともに中和されることはなかったということである。人類に害を及ぼす犯罪に対する法的追及の欠如は、トラウマの社会的認知の欠如を反映している。そのことは、多くの人々に共有される語りの復元を困難にさせている。そのため、スペインでは、本来は司法機関が果たす役目を、社会科学、文化、歴史学などが担ってきた。結果として、スペインの記憶の文化においては、その学際的性格と芸術的、歴史学的、心理社会学的アプローチが際立っている。我々が犠牲者、あるいは生存者について語り、思い出すとき、これらの分野は償いの正義の役割を果たすのである。記録映画製作を専門とするカタルーニャ人のジャーナリスト、モンセ・アルメンゴウによると、記録映画は、複数の証言、一種のナラティヴ・エクスポージャー・セラピー（物語曝露療法）、そして犠牲者への償いの正義から成っているという。アルメンゴウは、「我々は裁判官でもなく、歴史学者でもないが、犠牲者への償いの正義のために何かをなすことはできる」と発言している。同時に、記憶に携わる学問分野は、フランコ独裁政権の政策によって被害を受けた分野でもあり、歴史を回復することによってフランコ政権に復讐をしている。フランコ政権期、これらの分野に課されたのは検閲である。これらの学問分野が行う記憶に関する考察は、道徳的な考察を含んでいる。例えば、歴史家へスス・イスキエルド・マルティンとパブロ・サンチェス・レオンは、複数の学問分野からのアプローチは、教育学的な見地からも必要であると論じている。文化に関連する複数の領域で、過去のトラウマについて考察することは、過去において集団的かつ共有された物語を構築する上で常に意識されるべきなのである。

　過去の回復を目指す様々な議論において、文化的生産物は特別な機能を有している。文化的生産物とは、小説、映画、写真、記録映画、証言などである。それらは複雑な語りの装置といえる。現在において、私的なものを通して過去やその影響に対峙するとき、トラウマに関する記録は特に多くの人々の興味を引く。これらの文化的生産物は、治療の役割（犠牲者、被害者にとって）、教育的な役割（過去についての知識）、証言的、法的、政治的、そして道徳的な役割（声なき人々に語らせる）を同時に展開する。民主化されたスペインにおいて、文化的生産物は、複数の学問分野の間で架け橋の役割を担い、歴史学、社会科学、そして司法の役割さえも補完する。次章では、記憶の回復とトラウマの生成過程に焦点を当て、記憶の文化をさらに掘り下げたい。

二 歴史的視点（一九三六〜二〇一六）

内戦とフランコ独裁政権

現代において内戦に関する表現の大半は、宣伝の目的を有していた。内戦の暴力行為とそれに伴うノイローゼ状態を、最も現実的に伝えるのが視覚メディアであった。ジョアン・ミロの宣伝ポスター《マドリード、一九三七年。黒い飛行機》やアグスティ・センテリェス、ロバート・キャパ、またその他の特派員や芸術家の写真は、いわば「苦しみの図像集」を形成した。ロバート・キャパの有名な写真《崩れ落ちる兵士》と並んで、多くの人々にとって戦争の惨禍を突きつける世界的な絵画は、疑いなくパブロ・ピカソの《ゲルニカ》（一九三七）である。それは、一九三七年四月二六日、ドイツ軍のコンドル部隊によるバスクの町への空爆の後に描かれた。この絵は、作成過程の初期において、暴力行為の告発を共和国軍の抵抗と関連付けた。しかしながら、最終的に完成した絵は、当初中央に引き伸ばされたこぶしが帆に変わり、それはこの絵が世界的な平和主義の作品として受け取られることにつながった。この絵を異なるイデオロギーの立場から見ても（たとえバスク民族主義者であっても、生粋のスペイン人であっても、またそれ以外の人々であっても）、内戦がトラウマを引き起こす出来事であることを容易に理解させた。一九三九年四月一日、内戦が正式に終結した後、トラウマを引き起こす出来事が増加し、そのことは内戦の集団的な語りを構築する際の障壁となった。内戦において多くの人々が経験したイデオロギーや意見の相違に、日常生活や刑務所での弾圧が加わったのである。また、共和国軍側の関係者の亡命やフランスやドイツにある強制収容所への流刑もあった。これに関しては、ホルヘ・センプルン、ホアキン・アマード・ピニエリャ、マクス・アウブ、そしてフランセスク・ボイクスの写真が立証している。今日まで、「分断されたスペイン」（スペインの歴史家、フリアン・カサノバの表現）では、人々の中で集団的なトラウマを形成している。しかしスペインでは、フランコ独裁政権の検閲のため、トラウマの表現は事実上間接的、あいまい、または一般化され、具体的な歴史的かつ領土的な背景が欠けた表現にとどまった。例えば、カミロ・ホセ・セラのトレメンディスモ（凄絶主義）の小説、『パスクアル・ドゥアルテの家族』

（一九四二）では、社会から疎外された罪人が描かれ、その舞台は戦後の荒廃した世界の中で展開されるが、時間の枠は意図的に他の時代に設定されている。一九五〇年代の半ばからは、内戦の敗者が感じる恐怖、抑圧、屈辱、そして恥が社会的現実主義として描かれ始めた。ブラス・デ・オテロやガブリエル・セラヤ、アントニオ・ブエロ・バリェホの演劇《ある階段物語》（一九四九）がその代表例として挙げられる。一九五〇年代の文学については、写実主義の流れがあり、スペイン人の作家で、主にフランスとモロッコに拠点を置くファン・ゴイティソロ（二〇一七年六月四日に死去）は、「スペインの小説は、証言の役割を果たしている」と表現している。ラファエル・サンチェス・フェルロシオの小説『ハラマ川』（一九五六）では、若い登場人物のルシアが二〇年前の内戦で多くの死体が浮いた川で悲劇的に溺死する。さらにメルセ・ロドレダが、小説『ダイヤモンドの広場』（一九六二）で、内戦中、内戦後のある若い女性の運命を描き、フランコ独裁政権下での女性差別を取り上げている。内戦に関して最も優れた小説のひとつが、カタルーニャ人の作家で編集者でもあったジョアン・サレスの『不確定の栄光』（一九五六、一九七一）である。小説は内戦の前線と後方を行き来し、兵士と市民、勝者と敗者が辿る戦中、戦後の悪夢を描いている。またサレスは、内戦中の共和国軍側と反乱軍側の大きな違いに触れることも忘れていない。そして、一九六〇年代に入ると、フランスでのヌーヴォー・ロマン（新しい小説）、ヌーヴェル・ヴァーグ（新しい波）の影響で、文学と映画は、フランコ独裁政権下の日常の現実に、曖昧かつ寓意的なかたちで対峙する新しい手段を探求した。ルイス・マルティン・サントスの小説『沈黙の時間』（一九六二）は、抑圧の記憶を通して、フランコ独裁政権下の保守的イデオロギーの批判を試みた。カルロス・サウラ監督の映画《アナと狼》（一九七二）は、フランコ独裁政権の柱である軍部、教会、保守主義者の堕落を俎上に載せた。一九五〇年代、六〇年代の多くの文学、映画作品では、内戦時の暴力行為が、それを引き起こした政治家に原因があるとするのではなく、歴史に根を下ろした盲目的な力として理解された。ファン・ベネトの『地域』（一九六七）やカミロ・ホセ・セラの『聖カミロ一九三六年』（一九六九）は、その一例といえる。一九五〇年代、六〇年代の物語では、過去のトラウマは、集団のイデオロギーを形成する要因としてみなされた。この過去の解釈は、一九五六年から国家の「和解」を目指していたフランコ政権の政策と一致していた。「和解」というスローガンは、内戦がもはや国家の「聖戦」ではなく、「悲劇」として命名されることを意味していた。

民主政移行期

一九七五年から八五年にかけて、過去の回復への巨大な波が生じた。亡命した共和国軍側の関係者が亡命先で上梓した本がスペインでも出版される一方、亡命しなかった関係者、また強制収容所や刑務所に収容された人々の証言が回想録として世に出たのである。一九七五年にフランコが死去し、その頃から「幽霊」のような明らかなトラウマのニュアンスを含む過去の物語が登場した。批評家のホセ・カルロス・マイネルは、フランコ独裁政権後の最初の数年で、少なからぬ映画や文学作品が、「フランコ独裁政権期を幽霊として内在化させること」を試みたと指摘している。実際、当時の映画や小説において、フランコ政権は、しばしば、一種のトラウマとして登場する。フランコ政権期の抑圧は、政権に反抗する人々だけでなく、政権に忠実な人々にも影響した。この点について最も象徴的な映画が、ビクトル・エリセ監督の《ミツバチのささやき》(一九七三)とカルロス・サウラ監督の《カラスの飼育》(一九七五)である。マヌエル・バスケス・モンタルバンの推理小説『南の海』(一九七九)(ルイス・ゴイティソロの四部作『再び話すこと』、一九七四〜一九八一年も同様に)では、反フランコ主義と理想主義を信奉する主人公が、フランコ主義に感化されることによって、最終的に主人公の破滅につながる一種のストックホルム症候群が描かれている。同じく、ホセ・マリア・ゲルベンスの小説『月の川』(一九八一)では、ホセ・マリア・メリノの小説『記憶の不可能性』(一九八九)のように、不気味に内在化された過去を背景に、主人公が破滅する様が描かれている。また、ロサ・モンテロの小説『君を王女のように扱うだろう』(一九八三)でも似たようなことが起こる。モンテロは、マドリード出身の小説家、ジャーナリストである。この作品は、フランコ政権期の国家カトリック主義に基づく道徳教育によって、ジェンダー問題が引き起こされ、それがフランコ政権の支持者、反抗する人々双方に少なからぬ影響を与えたことを描いている。フランコ政権終焉からの最初の数年で発表されたこれらの作品を通して、独裁政権への歴史的言及は最小限のものとなるか、または全くなされず、トラウマが内戦の勝者と敗者の両方に影響することが認識されるようになった。フランコ独裁政権下の女性たちの運命は、特に人々の関心を引くものであった。中でもフランコ政権期に刑務所に収容された女性たちの証言は注目を集めた。モンセラット・ロイグは、その経験を初めて描き、小説『菫色の時間』（一九八〇）を発表した。ロイグは、カルメン・マルティン・ガイテ『後ろの部屋』（一九七八）、エステル・トゥスケッツ『毎夏の同じ海』（一九七九）、前述のロサ・モンテロとともに女性たちの苦しみを取り上げ、メルセ・ロドレダなどが火付け役となった内戦後の女性文学を牽引した。この同一線上には、ドゥルセ・チャコンの『眠れる声』（一九九二）がある。総じて、一九七〇年代後半からは、小説、記録映画、テレビドラマ、専門雑誌などで過去の回復を目指した盛んな動きがあった。しかしながら、本当の記憶の文化は、スペインに定着しなかった。なぜなら、一九八一年二月二三日に起こったマドリードでのクーデタ未遂が新しいトラウマを生み出し、そのトラウマは多くの人々に幽霊的なフランコ独裁政権への回帰を想起させたからである。また一方で、スペインでは一九七五年の民主化以降、市場や政治的合理性の法則が真か偽かの二者択一を人々に強制し、記憶、あるいは近代主義と民主主義かの選択を迫るようになった。スペインにおける「民主政移行期の文化」は、「非記憶化」に特徴づけられ、「非記憶化」は一九七七年に施行された特赦法に象徴されるように、「忘却の契約」と呼ばれるようになった。あるスペインの批評家にとって、民主政移行期が、フランコ政権期の抑圧への回帰、あるいは過去への郷愁のようであったと表現したことは偶然ではない。

一九八〇、九〇年代から現在にかけて

一九七五年までは過去の表現に世代間のトラウマと政府による検閲という二重の危機があった中で、その後の民主政移行期は、複数の異なる記憶の共存によって特徴づけられた。それらの記憶は、内戦に直接的に関わった人々の証言の記憶とその息子たち世代のその後の記憶、すなわち「フランコ独裁政権期の記憶」であり、双方とも内戦の犠牲者とみなすことができる。一九九〇年代に入ると、もう一つ後の世代、つまり孫たちが生まれ、過去は決定的な変化を遂げた。過去は、体験から想起することに変わったのである。過去の暴力的行為に対する孫たち世代の不安は、彼

らに残された人々とその役割について考える契機を与えた。結果的に、過去を記憶することは、自らは記憶のない孫たち世代が担うことになったのである。スペインにおける過去の記憶化は、アウシュビッツのホロコーストやアルゼンチンの独裁政権の記憶化とは違いがあった。それらの地域においては、スペインよりも息子たちの世代が記憶化に貢献したからである。一九八〇年代と九〇年代は、ファン・マルセの小説『もし私が倒れたと聞いたなら』（一九七三年にすでにメキシコで出版されていた）、マヌエル・バスケス・モンタルバンの小説『ピアニスト』（一九八五）、ラファエル・チルベスの小説『長い行進』（一九九六）などが出版され、内戦は徐々にスペイン文学の主要テーマとなっていった。同時にこのテーマは、アウシュビッツのホロコーストについての同種の議論にも影響された。アントニオ・ムニョス・モリーナの小説はその顕著な例といってよい。とりわけ、『幸せな人』（一九八六）や『ポーランドの騎手』（一九九一）などの初期の小説は、ホロコーストに関する議論を交え、より批判的なかたちで記憶を求め、その客観的な回復が困難であることを表現していた。その後、内戦に関する小説は、ホロコーストへの言及がより色濃くなり、内戦やフランコ独裁政権についての物語を構成する要素の一部にもなった。カルメ・リエラの小説『半分の魂』（二〇〇四）もその一例である。この小説では、行方不明の母を追う娘の調査が描かれ、スペインとアウシュビッツが主な舞台として登場している。スペインのトラウマに関連して非常に特徴的といえるのが、カタルーニャ、バスク、ガリシアに代表される地理的、民族的多様性と、フランコ独裁政権下で抑圧されたそれらの地域の人々が備える歴史的経験とその政治的感受性である。ジャウメ・カブレの小説『パマノの声』（二〇〇四）、ベルナルド・アチャガの小説『アコーディオン奏者の息子』（二〇〇三）、マヌエル・リバスの小説『大工の鉛筆』（一九九六）がその特徴をよく表している。バスクのテロ組織、ＥＴＡ（バスク祖国と自由）のテロは、現代において内戦のトラウマと過去への回帰を意味しうる側面であった。ＥＴＡは、反フランコ独裁政権とバスクのスペインからの分離独立を掲げ、二〇一一年までに八五八件もの暗殺を実行した。ＥＴＡは、小説や映画などですでに広く扱われており、ベルナルド・アチャガの小説『それらの空』（一九九五）、ウィリー・ウリベの記録映画『ＥＴＡはどこで暗殺を実行したか』（二〇一二）、また元メンバーや支持者の随筆や証言集が存在する。

前述のカルメ・リエラの小説と同じように、現代の語りは、過去の暴力的行為とその記憶を現在から回復することに焦点を当てている。少なからぬ作品が現在における主人公の調査の場所を利用し、世代を超えた過去の和解を試みている。この手法は、しばしば反文学的と指摘され、文学を一種の証言や歴史学に近づけるものである。破壊、分裂、両面性などに強く象徴されるポストモダンの語りの技術は、多くの場合、トラウマを描く物語で使用される。その最も有名な例で、盛んな議論を呼んだ小説が、ハビエル・セルカスの『サラミスの兵士たち』(二〇〇一)である。この作品は、歴史的事実とフィクションを巧みに織り交ぜて、内戦末期、共和国軍側で従軍していた一人の無名の民兵が、人道的理由から、ある反乱軍側の重要人物を助ける一部始終を描いている。この内容は、読者の印象を二分した。これを両陣営の一種の和解と解釈する人もいれば、両陣営を暗黙に同一視し、反乱軍が起こしたクーデタの非合法性に触れていない側面が歴史修正主義とみなされると感じる人もいた。この小説は二〇〇三年、ダビド・トゥルエバ監督によって映画化されている。現代の文学や映画では、内戦とフランコ独裁政権について、より批判的で複雑な表現がなされ、それぞれの物語の中で、苦しみや意見の相違を脚色することに重きが置かれるようになった。それはイサーク・ロカが自身の小説『儚い昨日』(二〇〇四)で例示した。総じて、ここ二〇年の内戦とフランコ独裁政権に関する物語は、多くの側面を持ち、郷愁を誘い、非現実的で、苦しみや憂鬱を描き、合意を求め、政治的、イデオロギー的、人道主義的、国際的、そして懐疑主義的である。それは、共和国側関係者のフランスへの亡命とマキについて描いたアルフォンス・セルベラの小説『逃亡者の声』(二〇一三)が感情的なかたちで示している。

現在のスペインにおいて、記憶の文化は物語だけではなく、分野を超えた学際的なかたちで具体化されている。この新しい取り組みは、文学や歴史学においては、分野を超えた議論を展開させるインターネット上の公開討論会として展開されている(例えば、文学では memorianovelada.au.dk/es/、そして歴史学では memoriasenred.es)。これらの公開討論会は、トラウマや記憶についての議論が決して特定の学術分野に限定されるものではないことを示している。ここ数年は、よりスペイン社会での反響が増し、例えば戦没者の谷のようなフランコ独裁政権の「遺産」をどのように捉えるのかといった厄介な問題に関心が集まっている。記憶の文化に関して、最も進化した学際的な計画のひとつが、スペイン高等学術研究院（ＣＳＩＣ）によって進められている「記憶政策」であり、内戦の共同墓地の発掘やフランコ独裁政権時代の弾圧の研究を目的としている（ホームページはpoliticasdelamemoria.org）。共同墓地からの遺体の出現は、内戦のトラウマの最も本質的かつ象徴的な寓意とトラウマに対する社会の認知の欠如を浮き彫りにした。発掘作業の現場では、映像が製作され、それには遺体の親族、発掘を担当する人類学者などが登場する。発掘作業の写真家兼協力者であるクレメンテ・ベルナドは、「遺体の発掘の間に撮られた写真は、発掘された犠牲者が今ここで内戦を終えたことを示している」と表現している。一方で、現在のスペインにおいて極めて学際的に探究されている記憶の文化には、未解決で急を要する課題がある。それはまだスペインでは十分になされてはいない、記憶の文化と民主主義の間に存在し続けている「不明瞭な関係」の解決に向けての議論を始めることである。それには、司法機関、歴史家、そして国民の不断の努力が不可欠であることは言を俟たない。

（訳・安田圭史）

参考文献

Aguilar Fernández, Paloma (1996): *Memoria y olvido de la Guerra Civil Española*. Madrid: Alianza Ed.

Álvarez Fernández, José Ignacio (2007): *Memoria y trauma en los testimonios de la represión franquista*. Barcelona: Anthropos.

Armengou, Montse / Belis, Ricard (2004): *Las fosas del silencio. ¿Hay un holocausto español?* Barcelona: Plaza y Janés.

Aróstegui, Julio (coord.) (1988): *Historia y memoria de la Guerra Civil*. Valladolid: Junta de Castilla y León.

Bernad, Clemente (2011): *Desvelados. Fotografías de Clemente Bernad*. Pamplona: Alkibla.

Bernecker, Walther L. /Brinkmann, Sören (2006): *Kampf der Erinnerungen Der Spanische Bürgerkrieg in Politik und Gesellschaft 1936-2010*. Nettersheim: Graswurzelrevolution.

Bister, Daniela (2015): *La construcción literaria de la víctima. Guerra Civil y franquismo en la novela castellana, catalana y vasca*. Frankfurt: Peter Lang.

Capdepón, Ulrike (2011): «The Influence of Human Rights Discourses and Practices from the Southern Cone on the Confrontation with the Franco Dictatorship in Spain». En: *Human Security Perspectives* 1, 84-90.

Casanova, Julián (coord.) (2002): *Morir, matar, sobrevivir. La violencia en la dictadura de Franco*. Barcelona: Crítica.

Casanova, Julián (2013): *España partida en dos. Breve historia de la Guerra Civil española*. Barcelona: Crítica.

Castresana Fernández, Carlos (2012): «El Estado español y las víctimas del franquismo, frente al derecho internacional». *Información y debate* 75, 17-26.

Cervera, Alfons (1997): *Maquis*. Valencia: Editorial Montesinos.

Colmeiro, José (2011a): «Memory without Borders? Spanish Courts and the Case for Universal Jurisdiction». *Journal of New Zealand Studies* 11, 109-128.

Colmeiro, José (2011b): «A Nation of Ghosts? Haunting, Historical Memory and Forgetting in Post-Franco-Spain». In: *452°F: Journal of Literary Theory and Comparative Literature* 4, 17-34.

Cuevas, Tomasa (1985): *Cárcel de mujeres*. Barcelona: Siroco Books.

Derrida, Jacques (1993): *Spectres de Marx. L'État de la dette, le travail du deuil et la nouvelle Internationale*. Paris: Galilée.

Elsemann, Nina (2010): *Umkämpfte Erinnerungen. Die Bedeutung lateinamerikanischer Erfahrungen für die spanische Geschichtspolitik nach Franco*. Frankfurt am Main et al.: Campus.

Faber, Sebastiaan (2014): «Actos afiliativos y Postmemoria. Asuntos pendientes». *Pasavento. Revista de Estudios Hispánicos* 2.1, 137-156.

Ferrándiz, Francisco (2008): «Cries and Whispers: Exhuming and Narrating Defeat in Spain Today». *Journal of Spanish Cultural Studies* 9.2, 177-192.

Gómez López-Quiñones, Antonio (2006): *La guerra persistente. Memoria, violencia y utopía. Representaciones contemporáneas de la guerra civil española*. Madrid/Frankfurt am Main: Vervuert-Iberoamericana.

Goytisolo, Juan (1976) [^{1}1967]: *El furgón de cola*. Barcelona.

Gracia, Jordi / Ruiz Carnicer, Miguel Ángel (2004): *La España de Franco (1939-1975). Cultura y vida cotidiana*. Madrid: Síntesis

Herrmann, Gina (2008): «Entrevista con Montse Armengou». *Journal of Spanish Cultural Studies* 9.2, 213-223.

Herzberger, David K. (1995): *Narrating the past. Fiction and historiography in postwar Spain*. Durham: Duke Univ. Press.

Hirsch, Marianne (1997): *Family frames. Photography, narrative, and postmemory*. Cambridge, Mass.: Harvard Univ. Press.

Igartua, J. / Páez, D. (1997): «Art and remembering traumatic collective events: the case of the Spanish Civil War». En: Pennebaker, J./ Páez, D. /Rimé, B. (eds.): *Collective Memory of Political Events*. Hillsdale: Lawrence Erlbaum.

Inal, Benjamin (2015): *Gernika / Guernica als Erinnerungsort in der spanischsprachigen Literatur*. Frankfurt am Main et al.: Lang.

Izquierdo Martín, Jesús / Sánchez León, Pablo (2006): «Lejana proximidad. Antropologías de la Guerra Civil Española». *Historia del Presente* 7, 101-126.

Juliá, Santos, (ed.) (1999): *Víctimas de la guerra civil*. Madrid: Temas de Hoy.

Jünke, Claudia (2012): *Erinnerung – Mythos – Medialität. Der Spanische Bürgerkrieg im aktuellen Roman und Spielfilm in Spanien*. Berlin: Erich Schmidt.

Kühner, Angela (2008): *Trauma und kollektives Gedächtnis*. Gießen: Psychosozial-Verlag.

Labanyi, Jo (ed.) (2002): *Constructing Identity in Contemporary Spain: Theoretical Debates and Cultural Practice*. Oxford: Oxford UP.

Labanyi, Jo (2007): «Memory and Modernity in Democratic Spain: The Difficulty of Coming to Terms with the Spanish Civil War». *Poetics Today* 28.1, 89-116.

LaCapra, Dominick (2004): *History in Transit. Experience, Identity, Critical Theory*. Ithaca: Cornell UP.

Leggott, Sarah / Woods, Ross (eds.) (2014): *Memory and Trauma in the Postwar Spanish Novel: Revisiting the Past*. Lewisburg: Bucknell University Press.

Loureiro, Ángel G. (2008): «Pathetic Arguments». *Journal of Spanish Cultural Studies* 9.2, 225-237.

Luengo, Ana (2004): *La encrucijada de la memoria : la memoria colectiva de la Guerra Civil Española en la novela contemporánea*.

Berlin: Tranvía.

Luhmann, Niklas (2002): *El derecho de la sociedad.* Trad. Javier Torres Nafarrate con la colab. de Brunhilde Erker. México: Univ. Iberoamericana.

Mainer, José Carlos (1994): *De postguerra (1951-1990)*. Barcelona: Crítica.

Martínez, Guillem (coord.) (2012): *CT o la cultura de la Transición. Crítica a 35 años de cultura Española*. Barcelona: Debolsillo.

Medina Domínguez, Alberto (2001): *Exorcismos de la memoria. Políticas y poéticas de la melancolía en la España de la transición.* Madrid: Ed. Libertarias.

Miñarro, Anna / Morandi, Teresa (2009): *Trauma psíquic i transmissió*. Barcelona: Fundació Congrés Català de Salut Mental.

Montero, Rosa (1983): *Te trataré como a una reina*, Barcelona: Seix Barral.

Morán, Gregorio (1991): *El precio de la transición*. Barcelona: Planeta.

Moreno-Nuño, Carmen (2006): *Las huellas de la guerra civil. Mito y trauma en la narrativa de la España democrática*. Madrid: Ed. Libertarias.

Nickel, Claudia (2012): *Spanische Bürgerkriegsflüchtlinge in südfranzösischen Lagern : Räume - Texte – Perspektiven*. Darmstadt : WBG.

Peinado Cano, Arturo (2006): «El movimiento social por la recuperación de la memoria: Entre el pasado y el futuro». *Hispania nova. Revista de Historia Contemporánea* 6. [URL: http://hispanianova.rediris.es]

Preston, Paul (2012): *The Spanish Holocaust. Inquisition and extermination in twentieth-century Spain*. London: Harper Press.

Reig Tapia, Alberto (1999): *Memoria de la Guerra Civil. Los mitos de la tribu*. Madrid: Alianza Editorial.

Resina, Joan Ramon (ed.) (2000). *The Politics of Memory in the Spanish Transition to Democracy*. Amsterdam / Atlanta: Rodopi.

Reyes Mate, Manuel (2004): «Lugares de la memoria». *El País*, 12 de marzo.

Richards, Michael (1998): *A Time of Silence. Civil War and the Culture of Repression in Franco's Spain, 1936-1945*. Cambridge: Cambridge UP.

Ricoeur, Paul (2000): *La mémoire, l'histoire, l'oubli*. Paris: Seuil.

Roig, Montserrat (1977): *Els Catalans als camps nazis*. Barcelona: Edicions 62.

Ruiz Torres, Pedro (2007): «Los discursos de la memoria histórica en España». *Hispania nova* 7. [http://hispanianova.rediris.es/7/dossier/07d001.pdf]

Ruiz Vargas, José María (2006): «Trauma y memoria de la Guerra Civil y de la dictadura franquista». *Hispania nova* 6. [http://hispanianova.rediris.es]

Schauer, Maggie / Neuner, Frank / Elbert, Thomas (2011): *Narrative exposure therapy. A short-term treatment for traumatic stress disorders*. Cambridge, MA et al.: Hogrefe.

Silva Barrera, Emilio/Macıás Pérez, Santiago (2003): *Las fosas de Franco. Los republicanos que el dictador dejó en las cunetas*. Madrid: Temas de Hoy.

Soler, Llorenç (2001): *Francisco Boix, un fotógrafo en el infierno*. Documental. Dirección y guión: Llorenç Soler Barcelona: S.A.V.

Sontag, Susan (2003): *Regarding the Pain of Others*. New York: Farrar, Straus and Giroud.

Thomas, Gareth (1990): *The Novel of the Spanish Civil War (1936-1975)*. Cambridge: Cambridge University Press.

Valverde Gefaell, Clara / Armengou, Montse (2014): *Desenterrar las palabras. Transmisión generacional del trauma de la violencia política del siglo XX en el Estado español*. Barcelona: Icaria Editorial.

Vázquez-Montalbán, Manuel (1991): «La novela española entre el posfranquismo y el posmodernismo». En: Lissorgues, Ivan (coord.): *La renovation du roman espagnol depuis 1975. Actes du colloque des 13-14. février 1991*. Toulouse: Presses Universitaires du Mirail, 13-25.

Vinyes, Ricard /Armengou, Montse / Belis, Ricard (eds.) (2002): *Los niños perdidos del franquismo*. Ed. Plaza y Janés.

von Tschilschke, Christian / Schmelzer, Dagmar (eds.) (2010): *Docuficción. Enlaces entre ficción y no-ficción en la cultura española actual*. Frankfurt am Main / Madrid: Vervuert-Iberoamericana.

Winter, Ulrich (1998): «De San Magín a Mágina – Los 'poderes del pasado' franquista en el discurso de la narrativa española posfranquista». En: Albert, Mechthild (ed.): *Vencer no es convencer. Literatura e ideología del fascismo español*. Frankfurt am Main: Vervuert / Madrid: Iberoamericana, 229-247.

Winter, Ulrich (2010): «De la memoria recuperada a la memoria performativa. Hacia una nueva semántica cultural de la memoria histórica en España a comienzos del siglo XXI». En: von Tschilschke, Christian / Schmelzer, Dagmar (eds.): *Docuficción. Enlaces entre ficción y no-ficción en la cultura española actual*. Frankfurt am Main / Madrid: Vervuert-Iberoamericana, 249-264.

七月一八日と独裁

Antonio Barragán Moriana, "El 18 de julio y la dictadura", *Diario Córdoba*, 18-VII-2016.

アントニオ・バラガン・モリアーナ

軍人たちの決起から八〇年が経過した。国内の主要都市のいくつかでのその初っ端での躓きは、内戦の勃発を招いた。それは、疑いもなく国内にその原因を持ち、数十年の長きにわたって蓄積されてきた、そして第二共和制がともかくも対処しようとした深刻な政治的・社会的問題に起因する闘争だった。前線での血腥い戦闘と後衛での重大かつ無差別の抑圧的な裁きのおよそ三年間の果てに、内戦はわれわれスペイン人をほぼ四〇年にもわたって苛むことになる長い独裁体制へとこの国を連れ去ったのである。

内戦の結果出現した独裁体制は、一九三六年七月一八日を自らの成立の礎と位置づけた。この日を境に、第二共和制の合法的な立憲体制に対する軍人たちの反乱が勝利を収めた、または軍事クーデタに訴えた側の後の言い回しに従えば「解放されていった」あらゆる空間において、新しい政治的な秩序が構築されるに至る。それは、〔第二共和制によって実施された〕各種の改革政策の力ずくでの抹消を意味していたのみならず、そのすべてがさまざまな性質の執拗な弾圧（処刑や強いられた逃亡、収監、公職からの追放、資産の没収、軍法会議、政治責任の追及）を伴っていた。同時に、それは共和国の政策の主要な擁護者や支持者、さらにその受益者たちに対する排除の実践（強制送還、流刑、居住制限）でもあったのである。

困難に遭遇しながらも、フランシスコ・フランコ将軍の新国家は、その制度化に向けて独自のプロセスに着手した。このプロセスのなかで、新国家を支える、反乱に与したさまざまな派閥・集団の間でのいくつかの本質的な合意事項の存在は——疑いもなく、それらのうち最も重要だったのは第二共和制の立憲的な秩序の廃絶と、その秩序を支えた人間たちの暴力的な除去である――、彼ら〔カルリスタ、ファランヘ党員、軍人、〔亡命中の前国王〕アルフォンソ一三世を支持する王政派、〔主としてカルリスタから枝分かれしたカトリックの最強硬派からなる〕インテグリスタたち〕のなかでの、一九三六年七月二四日にブルゴスで発足していた全国防衛評議会に対する周知の不満の解消を意味したわけではもちろんない。そこで、同じ年の一〇月初旬に同評議会の頂点に立ったフランコ将軍自身により、一九三七年四月一九日の所謂統一令を通じて最終的な解決が図られることになる。この統一令を通じて、唯一の政党である「伝統主義とJONS〔国家サンディカリスト攻撃評議会〕のスペイン・ファランヘ」が結成を見たのだった。

内部に足並みの乱れを抱えつつ火蓋が切られた反乱は、当初からそれが維持され、展開を遂げていくための社会的な支えを必要とした。コルドバではジャーナリストのドゥラン・デ・ベリーリャとガリシア・プリエートが、シリアーコ・カスカーホ大佐やその他の決起した軍人たちをどんな市民層が最初から支援していたのかに関して、あるいはこの都市での〔第二共和制転覆のための〕謀略のさまざまな背景に関して、われわれに史料的に裏づけられた証言を残している（『七月一八日――コルドバにおける栄光の国民運動のエピソード』）。治安維持装置〔突撃警備隊〕のわずかな面々のみが第二共和制に忠実だったものの、七月一八日の午後にはたやすく撃退されてしまう。彼らを率いたマヌエル・タラソーナ・アナージャ大尉は、略式の軍法会議（一九三六年の第八四件）を経て、その代償を自身の命で支払う破目になる。

内戦の始まりとほとんどときを同じくして、七月一八日は根源的かつ象徴的な源泉としての価値を帯びるに至った。内戦期を通じての、フランコ派による他の日付（戦没者の日、社会扶助の日、総統の日その他）や、もちろん一九三九年四月一日、つまり「赤軍が捕えられ、武装解除された」勝利の日の神話化をよそに、である。リベラルな議会制や立憲的な秩序、自由や政治的・社会的な諸権利のような指標にまったく対応しない一連の政治的な指針が機能しだしたことによって特徴づけられる新たな時代の幕が既に上がっているという事実をスペイン人たちに気づかせる、いっそう適切に言えば押しつけることが俎上に載せられた。第二共和制の改革政策を拒絶してきた特定の社会的・経済的な階層に支えられた「カリスマ的な総統」の存在は、繰り広げられた内戦の残虐性を覆い隠すため、一九三〇年代のヨーロッパの危機への、何らかの形での、とりわけ「ナシオナルカトリシスモ」の名で知られた教会との緊密な同盟との関わりのもとでの「スペイン流の政治的解決」として提示された。こうした「解決」は、ヨーロッパの全体主義的・ファシスト的な他のシステムとの対比においてその特異性を鮮明にした。

一九三六年七月一八日は、要するに、〔七五年まで続く〕フランコ独裁時代を通じて、所謂「勝利の数年間〔一九三六〜三九〕」、そしてもちろん〔最終的な〕勝利の一九三九年とともに歩みはじめた新時代の創造を画しうる重要な里程標として持ち出された。内戦が終わって以後、フランコ独裁はその日付の「神話的な記憶」（〔いずれも七月一八日に絡めた〕集落や通常の街路、あるいは目抜き通りへの命名や、保健衛生のための施設や教育施設、さらには地区や住宅の建設、プレートの設置）を起ち上げたばかりではなかった。同様に、一九三六年七月一八日に因んだ祝祭日を設け、公的な催しや祝賀行事でそれを包み込んだ。そして、フランコ独裁は仕舞いには「七月一八日の支給〔一九四七年を皮切りに毎年この日、労働者たちに支払われた手当て〕」を産みだすまでになった。以上のすべては、一般に独裁体制というものが自国民から支持を取りつけようとする狙いに沿った手口である。これらの一切に関して、社会学者や歴史家たちが「社会現象上のフランコ独裁」と呼ぶものの残滓やある種の記憶がなおも燻っている。しかし、既に明らかなように、自らの存在を正当化するために内戦の集団的なトラウマを一貫して利用してきた体制、七月一八日、スペイン人たちが殺し合いを始めたその日を国民の祝日であると高らかに謳った体制は、過ぎ去った二〇世紀の最も残忍で最も反動的な、そして最も忌まわしい独裁体制の一つとして歴史のなかに消えていくしかない。

（訳・渡辺雅哉）

Antonio Barragán Moriana, "40 años del final del franquismo", *Diario Córdoba*, 19-XI-2015.

フランコ独裁の終焉から四〇年

アントニオ・バラガン・モリアーナ

フランシスコ・フランコ将軍の死から四〇年を迎える昨今である。一九七五年の一一月二〇日、独裁体制が必然的に解体していくなかで、自らが「神と歴史に対してのみ責任を負う」としか考えていなかったあの人物は、この世に別れを告げた。その人生のほとんど最後のときに至るまで民主主義への深い蔑みと、反動的な政治世界観、それにスペインの現実への怨念に満ちた自身の思いを隠そうともせぬままに、である。事実はといえば、独裁体制そのものが消滅して以降、すぐさまそれに続いた民主化の時代を通じて、（P・プレストン、J・P・フシ、J・トゥセール、A・レイグ・タピア、D・P・ウインゲート、F・セビリャーノら）傑出した現代史家たちによる重要な研究が揃って日の目を見たのである。それらの研究は、フランコ将軍の足跡そのものを超えて、フランコ独裁の歴史的・政治的な意味の分析に意を注いだ。ほぼ四〇年に及んだあの時代は残虐な内戦にその端を発し、われわれの社会の各層のなかで、今日なおしっかりとは閉じてはいない極端なまでに大きな傷口を開かせたに違いないものだった。

ここに来て、いっそう大きな見通しを伴った、フランコ独裁や独裁者の人となりの研究をめぐる新たな関心が現れている。それは、所謂「修正主義」が維持しようとしている神話や伝説、史実の歪曲や策謀の盛大な垂れ流しを拒絶し、その虚構を暴くことに貢献してきた、膨大で緻密な調査の成果をそっくり活用しようとしている。この手の垂れ流しこそは社会現象上のフランコ独裁の大事な支えであって、不幸なことにそれは厳密な歴史的知識［の獲得］にも、過ぎ去った二〇世紀の最も不幸なページにスペインの社会が正面から向き合うことにも、さらにもちろん市民的・民主的な意識の創造それ自体にもおよそ何ら寄与していない。「総統」の人となりや独裁に関する、A・カソールラ、E・モラディエーリョス、A・ビーニャスらの有能な歴史家たちの最近の著作は専門的な研究の、フランコ将軍の太鼓持ちや聖人伝の執筆者たちの、賞味期限の過ぎた、倒錯した神話の類を維持するための厚かましい企てに対する、L・フェーヴルが語るところの歴史のための戦いの雄弁な表現なのである。けれども、その神話なるものは、方法論上の最低限の厳密さにすらも決して耐えるものではなかった企てにしがみつくことを今日なおも諦めていない。

われわれはといえば、先ごろ刊行されたばかりの二つの著述への参加・共同執筆により、フランコ独裁とアンダルシアにおけるその政治的な表現に関する研究をめぐるこうした新たな関心に寄与した。二つの著述とは、『アンダルシアにおけるフランコ独裁の有機的連動（*La articulación del franquismo en Andalucía*, Sevilla, Centro de Estudios Andaluces〔,2015〕）』と『アンダルシアでの戦利品（*El botín de guerra en Andalucía*, Madrid, Biblioteca Nueva〔,2015〕）』である。この二冊には、われわれ自身が見るところでは、従来充分には目が行き届いていなかった、それでいて研究の進展の結果としていっそうの重要性を帯びるようになった解釈のうえでの新たな側面に取り組んできたアンダルシアの国公立大学の教員や研究者の重要な一団が名を連ねている。

フランコ独裁がその発足以来、そして既に内戦そのものの時代を通じて生み出した枢要な社会的な支持基盤。独裁の制度が整えられていく過程における、政治的な結束を定式化した象徴的かつ寓意的な要素の重要性。また、困難な状況のもとでの独裁の経済的・政治的な、さらに情緒的でさえもあった支えとしての女たちの役割。以上が、そのような側面である。内戦をもたらした軍事クーデタを支援していて、独裁の創成期には「勝利」を演出したそれぞれに異なった集団の間での、市町村単位で政治的な仕組みが確立していくなかでの当初の政治抗争の解明にも、われわれは同じように興味を抱いている。新しい体制のイデオロギー的な支柱としての、また弾圧のための裁きの拠りどころとしての、教会の上層部と司法の要となった法の番人たちの役割についてもそうである。もちろん、われわれは実行された弾圧の規模の重みとそのさまざまな現れ方をも俎上に載せている。所謂経済的な弾圧の分析には、ことさら注意が払われている。先にわれわれが挙げておいた著作の二冊目のなかで個別の事例を検証しつつ企てられているその分析は、独裁が誕生した当時、少なくとも六万を下らない数のアンダルシア人たちが裁かれたとされる、アンダルシア全域への政治責任法（一九三九年二月九日）の適用の結果に対してなされた研究に他ならない。

結局のところ、フランコ当人とその体制を免罪するための歴史学的・政治的な特定の派閥のある種の、そして意図的な蘇生にもかかわらず、歴史の審判がとうに下されていることは確かである。フランコ独裁とは何か些細なもの、過渡的なものなどではなく、F・フランコが死ぬまで自由と民主主義を迫害し続けた、全体主義的な独裁体制だったのである。

（訳・渡辺雅哉）

スペインに吹いた自由の風

——市民戦争の悪夢を逃れて若い政治家に明日を托したスペイン

永川　玲二

悪夢を知らない世代

あしたの投票？　おれはフェリーペ・ゴンサーレスの社会労働党だがね。勝つのはやっぱりスアーレスの中道民主連合だろうな。

どうして？

おおっぴらに左翼が活動できるようになったのは、ここ数ヵ月のことだからね。四十年つづいたフランコの残党のほうが、まだまだちからが強いんだよ。だいいち宣伝力がちがう。見てごらん。道路の両側の壁なんて、スアーレスの顔だらけだ……

空港からマドリー市内にむかう自動車道路である。なるほど運転手の言うとおり、ときどきくぐる立体交差の両側の壁面には、現首相アドルフォ・スアーレスの若々しい顔をえがいたポスターが一ヵ所ごとに何百枚か、まるでトランプの札みたいに隙間なく整然と貼ってある。若々しい精悍な美男子。四十四歳。市民戦争の悪夢を知らない世代である。眼光するどく、茶褐色に日焼けして、精力あふれるたくましさ、若さを思いきり強調したイメージになっている。それが中道連合の選挙戦術なのだろうか。

フランコ政権の末期いらいスペインの政治情勢は、たかだか一年か半年の周期で猫の目のように変った。一九七〇年の末、ぼくがセビーリャに住みついたころには有力閣僚の大半はカトリックの秘密結社〈神の御業《オープス・ディ》〉に所属する新進のテクノクラートたち。そのひとりであるローペス・ブラーボ外相あたりが、いずれこのままフランコの後継ぎになって、スペイン経済の近代化、ＥＣへの加盟など、さしせまった諸問題を徐々に解決して行くだろうと、それがもっぱらの噂だった。

逆転劇の第一幕は、ようやく老衰のきざしをみせたフランコがとつぜん自分の後継ぎとして、海軍出身の右翼の長老カレーロ・ブランコを首相に起用したことである。〈オープス・デイ〉のテクノクラートたちは、ひとりを除いてみんな閣外に追いだされた。極右派は拍手喝采し、漸進的改革に望みをかけていたリベラリストや工業資本家はすっかり絶望したらしい。これでスペインの歴史はまた、たぶん十年か二十年、停滞どころかあともどりすることになった、と。

第二幕の立役者はバスク独立運動の秘密組織ＥＴＡだった。マドリー市内のあるアパートの地下室から彼らは数ヵ月がかりで道路の下まで横穴を掘り、鉱山用の爆薬を仕掛けて、ある日そこを通過したブランコ首相の乗用車をビルの屋根まで吹きとばす。後継ぎをうしなったフランコは元内相アリアス・ナバーロを新首相に任命し、反対派への弾圧をますます強化した。

第三幕はフランコの死である。彼の既定方針どおりスペインは王政に復帰し、ブルボン王朝の末裔のひとりフワン・カルロスが王座につく。新内閣の首相として、ひきつづきアリアス・ナバーロが指名された。このことは当時もちろん多くのひとびとを失望させたが、急激な変動を避けるため——とくに危機感をいだいている極右を刺激しないための苦肉の策であったろう。新内閣の実力者・内相フラーガ・イリバルネはフランコ時代からの体制内改革派で、〈オープス・ディ〉のテクノクラートたちに近い。いずれはアリアスが引退し、名実ともにフラーガが旧勢力の親分になるはずだ。そしていままで地下にもぐっていた左翼諸派と立憲君主制の議会で対決することになろう。

若くて穏健な美男子たち

第四幕はアリアスの引退——というより、その後継首班として王が意外にもフラーガを指名しなかったことである。

新首相は無名の新人、わずか四十三歳のアドルフォ・スアーレスだった。

この衝撃は大きかった。旧勢力はまさに四分五裂である。いままでアリアスやフラーガの〈弱腰〉を糾弾しつづけていたフランコ直系の極右派は恰好の攻撃目標をみうしなってヒステリックに叫ぶばかり。首相になれなかったフラーガは、きたるべき選挙の準備に専念したが、とにかく予定は大幅に狂った。むかしの体制内改革派を中心に、幅の広い新しい多数派をつくるつもりなのに、在野の旧人の呼びかけではあまり人材があつまらない。自分の子飼いの新人だったスアーレスまでが、首相になったとたんに態度がよそよそしくなり、自分の政党ＡＰ〈大衆連盟《アリアンサ・ポプラール》〉を袖にして中道民主連合《ウニオン・デ・セントロ・デモクラティコ》（ＵＣＤ）という新政党をつくった。裏切り者め！　中道民主とはかねがねおれが狙っていたスローガンではないか。若いスアーレスが中道なら、おれのＡＰ《アーペー》はどうみても古い右翼そのものの露骨なイメージになってしまう。

事実フラーガはそれいらい暴力団じみた極右とも手をにぎり、反共だけを旗印に派手な大衆動員をはじめた。共産党のデモにむかってやたらにピストルを撃ったりして、左右両極正面衝突のかたちである。おかげでスアーレスの中道連合と、ゴンサーレスの社会党とは労せずして若い穏健な進歩派というイメージを強化することができた。

こうしたいきさつから考えると自然の勢いのおもむくところ、あすの選挙とともにはじまる第五幕は、おもてむきは四大政党併立でも実質的にはスアーレス、ゴンサーレスの一騎打ちではないだろうか……。

投票日の朝、マドリーのお江戸日本橋ともいうべき〈太陽の門《プエルタ・デル・ソル》〉からほど遠からぬ露地のバーでぼくはコーヒーを立ち飲みしながら、となりにいた職人ふうの若い男にたずねてみた。きょうＡＰは勝つだろうか？

だめだね。フランコが死ぬときまで、おれたちは何も知らなかった。いまではいろいろ知っているんだ。長いあいだ彼らがどんなに悪いことをやってきたか。くすねた金をどれぐらいスイスの銀行に貯めこんでいるか。

共産党はどうだろう？

カリーリョもラ・パッショナリアも、とにかく年をとりすぎたね。いくら頭がよくたって、四十一年ぶりでやっと亡命さきから帰ってきて、いまのエスパーニャの事情がわかるはずないだろう？

小肥りのおかみが遠慮がちに、ここでやっと口を出した。わたしは客商売だから、どなたとも議論したくないけどね。ラ・パッショナリアとその仲間は市民戦争が終ったとき、山のような金塊をみんなモスクワにはこびこんで、あっちでぜいたく三昧の暮らしをしてたそうじゃないの。

まさか。

ほんとよ。新聞にそう書いてあった。

あなたはだれに投票するの？

さあ。うちの亭主が行けというから、行くだけは行くつもりだけど。

スアーレスの中道《セントロ》連合？

そうね。この界隈の商売人はたいていみんなそうらしいよ。スアーレスなら安心だし、だいいちなかなかいい男だし。

フェリーペ・ゴンサーレスだってかなりの美男子じゃないの。年ももっと若いようだし。

スアーレスほど品がないよ。やっぱりＰＳＯＥ《プソーエ》（社会労働党）の顔だからね……。

エスパーニャが生きのびる道

昼まえごろ日本人写真家のＳさんが、これからフェリーペ・ゴンサーレスの投票場面をうつしに行く、いっしょにこないかと誘ってくれた。彼はぼくより十日も早くマドリーに乗りこみ、スペイン各地を駆けまわっていろいろ写真をうつしている。とくに最近亡命さきから帰ってきた市民戦争生き残りの闘士たち――詩人ラファエル・アルベルティや、共産党委員長ドローレス・イバルリ（通称ラ・パッショナリア）に会えたことが自慢らしく、彼らにもらってきたという署名入りの本をしきりに見せびらかす。生き残りというのはやっぱり立派だねぇ、どっちももう墓場に両足入れたような痛々しい老人なのに、選挙演説となると急にしゃきっと背骨が伸びるんだから……。

フェリーペ・ゴンサーレスの選挙区は旧市内の東のはずれ、広大なレティーロ公園の裏手にある新しい高層団地群だ。投票所は、これも真新しい煉瓦づくりの小学校。警官が四、五人立っているが、そこいらじゅうで子供らがとびはね、乳母車を押す奥さんたちも出入りして、のどかな選挙風景である。玄関さきの石段に大きなカメラをぶらさげた欧米諸国のカメラマンが二十人あまり、早くも待ちくたびれたような顔で坐っている。そのひとりに、フェリーペは何時にくるの？　ときいてみたら、イタリア語なまりの歌うようなスペイン語が返ってきた。（あとできくと、彼はおとといローマからかけつけた〈ラ・レプブリカ〉の記者だという）

十二時半から一時。しかし、どうせあてにはならんだろう。

たくさんきてるね、ほうぼうから。

市民戦争いらい最大の事件だもの。いちばん多いのがフランス人。二位がわれわれイタリア人。そのあとアメリカ、イギリス、日本、西ドイツという順らしいよ。合計すると三千人をこえるそうだ。

フェリーペが勝つと思うかね？

勝たないほうが彼のためさ。たとえ第一党になれても、過半数は無理だからね、スアーレスとの中道連立内閣だ。そうなるといまの経済情勢では、ふたりとも次の選挙に惨敗して、できたばかりの党まで空中分解する。残るのは共産党とAPだけ。つまり両極だけが強くて中間のすっぽり抜けたイタリア型になってしまう。

してみると、いちばん望ましい結果は？

スアーレスが過半数か、それにちかい票をあつめて、しばらく単独内閣で行く。APみたいな旧右翼はそれで餌がとぎれたら二、三年で自滅するよ。そのあいだにフェリーペ・ゴンサーレスが野党第一党としてほんものの力をつけるだろう。そしてスアーレスとのあいだで次第に二大政党交代制を確立する。第二次市民戦争なしにエスパーニャが生きのびる道は、どうもそれしかなさそうだよ……。

お前に投票したぞ、勝てよ！

まもなくカメラマンたちはみんな投票室のある二階のほうへ消えて行った。記者章のないぼくだけがとりのこされ、子供たちとプロ・サッカーのうわさばなしをやっていたら、まわりで盛大な拍手がおこった。フェリーペ夫妻の到着である。奥さんはピンクのワンピース姿の、ほっそりした、快活そうな美人。フェリーペは開襟シャツに背広を羽織った中肉中背の青年だった。三十五歳。もとセビーリャの弁護士である。近くで見るとたくましいけど、鼻も口もふっくらした丸顔で、労働運動の闘士というより、そこいらの団地の世話好きの若い父親といった感じ。拍手で迎えたひとびとに軽く手を振って挨拶しながら、投票室への階段をゆっくりのぼって行く。それにつづく人波にまぎれてぼくも投票室まえの広いロビーまで行ってみた。

部屋の三隅を衝立てでかこって投票用紙をわたしている。帰りかけていたひとびとが、人波の侵入におどろいて壁ぎわにあつまり、やはり盛大な拍手をはじめた。

投票室からやがてフェリーペ夫妻をぎっしりとりかこんで、カメラマンの群がなだれこんできた。押しあいへしあい、フラッシュがひらめき、ちょっとしたゲリラ戦である。何人かがフェリーペにマイクをつきつけて何かたずねているようだが、もちろん内容はききとれない。いずれ型どおりの質問に、型どおり答えているのだろう。

二十分後にこの集団は階段をおりて戸外に出た。スペインの夏の陽ざしが目に痛い。校門のそとの歩道に出てからもフェリーペ夫妻をとりかこむゲリラ戦はつづいている。そのとき頭上から不意に大音響が降ってきた。みんながおどろいて顔をあげると、建築中の高層ビルの外側の工事用エレベーターのなかで、ヘルメット姿の工夫が七、八人、手拍子を打ち声をそろえて叫んでいる。フェリーペ、勝てよ！　フェリーペ、おまえに投票したぞ！　フェリーペ、約束を破るなよ！

これでやっとゲリラ戦がおさまった。フェリーペも笑顔で工夫たちに大きく腕を振って答え、工事現場のほうぼうからまた新しい歓声があがる。カメラマンの何人かはそちらのほうを写しはじめた。

流血なしに新旧交代

フェリーペ夫妻が自動車で立ち去ったあと、〈ラ・レプブリカ〉の記者が汗を拭きながら苦笑してつぶやいた。ああ、やっと終った！

Sさんもこちらに歩いてきて、やはりおなじことを言う。ああ、終ったぞ、終ったぞ。

しんどい商売だね、カメラマンは。

いや、きょうなんか、まだまだ楽なほうですよ。これからプレス・センターに行くと、開票結果がわかるまで一晩がかりの長期戦だ。みんな抜けめがないからね。油断もすきもありゃしない……。

プレス・センターまで同行して、ひとりで宿に帰ろうとしたら、玄関で放送記者だという中年のポルトガル人に呼びとめられた。雑談の途中で彼は急にあらたまった口調になり、わたしがゆっくりポルトガル語でしゃべっても、あなたはだいたいわかるでしょう、どうせスペイン語と大差ないんだから、という。そうか、このひとはスペイン語があまり得意ではないのかと思って、ええ、いいですよと答えたら、いきなり彼はぼくの口に携帯マイクをつきつけた。ポルトガルの皆様、ただいまから、日本の高名な新聞記者R・N氏に今回のスペインの選挙について感想をきかせて頂きます。氏はスペイン語でなるべくゆっくり答えてくれるはずです。では質問をはじめましょう。四十年ぶりの選挙が民主主義国日本では、一般にどう受けとめられているのでしょうか？……。

翌朝早くSさんが疲れきった顔で、エチェガライ街のはずれのぼくのペンションにあらわれた。開票結果の集計がおくれて、まだ情勢ははっきりしない。しかしスアーレスが第一党、フェリーペが第二党というあたりはだいたい確実だろうという。

よかったね。

まあよかったけど、くたびれたよ。とにかく寝たい。祝杯は今夜そのさきの日本料理屋あたりであげることにしましょう……。

エチェガライ街は娼婦のしきりに出没する狭苦しい裏通りだが、安い宿屋が多いせいかフリーランスの記者、カメラマンが大勢このへんに泊っている。

Sさんはなかなかあらわれない。となりの席の金髪の若いスペイン人に選挙の感想をきいてみると、フラーガのA《アー》

P《ペー》の大敗以外はほぼ予想どおりだという。

きみはどこに投票したの？

ティエルノ・ガルバンの社会大衆党。負けはわかっていたけどね、フランコ時代から国内でずっと抵抗をつづけていたティエルノみたいな高邁な学者に、一票でも多くやりたいから。彼こそエスパーニャの良心だよ。

このあと何がおこるだろう？

新旧世代の交代だね。スアーレスもフェリーペも戦争を知らない世代だし、たぶんふたりとも馬鹿じゃない。いろいろ失敗しながらでも新しい道を本気でさがすだろう。こんどの選挙は劇的でこそなかったけど、ついこないだまで不可能だった交代が流血なしにできただけでも、みんなほっとしてるんじゃないかな。もちろんぼくもそのひとりさ。

（『文藝春秋』一九七七年八月号）

記憶をめぐる昨今のスペイン

高橋　均

概要

フランコ没して早や四二年、もしフランコが草葉の陰から今日のスペインの現状を垣間見たら大いに憤慨して嘆き悲しむことに間違いないだろう。スペイン経済の肝腎要であるカタルーニャ地方がスペインから分離独立するという、スペイン内戦以後最大の危機に直面しているからである。

スペインはフランコ独裁体制終焉後直ちに民主化され、ファン・カルロス一世国王の下に立憲君主制国家として再生したが、世界の多くの人々はフランコに後継者指名され、教育されてきたファン・カルロス国王ゆえにフランコの傀儡政権という疑惑の目でしか見ず、スペイン民主化にそれ程期待はしていなかった。

ところが一九八一年二月二三日のスペイン国会開催中、機関銃などで武装したスペイン国家治安警備隊二百数十名が国会乱入して三五〇人の国会議員らを人質に取り、「強いスペイン国家」を求めた軍事クーデター事件を起こした。その深夜スペイン国軍最高司令官の軍服に身を固めたファン・カルロス国王がスペイン国営テレビに出演し、スペイン民主主義体制を全面的に擁護し、断固たる態度で軍事クーデターを強く非難して国民に訴えたことが功を奏して、極右グループの軍事クーデター騒動が一夜にして終息してしまい、国会占拠した国家治安警備隊も全員投降した。このクーデター事件を境にてファン・カルロス国王の株は一気に急上昇し、スペイン社会党はもとより、スペイン共産党までにも「スペイン王制には賛成できないが、ファン・カルロス国王だけは支持する」と言わしめた。流血を見ることなく平和裏に民主主義を達成したスペインの民主化は、中南米など軍事独裁政権に苦しむ諸国にも成功モデルとして賞賛を浴びた。ファン・カルロス国王の名は国際的にも知名度が高くなり、その年のノーベル平和賞候補にもノミネートされたほどであった。スペイン王室は当時スキャンダル続きの英王室に比較されて、質実剛健で手本にすべき王室として高く評価された。Ｆ－二三クーデター事件という雨で地が固まったスペインは、その後の総選挙で社会党の若き書記長フェリペ・ゴンサレスが圧勝して首相になり、ＮＡＴＯ（北大西洋条約機構）加盟の再確認やＥＣ（ヨーロッパ共同体）加盟を果たして名実ともにヨーロッパの一員になり、社会党と保守の国民党の二大政党のもとスペインの政治経済も安定してきた。

しかし洋の東西を問わず政治の長期政権には不正汚職がつきもので、スペインも例外ではなかった。おまけにスペイン王室までもが不正汚職にまみれてしまい、極め付きが世界動物愛護協会名誉会長でもあるファン・カルロス国王の南アでの象撃ちスキャンダル事件で、スペイン王室人気は一時の最高支持率八八％から、一気に二九％と史上最低になってしまった。国民の前で前代未聞の謝罪をしたファン・カルロス国王は、結局生前退位してスペイン国王としての在位三九年間に終止符を打ち、フランコ独裁政権後初めてスペイン王位継承が成立した。新国王になったフェリペ六世はスペイン国会で宣誓し、「スペイン国家の多様性と連帯、民主主義に基づいて国民の自由と権利を守り抜くために全力を尽くす」と即位宣言を行った。

今日フェリペ六世はスペイン王室を正常化させてスペイン国家の象徴として国民の支持率も六七％と回復して、二大政党はじめ穏健派の地方民族主義政党からも支持されている。

次に首都マドリードからの実況報告として、スペイン現代の政治事情を述べてみたい。

一　スペインの新しい政治的動向

新しい政治的動向のトップは新左翼政党のＰＯＤＥＭＯＳだ。ポデモスとは英語で言うとWE CANで「私達はできる」という意味だ。ポデモス党の原点は市民団体「今こそ真の民主主義を！」の呼びかけにより、二〇一一年五月スペインの首都マドリードの中心部プエルタ・デル・ソル広場でのデモ集会から始まった。その広場での座り込みからテント村に発展し、デモ行進開催日の五月一五日より、Ｍ－一五運動と命名された。Ｍ－一五運動グループはフランス人の元レジスタンス運動家のステファン・エッセルの著書『憤慨せよ！』に因んで、スペイン語で〝インディグナドス（怒れる者たち）〟と呼ばれるようになった。その市民運動の大きな反響は瞬く間に広がり国内各地はもちろん、欧州各国や南北アメリカにまで広がっていった。

M－一五運動という特定の政党や団体との関りを断固拒否し、スペイン二大政党制、EU主導の緊縮財政政策、社会保障費削減、経済危機を引き起こした現行の金融システム、政治汚職にまみれた既成政党への不信など全てに憤りを表わした市民運動が巨大化していった。これ程のデモが政党や労組の支援を受けずに実施されたことはかってなかった。当然あちこちでデモ隊と警察機動隊との衝突が見られるようになった。当時野党だった保守の国民党は、「彼らは左翼政党に投票してきた連中であると分析し、国民党への影響は少ない」と楽観した。一方与党のサパテロ社会党政府は危機感を高めていたが有効な手段が打てず、はたせるかな、その時の統一地方選、続いて秋の総選挙も政府与党が大敗し、国民党が七年ぶりに政権奪取したのである。

当初M－一五運動は政党結社しないという方針だったが、既成政党を打倒するには新左翼の政治結社を創設すべき必要性があると、同運動を支援支持する若い三〇人の知識人や著名人が数回の会議を重ねた結果、二〇一四年の欧州議会議員選挙に向けてポデモス党で立候補することを決定し、そのリーダーにマドリード・コンプルテンセ大学の政治学教授で、TV政治討論番組司会者のパブロ・イグレシアス（当時三五歳）が選出された。パブロ・イグレシアスの名前はスペイン社会党を創設したパブロ・イグレシアス（一八五〇年生まれの政治家）に由来し、パブロの祖父マヌエル・イグレシアスはフランコ独裁体制下で死刑宣告をされたが、彼に対する告発の不正が証明されたため、死刑は執行されなかった。母親のルイサはスペイン共産党系の労働者委員会の顧問弁護士、父親のハビエルは歴史学教授でアンチ・フランコ主義の過激派革命組織FRAP（反ファシスト愛国革命戦線）の一員だった。

髭とポニーテールのヘアースタイルで優秀な頭脳と弁舌で特筆されたパブロ・イグレシアスのポデモス党は、結党四か月目の欧州議会議員選挙で二大政党、統一左翼に次いで第四党になり、支持率は一時与党を抜いてトップに立った。その余勢をかって二〇一五年末総選挙では定数三五〇議席のうち六九議席を獲得して第三党になり、スペイン政界のキャスティングボードまで握るようになった。パブロ・イグレシアス党首は「二大政党が政権をたらい回しにする時代は終わった」と強調し、新年明けのスペイン国会議員は平均年齢四二歳、六二％の議員が初顔で四二％が女性議員、髭と長髪とジーパンとジャンパーにノーネクタイとリュックサックに自転車で登院、赤ん坊連れの議員は国会中におっぱいを飲ませるという、いろんなパフォーマンスで賑いマスコミ界を喜ばせた。それこそ故フランコ将軍が見たら卒倒しそうなスペイン民主化国会の光景だった。

フェリペ・ゴンサレス元首相時代に投票率四八％以上で一、〇〇〇万票を獲得（三五〇議席のうち二〇二議席）していた社会党は、元バスケットボール選手のペドロ・サンチェスが書記長になったら同党史上最低の投票率でたったの九〇議席と過去最低記録、それでも野心家で〝政界の曲芸師〟と言われるサンチェス書記長は、ラホイ国民党の二大政党協定案を蹴って左にポデモス党と過激的地方主義政党、右に新興勢力のシウダダノス党（市民党）と組んで国民党からの政権奪取を企てた。パブロ・イグレシアスもサンチェス書記長に手を差し伸べたが、その一方で彼はサンチェスをこき下ろして「もしサンチェスが政権を取れたら俺のおかげだ。その際は俺を副首相にして、六つの大臣の椅子をポデモスにまわすことが最低条件だ」と横柄に言い、さらにポデモスと社会党の政治協定に大反対しているF・ゴンサレス元首相を「彼は血と金に塗れた過去の死んだ政治家」と決めつけたことが社会党のベテラン幹部を憤慨させ、サンチェスを社会党書記長から引き摺り下ろして結果的には第二次ラホイ国民党政権成立を助成して二〇一六年秋に一〇ヵ月以上続いたスペインの政治的空白に終止符を打った。

その頃からポデモス党内部の勢力争いが本格的になって№2や№3の幹部らが更迭されたり、カタルーニャ、バレンシアやバスク地方などのポデモス党がマドリード本部と袂を分かちその名称も変えたりして、ポデモス党全体の勢力も頭うちになってきた。その影響か二〇一七年八月の『エル・パイス』紙によると、国民党と社会党の支持率がやや上昇してきて、スペイン二大政党カムバックの傾向を見せ始めてきた。

二　スペインからカタルーニャ地方の分離独立問題

カタルーニャ民族主義政治家は、元来カタルーニャは一つの国家だったと主張している。そもそも国家とは何かと考えてみると、国家には英語でStateとNationという二つの単語があり、スペイン語や他の西洋語も同様である。前者は政治的な単位での「国家」であり、後者は「民族」に近い概念で言語、文化、歴史などを共有する人々の集まりだ。前者は人工的で、後者は自然発生的なものとも言える。前者はラテン語の語源でStatus（状態）、後者の語源がNatio（出生）からきている。「国」と言われたら通常我々は無意識のうちに「国家」を念頭に置く、つまりStateだ。世界地図に載っているのはState「国家」であり、Nationではない。強いカタルーニャ民族主義者の中には、国籍（Nationality）の欄にカタルーニャ人と書く人もいる。

一九世紀後半になると欧州各地でナショナリズム運動が台頭して来て、スペインでも例外ではなく特にバスク地方やカタルーニャ地方でその運動が活発になってきた。それでスペイン国家は首都マドリードを中心とした政治制度や法律を全国で一律化し、中世時代からの特権があったバスクとナバーラ地方を除いて、全ての国民に対して等しく忠誠心や帰属意識を要求し始めた。スペインこそが唯一のState & Nationであるという「一国家一民族」の前提に立ち、国民としての一体性を強調するスペイン・ナショナリズムを軍事力で制覇したのがフランコ将軍だった。自然的地形的な理由からも地域間の交通が困難であったスペインは、各地域の伝統的な文化や言語、慣習が強く残り、それゆえスペインの国民統合はフランスなどに比べて遅く脆弱だった。

かってカタルーニャがスペインから独立しようとしたことは三度あった。最初は一七世紀半ば、スペイン・ハプスブルク王朝のフェリペ四世時代に起きた収穫人戦争の時だ。カタルーニャ反乱軍の指導者パウ・クラリスは、一六四一年にカタルーニャ共和国を建国しようと企てたが潰されてしまった（因みにポルトガルは一六四〇年に英国の援助でスペインから独立を勝ち取っている）。次が一九三一年、プリモ・デ・リベラ将軍の軍事独裁政権が経済不況で崩壊した後の総選挙でスペイン第二共和制が成立した時、カタルーニャでは共和党左派リーダーのF・マシアが選挙の余勢をかって「イベリア半島共和国連邦内カタルーニャ共和国」を宣言するが、中央政府が承認せず、一八世紀初のスペイン王位継承戦争以来廃止されていたカタルーニャの伝統的自治政府（ジェネラリター）を復活させて広範な自治権を獲得する条件で断念せざるを得なかった。

そして最後がF・マシアの後継者になりジェネラリター政府を率いたL・クンパニイスが一九三四年に行った「スペイン連邦共和国内カタルーニャ国」成立宣言だ。クンパニイスはバルセロナに駐留してしたスペイン陸軍にジェネラリターの支配下に入るよう要請するが、軍は拒否して逆に自治政府を弾圧してクンパニイスは宣言した翌日に降伏し、終身刑を言い渡された。その後スペイン政局の針は一九三六年二月総選挙で再び大きく左に揺れて人民戦線派が大勝、カタルーニャでも共和党左派が勝利し、その恩赦でクンパニイスは釈放されてジェネラリターに返り咲くも、間もなくスペイン内戦が勃発して彼はフランスに亡命した。

さて今回四度目のカタルーニャ分離独立気運になったきっかけは？　政治的な面ではカタルーニャ州自治憲章改正問題である。二〇〇五年同州議会で採択された新憲章案はカタルーニャをNationと定義し、行政面でカタルーニャ語をいわゆる標準語のカスティージャ語よりも優先化してスペインの多様性をさらに前進させるものだったが、二〇一〇年スペイン憲法裁判所でその違憲判決が出され、Nationという言葉も法的拘束力のない全文章に回されてしまった。譲歩に譲歩を重ねた同州憲章が違憲とされたことがカタルーニャ州議会に落胆を与え、また言語教育政策でもカタルーニャ語は軽んじられたことが現行憲法の枠組みに限界を感じ、スペインからの分離独立意識が高まった。

さらに二〇一一年サパテロ社会党から政権奪取した国民党のラホイ首相は、スペインが政治的文化的にみて唯一の国家State & Nationであるという見解を再確認し、カタルーニャ地方は歴史的にスペインの一部であり、スペイン領土の国体に関する国民投票はスペインの憲法に基づき、国会の三分の二の多数決を得て実施されるべきもので、カタルーニャ州が一方的に住民投票をやることは決して許さないと断言したことがカタルーニャ民族主義政党らをさらに義憤させた。

経済的理由ではやはりリーマンショック後の経済大不況で企業倒産、失業者が溢れ、二〇一一年比較的穏健な民族主義派CIU（カタルーニャ集中連合党）のA・マス前州首相がマドリード中央政府に同州経済の立て直しのためにバスクやナバーラ州のような自主財政権（特恵徴税権）をカタルーニャ州にもと懇願したが、ラホイ首相にけんもほろろにあしらわれたことにカチンときたマス州首相が急進的過激派に変容し、カタルーニャ州全体をも憤慨させて翌年のディアダ（カタルーニャ人の日）にスペインからの分離独立を叫ぶ大規模デモ（主催者側発表二二〇万人、警察側発表八〇万人）という形になって表れた（因みにカタルーニャ州全体の人口は約七五〇万人、スペインの総人口は四、六五〇万人）。

ところが約三〇年にわたってカタルーニャ州の政治経済を牛耳ってきたJ・プジョール元州首相とそのファミリーの莫大な隠し財産が明るみになり、プジョール自身もそれを認めたことから、同州のCIU政府の信用度が急降下して同党も分裂し始め、その後政党名を改称したりして再建を図ったが時すでに遅しで、分離独立の波に乗ったERC（カタルーニャ共和党左派）が急成長し、アンチ資本主義でアンチEU（ヨーロッパ連合）の超過激派CUP（カタルーニャ人民連合党）や既成政党の政治腐敗を糾弾するシウダダノス党（市民党）も台頭してきた。今日のカタルーニャ州議会（一三五議席）のキャスティングボードを握っているのは超過激派のCUP党（たった一〇議席）で、CUP党がマス前州首相を追い出し、後継者のカルレス・プッチダモン現州首相の尻を盛んに叩いて「カタルーニャ共和国」建設実現へ急発進している。

二〇一七年夏のバカンス前にカタルーニャ州議会は中央政府の中止警告を無視して、一〇月一日にカタルーニャ建国を賭ける住民投票を実施すると宣言した。それも〝分離独立エクスプレス〟と称して住民投票の投票数やその割合にかかわらず、一票でも独立賛成者が多ければその翌日（つまり一〇月二日）一方的に「カタルーニャ共和国」独立宣言できるというカタルーニャ分離独立特別法案を批准した。

これに対してマドリード中央政府はスペイン国憲法に違反するカタルーニャ住民投票は禁止、分離独立阻止のためあらゆる手段を講ずる考えを示した。ただ伝家の宝刀であるスペイン憲法第一五五条（カタルーニャ州の自治権を剥奪してカタルーニャ州を中央政府の直轄領とする）を適用するには賛否両論があるが、これまでその適用を強く反対していたサンチェス社会党が「場合によっては憲法第一五五条の適用も有り得る」との見解を示し始めている。ラホイ国民党政府は住民投票を支持支援するカタルーニャ州の公務員には罰則、投票箱やその投票用紙を没収、投票所を提供する公的機関への罰則や電気供給停止などの兵糧攻めも断行する方針だ。というのはもしカタルーニャ住民投票が実施されたら、バスクやガリシア地方、地中海のマジョルカ島やイビサ島で知られるバレアレス諸島、バレンシア州や旧アラゴン王国の一部まで飛び火して、スペイン統一連帯国家が崩壊することは火を見るよりも明らかだからだ。

一方の分離独立派も〝オール・オア・ナッシング〟で、〝今回が最後のチャンスで後がない〟と皆政治生命を賭けて何が何でも住民投票を実施すると必死である。カタルーニャ独立強硬派は「スペイン政府が戦闘タンクを出すなら出せ！　カタルーニャ独立問題が国際紛争になる絶好のチャンスだ。我々は戦車の前に立ちはだかってカタルーニャの民族自決権を世界に訴える」と息巻いている。スペイン統一国家崩壊がカタルーニャ州議会のキャスティングボードを握っているアンチ資本主義、アンチＥＵのＣＵＰ党の最終目的なのだ。

カタルーニャ自治政府が主張する住民投票（一〇月一日）まであと一〇日、それが強硬実施されるか、強硬阻止されるか、カタルーニャ自治政府とスペイン中央政府との仁義なき戦いが大詰めを迎えている（二〇一七年九月二〇日現在）。

これは正しくフランコ以後のスペイン民主主義を支えてきた〝合意精神〟が消滅した証拠である。憲法制定から四〇年も経ち、スペイン内戦を知らない若い世代が国民の九割近くを占めるようになって世代交代が進むにつれて、これまで抑えられてきた異なる国家観の対立が顕著化してきたのだ。マドリード中心に統一的なスペインを志向するラホイ国民党政権と、現行の自治制度に対する不満が各地域の自主性を尊重する多様で多元的な国家を目指したい地方との溝が広がりすぎてしまったのだ。それ故、現行の自治体制度への支持率も五四％から三四％へと減少している。

〝合意精神〟の欠如はかってスペイン民主化をリードしてきた中道左派の社会党の衰退に表れている。スペインは高度経済成長を経て農業国から工業国へ変容しさらに国民の七割以上が観光・サービス産業に従事する先進国の産業構造に変化してきた。よって伝統的にスペイン社会党を支えてきたアンダルシア地方の農民と組織労働者の存在基盤が揺らいできた。その上アンダルシア社会党幹部の巨大な政治汚職が発覚したことが、さらに国民の社会党離れに拍車をかけたのだ。

社会党は国家モデルとしてスペイン連邦制を主張しており、カタルーニャ州の自治拡大化に一定の理解を示してきた。近年カタルーニャ州の分離独立を巡って国民党政府との間にたって解決策の「第三の道」を主張してきたが、国民に支持されず二〇一五年一二月の総選挙では三五〇議席のうち九〇議席と減らし、その半年後のやり直し総選挙でさらに八五議席と史上最低記録を塗替えて、落ちるところまで落ちてしまった。

それでもサンチェス書記長は社会党党員の支持だけは失わず、本年春の全国社会党書記長候補決戦投票で一騎打ちしたアンダルシア社会党リーダーのスサナ・ディアス女史に勝って再選されたのだ。新書記長に再選された彼は慎重になって前回のような二の舞を踏まず、より現実的になって国政レベルでラホイ首相との対話も行った結果、二〇一七年九月一〇日の全国紙『エル・ムンド』の投票アンケート調査で、国民党支持率三〇・八％、社会党二六・四％、ポデモス党一九・五％、シウダダノス党一二・七％という結果が掲載された。これを二〇一六年六月総選挙の得票率に比較すると、国民党（△二・二％）、社会党（＋三・七％）、ポデモス（△一・六％）、シウダダノス党（△〇・四％）で、サンチェス社会党だけが三・七％も増加して一人勝ちしている。これは与党国民党にまだ政治汚職問題がくすぶっていることやポデモス党の内部分裂騒動に加えて不明な選挙資金スキャンダルなどがサンチェス社会党に有利に働いたのだ。

ここで話題をもう一度カタルーニャ分離独立問題に戻そう。

スペイン経団連やカタルーニャ経団連などのスペイン財界は、当初から相互の話し合いでの政治的な解決を強く要望し、特にカタルーニャ政府の一方的な分離独立には強く反対していた。カタルーニャ分離独立運動が顕著になってきた二〇一二年以降、カタルーニャ州内に本社を持つ企業が同州外に本社を移転する動向が急増してきた。二〇一七年九月一八日の全国紙『ABC』新聞によると、その数がこの五年間で約四、五〇〇社にも上ったという。同州内の法人税が高くなったことや分離独立された場合のEU諸国との関連性もあって首都のマドリードやバレンシア州に引っ越ししたのである。分離独立派の政治家は「カタルーニャが独立してもEU内は勿論のこと、ユーロ圏内に残留できるし、年金は増えるし、給料は上がるし……」と良いことばかり言っているが現実は全く逆である。EU議長はじめEU幹部が口を酸っぱくして繰り返している台詞が、「カタルーニャ独立国は欧州連合から脱退させられるし、ユーロ圏内にも残れないので通貨が以前のペセタになる。EU諸国との貿易が八割以上を占めるカタルーニャ経済が成り立たなくなるのは火を見るよりも明らかだ。カタルーニャ州首相のカルレス・プッチダモンはEU諸国の大統領、首相はおろか、他のEU政治家からも会談を拒否されている」と主張している。EU諸国がカタルーニャ問題をスペイン国内問題として全く相手にしていない理由の一つに、EU内の多くの国々も大なり小なり民族問題を抱えており、もしカタルーニャが分離独立するとなると、他の国々へも将棋倒し的に連鎖反応を起こす可能性があるからだ。国際投資家グループも「カタルーニャ分離独立は九九・九九％ない」と予測している。

カタルーニャ州は欧米二〇数ヵ国に〝カタルーニャ大使館〟オフィスを設置しているが、その大使関係者には分離独立派の親戚縁者や友人らが任命されている。その彼らがC・プッチダモン州首相をなんとノーベル平和賞にノミネートされるよう各国に働きかけているそうだ。

カタルーニャ分離独立の旗振り役をさせられている世界的な名門サッカークラブのFCバルセロナは、スペインから分離独立したら当然リーガ・エスパニョーラからも脱退するわけだが、バルサ幹部連中は「カタルーニャ独立してもバルサはリーガになくてはならないチームだからリーガが離さないし、残留するかどうかはバルサが決める。それにFCバルサは他の国のリーグからも引く手あまただよ」などと勝手なことを言っている。実際ヴァルツ仏元首相が「FCバルサはリーガを出されたら仏リーグに来れば良い」などと無責任な発言をしたことがあったが、そんなことはできるわけがない。第一ＦＩＦＡ（国際サッカー連盟）が許可しない。カタルーニャが独立してＦＩＦＡが承認すればカタルーニャ・リーグを創設するわけだが、果たして何年持つことだろうか？　イギリスのプレミアリーグから分かれたスコットランドリーグを見れば、どうなるかは一目瞭然であろう。リーガ・エスパニョーラのテバス会長も「カタルーニャが分離独立すれば、ＦＣバルサがリーガから脱退させられるのは当然のことだ」と断言している。もしバルサがリーガから脱退すればこれまでのような莫大なＴＶ放映権料などが入らなくなり、世界トップクラスのクラブとしての地位を守れなくなるのは火を見るよりも明らかだ。今シーズンからバルサの公式スポンサーになった楽天も戸惑うことだろう。

三　スペイン歴史記憶法とフランコの遺産

「スペイン歴史記憶法」とは二〇〇七年一二月に当時のサパテロ社会党政府がスペイン国会で成立させた歴史の記憶に関する法律で、スペイン内戦やフランコ独裁体制時に政治的、思想的な理由により迫害された人に対し、その刑罰・人権侵害の不当性を宣言し、名誉回復をする権利を承認したものである。その犠牲者、遺族に年金・賠償金を国が支給し、犠牲者の発見、遺体発掘しそのＤＮＡ鑑定などを国が支援するもの。またスペイン内戦に人民戦線政府側の義勇兵として参加した外国人にもスペイン国籍取得の権利を認め、その賠償なども適用される。その他にフランコ独裁政権を賛美する公共の記念物の撤去や資料センター設置などを定めている。

やや難産したこの記憶法が法令化された頃スペインでもバブル経済も弾け、さらにリーマンショック不況が拍車をかけてスペイン経済が破綻し、サパテロ政府も崩壊してラホイ国民党政府になってからは、経済再建ファーストの合言葉に「歴史記憶法」は、後回しにされ実際のところは絵に描いた餅のようになってしまっていた。

二〇一七年四月下旬にマドリード市議会（市長がポデモス党系のカルメナ女史）は、社会党、シウダダノス市民党らの賛成（国民党議員は棄権）で、歴史記憶法に基づいて、この夏までに市内にまだ現存しているフランコ時代に纏わる五二の通り名や広場名の呼称変更することを承認した。そこで市当局が早速通り名などの変更準備に取り掛かったところ、マドリード市内のミリャン・アストライ通りの住民たちが、「こんな急に短期間で通りの名称を変えられたのでは、我々の営業・商売仕事に大変マイナスになる」と不満を訴えて裁判所に告訴したところ、八月上旬に判事がその訴えを認めて市当局に「待った！」をかけてしまった。この判決に追従して該当する他の通りや広場の地区住民も名称変更を延期するよう手続きを取り始めている。

またスペイン内戦時トレドのアルカサルを死守したフランコ軍のモスカルド大佐の孫、ホセ・ルイス・モスカルド氏（七四歳）は、今現在もなお祖父の名前がついた通りに住み続けており、この通り名変更には「社会党が創った歴史記憶法は復讐と憎悪を煽るだけだ」と憤慨している。

バルセロナ近郊のサバデル市（人口二〇万人）は、市長が急進派のCUP党所属でカタルーニャ共和党左派やポデモス党と政治協定しているが、この八月上旬に同市の文化局が提出した通り名変更リストの中に、九八年世代の詩人アントニオ・マチャード、文豪ロペ・デ・ベガやフランシスコ・デ・ケベド、はたまたスペイン三大巨匠画家の一人F・ゴヤまでが変更リストにアップされていた。その理由に彼らは皆スペイン主義者でアンチ・カタルーニャ派だったからだそうだ。

このニュースは翌日カタルーニャ州のマスコミにも叩かれて、流石のCUP市長も撤回せざるを得なかった。

この過激派民族主義者グループCUP党は政治パフォーマンスが好きで、良くスペインのマスコミ界を賑わしてくれる。一九世紀後半のバルセロナ万博の時に建てられたコロンブスの記念像は、新大陸で大量虐殺した犯罪者のモニュメントだから即刻撤去せよとか、バルセロナには外人観光客が来過ぎて溢れており、一般市民が迷惑しているから外人観光客は出て行けと叫んで二階建ての観光バスなどを襲ったり、外人観光客が多いカフェテラスやテラスレストランを襲って、“Tourist Go home!”と垂れ幕を掲げたりした。二〇一七年七月一八日フランコが軍事クーデターを起こした八一周年目を記念してCUP党員は、カタルーニャ州内各地にフランコ肖像画のビラを貼った。そのビラには「一〇月一日には投票するな！　カタルーニャ共和国反対！」と書かれてあった。また民族主義思想が強いCUP党やERC党の連中は歴史を都合の良いように勝手に変えてしまう。彼らが行政権のある市町村の歴史教科書などは、一八世紀初のスペイン王位継承戦争とはブルボン王家とハプスブルク王家がスペインの王座を争ったことではなく、マドリード（スペイン）とカタルーニャとの戦争だと、スペイン内戦もまたスペインとカタルーニャの戦争と教えている教科書があるのだから驚く。

二〇一七年九月一一日のディアダ（カタルーニャの日）にCUP党の連中は、スペイン国旗、フランス国旗そして欧州連合の旗を焼いて「ブルボン王家は出ていけ！」とシュプレヒコールをあげた。

マドリード北西部のグレドス山脈の中腹にある「戦没者の谷の内戦記念碑」は、内戦後フランコ将軍が命じて建設したものだ。その礼拝堂の大祭壇の地下に彼の墓も安置されている。かってファランへ党などの右翼グループはここで内戦勝利とフランコ将軍の命日に式典を催したものだが、二〇一七年の五月一一日にスペイン国会は、歴史記憶法に基づいてフランコの墓をここから移転することを満場一致で採択した（例によって国民党は棄権したが）。しかしこれは法律ではないので、ラホイ国民党政府に強要することはできない。

これに対してフランコの遺族達は「フランコが希望して戦没者の谷の礼拝堂に埋葬してもらったわけではない。当時の政府が決めて埋葬してくれたのだ。今更その墓を掘り起こして移転させるなんて、人道主義にも欠ける。もうほっといてくれ、彼を静かに眠らせてくれ」と言っている。

A・スアレス元首相とアスナル元首相が、スペイン共和国大統領でフランコの最大の敵だったアサーニャ（一九四〇年亡命先のフランスで死亡）の墓を戦没者の谷のフランコの墓の隣りに移送して一緒に埋葬しようと意図して、当時メキシコに在住していたアサーニャのドロレス未亡人に了解を求めたが、彼女は賛成せずに一九九三年に同地で亡くなった。スアレスとアスナルはそれがスペイン内戦終焉の最良の和解の一つだと主張していた。なお、スペイン首相でアサーニャの墓参をしたのは、サパテロ首相だけだった。

（『エル・ムンド』紙、二〇一七年七月二日）

マドリー市東部のアルムデナ共同墓地にある、ドイツ・コンドル部隊の墓の記念碑が撤去された。欧州最大の共同墓地アルムデナ（一二〇ヘクタール）には、共和国側とフランコ側の遺物が入り混じって埋葬されているが、ゲルニカ八〇周年を記念してドイツ・ナチのコンドル部隊の栄誉を称える記念碑が同墓地から撤去された。

フランコ派の「青い旅団」の記念碑はそのままである。なお、この墓地の入り口付近の壁で共和国派二、七〇〇〇人が銃殺されたが、彼らのメモリアル記念碑などは一切ない。（『エル・パイス』二〇一七年五月二二日）

一九三九年一一月一六日にフランコ政府当局に銃殺されたＵＧＴ（労働者総同盟）グアダラハーラ支部長の七八年後の名誉回復。

ただ労組一員ということだけで銃殺され、大量埋葬されていた父ティモテオ・メンディエタ（四一歳）の名誉回復のため、当時一三歳だった娘のアセンション（現九一歳）が二〇一〇年アルゼンチンの国際人権問題裁判に訴えていたが、それがこのほど承認され、彼の遺骨がＤＮＡ鑑定されてアセンション始めファミリーや多くの支持者の参列のもとアルムデナ墓地に再埋葬された。（『20ミヌトス』、『エル・パイス』二〇一七年七月三日）

サラマンカ市議会が世界遺産である同市マジョール広場のアーチ門上のフランコの彫刻メダルを撤去。そのフランコのレリーフメダルは、今後サラマンカ近代芸術美術館に展示される。

（『ラ・ラソン』二〇一七年六月九日）

追記（二〇一七年一〇月七日記）

二〇一七年一〇月一日の日曜日は、世にも不思議なカタルーニャ州の住民投票だった。その住民投票は「スペインからの分離独立」が目的で、「一つの独立したカタルーニャ共和国に賛成するか否か」がテーマだったので、スペイン中央政府の告訴で既に憲法裁判所も違憲の判決を下していた。それゆえ同州内の多くの投票所は国家警察にブロックされ、投票箱や投票用紙も没収され、選挙人名簿も中央政府の介入で使用不可能になったというのにプッチダモン州首相は、頑なに「住民投票は予定通り開催する」と言い切り、ラホイ・スペイン首相は「カタルーニャ州の住民投票は絶対ない」と断言していた。

分離独立派のＥＲＣ党やＣＵＰ党が支配する市町村の学校には、投票の前々日の金曜夜から支持者の父兄らが子供達を連れて合宿の感じで立てこもり、投票日まで自分たちの投票所を守った。分離独立派の指導で父兄達が同州内の投票所の五％〜八％を占拠したと全国紙『エル・パイス』紙は報道した。

当日朝、投票所が開く四五分前に同州住民投票対策委員長が投票規則を変更すると宣言し、選挙人名簿のブログを示して「予定の投票所で投票が出来なかった場合、身分証を提示すればどこの投票所でも投票できる。投票箱が投票所以外（広場とか通り）にあっても投票できる。投票箱ならどんな投票箱でも構わない。投票用紙はネットでダウンロードして印刷したものでもＯＫ」と地元ＴＶなどのメディアを通して表明した。

去る九月七日カタルーニャ州議会で分離独立派が「住民投票に関する特別法案」を可決していたので、とにかく何でもありの住民投票というわけだ。投票当日プッチダモン州首相、№2のジュンケーラＥＲＣ党首などの州政府幹部らは予定の投票所ではできなかったので、国家警察にマークされていない郊外の小さな投票所で投票した。多くの投票箱は緊急に依頼した中国産のプラスチック製のもので、投票前夜まで国境に近いフランス側の町や、独立支持派の教区教会などに隠されて置いたもので深夜未明にそれぞれの投票所に配送された。

ところでスペインの警察には大きく分けて四種類ある。国境警備や思想治安担当の国家治安警備隊、次に国家警察、そして自治州警察と市警察だ。今夏カタルーニャ自治州警察長官は独立派から圧力を受けて中立性が保てなくなったと辞任し、以後同州警察長官には独立派のCUP党系が就任して、ことごとく中央政府側の警察と対立していた。今回の住民投票問題でも警備の仕方で、事前に二回双方が話し合ったが物別れになっていた。

住民投票絶対阻止の国家警察側と、表向きは阻止しなきゃならないがホンネは投票させたい側のカタルーニャ自治州警察（略称モッソ）だから、双方の警察隊の衝突は火を見るよりも明らかだった。

当日未明から国家警察は投票所を守っている市民達を排除して投票箱などを撤去した際、独立支持運動家らと小競り合いをした。一方モッソ自治州警察は案の定中央政府の命令に背いて独立側（投票したい市民の側）につき投票箱を撤去するどころか、逆に設置するのを手伝ったりして市民達から感謝されて赤いバラの花などをプレゼントされ、絶大な拍手を受けて見送られたほどだった。

投票時間が経つにつれ、独立派市民が強い自治体の投票所では国家警察機動隊と正面衝突して、機動隊が抵抗する市民を警棒で叩いて引きずり回したり女性の髪の毛を引っ張って倒したり、足で蹴っ飛ばしたり、頭部から流血している市民の顔がアップした衝撃的な映像が地元TVから繰り返し放映されると国家警察の横暴に対する非難が一気に噴き出した。さらにそれらの映像が欧米各国のTVなどにも放映されると、「スペイン国家警察隊は投票したい市民を暴力で排除している」と国際的非難が急激に高まった。それを好機到来とばかりに独立派側がラホイ中央政府を激しく批判する宣伝をして「ラホイ政府は独裁者フランコだ、フランコ時代の警察国家の再来だ、カタルーニャは独裁者に圧制されている」と世界に向けて訴え続けた。もうこうなると勝負は決まり、国際世論の多くが虐められているカタルーニャ側につき、スペイン中央政府がどのように弁明しようとも、もう誰も聞かなくなり信用しなくなった。

それらの衝撃的な映像に世間の目が奪われているとき、カタルーニャの住民投票は一方的な分離独立賛成派の住民投票になり、もう何でも許される投票になっていた。投票所の係員が全員独立派のボランティアだから当然といえば当然である。投票所も閉鎖された学校の代わりに保健所や老人ホームはまだましな方で、教区教会やコンビニのような店、通りや広場、はたまたバルの中というどんな所でも投票箱があれば皆勝手に何度でも何枚でも投票できたのである。ある投票所では父兄に連れられた中学生の子供までが投票していた（独立派は投票年齢を一八歳から一六歳までに下げていた)。ある教会の聖堂では神父がミサをあげている最中にその隣で投票し、即開票し、集計していた。ある村のバルではワインやビールを飲みながら、カウンターにある投票箱に投票していた。あるボランティアは黒い大きなビニール制ごみ袋の中に入れた投票箱を運んでいるときに転んで投票用紙をばら撒いてしまい、水溜りなどに入った投票用紙を一部かき集めている時に国家警察が来たので、ほっぽり出して逃げていた。もう滅茶苦茶な住民投票であった。

当日カタルーニャ独立派のシンボルにされているFCバルセロナのサッカー試合が一六時一五分から開始される予定だった。バルサ側が警備不安などを理由にスペインサッカー協会に試合延期を要求していたが受け入れられず、結局サッカー場を閉鎖して無観衆のまま試合を実施した。バルサの勝利試合後、バルサ球団内で最も過激な独立派として知られるＤＦのジェラール・ピケが「無抵抗の市民を国家警察が弾圧した。世界の誰もがカタルーニャで何が起こったかを目撃した。これはこの半世紀の中で最悪の出来事だ」と涙ながらの抗議・非難に物議を醸した。

カタルーニャの長い一日が終わる頃、ラホイ中央政府は「カタルーニャ州の住民投票は失敗で、不成立に終わった」と何度も繰り返して声明を出した。しかし深夜になって同州政府住民投票対策委員長が「住民投票は成功で、投票率四二％、うち賛成が九〇％以上」と発表した。

①九五％開票時の結果と、②一〇〇％開票結果はそれぞれ下記の通りである。

	①	②
独立賛成票：	二、〇二〇、一四四	二、〇四四、〇三八
独立反対票：	一七六、五六六	一七七、五四七
無効票：	二〇、一二九	一九、一七九
白票：	四五、五八六	四四、九一三

(比較して分かるように、無効票数や白票数は一〇〇％開票時結果の方が九五％の時よりも少なくなっているのだ。

そして投票率の割合も合計すると一〇〇％を超えている。州政府のいい加減などんぶり勘定の計算結果がわかる。）

中央政府の妨害でコンピューター統計も出来ないはずなのにどういう訳か一票一票までの細かい投票数が出され、独立派が目標とした一〇〇万票を大きく上回り、二〇〇万票以上を獲得したと公表した（因みにカタルーニャの選挙民は五三〇万人である）。

プッチダモン州首相は晴れやかな笑顔で勝利宣言し、「カタルーニャ共和国創立宣言も時間の問題だ」と演説し、「スペインの国家警察はカタルーニャから出ていけ」と要求した。バルセロナ市内中心部のカタルーニャ広場は勝利を祝う支持者たちで埋まり、「カタルーニャ共和国万歳！　スペインの国家警察は出ていけ！」のシュプレヒコールが繰り返し繰り返し叫ばれた。

そして翌二日早朝から独立派によるカタルーニャ各地で国家警察追放作戦が開始された。スペイン各地から派遣された国家警察たちが宿泊しているホテルにデモ集会をかけ、ホテル経営者らに圧力をかけて警察隊を出て行かせた。国家警察寮やアパートの付近のスーパーやバル・レストランなどが警察ボイコットし、学校では国家警察の子供たちが独立派の先生たちから「お前らの父親がどんなことをやったのか知っているのか、反省しろ！」などと非難され、虐められて登校拒否になった子供が増えた。また学校付近で独立派の生徒が国家警察の子供やスペイン国体制側の子供をリンチしたり、独立賛成、反対の生徒グループが乱闘する場面も見られた。

一〇月三日はカタルーニャ州政府が主催して国家警察の横暴に抗議するゼネストを実施して、バルセロナ中心部などで大規模なデモ行進を行った。

同夜事態を重く見たスペイン国王フェリペ六世は国民に向かって、「カタルーニャ州政府は無責任な行動をした。スペイン国家統一連帯のために国王として強く関与していく」と異例の演説をして、独立に邁進する州政府の動きを強く牽制した。それに対してプッチダモン州首相は「スペイン国王の演説はラホイ首相に同調したもので落胆した。カタルーニャ共和国宣言は来週初めに同州議会を招集して実施する」と発表した。さらに彼は同夜イギリスＢＢＣ放送ＴＶのインタビューで「六日に独立宣言する予定だったが、遅くとも九日には宣言する」と答えた。

ところでカタルーニャ州政府が依頼していた十数名から成る国際公正選挙管理委員会は三日夜、「今回のカタルーニャ住民投票は公正な基準を満たしていない。よって無効である」と結論を出していた。しかし、州政府はそれを無視した。

一方、ラホイ首相は憲法第一五五条を適用してカタルーニャ州の自治権を無効にし、同州議会を解散させて選挙を実施させようとする政府内部や野党の一部からの強い要請に、まだ時期尚早とばかりに首を縦に振らなかった。

またEUは、カタルーニャ問題はスペイン国内の問題だという見解を変えず、タヤーニEU議長は四日の声明で「カタルーニャが一方的に独立宣言することに反対する」と表明し、もしプッチダモン首相がそれを強行したら、「EUの法秩序に反し、必ず危険な分断を引き起こす」と警告して、彼にラホイ首相との冷静な対話を強く要請した。

五日朝、カタルーニャ州内№2のサバデル銀行が本社をカタルーニャから移転すると電撃発表し、№1のカイシャ銀行（スペイン国内三位）も同様に本社をスペインの他の町に移転予定していると公表した。もしカタルーニャが一方的に独立すれば、EUやユーロ圏から脱退させられるのは必然であり、銀行が顧客の利益や投資家を保護するためにやむを得ない手段である。ましてや現カタルーニャ州議会を牛耳っているのはアンチ資本主義者で、アンチEU、アンチユーロを主張するCUP党だから、以前のギリシャなどのように銀行の資産・資金や預金の凍結の可能性も大いにあり得るのだ。この二大銀行の移転決定に続いて自動車会社のSEAT社、日産自動車、ガス・ナトゥラル社などカタルーニャに本社がある大企業が続々とマドリード、バレンシア、アリカンテ、サラゴサなど他のスペインの都市への本社移転を発表した。

以前からカタルーニャ経団連はカタルーニャ州が分離独立するのには反対しており、ましてや一方的な独立宣言などはありえないと絶対反対の態度を表明していた。これに対して中央政府は諸手を上げて大歓迎し「本社移転特別法」の政令を出し、株主総会を開かなくともスピーディに移転できることを承認した。

この寝耳に水のニュースに分離独立派の連中は大いに慌てふためき動揺して分裂し始めた。特に保守系の独立派は一方的な独立案を中止する方針になり、強硬派のERC党やCUP党と一線を引き始めた。分離独立派が主張していたカタルーニャが独立してもEUに残れるし、ユーロ体制も続行、給料は上がるし、年金も上がるなどの美味しい公約が大嘘だったということが市民にわかり始めた。不安を感じたカタルーニャ州民が二大銀行に押し寄せ、預金を引き落としたりする市民も出てきたため、慌てた銀行側が市民に「本社移転しても預金者には何の心配もない」と説得し始めている。

七日カタルーニャ最大の新聞『ラ・バングアルディア』紙は、ゴールドマン・サックス社はスペインの銀行の価値づけを一〇％減少したと掲載した。アメリカン・エアラインズ社はバルセロナに旅行することを中止するよう勧告し始めた。八・一七のバルセロナ・テロ事件以降もカタルーニャを訪れる外国人観光客は増え続けていたのに、住民投票後の外国人観光客はキャンセルが相次ぎ、二〇％も減少してきた。

この一連の独立運動を始めたA・マス前カタルーニャ州首相は、六日イギリスの『ファイナンシャル』紙のインタビューで「カタルーニャ州はまだ独立国家としての条件が満たしていない」と答えていた。五年前自分から独立気運を扇動しておきながら、自分勝手なことを言う政治家である。

スペイン憲法裁判所は一〇月九日に開催される予定のカタルーニャ州議会を許可しないと決定した。プッチダモン首相はそれなら形を変えて一〇日に同州議会を開催すると言っているが、その口調に以前のような熱気は感じられなくなった。

現在スペイン各地でスペインの団結、連帯、カタルーニャ分離独立反対のデモ集会が大々的に開催され、スペイン国旗が飛ぶように売れ、製造業者がてんてこ舞いしている状態だ。一〇月八日にはバルセロナ市内中心部でもスペイン連帯、カタルーニャ独立反対を叫ぶ大きなデモ集会が実施される。

折しも一〇月一二日はコロンブスの新大陸発見記念日（イスパニア・デー）の祝日で、首都マドリードでは例年よりも大々的な軍事パレードが開催される予定。ラホイ中央政府はこの機会にスペイン国威発揚し、国家統一連帯を全国民に訴え、カタルーニャ州の独立気運を消滅させる絶好なチャンス到来と張り切っている。

Ⅲ　スペイン内戦と世界

国際旅団の歴史

川成　洋

一　国際旅団の誕生前史――バルセロナ人民オリンピック

国際旅団――なんとも雄々しくロマンティックな響きのする名称である。いや、名称だけではなく、実に青年らしい、燃えるような理想を高く掲げた素人の戦闘集団であった。この国際旅団が誕生するには、いわばその前史のようなものがあった。

一九三六年八月一日から開かれるヒトラーのナチス主導によるベルリン・オリンピックに対抗して、オリンピック開催地指名投票でベルリンに負けたバルセロナにおいて、すでにオリンピックの競技施設と宿泊施設なども完備していたこともあって、「バルセロナ人民オリンピック」（七月二二～二六日予定。正式名は、オリンピアーダ・ポプラール・バルセロナ）の開催が決定された。

この二つの同時期に開催することになるオリンピックはそうスムーズに決定したわけではなかった。

一九三六年の第一一回オリンピックの開催地決定のためのＩＯＣ（国際オリンピック委員会）の総会は、一九三一年四月二五日から三日間、バルセロナで行われた。バルセロナとベルリンが最終候補地として残り、このＩＯＣの総会で決着が付けられることになった。しかし、この総会の一一日前の四月一四日に、スペインは、統一地方選の結果を受けて、一七〇〇年から続いたブルボン朝スペインの国王アルフォンソ一三世が退位・亡命し、第二共和制が宣言されたばかりであり、いわば混乱の真只中であった。そのためというべきか、六四名のＩＯＣ委員のうち、わずか一九名が出席したに過ぎず、事実上、このＩＯＣ委員会は流会となり、最終的な決着は、ＩＯＣ本部所在地であるスイス・ローザンヌで、一九三一年五月一四日、電報による投票となった。スペインの政情の不安定さがマイナスに働いたためか、四三対一六でベルリンが圧勝したのだった。

ところが、ベルリン・オリンピックの開催が決定したものの、その直後から、ドイツが議会主義的なワイマール共和国から、ヒトラーの支配する「第三帝国」へと大きく変貌しつつあったのだ。具体的には、その翌一九三二年の四月、ドイツ大統領選挙でヒンデンブルグが再選し、ヒトラーが第二位を獲得する。七月と一一月のドイツ総選挙で、ナチスが第一党となる。三三年一月三〇日、ヒトラー首相となる。二月二七日、ドイツ国会議事堂放火事件起こる。三月二三日、ドイツ、全権付与法成立、ナチス独裁成立する。一〇月一四日、ドイツ、国際連盟脱退する。一一月一九日、ドイツ総選挙で、なんと有権者の八八％がナチス支持となる。

ナチス政権下でのベルリン・オリンピックは、その準備段階で人類の平和的な国際スポーツ大会どころではなく、反ユダヤ主義、アーリア人種優越主義、国粋主義、軍国主義を標榜するナチス路線で進められた。これに対し、「ナチス・オリンピック」への抗議キャンペーンがまずアメリカで起こった。ナチスに迫害されたユダヤ人が大量に亡命したのが、アメリカだったからである。その最も激しかったのは、二〇〇万人以上ものユダヤ人が住んでいるニューヨークだった。続いて、ナチス・ドイツの軍事的増強を危惧するヨーロッパ諸国でもボイコット運動が起こった。こうした国際世論を受けて、窮地に立たされたＩＯＣは、ベルリン大会を撤回しない理由として、第一一回大会はそもそもドイツの民主的政体、つまりナチスのファシスト独裁ではなく、ワイマール共和国に開催させるチャンスを与えたのだ、という実に詭弁といわれそうな苦しい弁明に終始していた。さらにＩＯＣとしては、他国の内政に干渉しないということをあげ、ＩＯＣに対する批判をかわしたのである。

一般的に「ナチス・オリンピック」のボイコット運動の出発点は、道徳的かつ宗教的、あるいは人道的ともいえる立場からだったが、ヨーロッパでのボイコット運動は、労働運動、反ナチス運動、ユダヤ人の人種差別の撤廃運動などがミックスされていた。これらのボイコット運動に新たな世界的組織であるコミンテルンが加わった。コミンテルンが、世界的な広がりを見せているファシズムを阻止するために、一九三五年七月、第七回大会で、人民戦線テーゼを政治路線として採択した。その二ヵ月後の九月、二つの国際的な労働組合連盟が「ナチス・オリンピック」のボイコットに署名した。また、フランス、デンマーク、イギリス、オランダ、ギリシア、チェコスロバキアなどの国で、オリンピック精神の順守のための委員会が誕生した。

一九三六年六月六〜七日、パリでオリンピック精神の順守を目的とする国際会議が開かれた。作家のトーマス・マンの長兄で、すでにドイツからパリに亡命していたハインリッヒ・マンは、この会議で、ドイツ・オリンピック組織委員長を批判し、さらにドイツ・オリンピック選手団を評して「ヒトラーの剣闘士としてのオリンピック選手たち」とこき下ろした。

こうしたボイコット運動に対してドイツもただ手をこまねいていたのではなかった。いまや世界的な広がりを見せてきた反対運動やボイコット運動を鎮静化させようとして、近代オリンピックの創設者で名誉会長のクーベルタン男爵をベルリンに招いた。一九三五年八月四日、男爵は「近代オリンピック精神の哲学的原理」というラジオ演説を行い、ベルリン・オリンピックの成功を期待していると述べ、ついで次のようなことばで締めくくったのだった。

お許しを得たいのですが、私の聞くところでは、第一一回オリンピアードはベートーヴェン交響曲の最後の節で開会し、それがいままでにない大合唱がされるそうであります。この最後の節は私が子供時代に感動し、それに勇気づけられて奮起した音楽でありますが、それだけにこれ以上嬉しいことはありません。この節はそのハーモニーで人間の持つ精神と結びついているように思われるのです。そこで私の願うことは、この大合唱は青少年の努力する力と彼らの喜びを表現し、将来オリンピック競技が開かれる度に斉唱されるようになることです。

私はもう晩年を迎えましたが、第一一回オリンピアードが近づいているこの時、私の願いと皆さんへの感謝の気持ちを述べ、さらに青少年と未来について、動かしえない私の信念を述べることができました。このことを心から喜んでいます。(1)

こうしたクーベルタン男爵の応援演説をもってしても、ボイコット運動はもはや抑えられなかったようである。ところで、ベルリン・オリンピックが、オリンピック史上初めての試みとして、七月二〇日に古代オリンピック発祥の地であるギリシア・クレタ島で聖火を採火し、さらに、そこからベルリンのスタジアムまで聖火リレーをすると発表した。(2)

したがって、バルセロナの方も、開催式を一九日に変更した。こうして開催日の変更といったゴタゴタがあったもののの、カタルーニャ自治政府のリュイス・クンパニュス大統領がこのスポーツ大会が政治的に無色である、あるいは特定の政党色を持たないという条件で就任した名誉会長の下、開催準備は着実に進んでいた。

バルセロナの参加予定国は、二三ヵ国。参加予定選手は、約六、〇〇〇人。ベルリン・オリンピックより参加国や人数も多かった。フランスとイギリスの場合、二つのオリンピックを正式に認め、その両方に選手団の派遣を決定した。また、従来の国別のエントリーとは別に、各競技種目の国際的な組織が機関決定をして選手を参加させる場合もあった。(3)「大会讃歌」もできた。ホセ・マリア・デ・サガラが作詞し、ドイツの人の亡命者で、劇作家でベルトルト・ブレヒトの友人で、後にドイツ民主主義共和国国歌の作曲者となるハンス・アイスラーが作曲した。

それぞれの祖国での戦いは
憎しみのためでもなく、戦争のためでもない
青空の下、われわれが望む唯一のものは
〝平和〟と喜びとともに叫ぶ言葉。

競争心、困難があろうとも
希望のない生活に向き合おうとも新たに思う。
それこそが、我らの権利
より澄んだ空気にするために、
より一層バラ色の花にするため

〈中略〉

卑しい叫びに反対して
空高くわれわれの拳を振りあげよ
歌声を響かせよ
われわれがより偉大で、より自由であるために。[4]

一九三六年七月一九日午後四時、「世界平和のための祭典」であるバルセロナ人民オリンピックの開催式がモンジュイック・スタジアムで開かれることになっていた。この開催式のもう一つの呼び物は、「民衆芸能の夕べ」であった。五〇〇人の踊り手、それに二、〇〇〇人の歌い手による民族芸能のマスゲームとベートーヴェンの第九交響曲《喜びの歌》などが組み込まれていた。この「民族芸能の夕べ」の音楽総監督は、一九三一年のスペイン共和国誕生式典と同様に、カタルーニャが生んだ世界的なチェロ奏者、パウ・カザルスであった。

七月一八日夕方、つまり開催式の前日、バルセロナのオルフェ・カタラ劇場で、カザルス指揮での最終リハーサル中に、突然、予期せぬことが起こったのだ。カザルスはこう回想している。

総練習はまったく上首尾に進んでいた。さてコーラスが歌いだそうとした瞬間に、突然、カタルーニャ自治政府から係官がやってきて、叛乱軍がまさに市を攻撃しようとしていること、市街戦が刻々と迫っている模様で、われわれはできるだけこの会場を去らなければならない、ということを告げた。私の驚愕を想像してごらん。……私は楽員と歌手たちにいま聞いたことを伝え、さらに付け加えて、われわれは、いつまた会えるかわからないのだから、別れる前に《喜びの歌》を終わりまでやりたいと思うがどうだろうかといった。すると、そうだ、賛成、賛成、と全員が叫び始めたのだ。ああ、なんという感動の瞬間だったろう！　しかしまた、なんという対照であったろう！　われわれが友愛への不滅の讃歌を歌っている一方では、それ以来二年半余り続いて数十万のスペインの家族を喪に服させた骨肉相食む闘争が準備されていたのだった。[5]

スペイン内戦の勃発である。はたせるかな、バルセロナ人民オリンピックは中止となった。それから十数日後、前代未聞の戦いがスペインの大地で繰り広げられたころの、八月一日の夕方、ベルリン・オリンピックのスタジアムでは、ヒトラーの退席後、開催式のクライマックスを迎えていた。スタジアムの周囲に設置されたサーチライトの群れが夜空に壮大な光のドームを作り出し、一、五〇〇人の男女の大合唱が始まった。それは、真に皮肉にも、ベートーヴェンの第九交響曲《喜びの歌》であった。

ところで、この「バルセロナ人民オリンピック」のニュースは、はるか極東の日本にも伝えられた。作家の堀田善衛はこう回想している。

七月何日の記事だったか記憶にはないけれども、それが私の一八歳の誕生日である七月一七日の前後であったことによって記憶に残っているのである。日本の新聞の埋め草のような記事として、「スペインのバルセローナで、労働者オリンピックを開催。各国の労働者スポーツ選手がバルセローナに集まっている。これはやがて開かれるベルリン・オリンピックに対抗したものといわれている。」と書かれていた。ヒトラーのベルリン・オリンピックに対抗しての労働者オリンピック、という考え方が強い関心を呼んだのだろう。(6)

当時のバルセロナには、スペイン内外から約六、〇〇〇人の選手、約二万人の見物人がいたと言われているが（バルセロナの新聞『エル・ムンド・デポルティーボ』一九三六年七月八日付）、バルセロナ人民オリンピックの中止が判明した時点で、具体的な消息はつかめないが、その大部分は帰国の途に就いたと思われる。しかし、例えば、ドイツ人やイタリア人はファシスト政権下の故国に戻ることができず、そのままスペインにとどまったようだ。このオリンピックの取材にバルセロナ入りしていたイギリス共産党機関紙『デイリー・ワーカー』特派員トム・ウィントリンガムによると、七月一九日の市街戦に、このオリンピック選手や見物人が自主的に参加したという。

バルセロナに残ったものの中で、即席であるが、国籍や共通言語単位でグループが編成された。各グループは、「セントゥリア（百人隊）」とか「大隊」とか呼ばれ、それに有名な革命家の名前や都市名を冠していた。例えば、「ガストーネ＝ソッツィ大隊」（イタリア人）、「テールマン・セントゥリア」（ドイツ人）、「パリ大隊」（フランス人・

ベルギー人)、「ウルプレスキー将軍・セントゥリア」(ポーランド人)、「トム＝マン・セントゥリア」(イギリス人・アイルランド人) などが編成された。これらのにわか戦闘部隊は、当然であるが、通常の正規軍のような「大隊」規模の兵員数ではなかった。兵器や装備、さらに戦力にしてもしかりであった。

一九三六年年七月一九日から一〇月中旬までの間に、フランスの国境を越えてスペイン入りした外国人義勇兵は、八、〇〇〇人から一万人くらいという説もある。こうした義勇兵を総称して、「国際義勇兵部隊(インターナショナル・コラム)」と呼ばれた。これが一〇月二二日に創設された「国際旅団(インターナショナル・ブリガード)」の母体となったと思われる。

内戦勃発のニュースを聞きつけて、亡命先のロンドンからバルセロナ入りしたドイツ人社会学者フランツ・ボルケナウ博士は、スペインにはせ参じた外国人義勇兵の様子を八月五日の日誌にこう記している。

> 私が会話を交わしたグループの中にはすでに多くの外国の義勇兵がいた。彼らはスペインに来て武器をとってファシズムと戦う意気に燃えていた。その前に彼らはそれぞれの母国においてファシズムが抵抗されることなく勝利するのに遭い、またヨーロッパの大部分で勝利するのを見てきた。このグループ(POUM・マルクス主義統一労働者党)の中には、コロン・ホテル(共産党系のPSUC・カタルーニャ統一社会党の本部所在地)の入口に集まっている若者の場合も全く同じだが、ドイツ人、イタリア人、スイス人、オーストリア人、オランダ人、イギリス人、それから少数ながらアメリカ人がおり、これらの国々の婦人たちも相当数いた。……(中略)……あらゆる国の言葉が話され、また一種名状し難い雰囲気があった。それは政治的情熱であり、戦争という冒険の楽しみであり、憂鬱な亡命の年月が過ぎ去るという開放感であり、間もなく勝つという絶対の信念であった。(7)

二　スペイン不干渉委員会の創設

一九三六年八月一日、「共産主義者とファシストがイベリア半島の中で戦うのは好都合である」とするイギリス政府は、すでに「人民戦線のよしみとして」スペイン共和国の支援を決めているフランスのブルム人民戦線内閣の外相

を ロンドンに呼び寄せ、その支援を断念させ、さらに「スペイン不干渉案」を提案させた。八月四日、ロンドンで不干渉委員会が正式に発足した。八月二三日、ソ連も加盟し、結局、ヨーロッパの二七ヵ国が参加したことになる。この委員会に参加しなかったのは永世中立国のスイス、当事国のスペイン共和国の二ヵ国だけであった。九月九日、第一回不干渉委員会がロンドンで開かれ、常任議長にイギリスの外務次官プリマス卿が就任した。この不干渉委員会で会議が行われている間も加盟国であるドイツやイタリアは公然とフランコ叛乱軍を軍事支援していた。

九月二四日、スペイン共和国政府は、ジュネーブの国際連盟の年次総会にアルバレス・デル・バーヨ外相を派遣した。総会の議長は、スペイン外相の演説は議題に載っていないという理由で、発言を阻止しようとしたが、外相はそれを無視して演説をした。スペイン不干渉委員会がスペイン政府を「叛徒」と同等の扱いをしていることに遺憾の意を表明し、スペイン共和国は「真の不干渉」であれば進んでそれを承認するであろうと、付け加えた。

一〇月二三日、不干渉委員会において、ソ連は、加盟国、とりわけドイツとイタリアの叛乱軍支援の事実を取りあげ、不干渉条約「不拘束」を宣言した。ソ連の戦車は一〇月二九日に、飛行機は一一月一一日に、スペイン共和国に届いた。いずれにせよ、不干渉委員会を設置したために、スペイン問題を国際連盟に正式に取りあげないという口実を作ることになり、スペイン共和国は孤立無援を余儀なくされたのだった。

しかも、不干渉委員会加盟国は義勇兵のスペイン入国と参戦を認めなかった。そのため、義勇兵は非合法にスペイン入国するか、ジャーナリストの記者証や医療関係のライセンスや運転免許を取得して、正式にスペイン共和国に入国したのである。不干渉委員会に加盟しなかったスイスも、徴兵令を口実に、該当年齢の青年たちにスペイン参戦を禁止したのだった。

三　国際旅団の誕生

国際旅団の創設に関しては、すでに七月二六日、プラハにおいて、コミンテルンとプロフィンテルンの合同会議は開かれ、左翼の大義のために戦う組織的な国際義勇軍の部隊を創設すべきという結論に至った。また、「トム＝マン・

セントゥリア」の指揮官となったトム・ウィントリンガムは、イギリス共産党のハリー・ポリット書記長に次のように報告している。

国際旅団は、創設される数ヵ月前から、すでに一つの可能性として論じられていた。もっとかいつまんで言えば、現存の民兵隊に編入する外国人義勇兵として、スペインの前線で戦わせて、国際旅団の基礎を作り上げようとした。そして、ドイツ人義勇兵がその先駆けになった。テールマン・グループ、後にはテールマン・セントゥリアと命名される戦闘集団が、国際旅団の歴史と伝統を切り開いた。彼らは、初めは民兵隊の一翼として、次には国際旅団の最初の大隊の一つとして、われわれと競い合う戦友となった。わが中隊の多くの兵士たちは、彼らを模範にしていた。(8)

ともあれ、国際的な義勇兵の部隊を創設しようと考えたのは、コミンテルン書記長の、ブルガリア人ゲオルギー・ディミトロフといわれている。当時すでに、「小店」と揶揄されていたコミンテルンが、再び、その存在理由を世界中に高々と掲げる千載一隅のチャンスが到来したのだった。さらに、ソ連に亡命中の外国人革命家を一兵卒、あるいは指揮官としてスペインに送り込めば、スターリンにとっても進行中の大粛清が容易になるであろうし、対ドイツ戦への貴重な実践体験となるだろう、とディミトロフは考えた。

九月四日、ＮＫＶＤ（ソ連内務人民委員部）のゲンリヒ・ヤコーダ長官は、スターリンの指令を受けて、緊急会議を招集した。この会議で、ＮＫＶＤが、スペインでのコミンテルンの活動を監督すること、スペイン共産党とＮＫＶＤとを調整することなどが決定された。さらに、ＮＫＶＤの秘密の統制下で、あらゆる国から義勇兵を送り込むことであった。世界中の共産党の中央委員会が義勇兵の募集を担当することになった。

九月下旬、コミンテルンは外国人義勇兵の募集の本格的なキャンペーンを開始した。義勇兵をスペインに送り込む役割は、隣国のフランス共産党が責任を持つと決定した。といっても、コミンテルンや各国共産党が公然と活動せずに、表面的には、非政治的で人道主義的な「フロント組織」がその任務を果たすことになった。それには、国際旅団の「反ファシストの団結」とか「ロマンティックな理想主義」的側面などを強調するためと説明されたが、実際はコミンテルンが国際旅団を創設したという事実を隠蔽する必要があった。

一〇月二二日、スペイン社会党のラルゴ・カバリェロ内閣は国際旅団の創設を承認し、国会議長のマルティネス・バリオを国際旅団の政治化をチェックする特別委員会の責任者に指名した。ラルゴ・カバリェロ首相は、共和国内での共産党の政治的な発言力が強まるのを危惧していたが、戦力増強と国際的な連帯の下で戦うためには選択の余地は全くなかった。国際旅団の総司令部と訓練基地は、マドリードとバレンシアの中間のアルバセーテと決まった。

各国の共産党のフロント組織である義勇兵派遣事務所で登録された義勇兵は、スペインに入国する前に、まず、パリのリュ・ド・ラファイエットにある「スペイン人民戦線国際義勇兵派遣本部」に出頭し、再度、義勇兵としてのチェックを受ける。このチェックはコミンテルンの管轄下におかれ、フランコ叛乱軍のスパイ、国際旅団の士気に悪影響をもたらすような人物を事前に排除するためであった。義勇兵登録用紙には、年齢、軍歴、職業、政治信条（所属政党）、緊急連絡先としての近親者の住所と氏名を書き入れる。そして政治信条を書く場合、共産党員であっても、党籍を明らかにせずに、「反ファシスト」と書くよう指導された。そして国際旅団が正式に発足して以降、彼らは、今まで使用してきたパスポートをパリの「スペイン人民戦線国際義勇兵派遣本部」に預け、その代わりに国際旅団の身分証明書を交付してもらった。パスポートの紛失防止のためということであったが、実際は、彼らのスペインの戦場からの逃亡防止のためだった。当時、ソ連赤軍の西ヨーロッパ圏に関する軍事情報機関の責任者で、骨董品商に扮して、妻子とともにオランダのハーグで暮らしていたクリヴィツキー将軍は、任務でモスクワに戻ったとき、多くのパスポートを見たという。それらは、第二次世界大戦以降、ソ連や東欧諸国のスパイたちが使用することになった。

義勇兵は皆、スペインに到着するとすぐに旅券を取り上げられた。そして、この旅券はめったに返されなかった。除隊した者でも、紛失を口実に旅券は戻ってこなかった。アメリカ合衆国からだけで約二、〇〇〇名の義勇兵がやってきた。モスクワのオゲペウ（合同国家保安部）本部では、本物の旅券は非常に貴重視された。スペインからルビヤンカに送られてくるほとんどすべての外交便には、国際旅団の兵士たちの旅券の束が入っていた。

一九三七年の春、わたしが、モスクワにいた時、オゲペウの外事局の事務所で、このような外交便を何度か見たことがある。ある日のこと、一〇〇余りの旅券が到着したが、そのうち半分はアメリカ旅券だった。それは戦死者のものだった。これは、大した獲物で、乾杯ものだった。死者の旅券は、持主の家族事情の調査に何週間も費やした後に、簡単に変改されてオゲペウの秘密工作員に与えられた(9)。

このように義勇兵たちが、パスポートを提出したために、内戦末期に彼らが帰国するに際して途方もない辛酸を舐めざるを得なかった。

四　国際旅団の総司令官、アンドレ・マルティ

国際旅団の総司令官は、一九一九年四月のフランス黒海艦隊の叛乱の英雄で、コミンテルン執行委員アンドレ・マルティ（一八八六〜一九五六）であった。彼はこの黒海艦隊の叛乱のために逮捕され、軍事裁判で二〇年の重労働刑に処せられたが、一九二三年三月に釈放された。その年の二か月後の五月にフランス共産党に入党し、二四年に下院議員となり、三一年に同党の政治委員、翌三二年に同党の代表としてモスクワに赴く。当時の左翼の世界では伝説上の人物であった。

しかしながら、現実のマルティはどのような人物だっただろうか。

イギリス人の若い彫刻家で、ロンドンから義勇兵としてアルバセーテに駆け付けたジェイスン・ガーニィは次のような印象を残している。

アンドレ・マルティは上背があり、太っていて、もじゃもじゃの口髭を生やしていた。その上いつも、大きくて黒いベレー帽をかぶり――それはまさしく、旧来のフランスのプチプルの戯画化みたいに見えた。彼はつねにヒステリックな怒号を浴びせかけ、誰に対しても謀反の疑いをかけ、さらに悪いことに、誰からの忠告を受け容れず、ほんの取るに足らない口実で、あるいはまったく理由もないのに処刑の命令を出した――端的に言えば、彼は本当に威喝的人物であった。……（中略）……彼はいまやフランス語で、われわれに向かって大声で怒鳴り散らしていたが、その場にいた大部分の人々は彼の言葉を理解できなかった。それはほぼ正気を喪失させるよう

な気違いじみた演説だったし、外国から来たずぶの新兵たちを勇気づけるものでは決してなかったのだ[10]。

実際、革命期のソ連を支えた人物としてスターリンから変わらぬ信頼を得ていたマルティは、傲慢で、残虐で、そして何よりも猜疑心が強かった。例えば、一九三六年一二月二六日、アンダルシアのコルドバの東方ほぼ五〇キロにあるロペラという村の奪回作戦が発動された。フランス人大隊とスペイン人二個中隊が先鋒隊として進撃した。ロペラ村に陣取っていた叛乱軍と白兵戦を繰り広げ、二日後の二八日払暁、攻撃した共和国軍が撤退せざるをえなかった。この作戦は完全に失敗した。戦死者を戦場に遺棄したままの総退却であった。このロペラの戦闘は、まったく不可解にも、他の戦線から孤立し、しかも多大な犠牲を強いられて失敗したが、共和国軍総司令部からは、「一日中進撃が続き、領土の損失はまったくなかった」という驚くべき戦勝声明が発表された。二八日の夕方、マルティは、大隊指揮官のラサールをフランコ叛乱軍のスパイ、具体的には、イタリア軍より金を受け取っていたとして告発した。臨時の軍法会議でラサールは身の潔白を叫んだが、有罪となり、死刑判決の二〇分後に銃殺刑に処された。しかも義勇兵たちへの見せしめのために公開処刑となった。ラサールは指揮官としては臆病であったとしても、スパイでは決してなかったようである[11]。

当時すでに「アルバセーテの殺戮者」と綽名された彼の威圧的態度は義勇兵の間に恐怖心を植え付けるだけであった。国際旅団の兵士がマドリード戦線に初陣するために、アルバセーテの兵舎に集結した時、マルティは司令部のバルコニーに姿を現し、次のような訓示を行った。

スペイン人民およびスペイン人民軍はまだファシズムを克服していない、なぜか、熱意を欠くためであろうか。決してそうではない。勇気を欠くためであろうか。決してそうではない。彼らに欠けているのもが三つある。この三つのものを我々は持たなければならない――すなわち、政治的統一、軍事的指導者、そして規律である。なかには性急なもの、直ちに前線に飛んでいこうと欲するものがいる。こうしたものは犯罪人である。最初の国際旅団が戦線に着くときには、彼らは立派なライフルを持ち、正しい訓練を受けた兵士であらねばならない[12]。

マルティの演説はいつもこのような内容であった。とにかく「政治的統一」「軍事指導者」「規律」の三つの言葉が口癖であったという。これらの言葉が義勇兵を恫喝し、告発と処刑の揺るぎない口実になったのは、言うまでもない。彼の妻ポリーヌがアルバセーテに来たが自分のベッドの枕元にピストルを隠していたマルティは、妻に対しても警戒を怠らなかった。スターリンでさえも、彼ほど猜疑心が強くなかったと言われている。「マルティは粛清時代のソ連の政策にふさわしい機関であった」といわれたのも、むべなるかなであろう。

一九五二年、フランス共産党の査問を受け除名された時、マルティは二、〇〇〇人の義勇兵の処刑を命じたという告発に対して、約五〇〇人の義勇兵の処刑を認めた、と告白した。この五〇〇人という数もきわめて控えめな数字だと一般に考えられている。(13)

五　国際旅団の初陣――一九三六年一一月八日、マドリード防衛戦

一九三六年一一月六日、マドリード西側にあるカサ・デ・カンポから叛乱軍が定期的に市内に攻撃を開始した。叛乱軍の首都突入を恐れた共和国政府は、包囲されたマドリードの防衛を退役したホセ・ミアハ将軍を議長とする「マドリード防衛評議会」に一任し、首都機能をマドリードからバレンシアに移転した。いまや「首都なきマドリード」と叛乱軍から罵倒されたが、「世界の首都マドリード」と言い返したのだった。翌七日払暁、約二万人の十分に装備の整った外人部隊とモーロ人部隊の攻撃があり、それと対峙したのは、貧弱な装備と統制のとれていないマドリード市民たちであった。

八日早朝から霧が深かった。叛乱軍の攻撃は相変わらず続いた。

制空権を奪われたマドリードは絶体絶命の状況となった。マドリードの陥落はいわば秒読み段階に入った。「マドリードをファシストの墓場に！」とか「奴らを通すな！」といった共和国側の勇ましいスローガンがむなしく鳴り響いていたに違いない。マドリードは誰の目から見ても、風前の灯であった。

叛乱軍を謀議段階から支援してきたラジオ・リスボンは、フランコ将軍が白い軍馬にまたがってマドリードに入城したと放送するほどであった。また、各国の戦争特派員たちもフランコのマドリード入城を書き送っていた。

余談だが、こうした叛乱軍寄りの誤報は、戦乱の地から遠く隔った極東の島国、日本でも同様であった。なんと『東京朝日新聞』(一一月八日)は号外を発行した。その見出しだけを挙げると、「マドリード入城の報・反政府軍の猛攻奏功・落城の運命来る!・猛烈な市街戦を展開」、(マドリード特電七日発)(ロンドン特電七日発)(パリ特電七日発)、「政府悲壮な声明」(マドリード特電七日発)、「飛行機で都落ち」(ロンドン特電七日発)、(ロンドン七日発同盟)、以上の外信記事の他に、本社で独自に編集した「スペイン動乱記録・発端より首都入城まで」という日誌風の記録も掲載されていた。おそらくこうした記事を読んで、マドリード防衛戦を謳った短歌がある。

スペインの戦い思ひ寂しみぬ
女すらもあひ撃つといふ
(福田榮一『時間』一九三七年)
マドリッドを必死に防ぎ声あぐる
表情をひとつひとつ見ぬ
(村田利明『アララギ』一九三六年一二月号)

しかし、大方の予想に反してマドリードは陥落しなかった。八日の午後に、第一一国際旅団がマドリードに姿を現した。エミリオ・クレーベル将軍指揮の約一、八〇〇人の兵員であった。彼らはアトーチャ駅から整然と隊列を組んで、マドリードの最大の目抜き通りのグラン・ビアを行進し、北西部の「大学都市」と呼ばれた建設中のマドリード大学の戦区へとむかった。第一一国際旅団の先鋒は、エドガー・アンドレ大隊(ドイツ人)、次いでコミューヌ・ド・パリ大隊(フランス人・ベルギー人)、ドンブロフスキー大隊(ポーランド人)であった。その主力は内戦勃発時の「国際義勇軍部隊」の兵士たちであった。彼らはは自国語で「インターナショナル」を歌いながら行進し、グラン・ビアの街路に面したバルコニーからは「ビバ・ルシア(ソ連、万歳)!」「ビバ・ラ・レプブリカ(共和国、万歳)!」の声が上がった。その日の夕方までに、第一一国際旅団は所定に陣地に着いた。彼らは、カサ・デ・カンポとマドリード大学で、叛乱軍の進撃を辛くも食い止めた。のちに「国際旅団がマドリードを救った」といわれるようになったのはこの戦闘であった。このマドリード戦線を取材した、ハンガリー生まれのイギリスの作家アーサー・ケストラーは、国際旅団の果敢な軍功をこう述べている。

一九三六年一一月八日、国際旅団がマドリードを救った時、テルモヴーレーの守備隊のように、国際旅団の歴史に名を残すだろう、と僕たちすべては思った。そして、最初のロシア戦闘機が、攻撃を受けたマドリードの上空に出現した時、苦しみ悶える無防備の町に来ていた僕たちの誰もが、ロシアの戦闘機は文明の救世主であると思った(14)。

その翌九日、叛乱軍が反撃を開始した。この戦闘は翌日の一〇日まで続いた。この二日間の戦闘で、国際旅団の義勇兵の約三分の一が戦死した。初陣とはいえ、屍山血河を築く戦闘であった。その二日後の一一月一二日、ルカーチ将軍指揮下の第一二国際旅団、約一、二〇〇人の兵員がマドリード戦線に到着した。三個大隊編成であった。

ところで、国際旅団の軍事的功績はいかなるものであったろうか。緒戦段階で、国際旅団がマドリードを救ったという点に関して、評価は分かれている。イギリス人の内戦史家ヒュー・トマス教授は、「国際旅団第一陣がマドリードに到着する前日の一一月七日の時点で、マドリードの市民や民兵たちが一丸となって、叛乱軍のマドリード突入を阻止していた。もちろん、国際旅団のマドリード防衛戦への参戦はマドリードに取り残されたと思っていた市民たちに勇気付けとなった」と述べている。一方、第一五国際旅団リンカン大隊の義勇兵として参戦し、帰国後にスペイン内戦史家となったロバート・コロドニィ教授は、「国際旅団はマドリードを救い、しかも新設の共和国軍の編成、訓練、装備などにかかる時間を稼ぐことができた」と好意的に評価している。

こうした評価とは別に、当時マドリードにいたスペイン人の心境は、おそらくスペイン人の「二七年の世代の詩人」のラファエル・アルベルティの「国際旅団に捧げる」という詩に託されていたようなものであろう。

君たちは遥か遠くからやってきた。
国境を越えて歌う君たちの血には、距離など問題ではない。
不可避な死は、いつの日か君たちの名を呼ぶだろう。

どこで、どの町で、どの戦場でかは、誰にもわかりはしない。

この国から、あの国から、大きな国から、
地図に名を留めるだけの小さな国から、
同じ勇気を共有しながら、
名も知らず、ただ語りあいながら君たちはやってきた。

君たちが守ろうと誓った家々の
壁の色を知っていない。
君たちを埋葬する大地を、死を賭して、
防衛せよ！(15)

マドリード防衛戦には、初陣した第一一国際旅団、第一二国際旅団の後に、第一三国際旅団（指揮官ゴメス将軍、一九三六年一一月編成、兵員約二、三〇〇人）、第一四国際旅団（指揮官ヴォールター将軍、一九三六年一二月編成、兵員約二、〇〇〇人）、第一五国際旅団（指揮官ガル大佐、一九三七年一月編成、兵員約二、七五〇人）など、次々と誕生した。

六　国際旅団の展開と撤退

マドリード防衛戦以降、国際旅団が投入された主な戦線は、まずマドリード近郊のハラマ川の戦闘（一九三七年二月五～二四日）、グァダラハラの戦闘（三月八～一八日）、ブルネテの戦闘（七月六～二四日）、テルエルの戦闘（一九三七年一二月一五日～一九三八年二月九日）、そして共和国の命運を賭けたエブロ川の戦闘（七月二四日～一一月一五日）などであった。国際旅団の戦歴を辿るなら、初陣以来、「国際旅団の攻撃は、たいていがフランコ叛乱軍の一番頑強な部分、またたしかに難攻不落と思われる部分に向けられるかのどちらかであった」ために、それに「一インチでも交代したら、逃亡罪で処刑する」といった途轍もない理不尽な攻撃命令のために、国際旅団の将兵の死傷は甚だしく多かった。

ジョージ・オーウェルの『カタロニア讃歌』が明確に祥述している、一九三七年五月三〜八日のバルセロナにおける共和国陣営の市街戦とその後の共産党主導による政治的粛清などを挙げるまでもなく、「貧すれば鈍する」というべきであろうか、共和国陣営が次第に劣化していく。国際旅団の戦力維持のために各国からの義勇兵のスペイン派遣が難しくなり、次第にスペイン人による兵員補充が常態化するようになり、従って戦力維持のためにスペイン人兵士の割合が多くなった。また国際旅団の部隊や兵士を模範としてスペイン人の独自の戦闘部隊の編成も可能となり、共和国政府側の身勝手な話だが、もうそろそろ国際旅団の役割も終わったと判断するようになった。一九三八年四月一五日、叛乱軍の地中海分断作戦が成功したために、共和国陣営が南北に二分されてしまい、戦力と統治機能の弱体化は誰の目にも明らかになった。同月三〇日、共和国のネグリン首相がいわゆる「ネグリン一三箇条」を発表する。これは、フランコに「報復なき講和」を呼びかけるとともに、これによって共和国側の政治的業績を内外にアピールすることが図られた。この中の第二条の「外国侵入兵力の排除」は、国際旅団の解散を宣言し、それと同時に叛乱軍傘下のドイツ軍とイタリア軍の本国帰還を要請したのだった。しかし、この「ネグリン一三箇条」はフランコ側から完全に無視され、国際的外交関係はいささかも変化しなかった。

共和国政府はスターリンの同意を取り付けて、国際旅団の解散を決意し、九月二二日を最後に国際旅団を従軍中のエブロ川の最前線からバルセロナへ撤退させることを決定した。いまやソ連防衛のためにドイツと密かに不可侵条約の締結を目論んでいたスターリンにとって、ナチス・ドイツと敵対する「コミンテルンの軍隊」たる国際旅団の解散こそ歓迎すべきであった。

それにしても、形勢が不利とはいえ、最前線で死に物狂いで戦っている国際旅団の将兵たちに、九月二二日が最後の戦闘日だと告げるのはどうだったであろうか。士気に悪影響を与えなかっただろうか。例えば、英語圏の旅団である第一五国際旅団もこの日、最後の戦闘に突入した。第一五国際旅団政治委員で、作家のジョン・ゲーツはこう述べている。

僕たちは前線で激しい戦闘を続けていた。それは、僕たちにとって最悪の時期のひとつだった。九月二二日、旅団司令部に、この日は僕たちの戦いの最後の日になるだろう、というニュースを載せた新聞が届いた。明日、僕たちは撤退することになるだろう、というのだ。僕たちは、このニュースが兵士たちに届かないようにするために、絶望的な努力を試みた。もし彼らがこのニュースを知れば、彼らは、その時にはまだ持っていた、戦おうとする意思を、すっかり失ってしまうだろう。それを、僕たちは知っていた。過ぎ去った日々の絶え間のない爆発音は、僕たちの兵士を、無感覚と動揺の状態におとしいれていたのだ。だがニュースは洩れ、野火のようにひろがった。僕たちの最後の日は悪夢だった。その夜、僕たちは、精鋭なスペイン軍に救い出された。救援は、やっと間に合った。なぜなら、こんな環境のもとでは、僕たちはもう戦闘には適さなくなっていたからだ。(16)

彼らの中には、亡命希望者が多かった。それも、ドイツやイタリア、あるいは政情不安定な国から来た義勇兵は、亡命先にソ連と選んだのも当然であった。この頃発行された第一五国際旅団の最終刊の機関紙『自由のために義勇兵』(一九三八年一一月七日刊)の「論説欄」の「最終刊号に寄せて」と題して、アメリカ人編集者サンダー・ボーロスは、究極的にはソ連に亡命したいと思っている多くの義勇兵の心情を代弁して「義勇兵たちはファシストども――人類の敵――と戦ってきた。いまや、彼らには、世界で唯一の社会主義の国での社会主義を建設するチャンスが訪れたのである。これこそ、共産主義者の夢の実現である！　歴史はかれらにその熱情に見合うよう動いているのである」というような草稿をしたためた。この草稿を見た国際旅団総司令官だったアンドレ・マルティはボーロスを呼び付け、「誰が、ソ連の政策を公式に表明する権利を貴様に与えたのだ！」と怒鳴りつけた。翌日、「論説欄」はこう書き直されていた。「義勇兵諸君は、今こそ、反ファシスト闘士として十分に鍛え上げられている。それで、君たちは、自らの祖国において反ファシズム闘争を推進するために、自国に戻らねばならない」(17)

共和国政府は、ジュネーヴの国際連盟に、フランコ叛乱軍が仕掛ける軍事上のリスクを伴わずに外国人義勇兵の共和国陣営からの引き上げを要請した。一〇月一日、スペイン共和国政府の要請を受け入れた国際連盟はフィンランドのタランデル将軍を責任者とする一五名の陸軍将校からなる「国際連盟委員会」を結成した。国際旅団の解散が決定しても、義勇兵は直ちに帰還できるというわけにいかなかった。まず「国際連盟委員会」による義勇兵の国籍と人数の確定、祖国への帰還か亡命か、亡命先の受け入れ国の承認、各国の在バルセロナ領事館との交渉など、煩雑な要件が山積していたからである。さらに、既述したように、義勇兵たちは、パリの「スペイン人民戦線国際義勇兵派遣本部」で、あるいはアルバセーテの国際旅団基地でパスポートを提出し、旅団証明書を交付されていたのだった。アメリカやイギリスの両政府は、スペイン共和国陣営の戦列で戦った義勇兵は「アカ」「ソ連の手下」だと決めつけていたこともあり、パスポート不携帯を理由に、義勇兵の帰還を渋ったのだった。結局、こうした義勇兵はパスポートの紛失を理由に、在バルセロナ領事館で再交付の申請をすることとなった。

一〇月一七日、国際旅団創設二周年記念大会がアルバセーテで挙行された。国際旅団の全将兵によるパレードも行われた。近郊の町や村から数千人もの人びとがパレードの沿道を埋めた。その後、国際旅団の幹部を招いた晩餐会が開かれ、アンドレ・マルティら数人の指導者がスペイン共和国政府から表彰された。

一一月一五日、バルセロナで、スペイン共和国政府主催の国際旅団の解散式が挙行された。解散する国際旅団の大隊旗を先頭に、各大隊がパレードした。大隊旗の中には、解散式のために、大隊が駐屯していた町や村の住民たちがわざわざ新調したものも混ざっていた。郊外の飛行場から共和国軍の戦闘機がバルセロナ上空を旋回していた。フランコ軍がこの解散式を粉砕するために爆撃機を突入させた場合に反撃するためであった。なぜか、そのような事態は生じなかった。パレードが行われる街路は、約三〇万の市民が群がり、紙吹雪、花吹雪、花束、投げキス、そして歓呼の声が埋めつくした。ロバート・キャパの写真が示しているように、実に劇的な決別のパレードであった。このパレードの後、会場で閲兵式がおこなわれ、まずスペイン共和国のネグリン首相が切々と胸に迫る感謝と惜別の演説が行われ、最後に義勇兵にスペインの国籍を授与したいという願望を伝えたのだった。ついで、スペイン共産党の女性指導者ドロレス・イバルリ（通称、ラ・パッショナリア）は、見送りに来ているバルセロナの婦人たちに語りかけ、次いで義勇兵たちには、「あなた方は歴史です。あなた方は伝説です。あなた方は民主主義の連帯性と普遍性の英雄的な模範です。私たちはあなた方を忘れません。平和のオリーブの樹が再びスペイン共和国の勝利と絡み合って芽吹くとき、再び帰ってきてください[18]」と結んだ。

この解散式の時点で、バルセロナにいた国際旅団の義勇兵は、「国際連盟委員会」の集計によると、一万二、六三七人であった。彼らは、九、九三四人の死者と七、六八六人の行方不明者を背後に残し、負傷者は三万七、五四一人にのぼった。

解散式の終了後、船や列車でフランス経由する引き上げを開始した。一九三九年一月中旬まで、二九カ国の四、六四〇人がスペインを去っていった。その主な内訳は、フランス人が二、〇四一人、イギリス人が四〇七人、ベルギー人が三四七人、ポーランド人が二八五人、スウェーデン人が一八三人、イタリア人が一九四人、スイス人が八〇人、アメリカ人が五四八人であった。これ以外のほぼ六、〇〇〇人余りは、その後のカタルーニャの決戦で、今まで以上の辛酸を舐めることになった。

国際旅団の義勇兵の撤退を見届けた「国際連盟委員会」は、その後にモンジュイクとカルロス・マルクス監獄を含むバルセロナ内外の監獄で、およそ四〇〇人もの国際旅団の義勇兵が縲絏《るいせつ》の辱めを受けているのを発見して衝撃を受けた。「国際連盟委員会」のリッビング大佐の報告では、「時には些細なことで、時には決定的な深刻な規律違反で、有罪を宣告されていた。多くはスパイ行為またはサボタージュという廉で告発されたと言っている、彼らのほとんどは事実無根だと抗議した」という。ネグリン政府は、国際旅団の義勇兵で収監されている者はすべて帰国することにしたという話だったが、一九三九年一月、フランコ軍がバルセロナに向けて進軍している最中に、まだ約四〇〇人が囚われていたのだった。もちろん、彼らは全員釈放されたが[19]。

国際旅団のこのケースとは異なるが、一九三七年五月のバルセロナでの共和国陣営内部の市街戦、「内戦のなかの内戦」といわれた事件であるが、被告に当たるＰＯＵＭの指導者、ゴルキンほか六人の裁判は一〇月一一日に始まり、一一月一日にスパイ・反逆罪で告発されたＰＯＵＭの指導者に禁固刑の判決を下した[20]。

国際旅団の義勇兵の総数を正確に計算することは困難である。四万から六万人とさまざまな数字が挙げられている。この点に関して、バルセロナ人民オリンピック前からスペインにいて、イギリス人大隊長も務めたトム・ウィントリンガムはこう述べている。

全体として国際旅団に参加した義勇兵の総数はまだ大まかな数字しか分かっておらず、これからあげる数字は全く非公式なものである。全部で五万弱の外国人義勇兵がスペイン共和国の戦列で戦った。これらの兵士のうち四万を若干超える義勇兵が、国際旅団が活躍していた二年間の間、この旅団に参加した。残りの兵士たちは国際旅団が結成される一九三六年一〇月以前にスペインでの戦いを終えていたり、バルセロナに拠点をもつ、反スターリニスト派のマルクス主義統一労働党やその他のアナキスト系の陣営に参加していた。だがもちろん、一時に国際旅団が銃後を含めて四万人の兵力に達したことは一度もない。義勇兵たちは一度に固まってスペインにやってきたわけではなく、一八ヵ月以上にわたって、バラバラにやってきたのである。国際旅団が前線で、一万五、〇〇〇人もの外国人戦闘員をそろえたことなど一度もなかった。[21]

七　スペイン内戦後の義勇兵

第一五国際旅団政治委員で、作家のジョン・ゲーツは、「スペインを去るのは、スペインへ入るよりも、難しかった」と述べたが、これは実に示唆的な発言である。さらに付け加えるなら、国境を越えフランスに入ったとたん、悲惨な現実が彼らをとらえたのだった。ドイツ共産党員で、第一一国際旅団政治委員のグスタフ・レグラーは、部下たちの消息を探して国境にいた。

その午後、共和国軍の兵士たちが到着した。彼らは、まるで浮浪者のように取り扱われた。……雑嚢や小物入れの中に何が入っているかと聞かれて、スペイン人たちは、小銃を引き渡したとき武器は全部出してしまった、と答えた。しかしフランス人は、いかにも馬鹿にしたように雑嚢を叩いて、開けて見せろと要求した。スペイン人には理解できなかった。彼らは、最後の瞬間まで、国際的な連帯を信じるという悲劇的な過ちに固執したのだった。……武装解除された男たちが立っている土埃の道、それは二つの国の国境であるだけではなかった。それは二つの深淵であった。知事や将軍たちの目の前で、フランス機動憲兵隊の兵士は、スペイン人の私物の入っている袋や包みを奪い取り、その中身を、生石灰いっぱいの溝の中に捨てた。私は、あのスペイン人兵士たちの、怒りと無力感に満ちた目を見たことはない。彼らは石になってしまったかのように立っていた。彼らには、起きていることが理解できなかったのだ(22)。

無事帰還したとしても、帰還後の生活はさらに過酷であった。大雑把に言うと、ソ連を含む東欧諸国に帰還した元義勇兵を待ち受けていたのは、いわゆる「スターリン粛清」であり、西欧諸国では「アカのレッテル」であった。こうした満身創痍な彼らを直撃したのは、一九三九年八月二三日の「独ソ不可侵条約」の締結であった。これはまさに世界を震撼させたのだ。ちなみにこの五日後の八月二八日、仮想敵国ソ連を見据えて「日独防共協定」を結んでいた我が国の平沼騏一郎内閣は、「欧州の天地は複雑怪奇なる新情勢を生じた」といういつまでも残る一語を残して総辞職したのである。

スターリンとヒトラーは、共産主義とナチズムという今までの不倶戴天の敵同士だった。それにもかかわらず二人が握手したこと自体、スペインの戦場で、二年八ヵ月ものあいだナチス・ドイツと熾烈な死闘を繰り広げてきた元義勇兵には全く信じがたいことであった。

今まで命がけで守ってきた信念が音をたてて崩れる瞬間であった。それは彼らの間での「共産党離れ現象」を引き起こしたことだけではなく、彼らが最も危惧し、それがゆえにスペインに参戦した大義である「さらに大きな戦争」の阻止すら木っ端微塵に粉砕されたのだった。つまり、「独ソ不可侵条約」は、一九三九年九月一日に勃発した第二次世界大戦のプレリュードであったのだ。まさに内戦の勝利者フランコ将軍がマドリードを堂々と凱旋し、戦勝宣言を発表したわずか五ヵ月後であった。

八　三つの国際旅団の記念世界大会

①　国際旅団讃歌（マドリード、一九八六年一〇月一六〜一九日）

この国際旅団結成五〇周年記念大会には、二五ヵ国から約千人もの国際旅団の元義勇兵とその関係者が参集した。元義勇兵たちは、ドロレス・イバルリの惜別の言葉のとおり、再びマドリードにやってきた。五〇年ぶりに再見するマドリードは、あるいはスペインは、彼らにどう映ったであろうか。果せるかなというべきか、フェリペ・ゴンサレス社会党政権は、この大会をことさら無視したようだ。また、おそらく一般のスペイン人も同様だったようだ。

このことで、スペイン人が冷淡な国民だと即断すべきではない。内戦という、血を分けた親子や兄弟が血で血を洗うような凄惨な戦いを二年九ヵ月間も続け、完敗した共和派でスペイン国内に残留せざるを得なかった人たちは、勝利の美酒に酔う独裁者フランコの下で、われわれには想像もつかないくらいの弾圧を受けていたからである。

それにしても、大会二日目のことだった、マドリード市長主催の歓迎会において、内戦後に生まれた、社会党の市長は、「内戦後、廃墟同然となったマドリードの復興は、フランコ軍の捕虜となった共和派の人々の強制労働によってできたのです。現在のマドリードをよく見てください、われわれの町には内戦の傷はどこにもありません、心にも。……」と歓迎の言葉を結んだ。元義勇兵たちからの拍手はまばらだった。社会党政権にとって、選挙戦略上、内戦とかフランコはタブーだった。五〇年前、国際旅団の創設を承認したのは、現政権と同じラルゴ・カバリェロ社会労働党だったにもかかわらず。ちなみに、現政権寄りの日刊紙『エル・パイス』も、たった一回のコラムでこの大会を紹介しただけであった。

ところが、翌日の夕食会に予期せぬハプニングが起こった。九〇歳のドロレス・イバルリが静かに会場正面のハイテーブルの席に現れたのだった。会場は割れんばかりの拍手と歓声に包まれた。実に五〇ぶりの再会だった。アメリカ人のリンカン大隊の小柄な元義勇兵ジム・ヤングが突然ハイテーブルに駆け上り、彼女の額に口づけをした。ジムとは私がニューヨークのＶＡＬＢ（リンカン旅団元義勇兵の会）」で会ったが、すでに七〇歳の坂を越しており、わずか一年でひどく老けたようであった。

会場は水を打ったように静まり返った。ドロレス・イバルリは、静かに歓迎の言葉を弱々しい声で述べた。「皆さん、本当にいらしてくださいました。心から歓迎いたします。あの五〇年前、辛い思いをしてバルセロナでお別れしましたが、必ず再会できると信じておりました。やはり実現したのです。あなた達は『伝説』です。あなた達は『歴史』です。あなた達を敬愛する、この気持ちは、あの時からずっと変わっておりません。……」

そして、二人の女性の側近にかかえられて退室した。実に感動的な一場面であった。彼らをいささか失望させたマドリード市長の歓迎の言葉も、これで完全に払拭されたのであった。

最終日に、マドリード郊外のフェンカラール墓地にある国際旅団無名戦士の慰霊塔の前で献花式が行われた。会場には、今やスペインのどこでも掲げられることのない大小さまざまな赤・黄・紫の共和国旗が林立していた。その中を、あの重包囲下のマドリード戦線に最初に加わったドイツ人のテールマン大隊旗を先頭に、イギリス人大隊、リンカン大隊などの大隊旗が続々と入場し、大きな花輪とともに慰霊碑に向けられた。やがて各大隊の代表者が次々とかつての共和国式の握り拳を高々と振り上げ、自国語で演説した。彼らの力強い演説に耳を傾けてうなずく老人たち、あるいは拳を振り上げて涙する老人たちもいた。

この献花式の終幕は「インターナショナル」の合唱だった。この歌こそ、スペインの戦場で、混迷や挫折を体験しつつ、愚直にも突き進んだ若き日の彼らと、今は亡き彼らの同志たちの心を支えていたに相違ない。

献花式が終わっても、いつまでもその場に立ち尽くす老人、静かに語りかけながら慰霊碑を撫でている老人の姿が印象的だった。

イギリス人の詩人C・D・ルイスが、外国人義勇兵たち心情を代弁して、「これ以外に取るべき方法はなかった」と謳ったように、彼らにとって、本当に、これしか方法がなかったのだった。

② **国際旅団の行軍**（バルセロナ、一九八八年一〇月二八～三〇日）

バルセロナ北部のちょっとした公園に国際旅団の英雄的な戦いを記念する一二メートルの「ダビデとゴリアテの

像」が建っている。会場には五〇〇席くらいの椅子が並べられていたが、参加者おそらくその倍くらいであろう。やがて「ビバ・ラ・レプブリカ（共和国、万歳）！」の歓声とともに、二年前のマドリードでの献花式と同様に、共和国旗の林立する中、大隊旗が入場した。カタルーニャ旗とバルセロナ旗が立ち並び、中央のステージの司会者の声はほとんど聞き取れないほどだった。

まず、今は亡き共和国の指導者、国際旅団の義勇兵たちへの追悼の辞が述べられ、九三歳のドロレス・イバルリの歓迎の辞が代読された。続いて、各国の国際旅団の代表者が、例の握り拳を振りながら、演説した。最後のステージに立ったのは、バルセロナ市長のパスクアル・マラガルであった。バルセロナ大学経済学部教授だった彼はまず、カタルーニャ語で、次いでスペイン語で、ダビデ少年が大男のゴリアテに勝利した話を取り上げつつ、カタルーニャが独立した自治政府を持つことができ、それもあなたがたのおかげであり、あの五〇年前と全く同じです、と結んだ。この除幕式のフィナーレは、バルセロナ交響楽団とすべての参加者による「インターナショナル」の合唱であった。

大会二日目は、カタルーニャ自治政府大統領の歓迎レセプション。政庁内の一四世紀に建堂されたサン・ジョルディ礼拝堂は実に見ごたえのあるものだった。

その後、バルセロナ大学の大講堂で、スペイン内戦史学会主催のパネル・ディスカッションは「われわれの行軍（一九三八〜八八）をいかにして伝達するか」がテーマだった。パネラーは七人の国際旅団の元義勇兵と六人のスペイン内戦史家であった。元義勇兵と内戦史家との間の齟齬は致し方ないのかもしれない。政治的なイデオロギーに染まらない、可能な限り事実に基づいた全体的な国際旅団史が必要だ、というところに落ち着いたようだった。

大会三日目は、カタルーニャ会館で開かれた。スペイ内戦期の音楽の演奏、ポスターや絵画の展示が行われた。

③ 国際旅団結成六〇周年記念大会（一九九六年一一月四〜一二日）

会場は、初陣したマドリード、訓練基地と総司令部のあったアルバセーテ、解散パレードを行なったバルセロナなど三個所で行われた。主催者側の発表によると、参加人数は二九ヵ国、三七〇人であった。参加者は最年少でもとっくに八〇歳を越えている。いまや、掛け値なしで「時間との闘い」であった。この大会は、最後の大会になると誰でも思ったに相違ない。

この大会のハイライトは、大会二日目の一一月五日、マドリードのスペイン国会議事堂での元義勇兵の歓迎式典であった。この式典には、彼らに対するスペイン国籍授与式も兼ねていた。ほぼ六〇年も前の一九三八年一一月一五日、バルセロナの国際旅団解散式に臨んだ当時の共和国首相ファン・ネグリンは惜別の辞の中で彼らにスペイン国籍を授与したいと述べた。こうして今、ネグリン元首相の約束が、実に六〇年ぶりに果されたのである。その後、すでに記したように、とっくに八〇歳を越えた彼らが、主要な場所に移動して、しかるべきスケジュールをこなしていたのだから、本当に驚きだった。

註

（1）川成洋『幻のオリンピック』筑摩書房、一九九二年、三九頁。
（2）この聖火リレーのコースの決定には、「平和なスポーツの祭典」とは全く逆の計画が隠されていた。当時、ギリシアのオリンピアからはるばるベルリンに運ばれる聖火を一目見ようとコースの沿道を埋めた群集は、ベルリン・オリンピックの三年後の第二次世界大戦が始まったとき、聖火リレーの隠された意図を身をもって知らされたのだった。それは、ナチスの軍用コースとなり、実際にギリシアまでは、このコースを南下したナチス・ドイツ軍に占領されたのである。つまり、ベルリン・オリンピックの聖火リレーは、ナチスのヨーロッパ制圧の戦略、つまり「ナチスの欧州新秩序計画」の基礎となる「バルカン作戦」と表裏一帯だったのである（川成洋「聖火リレーに隠されたもの」『毎日新聞』一九九二年一月二〇日夕刊）。
（3）川成洋、前掲書、七〇～七五頁。
（4）同右、八九～九〇頁。
（5）J・M・コールドール『カザルスとの会話』佐藤良雄訳、白水社、一九〇〇年、八四～八五頁。
（6）掘田善衛『バルセローナにて』集英社、一八八〇年、一〇三頁。

(7)フランツ・ボルケナウ『スペインの戦場』(鈴木隆訳)、三一書房、一九九一年、二八頁。
(8)トム・ウィントリンガム『スペイン国際旅団』(川成洋・大西哲訳)、彩流社、一九八九年、一二頁。
(9)クリヴィツキー『スターリン時代——元ソヴィエト諜報機関長の記録』(根岸隆夫訳)、みすず書房、一九八七年、五二二〜五二三頁。
(10)ジェイスン・ガーニィ『スペインの十字軍』(大西洋三・川成洋訳)、東邦出版、一九七七年、六六頁。
(11)ヒュー・トマス『スペイン市民戦争』(都築忠七訳)、みすず書房、一九七〇年、Ⅱ、三三二頁。
(12)同右、Ⅰ、二六〇〜二六一頁。
(13)アントニー・ビーヴァー『スペイン内戦　一九三六〜一九三九』(根岸隆夫訳)、みすず書房、二〇一一年、Ⅰ、一六六頁。
(14)ジュリアン・シモンズ『彷徨と混迷の時代——一九三〇年代の政治と文学』(中島時哉・川成洋訳)、朝日出版社、一九七七年、八三頁。
(15)T・パミエス『子供たちのスペイン戦争』関哲行・川成洋訳、れんが書房新社、一九八六年、六四〜六五頁。
(16)ジョン・ゲーツ『スターリン主義に抗して——あるアメリカ人共産党員の回想』(雪山慶正・西田勲訳)、合同出版、一九六八年、一三八頁。
(17)アントニー・ビーヴァー、前掲訳書、Ⅱ、三七〇頁。
(18)ドロレス・イバルリ『奴らを通すな！——スペイン市民戦争の背景』(久保文訳)、紀伊國屋書店、一九七〇年、二九〇頁。
(19)アントニー・ビーヴァー、前掲訳書、三八〇頁。
(20)同右、Ⅱ、三八一頁。
(21)トム・ウィントリンガム、前掲訳書、二五一〜二五二頁。
(22)ポール・プレストン『スペイン内戦——包囲された共和国一九三六〜一九三九』(宮下嶺夫訳)、明石書店、二〇〇九年、三五二〜三五三頁。

ジャック白井の参戦と戦死

川成　洋

一　第一五国際旅団リンカン大隊の初陣

一九三六年一一月六日、共和国の首都はマドリードからバレンシアへ移されたが、それでもなお叛乱軍のマドリードの包囲作戦は続いた。翌年二月六日、叛乱軍はバレンシアからマドリードへの唯一の補給路であるバレンシア公道を遮断するために、最強の先鋭部隊である一万八、〇〇〇のモーロ軍を先陣とし、ドイツ・コンドル兵団を含む総勢四万の陣容で、マドリード南東約四五キロのハラマ川の西側から一八キロの続く戦線に沿って先制攻撃を開始した。叛乱軍は、これまで一度たりとも披露しなかった最高度に組織化された職業軍人の部隊を投入したのである。翌七日、ハラマ川とマンサナレス川の合流地点に到着し、バレンシア公道を射程内に入れた。これは、共和国軍の新設旅団が混乱していたためであった。緒戦で不意打ちを食い後退した共和国軍も、二月九日には、三万五、〇〇〇の陣容でハラマ川東岸の高地に沿って態勢を立て直し、反撃を開始した。ソ連の戦闘機チャート六機が、イタリアの爆撃機部隊を追い払い、初めて制空権を握り、共和国軍の反撃は一時的であるが功を奏した。

二月一七日午前三時、第一五国際旅団リンカン大隊は最前線の少し手前のチンチョン村に到着した。そこで初めて五発試射することが許され、そのまま最前線へ向かった。二三日から二四日にかけて、叛乱軍の最強の陣地に対して、共和国軍は繰り返し果敢に攻撃したが、さしたる成果を上げることができなかった。両軍とも戦力が均衡していたために、勝負はつけがたく膠着状態に陥った。二月二七日が最後の戦闘であった。

共和国軍は、約二〇キロの戦線に沿って奥行き一五キロの地域を失ったが、ともかくもバレンシア公道を確保することができた。これは、マドリード包囲作戦の完遂を意図して先制攻撃を仕掛けた叛乱軍の作戦目標からすれば、明らかに失敗であった。両陣営の投入戦力からすれば、共和国軍の反撃と防衛はひとまず成功したといえよう。この戦闘での兵力の損失は、両陣営とも一万人余りといわれている。これは全投入兵力の二五パーセントに達していた。リンカン大隊では、一二七人が戦死し、一七五人が負傷していた。さらに多くの行方不明者もいて、実際に戦闘可能な兵士は八〇人しか残っていなかった。このハラマ川の戦闘は、初陣した彼らにとって、まさに阿鼻叫喚のごとき世界だったろう。

ハラマ川の戦闘が終了したとはいえ、国際旅団の義勇兵たちがそのまま戦線維持に就くことになった。三月に入ると、戦線は全く静かになり、共和国支持のジャーナリスト、新聞記者などが「前線訪問団《フロント・ビジターズ》」としてハラマ川の戦区を訪れた。この頃、リンカン大隊の兵士、ボブ・エリオットの戦線日誌には、次のような記述がみられる。

三月一〇日水曜日。雨、日本人の知り合いに会う。詩人のスペンダーが訪ねてきた。アンソニー・イーエフが、身元不詳の同志を連れてきた。その同志は、非常に長い間入院していた。前線はきわめて静かだった。(1)

この戦線日誌の中の「日本人の知り合い」とは、ジャック白井のことであろう。白井はどんな話をしたのだろうか。四月、アメリカの黒人運動家J・W・フォードと握手した写真が残っている。

五月一二日、アイルランドの独立運動闘士ジェイムズ・コナリーの虐殺二一周年の追悼集会がハラマ川の前線で行われた。この集会の主催者は、リンカン大隊に所属するアイルランド人コナリー部隊であった。この部隊史『コナリー部隊』(ニュー・ブックス・ダブリン、一九七九年)によると、コナリーを記念する宣言が読み上げられ、この宣言書に第一五国際旅団の幹部たちがサインした。サインの末部に、九ヵ国の国名を入れた一〇人の義勇兵のサインがある。おそらく、この追悼集会に国際的な連帯性を持たせようと意図したのだろう。ギリシア、カナダ、オランダ、……と続く。

七番目のサインは、なんと「J. Shiva (Japan)」となっている。この「J. Shiva」とは、いったい誰だろうか。Shiraiとサインした文字をShivaと『コナリー部隊』の著者のマイケル・オーライダンが読み違えたのだろう。ジャック白井は、確かにこの集会で参加し、宣誓文にサインしたに違いない。

リンカン大隊は、ハラマ川の戦闘に初陣したちょうど四ヵ月後六月一七日、ハラマ川の戦線から移動する命令が下達された。彼らは、吹きさらしの丘隆地帯に眠る戦友たちに悲しい最後の別れを告げ、出発した。

このハラマ川の戦闘で、リンカン大隊は今日まで続いている一つの遺産を生み出した。現在でも彼らが集会の際に必ずうたう歌である。イギリス人の一兵士が《レッド・リバー・バレー》の曲に合わせて、《ハラマ・ソング》という替え歌を作詞した。それをリンカン大隊の兵士が手直しして《ハラマ・リバー・バレー》と命名して歌った。

スペイにハラマと呼ばれる谷がある、
それは僕らが誰でも知っている場所だ、
なぜなら、僕らの勇気をすり減らしたのはこの場所だから
僕らの大事な同志の大半もまた。

この谷からぼくらは出て行けと命令される
だが、慌ててぼくらにサヨナラを言うな
なぜなら、たとえ僕らはでかけても
一、二時間もすれば舞いもどって来るだろうから。

おお、ぼくらはリンカン大隊を誇りにする
またそれがうち建てた耐久記録を
どうかぼくらのささやかな頼みをきいてくれ
旅団にこの最後の言葉を伝えてくれ。

リンカン大隊員。前列左がジャック白井。ハラマ戦闘のあとと思われる

君はよそ者たちと一緒では幸せになれまい
彼らはぼくたちみたいに君のことは分かるまい
だからこそ、ハラマの谷を覚えておくのだ
さらに、じっと我慢している同志たちのこともまた。(2)

二　ジャック白井とは？

実は、白井の出自すら特定できる確実な資料や証言などは一切存在しない。

白井の周囲の人たちの伝聞を組み立てると、彼は一九〇〇年ごろ、北海道函館、あるいはその近郊で生まれた。そして、不幸にも、両親に捨てられ、孤児院で育てられた。当時の函館付近の孤児院といえば、渡島当別のトラピスト修道院に設置されていた孤児院のことだ。しかも、その修道院には、私立野上小学校も併設されていた。通常の市立小学校では、「生徒さん」（と修道院で呼ばれていた）が何らかの差別を受けるであろうという配慮からだった。また修道院としては、預かった「生徒さん」の記録は一切残さなかった。神から預かったからである。このように、彼の幼年期、少年期、青年期に関しては杳としてわからない。

ただはっきりしていることは、一九二九年の夏にニューヨークに上陸したこと、友人である石垣綾子に打ち明けていること、リンカン大隊で白井の上官だったアル・タンスも「白井が初めて僕と会う前に、ニューヨークに数年、そう、六〜七年暮らしていたと言ってました」と私に証言していることからも、一九二九年夏ごろというのはほぼ確かであろう。ニューヨーク上陸前、彼は外国航路の船員だった。おそらく、コックだったろう。もちろん、ニューヨーク上陸といっても、港のどさくさに紛れて密入国、つまり脱船したのだろう。当時のニューヨークには、白井のように非合法に入国したり、非合法に長期滞在していた日本人はかなりたくさんいたという。英語のわからない白井はパートタイムの職を転々として、ようやくコックとしての腕が認められ、日本人が経営する日本食のレストラン「島」にコックとして雇われる。

白井は、働きながら、ベーカリーの資格を取るために勉強も始めた。ベーカリーの資格はコックよりはるかに高かったという。また、おそらく石垣綾子の紹介だろうと思うが、「日本人労働者クラブ」という名称の四〇人くらいの反戦グループのメンバーとなり、仕事を終わってからよくその「クラブ」の事務所に顔を出して隅っこの椅子にポツンと座っていた。だが、白井がニューヨークで唯一の心の拠り所であるその「クラブ」でも、彼の喋る日本語がズウズウ弁に近い函館弁というのだろうか、そのうえ漢字交じりの日本語がちゃんと読めなかったこともあって、比較的高学歴の集団である彼らから陰で朝鮮人といわれ、仲間外れにされていたようである。事実、私がニューヨークで、白井の消息を尋ねていた時、当時白井と一緒に活動していた日本人は、白井は本当に朝鮮人だったと思っていたという。そのためか、彼はレストラン従業員組合である「レストラン・ユニオン」の「ローカル八九」支部メンバーとなったり、あるいは「バンガード（前衛）」という社会主義団体（共産党の「フロント組織」といわれている）で、相当積極的に活躍していた。やがて、好きな女性と一緒に暮らし始める。順風満帆の生活のようだった。

一九三六年九月、アメリカ共産党が募集した義勇兵に応募する。この頃、まだそれほど大々的ではなく、しかも「フロント組織」が募集していたはずで、これに応募するのは、もしかして白井は共産党系の筋金入りの活動家なのかもしれない。あるいは白井の周辺部の人がそうだったのかもしれない。

一九三六年一二月二六日、白井はアメリカ人義勇兵第一陣九六人のひとりとして、フランスの新型汽船のノルマンディ号に乗り込む。翌三七年一月三日夜、白井らは、ピレネーを越え、スペインへ第一歩を踏む。

白井は、ニューヨークの労働関係の弁護士で、リンカン大隊の兵站部将校アル・タンス付き兵卒、大隊付き炊事兵となった。アル・タンスとは、義勇兵に応募して以来の付き合いだった。二人の関係は相当緊密であり、「孤児院で育てられた」と打ち明けたという。そのためか、訓練基地で、あるいは休憩地などで、スペインの子供たちを相手によく遊んでいた「子供好きの明るい男」というのが、白井の一般的な印象であった。

それにしても、ハラマ川の戦闘で、白井が体験した大隊炊事所、食料置場とはどんな状態だったのか。イギリス人大隊からリンカン大隊に伝令兵として転属したジェイスン・ガーニィによると、そこはまさに臨時の「死体置き場」

に他ならなかった。

「食料置場」は臨時の物置場として、またトラックが向きを変えたり荷下ろしする場所として使用されていた。一日分の死体を運んでいくのを待ちながら放置してあったのは、この場所だった。その数は二体から二〇体の間を上下した。狙撃兵の弾丸と砲弾が、少数ながら規則正しく死傷者を出して、毎朝のようにいくつかのまったく見捨てられたこのような物体がそこに毛布にくるんでおいてあった。死人ほど重苦しく思われるものはなかった。特に人形使いの糸から放たれた時の操り人形そっくりに見える足の状態がそうだった。死人は棄てられたバナナの皮みたいにまったく価値がなくて、そのことが僕を憂鬱にさせたのだった。(3)

白井がハラマ川の戦闘後の戦線維持についている間、自分は戦闘するために、ファシストと戦うために、スペインにやってきたのであって、炊事するためでない、炊事兵から機関銃部隊に転籍したいと盛んに主張し、結局、リンカン大隊の政治委員スティーヴ・ネルソンの提案を受け入れ、「銃を握るコック」となる。普段は炊事をするが、戦闘となれば銃を握って、戦友と戦うこともできるようになったのだ。

ハラマ川の戦闘の後に、一九三七年七月六日から始まったマドリード防衛戦の要といわれたブルネテの戦闘であった。

北部戦線でのゲルニカの爆撃とバスク自治共和国の首都ビルバオの陥落など、不利な戦況が続いたが、マドリードは包囲されていたものの、いまだ共和国の牙城であり、勝利のシンボルであった。

ネグリン新政権はなんとしても叛乱軍に一泡吹かせたかった。マドリードの西方二五キロにある交通の要衝ブルネテ村の攻略が作戦目標となった。なぜなら、この村には叛乱軍の前線作戦本部があり、この村を制圧すれば、マドリードの包囲陣を分断することが可能であった。直ちに奇襲作戦が立案された。立案者は、グレゴリ・イワン・クリーク将軍を中心とするソ連軍事顧問団とスペイン共産党の軍事専門家たちであった。

共和国軍の総兵力は五万、飛行機五〇機、戦車一二八台、大砲一三六門の陣容だった。共和国軍の前線総司令部は、マドリード北西五〇キロの、グァダラハラ山脈の南麓にあるエル・エスコリアルに置かれた。

七月六日払暁、マドリードの北側を大きく迂回した共和国軍は、砲爆撃の後を受けて奇襲攻撃を開始した。これは数時間のうちに、一気に前進し、ブルネテ村を包囲し、その日の正午までに、ブルネテ村を制圧した。翌七日午前七時までに、ビリャヌエバ・デ・ラ・カニャーダ村を制圧した。

叛乱軍のバレーラ将軍は、急遽、ボアディーリャに司令部を設置し、三万の兵力で、戦線を再構築した。まず、ビリャヌエバ・デ・ラ・カニャーダ村の奪回が作戦目標だった。この戦闘も、肉弾戦となった。七月一〇日、叛乱軍は二〇〇機の飛行機で共和国軍を襲った。翌一一日に、叛乱軍はついに制空権を握った。守勢に立たされた共和国軍は、地面にへばりつくか、各自が作った「キツネ穴」に飛び込むだけであった。

叛乱軍が制空権をにぎった七月一一日、夕方六時ころ、夕食が下の炊事所から運び込まれるものと誰もが期待していたころ、下の食糧車が白井のいる機関銃中隊の陣地に向かってきたが、叛乱軍の猛攻撃のため、もうこれ以上前進できなくなっていた。塹壕の中で疲労と空腹と渇きで士気喪失しかかった戦友を見て、白井がその食糧車を動かそうとして反射的に塹壕から飛びだした途端、敵の機関銃弾が飛んできた。

ブルネテ戦線でのジャック白井（前列右）。その隣がオリバー・ロー大隊長

ちょうどその直前、白井の上官のアル・タンスも現場に来ていた。その時の様子を、アル・タンスは「自分の言えるのは、直接的な目撃談ですが」と断りつつ、私のインタービューに答えてくれました。

アル　私たちは、リンカンとワシントンの両大隊が陣地を築いている前線にやってきました。たまたま、兵站部の別の兵士が機関銃座は大丈夫だと言ってきました。ところが、その直後、両陣営の間で、猛攻撃が開始されたのです。戦闘が小康状態になるまで、その場に待機するよう伝令が届きました。それで、私たちは座って待機していたのです。やがて、ジャック白井が、俺行ってくるよ、俺怖くないから、といって飛び出しそうとしました。ジャッキー行くな、もう少したったら、われわれも行くから、それまで待機していろよ、と誰もかれもが叫んだ。ジャック白井は、そうした叫びに無頓着だったのです。彼が飛びだして、ほんの二、三歩進んだ時、敵の機関銃が彼の頭を射抜いたのです。

――彼の頭ですか、頚部でなくて。

アル　そう、頭、あるいは頚部です。ともかく肩より上の部分です。これが、ジャック白井の戦死の状況でした。

――彼の戦死後、あなたたちは、彼の遺体をスペインの大地に葬ったのですか。

アル　そうです。夜になって、私たちはささやかな埋葬式をしました。ほぼ同じ時刻に戦死した七人の戦友と一緒に。

――埋葬式をもっと詳しく話してくださいませんでしょうか。あなたたちは墓標か何かを建てましたか。

アル　墓標を建てました。私たちは、だいたい同じような墓標を建てました。例えば、ジャック白井の場合でいえば、ジャック・シライ、ジャパーニーズ・アンチ・ファシスト、彼の勇気をたたえて、一九三七年七月一一日、というふうに。

――墓標の素材はなんだったのですか。また。その場所をだいたい確認できますか。

アル　木の端をつかいました。それから二日後、両アメリカ大隊は、他の陣地に移動しましたので、その場所はまったくわかりません。[4]

果たして、ジャック白井は、その瞬間、何を思い、なんと叫んで絶命したのだろうか。薄幸の下で生を受け、波乱に富んだ三七歳（推定）の生涯をスペインで閉じたのだった。

スペインでの白井は、ほぼすべての戦友にとって「いつも笑顔をふりまく、陽気な男」「子供をかわいがる気のやさしい奴」だった。それゆえに、第一五国際旅団機関紙『自由のための義勇兵』（一九三七年一〇月四日付）に、白井への追悼詩が載っている。「ジャック白井――日系アメリカ人義勇兵、一九三七年七月、ビリャヌエバ・デ・ラ・カニャーダ村にて戦死」（D・ルドウィック）というタイトルの追悼詩である。この詩には、白井の数日前に戦死した黒人のオリバー・ロー大隊長の横に白井がライフル銃を握って座っている写真が掲載されている。丸顔の白井は、暑さと空腹のためか、頬がコケ落ちている。以下、この詩を紹介しよう。

同志白井は斃れた。
彼を知らない者がいただろうか
あのおかしなべらんめい英語
あの微笑の瞳
あの勇敢な心
エイブラハム・リンカン大隊の戦友は
彼を兄弟のように愛していた。
函館生まれのジャック白井
日本の大地の息子
故郷で食うことができず
アメリカに渡り
サンフランシスコでコックとなった。
彼の腕は町の食通の連中の
舌を満足させた。
一九三六年の夏
新聞が書きたてた
ヨーロッパで、スペインで、
ファシストの狼が殺人者になったと。
ジャック白井はささやかな荷物をまとめた

前線を訪れた黒人労働運動の指導者、ジェイムズ・W・フォードと握手をするジャック白井

写真の裏面。「1937年4月、ハラマ前線。同志ジャック白井とジェイムズ・W・フォード」などと書かれている

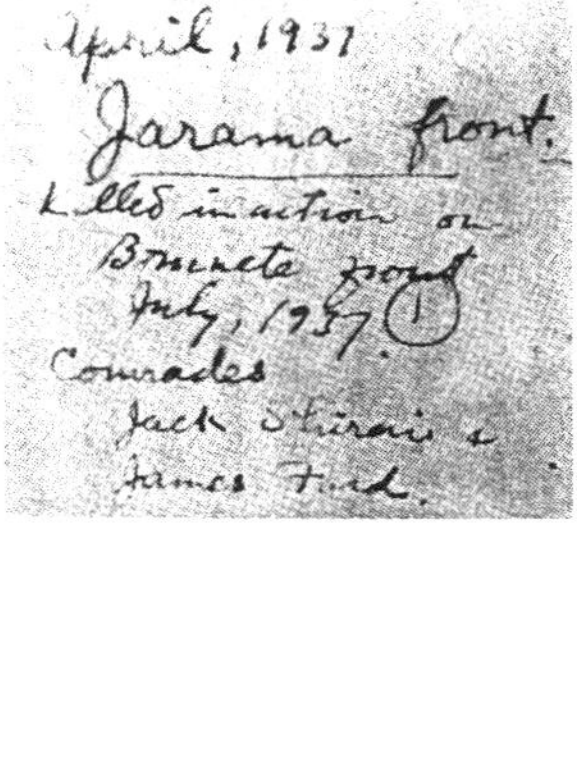

人間の権利を守るために
戦っているスペイン人民を助けようと
アメリカから馳せ参じた
最初のグループの一人だった。
弾丸がうなりをたてて飛び交い
猛烈な砲弾が炸裂するとき
リンカン大隊の青年たちは
ジャック白井を見つめた。
かつて（二月のハラマ川の前線）
彼は後方の野戦病院へ
炊事兵として派遣された。
病院の誰からも愛された。
傷病兵たちからも
村の農民たちも、遠いところからやって来た
この日本人のことを話題にした。
だが、ある日、彼は前線へ
最前線へ逃げ戻って来た。
味方が、マドリード包囲軍を
北方から突破した。
味方がブルネテとビリャヌエバ・デ・ラ・カニャーダを急襲したとき
彼もその最前線で戦っていた。

燃えさかる町々の焔の舌が夜空を照らし
炸裂する弾丸と砲弾の轟音が
耳をつんざいたとき
ジャック白井は斃れた。
自由を求める人民軍である
エイブラハム・リンカン大隊は
さらに日本の労働者階級は、
彼のことを決して忘れないであろう。(5)

白井の追悼詩についていえば、もう一篇、「このことは忘れまい」(ウィリアム・P・スミス)という追悼詩が、同じ機関紙(一九三七年八月九日付)に掲載されている。ただし、この詩は白井より数日前に戦死したオリバー・ロー大隊長と白井の二人についての追悼詩である。それにしても、白井のような一兵卒に過ぎない兵士の死を二回も追悼詩の形で掲載されること自体、まことに稀有であった。以下、この詩も紹介したい。

私は聞いた、その夜の君らの嗚咽を
私は知っている、君らの涙は恐怖のためではなく、
死者のためなのを。君らとともに終日戦った同士が死んだ。

半ば判断力を失わせる熱い太陽の下で、
オリーブの根元の小麦畑で、同志は斃れた。
地獄の音と渇き、砲弾と弾丸の
飛び交う音と炸裂音の中で、
同志はやって来た

水ぶくれの脚や肩をかがめ、
故郷でのんびりと暮らしたいと考えても、
泣かなければならない。
なぜなら、オリバーもジャックもはやいないのだから。

この二人を連れ戻すことはできない。
この二人はどこか遠いところに連れ去られ、
生き返ることはあるまい。
だが、つぎのことは忘れまい――二人は未だ兵士として生きている。
なぜなら、二人が残した力を受け継ぎ、
二人が決めた目標へ向かわなければならないからだ。
より大きな団結とともに
全ての人間は今や自由でなければならない。

私は聞いている。その夜の君たちの嗚咽を、
だが、日中には、われわれも二人と同じくなる。
このことは忘れまい(6)。

ことほどさように、白井は戦友たちから愛されていたのであり、白井本来の頑迷固陋ともいえそうな戦友想いの優しさが、炊事兵の彼を戦場から戦場へ、そして動けなくなった食糧車へと無性に駆り立てたのではあるまいか。白井にとって、この上もない不幸な挫折によって、彼の青年らしい生きざまを永遠に残すことになった。

ニューヨーク時代の白井を知る者の評価は、おしなべて、自分が疎外されていたことにことさら反発することもな

ジャック白井の埋葬（出典：**Harry Fisher, *Comrades; Tales of a Brigadista in the Spanish Civil War*, University of Nebraska Press, 1998, p.76**）

く、「無口で」、「孤独な」、「腕っぷしにいささか自信のある奴」だったようだ。

白井にとってのスペインは、人種差別もなく、過去の経歴や出自などを全く問題にせずに、人間同志のぬくもりや優しさを直に感得でき、それ故に己の人生を燃焼させることのできた地だった。このブルネテの戦闘で白日のもとにされされることになる、スターリニストの醜悪な権力主義や官僚主義など、命がけで戦っていた白井とはまったく無縁だったはずである。

ジャック白井のスペインでの戦死は、一九三九年に我が国に知らされている。スペイ内戦期に両陣営を取材した、『朝日新聞』の酒井米夫特派員が、バレンシア郊外のアメリカ系野戦病院で重体のイタリア人義勇兵から「日本人義勇兵の戦死」の噂を耳にする。次いでカスレリオンで入院中の中国人義勇兵から「日本人義勇兵がブルネテで戦死した。皆彼を尊敬していた。偉い男だった」とはっきり聞かされる。だが、取材ビザの期限が切れそうになり、どうしてもその日本人義勇兵を突き止めたいと思うが、万策尽きてフランスに戻ろうとしてバルセロナに滞在中、そこで偶然にも、白井の上官と邂逅する。

米人で編成している国際義勇軍リンコルン・バタリオン第一中隊長ローア大尉と会った。アラゴン戦線から何かの用事できていたのだ。ブルネテで戦死した日本人は知らないかと聞くと、一瞬僕の目をじぃっと見つめていたが、「それを知ってどうするのか」という。「日本へ報道するのだ」「これだけは言う。彼は最も勇敢な偉い同志だった。七月一一日午後一時ころ、ブルネテ戦線で敵のシャープシューター（狙撃兵）に殺された。これ以上は彼の故郷の遺族が迷惑するから言えない」「中隊は？」「僕の中隊」「墓はどこにある？」「ブルネテ西方」「君と一緒に来たのか？」「今年の一月、スペインに来た」「金銭問題その他のことで、日本人の恥になるようなことはなかったか？」「何？　彼は米国で高給を取っていたコック長のジョッブ（仕事口）を棄ててやって来た立派なコンミユニストだ。私行上の欠点があるはずがないじゃないか！」

「どういう風にして戦死したのか？」「誰からも好かれた男で、子供を非常にかわいがっていた。機関銃射手として各地を転戦し、その日はブルネテ激戦の五日目だった。塹壕は半分しかない。物凄い空爆に次ぐ空爆、砲撃また砲撃で食料も水も取りに行けないのだ。一寸でも頭を出したらすぐやられる。彼が気軽に『俺行こう』といって立ち上がった途端ここ（頸部）を撃たれて即死したのだ」「名前は？　年は？」「コムレード（同志）・ジャック、三十五、六歳――」[7]

繰り返しになるが、これが、我が国に知らされた、最初のジャック白井の戦死の情報である。「日本人ジャック」というタイトルの記事が、収録されている『ヴァガボンド通信』が出版されたのは、一九三九年二月であり、同年三月には七刷となっている。あの時代にこの種の本がよく出版されたものだと今さら驚かされる。そしてもう一つ。ジャック白井は、東京にある青山霊園の「解放運動無名戦士の墓」に一九六六年第一九回合葬の折に、彼の名前が刻まれて合葬された。この合葬には二人の推薦者が必要なのだが、不思議なことに、ジャック白井の場合、そこは空欄になっている。

これこそ、ジャック白井らしいと言えるのかもしれない。

註

（1）The Commissariat of War, XV Brigade, *The Book of the XV Brigade:Record of British, American, Canadian, and Irish Volunteers in the XV International Brigade in Spain, 1936-1938*, The Commissariat of XV Brigade, 1938, pp. 141-142.
（2）*Ibid*, p.97.
（3）ジェイスン・ガーニィ『スペインの十字軍』（大西洋三・川成洋訳）、東邦出版社、一九九二年、四九～五〇頁。
（4）川成洋『ジャック白井と国際旅団――スペイン内戦を戦った日本人』中公文庫、二〇一三年、二四八～二五〇頁。
（5）前掲書、二二～二四頁。
（6）前掲書、二五七～二五八頁。
（7）坂井米夫『ヴァガボンド通信』改造社、一九三九年、一六八～一六九頁。

アンドレ・マルロー〈希望〉

川口一史

1

アンドレ・マルローは二〇世紀を代表するフランスの作家である。もちろん彼が作家と呼ばれることになんの間違いもないのだが、従来の意味での作家であるかといえば、素直には頷けないことがマルローにはありすぎる。マルローが生涯を通して仕掛けてきた著作、思索、行動、興味、地位を一つ一つ追ってゆくとすれば、それは人の思索と行動の座標があるとして、そのなかにおいて、マルローのそれが占める座標点はあまりにも多く、そしてまた各所に点在しているのである。

マルローが何者であるかを語るのは、マルロー自身がそれを拒否しているように、じつに困難な仕業なのである。それを承知の上で座標軸に数々混在するマルローの痕跡を挙げるならばこうである。

「マルローは驚くほどに様々な分野に手を出した。彼は作家であり、美術評論家、美術史家、政治家、考古学者、一時は映画監督（実際はプロデューサー）、軍人、飛行士（実際は飛行銃撃手）その前には編集者であり古本屋であった。『ニューズ・ウィーク』の記者は彼を現代のレオナルド・ダヴィンチと呼んだ。」

「一七歳で学業を放棄し、パリの街角を野良犬同然に彷徨していた若者が、後に文化大臣になる。極東インドシナまで出向きひと悶着もふた悶着も起こす。フランスとは関係のない香港や上海を舞台とする革命小説を書く。スペイン内戦に駆けつけ義勇兵として叛乱軍と闘う。ドイツファシズム占領下でベルジェ大佐を名乗り抗独レジスタンス活動をする。その後に書かれる壮大な美術論は時代に抜きん出た深遠な思想的思索となる。そして戦後フランスの再建とド・ゴールの伴奏者としての奮闘。晩年の異文化・文明における孤高の思想的模索を展開するマルロー。その多岐に複雑すぎる生き方」そしてそれらがなにをもってマルローたらしめるのかを断定することは、膨大な時間とエネルギーを要することだろう。フランソワ・モオリアックは言う。

「マルローはフランス最大の作家である、と同時に彼は最も特異な作家である。他の作家たちはそれがどんなに違っていようと何か共通の性格を持っている。同じ家系から出ているのである。マルローについては、誤解されなかったとしても理解されないままにとどまっている。第一に抜群の知性と教養はそれらを所有しかつそれらに憑かれている人間を孤立させるものである」

ならば私たちは、ただ呆然とマルローを見るしかないのであろうか。だが「起点」はどこにでも必ず存在する。「不条理」それが彼の「起点」となる。

「マルローは生の『不条理』ということを最初に強調した最初の作家である」「不条理。この社会の変革など私には何の興味もない。私を傷つけるのは社会に正義がないという事実ではなく、もっと根本的ななにものかだ」

マルローの「起点」には思索と西欧社会の背景がある。思索のそれは哲学者ニーチェの存在であり、背景は、西欧社会が直面する二〇世紀初頭の現状ということになる。

知ってのとおり、この哲学者は彼の思索の結末にして「神なき世界」を世に知らしめた。その思想に西欧社会が追いついたとき、西欧と人々は「孤絶」したのである。「神なき世界に生きるとすれば、この世の意味はどこにあるのか」人間の最終的な目的である救済はなにになるのか。ところが依然として西欧はあたかも真実と目的が存在しているかのようにふるまっている。「神なき世界」の無意味さ、虚しさを「不条理」という言葉で表現したのはマルローが最初であるらしい。

自身を絶対的な「個」として捉え、それを取り巻く世界との関係を神を通じて構築してきた西欧は、神を失い周辺世界から「孤絶」する。しかし一方で東洋において、人は周辺世界と一体であり、その「死」もまた世界を構築するひとつの要素に過ぎず、「個」が「孤絶」することはない。「西欧が根底から試練に立たされている。その試練の苦しみから逃れたいという誘惑にかられている」。マルロー二四歳『西欧の誘惑』（一九二六）である。その後かなりの時間を経てのち、『異邦人』の作者も『嘔吐』の作者も神の見失われた意味なき「不条理」な世界に耐えて生き続ける姿を作品に描くことになる。

この「起点」たる「不条理」はその後のマルローに屹立し迫る世界として数々の変奏曲となって彼の前に立ちはだかる。そして、それらは「運命的力」もしくは「存在世界との関係回復」といった命題としてマルローの思索を触発してゆく。

マルロー二八歳『王道』（一九三〇）は、作品の中盤までが二二歳の彼がフランス植民地インドシナのカンボジア・クメール遺跡採掘を実際に冒険した経験をベースに書かれている。密林を踏み分けて進む様子は、リアリティーに溢れ、いっさいの文明や論理的思考を凌駕する人跡未踏のジャングル世界は、人間をいっそう「個」として「孤絶」させる「運命的力」を持った世界として読む者を圧倒する。小説の後半はフィクションで、主人公が、半死状態で密林の未開民族の奴隷となっている盟友に出会うことになる。彼と未開民族との間で、この半死の奴隷の争奪の戦いが始まる。奴隷はもはや生きる屍であり、その彼を奪うための死を賭した戦いと駆け引きが、人知いっさいを拒絶する密林のなかに展開する。それは、結末を待たないすべての意義を否定された虚無的な行為として、読む者に疲労感すら与えながら、伝えられる。「運命的力」のなかで悶え抗う登場人物たちは同時に、「存在世界との関係回復」を希求する人間の姿でもある。小説の結末は未開民族との戦いと駆け引きに勝利した主人公が戦いの最中に負った傷がもとで、じつにゆっくりと、そして生の苦しみのなかで確実な死に向かう。

「人生に対して与えられた究極の目的の欠如こそ、もはや行動の条件になったのだ」「たった一人で生きていると、たいていは自己の運命を気にせずにはいられないものだ、死はそこにある、わかるだろう、まるで人生の不条理性の否定できない証拠のように」「死なんてものはない、この俺が、あるだけなんだ」「死につつある、この俺が」。

人間と「存在世界との関係回復」は、強く拒否されている。

『人間の条件』（一九三三）はマルロー三一歳のときに出版された。小説の背景は、広東、香港から始まった中国国民革命が、上海、漢口に舞台を移した、一九二七年の革命紛争の話になる。中国革命の主体は蒋介石率いる国民党と中国コミュニストであったが、列強の政策を汲み取った国民党が、圧倒的な武力によって、革命を闘ったコミュニストの粛清を始めるクーデターの一局面が描かれている。『人間の条件』は一九三三年のゴンクール賞を受けた。作品は絶賛され、マルローの名は世界に広まった。

作品では蒋介石のクーデターによりすべての登場人物、コミュニストたちは敗北する。彼らのなかで二人の人物に注目するとすれば、それは活動家の陳《チェン》と清《キヨ》である。陳はテロリストで、作品の冒頭で、敵にまわった国民党の情報を得るために、殺人を犯す。しかし、国民党軍の粛清は凄烈をきわめしだいに陳たちテロリストを追い詰めてゆく。陳は最後の手段として、蒋介石を乗せた車の爆破を試みるも果たせず、最後は自らが爆弾を抱えて蒋介石の車に飛び込むのだが、そこに蒋介石は同乗しておらず、あとには陳の無残な屍だけが残される。

作品の人物たちは、それぞれが死を賭した自らの命題を担っている。蒋介石の弾圧という「運命的な力」のうちで、陳のそれ、つまり人間の条件を越えようとする行為は、命を賭した「存在世界との関係回復」の行為として語られている。

清はコミュニストのリーダー的存在で、モスクワによる共産革命を組織している。だが彼もまた、蒋介石の弾圧の標的となり、囚われの身となる。収容所で彼を待つのは銃殺による処刑なのだ。清は迷わず自らの命を絶つ。ここで詳述されるのは、清の「倫理的価値の高揚」だとされている。それは、自身に襲いかかる「運命的力」のなかに自らが巻き込まれようとする姿勢だ。その姿勢をのちにサルトルが「参加（アンガージュマン）」と称するのだが、この「参加」こそ「倫理的価値の高揚」だと作者は書く。

清の自殺は死する自身の「行為」であり「人間の条件」としての死を受け入れることではない。「倫理的価値」への「参加」により死を行為となして、死という不条理を超越してゆく、「存在世界との関係回復」を希求する姿なのだ。

『人間の条件』の登場人物たちはみな敗者だと再度書く。しかしそこに少しだけ言い添えることがあるならば、彼らは、「人間の条件」という不条理で満たされた世界を、死をかけて超越しようとした敗者であった、ということである。

この作品で否応なしにクローズアップされているのは、作者のコミュニストとコミュニズムへの微かな傾倒ではないだろうか。そこに、マルローの、あるいは二十世紀西欧文明が関わらざるをえない様子を、垣間見ることができる。

「この時期からスペイン内戦の頃までが、マルローがもっとも共産党に接近した時代である」。

そして、マルロー自身といえば、現実の社会運動に「参加」する活動家へと転身してゆくのである。『人間の条件』、夫の清を失った妻メイの思考。「人間の価値は、自分の力によって変化させたものによってのみ、はかられるのだ。彼らが生きていようといまいと、敗者であろうとなかろうと、そんなことは問題ではなかった」。

2

『征服者』（一九二八）二六歳のマルローが登場人物に言わせていることがある。「不条理を受け入れることはできる。しかし、不条理のなかに生きることはできないのだ」。

不条理という「起点」からの脱却、抵抗、超越、克服、さまざまなマルローの思索と行動が彼の座標上に点在する。ここに私たちは次の段階として、これらの点在する座標点に共通するもの、あえて呼ぶのであればマルローの座標上における「定点」とは何であるのかを、探索してみる必要があるのではないだろうか。このとき、私たちは必然によってか、あるいは気まぐれないたずらによってか、「そこ」に導かれることになる。一九三七年、マルロー三五歳の作品『希望』である。

〈希望〉この瞬間に、小説を別にして、この言葉が象徴し、この言葉によって触発されるなにかを、私たちは直感するのである。つまりそれはマルローの座標における「定点」としての言葉である。「定点」たる〈希望〉は、夜空の星座のあらゆる星々の連結点としてりりしく君臨するその北極星のように、かつまた無限の星々がその「定点」たる北極星を中心として夜空に展開するごとく、〈希望〉はきらめくマルローの思索の星々の中心となって、そこに確かに輝いているのである。

不条理という「起点」からそれに向き合いなおかつそこから超越を試みるマルローのその動機とでも言うべき「定点」を、いま私たちは〈希望〉というロゴスに見出すのである。

3

一九三六年七月一七日、スペイン領モロッコにおいてフランコ率いるスペイン国軍がスペイン共和国政府に対して軍事クーデターを起こした。それをきっかけとして、クーデターは翌一八日にはスペイン本土のほぼ全域に広がった。ひとときは鎮圧されたかに見えたクーデターは、ファシズム陣営としてのドイツ、イタリアからの軍事援助を受け、三ヵ月後にはマドリードを包囲するほどの勢いに発展した。

この軍事クーデターの少し前、マルローは一九三五年ドイツファシズムのコミュニスト弾圧をそのままテーマとした小説『侮蔑の時代』（マルロー三三歳）を発表している。同年彼の参加したパリ祭は、反ファシズム勢力の総結集で盛り上がる。当時のマルローには、『侮蔑の時代』に始まる反ファシズム思考と、コミュニズムへの傾倒を見ることができる。

フランコによる叛乱宣言の一ヵ月前、マルローはマドリードにいた。一九三六の七月に開催される「世界知識人会議」に先がけて招待されていたのだ。この集まりで、彼は現地の幅広い情報を得て、パリへ戻る。そして、フランコの叛乱。マルローは三日後には先妻クララと共に、マドリードへ飛ぶ。マルローの「参加」が始まった。マドリード、バルセロナを訪れた数十日後、再びパリへと戻る。このときマルローはフランコ叛乱軍の圧倒的な機械化部隊を知り、それに対抗するための飛行機部隊の投入を訴え、パイロットの友人、政府役所関係者の間を走り回ったという。「戦争は技術者の戦争であって、『人民戦線の運命』は、労働者にではなく、技術者の手中にある」。

航空大臣ピエール・スコットの独断により、数十機の飛行機がマドリードへ向かった。だが、この状況に対し悲劇が起こる。フランス、イギリスなどヨーロッパ二七ヵ国はこのスペインの危機に対して「対スペイン不干渉宣言」を発した。それにより、フランスからの飛行機のマドリード入りはストップされる。

「八月八日、マドリードに降り立ったマルローは、スペイン共和国政府により『国際航空部隊』大佐の称号のもと、その編成責任者に任じられた。七ヵ月におよぶ義勇兵マルロー戦争参加の始まりであった。」マルロー率いる航空部隊はエスパーニャ（スペイン）と命名された。ソ連の空軍が到着するまで「マルローのエスパーニャが共和国軍唯一の空軍として力をふるった」「テルエルの戦いでは、マルロー自ら機関銃をとって闘った。負傷二回」とある。

一九三七年二月、マルローはおよそ七ヵ月にわたる義勇兵としての戦線を離れるが、翌月には疲れた体にムチ打って、ただちにアメリカに向かい、スペインで起こっていること、その問題をアピールするためのキャンペーン活動を開始する。アメリカ政府関係者からの態度は冷たかったようだが、大学、雑誌関係者、ことにハリウッド映画関係者らの歓迎は、およそ一ヵ月にわたるキャンペーンで募金集めに成功し、スペイン人民戦線の窮状を訴えることも叶った。

パリに戻ったマルローは、スペイン内戦を主題にした映画《テルエルの山々》（後に《希望》に改名）の製作を行い、さらにマルロー作品として広く世に知られることになる長編小説『希望』を一気に書き上げる。一九三七年一二月、マルロー三五歳。

小説『希望』は次のような構成となっている。第一編「抒情的幻想」第一部「抒情的幻想」に続く第一章から第三章。第二部「アポカリプスの実践」に続く第一章から第二章。第二編「マンザナレス河」第一部「存在と行為」に続く第一章。第二部「左翼の血」。そして最後が、第三編「希望」である。

第一編では、イタリア・ドイツを背後にファシズム叛乱軍の圧倒的な機動力とそれに応戦する共和国軍の勇猛な闘い。局所での攻防と勝利。第二編、第二部では、マドリードに迫る叛乱軍との壮絶な攻防とマドリード死守。そして、第三編において象徴的なのは、テルエルの戦いによって不時着した友軍機の負傷者を救出する仲間たちと農民との「交歓」「尊厳」「友愛」の姿。

作品の雑駁な印象は、叛乱軍との戦闘シーンにおける細密なディテールとリアリティ、それと対極的に合間に挟まれる何人もの主要人物たちの形而上学的な会話だ。相反するはずのそれぞれが、不思議に融和して現実の内戦の状況に沿った時系列のなかでの象徴的場面によって進められてゆく。戦闘の描写は地上の作戦と、空軍の戦闘に分けられて、それぞれが交互に出現する。空軍の戦闘描写は、マルローの実体験によるものなのか、真に迫るものがある。形而上学的な会話は、ある地上作戦を終えて、多大な犠牲のもと、自軍陣地へ戻った人間たちによって構成されるもの、あるいは、圧倒的な機体性能の差を承知しつつ、傷だらけの機体を空に向かわせ、出撃した半数以下の機が帰還してのち交わされる空軍兵士たちのそれ。

細部のひとつひとつをさらに微細に書き込むことによって、全体として立ち上がってくる形而上学的なメッセージ。マルローが『希望』を書くにあたって、現場での体験をもとに書いていることは当然ではあるが、それ以外に、スペインの情報を毎日詳細に伝えていたヨーロッパの新聞、マルローが直接入手したと言われる資料によって、彼はこの小説を書いたと言われている。登場人物はマルローの創造で、書かれていることがらすべてを事実と受け取ることはできないが、「スペイン内戦初期の段階をこれほど大きな展望のもとにヴィヴィッドに描き出した作品は、他に出ていないのである」「マルローはこれまでにも革命ないし暴動に取材した二つの作品『征服者』と『人間の条件』を書いている。しかしこの二つと『希望』の違いは、『希望』がほとんど現場で書かれた小説である、ということにある。『征服者』は、広東暴動のあと三年を経て刊行された。上海のクーデターから『人間の条件』の執筆までには、少なくとも四年（完成までにには五年以上）の歳月が流れている。（中略）こういう情勢下では、前二作のような構成方法はとりにくかったと思われる。性急な結論は控えねばならない。登場人物のあいだにくりかえされる議論には、どれにも明確な決着がない」。

また『希望』はマルローがその「運命的力」に対してそれを超越していこうとする「存在世界との関係回復」＝「希望」をメッセージしている反面で、すべては虚しいという暗示が、戦場の情景のひとつを描いてもいる。「その日の死者たちは、アスファルトの路上に、あらゆる斜面のくさむらに倒れ伏して、死者としての、初夜の営みを始めている。夜が戦場に落ちる。いっさいをおおうような荘厳な夜。あらゆる夏の夜と似た。暑苦しい夜」「時計はスカリに（中略）冷ややかさと永遠とを感じさせ、いっていることのすべてが、いうだろうすべてが、ひどく虚しいものに見えてきた。」

多くの全面的な賛辞の声を得ることになった小説の評価の反面もいくつかはある。

「『希望』をC・ジェンキンスは『現代の重要な小説のひとつ』といい、美しいが奇妙な書とルイ・ジレは書いている。奇怪の書、という評価もあった。高く評価する批評家もいるが『人間の条件』の場合のように、評価が定まっていないのが実情だろう。」

しかし、誰もが『希望』のなかに確かなものとして認めることは、前作『侮蔑の時代』と同様、ロシア革命への期待、コミュニズムに寄せる期待である。作品の登場人物の共産党員マニュエルは、もと録音技師の端役として描かれるが、わずか半年あまりののちに有能な旅団長になるという、「コミュニスト教養小説」的な一面も感じさせる。

しかしそういった様々な評価、捉え方をまずはわきに置いて、なお読者にまばゆく訴えかけてくる作品の情景は、先述した巻末の、戦闘で不時着のため、命を落としまた、負傷した同志たちを、テルエルの山道をゆっくりと運んで進む隊員と農民たちの「交感」「尊厳」「友愛」の姿であり、あのロゴス〈希望〉を「定点」に位置するマルローの期待を実感させる。そして、最終描写、ベートーベンのレコードを聴くマニュエルは「人間の血よりも深刻な、その地上での現存在よりもさらに不安なものの声を」はじめて耳にする。「すなわち人間の運命の、無限の可能性である。彼は自分のなかに、小川の流れや捕虜たちの足音といりまじって、その心臓の鼓動のように永遠的で奥深いそのものの存在を感じた」。

長い小説は終わる。

4

一九三九年三月三〇日、バレンシアを叛乱軍が制圧し、翌日共和国軍の敗北で内戦は終わった。マルローの映画

《テルエルの山々》の完成は、その年の夏。しかし、この直後に、彼のこれまでの、思索行動の、彼の座標に刻まれた幾多の座標点がその位置を根底から転換を余儀なくされる出来事が起こる。一九三九年八月二三日に締結された「独ソ不可侵条約」である。条約締結後、九月一日にはドイツ軍はポーランドに侵入、三日イギリス、フランス両国はドイツに宣戦布告。第二次大戦の始まりである。『希望』においてマルローが淡い「期待」と「希望」を抱いた模索の答えが、あろうことか不条理としての「運命的力」であるファシズムと手を取り合ったのである。その後のマルローはこうである。

条約締結の年、マルローはすぐに志願兵として戦車隊に所属し戦争に参加、翌年フランスの降伏と同時に一度目の捕虜となり収容所に送られる。しかし、隙を見て脱走。非戦闘地域まで逃げのび、そこで再度小説を書く。『アルテンブルクのくるみの木』は一九四三年第一部がスイスで秘密出版されるが、第二部はゲシュタポにより破棄される。のち一九四八年フランスで刊行、マルロー四六歳。一九四三年ごろのマルローの様子はあまり知られていないのだが、失意のときを過ごしていたと考えられる。

次にマルローが「参加」するのは、自らを『アルテンブルクのくるみの木』の作中人物であるベルジェ大佐を名乗り、ドイツに対するレジスタンスとしての参戦。しかし再度捕虜として捕えられ、ゲシュタポによる銃殺の直前に解放される。一九四四年マルローは、アルザス・ロレーヌ旅団を編成し旅団は正規軍に編入され、軍人マルローが誕生する。一九四四年に成立したド・ゴール政府は、翌年マルローを情報相に任命。情報相として四月には前線に復帰し、ド・ラットル将軍よりレジオン・ドヌール勲章を叙勲。ここにマルローの戦争は終わりを告げる。翌年、ド・ゴールの突然の辞任により、マルローも政界から身を引く。ここから、マルローの執筆の時間が始まることになる。マルローの著作は、小説から美術、芸術、文化論へと移行する。『西欧の誘惑』に始まる不条理における人間の生き方、「存在世界との関係回復」は、「人間とは何か」という問いかけをもって、小説空間という座標から美術論という座標へと移動した。

「独ソ不可侵条約」という「運命的力」のなかでマルローがたどった道は、失望、挫折、そして変遷（メタモルフォーゼ）だ。スターリンに関してマルローの発言「完全な決裂だ。百パーセントの反スターリン主義。この一言につきる」。その後の大戦を通じてマルローが発見したのは、「原形」だ。「父親＝『アルテンブルクのくるみの木』より」に見る自身の原形、つまりは人間の「原形」、祖国フランスに見る国家の「原形」。左の全体主義となったソ連の「運命的力」を前に、これに対抗できる力を「国家＝原形」に見いだすこと。「国家」とは、固有性を特徴とする「伝統」と「文化」によって特化されるもの、とマルローは考えた。その視点において、座標上を眺めれば、そこに存在するマルローの中心的な思索、作品たちが、新たな点滅を繰り返すのである。

『アルテンブルクのくるみの木』の中心は第一次大戦前の時代の物語となる。そこで描かれるのは、父親の姿であり、父親の時代であり、父親の議論である。小説の話者はつぶやく「今ここに私は原初の素材を前にしている」。父親とは、自身の「原形」であり、しいては「人間」なのである。いくつもの「理想」が消えて、人間の裸の姿に直面したとき、最初に浮かんでくるのは、自身の「原形」としての人間像、つまり父親の姿である。そしてその存在を「恐怖と希望の入り混じった混沌のなかで死んでゆく」ものかを問うている様子は、かつての『西欧の誘惑』に見る「孤絶した個」を思い出させる。しかし、ここには「存在世界との関係回復」に期待したあの「交感」「尊厳」「友愛」のコミュニズム革命の倫理性はきれいに消え失せている。それに代わるもの、次の普遍性への追求にマルローは向かうのである。

ド・ゴールの突然の辞任以降、マルローは壮大な文明論の考察による「存在世界との関係回復」の問題に力を注ぐ。二〇世紀西欧人の「人間とは何か」という問いかけは、今度は小説ではなく美術論によってなされる。『アルテンブルクのくるみの木』と同時期に書いていた美術論『沈黙の声』（一九五一年、マルロー四九歳）では、同じ挫折の根本にある問題を考えていた。

『沈黙の声』は一九四七年から四八年までに連載された『芸術の心理学』をひとつにまとめ一九五一年に発表されている。モノクロやカラーの写真がふんだんに使われた大部の豪華本である。この本の基調を成すのは、マルローが発案した「想像のミュージアム」という考え方である。

「想像のミュージアム」では、西欧文明が異文明・文化と向き合い、その対話を可能にするという発想を、芸術・美術論のなかに見出したものである。二〇世紀の写真技術が大美術館にもまさる内容の大ミュージアムを生むことを可能にした。つまりそれは、一冊の書物のなかで写真という複製された作品群が同じ地域で異なった時代の作品と対面させられ展示されたり、異なる地域の同時代による作品の並列が行われたり、そうした過去から現在にいたるまで存在し続けている人間の精神活動の所産が、いたるところで対話し、交流し、同化・差異化をはかりながら、今までに認識することができなかった、芸術存在の意味と普遍性を発信し続けることができるのである。

その『沈黙の声』は、二〇世紀の特性、つまり文化・文明の国際的な協調性を意識化するための創作であった。作品の構成は「縦糸」と「横糸」で編まれている。「縦糸」は「宗教（キリスト教）的時代」から、二〇世紀「神なき時代」そしてさらに近代階級社会、共産・資本主義社会にいたるまでの、人間の精神活動の所産として生まれた芸術作品群を対比させている。「横糸」では、異文明の芸術作品、文化的創造物が同じく対比され、より普遍的な人間の「創造の営為」が紹介され、縦と横の糸で編まれたマクロ的視点からは、人間の発露としての芸術性、その逆の創作者たる人間という営みの本質を読み解く仕組みになっている。

一九五九年、ド・ゴールが第五共和制の大統領に就任するや否や、マルローは召命され、文化大臣としてフランス再建に「参加」する。彼が目指したものは、フランスが「伝統と文化」を特性とする強固な「固有性」を有した国家として、確立されることだった。ここにも、マルローが探求した「想像のミュージアム」「文化の国際的協調性」を認めることができる。

一九六九年、ド・ゴールの傍でつねに寄り添い走り続けてきた一〇年間の後、ド・ゴール辞任とともにマルローの政治「参加」は幕を閉じる。その時間の途中、一九六五年に書き始められた『反回想録』は大著として一九七二年に刊行される。マルロー七〇歳。

『反回想録』は風変わりな著作である。序章には、「私に関するだけのことは、私には何の意味もない」とあるとおり、彼の幼年期からの自伝的羅列に関心がないことが明言されている。主眼は、自分にとっての決定的体験、自分の創造上の人物との対面、つまりは、現在の自分と創作世界の融合を描くことにある。

マルローの現実の行動が、彼の創作世界のなかで行われたり、創作世界同士が物語を入れ替えて、彼の現実の経験に置き換えられたりする。現実世界、経験世界、創作世界は錯綜し、記憶が自由気ままにひとり歩きを始め、そうして紡ぎあげられた回想なのである。たとえばそれは、時代、思考こそ対極にあるもの、プルーストの『失われた時を求めて』における深層的内面世界の意識化による回想風景に似ているとされる。ただのひとつ、ここで確かに言えることは、マルローは過去をかえりみない人間だったということだ。過去に「希望」は存在しない。

5

マルローがつねに見すえていたもの、マルローの失意、挫折のなかでつねに彼が求め続けていた彼の座標のひとつの「定点」を思い返してもらいたい。あのロゴス〈希望〉そのことだ。なぜ〈希望〉は「定点」として位置し続けたのか。なぜ〈希望〉が見失われることがなかったのか。そしてマルローは不条理への抗いを〈希望〉によってひとときも休まずに続けられたのか。その答えは、〈希望〉というロゴスの持つ真の意味、もしくは本質的なテーゼにあると考えられる。それは、〈希望〉とはそこに「他者」として存在するのではなく、〈希望〉とは〈希望を持てと己に命ずる〉ことによって、存在する「こと」なのではないだろうか。「希望」があるから「希望」を持つのではない。〈希望を持て〉と命じるから、「希望」が生まれるのだ。マルローは、潜在的直感によって〈希望〉を認識していたのではないだろうか。そして、その〈希望〉を「定点」として〈己に希望を持てと命じる〉ことで、あの「運命的力」に抗い「存在世界との関係回復」を求め続けることのできた人間ではなかっただろうか。過去に「希望」はなく、彼の前に「希望」は広がる。〈希望〉とは〈希望を持てと己に命ずる〉ことだからである。

一九七六年、七四歳でマルローがこの世を去るまで、彼は〈希望とは、希望を持てと己に命ずる〉ことに従い、つねに進化を続けた。

私たちはマルローの〈希望〉を前に、そのロゴスの初源にあったスペイン内戦に向けて書かれた『希望』を想起する。それはもしかすると、内戦から八〇年を経た今にしてなお、〈希望を持て〉と私たちに呼びかける、マルローの言葉を借りるならば「抒情」であるのではないかと思う。マルローの〈希望〉はスペイン内戦という史実のなかで輝き続けた「定点」であると同時に、今なお私たちを照らし続けているひとつの運命的な命題だと思うことは、少し感傷的に過ぎるだろうか。

参考文献

「王道」邦訳『新潮世界文学、マルロー』滝田文彦訳、新潮社
「人間の条件」邦訳『新潮世界文学、マルロー』小松清・新庄嘉章訳、新潮社
「希望」邦訳『新潮世界文学、マルロー』岩崎力訳、新潮社
『評伝アンドレ・マルロオ』松村剛著、中公文庫
『アンドレ・マルロー伝』中野日出男著、毎日新聞社
『アンドレ・マルロオとその時代』村松剛著、角川選書
『スペイン内戦——政治と人間の未完のドラマ』川成洋著、講談社学術文庫

サン＝テグジュペリ――「ある軍曹の目ざめ」モラリストのルポルタージュ

杉村　裕史

はじめに

ＡＦＰ通信[1]によると、サン＝テグジュペリに交付されたスペイン内戦の取材許可証が、スペイン西部トレド県の小さな村で、二〇一六年六月三〇日アマチュアの歴史家によって発見されたという。

サン＝テグジュペリは二度スペイン内戦を取材している。一度目は内戦勃発一ヵ月後の一九三六年八月のバルセローナ、二度目は前年からフランコ将軍率いる反乱軍に猛攻撃をうけていた一九三七年四月のマドリード、ともに危険な前線に赴いたものである。

今回発見されたものは、二度目のマドリード取材のための許可証である。なるほど、ウェブで検索したＡＦＰ通信の画像から、一九三七年四月一六日付けの自筆サインが見てとれる。場所が興味深い。パリの住所は、当時妻のコンスエロと暮らしはじめたばかりのパリ市内アンヴァリッド近くのヴォーバン広場一五番地、かっこつきで記されていたのが、マドリードのフロリダ・ホテル。当時二〇ヵ国からジャーナリストや作家が集まり逗留したとされるこの伝説のホテルで、サン＝テグジュペリは、アーネスト・ヘミングウェイやドス・パソスと出会ったとされる。[2][3]旧知のアンリ・ジャンソンとはここから前線取材に向かったようだ。[4]

本稿は、サン＝テグジュペリが、どのような理由でスペイン内戦の前線に赴いたのか、何を報告して、何をどのように表現して作品として昇華させていったのかを明らかにするものである。

一　スペイン内戦、二度にわたる取材

サン＝テグジュペリがスペイン内戦取材におもむいた経緯について少しだけ触れておきたい。

すでに民間航空機の飛行家としてキャリアを積み上げる一方で、その飛行家としての経験と思索から、『南方郵便機』(5)、『夜間飛行』(6)をものして作家としての輝かしいデビューを果たしている。

一九三五年の年の暮れ、一二月二九日に、一五万フランの賞金のかかったパリ―サイゴン間の飛行記録更新を目指して、購入したばかりの愛機コードロン・シムーン機に乗り込みパリ・ブールジェ飛行場を離陸した。マルセイユ、チュニス、ベンガジを経由して翌日深夜二時過ぎにリビア砂漠に不時着し、墜落三日目の翌年一月一日たまたま通りかかったベドウィンの遊牧民に奇跡的に救出される。この遭難の経緯については、後の『人間の大地』(7)で詳しく語られ、この体験からのちに世界的ベストセラーとなった『星の王子さま』(8)が誕生することとなる。

一九三五年四月から五月にかけて、『フランス・ソワール』紙の特派員としてモスクワを訪問し、このモスクワのルポルタージュは成功をおさめていた。サン＝テグジュペリは、リビア砂漠への墜落遭難から一九三六年一月一日の救出帰還について、『ラントランシジャン』紙に、一月六日、三〇日、三一日、二月一日、二日、三日、四日と独占記事を寄稿した。

その一方で、『人生に意味を』(9)の序文で、クロード・レーナールは当時の彼の経済的窮状について次のように証言している。

> 彼が計画したパリ―サイゴン間長距離飛行の失敗のために、莫大な負債を負うこととなったサン＝テグジュペリは、健康を回復してエジプトより帰国すると、ただちに『ラントランシジャン』紙の要請をいれて、あわただしく内乱の勃発したばかりのスペインへ飛んだ。(10)

この通り、墜落遭難からわずか半年で、一九三六年七月一七日に勃発したばかりのスペイン内戦への取材に向かったわけである。サン＝テグジュペリがスペイン内戦の何を取材したのかについて時系列にまとめておく。

〈ルポルタージュ〉（一九三六年七月一七日にスペイン内戦勃発）

一九三六年 八月

八月一〇日の『ラントランシジャン』紙第一面に写真付きで「著名な飛行家・作家であるサン＝テグジュペリ氏がスペインに飛び立った」[11]と掲載される。同紙の特派員として、リヨンを飛び立ち、ピレネー山脈を越てバルセローナに着陸。バルセローナから西方に位置する前線であるレリーダに向かい、生々しい現地報告を行った。

五本のルポルタージュが残されている。

『血ぬられたスペイン』[12]

八月一二日 「バルセローナへ　内乱の目に見えぬ境界線」

八月一三日 「アナーキスト気質　バルセローナの街角の風景」

八月一四日 「内乱それは戦争ではない、病気なのだ」

八月一六日 「戦いを求めて」

八月一九日 「ここでは木を伐るように銃殺する　人々はもはやたがいに尊敬しあうことはない」

一九三七年 四月

『パリ・ソワール』紙特派員としてマドリードに向かう。八万フランという破格の原稿料で一〇本のルポルタージュを書く予定だったが、実際に掲載されたのは三本。『カナール・アンシェネ』紙の特派員として投宿していたアンリ・ジャンソンとフロリダ・ホテルで遭遇して、彼により知遇を得たイベリア・アナーキスト連盟（ＦＡＩ）の伝説的リーダーであるホセ・ブエナベントゥーラ・ドゥルーティからロールスロイスを一台を借りてともに前線に赴いた。[13]

『マドリード』[14]

六月二七日 「マドリード防衛」

六月二八日　「カラバンチェル前線での戦争」
七月　三日　「おい軍曹、なぜ君は出て行ったのか？」

〈エッセイ〉
一九三八年一〇月、『パリ・ソワール』紙に『戦争か平和か？』[15]を寄稿。ヒトラーに妥協したミュンヘン宥和協定の成立した翌々日から三日間（九月二九日～三〇日）にわたって発表された。
『戦争か平和か？』
一〇月二日　「戦っている人、きみはだれか？」
一〇月三日　「深夜、塹壕から塹壕へと両軍の声がよびあいこたえあう」
一〇月四日　「人生に意味をあたえなければならない」

〈スペイン取材から生まれた作品〉
1、『人間の土地』[16]。
2、『城砦』[17]。『人生に意味を』の序文で、「やがて『城砦』のうちに展開されることとなるテーマ、人間の尊厳、神、情熱、正義、秩序、隣人愛などもすでにここには素描されているのだ」[18]と紹介されている。
3、『人生に意味を』[19]には、一九三六年『ラントランシジャン』紙に掲載された五本のルポルタージュ『血ぬられたスペイン』、一九三七年『パリ・ソワール』紙に三本掲載された『マドリード』、一九三八年一〇月、『パリ・ソワール』紙に連続三本掲載された『戦争か平和か？』が収録された。

二　サン＝テグジュペリの政治的スタンス

スターリンによる粛清が進む中メーデーを取材したサン＝テグジュペリは、モスクワ在住のある年老いたフランス人婦人を訪ねた折、ロシア革命後に「古い世界は寺院のようにかの女たちの上に崩れおち、革命は強者を粉砕し、弱者を嵐の鞭のように世界のすみずみに追いちらした」[20]とスターリニズムを批判する。

『血ぬられたスペイン』[21]では「アナーキスト気質　バルセローナの街角の風景」という小題でアナーキストが支配する街の様子を語り、共産党員にもインタビューした。バルセローナを出てアナーキストたちの案内で前線レリーダに赴いたが、アナーキストも共産党員も社会主義グループも、フランコ叛乱軍と戦っているからここでは共闘態勢だ。しかし翌年五月にはバルセローナで共産党系とアナーキスト・トロツキスト系との市街戦が発生して双方あわせて五〇〇名近くの死傷者がでたと言われているから事態はすぐに複雑化する。レリダ取材中に一七人のファシストを殺害したという報告を耳にして、サン＝テグジュペリは「ことわっておくが、わたしは、まずなによりも、人間に興味をもっているのである」[22]と、いかなるイデオロギーにも与していないことを告げている。また、共和国のためにと義勇軍に加わることもなかった。

政府軍はカトリック教会がフランコ支持に回っているという理由でこれを攻撃する。カトリック教会派は政府軍と戦う。『平和か戦争か？』の中では、「フランコはバルセローナを爆撃する。そしてバルセローナが聖職者を虐殺したためだと発表する。フランコはキリスト教の正義を護ったのだ。ところが、爆撃されたバルセローナのキリスト教徒は、そのキリスト教徒の正義の名において、火刑に処せられる婦女子の救援につとめている。もうわけがわからなくなる」[23]と、内戦に巻き込まれた宗教と政治の対立にも関わらない。結局は、「イデオロギーを論じ合ったところで、何になるだろう？……しかもこの種の論争は、人間の幸福を絶望に導くだけだ」[24]からだ。

スペイン内戦取材の後、第二次世界大戦が始まると、サン＝テグジュペリは、フランスがナチスに占領されたとき、ナチに協力したヴィシー政権から、自分が「彼の名声は大きな魅力」だからと「議員に指名され（中略）不快感を表明」して非難され[25]（一九四一年）、その一方でレジスタンス勢力のド・ゴール将軍派からは自派の新聞に参加しなかったと非難され、「どの陣営にも属さなかった彼はすべての陣営から中傷された」[26]（一九四二年）。

いかなるイデオロギーにも属さないことを明言して、それがゆえに疎まれ、孤立化していくサン＝テグジュペリの姿が見えてくる。つまりは、「深いところで、非政治的」だからである。[27]

三　「ある軍曹の目ざめ」

二度のスペイン内戦ルポルタージュには様々なエピソードが語られているが、この「ある軍曹の目ざめ」というエピソードは、本稿の核心となるモチーフである。上述したように、二度目の取材で書かれた『マドリード』は、三つのルポルタージュからなる一連の作品であり、『サン＝テグジュペリ作品集　三』の『人生に意味を』では、小題なく一つの作品として収録されている。本稿ではプレイヤード版サン＝テグジュペリ著作集を元に『マドリード』の「カラバンチェル前線での戦争」という小題をつけた。この軍曹が描かれるのは翻訳書の一二六頁から一四一頁である。煩雑さを避けるため引用箇所は省略する。(28)

「夜明けまえに攻撃を敢行せよ。……カラバンチェルの三〇軒の家を奪取する」という命令が届いたとき、サン＝テグジュペリは部隊と共に、小さな小路をはさんでせいぜい八〇メートル向こうに敵と対峙する前線の塹壕にいた。同じ部屋にいた大尉から「おまえはおれといっしょに一番に最初にとびだすのだ。飲んで寝てこい」と言われて、つかの間の睡眠をとって起こされた瞬間の軍曹が描かれた。突撃命令を思い出しようやく夢から覚めた軍曹は「攻撃は中止だ」と告げられたその刹那の表情を「そのときのきみの顔は決して忘れられない。感動に醜くゆがんだ顔」と書き、これがサン＝テグジュペリの作品に三度登場するテーマとなる。

サン＝テグジュペリの真骨頂は、「この醜くゆがんだ顔」をきっかけに瞑想状態にはいっていく点にある。まずは、学校で罰を受け怖い夢を見て夢が覚めた解放の瞬間の小学生（彼自身のことだろう）のイメージ。次に、野生の鴨や雁が移住するために一斉に飛び立つ瞬間に、家畜の鶏や鴨が、飛べないのに本能的に飛び立とうとするイメージ、これこそが「目ざめの真実」だと言いたいのである。

移住の季節となって、野生の鴨や雁が飛び立ちはじめると、かれらの住んでいた土地には奇妙な現象がおこる。飼いならされた鳥たちが、三角形をえがいて飛んでいく大群にたきつけられたように、数歩でおちてしまうつたない飛翔をこころみだす。野生の誘いが、銛のようなするどさで、かれらのなかにあるなにか野生の痕跡とでもいったものを奮いたたせるのであろうか。(29)

続いて二度目に「軍曹の目ざめ」が登場するのは、一九三八年一〇月、『パリ・ソワール』紙に発表された『戦争か平和か？』(30)である。このタイトルは、一九三八年九月にミュンヘンで、ヒットラー（独）、チェンバレン（英）、ムッソリーニ（伊）、ダラディエ（仏）の四首脳がズデーテンをナチス・ドイツに割譲することを認めた宥和協定に、サン＝テグジュペリが、ズデーテン人の味わった恥辱を思いやりながら、「平和が脅かされていると思うとき、戦争の恥辱が目にうつる。戦争がとおざかったと思うとき、平和の恥辱を心に感じる」(31)との懊悩を物語るものだ。ここでも小題はつけずに一連のエッセーとして翻訳されている。この序文に置かれた懊悩が彼のルポルタージュの本質を代弁している。

どのような非難をあびせられるか、わたしにはわかっている。新聞読者のもとめているものは、具体的なルポルタージュであって、〈考察 des réflexions〉といったたぐいではない。(32)

サン＝テグジュペリの作品創造の秘密がこの一文に隠されている。次章では、この文を手がかりに、サン＝テグジュペリにとってルポルタージュとは何だったかを考察する。

四　サン＝テグジュペリにとってルポルタージュとは

サン＝テグジュペリは、自分が書き送った原稿が「具体的なルポルタージュ」ではないことはわかっていた。ルポルタージュというジャンルは主に第一次世界大戦後に流行りはじめたもので、当時技法はまだ成熟しておらず、客観的事実のみを報告するものと、主観を交えて書くものが平行して存在していた。サン＝テグジュペリにとっては、綿密な取材を重ねて、具体的かつ客観的事実を積み上げていくだけでは真実にはたどり着かない、事実の集積の奥深くに真実が眠っていると考えていた。「具体的事実のうちの真実なるものとは、言葉によって真実なのである」[33]とあるように、サン＝テグジュペリは、強烈な体験によって引き起こされた、内奥にわき上がる言葉の限りを尽くして真実にたどり着こうともがいていた。真実を追求するのは、スタイルが違うだけで、小説家もジャーナリストも変わらず、むしろあらゆる芸術がこれを目的としているといっていい。ところで、彼がこだわり続けた真実を追求する表現スタイルを読み解くヒントは今述べた「考察」ということばである。原文を見ると、des réflexionsとある。考察とも省察とも訳されるが、語源をたどれば、réflexe「反射」からflexe→flèche「矢」が浮かび出る。つまり、思考が縦横無尽に反射する豊かな想像空間が広がっていることがわかる。さらに、この「矢」は取材した事実や証言ではなく、この「矢」がそれ以前に自分が実際に味わった強烈な体験からできているところにサン＝テグジュペリ独得のスタイルがある。

三度目に「ある軍曹のめざめ」が描かれたのは『人間の大地』[34]の最終第八章「人間」においてであった。ここでは先に引用した野生の鴨や雁の描写に先立って、リビア砂漠での不時着の様子が語られる。遭難一日目、ようやく二時間の睡眠がとれたサン＝・テグジュペリと機関士プレヴォーの目ざめの瞬間と「軍曹の目ざめ」が重なっている。

> 死刑を宣告されているくせに、たいしてまだ渇きに苦しめられていないうちに一度、たった一度だが、二時間眠ることができた。[35]

このように、「軍曹の目ざめ」のモチーフは繰り返して作品に登場した。これが登場する際には、〈小学生の目ざめ〉、〈野生の鴨や雁にほだされた家禽の目ざめ〉、〈リビア砂漠での遭難時に味わった自身の目ざめ〉などを伴っていた。こうした追想が渾然一体となって脳裏に浮かんだとき、サン＝テグジュペリはそれらを一つ一つ丁寧に言語化し、彼の中で内的合理性がようやく整い、〈目ざめ〉が重なり合って浮かび上がる。読者はその豊かな言語空間を目撃して感動を覚えるのだ。サン＝テグジュペリにはこれ以外の表現方法はなかった。

おわりに――モラリストとしてのサン＝テグジュペリ

フランスはすぐれてモラリストを伝統に持つ国である。モンテーニュを始祖として、パスカル、ラ・ロシュフーコー、ラ・ブリュイエール、アラン、この系譜にサン＝テグジュペリが連なっている。

つまり、サン＝テグジュペリの文学はその本質において、中略……行動の文学ではなく、むしろあのモラリストの伝統にむすびついているのである。〈36〉

モラリストが、道徳とはもっとも無縁な断章のなかにまで顔をのぞかせているのだ。〈37〉

『プチ・ロベール』辞典によると、「モラリスト」とは、「人間のふるまい、本性、条件について考察する作家」である。平たく言えば「人の生きざま」と言うことだ。〈38〉

サン＝テグジュペリの表現方法は、先人たちが作り上げた断章形式をとらないので、いわゆる狭義のモラリストではない。むしろ、現実を活写しつつ、個人的な思い出さらには瞑想を交えた多層からなるモザイクのような文体が特色である。こうした多層の文体の中に、人間への深い考察が、地層の中に発見される貴重な鉱物のように、読者の目に輝きを放って写るのである。

『夜間飛行』では、暴風雨に遭遇して帰還不能になりつつある飛行機を操るファビアンと、地上でファビアンが帰還困難に陥っていることを悟りながら待ち続けるリヴィエールの双方の脳裏に、雷鳴のように追憶や瞑想が響き渡っていた場面を思い出す。

サン＝テグジュペリは、スペイン取材直前にこう語っていた。「僕は前線で実際に体験したいんだ」、「人間同士が闘いあっているところが見たいんだ（39）」と。負債で苦労してはいただろうが、サン・テグジュペリの前線への強い興味はそれを上回っていた。サン＝テグジュペリがスペインに取材に行った理由は、誰かに会うことではなく、戦況を報告することでもなかった。最前線に巻き込まれている名もなき人間に会いに行ったのだ。

スペイン内戦取材までは民間の郵便機のパイロットであったが、第二次大戦が始まると一九四〇年から実戦配備され「戦う操縦士」として自分自身が空の前線に向かうことになる。もちろんその動機がフランスのためにであっても、「サン＝テグジュペリは実存の神秘に近づく方法としての行動以外には興味を持たなかった（40）」から、戦う自分の真実に迫るために操縦桿を握り続けたのかもしれない。

サン＝テグジュペリは、自分が実際に体験したことしか素材としては使わない。不安や恐怖、動揺や絶望など極端な緊張状態に置かれた人間の思念や表情のうちに表われ出る、生々しい情や非日常の人間の存在を掘り当てようとしている。彼がルポルタージュしたのは、ルポルタージュを書くことによって「自分の内心に未知の男が目ざめる（41）」のを体感することであり、読者はそのサン＝テグジュペリから目ざめの追体験を得るのである。

『星の王子さま』で描かれた、渡り鳥につけたロープにしがみついて、自分の星を脱出しようとした王子さまのイラストを思い出していただけるであろうか。突然の目ざめを体験した王子さまは、新たな自分の誕生とともに旅立つしかなかった。「眠りっぱなしにされている人間が、あまりに多くありすぎる（42）」との悲痛な声に耳を傾けて私たちも目ざめる時がきたようだ。

註

（1）ＡＦＰ通信、二〇一六年七月六日付、http://www.afpbb.com/articles/-/3092981?act=all
（2）Curtis Cate, *Antoine de Saint-Exupéry —Laboureur du ciel*, Grasset, 1973, p.317.
（3）Antoine de Saint-Exupéry, Chronologie 1937, *Œuvres complètes 1*, Gallimard.
（4）ジャーナリスト、シナリオ作家、ステイシー・シフ『サン＝テグジュペリの生涯』（檜垣嗣子訳）、新潮社、一九九七年、三一二頁。
（5）*Courrier Sud*, Gallimard, 1929.
（6）*Vol de Nuit*, Gallimard, 1931、フェミナ賞受賞。
（7）*Terre des Hommes*, Gallimard, 1939、アカデミー・フランセーズから小説大賞受賞。
（8）*Le Petit Prince*, Raynal et Hitchcock, 1943.
（9）『人生に意味を』死後出版、*Un sens à la vie*, Gallimard, 1956.『サン＝テグジュペリ著作集3』（渡辺一民訳）、みすず書房、一九八七年。
（10）『人生に意味を』同上書、四頁。
（11）Eric Deschodt, *Saint-Exupéry biographie*, J.-C. Lattès, 1980, p.230.
（12）*Espagne ensanglante*『人生に意味を』同上書、八一～一一一頁。
（13）Curtis Cate, *op.cit*, p.317.
（14）*Madrid*,『人生に意味を』所収、翻訳書、一一五～一四二頁。
（15）*La Paix ou la Guerre*,『人生に意味を』所収、翻訳書、一四五～一八一頁。
（16）*Terre des Hommes*（堀口大學訳）、前掲書。
（17）*Citadelle, Gallimard, 1948*、未完の遺作、『サン＝テグジュペリ著作集6～8』、みすず書房、一九八五～八六年。
（18）『人生に意味を』前掲書、五頁。
（19）『人生に意味を』同上書、四頁。
（20）「モスクワ」『人生に意味を』所収、六八頁。
（21）『人生に意味を』所収、八一～一一一頁。
（22）『人生に意味を』所収、一〇四頁。
（23）『平和か戦争か？』『人生に意味を』所収、一五三頁。
（24）『人間の大地』（堀口大學訳）、新潮社、昭和三〇年、一九四頁。

(25) ステイシー・シフ、前掲書、三八八頁。
(26) ステイシー・シフ、同上書、三八九頁。
(27) Virgil Tanase, *Saint-Exupéry*, Folio biographies, Gallimard, 2013, p.253.
(28)『人生に意味を』前掲書、一二六〜一四一頁。
(29)『人生に意味を』前掲書、一三八頁。
(30)『人生に意味を』前掲書、一四五〜一八一頁。
(31)『人生に意味を』前掲書、一四五頁。
(32)『人生に意味を』前掲書、一四六頁。
(33)『人生に意味を』「序文集」二三八頁。
(34)『人間の大地』（堀口大學訳）、前掲書。
(35)『人間の大地』（堀口大學訳）、前掲書一八二頁。
(36)『人生に意味を』渡辺一民、解説、二五七頁。
(37) ロジェ・カイヨワ「プレイヤード版『サン＝テグジュペリ作品集』への序文」『サン＝テグジュペリ著作集別巻『証言と批評』』所収、一四一頁。
(38) Auteur de réflexions sur les mœurs, la nature et la condition humaines.
(39) Eric Deschodt, *op.cit.*, p.240.
(40) Virgil Tanase, *op.cit.*, p.28.
(41)『人間の大地』（堀口大學訳）、前掲書、一九一頁。
(42)『人間の大地』（堀口大學訳）、同上書、二〇一頁。

シモーヌ・ヴェイユ、その思想と行動が示すもの

久保　隆

シモーヌ・ヴェイユ（一九〇九〜四三）は、三四年という短い生涯であったが、濃密な一生を疾走したといっていい。晩年というには、あまりに若い年齢になるわけだが、心身の不調と「神」へと傾斜していく後期ヴェイユを描像しない限り、ヴェイユの思想と行動へアプローチしたことにはならないが、ここでは、敢えて三三年から三八年にかけての初期ヴェイユへ視線を照射しながら論及していくつもりである。

吉本隆明はその著『甦るヴェイユ』（一九九二）の「あとがき」のなかで「ヴェイユの思想は初期の『革命』の考察から後期の『神』の考察にいたるまで、ひろい振幅をもっている」が、「革命思想を内在化し、内攻させていった資質の方向に掘りすすんで、神の考察にどうしてもぶつかった」のだと見做しているのだが、例えば、スペイン革命の体験を、〝告白〟した「G・ベルナノスへの手紙」（一九三八）に潜在しているヴェイユの心性は、まさしくそのような方位を表象していると、いわざるをえない。それは、「革命」に対する希望と絶望が織りなす心的様態を内在させながら、転換していく方位であり、「いたましいヴェイユ」（吉本）として描像できることを意味している。

まずは、初期ヴェイユの「革命」の考察を見てみる。

（略）ロシア革命は勝利を収めたが、ロシア領土を含めて地表のどこにもソヴィエトは存在していない。革命によって成立した体制の役割は、ドイツ情勢の示すごとく、今やプロレタリアの革命闘争の絞殺にある。この体制は資本主義的所有を全的に排除するという点でレーニンの構想した体制に似ているが、他の点ではそれとは正反対だ。言論の自由はなく、ソヴィエト制度の枠内での政党の自由もなく、最高度の献身、教養、批判精神の結集すべき共産党は書記局に握られた行政機関にすぎない。／トロツキーはこの体制を官僚主義的歪曲を伴ってはい

るがプロレタリア独裁であり、労働者国家だという。だが労働者が官僚の意のままに動かされる国家を労働者国家と呼ぶのは悪ふざけだ。また歪曲という言葉を労働者国家とは理論的に正反対の国家に適用するのも場ちがいである。この言葉はスターリン体制をロシア革命の病気ないしは異常と言うためのものらしいが、狂った時計は時計の法則の例外ではなく、それ固有の法則に従う別のメカニズムだ、とはデカルトの言葉である。また官僚制がますます強化されているところを見れば、これを一つの過度期ということもできない。（「展望―われわれはプロレタリア革命に向かっているか」一九三三年、橋本一明訳『著作集 1』）

ロシア革命から一六年という時間の経過のなかで、ソヴィエト体制をこのように、論及していくヴェイユの視線は驚嘆に値する。「労働者が官僚の意のままに動かされる国家を労働者国家と呼ぶのは」おかしいと指弾しながら、「官僚制がますます強化されているところを見れば、これを一つの過度期ということもできない」と断言していく方途は、まさに正鵠を射っているといっていい。アナキスト大杉栄以外、同時期の日本の左翼はほとんど、ロシアで理想の革命が進行していると錯覚し続けていたこと（それは、戦後、一九五六年のフルシチョフによるスターリン批判報告まで続く）を考えれば、ヴェイユは際立っている。そもそもトロツキーが率いる赤軍は、一九二一年のクロンシュタットの水兵たちの蜂起への弾圧、ウクライナでのネストル・マフノ率いる農民運動を圧殺するといったことを行っている。ボルシェヴィキによる権力簒奪に異議を唱えるアナキストたちの運動を徹底的に弾圧していったのは、スターリンというよりは、むしろトロツキーであったことを忘れてはならない。しかし、そのトロツキーも一九二九年にはスターリンと対立して亡命生活を余儀なくされる。そのトロツキーを支援したのが、ヴェイユの父でもある医師のベルナール・ヴェイユであったが、トロツキーが主導するあらたな第四インター創設の動きが、スターリン・コミンテルンとたいして違いがないことを既に、ヴェイユは見通していたといえる。シモーヌ・ペルトマンの『詳伝 シモーヌ・ヴェイユ Ⅰ』のなかに、「展望」に対するトロツキーの反応を記した母親宛のヴェイユの手紙を引いている。

わたしの論文について多くの侮蔑的言辞を弄して、わたしを攻撃してきました。《卑俗なリベラリズム》、《安上がりの無政府主義的高揚》、《もっとも反動的なプチブル的偏見》など、など。それは当然ことです。ですが、

ああ、もはやわたしにはあの人に会ういかなる機会もないのです。（杉山毅訳、以下同）

だが、一九三三年一二月三一日にヴェイユ家が所持しているアパートで、トロツキーと邂逅することになる。トロツキーたちに第四インター創設に関する会合を開くための場所を提供するように、ヴェイユは両親に進言したからだ。ペルトマンは、「シモーヌはトロツキーがいるのを幸いとばかり、かれと議論を交わした。議論はたちまちのうちに喧嘩となるのであった。ヴェイユ家の両親がいた隣室からは、どなるような声が聞こえてくるのだった」と述べながら次のように記していく。

　とくにシモーヌはクロンシュタットの水兵たちに対するトロツキーの態度を非難した。トロツキーは彼女に言った。「もし、そう考えているのなら、どうしてわれわれを受けいれたのか。きみは救世軍なのか。」／この会話のなかでシモーヌが書き残していた一ページの覚え書きが見つかった。そこにはトロツキーが彼女に言ったことが主に書きとめられ、彼女の質問はごくわずかであった。

「覚え書」（Wは、ヴェイユ、Tは、トロツキーの発言。傍点は略）を以下、任意に抽出してみる。

T「きみはまったく反動的だ……／個人主義者たち（民主主義者、無政府主義者たち）が完全に個人を防衛することは決してない（それはできないことだ。）ただかれらの個性をそこなうものに対してのみ（戦う）にすぎない。／ロシアの労働者は、自らが政府を黙認する範囲で、政府を統御している。なぜなら、ロシアの労働者は資本家たちが政権の座に帰《ママ》り咲くことより、今の政府のほうがいいと考えているのだから。労働者の支配とは、つまるところ、こういうことなのだ。」

W「──しかし、ロシア以外でも労働者は黙認していますが……」（略）

T「──きみは法律的、論理的、観念論的精神の持ち主だ。」

W「──観念論的なのはあなたのほうだ。あなたは隷属させられている階級を支配階級と呼んでいるのだから。」

（略）「ロシア革命の決算。ロシア革命は左翼の対立を生みだしました──これで革命ができるとは思いません。決して。」

T「なぜ、きみは何でもかでも疑うのかね。」

この時、ヴェイユは二四歳、トロツキーは四五歳であった。果敢に論争を挑むヴェイユの立ち位置は明快だ。トロツキーは懸命になってロシア・ボルシェヴィキ革命の正当性を抗弁するようなかたちになっている。「労働者は、自らが政府を黙認する範囲で、政府を統御している」とは、どのような位相から見通しても、レトリック以外の何ものでもない。本来、レーニンは、ナロードニキやアナキストたちの思想に共感していたと見做されている。しかし、トロツキー率いる赤軍が、反ナロードニキ闘争として弾圧していくことに対して、容認していたことは間違いない。スターリンとの対立を生起させながらも、ヴェイユとの論争で、ロシア革命の正当性を主張し続けるトロツキーは、ある意味、滑稽であると同時に悲哀さを感じないわけにはいかない。自らの信念や確信を揺るぎないものとして懸命に抱き続けようとしているからだ。わたしは、トロツキーなら理解してくれるはずだという思いがあったからこそ、ここでの若きヴェイユは極めて冷静に、そして精緻にトロツキー対して挑んでいったように思う。だから同じように、理想とすべき革命のイメージをひたすら切実に考究していこうとするヴェイユにも、わたしは、悲しみに似た感情を抑えることができない。

ヴェイユがロアンヌ女子高等中学校の講師時代（一九三三〜三四）の生徒の一人だったアンヌ・レーノは、最高学年哲学級でのヴェイユの講義を筆記し、後に『哲学講義』として纏め、一九五九年に刊行した。その際、レーノは「はじめに」のなかで以下のようなことを述べているのだが、ヴェイユの初期と後期の連続性を示唆していて、わたしの関心は必然的に惹き寄せられていく。

わたくしは「神秘主義者シモーヌ・ヴェーユ」のもっとも特徴的な思想をまとめなおして、それを「無政府主義者シモーヌ・ヴェーユ」の講義とどうしてもつきあわせてみたいと思っていました。これによって、テクストそのものが語り、またそれをとおして読みとれることでしょうが、「アナーキスト」の問題がいかに内面的規律と真実の探求以外の何ものでもなかったか、あきらかになるものと考えております。（ちくま学芸文庫版『ヴェーユの哲学講義』、渡辺一民・川村孝則訳）

レーノが述べていることは、けっして矛盾に満ちてはいない。いま、後期ヴェイユへと視線を向けることはできないが、ヴェイユを「無政府主義者」という像と、「神秘主義者」という像に繋ぎ合わせようとするレーノの心意をわたしは理解できる。吉本隆明は、ヴェイユのアナキズム的思考を、どうしてもマルクス主義の方へと包括させたいらしく、「無権力マルクス主義」といういい方をしている。そのうえで、「考えを変えていないのだけれども連続的にしていながら、宗教的な体験の方へいくのですが、それでは、革命的な考え方というのをやめてしまったのかといえば違います。それはしっかりと潜在的に含まれている」(『第二の敗戦期』二〇一二年刊、二〇〇八年・語り下ろし稿)と、「ヴェイユの転換の仕方」ということを指摘している。つまり、吉本もレーノも、ヴェイユの一貫した思考の有様を捉えているといっていい。

革命戦争は革命の墓穴であり、戦争を指導する機構や警察の圧力や特別裁判権や脱走兵の処罰なしに戦争をするすべを兵士自身に、というよりむしろ武器をもった市民に与えない限りはこの事実は動かしがたい。近代史においてこの例外は一度だけ実現した。それはパリ・コミューヌのときのことである。しかしその結果は誰もが知っているとおりである。戦争にまきこまれた革命は、反革命の血なまぐさい攻撃に屈服するか、それとも軍事的闘争のメカニズムそのものによってそれ自体反革命に変化してしまうか、そのどちらかの道を選ぶしかないかに見える。してみると革命の前途はかなり限られたものとなるようである。なぜなら革命は戦争を避けることができるだろうか？　そうは言ってもこのわずかの機会に賭けるほかはない。さもなければすべての希望を捨てなければならない。(「戦争に関する考察」一九三三年、伊藤晃訳『著作集 1』)

「革命は戦争を避けることができるだろうか」と問うヴェイユは、一九三四年から三五年にかけて、教師を休職し、電機会社の女子工員として過酷な労働の現場へ入っていく。その体験を後に、『工場日記』として書き上げる。そして、一九三六年七月、「スペイン内戦」が生起する。八月、ヴェイユはスペイン《革命》へ参列するためにバルセロナへと向かう。

バルセロナが内戦のさなかにある地域の首都とは、ちょっと見えない。平和時のバルセロナを知っている人は、駅に降りて、変わったという印象は受けない。（略）喫茶店が開いている。いつもよりいくぶん出入りは少ないが。商店も開いている。通貨は相変わらずおなじように流通している。こんなに警官がわずかばかりで、これほど多くの銃をもった若者がいなければ、全然何も目につくものはないだろう。これこそ《革命》なのだと納得するには、そして人びとがさまざまな本で読み、子供のころから人びとの夢をさそってきたあの時期、一七九二年や一八七一年や一九一七年のあの歴史的な時期の一つを、今こそここで生きつつあるのだと理解するには、しばらく時間がかかる。この革命が、以前のものたちよりもしあわせな結果をもちえますように。／実際には、何ごとも変わってはいない。ごく些細な一点、権力が人民の手にあるという一点をのぞいては。菜っ葉服を着た人びとが命令を発しているのだ。いまこそはあの異常な時期――今日までつづいたことのない、いつも服従ばかりしてきた人たちがみずから諸事万端の責任をとる立場に立っている、あの異常な時期の一つだ。こういうことは、いろいろと不都合なことをともなわずには運ばない。それは確かだ。武器をもたぬ住民のただなかで、十七歳の若者に弾丸をこめた銃が渡される場合……。（『スペイン日記』一九三六年、橋本一明訳）

「しあわせな結果をもちえますように」と祈るように、フランス革命戦争（一七九二）、パリコミューン（一八七一）、そしてロシア革命（一九一七）が果たせなかった、ありうべき《革命》をここでは希求しようとしている。だからこそ、わたしは吉本に倣って、〈いたましいヴェイユ〉だといいたくなってくるのだ。それでも、ヴェイユは、冷静に見据えていくことのできる視線というものを持っている。はじめは、やや高揚した感じの記述ながらも、後段になって、「革命は戦争を避けることができるだろうか」という問題が、どうしてもヴェイユの脳裏に胚胎せざるをえないことを示しているからだ。

八月一六日、ヴェイユは、ＣＮＴ（全国労働連合）のなかでも、最も苛烈なドゥルティ部隊に配属される。

八月二〇日、「シモーヌは、近眼が災いして、痛ましい出来事を招いてしまう。一行はずっと、エブロ河右岸の森かげに陣をとっていた。光が外にもれて、自分たちの居所の知れることがないように、炊事用の火は、地面に掘った穴の中でもやしていた。地面すれすれに、土を埋めこんだおき火の上に、巨大なフライパン、もしくは油のはいった鍋がおいてあった。シモーヌは、それが見えなかった。煮えたぎった油のどまん中へ片足をつっこんでしま」う、「左足のすねの部分と足の甲とに、ひどい火傷」（『詳伝 シモーヌ・ヴェイユ Ⅱ』・田辺保訳）をしてしまい、部隊を離れることになる。「スペイン日記」には、火傷の負傷については、一切記述はない。九月五日からの記述で再開し、メモ的な記述が続くだけだ。

ヴェイユは、両親の迎えに従って、九月二五日、パリへ戻っていった。もし、火傷を負わず、健常な状態でいたらどうだったろうかと思わずにはいられない。いや、むしろ思わぬ事故によって、スペイン《革命》を冷静な視線で見通すことができたといっていいかもしれない。

二年後に、ヴェイユはスペインにおける革命と戦争について述べている。

私は、社会のなかで人に蔑まれている階層に訴えかけていた集団に共感をいだいていましたが、ついにこうした集団があらゆる共感に水をさす性質のものであることに気づくようになりました。いちばん最後に一応信頼してもよいという気持ちを私に起こさせたのは、スペインのC・N・Tでした。私は少しばかり――ほんのわずかのあいだなのですが――市民戦争の起こるまえのスペインを旅行したことがあります。それでも、あの国の人々をまえにしたらだれしも味わわずにはいられない愛情をいだくには充分な旅行でした。私は、無政府主義運動のなかに、スペイン人民の偉大さと欠陥の自然なあらわれ、そのもっとも正当な渇望と、もっとも不当な渇望との自然なあらわれを見てとりました。C・N・TとF・A・I〔イベリア・アナキスト連盟〕はふしぎな集団でした。そこにはだれでもはいることができましたから、その結果、不道徳、シニスム、ファナティスム、残忍さが肘つき合わせて雑居していました。しかし、その反面、愛情、隣人愛、それにとりわけ、辱しめられた人々が失われた名誉を求めるうるわしい態度も、そこにあったのです。そこでは、理想に燃えてやってきた人たちが、暴力と擾乱への好みにうながされてやってきている連中を制しているように見えました。一九三六年七月、私はパリにおりました。（略）パリは私にとって銃後にほかならないと考えました。そこで、たたかいに参加するつもりでバルセロナ行きの列車に乗ったのです。一九三六年八月のはじめのことでした。（略）アラゴンで、各国出身の二十二人の義勇兵からなる国際的な小グループが、小ぜり合いのあとで、ファランへ党員としてたたかっていた十五歳の少年を捕まえました。捕まった直後、身近で仲間たちが殺さるのを見てすっかりおじけづいたこの少年は、自分は力づくで入党させられてしまったのだといったのです。彼のポケットはさぐられ、聖母マリアのメダイユとファランへ党の党員証を身につけていたことがわかりました。この少年は、隊長のドゥルティのもとに送られました。ドゥルティは、無政府主義の理念の美しさを一時間にわたって説き聞かせたあとで、死をえらぶか、さもなければ、昨日までの彼の同志たちにそむいて、彼を捕虜にした人々の仲間に加わるか、そのどちらかをえらぶようにといい渡しました。ドゥルティは、この少年に二十四時間の考慮の余地を与えたのです。二十四時間後に、少年は否《ノン》と答え、銃殺されました。ドゥルティは、それでも、ある点では非常にすぐれた男だったのです。この小さな英雄の死を、私はことがすんでから知ったのですが、それは私の意識をいつまでも重く苦しめつづけました。（略）武装した連中と、武装していない人々とを深淵がへだてていました。それは、貧しい人々と富裕な人々とをへだてる深淵とまったく同類のものでした。このことは、一方では、武装していない人々のいつもいささかへりくだった、すなおな、おずおずとした態度から、他方では、武装している人々のゆとり、磊落さ、大まかさなどから感じられました。

（「G・ベルナノスへの手紙」一九三八年、渡辺義愛訳『著作集１』）

このように述べていくヴェイユの視線は、見事というしかない。手垢にまみれたような「倫理性」とは遠く離れた揺るぎのない真摯な姿勢には、鮮烈さを漂わせている。そして「無政府主義運動のなかに、スペイン人民の偉大さと欠陥の自然なあらわれ、そのもっとも正当な渇望と、もっとも不当な渇望との自然なあらわれを見てと」れるという時、スペイン《革命》をめぐる熱狂的で悲惨な物語を投射しているといっていい。だからドゥルティと一五歳の少年との往還は、善悪や倫理の問題に解消させていってはならないとヴェイユは、呟くように語っていると、わたしには思われる。「武装した連中」と「武装していない人々」をへだてている「深淵」、「貧しい人々」と「富裕な人々」をへだてている「深淵」は、まったく同じものだと、ヴェイユが語っていく時、そこから立ち現れてくるものは、イノセントでありながらも苛烈な《革命》の根源なのだと、わたしはいいたくなる。

ロル＝タンギーという男

三森ちかし

第二次世界大戦のパリ解放を描いたノンフィクション『パリは燃えているか？』に、次のような文章がある。

「彼（ロル＝タンギー）は近くのガレージまで自転車を走らせ、七年前、国際義勇軍が破滅の運命から脱出したバルセロナ行きの列車の中で身につけたのが最後となった制服を、丁寧にたたんでしのばせていたスリーピングバッグの中からとりだした。（中略）五本の金筋の入った大佐の金ボタンの制服を着て、警視庁のなかに入り（中略）、自分の権威を押し付けようと思った。」

初めて読んだとき、小学生だった（今回文庫本を取り出したら、表紙裏に「六年三組三森ちかし」と書き込んであった）私にとっては何のことやらさっぱりだった。そのころから戦史に関心があったので「スペイン市民戦争」という言葉くらいは知っていたが、これではそこに結びつけることも難しい。ただ、このアンリ・ロル＝タンギーという人物が第二次世界大戦が始まる前から闘ってきた古強者であるという印象は非常に強く残った。

アンリ・ロル＝タンギー（一九〇八～二〇〇二）はこのとき、占領下フランスのレジスタンス組織であるフランス国内軍（ＦＦＩ）のイル・ド・フランス地区隊長であった。筋金入りの共産主義者であった彼は、パリ解放とその後のフランスの統治権をめぐって同国人のド・ゴールとの激しい主導権争いを繰り広げていたのである。両者ともパリを制する者がフランスを制すると考えていた。パリ警視庁は共産党の機先を制してド・ゴール派が占拠しており、タンギーが大佐の制服の威厳で警視庁を自らの統制下に収めようとしたのが上記の描写である。

ちなみに映画化された《パリは燃えているか？》では、のちにＴＶの「メグレ警視」シリーズの主人公ジュール・メグレがあたり役となるブリュノ・クレメールが演じている。制服を取り出すシーンは残念ながらないが、国際旅団の大佐の制服を着込んでパリ警視庁に乗り込むシーンはひとつの見せ場になっている。ロル＝タンギー本人も映画に関わっているので制服の考証も正確である。

アンリ・ロル＝タンギー、ことアンリ・タンギーは一九〇八年、ブルターニュ地方のモルレーで海軍下士官と洗濯婦を両親として生まれた。一四歳で金属加工業の職に就き、一九二五年にパリに出てルノーの自動車工場で働くようになるが、同じ年に共産主義青年運動に加わっている。早くから活動家として頭角を現したタンギーは、ストライキを起こしてはクビになることを繰り返して幾つもの自動車工場を渡り歩いた。その一方で、自転車競技にも情熱を燃やし、ロードレースや、あるいは今ではサッカー・スタジアムとなっているパルク・デ・プランスなどの室内競技場でも活躍している。

一九二九年に徴兵されたタンギーは、アルジェリアのオランに駐屯する第八ズアーヴ連隊（独特なデザインの制服で有名な植民地部隊、フランス陸軍ではエリート部隊である）に配属された。このとき彼は機関銃などの整備技術を身につけるが、それが後に国際旅団で役立つことになる。

一九三〇年に除隊したタンギーは、パリにあるブレゲー航空機工場に就職した。ここでも職工たちの組織化に努め、戦闘的な共産党および労組（統一労働総同盟）の活動家となった。一九三五年には遂にブレゲー工場もクビになってしまう。一九三六年一〇月、タンギーは労働総同盟（ＣＧＴ）の金属加工業部門組合のパリ地域における書記に就任した。スペイン内戦は既に始まっていた。

タンギーが共産党中枢の許可を得てスペインに向かったのは一九三七年二月一九日のことである。三〇人ほどの国際旅団志願兵と共にタンギーは旅行者として列車で特に支障なく国境を越えた。共産党の国会議員から県知事への通達があったとも言われている。タンギーによると合法的な越境としては最後のものであった。二四日にアルバセーテの国際旅団司令部に到着したタンギーは兵役時代に身につけた整備技術を買われて、武器庫の政治委員を命じられてしまう。前線行きを希望していたタンギーではあったが、命令に忠実な彼は素直に従った。武器庫の政治委員としてはソ連から運ばれてきた兵器の搬入管理などの事務的な仕事をしていたようで、アナキストやトロツキストを革命の敵と認識していたことは認めているが、共和国の内部闘争からは距離を置いていたとタンギーは主張している。したがって五月にバルセロナで起きた「内戦の中の内戦」などに対しては言葉を残していない。もっともずっと党に忠実だったタンギーが、たとえ知っていたとしても内情を語る可能性は低かっただろう。

その後、車廠、さらには外国人労働者の働く手榴弾工場の政治委員を務めたタンギーは一〇月に一旦帰国している。パリで金属加工組合の書記に復帰した後、翌年二月にタンギーは再びスペインに向かう。この間の細かい経緯は不明だが、本人は国際旅団指揮官のアンドレ・マルティに呼ばれたと言っている。自動車でパリを出発したタンギーは、国境付近のピレネー・オリエンタル県の共産党組織の手配のおかげで今回も問題なくスペインに入国できた。アルバセーテに戻ったタンギーは、今度はフランス語圏の部隊である第一四国際旅団のための訓練大隊の政治委員になった。新たにやってきた義勇兵を補充兵として訓練したり、負傷から回復した兵隊を再訓練するのが役割である。

戦線の後方に位置していることもあって、訓練大隊は些か弛緩していた。タンギーはこれを前線と同様な規律を導入することで引き締めようとした。ただし、細かく規律で縛るのではなく、食事の改善なども行って士気を高めることを図った。

四月、訓練大隊はアルバセーテからカタルーニャのオロットへ移転することとなった。移動のためのトラックに何人もの女性が乗ろうとしているのを、タンギーは見つけた。国際旅団の兵士と恋仲になったこれら現地の女性たちの中には妊婦も何人かいた。同乗を拒むタンギーに対して、女性たちは最初は哀願し、最後には脅しにかかる者までいたが彼は認めようとはしなかった。認めようがなかったことも事実であるが。

一九七七年にタンギーはスペインを再訪したが、このとき彼は残された女性たちがその後非常に苦しんだことを聞かされる。タンギーは彼女たちが誇り高く生きていたと述べているが、果たしてどうだろうか。またタンギーによれば、国際旅団の元兵士がスペインに戻ってかつての恋人と再会し、結婚せずに待っていた彼女と結ばれたということもあったそうである。

戦局は悪化していた。ナショナリスタ軍は地中海へ到達し、共和国側の領土は南北に分断されてしまった。アルバセーテから移動して数週間もしないうちに共和国軍の再編成が行われた。これによりオロットの基地は解散され、タンギーは新たな任務に就くことになった。アラゴンでの作戦参加後に休息を取っていた、第一四国際旅団の政治委員に任命されたのである。

第一四国際旅団はフランス語圏の義勇兵からなる部隊で、四個歩兵大隊と一個騎兵中隊、および緊急時に配備される装甲車両の分遣隊で構成されていた。もっとも、既に新規の義勇兵が補充されることは難しくなっており、兵員の過半はスペイン人が占めていた。旅団長のマルセル・サニエは二九歳、ペンキ屋からヴィルヌーヴ・ル・ロワ市の市議会議員になった男で、共産党員だった。一九三六年一〇月にスペインに来たサニエはコミューヌ・ド・パリ大隊の大隊長としてカサ・デ・カンポ、ハラマ、グアダラハラの戦いに参加した、国際旅団を最初から知っている歴戦の勇士であった。タンギーが第一四国際旅団に赴任したときには、ちょうど三回目の負傷から復帰したところだった。各大隊長も経験豊富であり、実戦経験が全くないタンギーはこの命令を下達した国際旅団司令官のアンドレ・マルティに対して驚きを隠せなかった。マルティに「君に求めていることは退かないことだけだ！」と発破を掛けられたタンギーは、その言葉に意を強くして第一四国際旅団に向かった。

ちなみに、タンギーによるアンドレ・マルティ評は当然のことながら悪くない。「アルバセーテの屠殺者」として恐れられていたことは認めているし、無愛想で粗野、かつ怒りっぽかったとも述べている。ただタンギーは彼と言い争いをしたことはなく、仲間内とは親しく付き合い、会食の場では怒ったことのない男だったそうである。

第一四国際旅団司令部にはパリの頃から旧知だった人物がいたこともあり、タンギーは比較的容易に馴染むことができた。しかし、彼はそれに甘んじることなく、塹壕から塹壕へ、各大隊、各中隊へと精力的に廻っていった。政治委員が“político”と蔑称されていたことを知っていたタンギーは、部隊に認められ士気を高揚させるために、劇を上演したり、詩の朗読を行ったり、あるいは新聞を発行したりと様々な手を打った。また、規律の強化にもタンギーは努めた。義勇兵たちは反軍隊的意識が強く（アナキスト気質に染まっていたと回顧する者もいる）、階級の上下関係も緩かった。タンギーは、それまで士官と兵隊が同じ食堂で一緒に食事を取っていたのを別々にするなど、軍隊的規律を導入した。この措置に対する反発はあったが、概ね受け入れられたようである。

六月一八日、前線を視察していたタンギーは機関銃の射撃を受け、腕を負傷する。上腕部に一発食らい三日間入院したが、腕を動かすのに支障がなかったため弾を取り出さずに退院してしまった。このちょっとした武勇伝は評判になり、タンギーは旅団の兵士たちに認められていくことになる。

七月二五日、共和国側最後の攻勢となるエブロ川の戦いが始まった。第一四国際旅団は主攻勢が行われたガンデサよりも河口に近い、トルトーサ＝カンブレド間で牽制攻撃を実施した。二四日深夜から行われた渡河攻撃は激しい反撃にあって苦戦した。渡河攻撃に参加した三個大隊のうち、川を渡ることに成功したのはコミューヌ・ド・パリ大隊だけであり、同大隊も橋頭堡は確保したものの、ナショナリスタ側の空襲によって仮設橋が破壊され、小船による後続部隊の渡河も砲撃によって阻止された。増援を得られず孤立したコミューヌ・ド・パリ大隊は結局、橋頭堡を三六時間死守したのち撤退を余儀なくされる。このとき大隊は大隊長を始めとする八〇パーセントの兵員を失った。第一四国際旅団全体で一、二〇〇人の損害が出たとされている。攻勢開始時の正確な兵力は不明であるが、一ヶ大隊の兵力は六〇〇から七〇〇人程度なので、第一四国際旅団は作戦開始後すぐに戦力の半数近くを失い、攻勢能力を失ったことになる。壊滅したと言っても過言ではない。

このときタンギーは作戦指揮において何か軍事的な役割をしていたのか。彼によると「そうでもあり、そうでもない」ということになる。タンギーが言うには、「良い政治委員は指揮官の信頼と友情を勝ち取らねばならない。作戦には余計な口を挟まず、どうしても必要なときにだけ発言するが、それは常にポジティヴなものでなければならず、指揮官に反対するような発言であってはならない」。彼は自分が旅団長の権限を侵したことはなかったと主張している。たしかに、これは理想的な政治委員の姿である。しかし、一般に知られている政治委員の振る舞いはこれと全く逆と言ってよい。スペイン内戦で、のちには第二次世界大戦の独ソ戦で、政治委員の勝手な指揮権への介入が部隊をそして作戦を混乱させた。実戦経験がないことを自覚していたタンギーが積極的に作戦に口出ししたと考えるのは難しいとするのが自然ではあるが、実際は不明である。

ただ、エブロ川の戦いが始まる前の時期にではあるが、タンギーを政治委員として高く評価した幾つかの報告書が残されていることも事実である。フランスおよびスペインの共産党に提出されたこれらの報告書は、彼を称賛ときには絶賛している。特に、タンギーが積極的に兵士たちとコミュニケーションをとっていたことが評価されている。スペイン語をあまり解さないことが指摘されているが、それを踏まえての賞賛であるから大したものである。

大損害を被った第一四国際旅団は後方に下げられ、補充および再編成されることとなった。ただし、フランス人義勇兵の補充はもはや払底していた。わずか三〇人の義勇兵しか補充されなかったそうである。穴埋めはスペイン人でするしかなく、国際旅団の内情はどんどん形骸化していった。この再編成で戦死した前任者に代わってコミューヌ・ド・パリ大隊の大隊長になったのが元機械工の若いテオ・ロルだった。九月八日、彼は国際旅団最期の戦闘となったシエラ・デ・カバジョスの戦いで戦死してしまう。タンギーがのちにフランスでのレジスタンス活動において使った数々の偽名で、最後に用いたのがこの戦死した若い大隊長の名前だった。タンギーはパリ解放のころには「ロル大佐」、後年は本名と組み合わせてロル＝タンギーと名乗るようになる。

九月二一日、国際連盟におけるスペイン首相ファン・ネグリンの声明により、国際旅団の解散が決定した。一〇月二八日にバルセロナで行われた盛大な国際旅団解散式にタンギーも参加している、二キロメートルにおよんだ行進にタンギーも深い感銘を受けたが、同時にスペイン共和国の未来については悲観的な思いを抱かざるを得なかった。ただタンギー個人とってはこれは終りではなく、新たなファシズムとの戦いを始める前の短い休戦でしかなかった。

一一月九日にスペインを発ったタンギーは多くのフランス人義勇兵と共に、一二日にパリのアウステルリッツ駅に特別列車で到着し、左派の政治家や労働組合の代表たちによって歓待された。他の多くの国際旅団の兵士たちが帰国に苦労したのに対して、隣国でもあるしフランス人民戦線政府の体面もあってフランス人義勇兵はかなり容易に帰国できたようだ。また、九月の時点で多くのフランス人義勇兵が帰国していたようである。アウステルリッツ駅を出たタンギーはそのまま歩いて古巣の金属加工労組の事務所に向かい帰国の挨拶をした。そして短い休暇を取った後すぐに元の役職に復帰している。この辺り、他の多くの義勇兵が再就職に苦労したことと比べて党幹部の特権と見るか、タンギーの衰えぬ闘志と見るかは人によって違うところだろう。また、労組の中でも彼を英雄視する人ばかりではなかったようで、「剣の師匠がいるぞ！」などと揶揄されたこともあったそうである。

勝手に派手な活躍を予想していたが、タンギーのスペインでの活動は最後の最後を除けばちょっと拍子抜けするものであった。一般の義勇兵の経験とはかなり異なっている。彼にとってスペイン内戦は如何なるものであったのか。タンギーによれば、占領下のフランスでのレジスタンス活動はスペインの戦いとは違うものであった。組織された部隊による戦闘でもなく、前線と後方という緊張の差があるわけでもない。むしろ四六時中神経を張り詰めていなければならないのが、レジスタンス活動である。また、はっきりと敵味方が区別できるわけでもない、少なからず孤独な戦いでもあった。タンギーにとってスペインは戦場の経験を積んだ場所というより、ファシズムとの闘いの気持ちを鍛え上げる場所であったのだろう。第二次世界大戦が始まったとき、独ソ不可侵条約が結ばれていたことから多くの共産党員がヒトラーとの戦いに複雑な感情を持ったのに対して、彼は兵役を忌避することなくセネガル狙撃兵連隊に一等兵として入隊した。一九四〇年八月に動員解除でパリに戻ったときも、直ちに労組のメンバーと抗独レジスタンス組織を始めている。レジスタンス活動の中で彼は多くの政敵を作ったが、タンギーの勇気、指導力、揺るがぬ愛国心を評価しない人はいなかった。

ともあれ、スペインでの闘いを終え、タンギーは短い平穏な時期を迎えた。そしてこの期間に彼は終生のパートナーとなるセシル・ル・ビアンと結ばれるのである。二人は共に共産党の活動家として、レジスタンスの闘士として戦い続けていく。ちなみに、セシル・ロル＝タンギーは九七歳の今も健在である。

参考文献

ドミニク・ラピエール、ラリー・コリンズ『パリは燃えているか？』（志摩隆訳）、ハヤカワ文庫、一九七二年

Bourderon Roger, Rol-Tanguy Des Brigades Internationales à la Liberation de Paris, Paris, Tallandier, 2013.

Skoutelsky Rémi, *L'Espoir guidait leurs pas Les Volontaires Français dans les Brigades Internationales 1936-1939*, Paris,Grasset,1998.

Gravas Florence, *Le Sel de la Terre Espagne,1936-1938 Des brigadistes témoignent de leur engagement*, Paris, Edition Tirésias, 1999.

アントニー・ビーヴァー『スペイン内戦　1936-1939』（根岸隆夫訳）、みすず書房、二〇一一年

ヘミングウェイのスペイン内戦

川成　洋

ヘミングウェイが、NANA（北米通信）の特派員として内戦取材のためにスペイン入りしたのは、一九三七年三月だった。前年一一月の叛乱軍のマドリード包囲作戦の開始、国際旅団のマドリード防衛戦への初陣、マドリードからバレンシアへの首都移転、二月のマドリード近郊のハラマ川の戦闘とその後の前線維持、そして三月、マドリード東北五〇マイルのグアダラハラの戦闘では、劣勢が伝えられていた共和国軍が大勝利を収めた。特に、叛乱軍傘下のイタリア軍の黒焔師団を敗走させたのだった。これがちょうど終わったころ、共和国陣地を訪れたヘミングウェイは、「私は、この戦闘の指揮にあたった指揮官たちと一緒に、この地域をまわって、四日間、戦闘を研究し、そしてブリウエガが、世界に戦史において他の決定的な戦闘と肩を並べうるものであると断言できる[1]」と絶賛した。この戦闘の後、前線維持している共和国軍の陣地を訪れ、若いスペイン軍兵士に小銃の使い方を教えたり、ドイツ人、フランス人、イタリア人義勇兵の三個大隊編成の第一二国際旅団に立ち寄り、旅団長のルーカス将軍は非常に感激し、近隣の町や村から若い女性を呼び寄せ、彼の歓迎会を開いたほどだった、またドイツ人義勇兵は彼に親しみを込めて「ヘミングスタイン」と呼び、彼もこの名前を気に入ったらしく、内戦後もアメリカでしばしば使っていた。

それにしても、ヘミングウェイも彼ならではの勇み足をすることもあった。彼はハラマ川の前線維持についていたリンカン大隊を訪れた。たまたまイギリス人大隊からアメリア人大隊のリンカン大隊に転属したロンドン生まれの彫刻家ジェイスン・ガーニィーは、こう感想をもらしている。

彼らの中でいちばん論争好きはアーネスト・ヘミングウェイで、非常に熱心だが、インチキ臭い人なつこさをふりまいていた。彼は機関銃の防弾装置の後ろに座り込んだと思うと、敵のいそうな方向をめがけて実弾をふん

だんにぶち込んだ。このことが敵の野砲攻撃を誘うことになったが、その時彼はもはやその場所にいなかったという次第だ。(2)

特にマドリード包囲下の国際旅団の塹壕には、大勢の外国人たちが訪れた。こうした「前線訪問団《フロント・ビジターズ》」の中には、国際旅団の義勇兵の言葉を借りるなら「偽りの軍事的刺激」を味わうためだった。したがって、義勇兵と「前線訪問団」との間で、感情的な齟齬が生じ、特に双方が同国人の場合、義勇兵からの反発がしばしば見受けられ、次第に彼らを敬遠するようになった。(3)

それではヘミングウェイはスペイン人にはどう映っていたのだろうか。彼はスペイン入国そうそう、バレンシアの共和国政府の外国新聞局に出頭した。ここの主任のコンスタンシア・デ・ラ・モアは、次のように述べている。

外国新聞局で最も人気のあったのは、ヘミングウェイだった。……時々ふと思ったのだが、何か的外れな理由で、また少なくともわたしには奇妙と思えるような理由で、彼はスペインを好きになっていた。しかしともかく、彼はスペインをこよなく愛していたし、この戦争が起こった時のスペインの状況をよく理解していた。彼も自分専用の自動車を持っていた。たぶん、ガソリンをほかの外国人特派員よりも素早く入手していた。というのも、わたしの部下の女の子たちが彼にあこがれていて、彼が階段をのぼってドアを開けたとたん、彼女たちが彼の周りに走り寄って、ガソリン伝票を手渡していた。(4)

また、「エル・カンペシーノ（百姓）」と呼ばれていた共和国軍指揮官のバレンティン・ゴンサレスは、こう証言している。

ヘミングウェイは、アルコール、それも上等なフランスのコニャックやシャンパンをふんだんにホテルの自室に持ち込んでいた。わたしと副官もご相伴にあずかった。彼は、自分で検分してきたグアダラハラの戦場を嬉々として語り、ゲリラ戦と近代戦の共同作戦を主張していた。どういうわけか、ラルゴ・カバリェロ首相を非常に高く評価していた。

四五日間のスペインで充実した取材のおかげで、ヘミングウェイは、スペイン人にとって抜群の「イスパノフィロー（愛西家）」であり、世界的な反ファシスト作家であった。スペイン取材が終わりパリに着き、さっそく記者会見に応じ、共和国軍の医療問題についてルイス・アラキスタインと相談したり、英米記者クラブで講演したり、シルビア・ビーチ書店やシェイクスピア・アンド・カンパニー友の会などで講演したりして四日間忙しく過し、五月一八日、ニューヨークに着いた。

六月四日、全米作家会議がカーネギー・ホールで開かれた。この会議が、事実上スペイン共和国支援を大々的に喧伝する大集会でもあった。会場の一階と二階桟敷、仕切り席など全部鮨詰め状態で、三、五〇〇人ほどの客が参集した。会場の外では約千人が入場できず右往左往していた。最後の講演者はヘミングウェイであった。興奮して立ち上がった彼は、聴衆の喝采が止まらないうちに、講演を始めた。

作家の問題は、変わるものではありません。作家そのものは変わりますが、作家の問題は終始不変であります。その問題とは、いかに正しく書くか、正しいものを見きわめたら、いかにしてそれを、読む人の経験の一部になるように表現するか、ということであります。……真に優れた作家なら、我慢のできる体制である限り、現存のいかなる政治体制の下でも必ず労苦は報いられるものであります。優れた作家を生み出すことのできない政治体制は唯ひとつしかありません。その体制とはファシズムであります。なんとなれば、ファシズムとはゴロツキどもが語る嘘であるからです。嘘をつくことを潔しとしない作家は、ファシズムの下で生活し、仕事をすることなどできません。(5)

その後、ヘミングウェイは、NANA特派員として、三回スペインを取材する。共和国の大義を無条件的に受け入れ、自らの参戦動機を高らかに標榜し、「ヘミングウェイを味方につけたこの戦いにどうして負けようか(6)」というスローガンが生まれるような象徴的存在であった緒戦段階から、戦場での撤退と敗走が重なり、共和国のいわば自壊作用の真っ只中で「赤色テロ」というべきか、理不尽な政治的粛清の陰におびえる末期的状況への経緯を、だれが予想しえたであろうか。ヘミングウェイとて、例外ではあるまい。

ちなみに、まずフランコ叛乱軍を取材し、スパイ容疑を避けようとフランコ叛乱軍に入国した痕跡を隠すために、パリの日本大使館で新規のパスポートの再交付してもらい、パリのスペイン共和国大使館で取材ビザを交付してもらい、共和国陣営を取材した日本人ジャーナリストがいた。朝日新聞の特派員坂井米夫である。一九三七年八月、坂井米夫がマドリード郊外で偶然ヘミングウェイと出会った。

『武器よさらば』のアーネスト・ヘミングウェイをマドリードに訪れるつもりで、危ない内戦中のスペインに入った私は、途中の部落で、たしかアラゴン戦線に行く彼に出会った。……以前にマドリードにいたヘミングウェイと私はちょっとの間話した。マドリードの様子はどうかと聞くと、口を固くむすんだ彼は、空をじっと見つめて、何かうめくような声を出した。いろいろな分子がいて、気がたっているから、用心するようにと私に注意した。「幸運に」と、同じ言葉を交わし、がっちりした大きな手で握手されたことだけはおぼえているが、ほかに何を話したか、すっかり忘れている(7)。

この頃のヘミングウェイは、通常のジャーナリスト以上に、共和国内部にうごめくさまざまな陰謀を知悉していたに違いない。それでも、共和国支持、共産党支持の旗を振り上げていのだった。

事実、共和国支援のプロパガンダ映画《スペインの大地》の制作にヘミングウェイとともに参加したジョン・ドス・パソスは、この映画のテーマをめぐって対立した。ヘミングウェイは進軍、砲撃技術、砲撃、といった軍事面を中心に、ジョン・ドス・パソスは信じられないような生活条件下であえいでいる旧カステーリャの農村をターゲットにしたいというのだった。これでは妥協の余地がなかった。ところで、ドス・パソスは、二〇年来の親友で、彼の作品のスペイン語訳を専属的にやってくれている、ジョンズ・ホプキンズ大学のスペイン文学教授のホセ・ロブレス・パソスが、家族を連れて内戦前に休暇でスペインにやって来た。内戦勃発直後に、彼は語学の才能を買われて陸軍大佐として共和国軍の対ソ交渉部門に勤務することになったが、一九三六年一二月に突然逮捕され、それ以降の消息が全く途絶えたのだった。共和国の首都となっているバレンシアでホセ・ロブレスの妻から依頼されたドス・パソスは八方手を尽して彼の消息を捜すが全く手がかりすら見あたらない。何人かの政府要人に面会し、彼の消息を訪ねると、大丈夫、彼の嫌疑は大したものではなく、そのうち彼はひょっこり戻ってくるからという返事だった。ところが待てど暮らせど彼は戻ってこなかった。それもそのはずで、すでにホセ・ロブレスは杓子定規な軍事裁判を受けたのちに即決処刑されたのだった。ヘミングウェイはこの辺の事情を聞きつけて、ホセ・ロブレスは有罪だと思い込んで、そのようにドス・パソスに伝える。さらにヘミングウェイはドス・パソスの衝撃、怒り、悲しみ、絶望などを一切理解できないばかりか、後に、新刊左翼雑誌『ケン』に、スペイン内戦関係の記事を書き、その中に、ドス・パソスのことを「典型的にアメリカ的なリベラリズムな態度」の幼稚さそのものだと罵倒した。(8) ドス・パソスは彼の裏切りを許さなかった。この映画企画から降りたのだった。(9)

ところで、ヘミングウェイの「マドリッド無感覚」(一九三七年四月二二日マドリッド発信)という記事が『東京朝日新聞』(七月一九日刊)に掲載された。「北米新聞同盟特派員エルンスト・ヘミングウェー氏の記事を抄訳した」と編集部のことわり書きがついているが、全紙面を使っている。記事の最後のくだりは次のようである。

確かな筋から聞く所によると、反政府軍に参加しているイタリー軍は、最早や信用なく独立して行動させることができなくなり、フランコ軍の軍隊と合併、混成軍を作ったといわれている。さらにこの混成軍を強化するために、……警備隊が設けられた。マドリッドの殉難を除いては、今は戦いの中の静けさである。しかもこれはひとえにフランコ将軍がイタリー兵の迅速な機械戦術の失敗に懲りて、新しい戦術を見出さんと虎視眈々としているにすぎないのである。

共和国軍の最後の命運を賭けたエブロ川の戦闘の開始と撤退、そしてスターリンが容認した国際旅団の解散などを直接体験したヘミングウェイは、少なくとも緒戦期とは全く逆の、ありていに言うなら、共和国を牛耳っているスターリニストやその取り巻きどもに対して完膚なきまでの批判者となっていた。

それにしても、ヘミングウェイは、ブルネテの戦闘で戦死したたった一人の日本人義勇兵、ジャック白井をはじめとして、スペインであえなく斃れた、ほぼ一、五〇〇人に及ぶアメリカ人義勇兵たちに対して次のような挽歌「スペインに眠るアメリカ人」(『ニュー・マッセズ』一九三九年二月一四日号)を捧げている。

こよい、死者は、スペインの大地に冷たく眠る。雪は、オリーブの木立をかいくぐり、その根に舞い落ちる。

吹き寄せは、小さな板棚を立てて盛り土をおおう。（板棚を立てる余裕があれば、まだよかったほうである。）オリーブの木々は、その下枝が戦車を覆うために切り落とされ、今は痩せた幹を寒風にさらし、そして死者は、ハラマ川の上流の小高い丘に冷たく眠る。彼らが死んだあの二月も、寒い日だった。四季の変わり目も知らずに、ここに眠る。

リンカン大隊が、ハラマ川沿いの高地を、四か月と半月持ちこたえてから、すでに二年の月日が流れた。いらいアメリカ人最初の死者は、スペインの土と化して、ここに眠り続ける。

こよい死者は、スペイに冷たく眠り、大地が彼らを包んで眠るとき、この冬もまた、かれらは、冷たく眠り続けよう。やがて春になれば、雨が訪れ、優しい大地がよみがえる。風は南から吹いて、丘の上に柔らかくよぎる。黒ずんだ木々は、緑の若葉を広げて息を吹き返し、ハラマ川のほとりでは、りんごの木が花を咲かせる。その春がくれば、死者はよみがえる大地の息吹を感じよう。

それは、われらの死者が、いまはスペインの土と化し、そしてスペインの大地は、決して死なないからである。くる冬ごと、大地は死にこけて眠り、くる春ごと、それはよみがえる。われらの死者もまた大地とともに、ここに生きる。

大地に死が訪れないように、いまは自由になったものが、奴隷の身に還ることはない。われらの死者が横たわるこの大地を耕す農夫は、死者がなにに命をかけたのか、知っている。戦いのさなかでさえも、そのことを知るだけの時はあった。そしてまた、そのことを思い出す時間は、いまや悠久である。

スペインの農夫の、スペインの労働者の、そして、スペイン共和国を信じ、そのために戦った善良で、素朴で、実直なすべての人民の心と胸に、われらの死者は生きている。われらのすべての死者が、スペインの大地に生きる限り、彼らは大地の生き続けるまで生き、そしてその通り、圧制がスペインにはびこることはないであろう。

ファシストたちが、他国から仕入れた金属の重塊でゆくてを払い、スペインの全土をおおうこともあろう。反逆者と臆病者のたすけを借りて、彼らが兵を進めることもあろう。都市や村を破壊して、彼らが人民を奴隷の身に縛ることもあろう。だがしかし、彼らといえども、すべての人民を奴隷の身に縛り付けることはできない。かつてスペイン人民が、つねに圧政に反対したように、またふたたび、立ちあがるであろう。

死者は、立ちあがらなくてもよい。いまや彼らは大地と化し、そしてその大地が征服されることは、決してない。大地はとこしえに生きながらえるからである。大地はあらゆる圧制をのりこえて生きる。

栄光につつまれて大地にはいるものは――そしてまた、スペインで死んだものほど、光栄につつまれて大地にはいったものはいない――すでに不滅の光に輝いている。(10)

ところで、スペイン内戦のすぐれた文学と言われる『誰ために鐘は鳴る』が一九四〇年に出版されるや否や、帰還したアメリア人義勇兵の団体VALB（エイブラハム・リンカン旅団元義勇兵の会）から、疑問、反論、抗議がわきおこった。というのは、この作品に、国際旅団の総司令官アンドレ・マルティ、スペイン共産党の女性指導者で、「ラ・パッショナリア」という愛称のドロレス・イバルリらに対する辛辣な批判が書かれていたからだった。VALBのミルトン・ウルフ会長や作家のアルバー・ベッシーら数人の幹部たち連名のヘミングウェイへの公開質問状が、『デイリー・ワーカー』紙（一九四〇年一一月二〇日号）に掲載されたのだった。ヘミングウェイは、多くの勇敢な義勇兵たちが、そのために戦い、死んでいった大目的を「骨抜き」にしてしまった。さらに、ラ・パッショナリアを中傷し、アンドレ・マルティを誇った。彼はスペイン共和国に対するソ連の態度を誤って伝えた(11)。こうした心無い誹謗・中傷とは真逆の評価もあった。例えば、第一五国際旅団および第四五師団の前司令官ハンス・カレーは『誰がために鐘が鳴る』は偉大な、真実に満ちた本である、という太鼓判を捺した。またワシントン大隊の大隊長ミルコ・マルコヴィッチやリンカン大隊の政治委員スティーブ・ネルソンも同様に、きわめて好意的な評価を表明した(12)。

それにしても、ミルトン・ウルフからヘミングウェイは単なる政府軍の「応援団員」であり、スペインをほんのわずか見て回った「観光客」に過ぎないと侮る私信を受け取ったとき、彼は怒り心頭に達し、ウルフに絶交状を叩きつけたのだった。

君の手紙のどんなにうぬぼれた、めちゃくちゃで、ばかげたもので、僕はくどくどと述べるつもりはない。だが、ただ一点だけはっきりさせておこう。どうやら僕はスペインでは一介の野次馬にされているようだ。まあ、いいだろう。

（中略）

君は君なりにマーティを考えればいい。僕は僕の考えるマーティと結婚したのだ。誰が世の中のためによく尽していいるかは、いずれはっきりするだろう。だから僕は、ただひたすら、君を刑務所から出すため、あれこれと手を打つだろうし、君は命じられるまま僕を非難するであろう。いやはや、結構なことだ。あの手紙を読んでから、君のことを「卑怯者」と呼ぶようにした。そのほうが君にとって、いくらかでも友人の背中が刺しやすくなるだろうもの。そのためにも、このくらいは知っておきたまえ。今君が刺そうとしている男は、君という人間と単なる顔見知りではなく仲良しだったということと、それが今では君のことを「卑怯者」だと思っているということだ。本気で言っているんだ。僕はいつでも君のことを大した男だと思っていた。ところが今では「卑怯者」と思っている。これでもうはっきりしたろう。な、科学者クン。そなことを言われて君はいい気持ちがするかね。

ヘミングスタイン(12)

ミルト様

このように、VALBの元義勇兵たちとの関係は冷え切ったものになった。第二次大戦期に「未熟な半ファシスト」というレッテルの下に軍当局から不当に差別させられ、戦後の冷戦時、とりわけ一九五〇年から五四年まで全米に吹き荒れたマッカーシズム、つまり反共産主義の「赤狩り」の下で、元義勇兵が次々と理不尽にも獄舎に繋がれたのだった。孤立無援な彼らに何も言わずに援助の手を差し出したのは、ほかならぬヘミングウェイであった。おそらく、ヘミングウェイが、『誰がために鐘が鳴る』に罵詈雑言を浴びせたであろうVALBの元義勇兵たちに、彼の得意とする反論もせずに支援を惜しまなかったのは、スペイン内戦の共和国支援と同じ感性からであろう。それと今となっては、正統派コミュニズムに対する批判を十分に認識していたからであろう。

たしかに、当時のヘミングウェイは、一九五四年度ノーベル文学賞受賞者であり、おそらく人生の絶頂期に到達していたのだろうが、なぜか、還暦ごろになり、強度のノイローゼにさいなまされる。この頃、彼は常日頃、電話が盗聴されていると口癖のように言っていた。また「行きつけの料理店で、夕食の途中、不意に立ち上がって、もう出ようと言い出し、FBIの男が二人、つけねらっていると言い張って、夫人を困らせた[13]」のだった。このFBIの監視が彼の単なる幻想であるかどうか、「捜査当局は、ずいぶんと以前から、さらに一九三〇年代の後半の国際的危機にも、文芸関係のファイルを常時保持してきた。FBIが思想と活動をモニターし続けていたのは、ヘミングウェイは一九三五年からだった。（中略）F・スコット・フィッジェラルドの場合は没後だったが、両大戦期間の有名な小説家たちは、事実上、全員、監視の標的にさらされていた[14]」という報告もある。

一九六一年七月二日七時三〇分、二階の寝室でまだ眠っていたメアリー夫人は、銃声に驚いて駆け下りてゆくと、階下の銃架の前に、ヘミングウェイは倒れていた。その日は、六二歳の誕生日の一九日前であった。

註

（1）ヒユー・トマス『スペイン市民戦争』（都築忠七訳）、みすず書房、一九七〇年、Ⅱ、六六頁。
（2）ジェイスン・ガーニイ『スペインの十字軍』（大西洋三・川成洋訳）、東邦出版社、一九七七年、一九九頁。
（3）アントニー・ビーヴァー『スペイン内戦――一九三六～一九三九上』（根岸隆夫訳）、みすず書房、二〇一一年、一九〇頁。
（4）コンスタンシア・デ・ラ・モア『栄光に代わりて――女性の自伝的スペイン内戦史』（中理子訳）、東邦出版社、一九六七年、二一四頁。
（5）カーロス・ベーカー『アーネスト・ヘミングウェイ』（大橋健三郎・寺門泰彦訳）、新潮社、一九七四年、Ⅱ、四四七頁。
（6）フィリップ・ナイトリー『戦争報道の内幕』（芳地昌三訳）、時事通信社、一九八七年、一六一頁。

（7）坂井米夫『私の遺書』文藝春秋社、一九六七年、八八〜八九頁。
（8）フィリップ・ナイトリー、前掲訳書、一六三頁。
（9）アントニー・ビーヴァー、前掲訳書、二五四頁。
（10）ポリティカル・アフェアズ編集部編『アメリカ共産党の五〇年』（野村八郎訳）、国民文庫（大月書店）、一九七一年、一三五〜一三七頁。
（11）カーロス・ベーカー、前掲訳書、Ⅱ、五一一頁。
（12）長田弘編『スペイン人民戦争』學藝書林、一九七〇年、一七五〜一七六頁。
（13）カーロス・ベーカー、前掲訳書、Ⅱ、七八三頁。
（14）ロードリ・ジェフリーズ＝ジョーンズ『ＦＢＩの歴史』（越智通雄訳）、東洋書林、二〇〇九年、一九八〜一九九頁。

ラングストン・ヒューズのスペイン内戦

川成　洋

一九二〇年代のアメリカのニューヨークで、マイノリティや黒人たちが自立的な声を発する「ハーレム・ルネサンス」、あるいはより広く「ニグロ・ルネサンス」と呼ばれる運動が起こった。この運動の中心人物の一人に挙げられるのは、当時、二〇歳そこそこのラングストン・ヒューズ（一九〇二〜六六）であった。彼は、ブルースと民謡を基調とする自然な、魅力的な詩を書き、黒人の悲しみと喜びをうたう詩人としての活動を始め、さらに人種問題・労働問題などといった社会的・政治的なものにもその活動を広げる。「ニグロ・ルネサンス」は一九二九年の大恐慌で下火になるにつれ、この運動にかかわった作家・詩人たちは消えていったが、ヒューズは活発な活動を続けたのだった。それゆえ、後に「ハーレムの桂冠詩人」と言われた。

一九三七年七月、スペインではマドリード攻防戦が戦われているころであるが、ヒューズは、『ボルティモア・アフロ・アメリカン』紙の特派員として、共和国側の英語圏の国際旅団、具体的には、第一五国際旅団のアメリカ人の三個大隊である、リンカン大隊、ワシントン大隊、そしてアメリカ・カナダ人大隊（マッケンジー・パピノー大隊）に従軍している黒人兵の取材のために、フランスから陸路でスペインに入国する。このスペイン取材には、キューバの詩人、ニコラス・ギリェンも同行した。彼らの行程は、バルセロナ、バレンシア、マドリード、そしてバルセロナから出国であり、その期間はほぼ六ヵ月であった。

彼のスペイン滞在中の記録は、『ラングストン・ヒューズ自伝３　終りのない世界』（木島始訳、河出書房新社、一九七三年）に詳らかにされている。

最初に訪れた、バルセロナは灯火管制が敷かれ、不快なサイレンが敵の空襲を告げる臨戦態勢の都市であった。

バレンシアの彼らが宿泊する予定の「文化会館」は、その日悲しみに包まれていた。マドリード攻防戦の天王山だったブルネテの戦闘（七月六〜二六日）において、七月二五日に事故死した女性戦争写真家で、ロバート・キャパの恋人である、ゲルダ・タローの遺体が安置されていたのだった。その後、ヒューズとギリェンがマドリードに到着する。この頃のマドリードについて、ヒューズがこう語っている。

マドリードで、わたしが有名な闘牛場を訪れたとき、高射砲が闘牛場に備え付けられてあるいがい何もなかった。また、マドリードの被りぎぬ《マンティーリャ》をかぶっている有名な「いきなねえちゃん」もいなかったし、夜の女たちは、たいてい不器用な老婆たちであった。偉大な男優たちや女優たちや音楽家たちは、――ごく少数の勇気ある芸術家たちを除いて――金持の産業資本家やフランコ軍の将校たちといっしょに、みんなサン・セバスチアンやサラマンカに逃げてしまっていた。だが、ひとりの偉大な芸術家でフラメンコ歌手のラ・ニーニャ・デ・ロス・ペイネスは、とどまっていた。彼女は、愛している都市を去ることを拒絶した。わたしは、ラ・ニーニャが砲火を受けるマドリードでまだ歌っているということをバレンシアで知ったとき、最前線へ許可願いを役に立てるときであると思った。マドリードは、最前線であった。

彼が国際旅団の黒人兵に会う前に、二人のアメリカ人新聞記者と一緒に、捕虜専用病院に入院しているモーロ人兵士を見た。ヒューズが驚いたほど黒いモーロ人傷病兵について、実際に彼を見た場合のアメリカの黒人兵だったらどのように感じるであろうか、その感情を述べ伝えようとして、国際旅団のアメリカ黒人から、ディクシーランドに住んでいる身内にあてた手紙に託す、という形式で次のような詩を書いた。

国際旅団、リンカン大隊、一九三七年、スペイン某所で

故郷にいる親愛なる兄へ、――
わたしたちは今日負傷したムーア人を捕虜にした。
かれはまさにわたしのように黒かった。
わたしは言った、おい、自由に反対し闘いながら、

おまえはここで何をしているんだい?
かれは、ある言葉で何かを答えたが
わたしには理解できなかった。
だが、誰かが、あいつこんなことを言っているんだとわたしに話してくれた
やつらは、かれの国でかれをひっつかまえ
ファシストの軍隊にかれを参加させ
そしてスペインに渡って来させたんだ、と。
かれは、もう決して故郷に戻れまい
そんな感情をもっているんだね、と言った。
こういうことはぜんぶ正しくないんだという
そんな感情もっているんだね、と言った。
かれは、じぶんが闘わねばならない
こういう相手のひとたちは、知らないんだ、と言った。
わたしたちが占領した村で
かれが死にかけて横たわっていたとき、
わたしは、アフリカの方を見渡したのだ
そしてわたしは、礎が揺れ動くのを感じた――
というのは、もし自由なスペインがこの戦いに勝ったら、
植民地もまた自由になるのだ――
それから、わたしのように黒いムーア人たちの身に
何かすばらしいことが起こりうるのだ。

仲間よ、聞いてくれ、とわたしは言った、
つまりだね、古い英国と、
思うにまた、イタリアとが、
わたしときみにたいして共和派スペインが
やさしくすることをおそれているのは
そのすばらしいことためなんだ、とわたしは思う、――
なぜって、かれらはアフリカに奴隷をもっていて
しかもかれらは奴隷を自由にしたくないからだ。
聞いてくれ、ムーア人の捕虜よ、――
ここでわたしと握手してくれ！
わたしは、かれのそばに跪いて
そしてわたしは、かれの手をとった、
だが、負傷したムーア人は死にかけていて
それでかれは理解してくれないのだった。

たしかに、この詩は、黒人に対する強い愛情や理不尽にも虐げられた人間に対する深い思い遣り、さらには彼らの将来への明るい展望などを謳っている。

それにしても、ムーア人兵士への人種差別をしない処置に、スペイン第二共和国の人種的偏見のなさを認めているものの、それでは、なぜ、スペイン領モロッコが植民地としてスペイン共和国に組み込まれているのか、またなぜ、モロッコの解放を、一九三六年二月に人民戦線で勝利した共和国政府が、農地解放、軍政改革、封建主義やカトリック教権主義の排除と並行して実施しなかったのか。つまり、スペイン第二共和国とはいったい何だろうか、という根源的な問いが欠落しているのではあるまいか。

これこそ、ヒューズのスペイン現代史の掌握の限界、というべきであろう。二〇世紀のスペインがどのような困難な道程を歩んできたのか、その挙句に、軍部のクーデターの失敗・挫折と内戦の勃発だったのである。

言うまでもなく、かつてのハプスブルク王朝スペインは「陽の沈むことなき大帝国」であった。あの広大な植民地、とりわけブラジルを除いて中南米全域がスペイン領だった。その「イスパノ・アメリカ」と呼ばれた地域が、「ラテン・アメリカ」と呼ばれ、かつての植民地が次々と独立を果たし、その極め付けは、一八九八年のスペイン唯一の植民地キューバの独立をめぐって米西戦争の勃発と完敗。パリ講和会議で、キューバの独立の容認、アメリカへのフィリピン売却、グアム、プエルト・リコなどの割譲。そして翌一八九九年に太平洋上のカロリン諸島などをドイツに売却。これでピレネー山脈の南に逼塞するスペインには残された植民地は、北アフリカのモロッコだけとなった。この砂漠のような不毛なモロッコがどれほど重要か。一七〇一年に始まったスペイン継承戦争期（〜一七一四）の一七〇四年、イギリスがジブラルタルを占領しそのまま英領として専有してきたために、地政学上、地中海の入口という点で、その対岸のモロッコが必要だったと考えられる。

とはいえ、二〇世紀になって、モロッコ問題はますます山積し、解決の糸が見えなくなっていつた。解放・独立を求めるモロッコとそれを何とか阻止しようとするスペイン当局。一九〇七年七月のリフ山地におけるベルベル人とスペイン陸軍との武力衝突によるモロッコ戦争（〜一九二七）。一九二一年七月のモロッコ解放軍によるスペイン軍の壊滅。こうした対外事件がスペイン国内に重大な影響を与えたのであり、政局はますます混迷の度を深めていったのだった。一九三六年七月一七日の正規軍の軍事クーデターもスペイン領モロッコだった。つまりモロッコは、二〇世紀スペインのアキレス腱だったのだ。動乱や戦乱が続くアフリカに赴任したスペイン正規軍は「アフリカニスタス」と呼ばれ、彼らは、この植民地が曲がりなりにも存在することで、軍人として出世することになっていた。

ところで、マドリードでのヒューズと黒人兵との話題は、なんといっても、阿鼻叫喚の巷と化したブルネテの戦闘であった。

ヒューズにとって、アメリカ人大隊において、黒人兵が何ら人種的な差別を受けず、全く対等に評価され、生き生きと自分の任務を全うしていることを直に見聞して、満足したのは当然だったが、さらに戦死したものの、オリバー・ローがリンカン大隊の大隊長であったことなど、つまり人種が混合する集合体の中で黒人がその指導者となることなどは、アメリカ本国では全く考えられないことであった。もっとも、ブルネテの戦闘で、黒人兵たちの中で、あろうことか、「黒人種の恥」と言われる不祥事が起こった。ひとりの黒人将校が叛乱軍の砲撃中、山腹の洞穴に、部下の兵士たちと避難していた。空から高性能の爆弾が飛んできて、敵の砲弾がしきりに撃ち込んできた。その地帯全体が揺れ動いたのだった。すざましい轟音。しかし、国際旅団は攻撃開始せよ、という命令が司令部から下達された。敵の砲撃の合間を見て、各部隊は攻撃すべくその洞穴から飛び出した。ところが、黒人将校は司令部の命令に従わなかった。彼の部下の幾人かは、司令部の命令に従わないのか、早く出撃命令を出してほしい、とその黒人将校に詰め寄る。結局、年少の将校が指揮を執り、出撃し、半数が戦死した。洞穴に居残った黒人将校は生き残ったものの、階級を剥奪され、アメリカに送還された。繰り返しになるが、黒人兵の間ではとても深刻な「黒人種の恥」であった。それを聞いて、ヒューズは「洞穴の将校がそれほどに黒人種の恥であったとは思われない。少なくとも、かれは戦線にいたのだ。少なくとも、かれはスペインに来ていたのだ」と内心思う。

一九三七年一一月、国際旅団創設一周年の記念祝賀会が、第一五国際旅団の訓練基地である、カタルーニャ地方のタラゴナで行われた。行軍パレード、体育祭、ボクシング試合、バンクェットなど盛り沢山の催しが行われた。夜は、アメリカに帰国することになっている黒人のウォルター・ガーランド中尉のための戦友たちによる惜別パーティが開かれた。弱冠二四歳のガーランドは、国際旅団の最年少の将校のひとりで、背が高く軍服がよく似合っていた。彼は、アメリカ人義勇兵第一陣として、一九三六年一二月二六日にニューヨークを出港し、ハラマ川の戦闘（二月五～二四日）に一兵卒として初陣するが負傷して、二か月間入院する。それから彼は「短期将校養成所」に入った。中尉としてブルネテの戦闘に、それまで体験したことのないほど激しい爆撃を受けながらも指揮している最中に再び負傷し、タラゴナ訓練基地へ派遣された。ここで彼は、軍用地図の複製法の改良、無線電信や電話の開発、英語で最初の軍事便覧の執筆などに専念した。同僚の将校たちが、彼の素晴らしい軍功をたたえて、それぞれ短い惜別の辞を述べ、ヒューズのそばにいた幾人かの黒人兵が滂沱と涙を流していた。翌日、ガーランド中尉は、スペイの戦闘がどのような意味があるのか、自国の人びとに伝えるためにアメリカに向けて出発した。ヒューズにとって、ガーランド中尉は最も誇りに思える黒人将校であった。

ヒューズは、六ヵ月間のスペイン滞在中に、約百人余りの黒人兵と会った。彼らはことあるごとに語ったのは、オリバー・ローI大隊長のことであった。

スペインに来る前に、いろいろな知り合いから、スペインに参戦した兄弟や親友の消息を尋ねてほしいと言われ、本人、あるいはその関係者を探し出すが、その中でかなりの数の兵士が戦死したのが分る場合があった。こうした不幸なニュースを聞かねばならないヒューズとって、辛いことだった。ヒューズはこう締めっくる。

ローやハードンや、ガーランドやエイブ・ルイスのようにじぶんじしんの自由意思でスペインイ行こうと、かれらの平和なアメリカ合衆国を後にして、外国の戦争地域に向かったこれらの黒人たちは、いったいどんなひとだったのだろうか？　だれも、彼らを来させてたのではなかった。かれらは、モーロ人たちのように徴兵でもなかった――報酬はただも同然であった。かれらは、ドイツ人兵士のように職業軍人でもなければ、イタリア人兵士のように被召集者でもなかった。かれらは、じぶんじしんの自由意思でやって来た。かれらの多くは、そこで死んだのだ。（中略）スペインでのこれらの黒人たちは、戦士であった――志願の戦士――このことは、歴史がもう一ページを新しくめくったことを示している。

一二月中旬、ヒューズは、バルセロナで同行者のギリェンと別れ、陸路でパリへ向かう。

ジョージ・オーウェルとスペイン内戦

吉岡 栄一

一九三六年七月一七日に勃発し、一九三九年三月に終結をみたスペイン内戦は、フランコ将軍の軍事クーデターによって端緒がひらかれ、人民戦線の共和国側の敗北というかたちで決着をみたが、世界各国の市民や芸術家や知識人たちが義勇軍に加わって、共和国防衛のために参戦したという点で、史上まれにみる国際的な内戦といえるものであった。おびただしい流血の惨事となったこの熾烈な戦争はまた、ヘミングウェイの『誰がために鐘は鳴る』、アンドレ・マルローの『希望』、オーウェルの『カタロニア讃歌』、アーサー・ケストラーの『スペインの遺書』、ピカソの《ゲルニカ》などの記念碑的な作品を生んだばかりか、ロバート・キャパによる何枚ものすぐれた戦場写真を後世に残すことにもなった。

アントニー・ビーヴァーによれば、スペイン内戦は類例がないほど芸術家や知識人にたいして政治的態度を決めることを迫った戦争であり、結果として彼らの圧倒的多数が共和国側についたというのである。ただ芸術家や知識人たちが共和国にあたえた支持は、実践的というよりももっぱら精神的なものだったが、マルローやオーウェル、ジョン・コンフォードなどの少数の文学者たちはじっさいに戦闘に参加したのだった。

戦闘には参加しなかったが、共和国支持を表明した文学者たちにはヘミングウェイ、ジョン・ドス・パソス、パブロ・ネルーダ、W・H・オーデン、スティーヴン・スペンダー、セシル・デイ゠ルイス、ハーバード・リード、ジョルジュ・ベルナノス、アントワーヌ・ド・サン゠テグジュペリ、ルイ・アラゴン、ポール・エリュアールなどがいて、滞在日数にちがいがあっても、各人がスペインに赴いて何らかの支援活動を行ったのである。(1)

ただスペイン内戦に参加したのは、こうした著名な芸術家や知識人ばかりではなかった。ヨーロッパやアメリカを中心に世界各国で反ファシズムのための国際旅団が組織され、多くの左翼系の労働者や市民たちが義勇兵としてスペインに赴いたのだった。たとえば、みずからもエイブラハム・リンカン旅団の義勇兵として、スペイン内戦に参加したエイブ・オシェロフは、スペイン人民の英雄的な抵抗は世界じゅうの民主主義勢力に希望と感動をあたえ、マドリッドは妥協と降伏の暗闇のなかでかがり火のように燃えたち、世界の良心になったというのである。こうした良心から生まれたのが、国際旅団という新しい歴史的な現象なのだとも指摘している。(2)

コミンテルンがその組織化に深く関与したこうした国際旅団の義勇兵たちの過半数は共産党員であったが、石垣綾子の『オリーブの墓標――スペイン戦争と一人の日本人』、川成洋の『スペイン戦争――ジャック白井と国際旅団』などの著作によって広く知られるようになったが、(3)いま名前がわかっている唯一の日本人義勇兵にジャック白井がいる。白井は函館の孤児院で育ち、一九二九年にアメリカに密入国し、ニューヨークでパン職人やコックをしていたが、スペイン内戦が始まるとアメリカ共産党の義勇兵募集に志願し、第一五国際旅団のエイブラハム・リンカン大隊に配属される。しかし、一九三七年七月一一日にブルネテの戦いで敵弾にたおれて戦死している。

ゲイブリエル・ジャクソンによれば、西欧諸国の良心的な人々にとって、スペイン内戦とは、「スペインをそしてヨーロッパを、ファシズムから――とりわけ、ヒトラー体制に具現される最も攻撃的で、ニヒリスティックで、野蛮な形態のファシズムから――救う十字軍であった(4)」というのである。さらに斉藤孝も『スペイン戦争――ファシズムと人民戦線』において、「ファシズムに反対する一九三〇年代の情熱は、スペインに注ぎ込まれた」と指摘したうえで、「ヨーロッパの、世界の、実に多くの人びとが正義感にかられてスペインについて語り、ファシズムと戦うスペイン共和国のために募金し、集会を開き、デモを行った。さらに、多くの知識人や労働者が困難な旅の後にスペインの戦場にたどりつき、自ら銃をとった(5)」と述べている。

このように反ファシズムのためにスペインに駆けつけ、そして「自ら銃をとった」人間のひとりに、『カタロニア讃歌』を書いたオーウェルがいる。イギリスからは国際旅団の義勇兵として、ケンブリッジ大学出身のジョン・コンフォードやジュリアン・ベルをはじめとする若い詩人や批評家たちも参加し、なかには実戦のさなかに戦場に斃れた若者もいるが、(6)こうしたイギリス人義勇兵たちのなかでオーウェルの名声が突出しているのは、いうまでもなく『カタロニア讃歌』や『動物農場』や『一九八四年』の著者であるからだ。

スペイン内戦はヨーロッパに垂れこめたファシズムの影、あるいは失業問題などの暗い世相も反映して、多くの外国人の共産主義者だけでなく、良心的な世界の作家たちの関心も集めた政治的な大事件であった。イギリスの北部炭鉱地帯の悲惨きわまりない労働者たちの生活実態を記録したドキュメンタリー、『ウィガン波止場への道』を書きおえたばかりのオーウェルがはるばるバルセロナにまで駆けつけたのも、表向きはイギリス人特派員として内戦の記事を書くことにあったが、本心は民主主義を護るために民兵として銃をとり、一人でも多くのファシストを殺そうという決意が秘められていたのである。オーウェルの場合、おおかたの左翼知識人や作家たちのように、文明への抽象的な絶望や労働者を偶像化したあげくの、ロマンティックな観念や幻想からの参戦ではなかったのである。(7)

事実、オーウェルの民兵仲間であったスタフォード・コットマンはそれを裏づけるような証言をしている。コットマンはＩＬＰ（イギリス独立労働党）分遣隊の最年少の兵士であり、カタロニア戦線においてオーウェルが所属していたＰＯＵＭ（マルクス主義統一労働者党）とともに、ファシストと戦った経験をもつ人物である。そのコットマンが一九八四年、ＢＢＣのテレビ・インタビュー番組の「思い出のオーウェル」のなかで、オーウェルがスペイン内戦に参加した経緯については諸説があることを認めながら、身近にいた「戦友」として次のような証言を行っているからである。

　オーウェルは戦闘においては兵士としてせいいっぱいやるつもりできた。最初は作家・ジャーナリストとしてここにきたのは確かですが、私のみるところでは、それは二の次で、片手間の仕事でした。兵士として戦うことが主でした。(8)

実際、オーウェルははやく戦闘に加わりたい一心から、ＩＬＰ分遣隊がロンドンを出発するよりも前の一九三六年一二月二三日頃に、ＩＬＰの機関紙『ニューリーダー』から特派員の記者証をもらい、費用は自分もちでスペインに向かっている。途中で立ち寄ったパリでは、かねてより敬愛していたアメリカ人作家、ヘンリー・ミラーと面会し、ミラーからは作家がスペインで戦うことなど馬鹿げていると言われたが、意に介さずに二六日にはバルセロナに到着している。

このスペイン内戦に参加した外国人義勇兵たちの大多数は、すでに触れたようにコミンテルンが組織した国際旅団の義勇兵であったが、オーウェルの場合には発行元となった記者証の関係から、イギリス独立労働党のスペイン国内の友党、ＰＯＵＭの市民軍に加わることになるのである。しかし、国際旅団ではなくＰＯＵＭの民兵になったことは、オーウェルにたいして国際政治の醜い裏面を知るうえでの材料を提供し、世界的な政治作家としてのちに、『動物農場』や『一九八四年』などの名作を書かせる母胎となるのである。一九三七年五月七日、『ウィガン波止場への道』の出版者であるヴィクター・ゴランツにあてた手紙のなかで、オーウェルはＰＯＵＭの義勇兵になったことで、マドリード戦線がみられなくなったことを慨嘆したあとで、それでも「真の革命家であるスペイン人を知ったこと[9]」は、誇るべきことであると述べているのは示唆的である。

『カタロニア讃歌』で活写されているように、オーウェルが訪れたバルセロナは革命的な雰囲気がみなぎる街だった。アナキストを主体とする労働者たちが、カタロニア地方を実質的に支配していたからである。教会はあらかた破壊され、領地も没収されたうえ、産業や鉄道などの共有化が進み、警察に代わって労働者たちのパトロールが行われていたからである。階級もほとんど消滅していて、革命的な熱気や自由と平等の意識がみなぎっていた。このような街の雰囲気はまさにオーウェルが、かねてから希求していたものだった。

オーウェルが民兵として加わったＰＯＵＭの市民軍は、軍隊としての規律や装備がじつに貧弱で、「現代の全体主義国家が必要としている呪うべき能率や一貫性[10]」には欠けてはいたが、オーウェルにたいしてはこれまで以上に、社会主義実現の可能性を確信させるようなところがあった。ＰＯＵＭの市民軍は当初からアナキスト系の民兵隊とともに戦っていたが、後からＩＬＰの分遣隊がロンドンから到着すると、オーウェルはそこの中隊に転属して、前線では

ＰＯＵＭとまったく一体となって戦っていた。やがてＩＬＰ分遣隊の隊長、ロバート・エドワーズが政治集会に出席するためにイギリスに帰国し、ふたたびスペインの戦場にもどるのが困難な状況になると、オーウェルは推挙されて中隊の指揮官になっている。いざ実戦に参加してみると、オーウェルが恐れたのは敵の弾丸よりも寒さであり、そのため「人間ではなく肺炎[11]」と戦っているような錯覚を覚えるほどだったが、やがてこの内戦のもつ政治党派的な側面に気づくにつれて、オーウェルはみずからの認識の甘さをあらためて認識しなければならなくなるのである。その端緒となったのは、共和国陣営のなかでの熾烈な党派的な対立だった。コミュニスト系の新聞がスペイン内外において、悪質なデマ宣伝を展開しているのを知るにつれて、オーウェルはこの内戦が革命ではなく、ファシズム対デモクラシーの戦いに矮小化されるのではないか、という危惧の念をいだくようになるのである。そのうえソヴィエトの武器供与や国際旅団の外国人義勇兵たちの活躍などで、共和国派内部においてスペイン共産党の威信が高まるにつれて、権力がアナキストからコミュニストに移行するようになり、オーウェルは革命の右傾化がはじまったことを肌で感じるようになるのだ。

小野協一によれば、共和国側の党派的な内部対立のおもな原因は、ドイツとイタリア、そしてソヴィエトなどの外国勢力による内戦への援助と介入にあったというのである。ほとんど開戦当初からヒットラーとムッソリーニは、大量の武器ならびに軍隊をスペインに送ることでフランコ反乱軍を援助する一方で、一〇月に入ってから今度はスターリンが戦略物資や軍事顧問団を派遣することで政府軍を支援するにいたって、「この内戦はスペインを舞台とする国際的な闘争に発展し、コミュニズムとファシズムとの間のイデオロギー戦争の性格さえもつことになった[12]」というのである。このためスペインでのこの戦いが「内戦」ではなく、「戦争」と呼ばれるゆえんともなっている。

オーウェルはこうした共和国陣営内部での激烈な政治対立に危機感をいだきながら、スペイン共産党主導による中央集権化はとどのつまりは、反スターリン主義のＰＯＵＭやアナキスト系のＣＮＴ（全国労働連合）の追放、弾圧につながるのではないかという不安に駆られるようになる。なぜなら、オーウェルはこの内戦がプロレタリア独裁のための戦争ではなく、議会制民主主義の戦争へとすり変えられ、革命が右傾化してゆく過程に対応しているのではないかと疑い始めるからである。端的にいえば、共産党の政治的な策動は結局のところ、ブルジョワと労働者階級との野合にほかならず、最終的にこの内戦が「非革命」に堕してしまう危険を感じるようになるからである。

このオーウェルの危惧は、約三カ月後に前線からバルセロナに戻ったとき現実のものとなる。ほんの数カ月しか経っていないのに、街の様子がすっかり変わってしまっていて、労働者が支配するという原則もくずれ去っている。社会のなかに階級制がまたはびこり出しているばかりか、軍隊内にも位階制がふたたび復活し、人民戦線を支援する宣伝が組織的に行われているなかで、アナキストとコミュニストとの政治的な反目がひそかに進行しはじめている。オーウェルには、これが革命と反革命との戦いのはじまりに思われるのである。とりわけ五月のバルセロナの市街戦は、それを象徴するような事件であった。島田顕は『ソ連・コミンテルンとスペイン内戦』のなかで、このバルセロナ五月事件について、次のような指摘を行っている。

PCE（スペイン共産党）が人民戦線の強化よりも戦争勝利を優先してしまったという指摘がある。内戦当時、PCEは、第一目標に掲げた戦争勝利のために人民戦線の強化による社会の団結強化を図った。そして戦争勝利の後に社会主義革命を実現することを目指していたのである。だが実際には、社会の団結のために革命を第一目標として推し進めようとした反対派を弾圧し、バルセロナ五月事件が起こった。これにより人民戦線内の結束が乱れ、戦争を勝利へと導くための軍事的団結が図れなくなり、敗北してしまった(13)。

このバルセロナの五月事件で、オーウェルは負傷することはなかったが、にわかに身の危険を感じるようになるのである。共和国派の主流となったスペイン共産党によって、POUMやCNTなどがトロツキストの烙印をおされ、ファシストのスパイという汚名を着せられ、非合法政党として弾圧されることになるからである。まさに悪夢のはじまりであった。そのうちに恐怖政治さながらの検閲や投獄が行われるようになり、人々のあいだに疑惑や険悪な雰囲気がうまれるなかで、オーウェルはこの内戦が大きな変質をとげ、反フランコで結集したはずの共和国陣営がファシズムよりもたちのわるい、まるで右翼的な独裁体制になりそうな気配を感じとるのである。オーウェルは最終的に秘密警察の手をのがれて、前線で受けた銃創貫通の傷をかかえたまま、イギリスにどうにかこうにか帰国することができたのだが、民兵としてスペイン内戦で体験したことは終生、その心に深いトラウマを残すことになった。わけても深刻な精神的トラウマとなったのは、「スペインで革命を阻止したのは、なによりもコミュニストである[14]」というあまりにも苦い認識であった。なぜならオーウェルにとって、スペイン内戦とは革命のための戦いであり、その革命的な戦闘を主体的に担ったのはほかならぬ労働者たちであり、彼らが要求していたのは「それがなければ人間らしい生活をまったく営むことができない、必要不可欠の最小限のもの[15]」でしかなかったからだ。

たしかにオーウェルが民兵として参加したマルクス主義政党のPOUMなどは、能率や組織の面において統制がとれていたとはいいがたく、政治的な展望に欠けるところもあったけれども、ただ彼らは政党政治家とは異なり、革命的な情熱や連帯感においては卓越したものがあり、初期のころの革命運動を牽引したのは紛れもなく彼らであった。彼らが革命のなかに主として求めたのは、非人間的な政治体制や疎外からの自由であったからだ[16]。

最終的にオーウェルがスペイン内戦からえた最大の教訓は、共産主義にたいする幻滅と政治言語への不信であると要約することができる。わけても予断と偏見、党利党略からなされる政治言語や政治宣伝は、「嘘を真実らしく、殺人を立派なもの[17]」に言いくるめることができるだけに、オーウェルは作家としてその危険性に敏感にならざるをえなかったのである。結果としてスペイン内戦を通じて、そうした政治言語をプロパガンダの道具として使ったコミュニストは、革命の裏切り者であるという思いを深めることになった。船山良一によれば、一九三九年八月の独ソ不可侵条約の締結は、スペイン共和国を支持したり、支援したりした西欧の多くの知識人に衝撃をあたえ、そのときに人民戦線支持の立場を離れた者が多かったのだが、人民戦線的立場に踏みとどまった例外的な作家にヘミングウェイがいるというのである[18]。しかし、オーウェルは人民戦線支持の立場を離れた多くの知識人のひとりであり、結果としてスターリン主義はファシズムとなんら変わることのない危険性を持っているという結論に到達するのである。

『カタロニア讃歌』はまたオーウェルの作家活動における転換点をしるす作品としても知られている。ただジェフリー・メイヤーズは『オーウェル入門』のなかで、多くの論者や評者がこの作品を「後年の政治風刺小説を書くうえでの本質的な原動力になっている」とみなしているが、そうした見方は一面的でしかなく、このドキュメンタリーは「オーウェルの幼少期の生活環境や個人的体験と深いつながりがあること、さらには戦争犠牲者の大きな支えになっている同志愛、人間としての連帯感といった中心テーマが世に受けいれられ、『人間とかかわりあいを持ちたい』という強い欲求の表現であるとは気づいていない」と指摘し、「政治と戦争、内省と行動、幻滅と理想とのあいだに横たわる大きな緊張感こそが『カタロニア讃歌』の支配的な形態をつくりだし、犠牲と同志愛との痛切な対立関係をも浮き彫りにしている」[19]と主張している。

『カタロニア讃歌』は通説によれば、スペイン内戦の実態をみずからの感性にもとづいて赤裸々に記録、報告したドキュメンタリーなのだが、メイヤーズはこの透徹した言語で形象化された作品の底に政治意識だけでなく、オーウェルの過酷な幼年期から若年期にかけての自己体験の投影をみているのだ。つまり『カタロニア讃歌』がルポルタージュとして卓越しているのは、幼少年期にかけての自己体験にもとづく個人的感情、その感情の潜在的な噴出のはげしさにあるともいえるのだ。幼少年期の孤独、それゆえの精神的なトラウマ、それから派生したサディスティックな感情、自己犠牲と無私の精神、さらには社会的な弱者にたいする共感や連帯感などが、政治意識の高まりとともに伏流水のように作品の底を流れているからである[20]。

このように『カタロニア讃歌』には幼少年期の個人的体験が投影されているにしても、あくまでもテーマの中心にあるのはオーウェルの政治観や政治的見解である。ただスペイン内戦についての見方は、その人の政治的・党派的な立場によって左右されるところがあるというのは定説にもなっている。オーウェルも『カタロニア讃歌』のなかでみずからの政治的見解を表明しているが、問題はそれが歴史的真実として全面的に信用できるのかということなのである。

たとえば、ヒュー・トマスは『スペイン市民戦争Ⅱ』のなかで、バルセロナの「五月事件」に言及した脚注の部分で、「これは四月二十六日前線からバルセロナに帰ったジョージ・オーウェルの印象であった。彼はＰＯＵＭとともに勤務についていた。つづく暴動に関する彼の説明はすばらしい記述であるが、留保つきで読まなければならない。それは戦闘そのものについては比較的正確であるが、スペイン戦争については必ずしもそうではない[21]」と主張しているからである。つまり、トマスによれば、バルセロナの市街戦はCNTを暴力行為へと挑発するために、共産主義者がしかけた政治的陰謀であると決めつけることは間違いであるというのだ。

なるほど共産党やリベラル派の史観からすれば、オーウェルの『カタロニア讃歌』はある意味で、「留保つきで読まなければならない」という主張は考えられないことではない。しかし、アナキストの視点から論述しているバーネット・ボロテンの重厚な『スペイン革命——全歴史』、あるいは『スペイン内戦（上・下）』の訳者である渡利三郎は、「スターリン主義とは何だったのか」という論考のなかで、ヒュー・トマスの『スペイン市民戦争』は人民戦線を大いに神話化することに寄与した書物であり、その歪んだスペイン内戦史観には注意しなければならないと指摘している。

渡利にいわせれば、トマスの歴史家としての思想的偏向点は、スペイン内戦史に関するかぎり「資料批判が好い加減」であり、「革命派への敵視とも取れる無関心振り」にあるというのだ。要するに、「トマスの基本的構図は、スターリンの介入・干渉はあったが、スペインの共産党は人民戦線の先頭で最後までよく戦ったという虚構に枠付けされている[22]」ということであり、いまだにトマスの『スペイン市民戦争』を主たる参考文献にすることは、スペイン内戦を色メガネでみることにほかならないと渡利は警告している。これもある意味からすると、ボロテンと同じように反共産党的な立場からの内戦史観といわなければならない。

オーウェルの『カタロニア讃歌』を引用するまでもなく、ＰＯＵＭがスターリンの意を受けたスペイン共産党によって、「トロツキスト」や「ファシストの協力者」、あるいは「反革命挑発者」などというレッテルを張られて、徹底的に弾圧されたことはいまでは多くの研究書からも明らかになっている。サイモン・セバーグ・モンテフィオーリの『スターリン　赤い皇帝と廷臣たち（上）』によれば、スペイン内戦にまつわるスターリンの真の意図は、「スペイン共和国を支援するよりも、スペイン内戦をできるだけ長びかせることにあった。西側を刺激することなく、ヒットラーを巻き添えにすることができるからである。さらに、百戦錬磨の『行商人』だったスターリンは、スペイン政府が保有していた金塊を保護し、それと引き換えに法外な価格で旧型の武器を供給するというやり方で数億ドルを搾取することに成功した[23]」というのである。

ＰＯＵＭはこのようにスペイン共産党から「トロツキスト」と中傷されたが、もともと「トロツキスト」ではなかったことはよく知られている。たしかにＰＯＵＭの指導者だったアンドレス・ニンは、かつてはトロツキーの個人秘書であったが、のちに考え方や政治手法のちがいから、トロツキーと袂をわかったことは歴史的事実として知られている。スタンリー・ペインも『スペイン革命史』のなかで、ＰＯＵＭについて「組織としては明らかにトロツキズムとは無関係であった[24]」と明言している。ただフランツ・ボルケナウが『スペインの戦場』で述べているように、ＰＯＵＭがＰＳＵＣ（カタロニア統一社会党）にとって、「本当にいまわしい存在[25]」であったことは異論の余地はなさそうだ。

しかし、それにしてもなぜ、オーウェルのいたＰＯＵＭは、徹底的に弾圧されなければならなかったのか。『カタロニア讃歌』を通読すればおおよその理由は分かるのだが、スペイン内戦のさなかの一九三八年、第四インターナショナルの立場から書かれた『スペインの革命と反革命』のなかで、著者のフェリックス・モロワは「ＰＯＵＭは政策こそ動揺していたが、その戦列にはプロレタリアートの利益のために闘う幾多の革命的分子を擁していた。（中略）スターリンの信条はこうである。大衆がその周囲に再び結集し得る可能性のあらゆる中心、あらゆる人物を一掃せよ[26]」というものであったと指摘している。

またバーネット・ボロテンは『スペイン革命――全歴史』のなかで、「ＰＯＵＭはモスクワとは異なった社会主義革命を強力に提唱し、スペイン共産党の政策やスターリンのモスクワ裁判及び粛清に対して激しい批判を行っていたため、〝トロツキスト〟という非難を浴びていた[27]」と主張している。いずれにせよ、スターリンが国際共産主義の大義どころか、権力維持というまったくの自己都合からスペイン内戦に介入し、スペイン共産党を傀儡にして「粛清のスペインへの持ち込みと革命の圧殺[28]」を図ったことは、いまではほとんど自明のことであるとみなされている。

逢坂剛も『斜影はるかな国』という小説のなかでだが、スターリンがPOUMをなぜ敵視したかについて次のように書いている。「スペイン共産党を通じて、共和国そのものを牛耳ろうとするスターリンの目から見れば、POUMは邪魔な存在でしかなかった。POUMは同じマルクス主義政党とはいえ、反スターリンを標榜する、不倶戴天の敵だった。スターリンの息がかかるコミンテルンの幹部は、彼らをトロツキストと決めつけ、ファシスト反乱軍と通じる裏切り者であると指弾した(29)」からである。

ところで、共和国政府のなかでスペイン共産党が実権を握るにいたった理由を、『スペインの戦場』の「訳者あとがき」のなかで、鈴木隆は次のように四点にしぼって要約している。(a)共和国側にたいする武器援助が、主としてソ連からスペイン共産党の手をとおして行われたこと。(b)共産党が、いわゆる近代戦を遂行するうえで必要と考えられた中央集権化と規律の確立に主導権を握ったこと。(c)これらの組織化や規律の担い手と考えられた将校、専門家、役人、そのほかの中産階級を共産党は味方に引き入れたこと。(d)共産党は強力な宣伝、秘密警察を導入して反対派を弾圧したこと(30)、などを挙げている。しかし、ふたたび付言しておくなら、こうした見方は反共産党の側からのものであることは、ある程度考慮しなければならないだろう。

いずれにせよ、作家でフランス文学者の山田稔が「わがオーウェル」で述べているように、オーウェルが「カタロニアに捧げた讃歌《オマージュ》とは、ファシストと戦って敗れた共和派、とくにアナーキストへの讃歌であると同時に、このスペイン人の寛容さ、おおらかさへの賛辞でもあるのだ(31)」。このような水晶のごとき精神を持った同志たちへの讃歌を忘れることなく、スペインからからくも祖国イギリスに帰還することができたオーウェルは、それからは政治体制がどうであれ、「全体主義的な思考習慣の悪(32)」を小説化することに腐心するようになるのだ。ただ留意しなければならないのは、スペイン内戦の精神的なトラウマから、オーウェルが反共主義者に転身したというのは明らかなデマであり、むしろ社会主義にたいしてさらに揺るぎない信頼をおくようになったということである(33)。オーウェルが民兵としてスペインで体験したことは、共産主義そのものにたいする反発ではなく、あらゆる政治組織が宿命的に胚胎している「公式主義、権威主義、官僚主義がいかに恐るべきものであるか(34)」という教訓だったのである。

このような政治認識を中心軸にして書かれたのが、動物寓話に依拠した政治風刺小説の『動物農場』である。この寓話小説の眼目は「人間のあらゆる習慣は悪である。とりわけ動物は、かりにも仲間を虐げるようなことはしてはならない。弱いものであれ、利口なものであれ、われわれはみな兄弟である」[35]という動物反乱の原則が、時間の経過とともに風化し、空洞化してゆくプロセスが描かれていることである。動物たちの反乱によって、農場主のジョーンズが追放されたあと、スターリンとトロツキーを想起させる、豚のナポレオンとスノーボールとの権力闘争が顕在化して、イギリスでただひとつの動物たちが所有して運営する農場が、ナポレオンを頂点とする独裁体制へと変質をとげてゆくさまを、ロシア革命後のスターリン体制になぞらえ、それを風刺し弾劾するように書かれているからである。

オーウェルがこの作品で問題としているのは言うまでもなく、ソ連のスターリン主義にたいするたんなる政治的な嫌悪だけでなく、コミュニズムであれファシズムであれ、全体主義というものが内包している残酷で非人間的なその政治手法である。動物の平等を唱えたメイジャー（レーニン）の死後、ナポレオンとスノーボールとの権力闘争をきっかけに、いかにして動物農場のかかげる崇高な理念が空洞化し、独裁政治による反革命的な堕落がはじまったかを描くことにあったからだ。動物を搾取する農場主＝人間を追放し、平等思想にもとづく理想的な農場を築きながら、豚を頂点とする〈知〉による階級制が出現するや、陰湿きわまりない密告、欺瞞、詭弁、私利私欲などがはびこり、動物の動物による差別や抑圧が顕在化してきて、とどのつまりは無知で弱い動物たちが、革命前よりもさらに劣悪な境遇に追いこまれて行くからである。

この革命理念の失効はもとをたどれば、たんなる知識労働と肉体労働の差異から派生したものだったが、最終的には中央集権化と官僚制に象徴されるナポレオンの恐怖政治と、みずからの絶対的な神格化というかたちで完成をみるのである。革命の形骸化にともなうかかる堕落は、どこまでも純朴な馬のボクサーの死とは対照的に、権力をにぎって肥満した豚たちが人間のようにアルコールを口にし、農場の名称を「動物農場」から「荘園農場」に変更するとき頂点をむかえるのである。

『動物農場』が動物寓話になぞらえて全体主義の恐怖と残酷さを風刺し、それを指弾したものだとするなら、オーウェルの遺作である『一九八四年』という反ユートピア小説は、全体主義の非人間性をさらに徹底して描いた小説であり、悪夢のような管理社会の到来を予言しているところがある。表面的にはソ連のスターリン主義の恐怖と残虐さを批判しているかにみえるが、オーウェルが作品の意図にしているのは『動物農場』と同じように、ファシズムをも含めた全体主義国家の悪辣非道さである。広義の解釈をするなら、あらゆる物質文明社会に潜在している非人間化の恐怖、言いかえるなら「個性がすたれ、個性が犯罪になってしまうような世界」(36)の恐怖を描いているということもできる。

主人公のウィンストンの母国であり、いま戦争状態にあるオセアニアの政治制度の非人間性は、作品のなかでは「冷たい」という形容詞の多用、透明で無機質なものの強調などによって増幅して表現されている。そして全体主義国家における一党独裁の恐怖は、「戦争は平和なり　自由は隷属なり　無知は力なり」(37)という、顔のみえない独裁党のスローガンに集約されている。この独裁国家においては権力そのものが合目的化しているだけでなく、ビッグ・ブンザーに象徴化された思想統制を目的とする監視システムや、人民の敵であるゴルド・スタインにたいする「二分間憎悪」などは、カフカの悪夢のような小説世界を連想させ、現代の物質文明社会の没個性化された危機的な状況をも想起させてくれるのである。

このような独裁的な政治体制のもとでは思想犯罪は死と等価であり、人間らしい欲求や性欲までもが否定されるのは当然のことになる。個性がうばわれ、人間がひとつの歯車として画一化された独裁政治の恐怖は、オブライエンの次のような言葉に象徴的に示されている。「われわれの文明は憎悪のうえにうち立てられている。われわれの世界には恐怖、怒り、勝利、自己卑下のほかには感情というものが存在しなくなるだろう」(38)。

こうした狂信的な党の絶対性が支配する社会では、「真理省」に勤務するウィンストン・スミスとジュリアとの自由や正義、あるいは真実や連帯をもとめての性愛や反逆も孤立させられたうえ、敗北する運命をたどることになるのである。なぜなら、オブライエンがいうように、独裁国家にとって大切なのは、人間ではなく「制度」そのものであるからだ。

権力は手段ではない。目的である。革命を守るために独裁制を確立するのではない。独裁制を確立するために革命を起こすのである。迫害の目的は迫害である。拷問の目的は拷問である。権力の目的は権力なのだ。[39]

オーウェルがここで読者に伝えようとしていることは、全体主義国家の欺瞞と恐怖だが、それと同時にたんなる社会制度の機能的な代弁者となり、感情というものを失ってしまった人間の冷酷さである。言いかえるなら、「管理された個人主義は人間性の喪失と完璧な孤立」[40]を招来するということである。たしかに『動物農場』と『一九八四年』はアメリカや右翼陣営からは反共産主義、反社会主義の小説として歓迎され、誤読されたところがあったけれども、[41]いうまでもなくオーウェルがこの二つの作品を通して発したメッセージとは、全体主義の危険性はコミュニズムだけに存在するものではなく、ファシズムなどあらゆる独裁的な政治体制のなかに潜在するものであるということなのだ。

オーウェルは社会的不正に敏感であり、人間の「品位」をもとめ、人間性を圧殺するものと戦った作家であり、「時代の良心」[42]として、なによりも人間が人間らしく生きられる社会を、その死まで希求した作家であった。そのためコミュニズムに関しては、「共産主義的独裁とその護教論者たちに反対した社会主義者としてのオーウェルの決然たる立場は、知的正直さと政治的勇気の例として残っている」[43]のである。

オーウェルは人間性を圧殺するいかなるイデオロギーからも自由であろうとし、またいかなる党利党略にもコミットすることなく、ひたすら真実だけを追求しようとする努力のなかで、人間として誠実な文学的姿勢と精神の純粋性を保持しようと努めたことで、オーウェルの言葉は衝撃力をもちえたのである。そしてオーウェルにこのような知的誠実さと、人間的清廉さを教えたのがまさしくスペイン内戦にほかならなかったのである。

注

(1) アントニー・ビーヴァー『スペイン内戦　一九三六–一九三九（上）』（根岸隆夫訳）、みすず書房、二〇一一年、二五三～五四頁。

（2）Abe Osheroff, "Reflections of a Civil War Veteran," Janet Perez and Wendell Aycock (eds.), *The Spanish Civil War in Literature* (Lubbock: Texas Tech UP., 1990), pp.9-10.

（3）石垣綾子『オリーブの墓標――ペイン戦争と一人の日本人』、立風書房、一九七〇年、川成洋『スペイン戦争――ジャック白井と国際旅団』朝日選書、一九八九年参照。

（4）ゲイブリエル・ジャクソン『図説　スペイン内戦』（斉藤孝監修、宮下嶺夫訳）、彩流社、一九八六年、二一七頁。

（5）斉藤孝『スペイン戦争――ファシズムと人民戦線』中公新書、一九六六年、三頁。

（6）小野協一『スペイン内戦をめぐって――イギリスの一九三〇年代文学』研究社選書、一九八〇年、川成洋『青春のスペイン戦争――ケンブリッジ大学の義勇兵たち』中公新書、一九八五年参照。

（7）ジョン・グロス『イギリス文壇史』（橋口稔・高見幸郎訳）、みすず書房、一九七三年、二一七～八頁。

（8）オードリー・コッパード他編『思い出のオーウェル』（オーウェル会訳）、晶文社、一九八六年、一九七頁。

（9）Sonia Orwell and Ian Angus (eds.), *The Collected Essays, Journalism and Letters of George Orwell* (New York: Harcourt Brace Jovanovich, 1968), vol.I., p.267.

（10）George Orwell, *Homage to Catalonia* (Penguin Books, 1978), p.213.

（11）*Ibid.*, p.37.

（12）『スペイン内戦をめぐって』、六九頁。

（13）島田顕『ソ連・コミンテルンとスペイン内戦』れんが書房新社、二〇一一年、一七頁。

（14）*Homage to Catalonia*, p.57.

（15）George Orwell, "Looking Back on the Spanish War," The Collected Essays…, vol.2, p.265.

（16）H・M・エンツェンスベルガー『スペインの短い夏』（野村修訳）、晶文社、一九七三年、四一～四二頁。

（17）George Orwell, "Politics and the English Language," Donald Hall (ed.), *The Modern Stylist* (New York: The Free Press, 1968), p.28.

(18) 船山良一『ヘミングウェイとスペイン内戦の記憶』彩流社、二〇〇七年、一二六頁。
(19) ジェフリー・メイヤーズ『オーウェル入門』(大石健太郎・本多英明・吉岡栄一訳)、彩流社、一九八七年、一八一頁。
(20) 吉岡栄一『ジョージ・オーウェルと現代』彩流社、二〇一四年、三二頁。
(21) ヒュー・トマス『スペイン市民戦争II』(都築忠七訳)、みすず書房、一九六三年、九七頁。
(22) 渡利三郎「スターリン主義とは何だったのか」、『オーウェル――二〇世紀を超えて』音羽書房鶴見書店、二〇〇二年、二七〇～七二頁。バネット・ボロテン『スペイン内戦(上)』の「原注」のなかでも、リベラルな歴史家としてゲイブリエル・ジャクソンの『スペイン共和国と市民戦争』、ならびにヒュー・トマスの『スペイン市民戦争』の両著が「一九三六年七月の社会革命の重大さと共和制国家の全面的崩壊を重要視しない点」と、「人民革命にほとんど言及していない」ことで、ノウム・チョムスキーによって批判されたことが紹介されている。五八三～八四頁参照。
(23) サイモン・セバーグ・モンテフィオーリ『スターリン　赤い皇帝と廷臣たち(上)』(渋谷徹訳)、白水社、二〇一〇年、三六一頁。
(24) スタンリー・ペイン『スペイン革命史』(山内明訳)、平凡社、一九七四年、二〇〇頁。
(25) フランツ・ボルケナウ『スペインの戦場』(鈴木隆訳)、三一書房、一九九一年、一三四頁。
(26) フェリックス・モロワ『スペインの革命と反革命』(山内明訳)、現代思潮社、一九六六年、一四二頁。
(27) バーネット・ボロテン『スペイン革命――全歴史』(渡利三郎訳)、晶文社、一九九一年、四一二頁。
(28) 渡利三郎「訳者あとがき」、『スペイン内戦　革命と反革命』、一四〇六頁。
(29) 逢坂剛『斜陽はるかな国』文春文庫、二〇〇三年、三七四頁。
(30) 『スペインの戦場』、二五二頁。
(31) 山田稔『特別な一日』平凡社ライブラリー、一九九九年、二七〇頁。
(32) Peter Lewis, *George Orwell: The Road to 1984* (London: Heineman, 1981), p.16.
(33) 小野協一「オーウェルとスペイン戦争」『国文学』、一九七五年七月号、一二三頁。
(34) ジョージ・オーウェル『カタロニア讃歌』(鈴木隆・山内明訳)、「訳者解説」現代思潮社、一九八〇年、一二三頁。

(35) George Orwell, *Animal Farm* (Penguin Books, 1978), p.12.
(36) Irving Howe, *Politics and Novel* (New York: Horizon Press, 1956), p.237.
(37) George Orwell, *1984* (New American Library, 1964), p.7.
(38) *Ibid.*, p.220.
(39) *Ibid.*, p.217.
(40) Erich Fromm, "Afterword," *1984*, p.267.
(41) John Rodden, *The Politics of Literary Reputation* (New York: Oxford UP., 1989), p.25.
(42) Jeffrey Meyers, *A Reader's Guide to George Orwell* (London: Thames and Hudson, 1978), p.11.
(43) John Newsinger, *Orwell's Politics* (Houndmills: Palgrave, 1999), p.135.

スティーヴン・スペンダーのスペイン内戦

川成　洋

一九三六年七月、スペンダーが、スペイン内戦の勃発のニュースを聞いたのはウィーンであった。彼はドルフス政権によって弾圧され、「地下」に潜伏している若い社会主義者たちと活動していた。一九三三年に発表した『詩集』に、次のような詩が収録されている。

だれが戦争の陰の下に生きられるというのか、
どういう意味のあることをぼくは写し得るのか？
ぼくのペンは止まり、笑いや踊りもとまるのか、
あるいは間隙にのめり込む。

こうした逼塞するような政治状況だったために、スペイン内戦の勃発は、哀れな破局に終るかもしれない反ファシスト陣営にとって希望のシンボルと映った。スペンダーも同様であった。

一九三六年秋、彼はウィーンからロンドンに戻った。翌年、ファシズムの脅威にさらされた一九三〇年代の不安な時代を背景に書かれた社会文明批評論である『自由主義からの前進』を上梓する。この本は、一九世紀的な個人主義的自由主義の無力をつき、それを乗り越えて、平等を基盤とする正義の社会を理想として前進しなければならないと主張している。この本は、ヴィクター・ゴランツ、ハロルド・ラスキ教授、ジョン・ストレイチーの三人が選者となっている、オレンジ色のソフトカバーの『レフト・ブック・クラブ』の選定書になる。

この本が出版されて間もなく、イギリス共産党書記長ハリ・ポリットから会いたいという手紙を受けとり、スペンダーは彼の事務所に行く。モスクワ裁判の評価は真っ向から対立していたが、ポリットはスペインに関しては同じ立

場であると言った。それで共産党に入党して、スペイン共和国を支援してほしいということであった。スペンダーとしてはこの提案に異論がないというと、早速党員証が交付された。その時、国際旅団に参加してほしいという要請を受けるが、自分は兵士としての能力がないからと断る。結局、共産党機関紙『デイリー・ワーカー』の特派員という資格でスペインに入国することになる。

こうしたポリットとのスペイン行の交渉をしているときに、なんと生活を共にしてきた相棒のトウニー・ハイドマン（自伝『世界の中の世界』では、「ジミー・ヤンガー」と呼ばれている。スペンダーとは、一九三三年以来の同性愛の関係にあった）が共産党員になる。ハイドマンがなんの前触れもなく共産党員になったのは、スペンダーが結婚したこととスペインに行くことと密接な関係があった。ハイドマンには、スペインに参戦する何の政治的動機はなかったのだ。彼のスペイン行きを聞いて、スペンダーは彼に断念するよう説得しようとするがすでに出発してしまっていた。彼からとても元気あふれる充実した手紙を受け取る。そのうち、国際旅団の基地アルバセーテ郊外一〇マイルほどのマドリーゲラスで訓練を受ける。何事も命令第一であった。部下の質問は一切受け付けない。共産党第一主義というべきか、党路線に疑問を表明することは営倉送りとなった。彼の幻滅は次第に膨らんでいった。

一九三七年二月六〜二四日のハラマ川の戦闘が、彼らイギリス人大隊の初陣であった。この戦闘に先立つ前年の一一月六日、共和国の首都はマドリードからバレンシアに移されたが、それでもなおフランコ叛乱軍のマドリード包囲作戦は続いていた。三七年二月六日、フランコ叛乱軍は、バレンシアからマドリードへの唯一の補給路であるバレンシア公道を遮断するために、ドイツ・コンドル兵団を含む四万の陣容でハラマ川の西側から先制攻撃を開始し、その日のうちにバレンシア公道を射程内に入れた。緒戦で後退した共和国軍も二月九日以降、フランコ叛乱軍の東方への進撃を阻止するために、三万五千の陣容でハラマ川東岸に沿って態勢を立て直した。ソ連の戦闘機スーパー・チャートが始めてハラマ川の戦場で制空権を握り、共和国軍の反撃はひとまず成功した。

二月一一日夜、マドリーゲラスで待機していたトム・ウィントリンガム指揮下のイギリス人大隊にハラマ川への出撃命令が下達された。大隊の各兵士には、初めてロシア製のライフル銃と銃剣、一五〇発の弾丸が支給された。ライフル銃の使い方も知らず、一発も試射したこともない兵士たちが意気揚々と輸送トラックに乗り込み、こぬか雨の降る真夜中のなか、マドリーゲラスを発ったのだった。翌一二日、イギリス人大隊が初めて最前線に到着した。彼らは各々五発の試射を行った後、フランコ叛乱軍の主力攻撃の矢面に立つことになり、具体的には、百戦錬磨のモーロ人部隊と彼らが丘陵地帯で激突した。後に彼らが「自殺ガ丘」と命名することになる丘陵地帯を死守した。この初陣の戦闘だけで、ほぼ六〇〇人のうち生き残ったものは、わずか二二五人というありさまだった。実に三分の二近くが戦死したのである、惨憺たる初陣であった。ハイドマンはスペンダー宛の手紙に「負傷兵たちが、対峙した両軍の間に転がって、うめき、助けを求めている。血と死者の顔が忘れられない。もっといけないのは、瀕死の者にあらわれる目つき、ファシストに対する憎悪どころか、どうしようもないほど大きな同情」などとしたためている。社会的あるいは政治的理由で参戦したのではなく、むしろ個人的な理由でスペインの戦場に赴いたのだった、と見抜いていたスペンダーの方針は決まった。彼にも多少は責任があったからだ。

その後、ハラマ川の戦闘は、いわば膠着状態が続き、両軍とも、ほぼ元の戦線で陣を構えるようになり、前線維持態勢となった。この頃になり、イギリス人大隊のアレックス・マックダーデが《レッッド・リバー・バレー》の曲に合わせて、《ハラマ・ソング》という替え歌を作詞した。この替え歌は、イギリス人大隊の義勇兵の帰還後に結成された「イギリス国際旅団協会」の内戦後からさまざまな会合で歌い継がれている。

話をハイドマンに戻すと、彼は生まれて初めての戦闘を体験して、スペインの闘争への幻滅が揺るがぬものとなった。スペンダーは彼を救出しなければならないと覚悟を決める。だが、どのようにして。

ところで、ハイドマンがスペインに行ってから、しばらくして、スペンダーは『デイリー・ワーカー』紙編集部から電話をもらう。地中海でイタリア海軍に沈められたソ連船コムソモール号の乗り組み員の消息が全く途絶えてしまい、それを調べて記事にしてほしいという。彼は友人カスバード・ワーズリの同行の許可をもらい、早速、マルセーユ経由でバルセロナ、アリカンテへ飛ぶ。コムソモール号の乗組員たちは、はっきりとした証拠があるわけではないが、大西洋に面したアンダルシアの港町、カディスに抑留されている可能性が高いと判断した。実際に、ジブラルタルからカディスに向かおうとするが、すでにアンダルシア一帯を哨戒していたフランコ叛乱軍に阻止される。このコムソモール号撃沈事件は意外と関心を呼ぶ事件であって、二人が出会った人たちはそれなりの関心と情報を持っていた。こうした情報を分析して、結論としては、ロシア人乗務員たちはカディスに拘留されいるということであり、しかもそのことはカディスのイタリア領事館に問い合わせた人によって追認されたのであった。もちろん、この追跡旅行ではハイドマンと会うことができなかった。二人はバルセロナ経由で帰国した。ワーズリは帰国して間もなくイギリス医療部隊に加わり、マラガの撤退（一九三七年二月六日）時に、避難民や病人の保護救援活動に協力した。

スペンダーは、バレンシアの社会党放送局から英語放送の主任なってほしいという依頼を受ける。彼は直ちに受諾の返事を書き、友人ウォーガン・フィリップスが国際旅団付属医療部隊の一員としてスペインに行くことになり、彼もバルセロナへ同行した。バルセロナからタラゴナ経由で、バレンシアに着き、翌朝、社会党の放送局に出頭すると、御用件はと職員に尋ねられた。英語放送の主任の仕事をするために来ましたと返答すると、そのことを依頼していないということであり、つまり社会党の放送局は閉鎖されるということであった。その後彼は、アルバセーテに行く。午後六時、あるカフェで、ハイドマンを捜し出すことができた。

ジミー（ハイドマンのこと）はそこにいた。軍服を着たジミーは日焼けして、若々しく、よく似合った。二人でカフェを出て広場に行った。そのとき私は、似つかわしい外見が、ひどい神経衰弱を隠しているのに気づいた。外に出るや否や、彼はひどく激しく言った。「おれをここここから連れ出してくれ！」彼は言葉を続けて、考えがすっかり変わったことを説明した。衝動にかられてスペインに来てしまったのだった。しかし、共和国のために死にたくないことが、今わかった。なによりもまず、戦争が嫌いなことがわかった。彼は平和主義者になっていた。イギリスに帰って、「ふつうの男」になりたかった。工場でも、皿洗いでも、仕事を見つけたかった。どんな仕事でもよかった。スペインさえ抜け出せれば――

翌日、スペンダーは二人のイギリス人大隊政治委員、ピーター・ケリガンとスプリンゴールに会い、ハイドマンの処遇について、つまり除隊について相談するが、結局、彼のようなものは兵士として不適格であるが、病気やケガなどで戦闘に耐え難いのであれば、除隊を認めるものの、彼は肉体的にはそのような状態ではない。隊全体の士気を低下させるようなことはできない。それで、結局、この地にとどまり、非戦闘員としての任務に就くことになった。ささやかであるが、これで、一件落着だった。その後、スペンダーは、マドリードの最前線である大学都市を訪れ、バレンシアに戻る途中で、再びアルバセーテに立ち寄る。ハイドマンと会った例のカフェで、信じられないニュースを聞かされる。なんと、ハイドマンが脱走し、バレンシアに隠れたが、逮捕され、即決軍法会議の判決をうけて、「懲罰労働隊」へ送り込まれたのだった。

実はスペンダーがマドリードに滞在している間の、一九三七年三月八日払暁、マドリード近郊北東部のグァダラハラのフランコ叛乱軍傘下のイタリア正規軍の黒焔師団が奇襲攻撃を仕掛けた。この機甲師団は直ちに共和国軍の防衛線を突破した。翌九日の夕方までに、共和国軍は兵員を集めた、国際旅団も戦列に加わった。一二日、共和国軍の本格的な反撃が開始された。共和国軍の爆撃機がイタリア軍機甲師団を急襲する。それは国際旅団とソ連軍戦車部隊の支援を得ての攻勢であった。それに対峙するためにイタリア軍は新たに二個師団を戦線に投入するが、この二個師団とも撃退された。一八日にグァダラハラにおける全共和国軍が攻勢に転じた。イタリア軍は退却命令を受け、まだ遮断されていない道路を敗走した。共同作戦中の叛乱軍も同様に退却した。この戦闘で、イタリア軍は戦死者二千、捕虜三百、負傷兵約四千の損害を被った。共和国軍も、イタリア軍と同数の死傷者を出したが、捕虜はそれほど多くはなかった。ともかく、グァダラハラの戦闘は共和国軍の勝利で終わり、しかもフランコ叛乱軍にイタリア正規軍が参戦していた動かぬ証拠を共和国政府は、国際連盟に電報で知らせ、世界中に訴えることができたのだった。イタリアのムッソリーニにとってこれ以上の屈辱はなかった。「スペイン共和国軍に勝利して、グァダラハラの屈辱を拭い去るまでは、いかなるイタリア軍将兵も生きて帰還させることは許されない」とローマ駐在ドイツ大使に語ったのである。

ところで、このグァダラハラの攻撃を受けて、国際旅団に非常招集がかかり、身体健康なものは前線に送られることになった。非常時のために、ピーター・ケリガン政治委員はスペンダーとの約束を忘れてしまい、そのためにハイドマンも最前線に送られることになった。これが、彼の脱走事件を引き起こしたのだった。

スペンダーはハイドマンの件でケリガンに面会しようとしたが、当のケリガンは前線に赴いていた。仕方なくスペンダーはバレンシアに戻った。共和国政府広報部でヘミングウェイと出会う。彼はスペイン人の広報部員、ことに女性職員の間で、「ヘミングスタイン」などと呼ばれ、彼一流の豪快さのゆえに、人気者であった。

ハイドマンの救出に関してなんともできず、スペンダーがホテルのラウンジに座っていると、一人のイギリス人が近づいてきて、自分はイギリス大使館員だが、あなたはハイドマンの友人ですかと聞いてきた。彼は、ハイドマンをスペインから連れ出すことに腐心しているのだが、国際旅団は非合法の団体であり、帰還を望む義勇兵を大使館が援助するわけにいかない。彼らは事実上イギリスの市民権を放擲してここに来たのだから、というわけである。またその大使館員は共和国政府から、脱走兵を援助していると抗議されているという。ハイドマンは十二指腸潰瘍なので、そのこと考慮してほしいと大使館員に伝え、そのことをアルバレス・デル・バイヨ外相に伝えると約束してくれた。そうこうしているうちに、スペンダー自身が、スペインの知りあいの親切な有力者のお陰で、外相に直に面会することができた。学者風の外相によると、スペインにきている志願兵を望みのままに帰国させるのは他の兵士たちの士気に悪い影響を及ぼす、彼の場合、刑に服するのが最上の手段なので、それがすんだら、自由にスペインを去るのを保障するからというのであった。

その翌日、イギリス人大隊本部に行くと、政治委員のピーター・ケリガンら幹部三人がスペンダーを囲んで詰問してきた。収監中のハイドマンに関する報告をすべて提出してほしいという外務大臣の電報を見せて、君は、一体全体なんということをしたのだ、と。君は階級の敵と連絡を取っていた。デル・バイヨウ外相は共和派ではないかというスペンダーの反論に、君はイギリス大使館員に連絡を取った、大使館は階級の敵だ、との返事。国際旅団は嫌がるイギリス市民をスペインから還さないでいる、証人は詩人スティーブン・スペンダーだというようなパンフレットをイギリス大使館が流しはしないだろうか、が彼ら三人の心配事であった。アルバセーテから一〇マイルほど離れた軍拘置所は劣悪な環境であった。ハイドマンはそこに二ヵ月余り留置され、出所後、ごく少数の仲間と一緒に本国に還された。

さらにスペンダーは、ハイドマンとは全く別のイギリス人義勇兵の悲劇について回顧している。

私がマドリードの前線を訪れた時、イギリスのパブリックスクールの学生でLという、一八歳の青年に会った。Lは私に、次のように語った。彼は、国際旅団は、共和国全体と同様に、自由であると信じてスペインにやってきた。ところが来てみると、国際旅団は、彼が全然同調できない共産主義者によって、左右されているのを知って、彼は共和国に対する信頼を、すっかり失ってしまった。私は彼に質問した時に感づいたのであるが、彼がスペインに来る前には、一度も共産主義について考えたことがなかったのは、明白であった。私は彼にイギリスに戻れる手続きをしてあげようかと聞いてみた。彼は無駄ですと答えた。そして彼はわれわれが立っていた谷間から丘の頂を指さしながら、「これから、殺されるまで、毎朝あの丘に登ります」と答えた。彼は六週間後に殺された。

つぎにスペンダーがスペインを訪れたのは、一九三七年の夏だった。

七月四日から二日間、二七ヵ国から著名な作家・詩人を集めて、第二回国際文化作家会議がバレンシアで開かれた。スペイン共産党とソ連の後ろ盾を得て首相になったファン・ネグリン博士が、この会議の総括司会者となって、「スペインの兵士たちはスペインと人類の大義のために戦っている」と述べた。次いで六日から「世界の首都」と謳われていたマドリードに会場を移された。これは後述するが、マドリード攻防戦の天王山と言われたブルネテの戦闘の初日に合わせていた。大会期間中に、内戦勃発の一ヵ月後に、フランコ叛乱軍に虐殺されたフェデリコ・ガルシア・ロルカの歴史劇《マリアーナ・ピネーダ》が上演されることになっていた。

スペンダーもイギリスの代表者として参加した。外務省は今回のスペイン行のパスポートを交付しなかった。それで、パスポートなしの彼が、スペインの国境を越えるために、アンドレ・マルローが偽造パスポートをスペンダーに渡した。そのパスポートの名前は単純なスペイン名の「ラモス・ラモス」であった。代表者たちは、スペイン国境からバルセロナへ、バレンシアへ、そしてマドリードへ、車を重ねて行ったのだった。行く先々で宴会攻めにあい、いたる所で常に変わらぬ熱狂的で、気前のよい歓迎を受けた。人々は外国人のインテリの存在が自分たちの抵抗をより強固なものにしてくれると妄信しているようであった。

この会議に参加した作家・詩人たちは、おのおの予定通りに任務を遂行した。スペンダーは作家会議の秘めたる目的をこう述べている。

会議の目的として公にされていたものは、スペイン内戦に対する世界の知識人の態度を話し合うことであった。しかし、つねに個人的に話し合われ、時に公の場に持ち出されることもあった。隠れた議題もまたあったのである。それは、スターリン主義者対アンドレ・ジードという問題であった。ジードが、かの有名な『ソビエト旅行記』を公にしたばかりの時だった。その中でジードは、ソ連政府の客として尊敬と追従《ついしょう》をもって迎えられたロシアの旅について、その印象をとらわれぬ立場で書いて批判した。センセーションを引き起こしたのは、本そのものよりも、本を読んだ共産主義者たちの怒りであった。ほんの数週間前には、共産主義系の新聞によって労働者の共和国を訪ねる現代フランスの最大の作家としてもてはやされたジードが、一夜にして「ファシストの怪物」、「自認したデガダンのブルジョワ」あるいはもっとひどい言葉で呼ばれるようになった。作家会議もジード問題で二つに割れたのである。

ロシアの代表者たちは、人民戦線におけるロシアの役割をたたえ、トロツキーとジードを非難した。それ以上の発言はなかった。ミハイル・コルツォフは、『プラウダ』紙の優れた特派員だったが、ジードの『ソビエト旅行記』のパロディーを即興につくるのはうまかった。ただし、こんなことからでも、ロシアに帰ったときに消される運命にあった。

このような熾烈な会議が行われている間、ブルネテの奇襲作戦が共産党の発議で決定された。この作戦には、次のような戦略目標があった。フランコ叛乱軍傘下のドイツ・コンドル飛行兵団によるゲルニカの爆撃（一九三七年四月二六日）、バスクの首都ビルバオの陥落（六月一九日）、さらに日程にのぼっていたビルバオの西方のサンタンデールへの攻撃など、フランコ叛乱軍の北部攻略作戦を牽制するためであり、また、フランコ叛乱軍のマドリード包囲軍を西側から遮断するためであった。

この作戦計画は、ロシア人軍事顧問と共産党の軍事専門家らによって立案された。軍団、師団の指揮官は、ただ一人を除いて全員が共産党員であり、旅団の指揮官で共産党員でない場合には、旅団付き政治委員が一部始終監視することになっていた。ことほどさように、ブルネテの戦闘は、共和国陣営内で政治的優位を獲得した共産党が軍事面での指導性を確立するための戦闘であった。

このブルネテの戦闘の結果、共和国軍は推定戦死者二万三千人、戦闘機と爆撃機の損失はほぼ百機などの犠牲を払い、一六キロの戦線に沿って奥行七キロの地域を獲得した。一方、フランコ叛乱軍は一万七千人の将兵と二三機の戦闘機と爆撃機を失い、北部のサンタンデール攻略を延期せざるをえなかったが、マドリード包囲網はそのまま維持することができた。両軍は、ともに勝利したと宣言した。それにしても、わずか二〇日間の間で両軍合わせて四万人もの戦死者を出した、まさに屍山血河を築く戦闘であった。

この作家会議には、いろいろな成果があったが、「甘やかされた子供の集まり」のようなところもあったし、「スピーチ、シャンパン、ごちそう、歓迎、ホテルの部屋、こういったものが、私たちを現実から隔てる厚い壁であった。一種のヒステリックなうぬぼれにとりつかれた代表たちもいた」。バルセロナからフランス国境のへ行く途中、カタルーニャ人の運転手が、バルセロナでトロツキー党のPOUM（マルクス主義統一労働者党）を粛清した時に、六人を平気で撃ち殺したと言った。この男は自分のしたことを正当化しようともしなかった。事実、その話を冗談みたいに喋ったのだった。おそらく、バルセロナで、共和国陣営内で勃発したバルセロナの市街戦（五月三〜八日）の直後の共産党によるPOUM党員に対する理不尽な弾圧に関して、であろう。

これ以降、スペンダーは内戦期のスペインに行くことはなかった。彼はロンドンで、もう一度、オーストリアで戦ったように反ファシズム闘争の最前線である人民戦線の活動、それに一九三二年に創設された「グループ・シアター」活動に専念することになる。

一九三七年六月、ナンシー・キューナードを中心とする「著作家たちは味方する」というアンケート及びその報告書の出版などに協力し、これで、スペンダーとスペイン内戦の直接的な関係はひとまず終了する。スペンダーがスペイン内戦で実感した苦い教訓として、こう総括している。

私の結論は、今日組織されているような世界各国の共産党は、より良き世界を作ることができないということである。それらの共産党は、おそらく現在よりもはるかに悪い世界をつくりさえするであろう。私がこのように考える理由は、あまりにも多すぎる権力が、あまりにも少なすぎる人々の手に集中されているということだ。(中略)私は自分自身の判断を彼らの判断に従わせなければならないとは思わない——彼らの判断がいかに有力で効果的であり、私自身の判断がいかに無効であっても。

これこそ、スターリニズム共産主義との完膚なきまでの訣別の弁である。これ以降、スペンダーは、例えば、個人的な自由主義の立場から、反スターリニズムの作品を発表し、果敢な評論活動を続けていたジョージ・オーウェルについて、「ジョージ・オーウェルは、事柄を自分の生活の基準によって判断するのであり、この基準は、政治において、聖者のように過酷なものである」と弁護しているが、これこそ、スペンダー自身の生き方であったのである。

引用・参考文献

スティーヴン・スペンダー『世界の中の世界』(高城楢秀・小松原茂雄・橋口稔訳)、南雲堂、一九五九年
ジュリアン・シモンズ『彷徨と混迷の時代——一九三〇年代の政治と文學』(中島時哉・川成洋訳)、朝日出版社、一九七七年
ジョン・ゴールドスミス編『スティーヴン・スペンダー　日記一九三九〜一九八三』(徳永暢三訳)、彩流社、二〇〇二年
マイケル・アングロ『ノスタルジア一九三〇年代』(川成洋・佐藤恭三訳)、PMC出版、一九九一年

アーサー・ケストラーとスペイン内戦

吉岡 栄一

アーサー・ケストラーはハンガリーのブダペストで一九〇五年に生まれ、一九八三年にロンドンで亡くなっている。生誕地と死亡地がちがうことからも類推できるように、ケストラーはイギリスに帰化した広義の意味での亡命作家でもあった。また存命中にはユダヤ人のジャーナリスト、政治スパイ、作家、哲学者などとして、さまざまな分野で活躍したことは周知のとおりである。このようにアーサー・ケストラーの生の軌跡はシンボリックにいえば、さまよえるユダヤ人さながらに、精神的な仮死と転生という反転する曲線運動を描いているようにもみえる。言いかえるなら、思想の迷宮のなかで変容と脱皮をくり返しながら、深い影をひいて下降するひとつの精神的な物性を思わせるところがある。理想から幻滅へ、幻滅から絶望へと、その流浪する魂は「転向反共作家」というレッテルを引きずりながら、人間の内奥に伏在する「暗い情熱」の源泉をたずねて、ひたすら奈落をめざして下降してゆくようにみえることもある。

ケストラーをこのような人間の深層意識の解明へと駆り立てたものは、いうまでもなく、スペイン内戦時の苦悩にみちた獄中体験にほかならない。スパイとしてフランコ側に逮捕され、この刑務所での死の恐怖におびえた体験、言いかえるなら、「死を恐れるのではなく、死んでゆくことを恐れる」(1)体験は、人間と自己存在にまつわる認識を新たにする契機になったばかりではなく、ケストラーのそれからの思想の歩みを決定づけるほど重要な因子ともなったのである。あるときにはジョージ・オーウェルと思想的に航跡を同じくしながら、「すべての政治的なイデオロギーに絶望して、政治と戦争の前線記者から、科学と文化の前線記者に転じた」(2)からである。

ケストラーの共産主義者としての思想的な動揺のめばえは、スペインでの獄中体験の何年もまえ、すなわち一九三二年の晩夏、一年間にもおよんだロシア旅行のときまで遡るのが定石となっている。そのころ、ケストラーはヨーロッパで随一の大新聞社ウルシュタイン社をドイツ共産党に情報を流していたことが発覚して辞めていたが、そこに「国際作家連盟」からロシアを旅行して紀行文を書くようにと要請があったのだが、結果としてこの旅行はケストラーをして「夢のような非実在の感情(3)」を味あわせることになったのである。とりわけウクライナ地方一帯をおそった大飢饉を目撃したことが、それまでドイツ共産党の独善的な党派性にいくばくかの疑念をいだいていたケストラーに激しいショックをあたえ、輝やかしいコミュニズムの理念と現実との落差に目を向けさせることになったからである。

駅頭で泣き叫びながら食物を求める人々の群れ、死んだように横たわる老人、異様にやせて胎児のような子供を抱きしめる母親の姿。この悲惨な状況にたいするロシア当局者の官僚的な態度、事実を隠蔽しようとする詭弁、さらには身勝手な自己正当化にケストラーは不快と不信の念をいだくが、革命によってコミュニズム国家を建設したロシアにたいして、「第二の約束の地(4)」としての希望をつなぎ、みずからの心理的動揺をどうにか抑えこむことに成功する。そして『神は躓く』のなかで述べているように、ケストラーはこうしたことは「近視眼的な大衆を保護するための、必要な嘘であり、虚偽の喧伝や威嚇も必要であること(5)」を避けられないことと理解し、コミュニストとしての思想をまがりなりに堅持することができたのである。

ところが、ケストラーの共産主義思想への信仰は、一九三四年の第七回コミンテルン大会の路線の大転換で、大きな動揺を受けることになる。ソ連滞在中にドイツでヒトラーが権力を掌握したため、ケストラーは一九三二年の秋にパリへ亡命していたのだが、それまでのプロレタリア独裁に関するすべての革命的なスローガンが一夜にして破棄され、「平和のための人民戦線」や「ファシズム断乎反対」の新方針が発表されるにおよんで、ケストラーはコミュニズムの教義や社会革命の未来に危惧の念を持つにいたるからである。

そしてこのようなコミュニズムへの思想的な動揺は、逮捕から投獄をへて釈放にいたるスペイン体験で最高潮に達することになる。スペイン内戦勃発後、ケストラーがスペインに赴いたのはコミンテルンの秘密探偵として、フランコ叛乱軍側にたいするドイツとイタリアの援助を立証するための証拠を集めることにあった。(6)そのため彼は関係のないハンガリーの右翼新聞『ペステル・ロイド』紙の通信員を装うことにしたが、それが発覚することを恐れて自由主義的で、反フランコのロンドンの『ニューズ・クロニクル』紙の特派員の記者証も用意してもらっていた。一九三六年八月二二日に汽船でイギリスを出航し、ポルトガルを経由して叛乱軍占領地の暫定首都であったセビリアに潜入することができた。セビリアではナチスによるフランコ側援助のおびただしい確証を得たが、偽装が見破られて命からがらスペインを脱出するはめになるのである。(7)

しかし、この命がけの諜報活動の成果として、ケストラーはフランコ軍が相互不可侵条約に違反して、ドイツやイタリアの支援をうけている事実を『ニューズ・クロニクル』紙で暴露しただけでなく、フランコ叛乱軍の非人間的な行為を告発するルポルタージュ『人間の犠牲は許されぬ――スペインに関する暗黒の書』をパリで出版した。(8)しかし、このことは同時に、ケストラーがフランコ陣営から国際諜報員として、思想的に危険人物視されることにもなるのである。

それから数カ月後、ケストラーはコミンテルンから特殊任務の指令をうけて、ふたたびスペインに入国することになる。ケストラーの任務は国際連盟においてスペイン共和国の立場を弁護し、さらには国際的な宣伝戦で用いるために、ナチス・ドイツによるフランコ叛乱軍への直接関与の証拠をつかみ、その資料をパリに持ちかえることであった。(9)ケストラーは戦線報道記者を装って、まずパリからバルセロナに入る。マラガに向かう途次、つかのま目撃したバルセロナの街は、オーウェルが『カタロニア讃歌』のなかで活写したように、革命的な雰囲気のみなぎる街であった。アナキストが政府攻撃のアジ演説を展開し、一触即発の緊張状態のなかですべてが騒然として、混乱と紛糾のただなかで、ケストラーは「いくぶん気の滅入るような情況(10)」を印象づけられる。

マラガの街も公的機能が麻痺し、混乱と紛糾に支配されている。ケストラーは最後まで報道記者としてマラガに踏みとどまるが、結局はスパイ容疑でフランコ軍に逮捕されてしまうのだ。その後、銃殺の恐怖と不安におびえながら、彼の思想的な転回点となる獄中生活を体験することになる。彼にとってスペイン戦争の意義は、ヨーロッパの多くの良心的な左翼知識人とおなじように、「混沌たる世界に直面したとき、個人が自説を主張できる最後の希望、最後の機会」[11]であった。

しかしながら、ケストラーの場合、この獄中での体験は彼の人生観や価値観を完全に転倒させてしまうほどの衝撃力をふるったのである。別言するなら、自己存在の恐怖と囚われの意識のなかで、言葉では説明のつかぬ神秘的な体験、すなわちケストラーの言葉を使うなら、「大海の感情」が、彼の「共産主義の教義への信念を徐々に洗い流していった」[12]からである。

ケストラーのこの神秘的な体験は、冷徹な自己分析と自己凝視に彩られた『スペインの遺書』に記されている。オーウェルはこの本にたいする書評のなかで、共産主義者としての思想的制約と「左翼ブッククラブ」へのケストラーの気がねから、粉飾されている部分のあることを指摘しながらも、「おそらくスペイン戦争によって生み出されたもっとも正直でなみはずれたドキュメンタリー」[13]と称揚し、この本に顕在化している当時のコミュニストとしては先駆的な、ケストラーの反全体主義的な姿勢を高く評価している。いずれにせよ、ケストラーがスペインの刑務所を転々としながら、ある意味では貴重な体験からえた思想の核心は、「人間はひとつの実在であり、人類はひとつの抽象であり、人間を政治的な算数の運用上の単位として扱うことはできない」[14]という認識であった。

結局、ケストラーは内面の思想的変容をかかえたまま、「文明にたいする全体主義の脅威」[15]と受けとめたイギリス政府の斡旋もあって、一九三七年六月に釈放されることになる。釈放後、ケストラーはイギリスに渡って著作活動に専念したり、「左翼ブッククラブ」の依頼で国内講演旅行をしたりしていたが、その共産主義への幻滅はやがて、独ソ不可侵条約の締結で決定的なものとなる。スペインの獄中である程度の思想的回心を果たしていたものの、スターリンとヒトラーとの同盟は全世界を震撼させるほどの衝撃波をもたらしたからである。

スターリンのスペイン戦争への陰険な介入から共産党以外のＰＯＵＭ（マルクス主義統一労働者党）などの左翼政党の弾圧、そして結果的にはプロレタリア革命への阻止へとつづく一連の政治的策謀は、スターリンがイデオロギー的な理由から、「フランコ勝利を阻止すると同時に、左翼が勝利をえて真の共産主義政策を実施すれば、西欧列強との協力の可能性が減少することを恐れた」[16]にしても、ケストラーは人道主義的な立場からロシアの政策のもつ全体主義的な傾向にたいして、危機感とあからさまな嫌悪を持つにいたったのである。昨日まで敵であったファシズムと手を結ぶことはコミュニズムの理想の放棄に思われたからである。

一九三八年春のモスクワ裁判では共産党にたいする不信は頂点に達し、スペインでのPOUMの取り扱いに関して党とは異なる見解を発表したあと、ケストラーは正式に脱党した。そして一九三九年の第二次世界大戦の勃発とともにフランスに亡命したが、思想犯として逮捕され、政治犯収容所で生活するという辛酸もなめている。

ところで、その後のケストラーは「転向反共作家」というレッテルを貼られたが、鶴見俊輔は『共同研究　転向』の序言のなかで、転向概念を規定して、「国家権力によって強制された思想変化」[17]と述べている。転向を定義することは困難な問題だといわれるが、一般論として述べるなら、転向というものが国家権力に代表される外的強制力と個人の思想との関係のなかで発生するものである以上、それはつねに自発性の側面と被強制性の側面を持つことになる。

ケストラーの場合どちらであるのか簡単には弁別できないが、彼の入党の動機が「ユートピア的な夢への献身と堕落し汚染された社会への反抗[18]」であったというのは一面の真実をついている。なぜなら、彼がドイツ共産党に入党したのは、一九三一年の二六歳のときであるが、当時の社会状況はインフレーション、不況、失業、絶望などの気分が社会にみなぎり、ファシズムへの恐怖と社会的な矛盾が噴出していたからだ。そして、たとえその入党が十分な収入を得られるようになってからであるにせよ、若い理想化肌のケストラーがコミュニズムに未来をたくしたのは当然の行動にも思われるのである。この入党動機に多少の粉飾が施されていたにしても、「党の制度や、ガン腫のような官僚主義、個人の自由にたいする抑圧への反対[19]」というその脱党理由とおなじように、ケストラーの信条の吐露と理解するのが妥当であろう。

ともあれ、ケストラーの共産主義や全体主義への嫌悪が、文学作品として結実したのが『真昼の暗黒』である。ここでは幻滅した理想主義者としてのケストラーの怒りが文学的に昇華され、巨大な政治機構の〈悪〉とそれに巻き込まれ、破滅してゆく個人の悲劇があからさまに描かれていて、コンラッドの政治小説『西欧人の眼の下に』と近似した作品となっている。アーヴィング・ハウは政治小説を定義して、「政治的な意見が支配的な役割を演じているか、政治的な環境が支配的な背景となっている小説[20]」と述べたが、ケストラーのこの代表作はその意味ではまぎれもなく、ザミャーチンの『われら』、ウィリアム・モリスの『ユートピア便り』、オルダス・ハックスリーの『すばらしき新世界』、そしてオーウェルの『動物農場』や『一九八四年』などのアンチユートピア的な政治小説の系譜につらなる作品となっている。

『真昼の暗黒』はレニングラード党書記の暗殺に端を発し、ブハーリン粛清裁判で頂点をむかえた、一九三五年から三八年にかけてのモスクワ裁判に象徴される、スターリンの大粛清という歴史的事実を背景にした作品である。換言するなら、スターリンの個人的な権力闘争の一段階として、自己の神格化を完成するために、潜在的なライバルを反革命分子という名目で、逮捕、投獄、審問、処刑するという悪夢のような暗黒政治、ならびに政治的独裁の非人間的な腐敗が背景となっている作品だ[21]。

このような全体主義的ないしは独裁的な権力の腐敗と恐怖は、主人公であるオールド・ボルシェヴィキのルバショフの、逮捕から審問をへて自白にいたる過程のなかに描かれている。カフカのある種の小説が喚起する暗い閉塞的な世界を想起させるような、やりきれないほど静かな緊張をたたえて展開する『真昼の暗黒』のテーマを、オーウェルは「権力の腐敗的な影響による革命の堕落[22]」と指摘したが、この作品の主要な問題点は個人を圧殺する暴力装置としての国家そのものである。

主人公のルバショフは「小柄で、顎ひげをたくわえ、傲慢[23]」なところのある老党員だが、かつては革命の栄光をになった伝説的な人物として登場するのに反して、国家は巨大な顔のない人間の肉体に比喩化されている。この国家＝党の思想は「がっちりして、表情のない[24]」冷酷な新世代に属する尋問官、グレトキンの言葉である「集団的な目的があらゆる手段を正当化する基本的な原則[25]」のなかに象徴化されている。革命の栄光もしらず、盲目的に党の方針に忠実なだけの官僚的な「制服をきた汚い豚[26]」たるグレトキンは、古い世代に属し革命へのロマンを失わない第一尋問者のイワノフとは対照的に、肉体的な拷問を駆使してまでルバショフを自白に追い込もうとするのである。

ルバチョフへの告発理由は、身におぼえのない独裁者の暗殺を画策したことと反革命的な分派活動であるが、彼は肉体的・精神的な苦痛のあまり、オーウェルの『一九八四年』のウィンストンと同じように、不合理にも最後には罪を告白し、党に屈服する道を選んでしまうのである。ここには個人の自由意志を否定し、個人に無目的な自己犠牲をしいる国家や権力の恐怖がひそんでいる。自白後のルバショフの次のような述懐、「おそらく革命は早くやってきすぎたのだ。奇怪で、手足が不自由な流産した胎児だったのだ[27]」という言葉は、独裁国家にたいする個人の呪詛と読めないこともない。ようやく革命を成就したのに、今度はそれが人民を抑圧する暴力装置として作動するという歴史の皮肉を、ケストラーは静脈瘤におかされたれた党という比喩表現に仮託して訴えているのだ。

この革命成就後の政治の矛盾については、『ヨギと人民委員』のなかでも鋭く追求されている。この作品は総じてロシアの独裁的な全体主義国家にたいする批判にみちたものだが、ケストラーはそこで人間を救済するための二つの方法を提示している。外界からの変革を志向して政治的方法にたよる人民委員と、精神内部からの変革をめざす宗教的な方法にたよるヨギ（行者）の統合、すなわち「外部からの変化と内部からの変化[28]」との統合が実現されたとき人類は救済されると説いているからである。しかし、これはあくまでも理想であり実現不可能なものであり、ロシア革命のそもそもの失敗のもとは「物質」を偏重するあまり、人間には「精神的な滋養物[29]」が必要であるということを、不当に軽視したところに求められるべきだと結論づけている。

この政治ないしは組織がはらむジレンマは、人間性の根幹にかかわる問題として、彼の遺著ともいえる『ヤーヌス』のなかでも追求されている。この本は人間の進化、創造性、病理などをおもに扱った科学思想の集大成とも呼べるものであるが、ケストラーはここで人類が絶望を超克してとるべき方途を模索している。ここでは世界のすべての事象に適用できる「ホロン」という概念を提示しているが、この「ホロン」という概念はギリシャ語の「ホロン＝全体」に添え字の「オン」をつけた造語である[30]。そして人類の平和はこの「ホロン」の自己主張傾向と自己超越傾向、すなわち全体と部分の調和がバランスよく保たれているとき訪れるのだと主張している。人類の苦境はこの「ホロン」の階層秩序がくずれることから起こり、人間の不幸は過度の狂信的な献身能力にあるというのだ。

ケストラーはこの科学思想書の最後で、自分がセビリアの刑務所で経験した神秘的な時間、すなわち彼が「窓ぎわの時間[31]」と名づけた体験を回想していることは注目にあたいする。スペイン戦争時の、四〇年前の死刑執行におびえた日々の不思議な体験を想起していることは、スペインでの獄中体験がいかに大きくのちの思想遍歴に影を落としているかの証左になっている。彼はこの経験からえた哲学を「現実のより高次の秩序が存在し、そしてそれだけが意味のある存在である[32]」と結論的に述べている。

このようにケストラーは人間の暗い衝動に絶望し、科学思想を提示してそれを超越しようと試みたが、解答をわれわれに突きつけたまま、「耐えられない生に縛りつけられている人々[33]」たちの「死ぬ権利」を実践して安楽死をとげた。ケストラーのこのような生涯の軌跡を「転向作家」として葬りさることは簡単だが、彼にはそうした規格化を超えた、ある本質的な「その時代によって欺かれた犠牲者[34]」としての影があり、後世のわれわれはそれを看過すべきではない。あくまでも社会主義の未来に夢をつないだ盟友オーウェルとは異なり、ケストラーは共産主義に幻滅しいわゆる「反共作家」に転じたといわれたが、別の見方をするなら人間の内奥の「暗い情熱」に測鉛を降ろすことで、自己と人類のペシミズムを超克しようと努力した、誠実な文学者であったともいえるのである。

注

（1）Arthur Koestler, *Spanish Testament* (London: Victor Gollancz, 1947), p.371.『スペインの遺書』（平田次三郎訳）、ぺりかん社、一九六六年。
（2）伊東俊太郎「ケストラーの軌跡」『現代思想』一九八三年六月号、青土社、五四頁。
（3）Ian Hamilton, *Koestler: A Biography* (New York: Macmillan, 1982), p.25.
（4）*Ibid.*, p.26.
（5）Richard H. Crossman (ed.), *The God That Failed* (Chicago: Regnery Gateway, 1983),p.61.『神は躓く』（村上芳雄訳）、ぺりかん社、一九六九年。

（6）F・R・ベンソン『武器をとる作家たち――スペイン市民戦争と六人の作家』（大西洋三他訳）、紀伊國屋書店、一九七一年）、一二八頁。

（7）アーサー・ケストラー『ケストラー自伝』（甲斐弦訳）、彩流社、一九九三年、四〇〇〜四一三頁。

（8）『スペインの遺書』「解説」参照。

（9）『ケストラー自伝』四〇〇〜四一四頁。

（10）*Spanish Testament*, p.178.

（11）Frederick R. Benson, *Writers in Arms* (New York: New York UP, 1967), p.38. 前掲邦訳『武器をとる作家たち』。

（12）*Koestler: A Biography*, p.42.

（13）Sonia Orwell and Ian Angus (eds.), *The Collected Essays, Journalism and Letters of George Orwell* (New York: Harcourt Brace Jovanovich, 1968), vol.1., p.295.

（14）*The God That Failed*, p.68.

（15）*Writers in Arms*, p.108.

（16）ゲオルク・フォン・ラウホ、『ソヴェト・ロシア史』（丸山修吉訳）、法政大学出版局、一九八四年、二五二〜五三頁。

（17）思想の科学編『共同研究　転向』（平凡社、一九七四年）、上巻、六頁。

（18）*Writers in Arms*, p.73.

（19）*The God That Failed*, p.73.

（20）Irving Howe, *Politics and Novel* (New York: Horizon Press, 1957), p.17.

（21）『ソヴィエト・ロシア史』、二二五頁。

（22）*The Collected...*, vol.3, p.17.

（23）Arthur Koestler, *Darkness at Noon* (New York: Bantam Book, 1981), p.17.

（24）*Ibid.*, p.185.

（25）*Ibid.*, p.128.

（26）*Ibid.*, p.149.
（27）*Ibid.*, p.210.
（28）Arthur Koestler, *The Yogi and the Commissar* (London: Jonathan Cape, 1945), p.10.
（29）*Ibid.*, p.200.
（30）Arthur Koestler, *Janus* (New York: Vintage Books, 1978), p.33.『ホロン革命』（田中三彦・吉岡佳子訳）、工作社、一九八三年。
（31）*Ibid.*, p.285.
（32）*Ibid.*, p.285.
（33）Arthur Koestler, "The Right to Die", *Bricks to Babel* (New York: Random House, 1980), p.583.
（34）川成洋「アーサー・ケストラーとスペイン戦争」『アガペ』第一四号、一九七三年、四五頁。

著作家たちは味方する

川成　洋

一　アンケートの発送

一九三〇年代中葉のイギリス。左右の政治的対立がいわば極点に達し、さらに左翼陣営での不協和音が顕在化してきた頃、スペイン正規軍の軍事叛乱とそれに対峙した民衆の武力抵抗、軍事クーデターの挫折による内戦の勃発というニュースがイギリスに飛び込んできた。

その後、イギリス国民は、スペインで相対して激しく抗争を繰り広げている両陣営のいずれかに、自らを帰属させ支援をするようになった。「ピレネーの南はアフリカだ」とつねに蔑視されてきたスペインが、いわば時代を先取りする希望の星と映った。すでに社会的地盤沈下に見舞われ上昇のチャンスをうかがっていた上流階級は、スペインの叛乱軍とその同調者たちの行為を快挙とみなし、一方、たえず社会的および政治的要求が無視され、疲弊しきった労働者階級は、スペイン民衆の行為を新しい社会革命の萌芽とみなした。こうした支援には、イデオロギー的要素だけでなく、積年の階級的対立から生じた感情的なものも加わり、スペイン内戦が「フランス革命以降、はじめてイギリス国民を決定的に分裂させた対外問題」となったのである。J・P・プリストリーは、この頃のイギリスの多くの自由主義的なスペインへの同調者たちの感情を的確に表現している。

新聞界全体が、選挙で樹立した政府から権力をもぎ取ろうとする軍部を、躊躇わず非難したであろう一時期があった。だが、今では、ヨーロッパをひとつの軍事基地へと変えつつあるファシズムは、ひとりの代弁者――あるいはむしろ数人の非常に強力な代弁者たちをイギリスで見出していた。かかる代弁者たちと対立し、あまたの虚言に対して真実を主張することは、人民の自決権を信ずる我々すべての義務である。

イギリスの作家、詩人などもスペイン内戦を看過するわけにいかなかった。一九三七年六月、イギリス人の女流詩人ナンシー・キューナードは、スペインの戦場で干戈を交えている両陣営のどちらを支持するかということを調査するために、イギリスの作家や詩人を中心に、大学教授、評論家、編集者、ジャーナリスト、国会議員、退役陸海軍将官などに、回答の公表を前提にアンケートを送った。このアンケートの発起人には、W・H・オーデン、S・スペンダー、I・モンタギュー、L・アラゴン、J・R・ブロック、T・ツァラ、H・マン、P・ネルーダなどの国際的に著名な左翼作家や詩人の一二人の名を連ねていた。アンケートの趣旨は、次のように述べられていた。

現在、以前にはありえなかったほど明確に、われわれ多くのものは、どちらかの立場を断固として取るか、あるいは取らざるを得ないのである。曖昧な姿勢、象牙の塔、逆説、冷笑的な超越などは、もはや許されないであろう。

われわれは、イタリアやドイツにおいて、ファシズムによる殺戮と破壊――そこでの社会的不正義と文化的終焉――を見てきた。そして、再興されたローマ帝国を自称する国が国際的な裏切りによって扇動され、アビシニアの太陽の下にある国を制圧したのを、われわれは見てきた。こうした植民地諸国における数百万人もの寄る辺なき人々は、その遺恨を晴らしてはいない。

今日、こうした闘争はスペインで行われている。明日、こうした事態はほかの国々で起こるであろう――われわれ自身の国でも。しかしながら、現実に、ドゥランゴとゲルニカの受難、マドリードとビルバオの忍耐強い苦悶、そしてドイツ軍艦によるアルメリアへの砲撃といった明々白々な事件に疑念を抱いている人も若干いるし、あるいはこうした事件こそファシズムが宣言している「文明の救世主」のなせる御業かもしれないと断言する人も若干いるのである。

われわれはあなたに質問しているのは次のことである。

あなたは、スペイン共和国の合法政府と人民に味方しますか、それとも反対しますか？

あなたは、フランコとファシズムに味方しますか、それとも反対しますか？

というのも、この両方の立場をも取らないということは、もはや不可能であるから。

作家や詩人たちの皆さん、われわれはあなたたちの回答を印刷しておきたいのです。イギリスの中で、最もデリケートな媒介者である作家や詩人であるあなたたちがどう考えているかを全世界に知らせたと望んでおります。

一九三七年七月　パリ

このアンケート送った二ヵ月後に、ナンシー・キューナードは一四八点に及ぶ回答を編集し、ロンドンの三つの出版社に依頼したが断られ、ようやく『レフト・レビュー』誌の編集長のR・スウィングラーが出版を引き受け、『著作家たちは味方する』と題するパンフレッドにして、パリで三千部印刷し、一部六ペンスで販売した。

回答を寄せた一四八人のうち、圧倒的に多かった「共和国支持」は一二七人であり、「中立」は一六人、「共和国に反対」は四人、であった。この回答だけを見るなら、スペイン共和国は無条件的に支持されていることがわかる。だがしかし、このアンケートに回答を寄せなかった作家・詩人もいたはずである。例えば、J・ジョイスはキューナードに、「私はジェイムズ・ジョイスです。あなたのアンケート受け取りました」と電話した。彼女は、それに回答する意志があるかどうかを尋ねると、彼は憤慨してこう述べた。


いや、駄目です。それは政治的ですので、私は答えるつもりはないのです。今や、政治がすべての分野に入り込んでしまう。先日の晩も、ペンクラブの夕食会に出席を余儀なくされました。ペンクラブの会則には、政治的な事柄は決して議論してはならないとあります。ですが、何が起こったと思いますか？　ある人がある立場から政治的なスピーチをして、別な人がそれに対立する議論を展開し、もう一人の別な人が、さらに政治的な論説を発表したのです。私は、ペンクラブがアメリカで『ユリシーズ』への著作権侵害に関心を払ってくれると期待していたのです。しかし、このことは無視されました。ペンクラブはとっくに政治的だったのです。

ジョイスの『ユリシーズ』の出版の場合、イギリスとアメリカの出版社はこぞって印刷・出版を拒否したために、パリのシェイクスピア・アンド・カンパニー書店が出版を行い、当時アメリカは、フランスから盛んに古新聞を輸入していたので、『ユリシーズ』を解体して古新聞に挟んで、アメリカへ発送し、ニューヨークで業者が製本したのだった。その時、大西洋を挟んだ両国のペンクラブはこうした政府当局による出版妨害と焚書に何ら抗議をしなかった。従ってジョイスはペンクラブを全く評価していなかった。

おそらく、このようなアンケートに回答すること自体、政治的行為とみなして、それを忌避する例は、ジョイス以外にもあったろう。

二「共和国支持」

「共和国支持」を表明した一二七人の理由は、例えば、S・ベケットのように、ずばり大文字の一語綴りで「共和国奮起（UPTHEREPUBRIC）！」と回答したのを例外として、多種多様であった。大雑把に分類すると、一番多いのは、「文化・文明の擁護」と「自由の擁護」がおのおの二九人。ついで「合法政府の支持」が二八人。「ファシズムと独裁に反対」が一五人。「外国のファシストの侵略に反対」が一〇人。「社会主義の擁護」が九人。「民主主義の擁護」が八人。「平和と進歩の擁護」が四人。「アナキスト」と「共産党支持」がおのおの二人ずつであった。

「共和国支持」の中で、自分の政治信条や党派性を明確に表明したのは、たった四人に過ぎない。残りは、切羽詰まったような扇動的と思えるような質問に回答したという感は否めない。「文化」であれ、「自由」であれ、「民主主義」であれ、それらを擁護するのは当然すぎるほど当然であるが、その擁護する対象は決まって「ヨーロッパの」あるいは「ブルジョワの」という修飾語が本来付けられていたものであろう。つまり、それらは、所詮、回答した文学者にとっての擁護されるべきものでしかない、といえば過言であろうか。彼らが支持を表明した共和国では、そうしたスローガンを唱えればそれで済むといった状況ではすでになく、こうしたスローガンの実態がすでに危機に瀕していたのであった。したがって、こうした回答の背景には、彼がスペインの現状にそれほど強い関心を抱いていなかったか、それとも公表を前提とした「踏み絵的選択」のために、故意に留保付きとなったのだろか。ともかくそれは、曖昧の感は拭い切れない、と思う。

三「中立」

「中立」は、「中立?」と「?」が付けられていることからして、どちらを支持すると、明確に表明していなかったために、「中立」と編者に分類されたわけで、厳密な意味で「中立」といえるかどうか、ともあれ「中立」を表明した一六人の理由も多種多様であるが、中でも際立ったのは、「文学者として孤高を保つ」が六人である。その中のT・S・エリオットはこう表明している。

　私はもちろん（共和国政府に）同情しているものの、少なくとも文学者は孤高を保ち、こうした集団的行動に参加しないことが最善である、と確信している。

ついで「ファシズムも共産主義にも反対」が四人で、残りは「非妥協的な平和主義」「スペイン内戦と自分は無関係」「この質問自体ナンセンス」といった理由である。

社会主義者を自認するH・G・ウェルズも、「中立」を表明し次のような理由を述べている。

　もし「アンチ」がアンチ集団暴力主義またはアンチ愛国主義でないならば、私はいかなる「アンチ」でもありえない。私は常にマドリードの新しい自由主義的な共和国に共鳴してきた。しかし、その共和国は、一方のアナルコサンジカリストとその対極のフランコのクーデター宣言の狭間で崩壊させられてしまった。イタリアとドイツの干渉は、伝統的な国粋主義路線上にあり、しかもそれは、イギリス人の精神と意志にある愚かしい混乱によって、さらに促進されてきたのである。

　人類の本当の敵は、ファシストではなく、無知蒙昧な愚か者である。

このように、「中立」主義者な回答は最も辛辣で、例えば、イギリスにモダニズム文学を紹介し、ジョイスの文学上の友人だったE・パウンドのように質問者を痛烈に諌める文学者もいた。おそらくそれは、「中立」主義者たちが共和国支持者よりも、客観的にスペインの現状を知悉しうる立場にいたからであろう。あるいは、スペイン内戦と無関係でありうるという目論見があったからであろう。

「共和国に反対」を表明した五人は、おしなべて自分はファシズムを容認するのでなく、共産主義の大きな悪よりも、次善の策としてファシズムの小さな悪を選ぶという立場と、フランコをファシストというよりも、愛国者とみなす立場である。例えば、E・ウォーは次のように回答している。

四「共和国に反対」

私はスペインについて、一旅行者として、また新聞の一読者としてしか知らない。私はバレンシア政府の「合法性」に全く共鳴しないのは、ちょうどイギリス共産党が、国王、貴族、庶民の「合法性」に全く共鳴しないのと同じである。バレンシア政府は急速に堕落しつつある悪しき政府であると確信する。もし私がスペイン人だったフランコ将軍のために戦うであろう。一人のイギリス人として、私は、この二つの悪のいずれかを選ばねばならないという苦境に立たされていない。私はファシストではない。ファシズムがマルキシズムに代わりうる唯一ものでないならば、私はファシストにならないであろう。そうした選択が差し迫っているなどと示唆するのは、無益である。

こうしてみると、N・キューナードらのアンケートは、当時のイギリスの文壇ないし文化人のスペイン内戦への関心の度合いを公平に提示したという点で、まことに示唆的である。ただし、彼女の本来の目標である、一九三〇年代の「作家の行動」を促すような「共和国支持」のキャンペーンという点では、つまり「扇動者」としては成功したと言い切れるであろうか。

五　アンケートと「作家の行動」

「共和国支持」を表明した文学者は、どのような理由があるにせよ、現実に共和国軍の戦列で戦わなかった。もちろん、戦うための年齢の問題や戦闘に耐える精神力と肉体という問題がるので、必ずしも戦列に加わるべきだとは言わないまでも、イギリス人医療部隊に属し、スペインの戦地に赴いた者もごくわずかであった。それ以外では、一九三七年七月にバレンシアとマドリードで開かれた「甘やかされた子供の集まり」のような第二回国際文化擁護作家会議に出席すること、左翼系の政党や団体の代表者として「前線訪問団《フロントビジターズ》」として前線訪問すること、ジャーナリストとして共和国陣営を取材し、プロパガンダに従事すること、またイギリスで、「共和国支持」のキャンペーンの一環として講演したり、募金活動に参加することくらいであろう。こうした活動は、一九三〇年代の「作家の行動」という範疇に属するものでなく、失礼な言い方になるが、ただ単に「共和国支持」と署名することと大差はない。おそらく、署名することと「作家の行動」とは全く別の問題だと、多くの「共和国支持」の回答者は知っていたのだろう。それゆえ、彼らは、既述したように、ある種の留保条件を付けるような、曖昧な理由、あるいは誰でも大賛成するような理由を付けてもっともらしく回答したと思える。そこには彼らは越えがたい試練が横たわっていたのではないだろうか。

現実にスペインの戦場で戦って帰還したG・オーウェルは、一九三八年四月二日のS・スペンダー宛の手紙の中で、次のようにN・キューナードらの行動を批判している。

SIA（国際反ファシスト連合）の発起人委員会か何かそういったものに、あなたと私の名前が載っているのを見ました。ナンシー・キューナードの名前も入っております。あとで本のかたちで（『著作家たちは味方する』という書名で）出版された例のひどい代物を、かってに私に送ってきたのがほかならぬ彼女なのですからね。私が非常に怒った返事を書いて、そのなかで、申し訳なかったのですが、そのころあなたを個人的に知らなかったので、あなたのことを悪く言ったと思います。しかし、もしSIAが、今度のことはすべていかに悪いかを述べる声明に署名するような、ばかげてくだらないことをやるのではなく、食糧やそのほかのものを補給するとか実際に行動するのであれば、私はSIAの仕事に力を入れるつもりです。

これこそ、「作家の行動」を自覚し、その通りに実践した者の発言であろう。署名を「作家の行動」と糊塗した、あるいは署名することで、ある種の自己満足的な充足作用を経験した作家や詩人たちは、一九四〇年代になってことごとく文学的には沈黙したのに比して、Ｇ・オーウェルのような頑なに絶望を拒否し、発言を絶やさず旺盛なポレミックな執筆活動ができたのは、このスペイン内戦体験によると断言できよう。

ロバート・キャパのスペイン内戦

川成　洋

スペイン内戦の緒戦期の一九三六年九月五日、アンダルシアのコルドバ戦線において、一人の共和派の民兵が両腕を後方に大きく投げ出し、まさにその右手に握ったライフルを手放し、後ろ向きに倒れる瞬間をとらえた一枚の写真。のちに《崩れ落ちる兵士》というキャプション付きの百万に一つの偶然の産物によって、フリードマン・エンドレというユダヤ人の二二歳のユダヤ系ハンガリー人の駆け出しカメラマンが、コスモポリタン的（彼自身、アメリカ人の姓と思っていた）な「ロバート・キャパ」へと華麗な変身を遂げたのだった。

一　フリードマン・エンドレの生い立ち

一九一三年一〇月二二日、エンドレは、ハンガリーの首都ブタペストで服装サロンを営むユダヤ系家庭の次男として生まれた。父親は家業を妻に任せ、朝から友人たちとカードやらお茶やらにうつつを抜かす、いわば「旦那衆の遊びの達人」であった。母親は、これとは全く正反対で、貧しい家庭に生まれたために、小さいころから働きずくめで、ドレスメーカーの家に女中奉公に出された折に、生涯の仕事をこれだと決めたのだった。働き者の母親のおかげで、エンドレが生まれたころにはかなりの従業員をかかえ、市内では有数の大掛かりな服装サロンになっていたようである。

エンドレが八ヵ月の時、一九一四年六月二八日、オーストリア皇位継承者夫妻がボスニアの首都サラエボでセルビアの青年に暗殺される事件が起こり、七月二八日、オーストリアがセルビアに宣戦布告し、それがヨーロッパ大陸を戦場にして、「同盟国」と「連合国」の間の、ほぼすべての列強を巻き込む「大戦争《グレート・ウォー》」へと発展する。「懸念や狼狽の跡を全く残さず、瀬戸際を越えて、煮えたぎる戦争の大釜の中へずるずると滑り落ちた」（イギリス首相、ディヴィッド・ロイド＝ジョージ）のだった。しかも、参戦した各国の政治指導者も、外交官も、そして将兵たちもが、この「大戦争はクリスマスには終わる」と気楽に考えていたのだった。ところで、「日英同盟」の誼で二艘の駆逐艦「松」と「榊」を地中海に派遣し、約三、〇〇〇人のイギリス将兵を救助し、ドイツの租借地青島、さらに一八九三年にドイツがスペインから購入した南太平洋群島を占領した日本は、この「大戦争」を、「世界戦争」であると称した。この名称を日本の参戦する根拠として活用し、戦後のベルサイユ講和会議では、戦勝国として振るまった。

当時、オーストリア＝ハンガリー二重帝国であったハンガリーは、この「大戦争」に参戦し、敗戦国となる。エンドレが五歳の時であった。だが、この戦争末期に共産主義革命の波がブタペストに押し寄せ、ソヴィエト政権が樹立されるが、一九一九年八月一日、ルーマニア軍に支援された反共クーデターで倒される。わずか「一三三日の天下」であった。

クーデターの指導者であるホルティ・ミクローシュ提督はハンガリーを完全に掌握し、直ちに五、〇〇〇人もの左翼活動家たちの処刑を命じ、七万人以上が縲絏《るいせつ》の身となった。その翌年、ヨーロッパで最も早く、「反ユダヤ法」が制定される。これは、ユダヤ人の大学や法律専門学校への入学を制限するためであった。「大戦争」の敗北とソヴィエト政権樹立の背後にユダヤ人の策動があったという風評がすでに広まっていた。左翼とユダヤ人に対する理不尽な「白色テロ」がハンガリーを席巻する。エンドレの家の近く路地裏で、よくユダヤ人学生たちが袋叩きにあっていた。彼の両親は息子たちが外に出ないようにした。

ベルサイユ条約の一環として一九二〇年六月に連合諸国とハンガリーの間で締結されたトリアノン講和条約によって、新たに国境線が引かれ、ハンガリーの国土は大戦前の三分の一に、人口は五分の二に減少され、約三〇〇万ものハンガリー人（マジャール人）を国境の外に置くことになった。ハンガリーが敗戦国の中で最も多くを失ったのであった。逆に言えば、「戦争に勝てば、途轍もなく儲かる」という観念を戦勝国（日本も然り）に植え付けることになった。

一九二三年、エンドレは、イレム・マダ・チュ・ギムナジウム（中学校）に入学する。二九年、自分の芸術を「行動主義」と命名し、社会運動と直結する芸術運動を繰り広げていたラヨシュ・カッシャークと出会い大いに啓発される。

一九三〇年五月、エンドレは左翼学生運動に加担したという廉《かど》で逮捕される。一晩警察本部に拘置されるが、その間二人の取り調べ官から気絶するほど殴られる。翌日、ハンガリーから出国するという条件で釈放される。彼がどのように、またどんな事情で釈放されたのかは謎であるが、弟のコーネルによると、国家警察副長官イムレ・ヘテーニの妻が、彼の両親の服装サロンの顧客で、そのコネで、釈放にこぎつけたというが、一介のユダヤ人テーラー職人が国家警察の超大物に働きかけることができるものだろうか。

彼はベルリンでジャーナリストになるために政治学の勉強をしたかった。だが、世界恐慌によるあおりで、両親の服装サロンは注文が激減し、従業員の給料も未払いが重なるようになり、彼をベルリンに送り出す経済的余裕は全くなかったのだ。それでも母親は苦しい生活の中から毎月学校の授業料と生活費をできるだけ送ると約束し、激励した。ともあれ、同年七月一二日、エンドレはブタペスト西駅からウィーン行の列車に乗り込んだのだった。

二　ベルリンにおけるフリードマン・エンドレ

エンドレはウィーン、プラハなどを経て、ベルリンに着き、ホーホシュレ・ヒュア・ポリティーク（ドイツ政治高等専門学校）に入学する。学生証の入学日は一九三一年一〇月二七日、となっている。彼がベルリンに入って約一ヵ月半後である。この学校が人種差別もなく授業料も比較的安かった。授業中、学生と教員との間で自由に討論ができる雰囲気のある学校だった。彼は授業の合間に、市内で行われた政治集会や芸術講演会などに参加していた。やがて両親が経営していた服装サロンが倒産し、彼に学費などの仕送りができなくなった。学校を退学した彼は仕事を探さねばならなくなった。無一文となり、空腹に耐えねばならない日々が続くが、友人の紹介で、写真入りの記事をドイツ国内の新聞や雑誌に提供する有名な写真通信社「デフォト」（後に、「デゲフォード」と改名される）の暗室担当助手として採用され、ここから写真の世界に入る。そのうち、カメラマンの助手を務めるようになる。彼は先輩のカメラマンから写真の取り方を密かに学ぶ。「デフォト」の創設者で社長のシモン・グッドマンは、エンドレの才能を何とか開花させようとして、他のカメラマンたちが彼に同情するくらい厳しくしごいたのだった。この直後、幸運の女神がほほ笑んだのだ。

一九三二年一一月、亡命中のロシアの革命家レオン・トロツキーがコペンハーゲンに姿を現し、学生たちに演説することになったという新聞記事を読んだグッドマンは、これは大きな記事になると確信した。ところが、社のすべてのカメラマンたちは取材に出かけ、エンドレがただ一人、事務所にいた。グッドマンは彼に三五ミリカメラを渡してこれでトロツキーを撮ってこいと命ずる。実際会場に来てみると、デンマーク警察当局はスターリンの暗殺を恐れて、二〇〇人態勢の厳重な警備網を敷き、壇上には六人の私服警官、両袖にも警備員が隠れていた。演壇の最前列にいたカメラマンたちは全部排除されてしまった。大型のカメラの中に拳銃をしのばせてはという配慮からであった。そんな事情知らなかったエンドレは、持っているカメラが小型のライカだったこと、また若かったので、記録を取る学生と思われて最前列で撮影することが許され、二八枚のフィルムに劇的な「弁舌のカリスマ」トロツキーの姿をおさめることに成功した。この歴史的な演説を至近距離からの撮影に成功したのは数十人のカメラマンの中でエンドレだけであった。しかもこの写真「演説するトロツキー」がドイツのグラフ誌『デア・ヴェルト・シュピゲル』に四枚掲載され、末部に「デフォト社・フリードマン」と記されていた。一九歳のエンドレは、カメラマンとして実に幸先の良いスタートを切ったのである。

三　ベルリンから脱出し、パリに向かうエンドレ

だが、こうした順風満帆はそう長く続かなった。その翌年の一九三三年一月、ヒトラーが独裁政権を掌握したために、身の危険を感じたエンドレは、グッドマンの忠告を受け容れて、ベルリン中央駅からウィーン行の列車に乗り込む。このホームには、寄る辺なきユダヤ人たちが家族を引き連れて、ウィーン、フランス、さらにはアメリカに向か

おうとして、右往左往していた。たしかにユダヤ人にとって、ウィーンは安息の場であったが、今やここもユダヤ人狩りの恐怖の波が押し寄せて来ていた。

それにしても、ファシストのホルティ提督がユダヤ人と民主主義を弾圧しているハンガリーには戻る気はなく、「デフォト」のカメラマン、ハラルド・レッヘンベルグのアパートに転がり込むが、仕事はなく、六月に仕方なくブタペストの実家に戻り、故郷でさまざまな観光写真の撮影をこなす。それにしても、ハンガリーでは左翼勢力はすっかり弱体化し、実家の家業も倒産しており、住むところも狭い薄汚れたアパートに移り住むようになっていた。そこで、両親と兄が細々と洋服の仕立ての仕事を続けていた。

エンドレは、ハンガリーでプロの写真家としてやっていける見込みが全くなかったので、親しい友人のチーキ・ヴェイスと何回も話し合って、九月になって、何千人ものユダヤ系ハンガリー人がファシズムから逃れた安住の地、パリへと向かった。素寒貧で、フランス語も全く分からず、その上専門的なスキルもない二人であった。カルチェ・ラタン界隈の安ホテルとはいえ、宿泊代や毎日の食事に事欠く生活、食料品でのコソ泥、食堂での無銭飲食、食糧調達のためのセーヌ河での魚釣り、ホテル代金未納のためにフロントでのカモフラージュ、時には公園のベンチで寝て過ごす。華やかな芸術の都市パリ、こうしたところで路上生活するエンドレ。これでは就職活動どころではない。しかもエンドレはユダヤ人である。名前をエンドレからフランス語読みの「アンドレ」に変更したのも無理からぬことであろう。

そのうち、またもや、かすかな幸運が訪れる。若い駆け出しの写真家、アンドレ・ケルテス、ディヴィッド・シーモア（シム）、アンリー・カルティエ＝ブレッソンらと出会い、親しくなる。カルティエ＝ブレッソンの目に映ったアンドレは「相手が誰であろうと態度を変えないアナキストであり、アンドレは資格が第一という人間ではなく、生きることの意味を誰よりもよく知っている冒険家だった。大事なのは写真の技術ではなく、彼が何を言わんとしていたのか、そして彼の人間性そのものだった」と回想している。この仲間の中で、アンドレはとりわけシムと親友となる。ともに東欧人としての感性とユダヤ人排斥体験という共通の苦い絆があったからである。

ベルリンのシモン・グッドマンからの依頼もあり、ハンガリー人の亡命者仲間からの伝手もあって、少しずつ仕事が舞い込んでくるようになった。

一九三四年晩夏、アンドレは広告写真の依頼を受ける。依頼主はグッドマン。そのテーマは「公園のベンチで美しい女性が話しかける」であった。アンドレはまず美しい女性を探さねばならなかった。幸運にも、とびっきりの美人と邂逅した。彼はたどたどしいフランス語でモデルをお願いしたい旨の交渉をした。翌日撮影である。オーケーをもらった、名前はルート・ツェルフといった。翌日、彼女は約束通りに来ていた。しかもおしゃれな服を着て。だが小柄なかわいらしい女性を連れてきた。ルート・ツェルフは知らない男と公園で二人きりになるのが怖かったから、同じ部屋のルームメイトに同行してもらったというのだ。彼女の名前は、ゲルダ・ポポリレといった。

そして一九三四年九月、二一歳のアンドレは、フランスのグラフ雑誌『ヴュ』から依頼を受けて、第一次世界大戦後にフランス統治となった豊かな炭鉱と進んだ工業の町、ザールラントを取材する。アンドレの唯一の財産で、時に質屋の棚に置かれることもあったライカを手にして、記者のゴルダとザールラントへ向かった。

アンドレは、少しずつ、フォト・ジャーナリストの道を歩むようになった。翌年一月に実施予定の住民投票を控えたこのドイツ語圏の町には、ナチスの旗がいたるところにたなびき、ファシズムが密かにしのび寄ってきていた。『ヴュ』はザールラントの国境問題を二回に分けて掲載した。アンドレにとって「演説するトロツキー」以来、初めてのフランスのグラフ雑誌への掲載であった。ところが、第一回目の掲載された写真になんと撮影者である彼の名前が記されていなかった、アンドレは『ヴュ』の発行者リュシアン・ヴォジェルに怒りをぶつけた。連載第二回目に「撮影・フリードマン」とクレジッドが入れられた。翌年の一九三五年の春、アンドレは新しいカメラ「ライカIII型」を月賦で買った。広角レンズと望遠レンズを交換可能な最新型のカメラだった。

またもや、グッドマンからの仕事であるが、この新型カメラで、スペインに取材旅行をすることになった。スペイン北部のフランス国境寄りの町、サン・セバスティアンでボクシングの試合を撮影し、マドリードに向かった。さらに聖週間の「セビリアの巡礼」「気球による高々度への挑戦」が売れ、アンドレは初めてブタペストの家族に送金することができた。

スペイン取材から戻ると、パリで、日本人留学生、川添浩史、井上清一と知り合う。そしてこの二人の紹介で毎日新聞のパリ支局長の城戸又一から現像と焼き付けを担当する定期的なアルバイトをさせてもらう。

四　生涯の恋人に会う

公園での撮影時にモデルに同行してきたゲルダもドイツ系ユダヤ人でパリに亡命してきたのだった。アンドレとゲルダの二人とも赤貧真っ只中で、やがて相思相愛の仲になる。ゲルダはアンドレのマネージャになり、アンドレはゲルダにカメラの使い方を教えたのだった。ゲルダ・ポポリレは、ユダヤ人の姓を隠すこともあってか、やがてゲルダ・タローと改名する。その「タロー」の由来は、一九三五年、サント・マルグリット島でゲルダは、岡本太郎と初めて出会ったことにある。そして彼女が勝手に「タロー」という名前を自分に付けたのだった。この二人の邂逅について岡本太郎はこう回想している。

「そこは、カンヌの浜辺から小舟を漕いで二、三十分くらい行った島だった。その島で、アンドレたちが集まってキャンプをしていた。そこには、美しいゲルダがいた。その後よくつき合ったけれども、その島で初めて会って、彼女の美しさに惹かれた。ところが、なぜか彼女の様子がおかしい。それで、ぼくは聞いてみた。彼女は本国に恋人がいて、彼はユダヤ人だった。この恋人はナチの迫害に遭って死んでしまった。そのことで彼女は失意に沈んでいた。彼女もユダヤ人だったので、ドイツに帰って恋人を弔いたくても、それができない。それで、悩み苦しんでいたのだった。僕は何とか彼女を勇気づけ慰めてやりたかった。サント・マルグリット島では、アンドレたちがはしゃぎまわっているのに、そのなかにひとり愛の痛手に苦しんでいる女性がいる。彼女の傷心は痛々しかった——。やがて僕はサント・マルグリット島から一人先に帰ってきた。そのとき、アンドレとゲルダの二人が小舟で送ってくれた。僕は、二人が再び島に帰っていくのを、夕闇の砂浜に立って、いつまでも見送っていた。ゲルダの気持ちを思うと、耐えられないくらいに胸が痛んだ」（岡本太郎『太郎に訊け』青林工芸社、二〇〇一年、四五～四八頁）。実際に、岡本太郎が、「ゲルダ・タロー」という名前を知ったのは、一九三七年七月末であった。ゲルダ・タローが、スペイン内戦のブルネテ戦線で事故死した時の新聞に「マドモアゼル・タローの死」と第一面のトップに書かれていたのを読んだからだった（吉岡栄二郎『評伝キャパ』明石書店、二〇一七年、八頁）。

話は戻るが、一九三六年初頭、アンドレとゲルダは「ロバート・キャパ」という名前で写真を発表し始める。当時の仲間のジョン・ハーシーはその辺の秘めたる事情をこう語っている。「アンドレとゲルダは、三人で仕事をしていることにした。写真通信社で働いていたゲルダは秘書および販売担当、アンドレは暗室係。この二人はロバート・キャパという金持で有名で、才能のある（ただし架空の）アメリカ人のカメラマンに雇われてフランスに来ているという設定だった」。

ことほどさように、この二人はロバート・キャパなる人物をでっち上げ、一九三〇年代後半のヨーロッパの政治的事件を取材することになる。四～五月、フランス人民戦線陣営の取材。六月末、ジュネーブの国際連盟総会において退位させられた皇帝ハイレ・セラシエ演説の撮影。七月一二日、第一次世界大戦の「ヴェルダンの戦い」二〇周年記念の平和集会の撮影。その二日後の一四日、フランス革命記念パレードの取材。だが、こうした写真も時にその出元がばれてしまうことがある。「ロバート・キャパの話は結構だが、それはともかく汚い皮のジャケットを着て写真を取りまくっているドジなフリードマン君に、明日午前九時に私の事務所に来るように伝えてください」というようなメモが飛び込んできたこともあった。

五　スペイン内戦の取材

一九三六年七月一七日、スペイン内戦の勃発。八～九月、二人は職場を放棄してスペインへ赴く。バルセロナ、アラゴン戦線、マドリード、トレド、そしてコルドバ戦線を訪れる。

同年一一月になると、にわかにマドリードが騒がしくなる。街中では、フランコ叛乱軍の首都突入に備えて、共和国のスローガン「ノー・パサラン（奴らを通すな）！」がラウドスピーカーで鳴り響き、まさに臨戦態勢になっていた。といっても、絶えず守勢に立たされていた共和国軍は、多勢に無勢、次第に後退を余儀なくされ、ついに一一月六日、叛乱軍がマドリード郊外に到着したために、首都機能をマドリードからバレンシアに移した。マドリード西方のカサ・デ・カンポの高台に砲兵隊を布陣した叛乱軍の砲弾が市内に着弾し始め、市内の目抜き通りであるグラン・ビアは、最高層の中央電話局（マドリード制圧後、叛乱軍が使用するために、砲撃しなかった）とその付近をのぞいて、ほぼ壊滅状態であった。また北部の建設途中の「大学都市」と呼ばれたマドリード大学に突入した。いよいよマドリード攻防戦が始まった。マドリードは絶体絶命であった。二日後の八日、マドリードのアトーチャ駅から一、八〇〇人余りの部隊が最大の目抜き通りのグラン・ビアを整然と行進し、マドリード大学に向かった。スペイン共和国防衛のために世界中から馳せ参じた「国際旅団」の義勇兵であった。マドリードは孤立していなかった。この頃からマドリードは「世界の首都」と呼ばれるようになった。

こうした激しい動きはパリにいるキャパにも伝わった。早速、キャパはパリのスペイン大使館でヴィザを入手し、危険地帯の取材のためゲルダをパリに残し、バレンシア、トレド、そしてマドリードに赴き、両軍が対峙しているマドリード大学の共和国陣営である医学部にしばらく滞在した。翌月の五日、パリに戻り、マドリードの写真を「磔にされた首都」と題して『ルガール』誌に発表する。

翌一九三七年は、何回か、ゲルダと一緒に、あるいは単独に、スペインを取材する。プロの写真家を目指すゲルダも単独でスペインに赴く。彼女が独自に依頼主である雑誌社や新聞社と契約し、当然であるが、「撮影はゲルダ・タロー」というクレジットを付けた。これまでは、ゲルダが撮影した写真には「キャパ・ゲルダ」と記されていたので、ゲルダは有頂天になるのも、無理からぬことである。

四月、マドリード近郊で、ドキュメンタリー映画《スペイの大地》（ヨリス・イヴェンス監督、ヘミングウェイ脚本）を製作中のヘミングウェイと知り合う。七月、キャパはいったんパリに戻るが、ゲルダは七月一〇日マドリードで開催された第二回国際文化防衛作家会議を取材し、その後、マドリード近郊のブルネテ戦線へと赴く。

七月二四日、取材を終えたゲルダは、マドリードに戻る軍用トラックのステップに乗っていると、突然の共和国軍の暴走した戦車がその軍用トラックに激突し、ゲルダがそれに押し潰されてしまったのだ。直ちに、エル・エスコリアルの野戦病院に搬送し、緊急手術を施すが、翌朝未明亡くなった。八月一日、パリで葬儀が行われた。この日は、ちょうど彼女の二六歳の誕生日であった。葬儀の間じゅう泣き崩れていたキャパは、それから二週間も自室にこもって悲しみに暮れ、ほとんど食事をとらず、ただ生き残った者の罪悪感に苛まれていたという。

この年の一二月、キャパは、最も凄惨な戦闘だったテルエルの攻防戦を取材する。

翌一九三八年一月、日本軍の侵略に武力抵抗する中国人民のドキュメンタリー映画《四億》（ヨリス・イヴェンス監督）の取材にイヴェンスと一緒にマルセイユから香港に着く。中国各地を取材し、八月、日本軍による激しい空爆を受けている漢口を撮影し、九月中旬、パリに戻る。一一月一六日、バルセロナでの国際旅団の解散式と解散パレードを撮影する。その後、再びアラゴン戦線を取材する。

翌一九三九年一月、フランコ軍による激しい爆撃を受けているバルセロナ、ついでフランス国境に向かう共和派の難民などを撮影し、一月二八日、キャパ自身もその四〇万人もの難民に混じって国境を越える。三月、フランス国境付近に鉄条網で囲まれた吹きさらしの俄か造りの収容所キャンプで、さながら動物のごとき悲惨な生活を強いられている元スペイン共和国兵士を撮影する。キャパの言葉を借りるなら、まさしく「砂の上の地獄」であった。

六　第二次世界大戦の取材

一九三九年四月一日、マドリードで、フランコの戦勝宣言によって、スペイン内戦が終息するが、その五ヵ月後の九月一日、ドイツ軍のポーランド進撃によって第二次世界大戦が勃発する。

この頃のキャパは、アメリカやメキシコなどで、主に『ライフ』誌の仕事をこなしていた。一九四一年五〜六月、空襲にさらされたロンドン市民の戦時下生活を撮影する。九月、ヘミングウェイをアイダホ州のサン・ヴァレーに訪れる。一二月、日本軍の真珠湾攻撃により、アメリカが第二次世界大戦に突入する。キャパはこの時点でいまだドイツと同盟しているハンガリー国民だったので、敵性外国人と認定され、仮労働許可証が交付されるまでカメラの使用は禁止される。

一九四二年四月二三日、二八歳のキャパは、『コリアース』誌の特派員として、ロンドンに向かう。いよいよ、キャパの第二次世界大戦の取材が始まる。

ところで、スペイン内戦から第二次世界大戦までキャパが残した、夥しい戦争写真の中で、私にとって最も印象深いのを挙げるなら、つぎの三枚である。

一九三九年一月二八日、スペイン内戦末期のバルセロナ陥落の二日後、キャパは共和派の難民とともにフィゲラスからスペインを脱出するが、その間に撮った「バルセロナ　一九三九年、フランコ軍迫る、市外に出る車を待つ」というキャプション付きの、衣類や家具などが取り込まれているのだろうか、その荷物袋の上にぐったりと座っている少女。

第二次世界大戦の終末期の一九四三年一〇月、連合国軍のイタリア上陸直前の四日間、ドイツ軍から掠奪した兵器で戦い、殺された二〇人の少年パルチザンの葬儀。粗末な子供用の棺のために、少年の汚れた両足が棺からはみ出している。葬儀場の学校では、両手を合わせて祈ったり、我が子の遺影を頭上に掲げながら号泣している黒衣裳の母親や親戚の婦人たち。

一九四四年八月、フランス解放後のシャルトルの町、ドイツ軍将兵との間で子供をもうけたために、「国賊」として頭をそられ、両手にしっかりと赤ん坊と荷物をかかえ、嘲笑と憎悪の罵声を浴びながら路上を追い立てられる若い女性。彼女たちも戦争という非情な暴力の犠牲者ではないか、また彼女を公然と断罪するあなたたちも、果して「石を持て、……」をできるであろうか、と。

これらの三枚の写真は、例えば、一九四四年六月六日（Dデイ）の血で血を洗うようなノルマンディ上陸作戦よりも、私には、生々しい戦争の実態のように思えるのである。

七　第二次世界大戦後のキャパ

一九四五年五月八日、待ちに待ったドイツの無条件降伏、そしてヨーロッパ戦線の終結。キャパも大戦の終戦を祝った。だが、はるか極東では依然として熾烈な戦闘が続いていたとはいえ、キャパにとって、第二次世界大戦とはあくまでもヨーロッパ戦線に過ぎなかった。

「ロバート・キャパ　戦争写真家　ただ今失業中」と茶目っ気たっぷりの名刺を作ったという。

それにしても、第二次世界大戦という地獄のごとき戦場から生還したキャパは、修羅場を体験した人間の宿命か、天才的カメラマンとしての名声、アルコールやギャンブルなどに湯水のごとく使える金、著名人との交流、そして行きずりの女性との束の間の情事など、幾多の信じがたい毀誉褒貶を重ねていた。まさにエピキュウリアンの日々であった。もちろん、このような生活だけではなかった。彼もまだ三一歳であり、身をやつすような大恋愛をしたのだった。

《別離》（一九三九）や《カサブランカ》（一九四二）でハリウッドの名女優の座に収まり、《ガス燈》（一九四四）でアカデミー主演女優賞を獲得したイングリッド・バークマンであった。一九四五年六月六日、キャパはパリのホテル・リッツで偶然バーグマンと出会う。もっともこれはキャパが仕掛けたものだったが。ドナルド・スポトの『ノウトリアス——イングリッド・バークマンの生涯』は、二人の出会いをこう述べている。「初めてキャパに会ったときから、イングリッドはその存在にどっぷり耽溺した。……映画のシナリオのなかでしか見かけたことのない男が、魔法のごとく忽然と目の前に出現したのだ」。たちまち二人は急接近する。

イングリッドのＵＳＯ（アメリカ慰問協会）に巡業先のベルリンで逢ったり、キャパがニューヨークへ渡り、そこからハリウッドに赴いたりした。だが、キャパがイングリッドの仕事場に行ってもせいぜいスティール写真を撮ることしかなく、次第に退屈し朝から飲んだくれることもあった。彼女にはスウェーデン人歯科医の夫と娘一人いたが離婚してもキャパと結婚したがっていたようだった。戦争カメラマンである以上は結婚することはできなかった、というのがキャパの口には出せない本音であった。彼の活動の最大の拠点地であるパリにおいても、ホテル住まいであり、いつでも馳せ参じることのできるためであった。係累や財産は彼には一切不要だった。二人の濃厚な関係は一年半くらいで終止符を打つことになった。

キャパは、このアメリカ滞在中の五月二七日に待望のアメリカ市民権を取得し、正式にロバート・キャパとしてアメリカ国民になった。キャパ三三歳のときであった。

翌一九四七年五月二二日、辛酸を舐めつくしたパリ時代に知り合った友人、アンリー・カルティエ＝ブレッソン、ディヴィッド・シーモア（シモ）、そしてジョージ・ロジャー、ビル・ヴァンディヴァードらと写真家集団「マグナム」を創設する。この世界初の写真家組織は、当時、写真家たちを顎で使い、彼らの作品を依頼した会社の都合で勝手気ままにレイアウトしたり、キャプションを付けてきた、さらにギャラの支払いを遅らせたり、ギャラを割り引いたりした、あるいは作品を損傷してもその責めを写真家たちにおわす『ライフ』誌のような大手の雑誌メディアとは摩擦を起こすが、ともかく「マグナム」側が決して譲歩せずに写真家自らが作品の永久的な所有権、別言すれば、著作権を主張しそれを認めさせたのだった。

それにしても、「マグナム」という名称の由来は？

毎日新聞社の招待で来日したキャパを囲んで行われた座談会「写真は世界の言葉――キャパ氏をかこんで」（『カメラ毎日』一九五四年七月号）において、「マグナム」の由来について質問されて、キャパはこう述べている。「本当はこうなんです。あるときレストランで話をしていたところ、見渡したらたくさんの酒のビンがあった。そのビンの一番大きなのがマグナム・シャンペン、これが一番よいだろうというので付けたわけです」。

ところで、イングリッド・バークマンとの関係が消滅したころ、キャパはヨーロッパ戦線で従軍記者だった作家のジョン・スタインベックと会い、ソ連を取材することになった。『ヘラルド・トリビューン』紙から取材を取り付ける。ニューヨークのソ連領事館はすでに『怒りの葡萄』（一九三九）や『二十日鼠と人間』（一九三七）などの作品で、スタインベックを世界一のプロレタリア作家とみなしていたので、すんなりとヴィザを出したものの、キャパのヴィザに関しては、「なぜカメラマンを同行させるのか、それにカメラマンなら大勢います」と難色を示した。スタインベックは「しかし、キャパはいないでしょう」と反論する。結局、二人のヴィザが降りるが、スタインベックが怪我をしたために、出発が七月にずれ込んだ。しかも丸一ヵ月にわたる取材は惨憺たるものだった。ソ連の人びとはカメラに異常なほど警戒し、しかも西側の人間がカメラを使うのはスパイのためだと信じて疑わなかった。自由に写真撮影はできなかった。それでも、出国するに際してフィルムの提出を命じられ、出国直前に現像済みのフィルムが封印された封筒に収められ返却されるが、ソ連出国後に開封されたいという厳重な条件付であった。手渡された封筒のボリュームの薄さに不安を感じたキャパが、その後開封する。やはり、彼がどうしても発表したいと思っていたフィルムが二枚カットされていた。

ソ連当局の都合のいい写真しか撮れなかった。帰国後、共著で出版した『ソ連紀行』の評価は、果せるかなというべきか、賛否両論であったが、概して高いものではなかった。

ところで、アメリカに帰る途中でキャパはハンガリーのブタペストに一七年ぶりに立ち寄り兄嫁と姪に会う。彼の滞在は短いものだったが、ハンガリーのユダヤ人が被ったホロコーストは途方もないものであった。キャパが知らなかったことだが、ヨーロッパで最も遅くまでナチスの大量殺戮が行われたのが、ハンガリーだった。ちなみに、第二次世界大戦の終盤となる一九四四年五月から七月にかけて、なんと四三万のハンガリーのユダヤ人がアウシュヴィッツに送りこまれたのだった。

第二次世界大戦が終わり、平和が、と安堵する間もなく、大戦末期に生じた新たな東西の冷戦構造が作り出す戦争や紛争の火種が燻ぶっていた。

キャパが実際に取材した戦争は、一九四八年五月一四日の「イスラエルの建国宣言」と、対アラブ戦争（第一次中東戦争）であった。その後の朝鮮戦争（一九五〇）は取材しなかったが、そのために、全く新人の戦争カメラマンがデビューし、彼もいささか焦ったようである。

しかし、のちに「中東戦争」「ベトナム戦争」と呼ばれることになる二つの戦争には、これまでのキャパの政治的立場――例えば、スペイン内戦や対日戦中の中国、そして第二次世界大戦期では、反ファシズム、反ヒトラーの立場、つまり「正義」を前面に押し立てられる立場――をかなぐり捨てたようである。「中東戦争」においては、彼自身がホロコーストの最終的結末を確認していないものの、多くの親類の者や友人たちがユダヤ人であるがために殺されたのであり、ユダヤ人の「ディアスポラ（離散）」の状況を終わらせたいとする彼の気持ちを忖度しても、虐げられたパレスチナ人と武力で敵対する陣営に立つことになる。また「仏領インドシナ戦争」は、帝国主義フランスの植民地政策に抵抗するベトナム人民とは真逆の立場から、キャパは取材していたのだった。これはどう解釈すべきだろうか。

当時、全米に吹き荒れたマッカーシズムの余波と思われるが、パリにいたキャパが、一九五三年二月二日、パリのアメリカ大使館によってパスポートが押収される。理由としては、一九三〇年代に共産主義者だった。さらに、スペイン内戦期に共産党支持を表明し、スタインベックに同行したソ連に関して、さまざまな新聞などに親ソ的な記事を載せた、などといったＦＢＩの告発に基づいていた。これに対して、キャパは直ちに、アメリカ自由人権協会の顧問弁護士であるモリス・アーストンを法定代理人に指名した。弁護士の尽力で、五月にパスポートが返却される。こうした「左翼寄り」という印象を払拭するために、これまでとは真逆の立場に身を置き取材したのではないかと思われる。

一九五四年四月一三日午後九時四〇分過ぎ、キャパは羽田空港に着陸したエールフランス機のタラップを降りたった。毎日新聞社の招待での来日であった。バーバリー・コートを着て首から二台のカメラをさげていた。国民こぞって精を出している戦後の復興状況の取材であった。三週間の滞在予定で、東京、静岡、大阪、兵庫、京都、奈良の各地を撮影する。「失業した戦争カメラマン」の生活を充分エンジョイしていたが、四月三〇日、『ライフ』誌から、仏領インドシナにおける戦闘の取材を打診される。毎日新聞社関係者やパリ時代の日本人の友人たちがこぞって『ライフ』誌の要請に反対する。だが、キャパは引き受ける。毎日新聞社に、日本取材の中断を申し出る。そして。翌五月一日、東京でメーデーを撮影した日の夜、ＳＡＳ機で、日本を飛び立つ。

一九五四年五月二五日午後三時、キャパは地雷に触れてこの世を去る。四〇歳であった。

キャパの戦場の写真には暴力のイメージがなく、美しさと悲しみだけが感じられる。また彼は意外と子供を撮っていた。家庭を持たない彼であったゆえに、密かに愛したのは世界中の子供たちであった。戦闘の真っ只中に、そして束の間の平和の時期に子供たちを撮り続けていたのだった。戦争の最大の犠牲者であり、そこからわが身を護る術も、戦争そのものを告発する手段も全く持ち合わせていない、寄る辺なき子供たち。だが彼は、こうした子供たちに、人間の魂の回復力といった未来に向かう揺るぎない力を明視したのであった。

こうして、人間精神の純粋さがあふれた伝説的な写真を写したキャパは、この上もない不幸な挫折によって、彼らしい存在感を永遠に放つことになったのである。

たしかに、キャパは彼ならではの多くの傑作を残したが、その中で最高の傑作は、なんといっても「キャパ自身」であった。

コミンテルンとスペイン内戦

石川　捷治

はじめに

オリーブの実はなぜ稔らなかったのか。戦間期において最大の統一戦線運動が展開されたのはスペインであった。コミンテルンについては、ソ連崩壊以前に存在した「神話」が崩れ、ソ連との関係やその組織体の「システム」についての実態が明らかにされつつある。ようやく現実政治の呪縛から抜け出しつつあるといえよう。「統一戦線」という用語が一般に使用されるようになったのは、一九二一年一二月のコミンテルン拡大執行委員会総会（プレナム）において「統一戦線戦術」が提起された以降のことである。言うまでもなく「統一戦線」は、コミンテルンの専売特許ではない。一九二〇～三〇年代の危機において現状変革を志す大衆の「希望の星」でもあった。しかしそれは、容易には出現しないものでもあった。ある歴史的条件下においてだけ瞬時に出現する政治闘争の「芸術品」と言えるだろう。私の理解はこうだ。

「統一戦線運動（United Front Movement, Einheitsfrontbewegung）とは、自由・平等・平和、そして広くいえば、人間らしく生きるための価値追求の運動形態の一つである。歴史的には、主体として、労働者階級あるいは労働者階級を中心とする被抑圧諸階級・諸階層（人民諸階層）を政治的・社会的に代表する諸組織と個人が、世界観や政治上の基本原理、綱領などの相違を前提としながら、当面する緊急にしてもっとも重要な課題を解決するために、共通の目標をかかげ共通の敵に対して共同の戦線を構築して闘おうとする目的意識的な運動である。また、その組織的形態としては、いわゆる『前衛政党』（『革命党』）を中心として、いわばピラミッド型に結集するかなりハードな形態から、政治的多様性とそれぞれの組織や個人の個性とフィーリングのちがいを前提とした中心の多元性をふくむ緩やかな運動的結合や一致、いわば『多様性の統一』とでもよべるような形態まで、さまざまなものがある。(1)」

スペインでは、その統一戦線が成立した。スペインの統一戦線は、内戦期において世界的に注目された。内戦（スペイン市民戦争）は、一九三〇年代後半の国際政治の焦点の一つであった。ヨーロッパにおけるファシズム勢力の進撃をくい止められるのか、それとも第二次世界大戦への道をたどるのか、という岐路に位置していた。(2)国際政治におけるヨーロッパ各国の政治的リーダーたちの思惑にもとづく複雑で冷厳な外交的駆け引きとは別に、世界の労働者・市民がスペインに注目し、直接・間接を問わずスペインの反ファシズム闘争に参加・支援した。したがってスペインの統一戦線（人民戦線）は、スペインの国内的要因と、ヨーロッパにおけるドイツとイタリアを中心とするファシズム勢力の拡大とそれを阻止しようとする反ファシズム勢力との激突という国際的要因との、独特の混合物であり、多面性を持っていた。

その過程において、他のところでは見られない特徴があった。それは社会主義、共産主義、アナーキズム、トロツキズムなどの党派が出揃い、その特徴を最大限に発揮したことがそれである。そのために「思い入れ過剰」ともいえるような状況が一定期間続いた。しかし内戦（市民戦争）勃発五〇周年（一九八六）を経過するあたりから、変化がみられるようになってきた。ある研究者の言葉を借りれば

「この内戦には、現代の戦争、社会変革と革命、政治・社会諸勢力との関係、社会主義国家を含めた国家間の関係やそれらと国内の諸勢力との関係、国家の枠を超えた『民』の共感、既存国家のなかの諸民族の自立と共同など現代史研究者をワクワクさせる問題がいっぱい詰まっていた。ここ数年はワクワクではなく内戦を悲劇とみるようになった。(3)」

戦間期統一戦線運動としての側面から内戦（スペイン市民戦争）期を見た場合には、スペイン人民戦線の①成立・展開の内実②民衆の統一戦線運動（人民戦線）とコミンテルン・ソ連の関係が重要である。コミンテルン・ソ連のス

ペインへの介入の「システム」については、今日では島田顕氏の貴重な研究がある。(4)

本論は、スペインの統一戦線運動において大きな影響を及ぼした「コミンテルン型統一戦線」論の特徴を明らかにして、それが大衆運動としての統一戦線のダイナミズムにどのような影響をあたえたのか、という問題点を明らかにしたい。

一　コミンテルン型統一戦線における革命（攻勢）と防衛

「ソヴィエト型革命」と統一戦線

コミンテルンは世界の革命を目指す組織であった。そしてコミンテルンが目指す革命はロシア革命に範をとる「ソヴィエト型革命」である。統一戦線の考えもその戦略に規定されていた。

一九二〇年以降「ヨーロッパ革命」は退潮したが、戦後恐慌のなかで、革命党派は近い将来に「革命的危機」の到来を予想した。近くきたるべき危機の到来にそなえる革命党派にとっての緊急の課題は、労働者の多数を獲得することであった。しかし一九世紀以来の歴史的伝統によって社会民主主義派が労働者には大きな影響力をもっていた。誕生したばかりの小さな共産党にとって労働者の多数をひきつけるには、社会民主主義指導下の改良主義的諸組織（政党・労働組合）への接近が不可欠であった。ここに、労働者大衆に影響力をもつ社会民主主義的組織などとの統一戦線が要求され、それは、国際共産主義運動における一般的戦術として提唱されたのである。その前後、一九二〇年の反カップ統一戦線の勝利をはじめ、二三年の反クーノ統一戦線の成立、革命の「流産」に到るまで、ドイツを中心にさまざまな運動の経験が存在した。

一九二二年四月、国際労働者戦線統一のための三つのインタナショナルのベルリン会議がもたれた。会議は決裂に終るのであるが、この会議は国際的労働者統一戦線の最初のこころみというばかりではなく、会議に出席したコミンテルン代表団に対する指示や批判を通じて、コミンテルンを主導したレーニンの統一戦線論がかなり明確に示されているという点でも注目されるものであった。

「共産主義者は、自分の狭い殻にとじこもることなく、ブルジョアジーの代表者が労働者に働きかけている閉ざされた会場にはいりこむよう行動することを、学ばなければならない。[5]」

そのとき、革命のプロセスと統一戦線の関係はどう考えられていたのか。

「統一戦線戦術の目的と趣旨は、資本に反対する闘争を共同で遂行しようという提案を、第二インタナショナルや第二半インタナショナル指導部にたいしてさえ、くりかえしおこなうことをためらわず、そういう闘争にますます広範な労働者大衆を引き入れることにある。大多数の労働者が『全国的』な代議機関、すなわちブルジョアジーとの共同の代議機関ではなく、すでに自分たちの代議機関、すなわちソヴィエト代議機関をうちたて、すでにブルジョアジーの政治的支配を打倒したときには、もちろん、メンシェヴィキやエス・エル（『社会革命党』）のような党に呼びかけることを、統一戦線戦術が要求するようなことは、ありえなくなる。なぜなら、これらの党はソヴィエト権力の敵となったからである。ソヴィエト権力のもとでは、メンシェヴィキやエス・エルに呼びかけることによってでなく、前述の方法によって、労働者大衆への影響力を拡大していかなければならない。[6]」（傍点原文）

このように、コミンテルンにおいては、統一戦線はあくまで革命のための「戦術」として提起され、「戦略」としての統一戦線、あるいは「防衛」のための統一戦線という発想はほとんどなかった。ただし、現実の統一戦線がコミンテルンの想定のように展開するかどうかは、歴史的条件いかんにかかっていた。

二　反ファシズム統一戦線（人民戦線）への国際的胎動

1　ドイツにおけるファシズムの勝利と労働者運動の自壊現象

ドイツはヨーロッパでも自他共に認める労働者運動の活発・強力なところであった。ドイツ共産党（ＫＰＤ）は、「革命」への幻想に捉われて反ファシズムの課題（防衛のための統一戦線）を提起できなかった。ヒトラーの勝利は一時的なもので、資本主義体制の崩壊はすぐそこまで迫っている。このような情勢認識（「第三期」論）においては、

「革命」の阻害要因となるに違いないとされた社会民主党（SPD）（当時、「社会ファシズム」に転化していると理解されていた）への批判を集中させていた。ドイツでは、大衆レベルにおける反ファシズムの気運はかなりの程度存在していたが、(7)ヒトラーの権力掌握を阻止する大きな統一の力とはならなかった。

ドイツにおけるヒトラーの政治的勝利（他の政治的競争者の制圧など）は、同政権の早期没落への希望的観測を打ちくだいた。ナチズム体制を内部から崩すことを期待されたドイツ共産党、ドイツ社会民主党や労働者諸組織は、「上から」の国家権力を使った「強制的同質化（Gleichschaltung）」と広範な大衆の政治化を背景とした「下から」のナチ大衆運動を中核とする「ファッショ化のダイナミズム」の展開のまえに、壊滅させられたのである。

コミンテルンの明らかな失敗である。

2　一九三四年

一九三四年は反ファシズム勢力の闘争にとって一つの転期であった。

オーストリアでは、三四年二月ウィーンとリンツを中心とした社会民主党系の自衛組織「防衛団（Schutzbund）」による武装蜂起が起った。社会民主党系労働者の武装蜂起はコミンテルンにとっても大きな衝撃であった。

同じく三四年一〇月、スペインでは、ファシスト的なCEDA（スペイン独立右翼連合）の入閣に反対して一連の闘争、いわゆる「一〇月闘争」が起った。「ベルリンよりはウィーンがましだ！」（闘わず敗北したドイツでなく、オーストリアのように闘うという意味）というスローガンをかかげ、全国的規模のゼネスト（参加者は少数）、カタルーニアにおける地方反乱、西北部の鉱山地帯アストゥリアスにおける革命的コミューンなどの闘争が展開された。とくにアストゥリアスの場合には、労働者たちは社会党指導部を乗り越えて闘争に突入した。指導部不在のなかで、労働者の自発性が発揮された。社会主義者、共産主義者、アナーキストらが、「地方委員会」などを組織し、武装闘争のなかでコミューン権力の樹立にまで進んだ。コミューンは、それぞれの党派の影響力によって多様性をもっていた。それは、「社会的紐帯」を中心として結集したもので、統一戦線そのものではないが、これまで社会主義者とアナーキスト、共産主義者との対立が激しかったことを考えると一緒に肩を組んで闘った経験はのちのスペイン人民戦

線の結成に大きな影響をあたえることになった。(8)

3　転換へ

ヒトラーの勝利とナチの支配は、世界の労働運動・革命運動に衝撃を与えた。それは、「プロレタリア民主主義」を希求する政治党派にたいしても、「ブルジョア民主主義」(政治的民主主義)の意義と価値をつよく認識させることになった。被支配諸階層とその党派にとって、反ファシズム闘争による自由の擁護が緊急な課題として明確になった。各国において労働者大衆の反ファシズムの統一行動が半ば自然成長的に開始された。情勢の急速な展開と大衆の反ファッショ気運の高揚は、コミンテルンについても、社会民主主義諸党派についても、反ファシズムの一点で協力する課題の緊急性を提起した。

フランスにおいては、一九三四年二月六日の右翼リーグの暴動を契機として、統一へのダイナミズムが発生した。右翼の暴動に対して、これまで対立抗争を続けてきたSFIO(社会党)、PCF(共産党)、CGT(労働総同盟、社会党系、当時の組合員約六〇万人)、CGTU(統一労働総同盟、共産党系、当時の組合員約二〇万人)の下部大衆レベルの動きが、社・共両党指導部の意向をのりこえて統一行動を生みだした。労働者大衆の統一への願いと行動にフランス社会党はより柔軟に対応した。だが、フランス共産党指導部は、危機を「ソヴェト型」革命へと転化させることを基本方針としており、「社会ファシズム論」や「社民主要打撃論」の呪縛からまだ解放されていなかった。社・共両党間や労働組合間で分裂・対立が深刻なところでは、知識人が統一に果たす役割は大きい。「反ファシズム知識人監視委員会」などが大きな影響力をもった。フランス共産党は、旧来の方針に固執し統一の流れに背を向けつづけるならば、大衆の支持を失ってしまうという現実に直面した。三四年七月のパリ祭の日、共産党の方針転換により自らの提案によって社・共両党代表が会談し、七月二七日、社・共両党の統一行動協定が調印された。もちろん、この背景には、フランス共産党に対するコミンテルンの「指導」があった。しかし統一を実現させたのは現場の力であった。こうして一九二〇年の分裂以来、伝統的な対立関係にあった両党が、ファシズムと戦争に反対する共同の戦線を組むことになった。フランスの反ファッショ統一戦線運動が、一九二〇年代初頭から設定されてきた課題と形態の実現を基軸としながらも、それをのり越えて他の勤労者階層とその政治的党派とも戦線を結集して、統一戦線の運動形態を新たな段階、「人民戦線運動」へと発展させたのである。

一九三五年七月～八月のコミンテルン第七回大会は、反ファシズムの動向と気運を反映して反ファシズム統一戦線（人民戦線）戦術を方針化した。この大会は、コミンテルン史上における転換の大会であったが、それは「ソヴェト型」革命からの戦略転換ではなく、「ソヴェト型」革命を前提とした戦術転換であった。しかし、ファシズムへの防衛に重点をおいた転換には、統一戦線論の前提となる民主主義および社会民主主義に対する評価にも一定の変化をもたらした。だが、最大の問題点は、この反ファシズム統一戦線（人民戦線）への転換がスターリンの「大テロル」と同時並行で進んだことである。

三　スペインにおける人民戦線の成立と展開

スペインにおける人民戦線への胎動

スペインでは一九三一年四月、王制が崩壊し第二共和制へ移行したが、共和国の解決すべき課題として、教育改革、土地改革、軍隊改革、地方分権主義の確立、宗教改革などがあった。しかし折から世界恐慌の進行中であり、改革は進まず、さらに共和国への反発が右翼勢力を結集させた。一九三三年一一月の総選挙では右翼が勝利し、ＣＥＤＡが入閣した。「暗い二年間」の後、この動きに対抗して、一九三六年一月二六日「人民ブロック（戦線）協定」が成立した。参加したのは、左翼共和党、共和主義同盟、社会党、労働者総同盟、全国社会主義青年同盟、共産党、サンジカリスト党、ＰＯＵＭ（マルクス主義統一労働者党）である。

この人民戦線の了解事項は、共和国最初の二年間の政策への復帰、一〇月闘争に参加した全政治犯の特赦であり、共和主義者の論調が全体を支配していた。

一九三六年二月、スペイン人民戦線派が選挙で勝利をえた．二月一九日には、左翼共和党のアサーニャを首班とする人民戦線内閣が成立した。この人民戦線は、後に影響力を拡大するようになるコミンテルンとスペイン共産党のイニシアティヴによるものではなく、共和主義政党や社会党およびそれを支持する大衆レベルでの運動の成果であった。

スペインにおいては、一九三六年七月一七日、フランコ将軍やモラ将軍らの軍事クーデターが発生した。叛乱軍（陸軍の半分、空軍と海軍の多くは政府支持）が、合法的に成立した共和国（第二共和制）の人民戦線政府に対して叛旗を翻したのである。この叛乱にたいするプロレタリアートの反撃として、カタルーニャやレバンテをはじめとして各地で「自然発生的革命」が広がった。

その後内戦の進展とともに、一九三六年九月、共和派、共産党、アナーキストを含む社会党「左派」のラルゴ・ガバリェロ内閣が成立し、名実ともに「人民戦線政府」となった。しかしラルゴ・ガバリェロは、バルセロナの五月事件後に閣内対立のために辞職せざるをえなくなった。その後、社会党「右派」のネグリンを中心とした政府ができ、社会党「左派」とアナーキストは政権から排除された。同政府はなによりも内戦に勝利することを目指し、共和左派にも受け入れ可能な政策を主張した。

スペインにおいて「反ファシズム」という共通点で共和国側に結集した諸勢力はその多様性で際立っていた。スペイン人民戦線は、外から見た場合に眩い光を放つ存在であったが、内部には相互の敵対・対立関係を内包しており、容易に懐疑と憎悪が爆発しかねない構造になっていた。

スペインではフランコ叛乱軍との全面的武装闘争が展開されていたが、そのなかで、叛乱軍との「戦争」における勝利を最優先するのか、それとも当時かなりの地域で進められていた「集産化革命」を優先課題とするのかという問題が深刻な対立として現れてきた。

政治的党派でいえば、「戦争」を優先課題としたのはスペイン社会党「右派」、スペイン共産党、共和主義諸政党などであり、「革命」を優先課題としたのはＰＯＵＭ、ＣＮＴ（全国労働連合）をはじめとするアナーキスト系、スペイン社会党「左派」などであった。政党や政治的党派であれば、それぞれ主義主張が違うのは当たり前で、闘争時には自らの勢力拡張を課題達成と同時に追及するのは当然といえよう。

しかし、スペイン内戦（市民戦争）においては、統一戦線を維持できなければ叛乱軍との戦争での勝利は不可能であった。ＰＯＵＭやアナーキスト諸党派の一部分は、「統一」の継続や戦争の一元的指導にはほとんど関心を払わなかった。もちろん、このような傾向に対して同派内部でも批判と論争が存在した。本来、このような内部の問題をも解決出来るのが、統一戦線の論理と倫理であるはずであった。すなわち「反ファシズムという一致した課題の前に、諸党派が権利として対等であり、機能において相互補完的であり、活動において競争的であることが（人民戦線と呼ぶか否かを問わず）、『統一』というもの原則である」(9)からである。だが現実には、そのような政治文化は十分に育っていなかったのである。

スペイン共産党は、一九三六年当時少数派であったが、急速に勢力を拡大した。

同党政治局員ヘスス・エルナンデスは共産党の党派闘争について述べている。

「他の組織にこの堅固な一枚岩に対抗できる何者かがあっただろうか？　弱体化し分裂した社会党は、三つの方向にばらばらに活動していた。……彼らは三者でいがみ合っていたが、……われわれは彼らの自滅的な対立感情を最大限利用させてもらった。……あらゆる機会をとらえて、相互にやっつけあうように一方を他方にけしかける。細工は流々、失敗などなかった。だからフランシスコ・ラルゴ・カバリェロを打倒するときは主にネグリン側に、そして一定程度プリエト側についたのだった。……アナルコサンディカリストも、全体的にみれば同じようなものだった。……彼らの下部は社会党の下部と比べれば、より結束していたが、しかしそこにも首尾よく亀裂を生じさせた。われわれはアナキスト組織の大部分を政府協力に引きずりこみ、ＣＮＴの内部分裂（それは徐々に生じたものなのだが）をますます助長させていった。そしてその後、ＣＮＴは内部闘争が進行することになったのである。……また共和派諸党のほうも……一致結束した戦線など張っていなかった。彼らは、戦闘開始の数日間に民衆が〔国軍〕反乱に対し示した激越さや無秩序に脅え、秩序と規律というわれわれの政策に相当程度引きつけられ、支持するようになっていた(10)。」

これは通常の「党派闘争」の枠内（？）であろうが、さらに、スターリンはソ連国内で採用していた大量弾圧方式をスペインに持ち込み、いわゆる「人民内部の矛盾」であるはずのものを　敵対的関係へと転化させ、統一戦線への結集を維持することを不可能にした。このように当時の状況において、スペイン共和国側の戦線の維持はきわめて困難になっていったのである。

「防衛」か「革命」かという問題は、「革命」がアナーキストのそれである点を除けば、じつはコミンテルンが第七回大会以前にとなえていた「ソヴェト革命論」に類似した構図であったといえるのである。スペインの場合、土着の急進的民主主義の伝統に根ざした「社会革命」のエネルギーを反ファシズム統一戦線において「統一」の方向に充分結集できなかったのはなぜなのか？　と真剣に問う必要がある。統一戦線論に関して、「防衛」のなかで、喫緊の「社会革命」の課題をどのように位置づけるかは、広範な大衆のエネルギーを結集するうえで大きな問題である。

四　世界のなかのスペイン人民戦線

スペインに賭けたミュンツェンベルクの夢と挫折

国際義勇兵としてスペインに駆けつけた世界の労働者や市民たちは、スペイン人民戦線に大いなる期待と夢をかけていた。[11]

ウィリー・ミュンツェンベルクもスペイン人民戦線に夢をかけた人物の一人であった。[12]彼は「国際労働者救援会」（ＩＡＨ）を設立し、俗に「ミュンツェンベルク・コンツェルン」と呼ばれた、一連の左翼系出版関連企業を創設・運営したことで知られている。「赤いゲッベルス」と綽名されたゆえんであった。さらに彼は、「アムステルダム・プレイエル運動」（ＭＡＰ）で活躍し「褐書」（Braunbuch）を編集し、ナチズムの犯罪性を告発した。そして、ドイツ国会放火事件に関する対抗裁判を組織し、ディミトロフの無罪を勝ち取った。ミュンツェンベルクの活動は、反ファシズムの闘いとして効果的かつ成功裏におこなわれ、「左翼」の枠を越えてさまざまな階層の人々をひきつけた。彼がなぜ成功したのかについては、共産主義の中核に民主主義的な価値とヒューマニズムを置いて、国際連帯を説いたことにあった。それと同時に、デザインなどの文化分野での技術的斬新さなども要因に挙げられよう。

ミュンツェンベルクは、スペインとスペイン人民戦線にファシズムと迫り来る世界戦争を阻止できる可能性を見ていた。彼は、スペイン人民戦線への支援活動を通じて、ドイツにおける人民戦線結成を目指す運動を展開した。彼は、その運動の目標を、すなわちヒトラー打倒後の国家形態（体制）を、社会主義のそれでも、ヴァイマル共和制でもなく、「『マドリードの闘う顔』をもつ民主共和国」に設定した。

「新共和国は、ヴァイマルの顔ではなく、マドリードの闘う顔を持つだろう。スペインの経験が教えているのは、民主共和国も諸勢力を成熟させることができるし、ファシズムを根絶し、決定的な経済の変更を開始するほど十分に強力で、熱狂で迎えられるものである……ドイツ人民戦線は民主人民共和国という具体的目的のために闘わなければならない。さもなければ、歴史の発展にとり残されるだろう(13)」

星乃治彦氏は次のように指摘する。

「こうした『マドリードの闘う顔』をもつ民主共和国に到達したヴィリー（ミュンツェンベルク――石川註）の人民戦線認識は、ナチスとの闘争にあたって西欧民主主義を高く評価し、それへと接近していく過程を示すものであった。これは後の、資本主義でもソ連型社会主義でもない新しい『第三の道』を模索した人民民主主義やユーロコミュニズムに代表されるような民主的社会主義像に繋がっていくものであった(14)」

パリで活躍していた「ドイツ人民戦線準備委員会」は、共産主義者、社会民主主義者、左翼知識人、自由主義者、の混合一体となった組織であった。それはさまざまな思想的傾向を持つ人や組織の集まりであったがゆえに、当面の目標設定や運営などをめぐる対立は避けられなかった。そのなかで、ミュンツェンベルクのかかげる「『マドリードの闘う顔』をもつ民主共和国」は、多くの支持を獲得していった。

他方、スペインの人民戦線に希望を見出していたミュンツェンベルクはその後どうなったであろうか。彼はナチズムと闘う前に、「スターリン、ウルブリヒトに代表される旧来の革命路線に固執し人民戦線を単に戦術レベルでしか捉えられない潮流」に抗して、「民主的社会主義」を擁護しなければならなかったのであった。そして、一九三六年一二月二一日付のこれまでの活動を総括して出された「ドイツ人民戦線のためのアピール」発表のあと、ドイツ共産党主流派の圧力によって、彼はドイツ人民戦線結成準備の活動から手を引かざるをえなくなった。

彼が活動を退いたのち、ウルブリヒトがドイツ共産党代表になると、準備委員会の活動は休止状態におちいった。モスクワからの度重なる召喚を拒み続けたミュンツェンベルクには党からの除名という処分が下された。その時点では、彼はまだ、ソ連社会主義共和国連邦という唯一の社会主義国への期待を完全には捨てていなかったようだ。しかし、一九三九年八月、スターリンが独ソ不可侵条約を締結すると、彼はスターリンを労働者階級の「裏切り者」と呼び自ら（?）死を選んだ（彼は、一九四〇年一〇月、南東フランスのコーニェの森で死後数ヶ月を経た腐乱死体で発見された。死因については公式には不明である）。

五　戦間期統一戦線運動としてのスペインの経験

スペインにおいては、「反ファシズム」という共通点で共和国側に多様な勢力と人々が結集した。「スペイン人民戦線」成立の歴史的画期性は強調されてしかるべきである。多様な勢力を結集すること自体がいかに難しいかはその後の歴史が証明している。「統一」を可能にした条件は、大衆の危機感である。この戦線には、原理的にいえばこれまで統一戦線に必ずしも賛成でなかったはずのアナーキストまでが結集していた。人民戦線政府にも参加した。そのため、スペイン人民戦線は他に例を見ない強さを持つことになった。しかし、一般的にいえば統一戦線は、多様な勢力を同一の戦線に結集できたとしても、内部に多くの対立を抱えているのが普通であり、ファシズム化を阻止し、その戦線を維持・強化しさらに先へと前進させることは極めて困難である。

フランスでは、一九三六年一月「人民戦線綱領」が発表され、同年五月の選挙で人民戦線は勝利を収めた。しかし、フランス人民戦線は、ファッショ化阻止には成功したものの、新しいフランスを建設する方向へとは進みえなかった。スペイン人民戦線は、フランコおよび武装反乱軍勢力との対決のなかで、「人民権力」に転化し、ソヴェト権力と異なる「過渡的政権」を樹立した。この点について、サンチャゴ・カリリョは次のように述べる。

「他の諸国では――第二次世界戦争に先立つ数年間の――『人民戦線』は、選挙と議会での提携以上には進まなかった。

しかし、スペインでは、『人民戦線』は人民革命に、──軍隊と人民的行政機構をもつ──新しい国家に、耕していた農民に土地をあたえる農地改革に、銀行と大産業の──人民および労働者の管理のもとでの──国有化となって具体化したのである。『人民戦線』は、ファシズムに反対する武装闘争のための社会的、政治的基礎をすえたのである。実際のところ、共和制スペインは、反封建的、反寡頭制的民主主義であって、まだ社会主義ではなかったが、もう資本主義でもなかった過渡期の政権であった。」[15]

このような評価が正確であるのかについては疑問も残るが、スペインで人民戦線がこのような発展を見せたことは、スペイン内外の平和と反ファシズムを希求する人々、なかでもコミュニストにとって、大いなる希望となった。戦間期とくに一九三〇年代の反ファシズム期にあっては、統一戦線運動としては最高の「高み」に到達した。統一戦線政府の成立から現実の変革の道へと踏み出したのである。その意味では、運動に希望とロマンを与えた。しかし運動の実態において、スターリン体制のテロルがスペインにも影響を及ぼしたという点では、「地獄」を意味したとも云い得る。「ソヴィエト革命論」に拘る限り、指導者がスターリンでなくても、スターリン的手法が取られる必然性はあった。

おわりに

統一戦線はコミンテルン初期の「革命」を目的とするものから、一九三〇年代中期には戦争とファシズムからの「防衛」へと転換した。しかし、その転換も「ソヴィエト型革命」の戦略に規定された「コミンテルン型統一戦線」の枠内のものに止まり、戦略転換はなされなかった。そして反ファシズムからもう一度「革命」への道が模索される段階、すなわち「ファシズム体制」打倒後の展望が語られる段階が到来すると問題はさらに難しくなった。「ソヴィエト型革命」と民主主義の問題というアポリアがそこには存在した。指導者スターリンの問題性を指摘するだけではなんの解決にもならない。本当は彼を指導者として立てなければならなかった一九三〇年代コミュニズム運動の劣化全体にこそ根源があったのではと考えるからである。

他方、国際政治においては、イギリスを中心とする帝国主義のナチス・ドイツにたいする宥和政策、ソ連における大粛清（テロル）、一九三九年の独ソ不可侵条約の締結は、反ファシズム統一戦線（人民戦線）運動の持続的発展の阻害要因となり、国際反ファシズム統一戦線は形成されないままに、世界は第二次世界大戦に突入した。

注

（1）拙稿「戦間期ヨーロッパ統一戦線運動再考」『法学論集』（鹿児島大学）第四五巻第二号、二〇一一年三月、二一～二二頁。なお、拙稿「統一戦線史論覚書――戦間期「危機の時代」と今日」『法政研究』（九州大学）第七六巻第四号、二〇一〇年三月、及び拙稿「コミンテルン史再考」（石川・星乃・木村・平井・松井『時代のなかの社会主義』法律文化社、一九九二年所収）も参照されたい。

（2）なぜ「内戦」をスペインの場合、「市民戦争」と呼ぶのかについては、石川捷治・中村尚樹『スペイン市民戦争とアジア――遥かなる自由と理想のために』九州大学出版会、二〇〇六年、一二頁。

（3）深澤安博「スペイン史　権力政治の克服過程こそ現代史」『ＡＥＲＡ　Ｍｏｏｋ10　歴史学がわかる』朝日新聞社、一九九五年、四三頁。

（4）島田顕『ソ連・コミンテルンとスペイン内戦』れんが書房新社、二〇一一年。

（5）『レーニン全集』第三三巻、三四四頁。

（6）同全集第四二巻、五七一～五七二頁。

（7）例えば、星乃治彦『ナチス前夜における「抵抗」の歴史』ミネルヴァ書房、二〇〇七年などを参照されたい。

（8）例えば、若松隆『内戦への道――スペイン第二共和国政治史研究』未来社、一九八六年などを参照されたい。

（9）斉藤孝『スペイン戦争――ファシズムと人民戦線』中央公論社、一九六六年、一八八頁。なお同「統一戦線の論理と倫理」『現代の国際政治――民族と平和』現代史出版会、一九七三年、一八七頁、同「スペイン・神話はわったか」『現代の眼』一九六七年三月号、現代評論社、三三頁、も参照されたい。

（10）バーネット・ボロテン『スペイン革命――全歴史』（渡利三郎訳）、晶文社、一九九一年、四九八頁。

（11）国際旅団義勇兵の派遣、廃止などの政策決定過程については、島田前掲書、一五六～八頁、二六三～五頁を参照。なお、アジアからの参加者については、石川・中村前掲書を参照されたい。
（12）以下の叙述は、星乃治彦『赤いゲッベルス――ミュンツェンベルグとその時代』岩波書店、二〇〇九年、同「反ファシズム人民戦線という『希望』」（熊野直樹・星乃治彦『社会主義の世紀』法律文化社、二〇〇四年）七五～一〇〇頁、に全面的に依拠している。
（13）星乃前掲書、一八一頁より再引用。
（14）同書、一八二頁。
（15）サンチャゴ・カリリョ「スペイン人民戦線の今日的教訓」『スペイン人民戦線史』（人民戦線史翻訳刊行委員会訳）、新日本出版社、一九七〇年、二二六～二二七頁。

中国、インドとスペイン市民戦争

中村　尚樹

一　ターニングポイントとしての一九三六年

一九三六年。スペインでは二月に総選挙で人民戦線が圧勝し、五カ月後に市民戦争が勃発した。スペイン市民戦争は、単にスペイン一国の内戦ではなく、共和国、反乱軍の双方が海外からの支援を受けた国際的な内戦であった。しかも反乱軍のほうが正規軍として戦闘能力が高く、政府軍側が世界各国から市民の協力を受けるという、逆転した形での闘いであった。スペインにとって、時代の画期となったこの年、ユーラシア大陸の反対側でも時代が大きく変わろうとしていた。

日本はロンドン海軍軍縮会議を一月に脱退し、軍縮時代が終わった。二月には青年将校による軍事クーデター、いわゆる二・二六事件がおきた。八月にはベルリン・オリンピックが開催され、「前畑ガンバレ」の実況はそのまま、日本の国威発揚ともなった。一一月には日独防共協定が結ばれる。軍縮から軍拡へ転換するという、日本にとっても時代の画期にあたる年であった。

そして中国では一二月に西安事件が起きている。南京の国民政府に従っていた張学良が、政府の主席である蔣介石を監禁したクーデターである。蔣介石のそれまでの戦略は国内を統一したのち、諸外国と不平等条約の交渉を行うというもので、共産党の毛沢東を延安に追い詰めていた。しかし張学良や蔣介石夫人の宋美齢、さらに周恩来らが説得にあたった結果、蔣は自らの戦略を撤回し、国共内戦を停止した。

中国では抗日統一戦線ができ、それによって日本が中国と全面対決することになる。その統一戦線を結成したきっかけが西安事件なのである。

このように、スペイン市民戦争が勃発した一九三六年は、中国、そして日本にとってもターニングポイントとなった年であることがわかる。それは偶然ではない。世界の覇権をめぐる帝国主義諸国の思惑が交錯するなかで、周辺国に新たな動きが出てきたものだ。

それだけではない。スペイン情勢は中国やインド、そして日本にも大きな影響を及ぼすことになる。本稿では、あまり語られることのないスペイン市民戦争とアジアとのかかわりについて論じてみたい。

なお内戦の呼称であるが、国家の枠を超えて世界の市民が積極的に参加したという意味も込めて、本稿では「スペイン内戦」ではなく、「スペイン市民戦争」と呼ぶこととする。

二「スペインに学べ」

日本軍の中国進出は一九三一年の柳条湖事件、一九三二年の満州国建国と続き、一九三三年の塘沽《トウコ》停戦協定で一定の勢力を確保するに至る。これに対して国民政府は妥協を重ね、中国国民の抗日運動を弾圧した。これに抗議しようと、北京の学生が中心になって始めた大衆運動が一九三五年一二月九日の一二・九運動である。

学生たちは抗日運動を訴え、それが西安事件につながってゆく。そのころ、中国で毛沢東ら共産党指導者を取材したアメリカ人ジャーナリストのニム・ウェールズは、運動のスローガンのひとつが、「スペインに学べ」というものであったと記録している。

中国共産党の指導部は、ソビエト政府、それにアメリカなどの報道からスペイン市民戦争の情報を得ていた。

毛沢東は「スペイン人民および武装同志への一九三七年五月一五日付の書簡」で、「私は、中国人と日本人が国際旅団に参加していることを知って、喜んでいる。中国紅軍の多くの同志がスペインに行って、あなたたちの戦争に参加したいと、スペインの状況を毎日話しています。もし目の前に日本人の敵がいなければ、私たちはあなたたちの戦いに参加する」と書いている。

朱徳はその二日前に「スペイン人民への手紙」を発表し、「あなた方と我々の勝利がファシズムを滅ぼすことになる」と連帯のエールを送っている。

中国の一般大衆も、スペイン市民戦争について一定の知識を得ていた。戦争に勝利するためには、内戦をしている場合ではないという認識があった。そうしたなかで、「中国を第二のスペインにするな」という声が強まり、国民政府側もこれに押される形で、反日勢力を一本化するための国共合作につながったのだ。

ということは、スペイン市民戦争が、アジア太平洋戦争の趨勢にも大きな影響を及ぼしていたということができるだろう。

三　ネルーとスペイン市民戦争

そのころインドでは、イギリスに対する独立運動が激化し、一九三〇年には製塩禁止法に反対する「塩の行進」が行われた。行進の先頭に立ったガンディーは逮捕された。

ガンディーと同様、イギリスで弁護士資格を得たのち、国民会議派の指導者となり、インド独立に際して初代首相に就いたジャワハルラール・ネルーは、スペイン市民戦争に強い関心を抱いていた。

一九三七年三月にはイギリスの民間団体「スペイン・インド委員会」がロンドンで、「スペインのためのインドの夕べ」を開催した。この席で、のちに父と同様に首相に就くことになるネルーの娘のインディラが、父親の名代として挨拶に立ち、スペイン共和国への支援を呼び掛けている。

ネルーの呼びかけに応えて、イギリスでインドの独立運動を展開していたインド人が一九三七年に、「スペインのためのインド食糧委員会」を設立し、食糧支援を始めた。同じ年の秋には「スペイン・インド援助委員会」がスペイン共和国に救急車を寄贈した。

一九三八年六月の市民戦争勃発二周年の記念日に、ロンドンのトラファルガー広場で開かれたスペイン共和国支援集会にはネルー本人が参加し、約五千人の聴衆を前に支援を訴えた。

同年にはネルー自身が、娘のインディラらとともに、内戦中のスペインを訪れた。その様子をネルーは、『バルセロナ讃歌』と題したエッセーに綴っている。

それによると、バルセロナからスペインに入ったネルーは、内戦中の惨状をつぶさに目撃した。人びとは食べるものがなく、衣類も不足していたし、そこかしこに銃撃戦のあとが見られた。ネルーは空襲も経験した。それでも劇場やコンサートホールは開いていて、通りには人びとの笑い声が溢れていた。ネルーはそうしたスペイン人の魂に、希望を見出したのである。ネルーはカタルーニャ自治政府のリュイス・クンパニュス大統領に会い、連帯の意思を直接伝えている。

ネルーは共和国軍の訓練を視察し、「十分な食糧や弾薬があれば、重戦車や飛行機のドイツとイタリア優位にもかかわらず、共和国軍がフランコ軍に勝利することは間違いない」と評価する。

さらにネルーは第一五国際旅団のイギリス大隊とリンカン大隊を訪れた。ネルーは「男性と女性、年齢を問わず、家族と仕事を祖国に残して、自らの自由意志として参加した彼らは、危険を伴う辛い人生を選んだ。絶えず仲間の死にさらされながら、彼らは共和国を何度も救ってきた」と、彼らの勇気を讃えている。

スペインで強い印象を受けたネルーは、「そこには価値あるものを成し遂げるための強い勇気の光がある」と書き残している。

四　インド人義勇兵と市民戦争

インドから国際旅団にどのくらいの人たちが参加したかははっきりしないが、数人の医師の名前が記録に残されている。

メンハンラル・アタル博士は五一歳でスペインに入国し、国際旅団の病院で医師として働いた。その後、中国にわたって抗日闘争にも参加したという。

カーン博士は一九三六年にイギリスで志願し、イギリス医療部隊と共にスペインに赴いた。

ポルトガルで放射線科医の医師となったマヌエル・ピント博士は、やはり国際旅団の病院で医師として働いたという。

ネルーが彼らと会ったという記述はないが、もし彼らを知っていれば、インドの誇りと称えていたことだろう。

ネルーは「食糧と軍需品は、大部分が英国とフランスが提唱するスペイン不干渉政策に大きく左右されており、両国政府は、共和国を苦しめ、フランコを間接的に支援する政策に従って、非介入の名目で一貫していた」と述べ、スペイン共和国が敗北することになるとすれば、それはイギリスとフランスの裏切りによるものだと断じる。母国インドに対しては直接的な介入、スペインに対しては非介入と、方法の相違はあれ、帝国主義国の横暴に改めて闘う意思を明確にしたのだった。

台湾生まれの鄒寧遠と倪慧如夫妻は、現在はアメリカで半導体の研究者として活躍する一方、中国人を中心に、スペイン内戦に参戦した国際旅団兵について調査している。専門の歴史研究者ではないが、歴史に埋もれた中国人義勇兵を知り、「その歴史の空白のなかから中国人を捜し当て、どうして命の危険を冒して、見も知らないスペインに行って闘おうとしたのか、再認識したかった」のがきっかけだったと言う。

その鄒と倪夫妻は、フランコ側の捕虜となった唯一のインド人であるゴパル・ハダーを発掘し、記録に残している。それによると、一九〇二年六月一七日、インド中部のマンダラで生まれたゴパルは、一九二〇年に学生運動のリーダーとなった。インドのモリス大学を卒業したゴパルは、新たに設立されたヒンドゥー教の秘密結社に加わってその代表となった。ゴパルはイギリスの植民地支配からの解放を目指して武器と弾薬を強奪したが、一九三一年にイギリス政府に逮捕された。四年後に釈放されたが、グループとゴパルとの間には溝が生まれていた。

彼は『マラティ・ウィークリィ』という雑誌の出版を始め、ジャーナリズムを学ぶためイギリスにわたる。そうしたなかでゴパルは、ファシズムを打倒するため、「ジョン・スミス」の変名で一九三七年に国際旅団に加わったのだった。

ゴパルはタラゴナ速成士官学校で将校としての訓練を受けたのち、歩兵隊の訓練を担当した。しかしガンデーサの戦闘で捕らえられ、ブルゴスのサンペドロ・デ・カルデーニャで投獄された。インド人としては、唯一の捕虜であった。しかし幸運なことに、イギリス人捕虜を解放するためイギリスから派遣されたチームが、他のイギリス人捕虜と一緒にゴパルを救出したのだった。

ゴパルは、ロンドンで英雄として出迎えられたあと、一九三八年にインドに帰国した。

彼は、「デモクラシーのための闘いは、スペインにあるように、インドにもあります。私たちは、スペイン人が闘っているように、労働者、農民、中産階級が結束して闘わなければならない」と訴え、熱烈に歓迎された。のちにゴパルは、インド共産党に加わり、祖国の独立運動に携わった。

本稿では、中国、それにインドでスペイン市民戦争がどのような影響を及ぼしていたかを検討した。

ネルーは、スペインを訪問した年に中国も訪問しており、「文明の腐敗と暴力が支配するこの時代に、スペイン、そして中国の闘いは、暗闇を明るく照らした」と述べている。

中国について言えば、「中国を第二のスペインにするな」という呼びかけは非常にわかりやすいメッセージであり、日中戦争の帰趨に影響をあたえた。その意味からも日中戦争、そして第二次世界大戦は、スペイン市民戦争を起点とする現代史の流れのなかで位置づけられなければならない。

スペイン市民戦争では反乱軍が勝利し、世界から集まった市民は、あるものは異郷に骨をうずめ、あるものは無念の内にスペインを去った。しかし、彼らの行動は決して無駄ではなかった。それは中国やインドの歴史に確実に反映されているからである。

参考文献

Jawaharlal Nehru, *Homage to The Spanish Republic*, 1940.

ニム・ウェールズ『中国革命の内部』（高田爾郎訳）、三一書房、一九七六年

石川捷治・中村尚樹『スペイン市民戦争とアジア――遥かなる自由と理想のために』九州大学出版会、二〇〇六年

スペイン内戦と日本人

川成　洋

一　新聞ジャーナリズムの報道

ジャーナリズムといっても、主に日刊新聞を扱うことにする。というのは、雑誌などはある特別な人たちのものであり、広く市井の日本人が接触し、その影響を受けるのは、なんといっても日刊新聞だからである。

ところで、当時の我が国のスペイン内戦関係の新聞報道は、「国民ヲシテ見セマイ、聴カセマイ」式の全面的言論統制のために、きわめて乏しく、国民の大部分は埒外におかれていた、というまことしやかな「事実」が定着しつつある。さらに不可解にも、当時の新聞紙上に流布していた用語、例えば、フランコ叛乱軍を「革命軍」と呼称していたことすらも、否定する発言も見受けられる。

しかしながら、我が国の代表的な日刊の全国紙『東京朝日新聞（現・朝日新聞）』によると、スペイン内戦関係の記事そのものの取り扱い方の大小を別とすれば、今日想像する以上に、その絶対量は膨大であり、しかも内容は途方もなく多岐にわたっている。その極め付きとしてのスペイン内戦を特集に組んだ号外は、一九三六年八月一一日付（オリンピック合併号）、同年九月六日付、同年一〇月一八日付、同年一一月八日付、一九三七年一月二四日付、と合計五回も発行されたという刮目に値する事実も含めて、情報不足という「事実」は、完膚なきまでに否定せざるをえないのである。

スペイン内戦の推移に従って、大雑把に時期を四期に区切って述べてみたい。

① 比較的公平な報道（一九三六年七月一九日～七月三一日）

スペイン内戦の第一報が載ったのは、一九三六年七月一九日付けであり、『東京日日新聞（現・毎日新聞）』と見出しが異なるものの、記事の文面はほぼ同じである。

『東京朝日新聞』の記事は、『東京朝日新聞』の見出しは、「西領モロッコの叛乱拡大／叛軍、全要地を占拠」〈タンジエ（仏領モロッコ）一八日発同盟〉、ちなみに記事は、「元メリラ駐屯軍司令官エリテラ中佐を中心とするスペイン領モロッコのメリラ方面における叛乱は果然拡大の勢いをしめし、一八日正午現在タンジエに達した情報によれば、叛軍はスペイン領モロッコの軍事的要地を全部占拠するに至ったと報ぜられる。叛乱は既に全西領モロッコに拡大し、目下ジブラルタル港対岸スータに波及し、さらにモロッコ警察機関も叛軍に降伏したと伝えられ、事態猶悪化したために本国部隊へ増派するため、一八日スータ軍用船二艘を本国のアルゼシラス港においても本国部隊を港載、モロッコに輸送するはずである」。

さらにもう一篇の見出しは、「本土にも波及」〈ジブラルタル一八日発同盟〉であり、記事は「モロッコにおける叛乱派スペイン全土に波及し、スペイン南東の要港カタルセナの海軍及び西北コルーニヤ州の海港フエロールの陸軍部隊も一八日朝前後して叛乱を起こしたと伝えられる。またコルーニヤ州に隣接するオレンセ州でも暴動勃発の方あり、他方モロッコの叛軍は地中海を渡って本土へ上陸、マドリッドへ向かって進軍の計画あると伝えられる」。

ちなみに、『東京日日新聞』の第一報の見出しは、「モロッコ（西領）叛乱／軍事要衝を占拠／本国にも波及」〈タンジエ（仏領モロッコ）一八日同盟〉

この『東京朝日新聞』の二篇の記事において、まず第一に目に留まるのは、選挙で合法的に樹立しているスペイン共和国政府に対して、軍事クーデターを起こして部隊を「叛軍」と呼称し、「叛軍」の首謀者をフランコ将軍をはじめとする陸軍将官ではなく、「エリテラ中佐」と明言している点である。この時点では、記憶も新しい二・二六事件の「決起部隊」から「叛乱部隊」に転落し、極刑に処せられた青年将校の顛末をにおわせているようである。しかし、軍事クーデターを惹起した「叛軍」が、初めて「革命軍」と呼称されたのは、『東京朝日新聞』では七月二四日付けの「革命軍首都に迫り／政府軍と交戦中／居留外人も避難準備」〈マドリッド特電二三日発〉であり、『東京日日新聞』では七月二二日付の「スペイン革命軍、首都に肉薄／ラジヲで政府に勧降」〈マドリッド二〇日同盟〉である。それ以降、「叛軍」と「革命軍」とが交互に登場してくる。つまり、スペイン政府に軍事クーデターを起こした部隊が、「叛軍」なのか「革命軍」なのか渾然一体となっている。

それにしても、七月二七日から始まった前スペイン公使青木新の「革命の西班牙」の三回の連載記事の中の「革命軍指揮官ドン・フランシスコ・フランコ将軍は、本年一月まで参謀総長の重職にあった男で、カナリヤ島軍司令官の身を革命軍の陣地に進めた。当年四五歳、堂々たる体躯で一見非凡なるを思わせる軍人である。その落ち着いた言語動作からは何ら奇矯過激なものは感じられない。彼はまた極東日本に対し深い理解を有しておると言われている」〈七月二七日付〉といったフランコ像を提示することによって、「叛軍」と「革命軍」との間の新聞界の大きな揺れを軌道修正して、「革命軍」の側に傾けたという感を禁じ得ない。

七月二五日付の「独裁制の樹立や腹辟を企図せず／ランコ将軍厳命する」〈バラット（仏領モロッコ）二三日発同盟〉は、「叛軍」の総師フランコ将軍の声明が新聞紙上に初めて登場し、軍事クーデターの正当性を紹介し、二六日付の「新政府樹立／モラ将軍宣言」〈ブルゴス（北スペイン）二四日同盟〉は、「叛軍」あるいは「革命軍」が「新政府」を樹立したことを紹介する。これらの紹介自体は、決して恣意的なものではなく、実際の出来事の報道に過ぎないのである。

一方、スペイン共和国政府側、あるいは「政府軍」に関する記事は、「狼狽」と「大敗」の真っ只中で、首都マドリード落城寸前といった、反政府側寄りの報道が多かったが、たとえば、七月二九日付の「政府軍奮戦／サン・セバスチアン市確保」〈マドリッド二八日発同盟〉、七月三〇日付の「総攻撃を開始／スペイン政府軍振う」〈マドリッド特電二九日発〉のように、「政府軍」の抵抗ないし反撃も報道されている。

このスペイン内戦勃発時点での新聞報道のニュース・ソースの大半は、「叛乱軍」に近いところから出ていた、と推測されるのである。とはいえ、当時の日本の国内状況からして、スペイン内戦に関して皮相的であっても、われわれの想像以上にかなり公平に事実を報道していた。たとえば、「人民戦線」「左翼革命」「人民軍」といった用語が、ことのほか頻繁に使われている。また、七月三〇日付の「労働者軍を国防軍に編入」〈リスボン二九日発同盟〉も含めて、たとえ「政府軍」が不利だったとはいえ、スペイン内戦の実態は、曖昧ながら判読できたはずである。

② 国威発揚を意図した内容（一九三六年八月一日～一二月三一日）

八月になると、スペイン内戦に関するヨーロッパ列強の外交上の動きが本格化し、八月一日のイギリス＝フランスの不干渉政策宣言の発表、次いでロンドンでのスペイン不干渉委員会の設置など、矢継ぎ早にスペイン内戦をイベリア半島に押し込む政策をとった。これは、とりもなおさず、スペインでの戦闘が勃発時点からドイツとイタリアの正規軍が叛乱軍へ軍事的に支援していたことからも、戦闘が本格化し、ヨーロッパ大陸に波及するのを危惧したためであった。

これをうけて、欧米のジャーナリズムの動きも一段と活発となり、『東京朝日新聞』も同盟通信社や外国の通信社からの記事だけではなく、スペイン国境のフランス側で取材した特派員の記事など、目白押しに紙面を埋めている。八月一日付の「大動乱の西班牙を聴く」〈ロンドン特派員三一日発〉は、「事変勃発以来世界最初の国際電話」と銘打って、ロンドンの古垣特派員が矢野スペイン公使との電話取材の内容を伝え、その続篇としての、一五日付の「戦禍のスペインの恐怖」〈本社―西国境ルッツ、国際電話〉も、扇動的な内容が唯一の取柄だったろう。この国際電話は、ベルリン・オリンピックに新登場したもので、それだけでも、当時の読者には計り知れないほどの迫力があったろうが、例えば、七月二五日付の「西班牙政府援助」〈本社―パリ、国際電話〉も、間接的な伝聞の羅列に過ぎなかった。これは、おそらく国際電話を取材上の一手段としてではなく、報道記事の表現上の重要な、人の目を引く要素としてしか考えていなかったためであろう。

八月一七日付の「スペイン血の渦中の大和魂」と、二一日付の「スペインに大和魂又一つ」は、スペイン内戦の争点など微塵もなく、国威発揚を意図した忠臣愛国的な内容になっている。

その他の記事は、スペイン各地の戦線、不干渉委員会、ドイツとイタリアの「叛軍」への軍事援助、国際間の外交上のやり取り、などの同盟通信社からの配信記事である。八月二〇日付の「秘めたる戦慄」という大見出しの「独紙が素破抜いた／七・二〇叛乱事件／マドリッド・血の発端」は、マドリードの兵舎での軍事蜂起を「赤色民兵」が鎮圧したさまを伝えている。

ところが、九月六日付の号外「血のマドリッド脱出記」〈マルセイユにて、古垣特派員五日発〉という大見出しの記事は、やはり伝聞記事のためか、ことさら扇情的で、翌七日付の「國澤一家、声の対面／〝お父さん〟と涙声、懐し！　幽かに〝お、、光男か〟〈大阪―マルセイユ、国際電話〉とオーバラップして、スペイン内戦そのものの争点や推移は全く背後にかすんでしまっている。

こうした客観性に疑念を抱かせるような、あるいは焦点ぼけした曖昧な記事について、向坂逸郎は、一〇月一〇日付の「知識人の敏感――スペイン内乱の反響」と題して、次のように批判している。

フランス人民戦線やスペインのそれと叛軍との戦闘が、異常に敏感に我国の知識層に響き、従って、新聞や雑誌に大きく取り扱うということは、決してひとまねが日本人の特性だからではない。これを模倣とのみ考えて、国内の必然性のないように言うのは、反動思想家が、進歩的思想はすべて外国の模倣と片づけるのと同じやり方である。

日本における広汎な反フアッシヨ戦線の必要に関しては、理論的には、ほぼ論じ尽されてた。要は、どういう所に中心的な実勢力はできるかと言うことである。この点で、今日人びとは、無産政党における統一の動きを注目している。

スペインついては、誰でもいろいろのことを知りたがっている。殊に、いままであまりその社会的構造を述べたものがなかっただけに、現在の内乱の性質がよく分からなかったらしい。政府軍に対して相手側が革命軍になったり、反革命軍になったり、いろいろと名付けられたのは、このことを示している。ヴアルガの『革命スペインの基本分析』（中央公論）は、いい基本書である。

我が国における封建遺制の論争にもなる（後略、スペイン内戦関係のみ抜粋——著者）

八月から一二月までの記事を検討すると、九月頃から徐々に「反政府軍」に関する記事が多くなり、マドリード防衛戦あたりから、戦局は常に防衛に専念せざるをえなかった「政府軍」には、不利だと判断したためか、「反政府軍」優勢の印象を与えている。

当時、我が国では、コミンテルンに対する防共協定が一〇月二三日に仮調印され、一一月二五日に本調印が行われた。同日付の『東京朝日新聞』は「東西相応して／赤化の脅威に対抗／歴史的握手茲に堅し」という大見出しで報道しているが、この防共協定締結が契機となって、一挙にスペイン内戦関係の記事が、「反政府軍」側に傾いたとは思えない。まだその時点では、スペイン各地の戦況は、最終的に決着をつけるには流動的であり、一二月七日付の「政府軍優勢／スペイン戦況」〈ビルバオ六日発同盟〉といった記事が載っているほどである。同盟通信の配信記事や外国の通信社の記事は編集段階で概ね手を入れずにそのままで扱ったようだが、それ以外の比較的客観的に事実を報道した特派員の記事に、センセーショナルな軍国調の文学青年肌の見出しを付けている、そのため、記事自体が曖昧になっている。

③ フランコ支持を明確化（一九三七年一月一日〜一二月三一日）

一九三七年の幕開けは、前年末からの膠着状態のマドリッード戦線、外国人義勇兵の問題、スペイン共和国の領海における「反政府軍」による外国籍船舶の拿捕事件などに関する、不干渉委員会を中心とする国際的な外交上の駆け引きが主な記事となっている。

一月二〇日付の「西班牙戦線／四万の独伊義勇兵／人民戦線と交戦／マラガ港に集中」〈ロンドン特電一八日発〉の記事のように、ドイツとイタリアの正規軍が「独伊義勇軍」と呼称されているが、正確には「義勇軍」とか「義勇兵」と言えるかどうか。これはいわば「傭兵」か「正規軍」か「正規軍を主力とする義勇軍」であり、ヨーロッパ特有の個人参加の共和国陣営の「義勇兵」と同列におけないはずである。

日本では、スペイン内戦の推移状況を反映して、在日スペイン公使ら外交官の動きが活発になり、三月三〇日付の「戦乱のスペイン非常時使臣」、四月一四日付の「東京に〝スペイン内乱〟勃発」、翌一五日付の「慎重に対策／〝二つの公使館〟問題」など在日スペイン人外交官のフランコ支持をめぐる一連の騒動記事が載っている。

四月二六日はゲルニカ絨毯爆撃の日であるが、その夜、『タイムズ』、『ロイター』、『スター』、『ス・ソワール』、『デイリー・エキスプレス』などの特派員が急遽ビルバオから現地を訪れ、ゲルニカの惨事は「世界中の新聞の第一面を独占した」と言われるほど、実にセンセーショナルな事件だった。この事件によって、「反政府軍」の非人間性が改めて白日の下にさらされ、非軍事目標の爆撃、ことに非戦闘員である一般住民の居住地区への爆撃を禁止する国際的な動きへと発展した。これは、とりもなおさず「反政府軍」に対する国際的な抗議だったのだ。また、ピカソは亡命先のパリでゲルニカの惨事のニュースを聞き、ちょうどパリ万博のスペイン政府館の壁画を依頼されていたので、ゲルニカ爆撃への怒りと抗議を込めて、名作《ゲルニカ》を描いた。しかるに『東京朝日新聞』にはゲルニカ爆撃の記事は全くないのである。当時の同盟通信のパリ支局記者、または東京朝日新聞の在欧特派員がこの大事件を知らなかったとは思われない。ともあれ、このゲルニカ爆撃を記事にしなかったことは、ある一定の方針の下で、少なくとも「反政府軍」側を貶めないようにするという意図のもとでスペイン内戦関係の記事が作られていたと判断せざるをえない。こうしたゲルニカ爆撃の対応は、『東京朝日新聞』だけではなく、『東京毎日新聞』も同様に、ゲルニカの惨事には一切触れていない。

日本では、スペイン公使と代理公使の争いが再発し、六月一〇日付の「スペイン代理公使／挺身・城明け渡し交渉／敵味方に分かれた旧友／に和解の日遠からじ」の記事が載り、七月にかけて、各国のフランコ政権承認に関する記事が続いている。

一一月四日付に、朝日新聞社として初めての現地スペインからの取材記事が載った。この記事を書いたのは朝日新聞特派員、坂井米夫。彼は最初フランコ陣営を取材し、いったんパリに戻って、そこで今までのパスポートを破棄してパリの日本大使館で新パスポートを再交付してもらい、スペイン大使館で期限付きの取材ヴィザをもらってスペイン共和国陣営を取材した。

坂井のパスポートの使い方は実に賢明であった。スペインの戦場で激しく干戈を交えている両陣営は、自陣の正当性の宣伝のために好意的なジャーナリストを厚遇するが、それでいて絶えずスパイかもしれないと疑いの目を離さなかった。両陣営とも取材記事はいうにおよばず手紙や写真などにも厳重な検閲体制で臨み、時として逮捕、拘留もあったようだ。たとえば、ＮＡＮＡ（北米通信）の特派員で、共和国のために多大な援助をしていたヘミングウェイですら、「いろいろな分子がいて気がたっているから、用心するように」と坂井に小声で漏らしたほど、味方に対しても神経質にならざるをえなかったようである。

それゆえ、坂井のように、パスポートを完全に新規にすると入国段階でのパスポートチェックでスパイではという疑いをもたれないで済む。「ジャーナリズム戦争」の萌芽というべき状況であった。

坂井米夫はアメリカからスペインへ赴く時の様子を、次のように回想している（坂井米夫『私の遺書』文芸春秋社、一九六九年、一一三頁）。

　タイムズの七階にあった朝日新聞のニューヨーク支局に、これから行きます、とあいさつにいったら、森恭三氏が「ナチスとファシストが、露骨にフランコ陣営を援助しているから、日本の軍部が増長しないように、政府軍側のことも公平に見てください」と、人民戦線に同情した口調で言った。それはそのころの有識者に共通した気持であった。

先に触れたゲルニカ爆撃であるが、この第一報を伝えたのは、近くの大きな都市ビルバオにいたロンドン・タイムズのジョージ・スティア記者だった。彼は車を雇ってゲルニカに入り、本社に記事を送ったのだった。翌朝の彼の記事は『ニューヨーク・タイムズ』にも同時掲載された。当然であるが、これ以降フランコ側はスティア記者の取材を許さなかった。彼は、国境の町イルンを通ってフランスに向った。それで、タイムズ社はスティア記者の代わりに、キム・フィルビーを特派員としてフランコ陣営に送り込んだのだった。フィルビーといえば、その後、「ＭＩ６（イギリス海外秘密情報部）の未来の長官」と謳われた人物だったが、二〇世紀の冷戦期のイギリスにおけるソ連の最大のスパイだったのだ。実際に、彼がソ連に亡命した時、ＫＧＢの将官待遇で迎え入れられたのである。余談ではあるが、現在のイギリスにおいて、彼を主人公とするスパイ小説が主流を占めているようである。

一一月になると、にわかに、日本政府の代弁者的な紙面に代わってくる。ちなみに、一一月一三日付の「フランコ政権を帝国近く承認せん／国際防共網強化へ」を皮切りに、日本政府がフランコ政権を正式承認する一二月一日まで続いた。一九日の社説「フランコ政権の承認」によって『東京朝日新聞』がフランコ政権承認の急先鋒であることを表明したために、イギリスの保守系穏健派新聞『タイムズ』ですら驚きを隠さず、一一月二〇日付の『タイムズ』に「日本とブラッセル宣言」〈東京特派員一九日発〉という見出しで、次のように述べている。

フランコ政権の承認の日付けは、まだ決まっていない。日本の世論は、このように急を要する承認にはまつたく興味を持つていない。そして、新聞社の論説員たちも、日本が承認することによつて得られるであろうさまざまな利点を読者に知らせようとしなかつた。『東京朝日新聞』は、タイミングよく偶然にそのことに気づき、反コミンテルン強化の一手段として、フランコ政権の承認を評価している。さらに興味深いことに、『東京朝日新聞』は、日本の新しい対ヨーロッパ政策が、イギリスの対外方針の変更を促すかもしれないと指摘し、日本の政策を弁護している。（後略、日・西外交関係のみの抜粋――著者）

一九三七年は、『東京朝日新聞』のスペイン内戦報道の姿勢に一大転換をもたらした年である。当時の日本政府にとってかくも重大な用語、例えば、「反共」、「滅共」、「聖戦」、「共産党」、「人民戦線」などの用語には、記事の中で普通の活字よりも大きな活字が使われて読者に注意を喚起している。また、七月七日の蘆溝橋事件の発生、すなわち「支那事変」の端緒が開かれて以来、まさしく軍国調の修飾語がつけられている。共和国陣営に関しては、時期がだんだん後になるにつれて、ただ共和国を矮小化するために、侮辱するためにしかと思えないような、不必要で露骨な修飾語が付けられている。

一方、「フランコ政府」側には、例えば、ゲルニカ爆撃のような前代未聞の非人道的事件に沈黙を守るほどの好意的な操作は否めないであろう。そして、日本政府は、フランコ政権承認問題が抬頭すると、これも一一月六日に日独防共協定に参加したイタリアとドイツの二国の強い要請であり、両国の満洲国承認の交換条件の要だったのだが、これを契機に積極的にフランコ政権讃美と承認のキャンペーンを開始したのである。

この時期の『東京日日新聞』のフランコ政権承認の記事と比較すると、『東京朝日新聞』の方が、その扱い方と絶対量において、各段の違いがあったのである。

④ フランコ賛美のキャンペーン（一九三八年一月一日〜一九三九年三月三一日）

一九三八年一月一日には、「反共」、「滅共」を全面に掲げたフランコ支持のキャンペーンの一環として、フランコ軍の連戦連勝の記事が続き、さらに一月六日から、前スペイン公使青木新の「西班牙の国民性」という四回連載が載った。その最終篇の「フランコ将軍の至言」の結びは「フランコ将軍が全体主義によって、統一国家を目指すと同時に、地方の伝統は尊重すべきも国家の統一を破るを許さずと宣言したのは大いに味わうべき節がる。スペインの革命は今なおその途中にある。スペインの国民性と革命の前途は、今後とも吾等の興味ある問題を与えることであろう」である。これらも、当時の日本の国体維持の論理とオーバラップさせている。

一月三一日から本格的なフランコ支持の運動が全国的規模で繰り広げられていた。具体的な事例は、次章「市井の国民の反応」で紹介したいと思う。若い女性たちがこぞってこのフランコ支持、あるいはフランコ賛美の運動に加わっているのだ。彼女たちの過熱気味というべきか、付和雷同的というべきか、「防共」精神ないし「聖戦」意識が、『東京朝日新聞』に巧みに利用されたのだろう。

この時期の『東京日日新聞』には、この種の記事は全く見当たらないことからして、新聞社自らが作り上げた『東京朝日新聞』独自のイベントである。ちなみにこの時期の『東京日日新聞』における、日本とスペインとの関係で目立った報道としては、一月一一日付の「スペインの〝日本讃歌〟」という大きな見出しの「防共の友邦に寄せる／フランコ将軍感謝」、七月一〇日付の「西班牙でも〝日の丸弁当〟」という大きな見出しの「困苦欠乏の大試練／節約一皿デー／赤誠辛苦を越えて国庫へ」という記事だけである。

一九三九年二月二八日の社説「西班牙人戦派の崩壊」は、次の通りである。

マドリッドの人民戦線政府はついに停戦に決意したというパリ電報が伝えるとともに、イギリス、フランス両政府は相携えて、フランコ政府を承認するに至つた。もっとも内乱が収まつても、今後スペインの復興工事、特に新体制をいかにするか等の解決困難なる諸問題が残されており、これをめぐつて根本的に利害の衝突する独伊対英仏の勢力拮抗が陽に陰に展開するに違いない。すでにイギリス側は廃帝アルフオンソ一三世の王子ドン・フアン親王を推して王政復古を計つているようであるが、同親王の母君が英王室御出身のヴイクトリア廃后であり、ロンドン駐在のフランコ政府代表アベル公がしきりにこれを斡旋しているのに徴すれば、かかる復辟がイギリスに有利になることは、容易に看取される。しかし国民軍の勝利はフランコ将軍に負うところが多いのであるから、フランコ将軍がなお当分暫定的の政権をもって自重するであろうと伝えられるのは、首肯に難くない。

今日差し当たり指摘すべきは、フランコ政府承認問題につき、始終共同作戦をしてきた英仏政府が、二六日本社ロンドン特電も報じている通りの事情により、無条件承認に止むなきに至つたことであらねばならぬ。イギリスの政府反対党議員らをもつてなる「スペイン委員会」は去る一四日チエンバレン首相あてに電報して、無条件承認に反対し、ネグリン人戦首相提起の条件、すなわち承認前における伊独軍の撤収、スペイン全国民投票、一般的大赦等の条件とすることを要求し、またフランスの左翼各派もこれに呼応して無条件なる即時承認に反対したのであるが、ブルゴス政府が、同政府のみ休戦条件を直接人戦側に投げうるのであつて、いかなる第三国の要請をも排すとて、英仏側の調停を一蹴したのは、当然と言わねばなるまい。しかしてロンドン、パリ両政府としては、いつまでもフランコ政府に正式大使を派さなければ、いよいよ政治上不利を招く恐れがあるので、ここに両国としては一種の屈服と言われても弁解の弁に乏しい承認を行うに至ったものに他ならないのである。それが昨秋イタリーのエチオピア併合を承認した四カ月後であるのは皮肉であり、スペイン人戦派もハイレ・セラシエ同様「敗北者には不幸あれ」という西洋古諺そのままの苦杯をなめるのである。

一九三九年三月二九日、二年九ヵ月の抵抗を続けたマドリードがついに陥落し、フランコ軍のマドリード入城をもって、スペイン内戦は終結した。三月三〇日付の「人戦派続々降伏／フランコ軍躍進す」〈マドリッド二九日発同盟〉、「ヴアレンシア、無抵抗屈服か」〈ベルリン二九日発同盟〉、「米・フランコ政権承認か／まづ武器禁輸を解除」〈ワシントン二八日発同盟〉、「マドリッド陥落（社説）」翌三一日付の「伊帝、フランコ将軍に祝電」〈ローマ三〇日発同盟〉でもって、『東京朝日新聞』のスペイン内戦報道が終了する。

二　市井の日本人の反応

ここで扱うのは、『東京朝日新聞』独自のフランコ将軍支援及び賛美キャンペーン期（一九三八年一月〜九月）に掲載された市井の日本人の動きである。これは、政府の国策遂行のいわばスポークスマン的役割を率先して先回りし、市井の国民までもその中に組み込ませていった実例だったのである。

①一九三八年一月三一日付の「筆を競うて〝ご返事〟／スペイン勇士に贈る乙女達」

麹町カトリック教会処女会「聖テレジア会」の独身女性三〇人が防共戦線で戦っている兵士に慰問の手紙を書き、東京スペイン公使館経由で送り、近く同教会委員長の国民使節山本新次郎少将がフランコ将軍を表敬訪問するが、全国のカトリック教会の信徒にスペイン兵士に慰問の手紙を書くことを呼びかけている。

②同年二月七日付の「スペインにも千人針　沖縄にも／〝防共の乙女〟」

沖縄の那覇市のタイピスト嬢が千人針、神社のお守り、慰問の手紙などを贈った。彼女の手紙が紹介されている。

③同年二月一三日付の「響く　日本の女性の情熱／スペイン慰問袋の山」

沖縄、香川、島根、新潟、兵庫、鹿児島、宮城、北海道などの女性たちが、慰問の手紙、千人針、慰問袋、日本趣味の兜の飾りもの、マッチ、ペーパアルバム、美しい風呂敷包み入りの贈り物など、わずか半月のうちに、東京のスペイン公使館に送っていた。

④同年六月一二日付の「〝美しい日本の乙女／優しい手紙を〟／スペインの戦線、憧れる兵士」

カタルーニャ戦線から慰問の手紙を要請する一枚の軍用絵葉書がスペイン公使館に届いた。

⑤同年六月二〇日付の「スペインの戦線でも／わが千人針礼讃／防共軍将兵が更に本社に懇望」

スペインの地方紙が日本独特の千人針の由来を解説し、その掲載紙がスペイン公使館に届いた。

⑥同年七月一〇日付の「美しき戦争の乙女／我荒鷲を激励／スペインから可憐なる手紙」

スペイン国民政府のブルゴス内務省新聞局に勤務している若い女性が、日本の空軍将校への慰問の手紙を、東京のスペイン公使館へ送ってきた。

⑦同年九月一一日付の「海を越えて呼び合う／「滅共」千人針／スペインへ乙女の真心」

双葉、大妻両高女の生徒らが「滅共」の文字を千人針で縫い上げ、これに小笠原長生子海軍中将の「贈フランコ将軍」と揮毫したものを帰国するスペイン代理公使に託してフランコ将軍に贈った。

当時、日本国内で、先述したような無邪気な若い女性と対極にいた人たちもいた。彼らは、ときに不確かで曖昧であるが、スペインの内戦に心を痛め、共和国の行く末を案じて、それを短歌にしたのだった。

①土岐義麿「スペイン動乱の廃墟に向ひて憤り惜しみ歎くも愚痴にすぎざらむ」（歌集『近詠』一九三八年）

②村田利明「マドリッドを必死に防ぎ戦へる声あぐる表情ひとつひとつ見ぬ」（『アララギ』一九三六年二月号）

③福田栄一「はるばると軍おもへば陽の中に雨降り来ぬ我が身も濡れ」（『ポトナム』一九三六年一一月号）

福田栄一「青白き女の肌も撃たれいむ人民戦線の女らの兵も」（『ポトナム』一九三六年一二月号）

福田栄一「銃を取りて人狙い撃つスペインの女らの肌は寒くしあらむか」（歌集『時間』一九四三年）
福田栄一「スペインのたたかひ人思い寂しみぬ女すらもあひ撃つといふ」（歌集『時間』一九四三年）
④南原　繁「ひとつの国の民らたがひに敵となり戦はねばならぬものありといはむか」（歌集『形相』一九四八年）
南原　繁「ファシズムとコンミユニズムにふた分かれ世界戦はむ日なしと誰がいふ」（歌集『形相』一九四八年）
⑤青江龍旗「人民戦線　にほんにもやってくる　と思う日の　心密かなひろがり」
⑥高安国世「一国の人等相打つ現実をば我ら見て出づ冷房の外に」（『Vorfruhling』一九五〇年）
⑦根岸春江「マドリッド危し！　目をさす活字！　思わずかたずむ　今朝の一瞬」（歌集『タイピストの日記』一九三九年）

以上、主に『東京朝日新聞』のスペイン内戦関係の記事を検討してきたが、一九三八年になると、四月一日に国家総動員法の公布（五月五日、施行）により、新聞社も本格的な「言論統制」を自ら徹底化せざるをえなかった。それこそ、来るべき第二次世界大戦におけるマス・メディアによる国民総動員体制の実質的先駆けであったろう。同時に「真実を公明敏速に報道し」（朝日新聞社綱領）という理念、すなわち新聞記事は真実をもって書かれうるという基本的な理念そのものを放逐していくさまが、当時の我が国にとって対岸の火事と思われた、スペイン内戦関係の報道姿勢の中に如実に見出されるのである。

スペイン内戦とノモンハン事件

川成　洋

一　西浦進陸軍大尉のフランコ軍の「観戦武官」

満洲事変の勃発（一九三一）、満洲の建国（一九三二）、そして満洲帝国の成立と溥儀の皇帝即位（一九三四）などが、隣接諸国、とりわけソ連を刺激し、日ソ両軍による国境紛争事件が頻発する。ちなみに、一九三三年から三四年にかけて紛争事件は約一五〇件、一九三五年には一七四件起こった。一九三六年三月一六日に設置された、駐ソ大使太田為吉による満ソ国境画定のための「混合委員会」は、同年一一月二五日に成立した「日独防共協定」のためにソ連側から中断されてしまい、いわば日ソ間の一触即発的状況が続いた。日本政府としては対ソ政略を凍結し、対ソ戦略に切り替えざるをえなくなっていた。

ところで、一九三六年一〇月二三日以降、ソ連が九月九日に成立したヨーロッパ二七カ国参加の「スペイン不干渉委員会」の不拘束を宣言し、スペイン共和国に対して政治顧問と軍事顧問を送り込み、兵員、技術者、プロパガンダ要員、兵器、義援金、食料など全面的援助を開始する。このソ連の実質的な参戦によって、ヨーロッパ全域に駐在している日本の大・公使館付き武官たちによる、ソ連軍の動静と軍事情報の収集活動が俄かに活発になる。それにしても、こうした情報は駐在国で収集した間接的なもの、あるいは彼らの一八番《おはこ》の希望的観測による実態の伴わない情報に過ぎなかった。

このような情報ではソ連軍の実態を判断不可能だったために、参謀本部は、同年一〇月下旬、フランス大使館付陸軍武官西浦進大尉（一九〇一〜七〇）に、スペイン共和国陣営を軍事援助しているソ連軍の兵器や戦法などを調査し、報告せよという命令を下達する。

西浦は、スペインに入国を探るが、スペインの国境はほぼすべて閉ざされていた。ピレネー側は政府陣営が押さえていて、わずかサン・セバスティアンに通ずる国境の町イルンはフランコ叛乱軍側が押さえていた。そこでフランスのアンダイユに避難していた日本公使館の矢野眞公使を訪ね、スペイン入国の方法を打診するが、とんでもない、行かない方が賢明だと諭される。仕方なく当時ヒトラーに追い払われたユダヤ人がリスボン経由で亡命先の南米に向かうドイツ籍の客船にフランスのルアーブル港で密かに乗り込み、リスボンで下船する。

リスボンで、フランコ陣営の特務機関と接触し、ビザを交付してもらい、フランコ軍の仮首都サラマンカに向かう。翌日、フランコ軍の最高司令部に出頭するが、まったく相手にされなかった。日本はフランコのサラマンカ政権を正式政府として承認していなかったからである。そこで西浦は、フランコ政権の外務大臣に会い、日本陸軍参謀本部から命令を受けてきた本官にたいしてこのような無礼な対応をすると後に怖いことが起こるかもしれないと半分脅しをかけるが、外相にとっては馬耳東風というべきか、西浦は何ら有効な手段を入手できぬまま外相執務室から退出するとき丁重に外套をかけてくれたのだった。長期滞在用の安ホテルを見つけ、そこを活動拠点にして毎日市内に出かける。しかし、彼が外出中にホテルの部屋が家宅捜査され、また必ず秘密警察と思しき人物の尾行がついていた。サラマンカは、さすが、「中世ヨーロッパ四大学」の一つである由緒ある大学都市だったので、町のキオスコなどで数ヵ国語の外国紙を入手することができ、たまたまフランス語の新聞に、三六年一一月二五日に日独防共協定の締結のニュースが載っていた。そこで、西浦はサラマンカのドイツ大使館に赴き、自分は日本陸軍のキャプテンだ、と大使に直接面会を申し出ると意外にもすんなりと面会できた。ドイツ大使のファウベル将軍の仲介により、二日後に総司令部に出向くと、副官、フランス語のできる少尉、それに自動車一台、戦線通過許可証などが用意されていた。つまり、彼は日本人武官として初めてフランコ軍の「観戦武官」待遇となった。彼の任務は、「マドリード戦線、ドイツ、イタリアの飛行機部隊、政府軍の反日意識、蘇軍の兵器」の調査であった。

ところで西浦は、スペインで、軍服ではなく、私服で通した。護身用に女性の小型の拳銃を携帯していた。一二月一八日、マドリードの共和国軍陣営に夜襲を仕掛け突入する部隊に同行したが、これを迎え撃つ共和国軍に一晩中包囲され、ここマドリードで我身も終わりなりと覚悟したものの、幸運にもようやく無事脱出できた。また、当時の日本軍には未見のソ連製の秘密兵器といわれているT26型戦車がフランコ叛乱軍に捕獲された。早速調査するが、如何せん、西浦は「砲兵」なので戦車の性能などさっぱり分からない。たまたまイタリア陸軍戦車ミッションが来ていた。彼らがT26型戦車について全部解説してくれたために、その極秘情報を東京に送った。これ以外の参謀本部に送った極秘情報は、やはりそれほど具体的ではなく、隔靴掻痒の感は否めなかった。これは、情報収集者の公的な資格に起因するわけで、参謀本部としては、完璧な情報収集のために、「観戦武官」から、作戦部に直接関与する「作戦武官」への進展を考えなければならなかった。そのための前提要件としては、日本政府がフランコ政権を正式承認することであった。こうした思惑は、軍当局や在欧駐在武官だけでなく、矢野眞スペイン公使の有田外相宛の極秘電報（一九三六年一一月一八日付け）、武者小路ドイツ大使の外相あての極秘電報（同年一一月一二日付け）にも、如実に述べられている。

西浦が、一九三六年末まで滞在してスペインの戦況を見て回っていると、帰国命令が下達されたので、ベルリン、パリ経由で帰国することになる。途中ベルリンに立ち寄り、情報収集のためにドイツ大使館付陸軍武官たちと会うが、彼らはナチス・ドイツの正規軍がスペインでフランコ叛乱軍の戦列で戦っていることを全く信じようとしない。

たしかに、このドイツ軍のスペイン派遣は極秘事項であった。カディスに上陸したドイツ軍が全員私服であり、靴だけが編み上げの軍靴であった。その服装のままサラマンカの宿舎に入り、宿舎から出る時は軍服に代わっていたのだったが、部隊名や階級章などのついていない軍服であった。ともあれ、ドイツ正規軍のスペイン派遣を、大島浩陸軍武官（一八八六～一九五六年。大島健一陸軍大臣の長男。当時陸軍少将、やがて中将に昇任、予備役後、駐ドイツ特命全権大使）をはじめ誰一人として気づかなかったという。このことは西浦にとってはまことに信じられなかった。ちなみに、大島浩は、「ナチス以上にナチス的」と言われ、大のヒトラー讃美者であり、日独防共協定の立役者であり、日本政府のフランコ政権の正式承認の推進者であった。

二　日本政府のフランコ政権の正式承認

一九三七年一二月一日、日本政府はフランコ政権を正式政府として承認する。日本は、ドイツとイタリア、サラザール政権のポルトガル、バチカン、に次いで五番目の承認国である。

これは、「日独防共協定」にイタリアが参加した（三七年一一月六日）直後でもあり、当時のイギリスの保守系の『タイムズ』紙が、日本とフランコ政権との関係について執拗に追いかけていた。例えば、見出しだけをあげると、「日本とスペイン」（三七年一一月一一日、東京特派員発）、「日本のフランコ政権の承認」（三七年一一月一八日、東京特派員発）、「日本とブラッセル宣言」（三七年一一月一九日、東京特派員発）、「日本、フランコ政権を承認する」（三七年一一月三〇日、東京特派員発）、「日本のフランコ承認」（三七年一二月一日、東京特派員発）、「ドイツの満洲国承認」（三七年一二月二日、東京特派員発）、「スペインの中の日章旗」（三七年一二月二七日、サラマンカ特派員発）などであるが、これらは総じて、ドイツとイタリアの両政府の満洲国承認と交換条件として日本政府は応じたと報じているが、それを証明できる外務省関係の資料は確認できない。そうはいっても、満洲国はイタリア政府（三七年一一月三〇日）、フランコ政権（三七年一二月三日）、ドイツ政府（三八年二月二五日）から、矢継ぎ早に承認されたことから、「交換条件」と映ったのも故なしとしないであろう。「交換条件」であろうとなかろうと、ドイツとイタリアが満洲国の正式承認することで、満洲問題で日中戦争を泥沼化させ、国際連盟からの脱退など、国際的な孤立を強いられていた日本にとって、これこそ思いもよらないチャンスであった。さらに日本政府には、対ソ戦略という重大な喫緊の課題があったのだ。

三　「オペラチオン・モリヤ」の軍功

一九三八年三月に発動されたフランコ叛乱軍の地中海突破作戦は、カタルーニャ地方とバレンシア地方の地中海ベルト地帯の南北の分断であった。この作戦の指導部に関与したのが、スペイン公使館付陸軍武官、守屋精爾中佐であった。彼はドイツ・コンドル軍団が実践する「ブリッツ・クリーグ（電撃戦）」を指揮したのだった。彼の作戦は「オペラチオン・モリヤ（守屋作戦）」と命名されフランコ陣営の新聞に華々しく称賛された。四月一五日、フランコ叛乱軍は地中海の町、ビナロスに到達した。聖週間のハイライトである聖金曜日だった。その二日後のイースターに従軍司祭による復活祭のミサが挙げられた。この作戦の功労者である守屋中佐はフランコ叛乱軍が捕獲したソ連製の銃器や戦車など、多くの未見の兵器類を譲渡される。高岡代理公使の広田外相宛の極秘電文（三八年五月一七日付け）には、「守屋中佐ハ『フランコ』将軍ニ対シ我軍部ノ参考ニシスヘキ蘇連製捕獲武器（トクニ戦車ヲ希望シ其ノ製造費十萬圓程ノモノノ由）ノ贈与ヲ願出タル趣ナルカ代償支払ノ意向ハナシト言ウ」と述べられている。

こうしたソ連軍の軍事情報は、密かに対ソ戦略を推進していた軍部にとって、喉から手が出るような重要な情報であったろう。

四　ノモンハン事件の顛末

一九三九年五月一二日、ノモンハンと言われた満・外蒙国境地点で、日ソ両軍の軍事衝突が勃発する。この武力衝突の起こる一七日ほど前の四月二五日、満「ソ」国境紛争処理要綱なるものが示達される。これには、以下のように述べられている。「国境線ノ明確ナル地域ニオイテハ、我ヨリ進ンデ彼ヲ侵サザルゴトク厳ニ自戒スルトトモニ、彼ノ越境ヲ認メタルトキハ、周到ナル計画準備ノ下ニ十分ナル兵力ヲ用イコレヲコトゴトク殲滅ス。右目的ヲ達成スルタメ一時的ニ「ソ」領に侵入シ、又ハ「ソ連」兵ヲ満領内ニ誘致滞留セシシメルコトヲ得……国境線明確ナラザル地域ニオイテハ、防衛司令官ニオイテ自主的ニ国境線ヲ認定シテ、コレヲ第一線部隊ニ明示シ、無用ノ紛争惹起ヲ防止スル……」この処理要綱から読めるのは、不拡大方針のように見えるが、敵の殲滅のための一時的な越境、司令官の国境線の策定などの、モンハン事件において関東軍の現場司令官の「自主性」、別言すれば「独断専行」の容認である。

一九三九年七月二日、関東軍は、ノモンハンで攻撃開始する。ノモンハン事件の拡大を恐れた大本営は不拡大方針を決定し、政府も事件の外交的解決を試みるが、関東軍はこれを無視する。関東軍が参謀本部に打電した極秘電報は

「鶏頭ヲ射ルニ牛刀ヲ以ツテ」であった。言わずもがな、「鶏頭」はソ連軍、「牛刀」が日本軍だった。果して戦争の実態はどうだったろうか。


七月二三日、関東軍はさらなる攻撃を仕掛けるが失敗し、第六軍を編成し、第三次攻撃を開始する。

八月二〇日、ノモンハンで、ソ・外蒙軍が総攻撃を開始する。関東軍第二三師団、壊滅的損害を受ける。

八月二三日、モスクワで「独ソ不可侵条約」を調印する。

八月二五日、駐独大使大島浩、独ソ不可侵条約の締結は「日独防共協定」違反なりとドイツ政府に厳重抗議する。

九月一日、ドイツ軍のポーランド侵攻により、第二次世界大戦が勃発する。

九月三日、大本営、関東軍にノモンハン事件の停止を命令する。

九月九日、駐ソ大使東郷茂徳、ソ連にノモンハン停戦、通商条約締結を提案する。

九月一五日、モスクワで、東郷大使、モロトフ外相の間でノモンハン事件停戦協定が成立する。

九月一七日、ソ連軍、東部ポーランドに進攻する。


結局、全滅に近い敗北をきした関東軍第二三師団に限っていえば、ノモンハン事件に従軍した兵士の総数一万五、九七五人のうち、戦死傷病者数は一万二、二三〇人、消耗率は実に七六％に達していた（師団軍医部調べ）。ヨーロッパ諸国でいえば、通例、消耗率三〇％に達した部隊は、現場指揮官の自主的判断で撤退を許される。

それにしても、「牛刀割鶏」説を屹立させるほどの強力な関東軍の完敗に至ったのは、作戦そのものにあったとする説が最も有力で、説得力がある。例えば、「作戦はあいまいであり、しかも中央と現地とのコミュニケーションが有効に機能しなかった。情報に関しても、その独善性が見られ、戦闘では過度の精神主義が誇張された」（戸部良一、寺本義也ほか『失敗の本質――日本軍の組織論的研究』中公文庫、一九九一年、二八〜二九頁）こうした欠点は、ノモンハンの二年後に始まった太平洋戦争においても繰り返されていたのだった。

管見であるが、旧日本軍は、陸大の卒業時の成績順でその後の配属先が決まり、ほんの僅かな最優秀成績者は参謀本部に所属し、それ以外の者の発言や情報などを歯牙にもかけなかった。これは、つまるところ、彼らはもはや軍人ではなくて、中央官庁のキャリヤ公務員と化していたのだ。考えてみれば、日本の軍人の実戦体験は、日露戦争（一九〇四〜〇五）で終わったのであり、したがって、昭和の職業軍人は、日中戦争が初めての戦争体験であった。それにしてもソ連軍の評価が異常なほど低かったのは何故だろうか。

たしかに、スペイ内戦は「新兵器の実験場」と言われたくらい、ドイツ軍はさながら演習と実験をかねて新兵器を持ち込み、スペイン共和派や市井の民衆をそのターゲットにしたのだった。ところが、ソ連の場合、T26型戦車を例外中の例外として、例えば、ロマノフ王朝末期の紋章を削り取った小銃とか、第一次世界大戦の塹壕壊しの大型戦車などは、ドイツ軍の「電撃戦」やゲルニカ絨毯爆撃に投入された大量殺戮兵器とは比肩するものではなかった。古い兵器類くらい邪魔なものはない。しかも来るべき大戦争と予測して各国は軍拡に余念がない。ソ連とて同様だった。古い兵器類を破棄するのではなく、わざわざ買い取ってくれる国があったのだ、スペイン共和国政府である。しかも支払いは、スペイン銀行保有のゴールドであった。ソ連が欧州自由主義国家と貿易する場合、当然スターリングか、米ドルであった。それでなければ、ゴールドである。事実、ソ連の穀物庫といわれたウクライナでの大凶作に際して、穀物の輸入をゴールドで支払ったが、ソ連で金塊が発見されたというニュースが大々的に喧伝されたのだった。西側を欺くためである。スペイン銀行の金塊はオデッサ港に運ばれ、金塊を積み込んできたスペインの輸送船と船員はここで消えてしまった。スターリンにとってこんなおいしい軍事援助はなかったろう。しかも、スペインで待ち受けていた日本の公使館付陸軍武官たちは、捕獲されたソ連の古い兵器類を確認して、一息愁眉を開いて、嬉々として参謀本部に伝えたのだった。

それに、日露戦争に勝利したという余韻が残っていたためであろうか、「ロスケ」という蔑称も比較的普通の日本人の間に普及していたし、西浦大尉が証言しているが、陸大のロシア戦略の講義の最終試験に「愚鈍だ」と書けば合格といったソ連への不合理な過小評価、皇軍に対する過剰な過大評価、そして根拠のないエリート精神主義などがないまぜとなって、ノモンハン事件の敗北と結びついていたのだった。

Ⅳ スペイン人たちのスペイン内戦

ロルカとスペイン内戦

平井うらら

一

ロルカには、彼しか言わなかった印象的な言葉が、いくつも残っている。そのひとつは、こうである。

どの国もすべて、死は終焉を意味します。死がやってくると、幕が降ろされるのです。しかしスペインは、違います。スペインでは、幕が上がるのです。死ぬ日が来るまでは壁に囲まれて暮らしているのに、死んだときは陽光のもとへ運び出される、というのが大部分のスペイン人の人生です。スペインでは死んだ人は、ほかのどの国の死者よりも生き生きとしています――死んだ人は、床屋のカミソリの刃のように、切れ味がするどいのです。そのために、スペイン人はちょっとした軽口の中にも死をよく持ち出しますし、誰とも語りあうことなく死者について思いを巡らすことも多いのです。（「ドゥエンデ論」156, 21）(1)

この言葉を一言で要約するなら、「スペインでは人々は、身近につねに、死者の言葉を聞いている」ということだ。つまり、生きている人の中でよみがえる死者の言葉が、生きている人を支え、あるいは秩序づけるということである。死はこのような形で、スペインの文化の核として存在している。振り返ると確かにスペインでは、各地に聖人の名を冠したお祭りや教会が無数にある。広場や通りにも、偉人の名前がついている。主な建物や広場には必ず、彫像や全身像が置かれている。こうしてスペインでは、〈死者との同居〉が誰の目にもわかるように示される。他のヨーロッパ諸国もいくらかはそういう習慣があるが、スペインほどの過剰さはない。

こういう〈死者との同居〉が外へ形として現れるのは、〈生〉と〈死〉はもともと共存するものだという共通感覚が社会の根底にあるからだ。そして、この〈生〉と〈死〉を統合する向こう側に、キリスト教的な厳格な教義とは別の、庶民が持つ素朴な宗教的感覚がある。この宗教的感覚が、神話的な幻想を生む。ロルカの神話的思考はそこから出てくる。

ところで、死者を生きている者と同じように感じるということは、死んだ者が簡単に過去にならないということでもある。だからこの感覚は近代特有の、「過ぎたことは済んだことであり、一刻も早く忘れて未来へ進む」という直線的な時間感覚とは無縁である。時間は直線ではなく、円環かまたは螺旋状に進む。したがって過去の中に未来を見、未来の中に過去を見ることになる。このような社会は一般には前近代的社会として克服されるべきものとされてきたが、ロルカは逆に、このような社会が持つ豊かな可能性を提示してきた。

内戦のとば口で殺されたロルカは死者になることで、それまでの毀誉褒貶あい半ばするエキセントリックな芸術家であることをやめて、民衆の中で「生きる」ことになった。内戦に入ってから、さまざまな局面でロルカは繰り返し思い出されたのである。人々にとってロルカは、死者の仲間に入ってからの方がより生き生きとして、その言葉は「カミソリの刃のように、切れ味が鋭かった」。それはたとえば、つぎのようであった。

> 内乱《ママ》［筆者註：スペイン内戦のこと［2］］が一九三六年の酷暑を過ぎて塹壕戦に陥り、ロルカがグラナーダで射殺されたというニュースがひろまった頃、読み書きの出来ない兵士達は、彼のバラードを暗記した。彼が再び生命を吹きこんだ素朴な民謡の、ふしや文句は、共和国軍の軍歌になった。
>
> 有名なスローガン「通してやらぬぞ」—¡No pasarán!—は、集会や新聞で用いられていた。だがマドリッド周辺の塹壕にひそむ兵士達は、こんな小うたを歌う方が好きだった。
>
> カトロ《ママ》・カミーノスには

ねえ　母さん
人っ子一人　通らない

カトロ・カミーノスとはマドリッドの労働者街のことである。この名は「四つの道」という意味で、カトロ・ミユレ《ママ》ーロス、つまり「四人のラバ追い」というロルカのうたのふしまわしにぴったりだった。(3)［……中略］
戦乱第一日目から共和国軍で友となった、読み書きもろくに出来ない四十六の男がいた。前線の南西扇形戦区、四マイル先のカラバンシェルの持場から彼は休暇をもらうと、マドリッドの私の事務所に時折やってきた。彼は塹壕の油と泥にまみれ、ぼろぼろになったロルカの「ジプシィ歌集」をとり出しては、こういったものである。「これ、おれに、説明して下せえ。どんな意味だか、感じでは判っとるし、暗誦もしとるが、よう説明出来んです。」そういって彼は「スペイン警察兵のロマンセ」の最初のくだりをそらんずるのだった。(4)［傍点筆者］

ここでは、ロルカの詩の特質について重要なことが述べられている。彼の詩の本質は、「読む詩」ではなく「聞く詩」であるということである。すなわち目から入ってくる詩ではなく、耳から入ってくる詩である。だから「読み書きができない」人々が、暗唱することができる。暗唱は、言葉が喚起するイメージとともにその言葉の調べが、詩を聞く人の胸に直接に響いていることによって初めて可能になる。これは、「歌」の原初的形態でもある。言いかえればそれらは、〈ほとんど「歌」と呼んでもいいような詩〉である。その意味でロルカは、近代的な意味での詩人(5)ではなく、本質的には吟遊詩人であった。したがってロルカは、民衆の中に眠る神話的世界を形にして取り出すという吟遊詩人の役目を、忠実に果たしていったのである。実際のところスペインではロルカの話が出ると、突然ロルカの詩を暗唱してみせる人は多い。それらは元の詩とはいくらか違っているのだが、その一つ一つが、彼らにとっての「私のロルカ」である。

次のような逸話が残っている。ロルカがマドリードの「学生館」に入ってからみんなに披露する詩は評判になって、友達から友達へ口伝てに伝わり、しまいにはまだロルカの詩が出版される前に、彼の詩に関する評論が雑誌に発表されたという。(6) つまりロルカの詩は、「よう説明できなくても」、「感じではよう判っとる」と誰にも思わせてしまう詩であり、聞いただけでおしまいにしてやり過ごせないような詩であったわけである。

このようなロルカの詩が、戦況が膠着し塹壕戦に入ってから、兵士たちのもとに呼び戻されたというのである。激しい戦闘が小休止になった夕暮れや、砦から敵兵を監視する見張りの長い時間のあいまに、兵士たちの口をついて出てきたのである。自分の死が、いつふいにやって来るかわからない緊迫した日々に、あるいは戦友を幾人か失くした日の夜に、その兵士たちの内面の重圧に見合うものを、ロルカの詩はもたらしたのである。

ところで、アルトゥロ・バレア(7)のもとを訪ねてきた、字も読めない中年の兵士が手にしていたものが、『ロマンセーロ・ヒターノ（ジプシィ歌集）(8)』であったことに、注目したい。スペインにおいてヒターノは差別された存在であり、しばしば権力から迫害を受けてきた。そのヒターノの神話的世界を描いたこの『ロマンセ集』がなぜ、本を読む習慣を持たない、社会の底辺で生きる人々の心をとらえたのか。彼らにとってヒターノの心情や運命など、自分とは無縁だということにならなかったのはなぜか。

ヒターノとは、ヨーロッパ各地を放浪するあいだに培った独自のルートを通じて成立させる交易と、各地の芸能を吸収して洗練させる特異な文化的能力によって、アンダルシアを中心にスペインに定着していったジプシーたちのことである。彼らは、現地の人間たちのお祭りや祝い事のたびに呼ばれて、踊りや歌を提供した。その際ヒターノは、現地の人間に気に入ってもらえなければその芸能はなりたたないわけだから、現地の人間たちが受け継いできたまだ粗野な歌を洗練させて提供したり、潜在的な彼らの夢やロマンを読み取り、形にしてみせたりしたのである。また、密貿易によって、現地の人間が思いもつかない珍しいものや便利なものをもたらしたり、逆にただの余り物をどこかへ持ち出すことによって、利益を与えたりしたのである。このようにして、ヒターノと現地の人間たちの間には、強い連帯や共生の意識が育まれていった。だから、フラメンコはおもにヒターノによって担われたとはいえ、スペインを代表する芸能となったのである。また、ヒターノが歌う歌謡の中には、土着のスペイン人の夢やロマンが織り込まれているのである。

ロルカは『ロマンセーロ・ヒターノ』を書くとき、この事を踏まえていた。彼はこの詩集によって、スペイン人が持っている精神世界を、〈ヒターノの物語〉として提示しようとしたのである。〈スペイン人にとっては公的には異族（すなわち「外部」）であるヒターノの神話的世界を、スペインにおける伝統的な詩歌の形式であるロマンセという形を使って描き出せば、それは同時にスペイン人の根源的な精神の形を示すことにもなる〉という確信によって生み出されたこの作品は、世間をあっと言わせる大胆で意想外な試みであった。一九二八年、プリモ・デ・リベラの独裁下、ロルカ三〇歳の時であった。

ロルカは同じような試みを、『タマリット詩集』(9)でも試みている。ここでは、スペインの精神の有り様は、「カシーダ」「ガセーラ」というアンダルシアでかつて一般的であったアラブの詩形式で描き出されることになった。

このロルカの詩の方法は、スペインとは何かという問いに対しての、ロルカの明確な答えでもある。「ヒターノを通して」とか「アラブの詩形を通して」とかの私の説明は、本当は迂遠な説明である。ロルカはスペインの魂を、地中海を中心に行き来する多種多様な民族の文化が混交し溶融して出来上がったひとつのものとしてとらえているからである。だからヒターノを主人公にしようが、アラブの詩の形をとろうが、それらはすべて、スペインそのものである。この考え方は、スペインの王党派や教会などの権威主義的な勢力とは鋭く対立する。なぜなら彼らの政治的目標は、かつての世界帝国スペインの再興にあったからである。もちろんその帝国は、差別と排除によって編成され、王や貴族・教会を頂点とするヒエラルキーによって成り立っている。

ロルカは、このようなヒエラルキーと妥協しない。また、かつての盟友であるダリやブニュエルのように、スペインから離れて世界へ飛翔しようともしない。ロルカはひたすら、下降する。スペインへ、アンダルシアへ、グラナダへ、そして民衆の魂の故郷へ。ロルカがこのような濃密な世界へ下降すればするほど、底が抜けるように、アラブへ、アフリカへ、中南米へ、さらには世界へとつながっていくのである。殺される直前に書かれたと思われる詩『カシーダI　水に傷つけられた子どものカシーダ』(10)を見てみよう。

降りて行きたい　井戸の底へ、
よじ登りたい　グラナダの壁を、
人知れぬ　水の錐で
ぼろぼろにされた心臓を　見届けるために。

　子どもは傷つき　うめいていた
頭に　霜の冠をかぶって。
ため池や地下槽、そして噴水は
空高く　剣をふりかざしていた。
おお　愛ゆえの狂おしい怒りよ！　生身を切り裂く刃よ！
（中略）
降りて行きたい　井戸の底へ、
一息ごとに死にたい　僕自身の死を、
僕の心臓を苔でいっぱいにしたい、
水に傷つけられた子どもと　出会うために。[11]

ここで言う「傷つけられた子ども **el niño herido**」とは、グラナダのことである。子どもの頭にある「霜の冠」とは、シエラネバダ山脈の山頂の雪のことである。この詩が書かれた頃のスペインは、まだ内戦は始まってはいなかったが、すでに左右両派のテロの応酬、ストや暴力的なスト破りなどがあって緊迫し騒然としていた。そのせいで、純粋で傷つきやすい罪なき存在であるグラナダは、いまぼろぼろになって井戸の底に横たわっている。グラナダを傷つけたのは、「氷」にも「噴水」にも「錐」にもなる、様々に変化する「水」である。そして「水」のロルカの詩における基本イメージは、「生命が生まれるところ」であり「生命が還るところ」なのである。ロルカはグラナダの悲惨な事態を前にして、直接だれをも責めない。「愛ゆえの狂おしい怒り」は、争闘を繰り返す両派にあるのである。グラナダを環流し人々の身体の中を巡る水の、名づけようのない巨大なエネルギーが、いまグラナダをずたずたに傷つけているのである。ロルカは、いま起きていることの全体を記憶し乗り越えるために、傷つけられたグラナダの心臓を見届けたいと願う。そのため、壁をのぼり、井戸へ下降するのである。「一息ごとに死にたい」とは、「一息ごとに、生まれ変わりたい」と言うのと同じである。このようにして「グラナダの心臓を見届ける」ことが、「僕の心臓を苔でいっぱいにする」ことになるのである。

この詩は、彼がなぜカンテ・ホンドを発掘し、忘れ去られた民謡に新たな息を吹き込み、バラッカの活動によってスペインの古典演劇を復活させようとしてきたか、その理由を指し示している。ロルカにとってこれらの様々な活動は、〈根源としてのグラナダ〉あるいは〈根源としてのスペイン〉の中心をつきとめ、目に見える形で人々の前に取り出す、というただ一つの目的に従ったものである。ロルカは一九三一年にラ・アルヘンティニータ[12]とスペイン民謡のレコードを出している。この時のレコードは広くスペイン中に普及し、ロルカの名前もインテリでない庶民に記憶されることになった。戦場でよく歌われたのは、彼の詩を元にした戦歌よりもむしろ、このなかの曲であっただろうと、バレアは述べているのである。

二

スペイン内戦の直接の戦闘は一九三六年の夏に始まり、三九年の春に終結した。しかし、内戦が持っていた本質からとらえるなら、それは第二共和制が始まった三一年には内戦を必然化する矛盾は既に内包されていた。世界恐慌以来の困難になんの対処もできないで崩壊した王制のあとを継ぎ成立した共和制は、選挙を通じて初めて、民衆の意志に政権の帰趨を委ねた。しかしその結果、二年ごとに政権は左右に振れることになった。三三年まではリベラルな知識人が政権を取り、三三年一二月から三五年までは右派が、三六年二月からは人民戦線が政権を掌握した。政権が変わるたびに前政権が始めた政策はすべて反故にされ、対抗勢力には徹底的な弾圧が加えられた。こうして次第に、共和制という制度そのものの信頼が失われ、左右の対決は深刻で妥協を許さぬものになっていく。内戦にまだ入らなかったのは、どちらの勢力もそれらの段階では、内戦を闘うだけの準備も力もなかったからである。共和政府は次第に当事者能力を失っていき、赤色独裁かファシストの独裁か、どちらかしか道がないように事態は推移する。(13)このようにして、三六年の夏を迎えるのである。

このスペインの〈内戦前史〉の過程を、ロルカはどのように生きたか。

第二共和制が始まる頃、ロルカはちょうどアメリカから帰国した時だった。ロルカは、アメリカ滞在中に世界恐慌の惨状を目撃することになって、近代文明の行き着く先が結局、人間を幸せにするものではないことを理解する。そのロルカの理解は、『ニューヨークの詩人』(14)で明らかにされている。もともと批判的であった欧米型の近代化と、ここで最終的に決別するのである。帰国してからのロルカは、その得られた結論＝欧米型文明の欺瞞と悲惨を、『ニューヨークの詩人』の朗読とともに講演会で報告することになる。同じくこのころ、「ドゥエンデ論」も発表されて、しばしば講演会で述べることになる。「ドゥエンデ論」では、〈ドゥエンデ〉というキー・ワードを使って、急速に近代化を推し進める西洋先進国に対峙して、スペインが持つ文化的独自性とその可能性を強く押し出すことになる。そして、自分の芸術家としての方法と立場を鮮明にするのである。ナショナルなアイデンティティを言い立てる右翼とも違う、革命のためにナショナルな伝統をいっさい否定する左翼とも違う、ロルカの独自の立場である。「ドゥエンデ論」でロルカは、〈下降する〉ことによって見出した民衆の情念の豊かな可能性を強調し、芸術の根拠をそこに置くとしているが、ただしロルカは「ただドゥエンデに従えばよい」と言っているのではない。芸術の創造の場面で現れたドゥエンデとは「闘わなければならない」、そのことによって真の創造が果たされると言っているのである。(15)だから、ロルカは単純な「民衆崇拝者」ではないのである。

ここで、内戦前夜の日々を生きたロルカの、芸術家としての内面的な基本構図を明らかにしておこう。

①『ニューヨークの詩人』で示された、文明論的終末観。そして滅びから再生への予感。[16]
②芸術論としてのドゥエンデ論の立場。
（芸術を祝祭として受け止める。ドゥエンデとは、現実世界を祝祭的空間へと転換させる潜在的な力であり、それは文化的な基層、根源から生まれてくる。芸術家は、ドゥエンデを引き出しつつ、これと闘うことによって祝祭を実現するシャーマン的役割を担う。）
③そのドゥエンデが眠っている文化的基層への下降。古い歌謡の発掘など。
（バラッカも、その活動の一つである。というのも、バラッカの主要な演目は、スペインの伝統演劇であり、それを文化とはあまり縁のない地方の庶民に提供する活動であった。「提供」と言っても、単に啓蒙的に劇を見せる活動ではなく、日常性を劇によって揺るがして、ひとつの祝祭的シーンを村人とともに作り出そうとするものだった。バラッカに参加したロルカの、ほんの数秒の記録映像が残っているが、心からその活動そのものを楽しんでいるようすがうかがえる。高みに立って、無知な大衆に教えを垂れるという雰囲気は、かけらもない。それは、ロシア革命や中国革命のときの、宣伝扇動のための演劇活動とは、根本的に違うものである。）
④『タマリット詩集』の詩的世界。
（一九三一年から三六年までの内戦前史は、アメリカから帰国して殺されるまでのロルカの時間と重なる。この期間を通じて書かれたのが、この詩集である。生前に発表されたのは、この詩集の中の一部に過ぎない。ロルカが、すでに煮詰まりつつあった内戦的状況をどのように捉えていたかが、この中で鮮明に描き出されている。それによると、内戦はひとつの煉獄であり、その向こうに再生の可能性が神話的な想像力によって希求されている。ロルカは、直接誰かを非難することはないが、この煉獄＝内戦的状況で犠牲になる者たちへの鎮魂の思いは、深い[17]。）
⑤三大悲劇の制作。一九三二年『血の婚礼』、三四年『イェルマ』、三六年『ベルナルダ・アルバの家』。
（ロルカの初期作品は前衛的実験的性格が濃いものだったが、この三作品に至ってそこから脱し、スペインの

伝統演劇の手法を駆使しながら、現実に素材を求めた、より大衆的なものとなっていった。バラッカでの活動経験が、ロルカを大きく成長させたのである。その内容は、当時のスペインが抱える困難を舞台上に提示するというモチーフに貫かれていた。）

この五つの構図がロルカという一個の主体に統一されていて、そのなかで内戦的状況も内面化されていった。このような全体性の中で、三大悲劇も制作された。ごく簡単にではあるが、「内戦的状況の内面化がどのようになされていったか」を、この三作品の分析を通して確認しておこう。

三

『血の婚礼』は、解体し漂流しつつある共同体の物語である。ロルカは、前回の公演作である『マリアナ・ピネーダ』（一九二七）が評判はよくても興業的に成功しなかったので、[18]「もっとたくさんお客が来る芝居」の制作に迫られて出来上がったのが、この作品である。表題の *Bodas de Sangre*（血の婚礼[19]）からして、センセーショナルである。一般には絶対に結びつかない「血 sangre」と「婚礼 bodas」が結びつけられ、このタイトルを大書したポスターが街の辻々に貼られたのである。しかもその劇は、猟奇的な事件としてかつて世間で騒がれた実際の「事件」が元になっている。一般大衆は、おおいに惹きつけられたことだろう。この劇は、変化に富んだ盛りだくさんの工夫がこらされていて、期待されたとおり大当たりをとった。ロルカはこの一作によって劇作家として不動の地位を得たうえに、その収入によって初めて家から、経済的に完全に独立することができた。

『血の婚礼』で重要なことは、〈花嫁[20]〉と〈レオナルド〉の逃避行が実際の事件とは違って、神の前で結婚の誓約が取り交わされたあとに決行されている点である。ここでは、ロルカの意識的な変更がなされている。そしてこのことは、〈逃避行するふたりは、社会的な倫理の枠の外に踏み出しただけでなく、神が統べるこの世の外に出た〉ことを意味する。このことの重要性、ただならさは、スペインの観客にはただちに理解されたであろう。したがってふたりの逃避行には、死の気配が満ちていくことになる。

だが、ふたりがこれほどのことに踏み出していながら、逃避行せざるをえないような理不尽な力は彼らには、最初から最後まで加えられていない。ふたりはかつて恋仲であったが、〈花嫁〉の決断によって別れている。そのあと〈レオナルド〉はこの決断を受け入れて、〈花嫁〉の従姉妹と結婚することになり、今は子供までなしている。〈花嫁〉の方は、自分の意志で〈花婿〉と交際し、婚約し、その事実を親たちは後で知るのである。〈花嫁〉は、家族同士が出会う場面では「いい妻になります」と誓ってさえいた。プロットに即していえば、ふたりの逃避行には道理がなく、同情もできないのである。

この、物語展開上の〈不可解さ〉は、ロルカの作劇の方法を理解する以外には解けない。そもそもロルカは、「悲恋による悲劇」を描こうとはしていない。彼が描こうとしているのは、〈プロット〉ではなく、〈存在の形〉である。そのためには、プロット上の説得性を平気で犠牲にするのである。このような方法的特徴は、他の二作にも顕著である[21]。

〈レオナルド〉を除くすべての登場人物には固有名がない。役名の代わりに〈花嫁〉だの〈母親〉だの、一般的な社会的立場がつけられているだけだ。もしこの劇でただひとり固有名をもつ〈レオナルド〉を消去すれば、劇はどうなるだろうか。親孝行の息子と母親、ともに畑を開墾してきた娘とその父。この両家の結婚という平凡な話になる。ロルカはこの、家族の生成というありふれた話をいったん作ったうえで破壊し、登場人物ひとりひとりの存在の形を顕わにさせてしまう劇薬として、〈レオナルド〉という存在を劇中に投じたのである。だから〈レオナルド〉は、状況設定が舞台上ですべて整えられたあとの第一幕二場になって、初めて登場するのである。このことがまず、理解されなくてはならない。

〈レオナルド〉の来歴は、〈妻〉と〈その母親〉が交互に歌う子守唄によって明かされる。彼は「猛き馬」の魂を持って、シエラネバダの山奥から降りてきた漂流者である。彼は、シエラネバダの清冽な水しか知らないので、平地の淀んだ水は飲むことができない。つまり〈レオナルド〉は、日常に溶け込むことができない異人なのである。これは、何らかの理由で故郷を追われて戻れず、漂流者としてしか生きられない人々の比喩である。キューバやアルゼンチンなど中南米で熱狂的に『血の婚礼』が受け入れられたのは、そういう〈追い立てられた人々〉が最後に行き着く先がそれらの地域だったからである。〈レオナルド〉は、彼らの祖先か同胞だったのである。その彼の〈妻〉は、〈その母親〉ともども、ただ平穏な生活を望むだけの生活者であった。

〈花嫁〉の〈父〉は、かつてよそに放浪していた時代に妻を得て、故郷に帰り、めったに人も来ない山奥を開墾してようやく人心地ついている。「僻地を開墾」というだけで、この〈父〉がたどった不遇な人生が示されている。〈父〉の妻は異風の人であり、土地に馴染むことなく孤独であった。今は何故かこの家に、母親はいない。この母の娘が〈花嫁〉で、〈レオナルド〉のかつての恋人であり、逃避行の相手である。彼女は、母親の異人としての血が流れているために〈レオナルド〉に強く惹かれ、同時に刻苦してともに開墾してきた〈父〉を捨てる気にもなれない、というように引き裂かれている。それは、すべてを投げ出して破滅へ向かうとも自由でいたいという気持ちと、「結婚」を通して社会的に上昇し皆と一緒に幸福になりたい、というふたつの方向でもある。この二重性を、二重の人格として生きるのが、〈花嫁〉の個性である。彼女は、「初夜のシーツを旗のようになびかせるあたしを市場で連れ歩いてよ[22]」と〈レオナルド〉には言い、「あたしは、生まれたばかりの赤子のように無垢で一点の汚れもないのよ[23]」と〈母親〉には言い、たじろぐことがないのである。

このふたりに対して〈花婿〉は、かつて父と兄を〈レオナルド〉の属する一族に殺されたのだが、その逆境を乗り越え、ぶどう畑を広く開墾している頼もしい若者である[24]。その〈母親〉は、出来事を神話的に読み直さなければすまない[25]人間で、夫と長男を殺された事件に縛られていて、全ての出来事をそこからしか考えることができない。

そして劇の過程で明らかにされるこれら三家族の住まいの場所が、同時に社会的関係を指し示すことになっている。〈花婿〉親子は、平地で健やかにぶどうを栽培している。〈花嫁〉親子は、辺鄙な山奥で、畑を切り開いている。〈レオナルド〉一家は、寂れたところにある一軒家である。この互いの社会的関係が、その存在のあり方や行動選択に決定的な影響を与えている。やがて〈花婿〉と〈レオナルド〉の決闘による死によって、生き残った者たちは、それぞれが絶対的孤独の中に置き去られて、その存在の形が顕わになるのである。

ロルカがここで提示しているのは、スペインの共同体の縮図である。観客にとっては、それぞれの登場人物は自分自身か、自分が知っている誰彼に似ている。三家族の来歴のひとつは、どこか自分の家族の歴史に似ている。観客にとっては、他人事ではないのである。〈レオナルド〉の無茶な行動で一挙に崩壊したように、これらの共同体は内戦的状況の中で解体の危機に瀕しており、男達に死なれて残された女たちは、絶対的孤独にさらされている。これがスペインの現在であることをロルカは、舞台に表現しているのである。

四

『イェルマ』が完成・初演された三四年は、右派が選挙に勝ち、それまでの民主的改革がすべてご破算にされて、左派への大弾圧が加えられた年である。[26]とりわけ、政府に抗議するゼネストから武装蜂起へと発展したアストゥーリアスへの武力制圧作戦は過酷を極めた。この経験を経て左派は、いったん行動を起こしたら「行くところまで行く」以外に生きる道はないことをはっきりと自覚したのである。武器を取ったら、「勝利か死か」しかないという徹底した覚悟が左右両派ともに迫られたのである。

『イェルマ』は、『血の婚礼』を裏返した作品である。つまり、レオナルドのかわりに、時代に流されるままに漂う普通の男ビクトルだったらどうなったか。そして周りが勧めるままに花嫁のイェルマが、善良だが平凡な男フアンのもとに嫁いだらどうなったか、という物語である。

この話で重要なところは、劇の冒頭の夢幻的なシーンである。主婦であるイェルマは刺繡の途中で眠ってしまって、夢の中にいる。羊飼いの男が男の子の手を引いて現れ、イェルマのそばへ来て彼女の顔を覗き込む。どこからか子守唄が聞こえてきて、イェルマは目覚める。劇の始まりでもある彼女の第一声は、「フアン、聞こえてるの、フアン？」である。この「聞こえてるの？」は、「子守唄が」という意味と、「あなたを起こす私の声が」という意味の両方が込められている。しかし、この二重性は観客にしかわからない。秀逸な出だしである。フアンは後者の意味だけを受け取り、「すぐ行く」と答える。だがもちろんイェルマは心の底では、前者をフアンにつきつけたいのである。ここに示されたふたりの間の小さな齟齬は、徐々に傷口を広げ、最後には修復できないものになっていく。

イェルマの夢が意味するものは、劇の展開の中でしだいに明らかになっていく。それは、本当の望みとして彼女の心の深層にある、〈羊飼いビクトルと結ばれて、家庭をつくりたい〉という願いである。だが、すでにファンのもとに嫁いでいる彼女にそれは叶わない。それどころか、そのような夢想を抱くこと自体が、〈姦淫の大罪〉を犯すことになる。そこで彼女は潔白を神にも自分にも証すために、どうしてもファンとのあいだに子どもをつくらなければならないのである。それゆえに彼女はこの物語を通して、ファンをかきくどき、彼の積極的助力を求め、解決方法を求めて歩き回り、最後には夫殺しにまで至るのである。つまりイェルマの悲劇は、〈「生む性」としての女の本能のせい〉ではなく、〈女としてのエロスをみずから閉ざし、あくまで倫理的「正しさ」を求め続けたせい〉である。したがって子を望むイェルマにあるのは、神の許しをもとめる熱情であり、エロス的愛ではない。そのことは、彼女が子どもを求めて唱う歌に示されている。歌では、〈子どもは夫とのエロス的な交流によって生まれてくるのではなく、聖なる天空からの恵みとして自分のもとに訪れてくる〉とされているのである。もともとエロス的情感は、恋の自覚もないままに初恋の人ビクトルに捧げられていて、それは今では断念されているのだから、ファンとの間にエロス的関係は成立しようがない。このエロス的関係のないファンとのあいだに子どもを作りたいと願うのだから、結局彼女の望みは、処女懐胎した聖母マリアのようになることである。このような天上的望みを唱う時点で、彼女の希望は絶対的に不可能なものとなっている。それに対比するように、自然なエロス的愛を生きる近所の娘マリーアは、子どもをみごもった過程とその情感を語る。(27) 観客は、このふたりの対比によって、子どもに向けたイェルマの愛の特異さを知ることになるのである。イェルマは、ひとたびこのような望みを得ると、うまくいかなくて嘆くことはあっても迷うことはなく、一直線に突き進む。彼女は冷静に現実を見ようとせず、現実と折り合いをつけようともしない。文字通り、〈勝利か死か〉の一本道である。

それに対して、夫のファンは凡庸で誠実な地上的な男であり、天上的な世界へ舞い上がろうとする妻を引きとめようとして「子どもがいなくても、楽しく工夫して過ごそう」、「どうしてもと言うなら、養子を探そう」という至極まっとうな提案をするが、にべもなく断わられる。彼は妻が狂気に取り憑かれたようになっても、見捨てず、閉じ込めず、暴力を振るわず、差別的な言葉さえ吐いたことはない。妻が狂気のようにあてもなく歩き回るのを心配してついてまわり、遠くから見守っているだけである。ファンは、どうしていいか分からなかったのである。彼に罪があるとするなら、妻の気持ちや語る言葉が理解できなかったという点だけであった。

イェルマは、夫ばかりでなく、劇中で出会う近所の娘や、老婆や妖術師との会話のなかで、現実的な解決法を示されていく。最初はごく常識的なものから始まって、次第に怪しげなものへと変わっていくのだが、そのどれかの解決法は、観客にとってももっともと思われたことだろう。それらの一つ一つを拒絶するごとに、イェルマは地上と自分とを繋ぐ梯子をはずして行き、それだけ天空へと上昇することになっていく。そして、最後の望みを絶たれたことがはっきりした時に、イェルマは地上の存在であることを断念することになるのである。そしてこの断念を形にするために、彼女を地上につなぎ止める最後の存在であるファンを殺すのである。

ロルカがこの劇で提示しているのは、〈いったん正義が正義として信じ込まれ、その信念が地上的なものとの通路を失えば、「殺しあい、破滅する」ところまで必ず行き着いてしまう〉というメカニズムである。それを、イェルマという女の存在を通して描いている。それゆえ、この妻は「イェルマ＝不毛」(28)という名前を背負っているのである。もちろんロルカの批判の刃は、右翼であろうと左翼であろうと、現実の困難や悲惨から出発せずに、理念としての「正義」のみを言い募る全ての人に向けられている。

五

『ベルナルダ・アルバの家』は三六年に完成したが、ロルカの生前に公演されることはなかった。この作品は、副題に「スペインの田舎における女たちのドラマ」とあり、添え書きに「詩人はこの三幕劇が写真によるドキュメンタリーのようになることを意図している」(29)とある。

もちろんロルカのことだから、「写真によるドキュメンタリー」と言っても、単なる「現実のリアルを写し取った記録」を意味しない。「写真」は、二〇～三〇年代において盛んだったシュルレアリスム運動において、もっとも先鋭な芸術的手段であった。それは、〈人間の主観を排して、「見たいもの」も「見たくないもの」も「視野にすら入ってこないもの」も平等に写し取る手段〉として、評価されたのである。この方法をロルカは、演劇にも持ち込んだ。具体的に言えば、作者の主張のために、登場人物の誰かを肩入れしたり軽視したりすることなく、それぞれの存在の形を等分に、かつ鮮明に描き出すことを意図したのである。言い換えると、〈簡単に絵解きして、そこから教訓を引き出すような作品にはしない〉ということである。したがって「ドキュメンタリー」も、「虚構を排した記録」という本来の意味ではなく、「写真的演出によって可能になった、時代の記憶」という意味である。内戦的状況に陥ったスペインの「今」を、永遠に記憶しようとするものである。

この前提の上に設定された舞台が、「田舎の女たちのドラマ」である。つまり〈「田舎の女たちのドラマ」の姿を借りて描いた、スペインの「今」〉ということになる。前者は後者のパロディとなっている。だから、「表のドラマ」をたどりながら「裏の意味」が読み取れるようになっている。たとえば、ベルナルダが娘たちに強要する服喪の期間が「なぜ八年間であるのか」という問題は、当時のスペインの葬制をいくら調べてもわからない。これは、第二共和制が生まれる原因となったプリモ・デ・リベラの独裁が二三年から三〇年まで、あしかけ「八年続いた」ことを暗に指している。「独裁が八年だから、服喪も八年」というわけである。[30]ということは、「家長の死」とは、「リベラ失脚、王の不在」による〈中心の喪失〉を意味する。それゆえ、登場人物ばかりか舞台全体が、黒白の二色で統一されているのである。また、「この作品がパロディである」ということをより明確にするために、登場人物の年齢があらかじめ明示されている。「三九歳から二〇歳まで、年頃の五人の娘を抱えながら、外へ一歩も出ない八年間の服喪」などありえないことであるから、それが「何らかの比喩」であることがわかる仕掛けになっているのである。また、この劇の表題にも、そのパロディ的性格が示されている。この物語のタイトルが、『アルバ家の女主人』とか、『アルバ家の人々』とならないのは、何故かという問題である。『ベルナルダ・アルバの家』とは、直接には〈ベルナルダが宰領する空間〉という意味であり、それは〈ベルナルダという個性によって、伝統ある家系が占有された一時期のこと〉という意味でもある。これは、〈長い歴史を持つスペインが、内戦的状況に占有された一時期のこと〉という意味に重なる。「アルバ」という名は、名家として知られている。[31] それに対して「ベルナルダ」という名は、スペインではもっとも不人気な名前で、「聖ベルナルド会の修道女」のイメージがあるので、「堅物で融通が効かない女」を意味する。この二つの名が結合されることによってかもし出されるアンバランスにこそ、物語の虚構性とパロディ的性格が暗示されている。そしてこのことはもちろん、観客にはただちに理解されたはずである。それをわざわざ「これは単なる田舎のドラマです」と限定したのは、作品のパロディ的性格につけこんだ右翼の難癖から芝居を守るためであった。[32]

物語そのものは、シンプルである。

突然の〈中心の喪失〉を、アルバ家で否応なく担わなければならなくなったベルナルダが、その力量も準備もないために無用に緊張し、居丈高になり、その指図も行き当たりばったりなので、影に陽に娘たちの反抗に会って右往左往するという状況がメインとなる。ベルナルダの大まかなもくろみは、長期の服喪を通じて娘たちを従わせ、結婚は自分の差配通りに進めること、その手始めとして長女の婚姻を大過なく実現することである。長女の結婚話は、一四歳年下のペペ・エル・ロマーノ（二五歳）との間で進んでいるが、その不自然さから見ても、この男が財産目当てなのは明らかである。長女は、ベルナルダの連れ子で、前夫から多額の遺産を相続しているのである。下の娘たちはこのことに内心不満なのだが、なかでも四女がペペに片想いをし、末娘が恋仲になったことから、波乱含みになる。しかし、女中ポンシアからこの事実を告げられながら、ベルナルダはそのことを認めようとせず、なんの対処もできない。事件は、末娘に会いに来たペペをベルナルダが銃撃することによって起こる。ペペが殺されたと思い込んだ末娘が、自殺してしまうのである。悲嘆に暮れるベルナルダの姿がラストシーンとなる。

この、クライマックスになる「事件」については、不可解なところがある。ベルナルダは、忍んできた男が結婚話を進めているペペだとわかっていながら、なぜ説得もせずにいきなり発砲したのか。末娘は、愛する人が「くたばった」と告げられただけで、なぜ確かめもせず自殺してしまうのか。プロットだけにこだわると不可解だが、当時のスペインの不穏な状況を下敷きにすれば、観客は充分に納得したのだろう。さらに不可解に思えることは、この劇の最後の台詞が、ベルナルダの「娘は純潔のままに死んだ、わかったね」という残された娘たちに向けた叫びで終わることである。とても娘に死なれた母親の言葉とは思えない。末娘が生娘ではないのは、登場人物も観客も全員が知っていることである。[33] ベルナルダの中では、「そうであってほしい」ことと、「実際にそうであること」が都合よく入れ替わっているのである。このシーンを最後に持ってくることによってロルカは、ベルナルダの家が虚偽のうえに成り立っていることを提示しているのである。

このようにプロット上では不審なところがあるにしても、この劇の魅力は登場人物それぞれの個性と、相互の火花を散らすやり取りの面白さにある。

家族という小さな社会が舞台上で、どのような演劇空間として成立しているかが、プロットよりも重要である。すなわち、舞台上で成立しているシチュエーションを確認することで、それが現実のどのようなパロディかがわかるのである。

この作品の空間を、ひとつの閉塞的空間として捉えるなら、この家族が閉じ込められているのは「コップの中」にたとえられるだろう。この家族は、コップの中に無理やり押し込められたのではなく、それはいつの間にか目の前にあったのである。確かに家族は〈外部〉には、閉じられている。それは、見方によっては「閉じ込められている」のだが、他の見方をすれば「自ら閉じこもって」いる。この家族の状況は、この二つの性格がないまぜになっているのである。心の中では、「中にいて窒息しそうだ、外へ出たい」という気持ちと、「小さな世界に自足して、外には出たくない」という気持ちがせめぎ合っている。

コップの外部は、家族にとっては危険な見知らぬ世界だ。だが、この〈外部〉があって初めて〈内部〉が成り立っている。〈外部〉は、〈内部〉を規定する。そのもっとも重い力が、「姦淫は許さず、罪を犯した者は死でつぐなえ」という村人からの厳しい倫理的圧力である。罪を犯すにしろ犯さないにしろ、圧倒的プレッシャーでコップの中を支配している。末娘を早すぎる自死に追いやったのは、この力である。

〈外部〉のもうひとつの力は、ペペ・エル・ロマーノである。それは、〈欲望〉の別名でもある。ペペは、自分の欲望でコップの中に介入する。長女は〈上昇の欲望〉で、末娘は〈性愛の欲望〉でこれに応じようとする。〈性愛の欲望〉は、本来アナーキーなものだから、これがコップの中に嵐を吹き込むことになる。

独特の位置を占めるのが、女中ポンシアである。彼女はもともと〈外部〉に根拠を持っているから、〈外部〉の風を〈内部〉に持ち込む唯一の存在である。彼女は、〈外部〉にも〈内部〉にも通じながら、その両者に囚われることなく、コップという仕切りの中で存在する欺瞞性を見抜いて行き来できる人間である。それを象徴的に示しているのが、冒頭の「ソーセージのつまみ食い」のシーンである。これは、虚偽の上に成り立っているベルナルダの最後のシーンとみごとに照応している。

この閉塞空間を抜け出る方法はあるのだろうか。長女は、上に抜け出ようとしている。抜け出た次の空間も閉塞していないとは言えないのだが。末娘は、底を砕いて抜けようとしている。しかし外から呼応して砕いてくれる相手がいなくなったとき、絶望して死んでしまう。リアルから決別して、自由なる天空で生きている祖母マリーアもいる。〈正気でいつづけるためには、正気でいられない〉とばかりに狂人となり、閉じ込められているが自由で、なぜだか突然部屋から出てきては不思議な歌を歌う。(34) 彼女は、ドゥエンデが人格化された存在で、この家族の心の底の底にある本心を体現してくれている。

外へ抜け出ようとしない、真ん中の三人の娘たちもいる。次女は、人生をもう諦めているが、生活は大事にしてみんなの面倒を見ようとしている。三女は、目の前のことしか頭にない。四女は、初恋を母に禁じられてから性格がねじくれてしまった。ベルナルダは、これらの家族をコップの中でなんとか取りまとめて、穏便にことを運ぶことに必死である。

このベルナルダの「コップの中の世界」が、どのように現実のスペインのパロディとなっているかを考える楽しみは、観客に委ねられている、

六

タマリットの林に
鉛の犬たちがやって来て
小枝たちがひとりでに落ちてくるのを待っている。

タマリットにはりんごの木があって
そのりんごの実はすすり泣いている。
ナイチンゲールは　ため息を掻き集め、
雉は　ほこりの中へ　ため息を蹴り払う

それなのに　小枝たちは陽気だ、
まるで僕たちのように。
そして　雨の心配もせず　深い眠りに落ちる、
前触れもなく、まるで木の幹のように。(35)

三四年に書かれたこの詩を見てもわかるように、スペインの民衆たちに危機が迫っていることをロルカはひしひしと感じていた。危機がせまる出口のない時代状況を舞台上に構成しながら、その状況をロルカは観客とともに生きようとする。それが演劇における彼の〈祝祭〉だった。ロルカはそのモチーフにおいて、魯迅が『阿Q正伝』でしたように、あるいはソルジェニーツィンが『イワン・デニーソヴィチの一日』でしたように、〈現にそこに生きているありふれた庶民をきちんと描くことを通して、そこに希望を託そう〉としたのである。実際に、内戦のあとの長いフランコ独裁のあいだ、ロルカの記憶をスペイン本国で胸に抱き続けてくれたのは、これらの〈ただの人たち〉だった。

　ロルカは内戦のとば口で殺されたが、〈今がどのような時代であり、そして、これからどのような時代が来ようとしているか〉をその才能のすべてをかけて人々の前に告げてきた。彼が死ぬことによって、彼の言葉は「黄金の言葉[36]」に変わって、人々の中にいつまでも生き続け、抵抗の根源的な力でありつづけた。フランコは独裁をうちたてたあと、ロルカを抹殺するためにあらゆる手段を講じた。しかしこのことによって皮肉なことにロルカは、フランコから「不倶戴天の敵」という最高の評価を受けたともいえるのである。すなわち、「フランコが倒れるか、ロルカが完全に忘却されるか」というかたちでロルカの内戦は、フランコ体制が終わるまで続けられたのである。

註

（1）(156, 21) は《Juego y teoría del duende》: García Lorca, Federico, *Obras Completas Tomo III.* (Edición de Miguel García-Posada, Barcelona, Círculo de lectores, 1997), pp.150-162.（一五六頁、二一行）を示す。《Juego y teoría del duende（ドゥエンデの働きと理論）》は、以降本文において「ドゥエンデ論」と表記する。

（2）「内戦」は、引用文の山本恒訳では「内乱」となっているが、内乱と内戦では意味が違う。内乱は、統治機構の崩壊がもたらした混乱から戦闘状態となったことを意味するが、内戦は国内における二つまたはそれ以上のヘゲモニーが戦闘によって雌雄を決しようとする状態である。引用文が掲載されている『ロルカ選集・別巻』の発売は一九五九年であり、まだスペイン内戦に関する情報が充分でない段階であったため、山本訳では語法上の混乱が生じたと思われる。

（3）アルトゥロ・バレア「詩人と民衆」山本恒訳（『ロルカ研究、選集別巻』所収）五六〜五七頁。

（4）同書、五八〜五九頁。

（5）「近代的な詩人」とは、「共同体から自立してそれと対峙し、自己の内的世界を詩の言葉によって構成・創造するような詩人」のことである。ロルカは自己の詩の根拠を、自意識にではなく、共同体のコンテキストに置いている。

(6) Roy Campbell, *Lorca: an appreciation of his poetry* (New Haven, Yale University Press, 1952.) ロイ・キャンベル「ガルシーア・ロルカ論」『スペイン人民戦争(全集・現代世界文学の発見3)』長田弘編(学芸書林、一九七〇年)三三八頁。

(7) Arturo Barea,(1897-1958) ロルカと同世代であり親しい友人でもあったスペインの作家、ジャーナリスト。スペイン内戦後イギリスに亡命し、死ぬまで帰国しなかった。

(8) García Lorca, Federico, *Romancero gitano* (1928)

(9) *Diván del Tamarit* (1936)

(10) «Casida I Casida del herido por el agua» *Diván del Tamarit* : García Lorca, Federico, Obras Completas Tomo I. (Barcelona, 1997) p.600.(初出 Buenos Aires,1938)

(11)『タマリット詩集』平井うらら訳、(影書房、二〇〇八年)五六〜五七頁。

(12) ラ・アルヘンティニータ (La Argentinita)、本名 Encarnación López(1895-1945)。アルゼンチン生まれの舞踊家。民俗舞踊にもスペイン・クラシック・ダンスにもすぐれた才能を示した。一九三二年ロルカとともにマドリード・バレエ団を組織して、スペイン国内を巡演した。ちなみに、同じくアルゼンチン出身でカスタネットを駆使し二〇世紀最高のスペイン舞踊家といわれたラ・アルヘンティーナ (La Argentina)、本名 Antonia Mercé y Luque(1890-1936)とは別人。

(13) バーネット・ボロテン『スペイン内戦(上)』渡利三郎訳(晶文社、二〇〇八年)、「第一章　動乱の前夜」四六〜六七頁。

(14) *Poeta en Nueva York* (1930)

(15)「ドゥエンデは、文学や音楽、舞踊を創り出す者たちに、面と向かった直接の闘いを求めます。[略] ドゥエンデは闘って人間に傷を与えます。そして、ふさがることのないその傷を癒す過程で、この世のものとも思えない、真に独創的なものが、人間の芸術作品において出現するのです。」(「ドゥエンデ論」159,16)

(16) たとえば、『タマリット詩集』「カシーダⅧ　金色の少女のカシーダ」では、金色の少女が水浴びしていると、水が炎となり燃え上がる。そして少女は、白鷺に変身する。(平井うらら訳:前掲書七〇〜七一頁。)

(17) とくに、「カシーダⅣ、Ⅴ、Ⅸ」

（18）イアン・ギブソン『ロルカ』内田吉彦ほか訳（中央公論社、一九九七年）二二三頁。
（19）「血の婚礼（bodas de sangre）」と言えば「儀式の最中に血が流れた」と思ってしまう人もいるかも知れないが、この作品の流血の事件は「逃避行の森の中」で起こる。boda（結婚式、披露宴、婚礼）はしばしばbodasと複数で用いられ、日本語で言う「婚礼」より広い意味を持っており、結婚式当日から翌日の朝までの長く続くイベントを総称して言う。
（20）『血の婚礼』では、役名が一般名詞の「花嫁」「母親」などと同じであるから、本稿では区別するために、役名の「花嫁」「母親」は〈花嫁〉〈母親〉と表記することにする。
（21）一九五〇年代の「フランスにおけるロルカ再評価」を牽引した若者たちが注目したのは、この、〈プロットより存在〉という不条理演劇の方法を、いち早く実現している先達としてのロルカだった。
（22）ガルシーア・ロルカ『三大悲劇集　血の婚礼』牛島信明訳（岩波文庫、一九九二年）一一三頁。
（23）同書、一三〇頁。
（24）ただし当時のスペインの状況をみれば、上昇する営農家である花婿の家も、希望に満ちているわけではない。当時の自営農は市場経済の渦中にあり、世界経済の帰趨に直接の影響を受けた。世界不況の影響もあって、三〇年代の農家は、破産没落するものも多かった。観客はもちろん、そのことを十分承知している。
（25）家族を殺された事件は、周りの人間にとっては「もう済んでしまったこと」に過ぎないのに、彼女にとっては「切れば血が出る生々しいこと」であると同時に、「未来への予兆」として捉えられているところが、〈神話的〉である。
（26）一九三三年九月のアサーニャ政権の崩壊にともなって行われた一一月の総選挙で右派勢力が勝利し政権を掌握した。
（27）「口には出さないけど、ふたりだけでいる時なんか、あの人の目、まるで一対の緑の葉のように震えているわ。」[中略]「おなかの坊やはあの人があたしの耳から滑りこませた炎の小鳩のような気がする」（前掲書『三大悲劇集』一四八頁。）
（28）**yermo, ma**（形）①住む人のいない、無人の②不毛の、（男）①無人の地②荒野、不毛の地、**yermar**（他）[土地を]荒廃させる。（スペイン語大辞典、白水社二〇一五年）

(29) "El poeta advierte que estos tres actos tienen la intención de un documental fotográfico."
(30) ストーリー上の「八年間の服喪」とリベラ独裁は、もちろん直接の関係はない。第一、順序が逆である。八年の独裁があってから、その後に「謹慎＝服喪」が来るのだから。しかし民衆の気持ちからすると、「八年間、好き勝手されて迷惑したのだから、同じ期間だけ謹慎しろよ」と言いたいところだろう。ロルカはこれを受けて、「八年」を出してきたと思われる。「八年」のこのような使い方によって、この劇がスペインの現実のパロディであることを観客に明示しているのである。
(31) ゴヤの肖像画『黒衣のアルバ女公爵』が有名。
(32) バラッカの公演中、しばしば右翼から難癖をつけられて妨害され、公演中止に追い込まれたこともあった。
(33) 「あの人、あたしを川原の葦の茂みに連れてってくれる」(前掲書『三大悲劇』三三三頁)、「ペチコートが麦わらだらけだもの！」(同書、三三五頁。)
(34) 「あたしの可愛い坊やの子羊ちゃん／いっしょに海辺へ出かけましょう(中略)二人で海辺に行ったなら／門はひとりで開くから／珊瑚のおうちに入りましょう」(同書、三二六～七頁。)
(35) 「カシーダIII　小枝たちのカシーダ」前掲書『タマリット詩集』六〇～六一頁。
(36) 「しかしみんな知っていて欲しい　僕が死んだのではないことを／そして僕の唇には黄金の馬小屋があり／僕は西風の小さい友達で／僕は僕の涙の広大な影であることを。」(同書、四〇～四一頁。)

アントニオ・マチャードのスペイン内戦

川成　洋

アントニオ・マチャード・ルイスは、一八七五年七月二六日、セビリャで生まれる。一歳年上の兄に、マヌエルがいた。父親は著名な民俗学者アントニオ・マチャード・アルバレスであった。一八八三年、祖父がマドリード大学教授となったために、一家はマドリードに移る。マチャード八歳の時であった。マドリードで、兄マヌエルとともに、ヒネール・デ・ロス・リオスの運営する自由教育学院に学び、その厳しい知的訓練とリベラリズムは彼の人間形成に大きな役割を果たす。マドリード大学文哲学部に進み、在学中から詩を書き始める。卒業した年に、兄が働いていたパリのガルニエ出版社で三ヵ月間くらい働いたが、その間オスカー・ワイルドやピオ・バローハ、そしてニカラグアの詩人ルーベン・ダリオなどと知り合う。一九〇三年、詩集『孤愁』を出版する。一九〇七年、フランス語教師としてソリア高校に赴任する。その二年後に下宿の大家の娘レオノールと結婚する。彼は三四歳、彼女は一六歳だった。一九一一年、奨学金を得て、妻とともに、パリに留学するが、妻が結核にかかり、喀血し、その年の九月ソリアに戻る。帰国したものの、病状は一向に良くならず、その一一ヵ月後に亡くなる。詩集『カスティーリャの野』を上梓したときであった。亡き妻レオノールへの思いは募るばかりであり、であった。

あの高地の
ドゥエロ川がソリアをめぐり
大弓のカーブを描くあたり
鉛色した丘と
点在するうばめがしの間を

わが心は夢の中をさ迷いゆく……

ね、レオノール、川辺にポプラの枝が
そばに立つのが見えるだろう
青と白のモンカヨ山をごらん、
手を貸してくれ、散歩しよう。
この埃っぽいオリーブで縁《ふち》どりした
大地の野を
疲れて淋しく、思いに沈み、老い込んで、
わたしは独り歩むのだ。

（興津憲作訳）

やがてハエン県のバエサ高校に移り、ここで哲学の研究に専心し、博士号を取得する。一九一六年六月六日、マチャードは六人の客を迎える。グラナダ大学のドミンゲス・ベルエータ教授が率いる五人の学生たちの美術研修旅行団であった。

その中にフェデリコ・ガリシア・ロルカという法学部の一八歳の学生がいた。マチャードとロルカの初邂逅であった。一〇日にマチャードはすでに有名になっていた詩集『カスティーリャの野』の一節を朗読した。

男性的なカスティーリャ　いかついい大地よ
運命を冷たくあしらうカスティーリャ
苦痛と戦乱に明け暮れるカスティーリャ
不死の国よ　死のカスティーリャよ

たそがれが迫り　野原が

太陽から遠のくころ　地球の驚きをしりめに
紫の風船のように　詩人の愛する
あてやかな月が現われるのだった
（鼓直訳）

この朗読の後、ピアノに向かったロルカは、クラッシックの曲と、アンダルシア的発想による自作の曲のいくつかを即興的に弾き、ピアニストとしての才能の片鱗を見せたのだった。

翌年の春、同じくグラナダ大学研修旅行団がマチャードの所に立ち寄る。勿論ロルカもマチャードと再会できた。こうして、マチャードは、詩作に没頭し、何冊かの詩集を出版し、ソリア、セゴビア、バエサなどの地方都市で、スペイン文学とフランス語を講じるといった充実した幸せな日々は、彼みずからが「一方のスペインはあなたの心臓を凍らせるだろう」とスペインを評したように、一九三六年七月一七日、内戦の勃発によって余儀なく中断されてしまった。この時マドリードにいたマチャードは躊躇うことなく共和国を支持した。ところが、兄のマヌエルの方は、ブルゴスにいたために、フランコ叛乱軍側に与し、結局、これ以降、兄弟は敵味方に分かれることになり、生涯再会することはなかったのである。

ところで、内戦勃発の一ヵ月後、八月一九日から二〇日未明にかけて、グラナダ郊外のビスナルの村で、フェデリコ・ガルシア・ロルカがフランコ叛乱軍のファシスト一味によって、銃殺されてしまった。その三週間後、マドリードの共和派の新聞がこの悲劇を噂として取り上げた。当初は信じ難かったこの噂話も、グラナダからかろうじて脱出した共和派の人たちの情報によって、次第に、ロルカ逮捕と銃殺という、この上もない不幸な事件を確かなものとなった。ロルカの死、しかもファシストによって銃殺されたという衝撃的なニュースは、瞬く間に、スペインのみならず、ヨーロッパ諸国でも駆け巡ったのだった。

生前ロルカの才能を認め、その将来に全幅の期待を込めていたマチャードは、ロルカの惨殺を悼み、ファシストの残虐性を糾弾した長詩「犯罪はグラナダで行われた」を発表した。

Ⅰ　犯　罪

人々は見た　銃に囲まれ
長い道を来た彼が、
星の輝く冷たい野
夜明けの野に現れるのを。
その射し初めるその時に
彼らはフェデリコを射殺した。
その死刑執行人の一隊は
彼をまともに見られなかった。
奴らは残らず眼を閉じて、
祈るのだった、神が汝を救わぬように！　と。
彼は倒れた、フェデリコは死んだ。
——額に血、腹に弾丸——
……グラナダで犯罪が行われた！
君は知っているか——あわれなグラナダ！
——彼のグラナダを！……

Ⅱ　詩人と詩

人々は見る。死と連れ立って二人きり、
その銃を恐れもせず歩みゆく彼を。
——すでに太陽は塔に昇り、
ハンマーは鍛冶屋の鉄床《かなとこ》という鉄床を叩いている。

フェデリコは死に語りかけ、
言い寄った、死は彼の言葉に耳を傾けた。
「昨日、ぼくの詩の中で、新しい友よ、
お前のつれない平手打ちの音が鳴り響いた、
ぼくの悲劇にお前の銀の刃《は》を、
だからぼくはお前のために歌ってあげよう
お前が持たない肉体を、お前の存在しない眼を、
風にふるえるお前の髪を、
それからくちずけ受けるお前の赤い唇を……
昨日のように今日も、ぼくの死を、美しいジプシーの娘よ、
ああ！　お前とともに二人だけいるこの楽しさ、
わがグラナダ　グラナダのこの空気を吸う楽しさよ！」

Ⅲ

歩みゆく彼らを人々は見る……
友よ、墓を刻め、
石の　また夢の墓を、――アルハンブラ宮殿の中に、
かの詩人のため、
水のなく泉の上、
グラナダで犯罪が行われた！　彼のグラナダで！　と
永遠《とわ》に水の語り続ける泉の上に。

（小海永二訳）

ロルカの死後、緒戦段階でフランコ叛乱軍によるの重包囲下のマドリード、さらに共和国政府の移転先のバレンシ

ア、バルセロナと、転々と生活の場を変え、常に死と隣り合わせにいながら、共和国軍の兵士を鼓舞するための詩を書き、前線向きに発行している新聞に激励の記事を書いていた。それにしても、共和国軍の敗戦は時間の問題となった。今や、スペイン共和国政府、カタルーニャ自治政府、バスク自治政府の首府の移転先あるバルセロナをフランコ叛乱軍が制圧する構えをみせた。ついにマチャードもスペインを離れる覚悟をしたのだった。

一九三九年一月――、

スペイン内戦の終末期、何十万もの共和派の人々が、難民として、あるいは亡命者として、この国境に殺到した。彼らは、おしなべて、飢餓と疲労にうちひしがれ、着のみ着のまま、ほんのわずかの食糧を携え、ただひたすら逃亡の道を歩いてきたのだった。

このような難民に混じって、年齢六五歳の、猫背で自由に歩行できないために実際の年齢より老けて見えるアントニオ・マチャードが老いた母を抱えるようにして、友人らとともに国境に向かう。

それより少し前、バルセロナにおいて、たまたまソ連の詩人イリヤ・エレンブルグに会い、別れ際に彼はこういった。

　わたしたちは、戦い方が下手でした。それに兵器も不足していました。……でも、スペイン人をあまり厳しく裁かないでください。もう何もかも終わりです。明日にもバルセロナは占領されるでしょう。兵法家や、政治家や、歴史家にとっては、もう事件は終わったのです。わたしたちは、戦争に負けました。しかし、人間的に言うと、わからない……勝ったかもしれない……

（小笠原豊樹訳）

その直後のマチャードの様子をエレンブルグは、「わたしは振り返って、そのひとを見つめた。悲しげな、猫背の、スペイン人のように年老いた、賢いひと、やさしい詩人、決して答えず、決して尋ねず、非常に深い表情をたたえたその目を、わたしは最後に見た……サイレンが鳴り始めた。その日もまた、空襲が始まったのである」と回想している。

スペイン内戦が、二〇世紀の他のいかなる戦争、内戦、革命と異なるのは、まさに、マチャードが言ったように、「人間的」でありたいという理想、別言すれば、アンドレ・マルローの「人間の尊厳」、ジョージ・オーウェルの

「人間らしさ《ディーセンシィ》」を護ることであるのだが、そうした悲願ないし理想を前面に打ち出して戦った点である。

一月二二日、マチャードらは、フランス国境沿いのピレネー東端で地中海に面した町、マチスが《窓》を描いて「野獣派《フォーヴィスム》」の旗揚げをした地、コリウールに辿り着き、そこの安宿に逗留する。だが、マチャードは、長旅のために宿痾の喘息が再発し、二月二二日、不帰の客となり、母親も、その三日後、息子の跡を追うかのごとく、息を引き取ったのである。このように、流謫《るたく》の地で、あえなく死んだマチャードに追悼と哀惜の意を表明すべき、パリのスペイン共和国大使館員が赤・黄・紫の共和国旗を彼の亡骸の上にかけた。マチャードは母親とともに海辺の高台にあるコリウールの墓地に葬られる。

フランスの詩人ジャン・カッスーはソネットをマチャードに捧げている。

そこであなたは　見いだすだろう
あの涙にくれた　深い夏の匂いを
コリウールの　墓石のほとりに

そこに囚われびとは　朽ちはてて
うち砕かれた　怒りの壺のほか
もう　何ひとつ　残らないだろう

（大島博光訳）

マチャードの詩は、ロルカの詩と同様に、内戦の勝利者フランコからすれば、唾棄すべきものだった。フランコ軍事独裁体制下のスペインではまったく顧みられなかった。

しかしながら、一九八八年三月、マドリードのグラン・ビアにあるスペイン最大の書店カサ・デル・リブロで、マチャード没五〇周年記念ブック・フェアが行われた。その書店のディスプレイ・ウィンドゥには、マチャードの全集や関係書、それに彼の写真が所狭しと飾られていた。

マチャードの詩は、そしてマチャード自身も、復活したのだ。

孤高の芸術家、カザルス

福島　睦美

「生涯私は多くの国を旅行し至るところに美しさを見出した。だがカタロニアの美しさは幼いときから私をはぐくんでくれたものだ。目を閉じると、サンサルバドルの海と砂浜に小さな漁船がよこたわる海岸沿いの村のシッチェス、タラゴナ地方のぶどう畑とオリーブの森とざくろの林やリョブレガト川とモンセラートの峰々が見えるのだ。カタロニアは私の誕生の地である。この土地を母のように愛している……[1]」。

カタルーニャの州都バルセロナから南へ約七〇キロ、海沿いの小さな村サン・サルバドールにカザルス博物館はある。穏やかな地中海に臨み、温かな光に包まれた瀟洒な邸宅と手入れの行き届いた庭園は、カザルスが別荘として使用していた当時と変わらぬ姿でそこにある。しかし、重い木の扉を開けて一歩中に入れば、ほの暗くひんやりとした中に、九六年にわたる彼の人生と、スペインがたどった長く苦しい歴史を垣間見ることができる。

カザルスとバルセロナ

チェロ奏法に革新をもたらし、バッハの無伴奏組曲を世に送り出すなど、パブロ・カザルス（一八七六～一九七三）が世に残した功績は大きい。とりわけ、祖国カタルーニャの平和と文化的向上には、余すことのない情熱を注ぎこんだ。

バルセロナでは一八八〇年代以降、様々な音楽的変革があり、音楽学校や演奏会場の建設が増える中で、多様な音楽団体が楽壇活性化のために作られていった。そんな中、世界各地で演奏旅行を行っていたカザルスは一九一九年、バルセロナの音楽界のさらなる発展を目的に、質の良いオーケストラの設立に翻弄した。公的な資金援助もなく、反対の声も多い中、個人的な貯金を取り崩し、自らの足で八八人もの団員を確保した。事務的な手続きや稽古の実施など、実務全般にも携わった。それもこれも祖国への一途な思いから出た行動である。カタルーニャ音楽堂を本拠地に定め、オーケストラには、「パウ・カザルス・オーケストラ」と名付けた。パウはカタルーニャ語でパブロを意味し、カザルス本人も親しみを感じている呼び名である。過労によるカザルスの体調不良など紆余曲折を経て、一九二〇年一〇月一三日、オーケストラは初めての演奏会を開催した。彼らがレパートリーとしたのは、J・S・バッハ、ハイドン、モーツァルト、ベートーヴェン、シューベルトなど、クラシック音楽の巨匠たちの管弦楽作品に加えて、当時の現代音楽、すなわち、ストラヴィンスキーやアルバン・ベルクのものも取り上げた。また、地元カタルーニャの作曲家の作品初演も多く行った。カザルスとオーケストラの活動は大成功で、世界各地から多彩な共演者が集まった。

一九二五年には、一般市民たちが気軽にクラシック音楽に接する機会を持てるよう、安価な会費で年六回（春と秋に各三回）の定期演奏会を提供する「労働者コンサート協会」を設立している。このようなシステムは世界初の試みであった。演奏会場はカタルーニャ音楽堂で、パウ・カザルス・オーケストラの演奏会を中心に、国内外の高名なソリストや指揮者も招かれた。演奏会の開催のみならず、労働者コンサート協会は、独自の活動場所、図書室、音楽学校、合唱団とオーケストラ（パウ・カザルス・オーケストラ）を持ち、会員たちによって雑誌の発行も行われるようになった。一九二六年五月一六日に行われた第一回目の演奏会から、この団体の活動がフランコにより禁止されてしまう一九三九年まで、述べ三〇万人の会員が「本物の」音楽を堪能し、その運営に携わったという。

届けられなかった《第九》

カザルスは一九三一年を「誕生の年」とみなしている。この春、スペイン共和国が誕生し、それを祝う式典でカザルスは自身のオーケストラ、合唱団と共にベートーヴェンの《第九交響曲》を披露した。七、〇〇〇人の聴衆が見守る中、新しいカタルーニャ自治政府の大統領、フランセスク・マシアは、「終楽章の崇高なコラール、友愛の讃歌の翼に乗って共和国が誕生した」と宣言した。カザルスは後にこう述べている。「あの時私は人間と音楽が真に相和したと思った。［……］あの瞬間はスペイン全国民の勝利、全世界の民衆の勝利だった。ああ、あのとき、この勝利が恐ろしい悲劇に崩れ去ると誰が予言しただろう」(2)。

パウ・カザルス・オーケストラはヨーロッパやアメリカ大陸でも着実に知名度をあげていたが、カザルスは、ナチスが政権を握った一九三三年以降、ドイツでの演奏活動を拒否していた。また、ファシズムへの抵抗として、一九三五年以降はイタリアでの演奏も断るようになった。

その一方で、スペイン国内でも、ヒトラーやムッソリーニを支持するファシストの団体が次々と結成されていった。一九三六年四月、ナチス主導のベルリン・オリンピックに反対し、スペイン政府は、「人民オリンピック」の開催を決定した。開会式は七月一九日、日曜日。音楽総監督であったカザルスはその晩開催される「平和の祝典」で、再び《第九》を演奏する予定であった。前日のリハーサルでは、オーケストラも合唱団も最終調整に入り、練習場であったカタルーニャ音楽堂は熱気に包まれていた。第三楽章が終わり、合唱団が舞台にのぼって、いよいよ終楽章が始まるという時、事態は急変した。カタルーニャ自治政府の文化大臣の密使がメッセージを伝えに飛び込んできた。「ファシストの軍隊がすぐ近くまで迫ってきています。バルセロナ市内でも数時間後には反乱が起こるでしょう。オリンピックは中止にするしかありません。オーケストラと合唱団のメンバー全員を直ちに帰宅させてください」。会場は一瞬でパニック状態になり、慌てて舞台から降りる者、楽器を片づける者もいたが、カザルスは指揮台の上に立ったままだった。そして、こう告げた。「みなさん、私たちは今度いつ会えるかわからない。別れる前に、一緒に終楽章を演奏しようではないか」。カザルスの静かだが真に迫る問いかけに、反対する者はいなかった。誰の胸にも、平穏な日常の終わりと現実となりつつあるファシズム支配への恐怖、そしてそれを乗り越えたいという熱い思いがあった。合唱団が平和と友愛の歓びを堂々と歌い続ける中、カザルスは涙で楽譜が見えなかったという。演奏が終了すると彼はこう言った。「いつかこの国に平和が戻った時、再び《第九》を演奏しようではないか」。リハーサルを終えて皆が外に出ると、市民によって街の至るところに土嚢が積まれ、バリケードが築かれはじめていた。

カザルスはこの日から祖国の自由と平和のために、指揮棒とチェロを武器に奮励努力することとなった。しかし、長く続いたフランコ独裁政権の結果、《第九》を再び演奏したいというカザルスの夢は彼の存命中、ついに訪れることはなかった。

祖国のために

内戦が始まると、カザルスはヨーロッパ各地や南米で演奏会を開き、その収益金を傷ついた人々や子どもたちのための食料や衣料、医薬品の購入にあてた。その間にも定期的にバルセロナに戻り、爆撃で変わり果てた街の様子に心を痛めながらも、病院、孤児院、劇場などでチャリティ・コンサートを開いて人々を励ました。オーケストラの楽員は減ってしまったが、代わりとなるメンバーを探して臨んだ。

一九三八年一〇月、オペラ座リセオ劇場にて、特別コンサートが開かれた。児童協会のためにと共和国政府がカザルスに要請したもので、オーケストラとの共演で、ハイドンとドボルザークのチェロ協奏曲が演奏された(3)。満員の会場には政府の全閣僚が顔をそろえる中、傷ついた兵士も多くいた。この困難きわまる情勢下でもなお、カザルスを敬慕する人々であった。演奏会はラジオでカタルーニャ全土に中継され、その間すべての作業を中止し演奏に耳を傾けるよう政府命令が出された。これが、カザルスがバルセロナで行った最後の演奏会となった。この時の彼の演奏について、日刊紙『ラ・バングアルディア』は次のように述べている。「天才芸術家は美しくなめらかな『ピアノ』と『フォルテ』、そしてすばらしく熱情的な表現と敏捷で的確なテクニックをたずさえて、ハイドンの《協奏曲ニ長調》とドヴォルザークの《協奏曲ヘ短調》を演奏し続け、隙のない忠実な解釈によって、それらの神髄を表現した。彼の演奏は純粋で均衡のとれたものだった。調和に満ちた表現の明白さがそこにあった(4)」。

彼は、休憩時間に世界の民主主義国に対し、スペインが重大な危機にあることを訴え、傷ついた弱き人々を助けるための義援金を募った。そして英語とフランス語で次のようなメッセージを放った。「スペイン共和国を見殺しにしないでください。スペインでヒトラーの勝利を許すならば、次はあなた方が狂気の標的となるでしょう。そして戦争は全世界に及ぶでしょう」。しかしながら、カザルスの必死の思いは顧みられなかった。

バルセロナ陥落が目前となった一九三九年一月、バルセロナ大学は解散を前に、これまでの功績に敬意を表し、カザルスに名誉博士号を授与した。印刷が間に合わず証書は手書きで作成され、集まった教授たちも式が終わるとすぐに亡命した。戦禍の中でのこのような名誉は、カザルスの心に深く刻まれた。

内戦のあと、《鳥の歌》誕生

日に日に凄惨を極めた内戦は、気骨のあるカザルスにも亡命を余儀なくした。一九三九年一月二六日、フランコがバルセロナを占拠する直前に、カザルスは祖国を離れて隣国フランスへ向かった。そこからいくつかの演奏会ツアーに出かけていたが、内戦終結のころはパリに滞在していた。健康状態は芳しくなく、演奏活動での疲労に加えて、ニュースで流れてくるカタルーニャの悲惨な様子に心を痛め、神経衰弱に陥った。パウ・カザルス・オーケストラと労働者コンサート協会は解散となり、カタルーニャ語は禁止された。家を失った人々や親を亡くした子どもたちが、過酷なピレネー越えの行列に加わった。サン・サルバドールの邸宅もファシストの軍隊に占拠されてしまった。憔悴しきったカザルスは日よけを完全に下した部屋に閉じこもり、誰とも会おうとはしなかった。見かねた友人たちは、彼にスペインとの国境に近いプラードへの移住を勧めた。

一九三九年四月初旬、カザルスはプラードに着いた。風でさえも光り輝くカタルーニャを彷彿とさせる小さな美しい村であった。朝晩には、鳥の歌が聞こえた。カニグー山を望み、住民の多くがカタルーニャ語を話すこの土地で、カザルスは安らぎを覚えた。そして、再び祖国のために闘おうと立ち上がったのである。

プラードの周辺には、国境を超えて亡命した人々が収容されている難民キャンプがいくつかあった。そこを訪問したカザルスは、その惨状に愕然とし、すぐさま難民救済のための組織を作った。彼の滞在先であったグランド・ホテルの一室を事務所として、何人かの有志たちと世界各地の友人や知人、団体に救援物資の援助を訴えたのである。カザルスの人道的な行動には、多くの支持がよせられた。手ごたえはすぐにあり、たくさんの衣料、食料が集まった。それらを手配したトラックに積み込み、苦難を強いられている同胞に届けた。その間にもフランス各地で難民救済のための演奏会を開催し、必要な資金を調達したが、その他の国からの演奏依頼には応えず、二日とプラードを留守にすることはなかった。しかしながら、現状は一進一退で、スペイン内戦終結から半年も立たずして、第二次世界大戦が勃発した。

このころ、彼はカタルーニャ民謡《鳥の歌》を作曲し直している。元々はカタルーニャ語のクリスマス・キャロルであったこの歌は、キリストの降誕を祝ってさえずる鳥たちをテーマにした優しい内容となっている。亡命先の小さな山村で、三〇〇キロと離れていない故郷を思い出しながら、カザルスは名歌を誕生させた。この曲は、平和へのメッセージとして世界に広く知られるようになった。「私は、カタロニアの祝歌《キャロル》《鳥の歌》のメロディでコンサートをしめくくることにしています。その歌詞はキリスト降誕をうたっています。生命と人間にたいする敬虔な思いにみちた、じつに心優しいことばで、生命をこよなく気高く表現しています。このカタロニアの祝歌のなかで、みどりごを歌い迎えるのは、鷹、雀、小夜啼鳥、そして小さなミソサザイです。鳥たちはみどりごを、甘い香りで大地を喜ばせる一輪の花にたとえて歌います(5)」。

プラード音楽祭

「私はまず第一に人間です。第二に芸術家です。人間として、私の第一の義務は私の同胞たちの幸せをはかることです。私は神が私にあたえてくださった手段である音楽をつうじてこの義務を果たそうと努力しようと思います。なぜなら音楽はことばや政治体制や国境をこえるものだからです。世界平和への私の貢献など、ささやかなものかもしれません。しかしすくなくとも、私が神聖と考える理想のために、私にできることはすべてしたと思いたいのです(6)」。

カザルスは第二次世界大戦中も難民救済のために演奏会を開き続けた。大戦終結翌年の一九四六年、彼は七〇歳の誕生日を迎えた。プラードで新しく移り住んだ「鳥の歌」と名付けられた家には、各地から何千ものお祝いのメッセージが届けられた。カザルスは、大戦の終結により、スペインでのフランコ体制が傾くことを期待していたようであるが、事態は逆の方向へ向かっていった。苦悶の日々がまた始まったのである。最終的に彼は、「スペインは私の国だ。放棄するのは私ではなくフランコである」と断言し、スペインに民主主義が戻るまで、祖国には帰らないと宣言した。そして、難民救済など人道的な目的以外での公開演奏を一切封じ、それを全世界に表明した。音楽家という生命を賭けて、平和のために一人で闘う決心をしたのである。再びプラードでの隠居生活がはじまった。

こうして世界中からのオファーを断り続けたカザルスであるが、忘れ去られることは決してなかった。友人たちはプラードを訪れていたし、各地からの手紙も何千通と受け取っていた。

一九四七年、三年後に控えたJ・S・バッハの生誕二〇〇周年を記念して「バッハ音楽祭」の企画が持ち上がった。演奏の依頼がカザルスのもとへ届いたが、前述のように彼の決心は固かった。ある日、アメリカのヴァイオリニスト、アレクサンダー・シュナイダーがプラードを訪れた。彼はカザルスと毎日言葉を交わし、二人は急速に意気投合した。帰国したシュナイダーはその後、仲間の音楽家たち約五〇人が署名した、全四五巻からなるバッハ全集をカザルスに贈った。バッハ協会による初版の翻刻で、そこにはカザルスの心を揺さぶる一通の手紙が添えられていた。その内容は、カザルスがプラードを離れたくないというならその意思を尊重し、「バッハ音楽祭」を彼の地で開催することも可能である。そしてその収益をスペイン難民が入院しているペルピニャンの病院に送ってもよいし、また彼が考えている他の難民救済事業に充ててもよい、というものであった。カザルスは熟考のすえ快諾した。こうして、この後毎年開催される「プラード音楽祭」が誕生したのである。[7]

一九五〇年六月、プラードの村でバッハ生誕二〇〇年を記念した第一回「プラード音楽祭」が三週間にわたって開催された。メイン会場となった村の広場に建つサン＝ピエール教会には、世界中から第一級の演奏家や歌手が集結した。この演奏会を聴こうと観客や報道陣も多く集まり、静かな山村は芸術的な歓喜と喧騒に包まれた。カザルスは長く孤独な闘いから復活し、音楽家としての再スタートを切った。[8]

カザルスの最期

カザルスは生涯にわたって、核実験をはじめ世界のあらゆるところで行われている不平等に対し、抵抗の姿勢を見せた。平和と自由を訴え続けるための新たな手段として、彼は、プラード時代に作曲したオラトリオ《エル・ペセーブレ》を選んだ。そして一九六〇年以降、この曲と共に世界二〇ヶ国をめぐった。その反響はいたるところであった。カザルスが亡くなるまでにこの曲は五一回演奏されている。

平和と兄弟愛を願うこのオラトリオは、次のようなことばで締めくくられる。

Pau als homes de bona voluntat!　善意の人々に平和あれ！　Pau!　平和！

註

（1）パブロ・カザルス、アルバート・E・カーン編『喜びと悲しみ』（吉田秀和・郷司敬吾訳）新潮社、一九七三年、六七頁。
（2）同右、一七一頁。
（3）その他、オーケストラの演奏で、グルックの歌劇《タウリスのイフィゲニア》序曲とウェーバーの歌劇《オイリアンテ》序曲がプログラムを占めた。
（4）*La Vanguardia* (20/10/1983).
（5）J・L・ウェッバー編『パブロ・カザルス　鳥の歌』（池田香代子訳）筑摩書房、一九八九年、一五頁。
（6）同右、一三六〜一三七頁。
（7）トスカニーニ、クーセヴィツキー、ストコフスキー、シュナーベル、ルービンシュタイン、ヒンデミットなどである。
（8）ヴァイオリニストのシゲティ、スターン、ピアニストのホルショフスキー、ゼルキン、アイストミン、歌手のフィッシャー＝ディースカウなどである。

参考文献

井上頼豊『回想のカザルス』新日本出版社、一九九六年

J・L・ウェッバー編『パブロ・カザルス　鳥の歌』（池田香代子訳）、筑摩書房、一九八九年
パブロ・カザルス、アルバート・E・カーン編『喜びと悲しみ』（吉田秀和・郷司敬吾訳）、新潮社、一九七三年
ホセ・マリア・コレドール『カザルスとの対話』（佐藤良雄訳）、白水社、一九六七年
ロバート・バルドック『パブロ・カザルスの生涯』（浅尾敦則訳）、筑摩書房、一九九四年

内戦におけるスペインの音楽家たち

下山　静香

スペイン内戦は、芸術の世界にも大きなインパクトをもたらした。ピカソの《ゲルニカ》やミロの《刈り入れ人》のように、絵画では明らかな反フランコ作品が生まれ、また多くの文人・知識人たちも、創作や言動を通してファシズムへの抗議を表明した。それに対し、スペインの音楽家たちの動向をみてみると、政治信条と芸術活動が完全に一致していた「闘うチェリスト」パウ・カザルスは例外として、政治との目立ったかかわりはあまり前面に出てこない。しかし、本当にそうだったのだろうか？　実際、彼らは内戦をどのように過ごし、その後どのような人生を送ったのだろうか。本稿では、それを紐解いていきたい。

「共和国の世代」誕生前夜

一九二〇年代、スペインの音楽界には、新しい風が吹き始めていた。その源となっていたのは、マヌエル・デ・ファリャ（一八七六〜一九四六）である。ピアノ曲《ファンタシア・ベティカ》（一九一九）で、まったく斬新でありながら、原始的かつ本質的な〝アンダルシア〟を描いてみせた彼は、さらに「音楽の知性化」を深め、《ペドロ親方の人形芝居》（一九二三）と《チェンバロ協奏曲》（一九二六）によって、スペイン音楽の新たな可能性を示すこととなる。どうしても「エキゾチック」な個性が要求されてしまう傾向にあったスペインの音楽を、より現代的で、ユニヴァーサルなものとして表現する——ファリャが提示したこの方向性は、あとに続く同国の作曲家たちの指針となったのだった。

この頃マドリードでは、ファリャの拓いた道を受け継ぐ若い世代の作曲家たちが充実期を迎えつつあった。

スペイン音楽界に新風を吹きこんだファリャ

一九三〇年一一月、芸術文化ムーヴメントの拠点として機能していた「学生館」で、「新しい音楽」による演奏会が開かれる。「八人組（Los Ocho）」と名付けられた企画者たちは、「二七年の世代」とも緊密な関係にあり、活発な音楽活動を行っていく。彼らを中心に、当時の様々な音楽潮流（新古典主義、無調、一二音技法、ネオ・カスティシスモ、スペイン民俗音楽など）がミックスされた、「新しいスペイン音楽」が確立されていくかにみえたが、グループ誕生からわずか六年後に勃発した内戦が、彼らの運命を大きく変えてしまうことになる。

「八人組」の不運

「八人組」は、グスタボ・ピッタルーガ、ロドルフォ・アルフテル、エルネスト・アルフテル、サルバドル・バカリッセ、フリアン・バウティスタ、フェルナンド・レマーチャ、フアン・ホセ・マンテコン、ロサ・ガルシア・アスコートで構成されていた。内戦によって、彼らのうち六人が国外に逃れ、そのまま戻らずに客死した者もいる。

このグループでもっとも重要な作曲家とされるのが、アルフテル兄弟である。兄弟の父はドイツ人、母はカタルーニャ人であった。兄のロドルフォ（一九〇〇～八七）は、内戦が終わるとパリ経由でメキシコに渡り、以後はメキシコを拠点に中南米で活躍したため、「メキシコのアルフテル」の異名をとる。一九六二年からは、ほぼ毎年のようにスペインに戻り、講習や指揮活動を行っていた。国外にあっても、彼の作風からスペイン色が失われることはなく、後期には、ルネサンス期スペインの音楽のエッセンスを生かしたネオ・カスティシスモ的音楽を発信し続けた。

弟のエルネスト（一九〇五～八九）は、二〇代からすでに高い評価を受け、スペインでもっとも知られる現代作曲家のひとりとなっていた。一九三六年までセビーリャ音楽院の院長を務めていたが、内戦を避け、半亡命のような形でポルトガルに拠点を移す。ポルトガルに題材をとった作品を多く書いていることから、「メキシコのアルフテル」(兄ロドルフォ)に対して、エルネストのほうは「ポルトガルのアルフテル」と呼ばれることもある。スペイン、そしてファリャとの結びつきがより強かった彼は、のちにスペインに戻り、ファリャが精魂を傾けて取り組みながら未完に終わった大作カンタータ《アトランティダ》を、補筆完成させて初演を行ったことでも知られている。

「八人組」の紅一点で、ファリャの最後の弟子ともいわれるR・G・アスコート(一九〇二～二〇〇二)は、パリ滞在中に内戦の勃発を知る。その後夫とともにケンブリッジで過ごし、内戦終結の年にメキシコに渡っている。アスコートは、ピアニスト・作曲家としてその将来を嘱望されており、彼女の進むべき道についてファリャとラヴェルが議論するほどの才能の持ち主だったが、内戦によって作品の多くが失われ、またピアニストとしての輝かしいキャリアからも遠ざかってしまった。一九六五年になってスペインに戻ったアスコートは静かな後半生を送り、一〇〇歳の誕生日を迎えた約ひと月後にこの世を去っている。

G・ピッタルーガ(一九〇六～七五)も、ファリャの影響を強く受けた作曲家である。内戦が勃発すると音楽活動を休止、中南米各地で指揮者として活動し、一九四八年にメキシコへ移る。スペインに戻ってきたのは一九六二年で、晩年は公の場に出ることもなく静かに過ごしたようである。奇しくも、没年はフランコと同じであった。

「八人組」活動の熱心な推進者であったJ・バカリッセ(一八九八～一九六三)は、当時もっとも優れた作曲家のひとりと目されていた。亡命前の作品は進歩的な作風で、注目すべきものがあるが、フランスに移住後はあまり作曲家としての進化をみせることなく、そのままパリで死去する。

J・バウティスタ(一九〇一～六一)も、若くして数々の賞を受賞するなど活躍していた。内戦中の一九三七年には、バレンシアに居を移して中央音楽評議会の一員となり、共和国政府が推進する音楽事業の熱心な協力者として活動する。内戦終結の翌年にアルゼンチンに渡り、ブエノスアイレスに居を定めた。作曲活動と作品発表は続けられたが、生活のために映画音楽の作曲に追われた部分もあったようである。内戦以前に作曲した作品は、戦時の混乱で散逸しており、没後はほとんど忘れられた作曲家となってしまった。

残る二人は、結果的に国内にとどまった。F・レマーチャ（一八九八～一九八四）は、若手芸術家の登竜門として名高いローマ賞（Prix de Rome）を受賞するなど、作曲家としての輝かしい未来が開けていた。ローマ滞在から帰国後、「八人組」のアクティヴなメンバーとなり、マドリード交響楽団のヴァイオリニストとして活動、また、スペインにおける映画音楽作曲のパイオニアでもあった。内戦末期、バルセロナ経由で国境を越え、妻子とともにフランス側への亡命を試みたが、フランス政府によって急ごしらえで設営され、安全も保障されていない難民キャンプの状況を目にし、そこに長く留まることを断念する。最終的に、彼は故郷のトゥデラ（ナバラ州）に引きこもって完全に沈黙してしまう。いわゆる「国内亡命」である。しかし作曲活動は続け、五〇年代からは作品が演奏される機会もあり、一九五七年にパンプローナのサラサーテ音楽院院長に就任するなど、公の仕事にも復帰している。彼の《ギター協奏曲》（一九五六）は、ロドリーゴの《アランフエス協奏曲》を超えるほどの傑作といわれるが、演奏される機会はいまだ極めて少ない。J・J・マンテコン（一八九五～一九六四）も、内戦終結後は、マドリードの自宅で個人レッスンを授けながら、音楽界の現場とは距離を置いた生活を送った。

スペイン音楽の革新を目指し、才能にあふれ精力的に活動していた「八人組」だったが、これまで見てきたように、内戦は彼らの人生とキャリアに大きな影を落とし、何人かは音楽史から消えてしまう運命をたどったのだった。フランコ政権下ではその名が禁句に等しかったフェデリコ・ガルシア・ロルカと同様に、「八人組」の存在自体も、国内では長らく忘れ去られる憂き目にあったのである。

彼らの他にも多くの作曲家が国外に流出し、不在となったことで、「スペイン音楽の新ルネッサンス」と呼ばれるほど活況を呈し始めていたスペインの音楽界は、しばらくその勢いをひそめて停滞することとなった。そんななかで、スペインを代表する作曲家として国際的な名声を得たのは、「八人組」と完全に同世代のホアキン・ロドリーゴである。彼の場合、内戦勃発時ちょうど留学中であり、終結した年に帰国したため、結果的に「八人組」と入れ替わる形となった。名高い《アランフエス協奏曲》は一九四〇年に初演され、傷つき疲弊したスペインの人々の心に一条の光を与えたといわれている。

マヌエル・デ・ファリャとロルカの死

それでは、彼らの師といえるファリャは、この内戦をどのように過ごしたのだろうか。

彼は、かねてから健康を害していたうえ、心労も重なり、内戦中はグラナダでひっそりと暮らしていた。グラナダは、クーデター後の早い段階からフランコ派が掌握していた地である。敬虔なカトリック信者だったファリャにとって、共和派が教会に対して行っていた破壊や襲撃は許せるものではなく、思想的にも、彼らの側につくことはできなかった。しかし、リベラルな思想の持ち主は裁判もなしに殺されるという、「神と真理の名において」行われた殺戮行為には強い憤りを感じており、知人が刑を言い渡されたと聞けば市庁舎まで出向き、「キリスト教徒の名において」減刑を願い出るなどの行動をとったのだった。

ファリャはロルカと親しく交流し、ともにカンテ・ホンド・コンクールを成功に導いたり、共同で人形芝居作品を企画したりしていたことが知られている。ロルカはもともと音楽の道を志しており、ピアノの才能もあった。二人は二〇年以上歳が離れていたが、「音楽」が二人を結びつけていたのだろう。

内戦が始まってわずかひと月後、ロルカは、元CEDA（スペイン独立右翼連合）のアロンソ率いるフランコ派の一隊に連行され、グラナダ近郊のオリーブ畑で銃殺される。ロルカ暗殺の真相はいまだ謎ながら、主宰する移動劇団「バラッカ」で一種のプロパガンダめいた内容を上演していたこと、「バラッカ」には共和国政府の援助があったこと、妹の夫が共和派の前市長だったこと、同性愛の傾向が忌み嫌われたこと、共和派の象徴のようにみられていたことなど、理由は様々あったと考えられている。

その頃、ファリャとロルカのあいだは疎遠になってしまっていたのだが、彼が捕らえられたと知ったファリャは大きなショックを受ける。ロルカは、自分の身が危ないことを知っており、ファリャに迷惑はかけられないと思ったのか、グラナダに帰っていることも伝えていなかったのである。ファリャは、ロルカをなんとか助けようと奔走し、有力者にもかけ合ったが、時すでに遅く、無情な運命を変えることはできなかったのだった。

その後のファリャはふさぎ込み、以前にもまして家に閉じこもるようになってしまう。内戦終結の少し前に、ファリャはアルゼンチンのスペイン文化センターから招聘を受けている。その内容は、同センター創立二五周年の記念演奏会における演奏と指揮であった。病身だったこともあって、すぐには出発の決心がつかず、内戦終結から約半年後の一九三九年九月になって、ブエノスアイレスに渡る。そのままアルゼンチンに留まったファリャは、より静かな環境を求めて、コルドバ市郊外のアルタ・グラシアに移り住んだ。フランコ政権はファリャに、スペインに戻ってくるなら広い邸宅を用意すると申し出たが、彼がそれを受け入れることはなかった。そして、故郷アンダルシアへの思慕の念を募らせながら、一九四六年同地でその生涯を終えたのだった。

ファリャの場合、共和派の友人たちの不運には心を痛めつつも、フランコ独裁に反対の立場をとっていたわけではなく、スペインに帰らなかったことに思想的な背景はないとされている。

オスカル・エスプラ――亡命そして復権

内戦で国を出た作曲家のなかでは、オスカル・エスプラ（一八八六～一九七六）も重要である。作品は数多いながら評価・研究が遅れているのは、亡命によるブランクが少なからず影を落としていると思われる。

アリカンテ生まれのエスプラは、レパンテ地方の民俗的な色あいと独特な響きに彩られた、近代的な音楽を残している。音楽の才能に加え、工学と哲学も修めた知識人で、文芸クラブ「アテネオ」の会員でもあった。「アテネオ」は、内戦以前から右翼の攻撃を受けていた組織である。また、国立音楽協議会の会長職にあり、一九三一年、共和国政府樹立が宣言された数日後に共和国讃歌の作曲を承諾するなど、共和主義者であることは明らかだった。そして、内戦勃発からわずか二ヵ月後の一九三六年九月、家族とともにスペインを脱出する。ブリュッセルのエリザベート王妃基金から招待を受けたことを利用してのカモフラージュ出国であった。

しかし、一九四〇年になると、ナチスドイツがベルギーに進軍、ついにブリュッセルまでやってくる。一家は、フランスへ逃れるべく準備していたものの機を逃し、結局はブリュッセルに留まることになった。しかし、ブリュッセルでエスプラが任されていた仕事はなかなか思うように進まず、苦境が続いた。

ベルギーとフランスで約一四年という年月を過ごしたのちに、エスプラはまず、家族だけを先にスペインへ帰すことができた。そして、パリのスペイン大使館にコンタクトをとり、報復がないことを確認してからみずからも帰国を決断する。その数年前に、エスプラはフランコ政権から多額の罰金を科され、スペイン国内に持っていた財産を失っていた。また、エスプラの親戚には、マヌエル・アサーニャと近しく、彼の政府を支えていた政治家（カルロス・エスプラ）がいた。実際にはそれほど近い親戚ではないようだが、エスプラ自身が共和派であることが知られていた以上、行動には慎重を期さねばならなかったのである。

しかし、フランコ側には、亡命した知識人の帰還を受け入れることで、イメージの改善を図りたいという思惑もあった。エスプラは、多くのスペイン人作曲家や演奏家を指導した教授でもあり、国内外に決して無視できないコネクションを持っていたため、彼を「取り戻す」ことはやぶさかではなかったはずである。

一九五一年、エスプラは無事スペインへ戻り、押収されていたマドリードの自宅を賃貸で借りる形で生活を始める。そして多くの友人の援助もあって、徐々に重要な職につくようになり、復権を果たしたのだった。

それにしても、フランコ政権に対する彼の態度はぶれなかった。例えば、「平和樹立二五周年」のための音楽作曲を依頼されたとき、実際にはフランコを称える主旨の催しだったため、エスプラは作曲を拒んだのである。国内でそのような行動をとるのは、非常に勇気の要ることと容易に推察できる。一九七三年に綴られたエスプラのバイオグラフィでは、スペイン国外に出ていた一四年ほどが、何事もなかったかのように数行で記されている。これは、エスプラに限ったことではなく、多くの亡命者がそのような扱いを受けたことは言うまでもない。

アントニオ・ホセ・マルティネス——暗殺された天才作曲家

ロルカの死から二カ月ほど後には、「第二のファリャ」と呼ばれ期待を集めていた作曲家、アントニオ・ホセ・マルティネス（一九〇二〜三六）が命を落としている。

ブルゴスに生まれたアントニオ・ホセは、一九二〇年、音楽の勉強をさらに深めるため、奨学金を得てマドリードに出る。そこで、同じくブルゴス出身であるギタリスト、サインス・デ・ラ・マーサ（ロドリーゴ《アランフェス協奏曲》の初演者）を通じて「二七年の世代」と交流をもっている。ファリャやトゥリーナ、ロルカとも知り合い、彼の作品は評価されていく。一九二四年にブルゴスに戻ってからは特に、ブルゴスをはじめとするカスティーリャ地方の音楽を素材にした作品を創作し、数多くの賞も受けるなど、順調に作曲活動を続けていた彼だったが、これから充実期を迎えようという三〇代半ばにして、裁判なしの処刑という非業の最期を迎えたのだった。

経緯は次のようなものである。一九三六年七月一九日、ブルゴスの駐留部隊が決起し、町を制圧する。八月七日、アントニオ・ホセはファランヘ党員たちに拘束され、収容所に送られてしまう。左派知識人だった兄フリオも同様の運命をたどったが、二人とも一緒に拘束された、一日もしくは数日ずれていた、など現時点では様々な説がある。アントニオ・ホセが逮捕された理由としては、第二共和政時代に行っていた作曲仕事の内容や、進歩的な雑誌との付き合い、兄の存在などが考えられるが、いずれにしても、「前衛芸術分子は排除せよ」という、ファシズムを推し進めるための大義名分が介在していたことは確かであろう。

同年一〇月一日、ブルゴスで、フランコが叛乱軍の総司令官に指名される。その後、仮政府として「国家行政委員会」が置かれるなど、この地がフランコ勢力の拠点だったことも災いしたかもしれない。友人たちは、様々な手段を講じて彼が釈放されるように試みたが、二度と生きて戻ってくることはなかった。

アントニオ・ホセは一〇月九日、収容所から連れ出され、ブルゴスから二〇キロ離れたエスタパールの丘で殺された。その日のリストに名前が載った者たちが連れ出され、次々と処刑されるという流れは、いわば収容所の日課であった。同時期に、兄のフリオも殺されている。

アントニオ・ホセの存在は長い間、歴史から抹殺されたかのように顧みられていなかったが、生誕一〇〇年を迎えた二〇〇二年、ブルゴス市が様々な記念イベントを企画したことで、その名と、音楽家としての稀有な才能が人々に知られるきっかけとなった。少しずつ出版や録音などもされるようになり、カスティーリャを代表する作曲家の一人として再発見の動きがみられる。

その他、亡命した作曲家たち

ハイメ・パイッサ（一八八〇～一九六九）は、バルセロナに生まれた作曲家・批評家・音楽学者である。リセウ音楽院で教え、バルセロナ市立音楽院の院長も務めるなど活躍していたが、内戦のさなかの一九三七年、ブエノスアイレスに亡命した。壮大なオペラやバレエ音楽などを手がけるかたわら、スペイン音楽に関する著作を多く出版し、祖国の音楽に貢献した。

マリョルカ出身で、ペドレルやグラナドスに学んだバルタサール・サンペール（一八八八～一九六六）も、内戦後メキシコへ逃れ、スペインに戻ることなく生涯を終えた。メキシコでは映画音楽などの仕事をして生計を立てたが、亡命は結果的に彼の創作活動を衰退させ、かつてのような才能の輝きは失われてしまったという。

ロベルト・ジェラール――カタルーニャ主義から個人主義へ

スペイン最初の前衛主義者と位置づけられるロベルト・ジェラール（一八九六～一九七〇）の亡命は、より思想的な背景が濃いと言えるだろう。彼の母親はアルザス出身、父親はドイツ系スイス人だが、ロベルト自身は生まれも育ちもカタルーニャである。バルセロナでピアノと作曲を学んだあと、ウィーンとベルリンでシェーンベルクに師事、シェーンベルクにとって初めてのスペイン人弟子となった。一二音技法を使いこなした彼は、一九二八年にバルセロナに戻り、現代音楽の普及に力を注いだ。しかし、スペイン的な世界を完全に捨てたわけではなく、スペインの民謡や古楽の研究を続け、校訂や演奏も行っていた。

彼は、思想的にはカタルーニャの左派、すなわちカタルーニャ民族主義者、分離主義者、連邦主義者といった人たちと近いところにいた。兄のカルロスは、カタルーニャ社会主義連合のメンバーであり、ロベルトもそのイデオロギーを共有していたと思われる。ロベルト自身、カタルーニャ芸術省の音楽顧問や共和国政府の社会音楽委員会の委員なども務めており、共和派だったことは明白であった。

内戦末期になりバルセロナが陥落する直前、彼は妻とともにパリを経由し、イギリスのケンブリッジに渡る。ケンブリッジで過ごした最初の数年間、ジェラールは、スペイン内戦と、その間にスペインで起きた事象について深く考察しており、その内容は、彼が記したメモなどによって明らかになっている。ジェラールがみた「スペインの病」とは、伝統への永続的な執着であり、あらゆる分野の新しい潮流に対してみずからを閉ざし、近代化を拒んでいることであった。「スペインは、新しい世界よりも古い世界の存在を見出すことに、多くの時間を費やしている」と考えた彼だが、一方、故郷カタルーニャは進歩的、能動的であり、世界に向けてその扉を開いているとの見方を示していた。

ジェラールは、内戦へのカトリック教会の介入についても分析し、教会が保身に走れば走るほど、カトリックの理念からみずから遠ざかっていったと厳しく批判している。彼が宗教というものに対してどのようなスタンスをとっていたかは明白でないが、不可知論者、もしくは無神論者であった可能性は高いと思われる。いずれにせよ、カトリック教会に対しては、政治的、文化的、美学的な観点から関心をもっており、ファシストのカトリック信者を論破すべく、共和派のカトリック教徒と対話を続けていたりもしていたのだった。

その後の彼は、国際的な正義も国家間の援助も信じなくなっていった。「すべての国家、すべての共同体を憎む」と発言するほどの不信感は、内戦中、合法的な政府だった共和国政府への支援を行わなかった国際社会の態度を目の当たりにしたこと、また、第二次大戦後にアメリカが主導したマーシャル・プランに欺瞞を感じたことと大きく関係している。ナショナリズムに対するアレルギーが、彼のカタルーニャ主義者としての理想や国家の理念をも捨てさせた。そして、さらに一層個人主義に傾いていき、社会形態としては無政府共産主義に共感を覚えるようになった。フランコ体制下では認められないカタルーニャ人として、そしてイギリスにおいてはスペイン人として、二重の意味で異邦の存在であり続けた彼が、苦悩の果てに到達した身の置き方だったとすれば、真に自由なコスモポリタンにはなりきれなかったのかもしれない。

彼のイデオロギーは変遷していったが、カタルーニャへの愛着と郷愁を完全に手放すことはなかった。それは、音列技法を発展させ、前衛音楽の担い手となった彼の音楽のうちにもひそかに息づいているのである。

ジェラールの作品は、フランコ存命中にスペイン国内で演奏される機会もなく、主に英語圏で名声を高めたため、かつては「イギリスの作曲家」ととらえられることもあった。スペインでの再評価が始まったのは近年のことで、現在では「ファリャ以降もっとも重要なスペイン人作曲家の一人」と位置づけられるようになっている。

内戦から八〇年、フランコ没後四〇年という長い年月を経て、亡命という形をとったために情報が制限され、スペイン音楽史の隙間に沈んでいたこれらの作曲家たちにも、ようやく光があたるようになってきた。今後、さらに研究が進み、楽譜の出版や作品演奏を通じて、彼らの音楽が再び躍動することを願ってやまない。

参考文献

イアン・ギブソン『ロルカ』（内田吉彦・本田誠二訳）、中央公論社、一九九七年
川成洋・坂東省次・小林雅夫・渡部哲郎・渡辺雅哉編『スペイン内戦とガルシア・ロルカ』南雲堂フェニックス、二〇〇七年
川成洋・坂東省次編『スペイン文化事典』丸善、二〇一〇年
Antonio Iglesias, *Oscar Esplá, Joaquín Rodrigo, Rodolfo Halffter, Manuel de Falla, I.Albéniz - C.Halffter, Isaac Albéniz, Joaquín Turina*, Editorial Alpuerto, 1994.
Carol A. Hess, *Sacred Passions, The Life and Music of Manuel de Falla*, Oxford University Press, 2004.
Alejandro R. Díez Torre, Daniel Pacheco y Alejandro Sanz, *Ateneistas ilustres*, Ateneo Científico, Literario y Artístico de Madrid, 2004.
Leticia Sánchez de Andres, *Pasión, desarraigo y literatura: el compositor Robert Gerhard*, Musicalia Scherzo, 2013.

パブロ・ピカソとスペイン内戦

小川　英晴

「青の時代」

私に与えられたテーマは「スペイン内戦とパブロ・ピカソ」である。だが、ピカソを語るにあたって青の時代のピカソを語ることなく、ピカソの全貌を語ることはできない。なぜならば、この青の時代こそがピカソをピカソたらしめ、世界の巨匠への道を歩ませることになったからである。

パブロ・ピカソは一八八一年一〇月二五日、スペインマラガ市、プラスニア、メルセド一五番地（当時は三六）に生まれた。父ホセ・ルイス・ブラスコはアンダルシア地方サン・テルモ工芸学校の美術教師であり、ピカソに大きな影響を与えたことは想像に難くない。ピカソ九歳の時、父親と闘牛の見物に行って《ピカドール》（一八九〇）を描く。この作品においてすでにモチーフ以外省略して描いていることから、ここにも天賦の才の片鱗を見ることができる。ピカソ一三歳の時、父はパブロの絵の出来ばえの素晴らしさに感嘆し、自ら絵筆を折ることを決意する。そして絵の道具を息子に譲った。

ピカソ一九歳の時、親友で詩人のカルロス・カサヘマス（一八八一〜一九〇一）と共に憧れのパリに訪れ、画家として制作活動を開始する。だが、親友のカサヘマスは恋人ジュルメーヌ・ガルガーリョ（一八八一〜一九四八）に失恋してピストルで彼女を撃ち、自らは自殺をしてしまう。しかし、彼女は一命をとりとめ、後にピカソと関係を持ったと言われている。カサヘマスの死をきっかけに、ピカソの画風は一変する。「青の時代」の始まりである。プルシャンブルーによる青は、当時のピカソの心情とひびきあうかのように暗く深い陰鬱な諧調を生み出している。この時期、ピカソは貧しい人々への共感と深い愛情をもとに社会の底辺で生活する人々を描いた。ときに汚れた衣服にすら生きることへの尊厳をみてとり、《老いたギター弾き》（一九〇三）、《盲人の食事》（一九〇三）《海辺の貧しい家族》（一九〇五）、《セレスティーナ》（一九〇三）、《シュミーズ姿の少女》（一九〇五）、それに《人生》（一九〇三）といった傑作を次々に生み出していった。幸か不幸か十代の終わりから二〇代の初頭にかけて、パリという栄光に満ちた都市の暗渠に住む人々と生活を共にしたことが、後のピカソにとって重要な意味を持ったことは想像に難くない。当時描くべきモチーフがピカソの周囲のいたるところにあった。

やがて友人カサヘマスの自殺からの脱却、そして閉じられた世界からの脱皮。ようやくピカソのもとへと天上の光が照らし始める。こうして「ローズの時代」が始まる。《曲芸師の一家》（一九〇五）、《俳優》（一九〇四〜一九〇五）、《二人の兄弟》（一九〇六）には、もはや「青の時代」の影はなく、絵画的完成度を高めながら、独自のリリシズムからなる世界を描いていったことがうかがえる。この時期、「青の時代」や「ローズの時代」の作品には、ポエジーに導かれた強いメッセージが読み取れる。そこでは、画面は単純化され、不必要なものは何一つ描かれていない。作品は、一見写実的表現を装いつつ、それだけではない、何か不思議な存在感が息づいているのだ。ピカソはパリのモンマルトルにあった「洗濯船」で、恋人フェルナンド・オリビエと一九〇四年から一九〇九年まで暮らし、精力的な制作活動をおこなった。ギョーム・アポリネール、ジャン・コクトー、アンリ・マティスらもここに出入りし、「洗濯船」は若い画家たちの芸術活動の拠点となった。これらの人脈との交流が芸術性や社会意識を深めていったことは想像に難くない。

キュビスム

ピカソはアフリカ美術の影響を強く受けて《アヴィニョンの娘たち》（一九〇七）を描いたと言われている。対象へのあくなき希求が、ついに予定調和的表現を破壊し、よりリアルな表現を求めて、画面の一大変革を持たらせたのだ。《アヴィニョンの娘たち》や《坐る娼婦》（一九〇八）には、もはや女性としての一般的な意味での美はない。しかし同時に観る者に生々しい実感を与えずにはおかない。それは静物においても同様で、《テーブルの上のパンと果物入れ》（一九〇八）や《梨と果物入れ》（一九〇九）における立体的表現にそのことがよく表されている。立体的表現と多視点の導入、そこにはもちろんセザンヌの強い影響があっただろうが、立体的になぜ掴み取らねばならないのか、といった当時のピカソのリアルさへの強い希求とその解答を見ることができる。パンも果物も彫刻のように、より立体的に、より存在感のあるものとして描かれ、それらの巧みな響あいによって、それ以前の絵画にはなかった新たな視点を生み出したと言って良い。「ものが存在すると言う事はこういうことなのだ」と言っているかのようだ。この存在感への強い希求は、やがて《箪笥の上の静物》（一九一九）、《海辺をかける二人の女》（一九二二）へと受け継がれていくことになる。

ここで初期の《ピカドール》を思い起こしてほしい。幼き日よりあった絵画上の省略はここではいっそう顕著となり、主題の明確さを鮮やかに引きだしている。幼き日より多くの美に触れてきた者のみが会得する感覚、ピカソはそれを意識するしないにかかわらず、大きく育てあげた。ピカソの画風の遍歴を見ると、そこには少なからず新たな女性との出逢いが契機となっている場合が多いことに気づかされる。言い換えれば、最愛の女性に見合った衣装を着せるように、ピカソはその女性にあったスタイルを次々に考案していったのである。絵を描くにあたって、鮮明に描くべき世界が見えてから描くこともあるだろう。だが、ピカソの場合、描き進むことによって、はじめてその先の世界が見えてくることもあったに違いない。ピカソの記録映画を観た折にそのことを強く実感したのだが、一枚の作品を描くために、ピカソでさえ幾たびとなく塗っては削りしている様子を見るにつけ、努力こそが天才を生むということをあらためて実感したのだった。美への飽くなき探求と執着、これこそがピカソをピカソたらしめたのである。

ピカソはパリに住む画家たちの中でも図抜けて早く世に出た画家であり、三〇歳にはすでにニューヨークで個展を開催し、高い評価を得ていた。ピカソの交友関係は多彩であったが、アポリネールやコクトーなど詩人たちとのつながりも深い。それはピカソが単に絵画だけではなく、芸術全般を通して美の本質に迫ろうとしていたから他ならない。それらの仕事はバレエの舞台美術や詩画集となって結実することになる。

ここでスペイン内戦が始まる一九三六年までの足取りを二〇歳の半ばから簡単にたどってみよう。

ピカソ二六歳、《アヴィニョンの娘たち》を制作。セザンヌの回顧展から多大の感銘を受ける。三〇歳、ニューヨークでの個展。三六歳、コクトー共にローマに行き、バレエ《バラエド》（一九一七）の舞台装置と衣装を担当。その後バレエに関心を持ち、《三角帽子》（一九一九）、《ブルチネルラ》（一九二〇）、《クワドロ・フラメンコ》（一九二一）、コクトーの《アンティゴーヌ》（一九二二）の舞台装置を次々に担当。その間、一九一八年にアポリネールが死亡。一九二〇年にモディリアーニが死亡している。ピカソはアートを多義的に捉え、絵画という枠組みの中に決して安住しようとはしなかった。むしろ様々なジャンルとのコラボレーションを通してアートをより立体的に構造的に表現しようとしていた。それはピカソが美の王国の王たろうと思っていたからである。

ここでピカソの作風をいくつかの時期に区切ってみることにしよう。「青の時代」（一九〇一～一九〇四）、「ローズの時代」（一九〇四～一九〇七）、「アフリカ彫刻の時代」（一九〇七～一九〇八）、「セザンヌ的キュービズムの時代」（一九〇八年後半）、「分析的キュビスムの時代」（一九〇九～一九一二）、「総合的キュビスムの時代」（一九一二～一九一八）、「新古典主義の時代」（一九一八～一九二五）、「シュールレアリスムの時代」（一九二六）、「ゲルニカの時代」（一九三七）、「戦後の時代」に区分されるが、これは一応の目安で、他にもいくつかの区分の仕方はあるだろう。ただ、次々に作風が変化したという意味ではまこと特異な画家ということが言えるだろう。

多くの画家は自らのスタイルを創りあげることに固執し、それを一生の仕事にするのに対し、ピカソにあってはそんなことにはお構いなしに、溢れ来る欲求のままに、新たなスタイルを次々に生み出していった。それは絵画における自在な発想と自由な感覚があったからこそ為し得たのであり、ピカソほどの実力と影響力があったからこそ、それまでは決して絵画とは認められなかった世界までもが、絵画として認められた事は特筆に値する。それゆえピカソ以後、絵画の領域は一挙に広がり、多くの画家はピカソの切り開いた世界を、自由に表現することが許されたのである。

スペイン内戦とゲルニカ

スペイン内戦は一九三六年七月、第二共和制期スペインで勃発した軍事クーデターのことをさす。マヌエル・マサーニャ率いる左派の人民戦線政府（共和国派）とフランシスコ・フランコを中心とした右派の反乱軍（ナショナリスト派）とが争い、ピカソは共和国政府を支持する。ピカソ五五歳の時、共和国政府からプラド美術館の館長に任命される。一九三七年パリ万国博覧会にホセ・レラウ監修のもとに、スペイン館においてピカソ、ミロ、ファン・グリスの絵画が展示される。そこでピカソは《ゲルニカ》を出品。ちなみにミロも反フランコ作品《刈り入れ人》（一九三七）を出品。一方、ダリは《茹でたインゲン豆のある柔らかい構造へ内乱の予感》（一九三六）がスペイン内戦を予言したと称し、「完全なダリ的予言の例」としてダリは自画自賛した。ピカソは《ゲルニカ》に先がけフランコを風刺する《フランコの夢と嘘》（一九三七）を著し、後に詩に銅版画を制作している。

これら三点の作品はどれも世界的名作として評価が高いが、とりわけ《ゲルニカ》が突出して評価された理由は、《ゲルニカ》が海外において、政治的に大きく取り上げられたことによる。ピカソの《ゲルニカ》は、反ファシスト側の格好の宣伝材料となり、繰り返し取り上げられ名声を高めていった。それは当然作品自体の魅力があってのことだが、《ゲルニカ》が高く評価されたことはピカソにとっても大きな転機となったに違いない。この経験はその後、《朝鮮の虐殺》（一九五一）や《戦争》、（一九五二）《平和》（一九五二）にも生かされ、ピカソの「平和運動」は絵を描くことによって継続されていった。

一九三七年一月、共和国政府はピカソにパリ万国博覧会のスペイン館を飾る壁画の制作を依頼した。当初ピカソはスペイン内戦とは無関係のシュールレアリスムの作品を制作する予定だった。だが、フランコ側の依頼によりビスカヤ県のゲルニカがナチスドイツ軍によって無差別爆撃を受けると、ピカソはゲルニカ爆撃をパリ万博のテーマへと変更した。本画を描くにあたって五〇枚以上の習作を描いたと言われている。その内容も当初から傷ついた鳥、超然とした牝牛、灯火を持つ女などが描かれていたが、それらは日々大きく変化していった。重要なモチーフには納得いくまでデッサンを繰り返し、妥協することなく描き続けられた。スペイン内戦当初から、ピカソは反乱軍の味方であるという噂が広がっていたため、ピカソは自らの立場を明確にする意味合いからも「スペイン軍部への嫌悪の意味を込めた《ゲルニカ》を制作中である」という声明を発表し、自分が共産主義のシンパであることを隠さなかった。ピカソが平和主義者だったのか、そうでなかったのか、現在でも議論が続いているが、それは第一次世界大戦、スペイン内戦、第二次世界大戦という三つの戦争にピカソが積極的にかかわらなかったことによる。

《ゲルニカ》は縦三・五m、横七・八mの大作である。モノクロに近いトーンで統一された画面には、どこか非常事態の惨劇の様子がみてとれる。多少とも戯画的、マンガ的ではあるが、それらの技法に反して切実な状況が浮かび上がってくる。作中の牡牛や馬から深読みをする評者に対して、ピカソは「牡牛は牡牛だ。馬は馬だ。……もし私の絵の中のものに何か意味を持たせようとするなら、それは時として正しいかもしれないが、意味を持たせようとするのは私のアイデアではない。君らが思う考えや結論は私も考えつくことだが、本能的に、そして無意識に、私は絵のために絵を描くのであり、物があるがままに物を描くのだ」と述べている。絵画というものを難しく考えてはいけない。ピカソは見たそのままを受け入れよ、と言っているのだ。ピカソが「小鳥のさえずりの美しさにきみは意味を読みとろうとするかね」といった一つの真理がここにある。

ピカソは、描くことによってその先が見えてくるタイプの画家であった。とぎすまされた直感と感覚がピカソの次のひと筆を導いたのだ。ピカソにとって社会的なテーマを直接、あるいは間接的に作品に持ち込むことに少なからずためらいがあったに違いない。それは「私は絵のために絵を描くのであり、物があるままに物を描くのだ」とピカソ自らが述べていることから伺い知ることができる。

《ゲルニカ》の殺戮をテーマにしたのは、フランコ側の要請によって、ドイツ・コンドル飛行軍団がスメヤ県のゲルニカを無差別爆撃したことに対するピカソの激しい抗議であった。そして、スペインの一市民としての自覚がピカソに勇気ある意思表明を強いたのである。ピカソはフランス共産党に入党し、死ぬまで当員であり続けたが、直接運動に関わることはなかった。一方、ルイ・アラゴンの依頼で《スターリンの肖像》（一九五三）を木炭で描き、物議を醸しだしたりした。ピカソは、生涯一つのスタイルにこだわることなく、脱皮し続けた。その変化の背景には、つねに愛する女性の存在があった。ピカソはフェルナンドゥ・オリヴィエ、エヴァグエル・オルガ、マリーテレーズ・ヴァルター、ドラ・マール、フランソワーズ・ジロット、ジャクリーヌ・ロックなど生涯に愛した女性は多い。そしてその全ての女性を美のミューズとして数々の名作を生み出していったのである。

ピカソの生き方

ピカソは生涯に、絵画一三、五〇〇点、彫塑陶磁器三〇〇点、版画一〇〇、〇〇〇点、本の挿絵三四、〇〇〇点を制作したと言われている。一日平均すると、四、五点の作品を描いたことになるから、このことからピカソがいかに勤勉に仕事をしてきたかがわかるだろう。ピカソは「青の時代」や「ローズの時代」によって手に入れた名声に甘んじることなく、つねに時代の最前線で活躍してきた。そこには単に新しい美への探求にとどまらず、つねに時代の一歩先を読む眼差しがあった。そして晩年、ようやく「この歳になってやっと子供らしい絵が描けるようになった」と言って、自らに向けられたいかなる世の悪評をも一切気にすることはなかった。

ピカソは生涯、いついかなる時にも批評家の気に入るような絵を描こうとは思わなかった。そして描くこともなかった。自ら求める本能のままに美のミューズを求めて絵を描き、強靭な意志をもって新しい世界を切り展き続けたのだ。にもかかわらず、私にとってピカソの最も重要な仕事はやはり「青の時代」と「ローズの時代」にあるように思えてならない。

社会の底辺で生活する人々と共にあった日、ピカソは彼らと一体となってその心の奥底を読み取り、理解し、慈しみながら絵を描いた。しかし、それ以後の作品は絵画上の問題が最重要視され、以前にあった青年の澄んだ眼差しは影を潜めてしまった。晩年ピカソが「子供らしい絵を描けるようになった」と言って描いた作品に、私はもはや少年の眼差しを読み取ることはできない。強靭な意志で並居るライバルを打ち負かし、つねに時代の最前線で戦い、勝ちぬいてきたピカソにとって、満身創痍の体に、もはや少年の澄んだ眼差しはなかったのかもしれない。しかし、そこにはしたたかに時代を生き抜いた老練な画家の眼差しがあった。時代に勝利をしてきた代償として、ピカソにも失ったものがあったのだ。にもかかわらず、この偉大な先達と肩を並べるマチスのような作家はいたとしても、彼を超えるものはなかった。多くのものがピカソと戦い、傷つき敗北し、ピカソの仕事を再び畏敬の念を持って仰ぎ見たのだ。ピカソのなし得た仕事は美術界だけにとどまらず、この時代にとっての一つの大きな寓話であった。

《ゲルニカ》はピカソにとって一つの大きな起点となったが、決して到達点ではなかった。多くの同時代人は激しく変動する社会に翻弄されたが、ピカソにとっては時代と向き合うことは、一人の女と向き合うことと同じであり、その女を描くことであった。直面するいかなる困難もピカソはただひたすら描くことによって乗り切ってきたのだ。あとの事はいずれ野となれ山となれ、といった思いだっただろう。表現は、油彩画、パステル、デッサン、版画、陶芸、それに舞台美術など、素材にこだわることなく何でもこなした。その好奇心の強さから思いがけない傑作を生みだすことも度々あった。

ピカソは若い時から、絵を描く時以外一人でいることができない人間だった。おそらく心の奥底には癒しきれぬ寂しさが宿っていたに違いない。誰にも知られぬピカソの真実。それがきっとあるはずだ。それゆえそのことを忘れ去るべくピカソは絵筆を動かさずにはいられなかった。そして、闘牛士が布きれ一枚で猛牛の突進をかわす、あの生死を分かつ刹那の毅然とした姿にピカソは惹かれた。ピカソは、時に突撃する猛牛であり、ある時、ピカソは闘牛士であった。その厳しさは晩年の絵画にもよく生かされている。ピカソは少年の日に見た生死を分かつ厳しさを生涯忘れることはなかった。だが、少年の純粋な眼差しはいつしか消え去り、大胆不適な人間になっていった。これもまた芸術家として立派な生き方だ。この世でもう何も怖いものはないと思った一瞬に人は何かを失う。さて、ピカソが何を得、そして何を失ったのか、この答はピカソ最晩年の作品に表われているように思う。

内戦期におけるスペイン哲学界の諸相――反乱前夜からフランコ独裁まで

ファン・ホセ・ロペス・パソス

はじめに

現在、スペインの大学において開講されている「スペイン哲学」という講義のシラバスを確認すると、その内容はたいていの場合、壮大なものである。古代ローマ帝国のセネカは言うに及ばず、中世のイスラム思想家のイブン・ルシュドやイブン・シーナ、そして現代の哲学者までの広大な領域が扱われている。少数の大学では内容がスペイン国家の設立[1]以来に限定され、主に現代思想が対象となる。稀に、現代スペイン哲学と共に、ラテンアメリカの哲学者を扱う大学もある。従って、一言で「スペイン哲学」と言ってもその定義自体が問題となる。本稿では「スペイン哲学」をスペインまたはスペイン人によって生み出された思想のことを言う。更に、もう一つスペイン哲学の特徴を指摘しなければならない。「哲学」を広義に解釈すると、近代においてスペイン哲学は主に文学作品に含まれている。例として、セルバンテスの『ドン・キホーテ』に見られる「真実」についての議論やカルデロン・デ・ラ・バルカの『人生は夢』の形而上学的内容が挙げられる。同時にスペインの哲学者の著作を分析しても、それらの作品自体に文学的価値がある。ウナムーノの『霧』は小説でありながら、哲学の論考でもある。

これらのことを踏まえて、内戦が、スペイン哲学界にどのような影響をあたえたかを明らかにすることが本稿の目的である。

一　戦前のスペイン哲学――哲学の「誕生」

アメリカ大陸の植民地の独立のほか、一九世紀のはじめに起きたスペイン内の独立戦争[2]を機にヨーロッパの思想の潮流が徐々にスペインの知識人に影響を与え始めた。当時、一九世紀のヨーロッパではロマン主義が主流になっていたことは言うまでもない。ロマン主義の主な概念の一つとして「フォルクスガイスト」（民族精神）が挙げられる。各文化、各民族に独自の精神が存在するという考えが多文化性に溢れるスペインに根強く浸透した。スペイン第一共和制にピークを迎えた地域主義と地方独立運動が「民族精神」の概念の下、誕生した。一方、同時にスペイン・ナショナリズムの中央集権主義も同じ概念によって強化された。歴史的要因がさまざまであるがオルテガ・イ・ガセットの言うところの「無脊椎のスペイン」[3]がこの時期に成熟した。

スペイン哲学界においては、前述したように近代スペインの文学作品にその哲学的思索が多く含まれていたが、狭義に解釈をすればスペインの哲学がスコラ学に留まっていたと言っても過言ではない。ルネサンスの後、ヨーロッパ中、合理主義と経験主義の思想が哲学界を導いていた時、スペインはカトリック教会の教えに従い続けた。スコラ学の最後の輝きとも言うべきスペインのフランシスコ・スアレス[4]の作品は合理主義のライプニッツやスピノザに影響を与えたが哲学は徐々に宗教と距離を置くようになり、近代の新しい神とも言える「科学」という偶像を拝み始めた。

一九世紀におけるヨーロッパの思潮の浸透がまさにスペイン哲学にとって新生の時期を知らせる時の鐘となった。ロマン主義のナショナリズムだけでなく、存在論や新カント主義の影響もスペイン哲学界で見られるようになった。クラウゼによる教育改革（クラウゼ主義）が大きな影響を与えた。一八七六年に、クラウゼ主義の理念に基づいてヒネル・デ・ロス・リオスが「自由教育学院」[5]を設立した。二〇世紀初期のスペインの知識人のほとんどがこの自由教育学院で勉強し、内戦の勃発まで当時のスペイン哲学界の中心となった。内戦は社会を崩壊させる。ある意味、戦争の始まりは哲学の終わりを告げるとも言える。しかし、内戦を生きた哲学者は自分の立ち位置を選ばざるを得なかった。現代スペイン哲学におけるもっとも優秀な二人の思想家も例外ではなかった。

当時、もっとも影響力のあった哲学者の一人はミゲル・デ・ウナムーノであった。現代スペイン哲学の父とも呼ばれるウナムーノであるが、一九〇四年に「内戦」というエッセイを書いた。このエッセイでは、昔の輝きを取り戻すためスペインに内戦が必要だとある。スペイン帝国の崩壊の証しとなった米西戦争での敗北や当時の政界の状況は九八年代の知識人に多大な影響を与えた。手当たり次第にエスペルペント化したスペインの社会を救う術を求めていた。一九三六年の反乱を見て、ウナムーノが彼らに「西洋キリスト教文明を救ってくれる」と期待をした。このウナムーノの言葉を借りてファシストはすぐに反乱の理由づけに利用した。ところが、すぐさまウナムーノは現実に戻された。ファシストのやっていることは「西洋的でもなければ文明的でもない。ましてや、キリスト教的なやりかたでも決してない」。一九三六年一〇月一二日にサラマンカ大学で行われたミジャン・アストライのスピーチの際、口論になりファシストに向けてこう言い放った。「君たちはこの戦争に勝つだろうが、われわれを納得させさせることはできないだろう」。当時、サラマンカ大学の学長であったウナムーノはすぐに失職し、自宅で引き籠った。一九三六年一二月に他界するまで、ウナムーノはファシスト側と共和制側の両陣営に対する批判をし続け、スペインの将来について次の予言を残した。「マルクス主義の政治は恐るべきものだったが、代わりに政権を握ろうとしているものはスペインの自由精神を墓に埋めるであろう」。

一方、現代スペイン哲学のもっとも重要人物であるホセ・オルテガ・イ・ガセット（一八八三〜一九五五）も内戦に多大な影響を受けた。哲学そのものを狭義に解釈すれば、オルテガはスペイン初の哲学者と言っても過言ではない。一九三六年の反乱の時、反ファシズム知識人同盟に提案されたマニフェストに署名せず、曖昧さを残す平和主義のマニフェストに署名した。ファシスト側でも共和制側でもなく、一九三六年七月の下旬に亡命した。ニューヨークでの記者会見において、スペインでの事件について聞かれるとオルテガは沈黙で答えた。亡命生活はフランス、オランダ、アルゼンチンと転々した日々の後、ポルトガルに定着した。亡命先のポルトガルからオルテガは内戦の結末を見届けた。一九四五年に第二次次世界大戦は終わったが、フランコ政権は終わらなかった。オルテガはフランコ政権の了解を得て、帰国した。ところが、帰国は許されたものの、大学での講義は許されることがなかった。哲学の分野は警戒されており、独裁者はあえてリスクを冒さないのであった。

二　スペイン内戦期の哲学の背景

スペイン内戦が始まる前に、多くの哲学者がオルテガの周りに集まり、後に「マドリード学派」と呼ばれるグループが結成された。一方、バルセロナでも哲学者の集まりができて、「マドリード学派」に対応してホセ・ガオスたちが「バルセロナ学派」と名乗った。反乱軍蜂起の直後、全ての思想家や知識人はファシスト側につくか、共和制側につくかと選択を迫られた。最初からどちら側かについて、プロパガンダ等に協力した哲学者もいるが、どちら側でもないと主張し、中立的な立場をとった哲学者もいる。最初から反乱軍を支持した者、あるいは敗戦後、新政権を裏切らないと誓った者はスペインにそのまま留まった。しかし、そのほかの哲学者は外国で亡命生活を送った。二度とスペインに帰ることのなかった哲学者も少なくはない。

反乱軍に反対した思想家は反ファシズム知識人同盟を結成した。一九三五年にパリで第一回国際作家会議が行われたが、そこで国際文化擁護作家連盟が結成された。クーデターを受けて、数日後の一九三六年七月三〇日にこの国際連盟の部会として文化擁護反ファシズム知識人同盟が誕生した。文化擁護反ファシズム知識人同盟宣言にはマリア・サンブラーノやラファエル・アルベルティ、マヌエル・アルトラギーレ、マックス・アウブなどが署名していた。マニフェストの内容はファシストの暴力に反対し、人民戦線の政府を支持していた。内戦のさなかには、反ファシズム知識人同盟に所属していた思想家が様々な宣伝活動を行った。もっとも注目されたのは一九三七年にバレンシアで行われた第二回反ファシズム作家会議だった。この会議にはパブロ・ネルーダやアーネスト・ヘミングウェイ、オクタビオ・パス、アンドレ・マルロー等が参加した。二七年代の主なメンバーは反ファシズム知識人同盟の雑誌『エル・モノ・アスール（青い猿）』に協力し記事を載せていた。

一方、ファシストを支持した哲学者のほとんどは反乱を正当化するなどの宣伝活動に協力した。ホセ・ルイス・ロペス・アラングレン[9]は『ベルティセ[10]』に寄稿し、ペドロ・ライン・エントラルゴが『エル・エスコリアール』という雑誌の設立に協力した。クーデターの時パリにいたカタルーニャ主義者だったエウヘニオ・ドルスは帰国後ファシストの反乱軍に加入した。保守主義者の知識人の中には、ファランヘ党のラファエル・サンチェス・マサスやゴンサロ・トレンテ・バジェステールなどもフランコ政権の協力者となった。

スペイン哲学界には、オルテガのように沈黙や亡命を選んだ思想家は少なくなかった。また、クーデターに反対しても、共和政府には賛同できなかった者もいた。更に、戦線の両方の陣営で命を落とした知識人もいた。反ファシズム主義者のフェデリコ・ガルシア・ロルカやミゲル・エルナンデスは言うまでもなく、保守主義者のラミロ・デ・マエストゥなどが内戦中消息を絶った。他の戦争と同様に、スペインの内戦は残酷であった。また他の内戦と同様に、兄弟の殺し合いであった。知識人も例外ではなかった。哲学者は戦争に参加し、戦争の加害者となり被害者となったのである。

三　スペイン内戦後の哲学界

このように、スペインの哲学者は選択を強いられた。その選択肢とともに自分の運命も決まった。ある哲学者は自分の理想を求めて戦った。またある哲学者は無意味な戦いだと思い、亡命や沈黙を選んだ。亡命者の中には、オルテガのように戦後帰国を果たした者もいるが、多くの場合、亡命先で新たな生活を始め、定住した。スペインに留まった哲学者の中には、クーデターの勃発時からファシストを支持したものもいれば、共和政府に協力していた者もいた。前者は報酬として知識界での地位を得た。後者は自分の考えを胸の内に秘め、新政権に従った。フランコ政権の確立と定着に直面した様々な哲学者の代表として、次に戦後スペイン哲学界の四人の思想家の生きざまを紹介しよう。

まずは現代スペイン哲学の中心人物にしてオルテガの哲学を真に受け継いだとされるマリア・サンブラーノ(11)の運命である。前述したようにマリア・サンブラーノは一九三六年の反乱直後、文化擁護反ファシズム知識人同盟宣言にサインした。同年の一〇月に夫とともにキューバに亡命した。カリブ海の島から心配しながらスペインでの戦争の流れを眺めていたが、一九三七年に二人で母国に帰り、共和政府に協力するようになった。ファシスト側が進行し続ける中、帰国の理由を聞かれたサンブラーノの返事は破滅的な言葉だった。「敗戦が近いからこそ帰った。」スペインでの滞在中にサンブラーノはバレンシアで行われた第二回国際作家会議に参加した。その後、バレンシアに留まり、共和政府の宣伝委員かつ避難児童委員として勤めた。一九三八年一〇月に父親のブラス・サンブラーノが他界し、一九三九年にマリアは家族とともにフランスに亡命した。しかし、フランスも第二次世界大戦の始まりで混乱状態に陥っていた。夫とともにメキシコに渡航したマリア・サンブラーノは大学で講義を行うが、その後転々と亡命先を変えていく。六年の間、キューバやプエルトリコでも講義を持つことになったが、一九四六年に母親の病気のニュースを受けてパリに母親を見舞う。残念ながらマリアは母の最期に間に合うことができず、パリで会えたのは母の墓だった。こういった亡命生活がマリア・サンブラーノの健康に響いて、一九七九年にはもう生きる気力が湧いてこないと訴えていた。しかし、フランコ政権の幕が下りたスペインではマリア・サンブラーノの思想が徐々に紹介されるようになり、評価され始めて、その結果として一九八一年にはアストゥリアス皇太子賞を受賞した。スペインでの評価が上がり、一九八四年一一月二〇日に帰国を果たした。一九八八年にセルバンテス賞を受賞したマリア・サンブラーノは三年後の一九九一年に息を引き取った。遺体は故郷のマラガに埋葬された。

現代スペイン哲学界に大きな影響を与えた哲学者の一人はホセ・ガオス[12]（一九〇〇〜一九六九）である。一九三一年共和制の到来と共にガオスはスペイン社会党に加入し、新共和政権に参加した。当時のガオスはサラゴサ大学で講義をしていた。一九三三年からマドリード大学（現マドリード・コンプルテンセ大学）で教えるようになった。スペイン内戦が始まった一九三六年には同大学の学長として選出された。ところが、反乱軍に反対し「フランコ新政権に不満を抱いていた」ため、一九三九年二月三日の辞令により、離職させられた。その時には、ホセ・ガオスはすでにメキシコに亡命していた。一九三九年からメキシコ国立自治大学で教鞭をとりはじめ、一九四一年にはメキシコの国籍を取得した。ガオスの主な作品は、メキシコで出版されたが、その中で特に重要とされる業績は現代ドイツ思想（ハイデガー、シェラー、フッサール、ヘーゲルなど）の翻訳である。一九六九年六月一〇日、帰国を果たすことなくホセ・ガオスは他界した。

　前述したように、ホセ・ルイス・ロペス・アラングレンは最初から反乱軍を支持した。内戦中は『ベルティセ』誌に寄稿してファシストの宣伝活動に協力し、内戦が終わるとマドリード大学で倫理学の教授となる。内戦中だけでなく、フランコ政権時代にロペス・アラングレンは、独裁政権に不満を抱いていた教師たちのことを密告したりもした。ところが、ほかの知識人と同様にロペス・アラングレンもフランコ政権からしだいに距離を置くようになり、一九六五年には大学での自由を訴えるデモに参加した。そのため、スペインの大学から追放されることとなり、アメリカのロサンゼルスに移住した。アメリカでの生活の中で、カルフォルニア大学バークレイ校で講義を行っている。フランコの死後、一九七六年にマドリード大学での教授の座を取り戻した。独裁時代にはファシストに協力したアラングレンは、民主化したスペインでは一転して、一九九六年に他界するまでフェリペ・ゴンサレスのスペイン社会党を支持し続けた。ロペス・アラングレンの『エウヘニオ・ドルスの哲学』[13]という作品の一九四四年の初版と一九九四年の改訂版を比較するとフランコ体制下のスペイン哲学界の実情を知ることができる。一九九四年の改訂版では、ロペス・アラングレンは大幅な文章の削除や文章の追加を行った。さらに、様々なキータームの定義も変更が加えられた。従って、労働組合を批判的に扱った文章が削除されたり、哲学者としてのエウヘニオ・ドルスの人物像を批判する部分が加筆されたりしていた。実際には「エウヘニオ・ドルスの哲学」という表現自体が多くの場合「エウヘニオ・ドルスの哲学的言及」と置き換えられている場面も多い。一九四四年に「マエストロ（巨匠）」と呼ばれていたエウヘニオ・ドルスは「作家」や「思想家」となった。これらの変更点により、アラングレンの本当の想いとともにフランコ体制下のスペイン哲学界における思想の自由が、いかに欠如していたかを知ることができる。

　最後にオルテガの弟子にしてマドリード学派の代表者であるフリアン・マリアス[14]（一九一四～二〇〇五）について紹介する。スペイン内戦の勃発直後、共和政の補充兵とされるが、近視だったため戦線に立つことなく主に翻訳家として軍務を勤めた。敗戦後、親友の密告により刑務所に拘置されたが、数か月後に釈放された。釈放後、大学での仕事を勧められるが、フランコ新政権に対する忠誠の誓いをしなかったため、大学での教授の職を得ることは叶わなかった。オルテガの帰国後、彼とともにマドリードの人文研究所で働き、一九六四年からスペイン王立アカデミーの正会員となった。二〇〇五年に歿する。九一歳であった。マリアスの主な哲学的貢献は師匠オルテガの思想の体系化である。更に、マリアスは反乱前夜から独裁に至るまでのスペイン内戦の全容を解明するための示唆を与えてくれた。一九八〇年に出版された『内戦。どうして起こったのか？』(15)というエッセイにおいてマリアスは内戦の原因と内戦の流れを分析している。共和制を支持していたマリアスだが、反乱軍に対する共和政府の反応を批判した。彼はファシスト側のことを「不当にも勝者 los injustamente vencedores」、共和政側を「正当にも敗者 los justamente vencidos」と名付けた。フリアン・マリアスはフランコ新政権に賛同せずとも、スペインに留まることを選んだ哲学者の代表者である。マリアスのフランコ体制下における経験は彼の思想に多大な影響を与え、スペインという国をテーマにした著作の多くに、そのことが反映されている。

終わりに——内戦の疵痕

本稿では内戦時の哲学者の動向を何人かに絞って叙述してきた。スペイン内戦の影響を受けた哲学者の全員を取り上げるためには一冊の本が必要になるであろう。また、スペイン内戦がどのような疵痕をスペイン哲学に残したのかを理解するためには本一冊でも納めきれないであろう。ここではその特徴的な事例のいくつかに触れておくにとどめたい。

スペイン内戦から第二次世界大戦後の四〇年以上にわたるフランコ政権はスペイン哲学界に多大な影響を与えた。その間、現代スペイン哲学を最も牽引していた哲学者のオルテガは大学での講義が許されなかった。これだけでも、彼の講義を受けることのできたかもしれない将来の哲学者の前途に大いに影響を与えたと言っても過言ではない。亡命者として生きた哲学者たちは、亡命先で教鞭をとり著作の出版を行ってはいたが、その思想がフランコ体制下の本国スペインに影響を及ぼすことは皆無と言って良かった。帰国すらできなかった哲学者もいれば、帰国後、哲学的思索を断念していた者もいた。スペインにとどまった思想家は独裁政権の理念に従わざるを得ず、異論を唱えると追放された。

さらに、冒頭で述べたように、スペイン内戦前のスペイン哲学界は開花の時期にあった。ヨーロッパの思潮が徐々にスペインの教育界に浸透し、その教育を受けた学生たちがスペインの知識人となっていた。しかし、フランコ政権によってこれらの進歩が停止したばかりではなく、教育の体制そのものが旧態に戻された。哲学界ではナショナル・カトリシズムの圧力を受けて、思想家たちは中世以来のスコラ学の研究を続けざるを得なかった。フランコ政権に不満を露わにするような研究や出版物は厳しい検閲によって決して許されなかった。(16)

今日においても、スペインの哲学者として「スペイン」という問題は避けることのできない問題にして、最も扱いにくい問題である。先述したように、沈黙のルールによって内戦やフランコ政権の話題はタブーとされている。公にされていなくても、どの大学の哲学部に行っても各教授の考えにどちらの「スペイン」が秘められているのかが簡単に推測できる。政治界と大学の関係性は恥じるほど明らかなものである。今日のスペインの大学には大きく分けて二つの派閥がみられる。ひとつは、フランコ政権の時から教授職についていて、そのあと自分の弟子にバトンを渡した保守主義者。もうひとつが民主化後に教授職に就いた者で、スペイン社会党内閣時代には政党の多くの関係者が大学で自分の職場を見つけた。従って、同じ大学内に相反する二つの派閥ができあがった。大学の組織は研究者には生き残るために言動を慎むべき場所のように映る。誤って、政治的なデモに参加したり、危険とされる考えを弁護したりすると大学内での将来が永遠に閉ざされるかもしれない。同じ分野を対象としながら、背景のイデオロギーが異なる学会も存在する。学術会議でもそれらの話題を避けるが、誰かが暗黙の了解を破り発言すると周りの人は賛成の意を示すか、目をそらし、黙って耐える。

近年スペインの大学で生まれた新しい社会運動によって、恐怖感が薄れてきている。しかしながら、これらの社会運動の殆どが社会主義に大きく影響されているため、それに反発し極右的な考え方を持つグループの活動も盛んになってきている。二〇一一年五月一一日に前者によってスペイン全体にスペインの政治界を大きく批判する運動が始まったが、数年後の今は後者の保守反動的なデモが増えている。それらのデモにはフランコ時代の国旗を掲げるグループや旧ファランヘ党をはじめとする極右政党の姿が目に入る。言動の自由とともに、スペインの分裂が進む中、二一世紀のスペインはどこか内戦前のスペインを思わせる。

内戦から八〇年経った今でも、スペインの大学にフランコ時代に負った疵痕（トラウマ）を見ることができる。内戦やフランコ政権そのもの、民主化などについての政治的な話題は今でも進んで語ることは憚られている。タブーに口封じされた哲学は自由ではあり得ない。自由に思惟できない哲学は哲学そのものの意味を果たせていない。現在、世界中で極右政党が著しく勢いづいている中、スペイン内戦において疵を負ってしまったスペイン哲学の見直しが必要である。

参考文献

Abellán García-González, *José Luis: Historia crítica del pensamiento español*, Espasa Calpe, 1979.

Blanco Prieto, Francisco, "Unamuno y la Guerra Civil" en *Cuadernos de la Cátedra Miguel de Unamuno*, Universidad de Salamanca, 2011.

Castro Sánchez, Álvaro., "Filosofía y ciencia en el pensamiento reaccionario español durante la II República" en *Endoxa: Series Filosóficas*, n. 32, UNED, 2013.

Giustiniani, Eve, "El exilio de 1936 y la Tercera España" en *Circunstancia*, n. 19, Instituto Universitario Ortega y Gasset, 2009.

Llevadot, Laura, "La dificultad de volver: exiliio y filosofía en María Zambrano" en *Aurora, n. 16*, Seminario María Zambrano, 2015.

Márquez Padorno, Margarita, "José Ortega y Gasset. Los años más tristes (1936-1955)" en *Cuadernos de Pensamiento Político*, n. 24, FAES, 2009.

Moreno Pestaña, Jose Luis, *La norma de la filosofía. La configuración del patrón filosófico español tras la Guerra Civil*, Ed. Biblioteca Nueva, 2013.

París Amador, Carlos, "Actitudes intelectuales ante la Guerra Civil Española" en *La República y la cultura*, Ed. Akal, 2009.

註

（1）スペイン国家の成立に関しては、一四九二年のレコンキスタ完了とするか一八一二年のカディス憲法とするか歴史学者の間でも議論が未だに続いている。ここでは一八一二年を想定している。

（2）スペイン独立戦争（一八〇八〜一八一四）、ナポレオンに対するスペイン民衆の蜂起。一八一三年一〇月にイベリア半島にあったフランス軍はほぼ一掃された。この間、各フンタの代表が南部の港カディスに集まり、一八一〇年九月から国会（コルテス）が開かれ、一八一二年三月「一八一二年憲法」を制定した。

（3）『無脊椎のスペイン』（一九二一）において、オルテガは「スペイン」のかかえる問題を解明しようとした。タイトルの「無脊椎のスペイン」とは無脊椎動物に当時のスペインを例えた言葉である。「骨」がないスペインは次第に分裂する。当時は海外の領土の独立がこの分裂の第一歩とみなされ、半島内の独立運動が最終的にスペインを崩壊させる。出版から約百年が経った今でも現代スペインの事情を理解するためには不可欠な一冊である。José Ortega y Gasset, *España invertebrada : bosquejo de algunos pensamientos históricos* (Madrid : Calpe, 1921).

（4）Francisco Suárez, (Granada, 1548 -1617)、イエズス会の神学者、哲学者、法学者。

（5）La Institución Libre de Enseñanza o ILE.

（6）Miguel de Unamuno y Jugo (1864-1936).

（7）Miguel de Unamuno, "Guerra Civil" en: *Alma española*, Año 2, número 23.

（8）エスペルペントとはスペインの作家インクランの不条理劇のこと。バーリェ・インクラン (1866-1936) は、伝統的価値観を破壊するために、凹面鏡のデフォルメされた映像にヒントを得た「エスペルペント（でたらめ劇）」esperpento を創造した。

（9）José Luis López-Aranguren Jiménez (Ávila, 1909- 1996).

（10）*Vértice* はファランヘ党の雑誌で内戦期は主に宣伝のための記事を載せて反乱軍に加勢した。同様に *El Escorial* は内戦後ファランヘ党がプロパガンダのため発行した。

（11）María Zambrano Alarcón (1904- 1991) スペイン・マラガ県ベレス＝マラガ出身の哲学者・随筆家。

（12）José Gaos y González-Pola (Gijón, España, 26 de diciembre de 1900 – México, D. F., 10 de junio de 1969).

（13）Eugenio d'Ors Rovira (Barcelona, 1881 - 1954) 哲学者、バロック美術研究の美術史家、批評家。

（14）Julián Marías Aguilera (1914-2005), 略歴と思想傾向は後述する。

（15）En: *La Guerra Civil: ¿Cómo pudo ocurrir?* (Fórcola Ediciones 2012).

（16）フランコは、国家とカトリシズムの一体性を唱え（ナショナル・カトリシズム）、「神と歴史の前にのみ」責任を負う、という独裁体制を堅持する。

一九三六年のウナムーノ

木下　登

スペインの現代思想にとって、一九八六年は、フランコ体制下ではとかく居心地のよくないことが常態化していたミゲル・デ・ウナムーノ（一八六四〜一九三六）の存在が、その死後五〇年を経て、スペインが西欧に誇る思想家、哲学者、宗教家として公に復活した年号である。ウナムーノと並び称せられる思想家、哲学者、ホセ・オルテガ・イ・ガセット（一八八三〜一九五五）は、一九八三年に文化省がオルテガの生誕百年を祝して主催した「オルテガとその時代」展を機に、その存在があまねく認められることになった。かつて、スペインの再興を実現目標とした「一八九八年の世代」の作家たち、彼らのリーダー的存在であったウナムーノ。ウナムーノの後継たるオルテガによる哲学を軸としたスペインの後進性の克服の努力は、一九二〇年代には、オルテガ・ルネッサンスとして結果が顕現し始めていた。しかし、一九三六年から一九三九年にかけての深刻な内戦とその後の共和国派の知識人による大規模な頭脳流出に継いで、スペインの現代思想がフランコ時代に味わった大きな思想的閉塞。一九七五年、民主的な時代の到来とともに、哲学研究者たちは何よりもまずウナムーノとオルテガの回復に真剣に取り組んだ(1)。

本稿では、ウナムーノと内戦、とりわけ今日まで邦語論文では紹介されることのなかったフランシスコ・インドゥラインの回想文書「ウナムーノとの対話、死の前日に書斎にて(2)」（以下、インドゥライン文書と記す）に描かれた事柄を明らかにすることにより、最晩年のウナムーノ思想の根本に迫るものである。またそれに先立ち、笠井鎮夫教授が『文藝』に発表した「西班牙の二大思想家——ウナムノとオルテガの素描(3)」（以下、笠井論文と記す）のなかに見事に描かれた、日本におけるウナムーノ思想の受容について考察する。

笠井教授の論文は、後述するように、スペイン内戦が勃発した一九三六年七月一七日以降に書かれ、同年一〇月一日発行の『文藝』に掲載された。フランシスコ・インドゥラインの文書は、ウナムーノが没して半世紀後の命日に、スペインの代表的日刊紙『ＹＡ』が組んだ一二ページにもおよぶ広範な特集の中で掲載された。笠井論文とインドゥライン文書を同時に取り上げる目的は、第一に、両論文が一九三六年後半のウナムーノを執筆対象としていること。また、前者がスペインから遠い日本で書かれたものであるにもかかわらず、全文にわたって、その時代を同時的に生きた者のみが有する息づかいまでも伝える内容であることと、現在まで、わが国においては、ウナムーノについて、またオルテガについて、優れた研究の積み上げがなされてきたが、いずれの場合においても、笠井論文にはその言及が見られないこと。また、インドゥライン文書に関しては、ウナムーノについて毎年のように発表されるいく編もの研究論文や彼の死後五〇年を機会とした国際学会や特集記事、そして思想分析を中心に据えた米西戦争から百年を期してのメガ・シンポジウム等においてもその言及が見られないこと。ウナムーノと対話した当事者だけの証言という性格から学術論文等で取り上げられることが控えられたとの推測も成り立つが、フランシスコ・インドゥラインがサラマンカ大学におけるウナムーノの弟子として、また文献学の優れた研究者として知られた存在であったこと等、笠井論文とともに、彼の文書に資料として信頼が認められるものであること。

西班牙の二大思想家――ウナムーノとオルテガの素描

笠井教授は、一九一九年東京外国語学校スペイン語学科を卒業と同時に同校助教授に任命。一九二七年から一九二八年にかけて文部省在外研究員としてスペインおよび中南米に留学。一九二九年、同校教授に任命。スペインで、「一八九八年の世代」の作家として著名なピオ・バローハやブラスコ・イバニェスの遺族を訪問したこと、そして国内を東西南北縦横に駆け巡った記録は、彼の自伝的著作『スペイン語初学記』(4)に詳しい。笠井教授は、一九三六年に内戦が勃発すると、こうしたスペインでの滞在経験をもとに、スペインの状況を誰よりも正確に捉えていたと思われる。

まず始めに、笠井論文が書かれた時と場所について、論文中に現れるいくつかの記述を頼りに考えておきたい。笠井論文には、論文が書かれた時点を示す記述が残されている。

> 今日もサラマンカ大学総長の栄職に在る彼の卓抜な言説は一般国民の思想的動向を決定する程の力を持っている。[5]
>
> 一九三一年スペインに共和制が布かれるや、再び迎えられて目下サラマンカ大学総長の要職にある。[6]
>
> 西班牙は今大動乱の真最中だ。[7]

これらの記述から、笠井論文は、スペイン内戦が勃発した一九三六年七月一七日以降に書かれたことが分かる。一方、一九三六年一〇月二日に起きた事件、ウナムーノがフランコ将軍側の主催する「民族の日」の式典において反戦を叫び、自宅に軟禁された事件には言及がないこと。論文が掲載された『文藝』の発行が同年一〇月一日であること。そして、当時の印刷事情等を考慮すると、七月一七日から八月末の間に書かれたと推測できよう。また、極めて緊急性が高い当該論文が書かれた場所については、笠井教授が東京外国語大学の教授であったことと、『文藝』誌が発刊されていた所を考慮して、東京とするのが妥当と思われる。

はじめに、笠井論文は近代スペインが生んだ偉大な思想家として、ホアキン・コスタ、アンヘル・ガニベット、ミゲル・デ・ウナムーノ、そしてオルテガ・イ・ガセットを挙げて、スペインの復興という、彼らが共通して持った問題意識こそが、彼らに課せられた「近代スペインの最大問題」であるとした。その問題に対して、ホアキン・コスタは、スペイン社会の改革を志し、世界文明の進歩にも無関心でいた一九世紀末のスペイン国民の思想内容や生活態度を全面的に否定し、国民を「ヨーロッパ化」することを祖国復興の第一条件とした。

他方、アンヘル・ガニベットは、スペイン人固有の諸特徴を肯定し、その特有の性質と方法とを開発洗練し、スペイン文化を振興させ、世界文明に寄与すべきであるとした。笠井教授は、「この二人の先達が取り上げた題目、即ちスペイン復興の問題こそは、その後輩たる現存の二大思想家の最大関心事でもある[8]」と断言する。また、面白いことには、コスタの取った態度と類似の態度をオルテガが取り、ガニベットの取ったのと同じ態度をウナムーノが取っているとも指摘している[9]。

次に笠井論文では、「現存の」ウナムーノとオルテガの略歴と業績を述べたあとで、やはり別々に二人の思想家の「態度と思想」の核心を簡潔かつ非常に正確にまとめて紹介している。本稿では、ウナムーノについての記述にのみ特化して検討していく。

笠井教授は、ウナムーノの「態度と思想」として何をその際立った特徴として挙げたのであろうか。第一に、ウナムーノのヨーロッパ文明に対する態度の違いを指摘する。「吾々スペイン人は世界文明に対する特殊の使命を持つ。中部ヨーロッパ人は科学的かつ商業的であるが、吾々は所詮吾々である。吾々スペイン人の最大関心事は、依然として、吾々の魂の救済である[10]」。次に、彼の思想がもっとも率直に語られている『生の悲劇的感情[11]』に言及し、ウナムーノの主流的思想は個性の不滅に対する渇望だという。信仰と理性の関係について同書の次の部分を引用している。「信仰と理性との間の相克は免れ難い。その場合、吾々は信仰を取って理性を棄てるべきである。西班牙人的性格は信仰のそれであり、理性は適しないから科学的でない……[12]」。笠井教授は、ウナムーノのこういった論法は一六、一七世紀の神秘思想家の態度と根底において一致していること、即ち、スペイン人の本質的傾向の表れに他ならないという。

笠井教授は、ウナムーノが探し求める人間は学識ある無味乾燥な学者ではなく、「肉と骨の人間」であり、生き生きとして活力に溢れた人間であると指摘する。最後に、彼の独特な闘争の哲学に触れて、「彼にとっては、真理は人間の心の中に常住する闘争苦悶のうちにあるのだ。生きることが闘争であり、闘争苦悶の無いところに進歩はないとするのだ(13)」と言う。

こうしたウナムーノの態度と思想に対峙するのがオルテガその人である。「ウナムノは一つの思想を守る哲学者であるのに反して、オルテガは多くの思想の持主である。彼が物を見るには常に蜻蛉の如く複眼を以ってする。ウナムノは西班牙人らしい粗剛なる厳粛さを備えているに反して、オルテガはフランス人のような優雅さと明快さを持っている(14)」。

笠井論文は、こうしたスペイン人の態度と思想傾向をウナムーノとオルテガというその時点で現存する二人の哲学者に対照的な表出を描き出した後で、最後の「動乱と思想界」の項で、スペインから刻々と伝えられる内戦の状況に大いなる懸念を表すとともに、それが、ちょうど一八九八年の米西戦争を境にスペインの復興という「近代スペインの最大問題」に直面した「一八九八年の世代」のように、思想的闘争から新たな革新運動につながる可能性はあるのだろうか、と述べている。

> スペインは今大動乱の真最中だ。満州事変が日本の思想界の動向を一変せしめた如く、今回の深刻極まる闘争がスペイン思想界に絶大な影響を与えるだろうことは想像に難くない。一八九八年の米西戦争でスペインのあらゆる弱点が白日下に暴露された結果、スペイン革新を目的とする所謂一八九八年世代の近代主義運動が起ったが、今回の政治的であると同時に思想的な闘争から如何なる結果がもたらされるだろうか？(15)

笠井論文は、ウナムーノとオルテガという二〇世紀前半のスペイン思想界を代表する哲学者の態度と思想を分析することにより、スペイン人の国民性の解明に努めるとともに、米西戦争を契機として「一八九八年の世代」が出現し、その後の改革を可能ならしめたことを思い起こしている。そして、一九三六年に七月一七日に勃発したスペイン内戦が政治的であるとともに思想的な闘争であるとして、この内なる戦いの結果、「目下、全国至る所、死闘の苦しみを嘗めつつある彼らは、将来のスペイン国民の精神的指導原理を何処に求むべきかに就いて、更めて深刻に考え直すに相違ない(16)」と結んでいる。

一九三六年までに、わが国でウナムーノを研究主題とした論文が桑木厳翼による「理性主義反対の一叫声――Miguel de Unamuno」（一九二二）と増谷文雄による「悲劇的人生感情――ウナムノの人生観」（一九二九）の二点のみであったことを考えると、笠井論文はその後のウナムーノ研究の進展に果たした役割が大であったと思われる。

因みに、ウナムーノの文学作品の一九三六年以前の邦訳は笠井教授の手になる『突発する恋』（一九二六）と『死の鏡』（一九二六）の二点である。

ここまで、笠井教授が一九三六年七月一七日に保守・革新の両陣営の対立から内戦勃発に到った状況を心配しつつ、スペインから遠いわが国でおそらく極めて短時間に執筆したと思われる「西班牙の二大思想家――ウナムノとオルテガの素描」を考察対象としてきた。

笠井論文は、わが国におけるスペイン思想研究史において、先駆的な作品であるだけでなく、高い水準の内容を伴うものといえる。また、ウナムーノとオルテガの思想を比較研究した初めての論文であることも併せて、笠井論文の重要性を認識する機会となった。

「ウナムーノとの対話、死の前日に書斎にて」

前項では、笠井論文から、スペインが一九三六年にどのような思想的状況にあったのかをたどったが、インドゥライン文書を検討する前に、生年から他界した一九三六年一二月三一日までのウナムーノの社会的動向について経緯をまとめておきたい。

ミゲル・デ・ウナムーノは、一八六四年九月二九日、スペイン北部の港湾都市ビルバオに生まれた。一八七三年、ビルバオが第二次カルリスタ戦争の舞台となり、この内戦はウナムーノの脳裏に鮮烈な体験として残った。一八八〇年、マドリード大学に入学。一八九一年、サラマンカ大学のギリシャ語教授に就任。一九〇〇年、弱冠三六歳でサラマンカ大学総長に任命された。一九一四年、政治的な理由から、総長職を罷免された。一九二四年、独裁者プリモ・デ・リベラに反対の立場を取ったことによりフエルテ・ベントゥーラ島に追放され、その後、パリに脱出し、亡命生活を送る。一九三〇年、独裁制崩壊により帰国。一九三一年、第二共和制が敷かれると、国会議員に選出される。終身大学総長としてサラマンカ大学に復帰。一九三六年七月スペイン内戦が勃発。一〇月二日、反乱軍のホセ・ミリャン・アストライ将軍とサラマンカ大学講堂での「民族の日」の式典において衝突し、自宅軟禁となる。一二月三一日、自宅の書斎にて死去[17]。

一九八六年は、内戦が勃発して五〇年の節目の年であった。この間、一九七五年一一月二〇日にフランコ将軍が死去し、三六年間続いた独裁体制が終焉を迎え、ファン・カルロス国王のもとで民主的な政治体制の回復が進められた。すでに触れたが、一九八三年五月から六月にかけて、マドリードで「オルテガとその時代」と題した展示会が文化省の主催で盛大に催された。フランコ体制下ではその言動が危惧された哲学者オルテガの復活であった。オルテガに続いて、一九八六年はウナムーノの復活の年となった。ここでは、そのことを象徴する出来事として次の点を挙げておきたい。

ウナムーノの没後五〇年に際して、アカデミックな世界では、「ウナムーノ没後五〇年国際学会」がサラマンカ大学のゴメス・モリェダ教授をコーディネーターとして、ファン・マリシャル、エリアス・ディアスらを中心に、一九八六年一二月一〇日から二〇日にかけて、ウナムーノ縁の地サンタマルタで開かれた。サラマンカ大学とウナムーノ博物館の共催であった。四〇人の専門家がウナムーノの生涯と作品について分析を行った。五つの分科会は、証言と回想、ウナムーノとその時代、ウナムーノの文学、ウナムーノの思想、そして書簡、から構成された。研究発表は六三九頁にまとめられ、一九八九年に大学出版局から刊行された。

日刊紙『ＡＢＣ』は、「ウナムーノ没後五〇年国際学会」が、一九八六年一二月一〇日にソフィア王妃を迎えて、サラマンカ大学で始まったと報じた[18]。同じく日刊紙『ＹＡ』は一二頁にわたり、ウナムーノの生き方、信仰、新たに見つかったウナムーノの文書、大学の自治についてのウナムーノの考え、バスク人としてのウナムーノ、そしてウナムーノ全集についても紹介している。日刊紙『ＥＬ・ＰＡＩＳ』も一二頁の特集において、ウナムーノ用語の解説等を付け、難解といわれるウナムーノの思想を一般読者にわかりやすく紹介する配慮がなされた。

ウナムーノの死から五〇年を機に展開された学会や紙面による特集の共通した特徴は、新しいウナムーノ像の掘り起こしにあった。フランコ体制の終焉から一〇年余りが経て思想界に言論の自由が定着した基盤の上に立ってのことであった。

さて、すでに触れたように、インドゥライン文書は、ウナムーノが突然の死を遂げた一九三六年一二月三一日の前日に、ウナムーノの自宅の書斎で、インドゥラインが恩師と語ったことがらを、ウナムーノが没して半世紀後の命日にスペインの代表的日刊紙『ＹＡ』が組んだ一二頁にもおよぶ広範な特集の中で掲載された。

インドゥラインは、ウナムーノの没後五〇周年を機に開催されている学会や新聞や雑誌誌上における特集において、ウナムーノが亡くなる前の数日、数時間について新たな証言が出されているが、何よりも重要なこととして、彼の生涯が二つの内戦によって縁どられていることだとして文書を始めている。インドゥライン文書の要点は次の三点に集約される。

第一に、二つの内戦に言及していること。ウナムーノは、幼児期にカルリスタ党員に包囲されたビルバオで内戦体験をしている。その時に彼の脳裏に刻まれた記憶は、一八九七年に発表された実存主義的小説『戦争の中の平和』で作品のモチーフとなった。そして、ウナムーノの最後の年、一九三六年にも内戦を現実としていること。

第二に、ウナムーノは、祖国スペインの社会を誰よりも真剣に生きた人であり、正しい市民の規範から逸脱したと判断すると、何人にも臆することなく、正しいと信じたことを最大限の声を上げて告発したこと。

第三に、ウナムーノにとって、市民的な次元の問題は宗教に行きつくこと。彼にとって、宗教的なことは彼の感じることとそして考えることの核心をなしていた。

以下、この第三の要点に至る、フランシスコ・インドゥラインの回想を、本稿の結論に代える。インドゥラインは次のように書いている。

私はしばらくサラマンカを出ていたが、一二月三〇日に戻ると、ウナムーノの書斎で、足元に火鉢のついたテーブルを挟んで座り、ほぼ午後いっぱいを過ごした。先生は、サモラ街道にまで達していた散歩をやめた、自宅の戸口にいた当番の警官が付きまとうからだ、と私に言った。確かに、前回ウナムーノ宅を訪れた時、警官の一人が私の知り合いであったこともあり、彼は、ウナムーノが肉体的にも精神的にも屈強な人間であることを称えて、ウナムーノは誰に対しても正しい人だと言った。

結果、今一度、総長（といってもすでに解任されていたが）の話を聞く機会を得た。全部ではないとしても、先生の話のほとんどは、共和国派と反乱軍という左右両陣営によって行われたおぞましい蛮行を呪うためのものだった。反乱軍側のマドリード進攻が迫っていると言われていたことから、ウナムーノは、「自分は、マドリードの通りを正しいと思うことを叫んで歩き回るつもりだ。私は今までで最も強い。私の声を聞くがいい」、と言った。ウナムーノはそう言うとすぐさま椅子から立ち上がり、前方にあった本棚（その上にはサナブリア湖の油絵が掛かっていた）の所に行って一冊の本を取り出した。「過度に信じた人は吹き込まれた信仰を一番忘れやすく、信仰を保っている人たちを恨む傾向がある」、と英語から訳しながら読んでくれた。ウナムーノは続けた。これこそが教会や信仰対象物に火をつけたりした原因だ、修道士や修道女を暗殺した原因だ、と。ウナムーノが読んでくれた本は、『W・E全集』であり、本にはびっしりとウナムーノの書き込みがあった。彼は、悲劇的な恨み[19]について、一九〇七年、一九一六年に、また暗示的ではあるが、小説『聖マヌエル・ブエノ、殉教者』においても扱っていた。またしてもウナムーノにとっては、市民的な次元の問題は宗教に行きつくこと。先生にとって、宗教的なことは感じることそして考えることの核心をなしていた[20]。

参考文献一覧

逢坂　剛『スペイン内戦写真集』講談社、一九八九年

笠井鎮夫「西班牙の二大思想家――ウナムノとオルテガの素描」（『文芸』、一九三六年、一〇四～一一一頁）

笠井鎮夫『スペイン語初学記』昭森社、一九六二年

川成　洋『スペイン――未完の現代史』彩流社、一九九一年

木下登「スペインの現代思想」（川成洋・坂東省次編『スペイン現代読本』丸善、二〇〇八年、一二六～一三五頁）

桑木厳翼「理性主義反対の一叫声――Miguel de Unamuno」（丁酉倫理會『倫理講演集　244號』一九二二年、一～三〇頁）

桑木厳翼「西班牙の思想家ホセ・オルテガ・イ・ガゼット」（丁酉倫理會『倫理講演集　五月號』一九三六年五月、四五～六四頁）

増谷文雄「悲劇的人生感情――ウナムノの人生観」（『理想』11号、一九二九年、四五～五〇頁）

佐々木孝『ドン・キホーテの哲学』講談社、一九七六年

色摩力夫『オルテガ――現代文明論の先駆者』中公新書、一九八八年

若松　隆『スペイン現代史』岩波新書、一九八二年

Gómez Molleda, Dolores (Ed.), *ACTAS DEL CONGRESO INTERNACIONAL Cincuentenario de Unamuno*, Universidad de Salamanca, 1989, 639 ps.

Sumita, Tetsuyasu, *Visión filosófica y facetas de Unamuno en Japón*, Asahi Press, 2009, 325 ps.

Ynduráin, Francisco, "Con Unamuno en su estudio, la víspera de su muerte", en CULTURA, "UNAMUNO Medio siglo después, más

vivo que nunca", *los suplemento Diarios YA*, 31 de diciembre de 1986, p. I-XII, esp. p.v.
Diario *EL PAIS*, Edición internacional, Extra, 5 de enero de 1987, pp. I-XII.
Diario *ABC*, 11 de diciembre de 1986.

注

（1）木下登「スペインの現代思想」（川成洋・坂東省次編『現代スペイン読本』一二六〜一三五頁）。
（2）Ynduráin, Francisco, "Con Unamuno en su estudio, la víspera de su muerte", p.v.
（3）笠井鎮夫「西班牙の二大思想家——ウナムノとオルテガの素描」（『文芸』、一九三六年、一〇四〜一一一頁）。
（4）笠井鎮夫『スペイン語初学記』昭森社、一九六二年。笠井教授は、東京外国語大学を退官後、一九六三年に南山大学外国語学部初代学部長に就任された。
（5）笠井鎮夫「西班牙の二大思想家——ウナムノとオルテガの素描」（『文芸』、一九三六年、一〇四頁）。
（6）同書、一〇五頁。
（7）同書、一一一頁。
（8）同書、一〇五頁。
（9）同書、一〇五頁。
（10）同書、一〇八頁。
（11）ウナムーノの主著『生の悲劇的感情』の全訳は、『ウナムーノ著作集3』（法政大学出版、一九七五年）に収められている。
（12）笠井鎮夫「西班牙の二大思想家——ウナムノとオルテガの素描」（『文芸』、一九三六年、一〇八頁）。
（13）同書、一〇九頁。
（14）同書、一〇九頁。
（15）同書、一一一頁。

（16）同書、二一一頁。
（17）佐々木孝『ドン・キホーテの哲学』講談社、一九七六年、二一三～二一六頁。
（18）*ABC*, 11 de diciembre de 1986.
（19）ウナムーノは、一九三六年一二月三一日の死去に際して、それをさかのぼること数ヵ月間に書いたと思われる、スペインの政治的、哲学的、宗教的現実についての思いをつづった貴重なメモ書きを残した。彼は、メモの表紙に、「生の悲劇的恨み感情――スペインの革命と内戦についてのメモ」と記している。Cf. Miguel de Unamuno, *El resentimiento trágico de la vida. Notas sobre la revolución y guerra civil española*, Estudio de Carlos Feal, Alianza Editorial, 1991.
（20）Ynduráin, Francisco, *op.cit.* p.v.

オルテガとスペイン内戦

木下　智統

スペインの再生に尽力し、社会的に大きな影響力を誇っていたホセ・オルテガ・イ・ガセット（一八八三〜一九五五）[1]が、内戦期を境に、一転して国内における影響力と信用の失墜という事態に直面する過程を彼の思想面とともに検討していきたい。

オルテガは、知識人、思想家、哲学者、そして政治家としても活動するなど、多面的な顔を持つ。その思索は、祖国のみならず、ヨーロッパ文明の全体をも視野に入れた広汎なものとして知られ、哲学、思想、歴史学、社会学、文学、そして芸術など、多領域にわたっている。オルテガを二〇世紀のスペイン、ヨーロッパを代表する知性として列挙することに疑いはない。

彼のこうした輝かしい功績とは裏腹に、オルテガが生きた時代のスペインは、かつて栄華を誇った絶頂期からは想像を絶するほどの状況にあった。そして、その混迷の結果としてたどり着く、スペイン内戦とその後のフランコ独裁政権は、スペインの多くの知識人たちを徹底して葬り去るものとなった。あるものは他国へと亡命し、あるものは祖国に残って命を落とした。たとえ生きながらえたとしても激しい言論封殺の下、知識人としては絶命に等しい状況にあった[2]。オルテガは内戦以前に行っていた政治活動から身を引いた後は、政治に関連した発言をすることなく、終生、沈黙を貫いた。こうした態度は研究書[3]のみならず、新聞紙面[4]においても「オルテガの沈黙」と固有名詞化されるほど、広く知られるところである。このため、内戦に関連する彼の心境にふれるには、その前後の活動をたどる他はない。事実、さまざまな人々が彼の心境に対して独自の見解を述べてきたが、すべては推測の域を出ない。われわれにできることもまた、より新しく正確に判断される根拠に基づいて、われわれなりの推測をすることである。だが、オルテガは哲学者である。彼の足跡は常に、彼の思想に裏打ちされたものであることを忘れてはならない。すなわち、足跡と思想面の両方をたどることによって、はじめて混迷を極めた、あるいは彷徨を重ねた時期のオルテガに迫ることが可能となる。

オルテガが一五歳になった、一八九八年、スペインは米西戦争において壊滅的な敗北を喫した。この結果、スペインはキューバ、フィリピン、グアム、そしてプエルトリコを含む植民地のほとんどを喪失しただけではなく、国際的威信の失墜という事態から、極めて深刻な内的混乱に陥ることになる。国の存在そのもの、スペイン人の生そのものが危機に瀕した。スペインにとって、かつて経験したことのないほど悲劇的な現実が、若き日のオルテガにどれほどの影響を与えたかは計り知れない。

しかしながら、没落期を迎えたスペインにおいて、冷静にその原因へと目を向け、祖国再建の道筋はいかにして達成されうるかを模索する活動が盛んとなったことは、国にとって一筋の光明であった。その代表的な存在が、「一八九八年の世代」(5)と呼ばれるミゲル・デ・ウナムーノをはじめとする知識人たちである。中でも、ウナムーノは、後にオルテガの師的存在として彼に多大な影響を与える人物であった。スペインの崩壊という現実に、ただ立ちすくみ、悲嘆に暮れるのではなく、再生への道を必死に模索する知識人たちの姿勢は、オルテガにも知識人としての萌芽を宿したのである。

国内の状況はますます混迷の度合いを深めていくものの、オルテガは、ウナムーノたちとの年齢的な開きに加え、いまだ修学の過程にあったことから、まずは自己の思想を確立せねばならなかった。マドリード大学を卒業後、二度のドイツ留学を経験。一度目は一九〇五年から三年間、ライプチヒ、マールブルク、ベルリンの各大学で学び、二度目はマドリード大学で形而上学の正教授職に就いた翌年の一九一一年、マールブルク大学で一年間、ヘルマン・コーエンを始めとする新カント学派の下で哲学の研究を深めた。こうして、自身の思想の構築に、一定程度の確立をみたオルテガは、研究を続ける傍ら本格的に知識人としての活動に身を投じていくのである。「一八九八年の世代」を見ていたオルテガが同様の使命感を持って活動へと加わっていくことは、至極当然であった。

一九一四年、オルテガは自身の政治活動の原点となる、「政治教育連盟」を創設する。すでに一九一〇年、彼はビルバオの地で「政治プログラムとしての社会教育」というテーマにおいて、国のかじ取りを誤らない確かな政治を実現するには、大衆の教育こそが不可欠である、との趣旨で講演を行っていた。こうした考えを具体的なかたちとするために、オルテガは団体の設立へと踏み出したのである。ここから、後の「共和制奉仕団」までに至る、一連の知識人としての活動は、オルテガが自ら構築した哲学の言わば「実践」であり、それは取りも直さず、危機に直面している国を正しい在り方へと引き戻す作業に他ならない。連盟の具体的な活動に先立って行われた、オルテガの講演、「古くて新しい政治」ではまさにその題目のとおり、瓦解への道程をたどりつつあるスペインの現状を断然と認識し、スペインとはそもそも一体何なのか、スペインとはどうあるべきかを説くものであった。そして、その結論としてオルテガは、これまでのスペインから解き放たれた、現在を生きる人々による、真に新しい意味でのスペインの構築を提唱するのである。

EL TIEMPO DE ORTEGA
オルテガ生誕百年（1983）を記念した文化省主催「オルテガの時代」展

この時点でのオルテガの提言は、思想面が先行することから理念的な範疇を超えるものではなく、現実の社会を変えるにはいささか具体性を欠くものとしてとらえられるかもしれない。だが、迷走状態にあった当時のスペインにとっては、何よりも目指すべき指針、不可逆的な道筋が必要であった。その意味で、政治教育連盟の設立は社会の進むべき道を明らかにするものとして、多くの知識人たちの賛同を集めることになった。その中には、歴史学者アメリコ・カストロ、詩人アントニオ・マチャード、そして共和制移行後の首相、マヌエル・アサーニャなどがいた。また、連盟の設立はオルテガをスペイン再生への活動の中心に据える意味でも大きな役割を果たした点を忘れてはならない。ここから始まるリーダーとしてのオルテガ像が後の人々に大きな期待、そして失望を与えることをオルテガ自身、予期していなかったであろう。もっとも、スペインの再生というオルテガが見据えていた視線にはそのような些末なことが入る由もなかったであろうが。

一九一四年はまた、別の観点からも重要な年となった。同年に彼が出版する最初の著書、『ドン・キホーテに関する省察』では、根源的な現実存在としての「生」の概念を基底に据える姿勢、そして「生」を取り巻く「環境」の重要性が述べられている。すなわち、「私とは私自身と私を取り巻く環境によって成り立つ。もし私がそうした自分というものを構成する環境を救おうとしないのであれば、私を救うことなどできようはずもない」[6]、というオルテガが提示した命題は、哲学的観点から構築した自身の思想を世に問うたものである。環境の悪化が人々に、挫折感、絶望感、そして未来への展望さえも奪っていく現実、オルテガが環境の重要性を思想の軸としたことには、自身が経験した環境の変化、すなわちスペインの没落と混迷が大きくかかわっている。そして、このような状況においては、自らの環境を変えない限り、自分を救うことはできない。それは何もオルテガに限らず、あらゆる人々に共通した現実である。ならば、環境を創っていく政治家、その政治家を選択する大衆、そして大衆を構成する一人ひとりの人間に、変化を求めるしかない。つまり、スペインの再生には、人々の知的水準の向上を図るしか解決の道はない、との結論に至るのである。この作品はここから展開される数々の著作とともにオルテガと行動を共にする知識人たちに取り込まれていくことになるが、重要なことはオルテガが一方では絶えず、理念を語り、他方ではその理念の根拠を著作において、哲学的かつ明確に示したことである。すなわち、オルテガの活動は自身の哲学の醸成とともに、展開されていったのである。この点は大衆受けのする激情型の政治家ではなく、あくまでも知識人としての姿勢を貫いており、徐々にオルテガへの理解と支持を集めるものとなった。

一九二三年、オルテガは「政治教育連盟」で掲げた理念、すなわち教育の必要性を訴える段階から、幅広い分野への教育を施す段階へと歩みを進める。それは大衆に、特定の分野だけに偏ることのない均衡のとれた包括的な知識、すなわち教養の獲得、スペイン内にとどまることのない視野の拡がり、そしてヨーロッパ水準の学問にふれることを意図するものであった。こうした目的をもって、創刊された月刊誌が『西欧評論』[7]である。同誌にはオルテガの評論に限らず、国の内外から寄稿が寄せられ、その中にはラモン・ペレス・デ・アヤーラ、ガルシア・ロルカなどの名前もあった。一方、オルテガは当時、マドリードにおける次世代の文化的エリートを養成する私的な学校であった学生館[8]において、大衆の付託に応えうる人材の育成にも心血を注いだ。このように見ると、オルテガの大衆教育は、単なる理念的なものではなく、段階を踏んだ壮大な計画であったことがわかる。すべてはスペイン再生への過程であり、安定した確かな政治を付託できる対象とそれを選択できる大衆の育成というオルテガの意図は明白であった。そして、こうした活動がさらなるオルテガ支持の獲得につながったことは想像に難くない。

『西洋評論』誌は内戦に突入する一九三六年まで発行され続けたが、この間、同誌に限らず、オルテガは多数の著作を発表していく。中でも一九三〇年に刊行した、『大衆の反逆』[9]は先駆的大衆社会論の書として知られることになる。同書はもともと、オルテガがスペインの一般大衆の知的水準の向上を目的として行っていた、新聞の連載記事をまとめたものであった。書物として出版されると、瞬く間にヨーロッパ諸国で大きな反響を呼び、今日では日本を含め、全世界へと広まっている。だが、その原点は祖国、スペインの再興を切に願ったオルテガの想いの結晶に他ならない。

しかし、オルテガの理論がますます緻密さを増す一方、大衆の教育、現実の政治は遅々として進まなかった。むしろ政治批判には時折、厳しい弾圧が公然と加えられるようになり、『西洋評論』誌とほぼ時を同じくして誕生した、プリモ・デ・リベラ独裁政権に抗議したウナムーノも国外追放の憂き目に遭うなど、国内政治は停滞という言葉が当てはまる状況にすらなかった。そして一九二九年、独裁政権の弾圧が大学にまで及ぶと、オルテガは抗議の表明としてマドリード大学を辞職する。プリモ・デ・リベラ政権は翌年に崩壊するが、次いで政権の座についたダマソ・ベレンゲールは共和制を求める風潮が強さを増す中にあっても、政権の継続を図ろうとした。

一九三一年二月一〇日、オルテガは「政治教育連盟」以降、同志であった小説家のラモン・ペレス・デ・アヤーラ、作家のグレゴリオ・マラニョンとともに『エル・ソル』紙に設立の声明文を掲載するかたちで「共和制奉仕団」の結成を宣言した。これは事実上の政治結社ではあったが、共和制への移行を目標とした団体であったため、政党間の闘争ではなく、同じ目標の達成のために軌を一にする他の共和派勢力との共闘を推し進めた。そして同年四月に行われた統一地方選挙によって、共和派が勝利し、「共和制奉仕団」はその設立目的を達成するのである。続いて行われた憲法制定議会選挙によって、オルテガは代議士として選出され、新憲法に加え、国家の機能と方針の策定にかかわっていく。

ところで、オルテガは絶えず、スペインの再生という理念と、現実への丹念な分析から構築される哲学とを基に活動を行ってきた。言い換えれば、オルテガの活動は自身の哲学の醸成とともに、展開されたものであった。そのような視点で見ると、オルテガが知識人として活動することは何らの疑問を生むものではない。しかし、政治への参加は一体どのようにとらえるべき行動であろうか。そもそも、オルテガ自身の命題は自分とは自分と環境の複合によって成立するとしている。すなわち、人間とはその人固有の部分と環境に依存する部分とによってできている。ならば、その両方を変えるべく、大衆への教育を行っていけば最終的にスペインの再生へと結びつくのではないか。これまで追ってきたオルテガの行動はこうした発想に基づくものであった。だが、彼が政治の世界へと飛び込んだ時点では、大衆への教育は未だその成果が見える段階にはなく、政治も混迷した状況であった。オルテガとしてはこれ以上、現実を悪化させないためにとった行動であっただろうが、政治家を選ぶ大衆も、そして選ばれる政治家もスペインの再生という大望を抱くには依然として未熟であった。そうした中にあっては、オルテガの理想が叶うはずがない。政治に参加したオルテガを待っていたのはまさにそうした現実であった。長きにわたり、独裁政権に押し込められていた左右両派に限らず、労働者団体から宗教団体までのありとあらゆる立場の人々がそれまでの鬱積した想いと、国の在り方を刷新する機会に少しでも自分たちに有利な状況をもたらそうと躍起になった。当然、共和国内で深刻な対立が散見されるようになるまで、大して時間はかからなかった。オルテガはそうした現状に深く失望し、事態の打開のため、「共和国の修正」と題する講演を行い、左右両派に分かれる現状を打破し、双方の歩み寄りの下、中道路線を歩む必要性を訴えるのであった。だがいずれの立場に与しない、こうしたオルテガの主張は、皮肉なことに左右両派にとって彼が対敵であるという点において、認識の一致をもたらす結果となった。

一九三二年八月、オルテガは議員を辞任し、その二ヵ月後には「共和制奉仕団」を解散させた。残されたメンバーたちは他の政党へ移る一方、オルテガは一切の政治活動から身を引き、政治的な面で無言を貫くのである。

中道も寛容も許されぬ中、唯一取りうる立場は特定の立場への明確な支持であった。だが、支持を明らかにすればそこには対立構造が生まれる。もはや、崩壊の一途をたどるスペインの行く末は明らかであった。

一九三六年七月、内戦勃発。内戦下においては寛容の精神の一切が失われ、あるべき国のかたちではなく、目の前の敵をいかに憎み、排除するかに全神経が注がれた。この内戦によって、ホセ・ガオス、マヌエル・グラネル、フランシスコ・アヤーラをはじめとする、オルテガ門下の多くの知識人たちが国外へと流出した。[10] そしてオルテガ自身もまた、憂国の士としての活動が仇となり、現実的な身の危険を感じるようになると、マドリードを脱出。アリカンテから、フランスへと亡命する。

この時期の亡命者を大別するならば、二つの傾向に分けられる。それはヨーロッパとの距離を保ちながら、スペインへの復帰の時期をうかがうものとスペインとの決別を胸に、中南米で新たな生活を歩んでいくものである。両者の決定的な違いは、前者が亡命先で厄介者として扱われ、困窮した生活を送っていたのに対して、後者は、歓迎をもって迎えられ、知識人として亡命先の文化発展に貢献する機会を得たことである。[11] こうした見方からすると、オルテガは前者の一員としてとらえられる。彼は、亡命後もアルゼンチンに赴いたものの、その地に腰を据えるのではなく、ヨーロッパへと戻り、スペインからその視線を外さなかった。この姿勢はスペインの隣国ポルトガルにおける、長きにわたった滞在によって明らかである。唯一、他の亡命者たちと相違点があるとすれば、その絶対的な名声により、リスボンでは歓迎をもって迎えられたことであろう。この点は他の亡命者たちとは多少、異なるがオルテガがそれまで残してきた実績からすれば当然と言えるのかもしれない。いずれにせよ、オルテガが祖国スペインの行く末に絶望するのでもなく、見限るのでもなく、知識人としての責務を最後まで果たそうとする信念を、第二次世界大戦後までの九年にわたる亡命の間も絶えず保ち続けていたことが中南米を彼の安住の地へと変えなかった最大の理由であろう。

帰国後、オルテガは、すでに政治にはかかわらないことを明言していたが、その言葉のとおり、二度と再び、政治にかかわることはなかった。こうした彼の姿勢は、皮肉にも「オルテガの沈黙」と呼ばれ、内戦後のオルテガ思想の展開に多大な関心を持つ人々の探求心を誘うものであった。これは、内戦勃発までにオルテガが有していた影響力が際立っていたことの証左と言える。

なお、このようなオルテガの態度の理解者として、オルテガ研究者、フリアン・マリーアス、マリア・サンブラーノ、そしてホセ・ルイス・アベリャン(12)の名を挙げておきたい。アベリャンはスペインの有力紙『エル・パイス』(13)紙において、「オルテガは第二次世界大戦が終結した一九四五年にスペインに帰還したが、それはフランコ将軍の体制を受け入れたからではなく、おそらく独裁体制が移り変わり開放へと向かうことを手助けしようと純粋に考えたからではないか。また、一九四五年の連合国側勝利によってフランコ体制の終焉が早まるのではないかと、他の亡命者たちと同様に考えたのではないかと思う」と、「沈黙」がフランコ独裁体制への賛同ではなかったとの見解を述べている。オルテガへの批判が投げかけられ、その名声に疑問符が付けられる中にあって、彼らはオルテガへの批判を行わなかった真の意味でのオルテガ思想の理解者である。そして、彼らがオルテガ亡き後のスペイン思想界を敢然と主導した事実を考えると、深遠な水準で本当の思想的な対話ができていた知識人は、実は数少なかったと言わざるを得ない。

オルテガにとって説得する相手は彼の考えを理解しない知識人でもなく、不寛容と非難の応酬に明け暮れる政治家でもなかった。彼が説得を目指した相手はいつの時も大衆、一人ひとりであった。このように考えていくと、再び、スペインが再生への道を模索できる日が訪れるまで、すなわち大衆が自らの頭で自由に考えることができるようになるまで、オルテガが沈黙を貫いたことは彼の思想の一貫性からみれば不思議なことではない。だが、オルテガがこれまで絶えず、理念を語り、他方ではその理念の根拠を哲学的に、しかも明確に示してきたことから考えると、オルテガを支持してきた知識人たちにとって、オルテガの沈黙は不可解であり、期待を裏切るものと映ったことであろう。彼が長年にわたって集めてきた支持と期待があまりに大きかったために、その反動もまた、甚大であった。

「共和制奉仕団」は政治的な影響を与える運動となったことは明らかである。だが、振り返ってみればオルテガは一過性の祀り上げられた人物ではなく、政治家を志した末にその想いを達成したわけでもない。長期間にわたるスペインへの貢献的な活動が人々の信頼を集め、そして政治的にも影響を与える存在となった。こう考えると、実際の政治に参加し、自ら政党を率いたという事実よりも、一九一四年から盛んに身を投じた知識人としての活動、他の知識人たちとの関係の構築、そして問題意識の共有をとおして取り組んだ大衆教育こそ重要である。政治活動はあくまでもそれらの延長に過ぎない。すなわちオルテガの活動はすべて、スペイン再生のために自身の思想を根拠として、本質的に何ら変わることなく筋を通したものであった。そしてだからこそ、その後の沈黙は大きな反動となって、オルテガへの批判を強めることになったのである。オルテガが政治活動から身を引き、政治的な話題に関して沈黙を頑なに貫き通したのは、内戦が勃発したからでも、フランコ将軍が政権を奪取したからでもなく、「共和制奉仕団」の解散時から貫いた姿勢であった。「共和制奉仕団」がオルテガの意図していただけの成果を上げるには、大衆の知的水準との不均衡を是正しなくてはならなかった。だが、オルテガが「政治教育連盟」以降、続けてきた大衆教育は彼の意図とは裏腹に、現実は、ただその限界と手の施しようがない状況とをさらしてきたに過ぎなかった。このように考えていくと、オルテガにとっては内戦とその後のフランコによる独裁体制はいわば、起こるべくして起こった、予定どおりの結末であったのである。自身がどのような言葉を発しても、その言葉が大衆に届く状況にないのであれば、その時がくるまで待つしかない。オルテガの態度は万人に向けられたものではなく、ただ大衆へと向けられたものであった。政治を変えるには、その配役を決める側の知性に期待するより他はない。内戦以前と変わらぬ、確固たる信念がそこにはあった。しかしながら、オルテガの評価は、こと内戦について限定するならば、疑問符を付けられるものとなった。内戦の前提となる政治の混迷は、オルテガを政治の舞台へと引きずり出し、そして彼の失望とともに幕を下ろした。数多くの出版物を世に問い、名声を博し、知識人として圧倒的な地位を確立していたオルテガも、一度、政治の波に飲み込まれると、再び浮かび上がることはできなかった。だが、オルテガが人々を導き、新たな地平を提供し、スペインの未来を変えようとあらゆる手を尽くしたことに疑問の余地はない。知識人として彼が遺したものは、今を生きる我々において新たな地平を提供し続けている。そうした意味で、オルテガの闘いは時間と空間を超え、今なお続いている。

参考文献

野々山ミチコ「ウナムーノとオルテガ――三〇年代の政治参加をめぐって」『マテシス・ウニウェルサリス』２(1)二〇〇〇年、一～一八頁。
色摩力夫『オルテガ　現代文明論の先駆者』中公新書、一九八八年
渡辺　修　『オルテガ』清水書院、一九九六年
José Ortega y Gasset, *Obras completas*, 12 vols. Alianza Editorial, 1983.
Rockwell Gray, *José Ortega y Gasset*, Espasa Calpe, 1994.

注

（１）オルテガの主だった著作は、白水社発行の『オルテガ著作集』（全八巻）に収められている。
（２）オルテガの高弟であったハビエル・スビリは、内戦が終わると大学等の公職から一切、身を引き、マドリードで独

自の実在哲学の創生に献身した。
（3）オルテガの沈黙とフランコ体制下における言論文化について論じた書としては次がある。Gregorio Morán, *El maestro en el erial*, Tusquets Editores, 1998.
（4）アルゼンチンの代表的日刊紙 *LA NACIÓN* は、一九九八年八月二日付文化欄で、「オルテガと環境」と題した優れた内容の特集を組んでいる。
（5）「一八九八年の世代」を思想面から語る書として、ペドロ・ライン・エントラルゴ著、佐々木孝他訳『スペイン一八九八年の世代』（れんが書房新社、一九八六年）がある。
（6）Ortega, Obras completas, I, p.322.
（7）同誌（原題：*Revista de Occidente*）は内戦期を経て、再び発行され、現在に至っている。
（8）オルテガは最先端の文化に学生たちがふれられるよう、ヨーロッパ各地から第一線で活躍する知識人たちを学生館に数多く招いた。アインシュタイン、キューリー夫人、そしてケインズなどその分野は多領域にわたる。
（9）『オルテガ著作集２』に収められている。
（10）内戦後、一九三九年の知識人の亡命を初めて包括的に扱い、その後の研究の礎となってきた書に次のものがある。José Luis Abellán (ed.), *El exilio español de 1936*, 6 vols., Taurus, 1976-77.
（11）知識人のメキシコへの亡命については次の書が詳しい。*El exilio español en México (1939-1982)*, Salvat y Fondo de Cultura Económica, 1982.
（12）オルテガの生涯をフランコ体制以後の民主化プロセスとの関係に焦点を当てた書に次がある。José Luis Abellán, *Ortega y Gasset y los orígenes de la transición democrática*, Espasa Calpe, 2000.
（13）*EL PAÍS*, 28 de abril de 2000, p.48.

スペイン近現代史研究の基点――セミナー「コロキオ・デ・ポー」

渡部 哲郎

トゥニョン・デ・ララ(Manuel Tuñón de Lara 1915-1997)という名の「神格化」された研究者がフランス、ピレネー山脈ベアルン地方の主都ポーにある大学を拠点に情報を発信し続けた。スペイン国境に近いかの地は、バスク、ナバラ、アラゴン、カタルーニャへ繋がるルートにある。またポーはフランス・ブルボン朝の祖アンリ四世生誕の地であり、その王はアンリ・ドゥ・ナヴァールの名もあり、「ナバラ王」でもあった。その都であったかの地にフランス政府はボルドーにつぐ、新しい「スペイン研究」拠点を設置、近現代史セミナー主任にトゥニョン・デ・ララが指名された。彼は亡命スペイン人であり、スペイン内戦、フランコ時代の同時代を「生身」で戦っていた。一九六四年にポー大学教授に就任、一九七〇年から八〇年にポー大学セミナー「コロキオ・デ・ポー」(正式名、Coloquio del Seminario de Estudios sobre los siglos XIX y XX. 主催機関、Centro de Investigaciones Hispánicas de la Universidad de Pau)を開催し、指揮・監督した。

フランスにおける「スペイン研究」・「教育」は伝統的に「歴史文献学(フィロロヒア・ヒストリカ)」が重視され、歴史史料・文献の収集と比較分析が求められた。文献・史料を前に字句の解釈、その背後にある人の心理分析など文学研究に近い研鑽が中心であった。筆者がスペイン・バスク留学中に受けた「歴史文献学」の講義も同じ手法であった。この学びから、同じ語句でも近現代の使用法と異なるものがあることが分かり、後の研究に大いに役立った。フランスにおける「スペイン研究」の大家たちの著作はおしなべて「文献・史料」の背後にある心理分析が目立つ。

フランス歴史学における第二次世界大戦後の「アナール」学派の「社会史」やマルクス主義「全体史」の方法論は衝撃的だった。「アナール」の巨人ブローデルによる『地中海』の成果はスペインのみならずヨーロッパ近世史に大いに影響したことは、よく知られている。スペイン近現代史においては、パリ大学ピエール・ヴィラールとその下にいたトゥニョン・デ・ララがその任を果たしていた。ヴィラールの著作で知られている「クセジュ文庫」の『スペイン』と『スペイン内戦』にはトゥニョン・デ・ララが協力していた、という。ポー大学に新設される「スペイン・セミナー」はスタートからトゥニョン・デ・ララの理念に基づいていた。フランスの学生のみならず隣接する母国の研究者・学生へのメッセージが、盛り込まれたのである。

筆者はスペイン留学にあたって「国境」の「現在」に興味があった。ましてスペイン現代史においては抜き刺しならぬスペイン内戦を肌身に感じる場所が「国境」にあると思っていた。同じ風土と見えるスペインの大地が内と外では大違いである、と思い知らされる映像を見たことがあった。映画《日曜日には鼠を殺せ》（監督フレッド・ジネマン、主演グレゴリー・ペック、制作国アメリカ合衆国、一九六四）と映画《戦争は終わった》（監督アラン・ルネ、主演イブ・モンタン、制作国フランス・スウェーデン、一九六五）である。前者は、スペイン内戦に敗れてフランスに逃れた反フランコのゲリラが「国境」を越えて、スペイン治安警察隊と戦うストーリー、後者はフランコ政権下の弾圧と戦う亡命者の葛藤を扱っていた。共にフランコ体制の頑強さを印象つける作品でもあった。これと戦うことの意味と苦難を思った。後者の作品は、脚本がホルヘ・センプルーン、亡命スペイン人であり、彼はポスト・フランコに帰国して社会労働党政権の文化大臣にも就任した。自然な「境」が人為的、心理的に越えられない「壁」である時代があったのだ。

筆者はスペイン・バスクからピレネー山脈の向こうへ機会があれば、出かけた。国境の検問も「パスポート」さえ携帯すれば、との思いもあった。度重なる「越境」に「滞在許可」書の提示が求められたことがあった。筆者の場合はパスポートにその許可証明が記されていたので、問題がなかったが、身分証明書のみを持つ友人たちは尋問を受けた。そのうちに検問がない生活道路の存在も「発見」した。ピレネー山中の生活圏はスペイン人もフランス人も混在していた。国境があるために、双方の「国家」に分けられたが、同じ言語を持つ「バスク人」たちもいる。ハインリヒ・マンの歴史小説『アンリ四世の青春』に触発されてポーの街探訪に出かけ、その帰路に当時在学していたビルバオの大学の学生たちと一緒になった。その際に「コロキオ・デ・ポー」が話題になり、そこに参加する学生に誘われた。ゼミ担当教授にアドバイスを求めたら、自分も参加する、という。「コロキオ」開催時期に学生たちはキャンプ支度をし、宿なし覚悟で出発した。

覚悟には、もう一つの覚悟もあった。ビルバオ留学前年、筆者はマドリードとサラマンカにおいて史料探しをした。その時に、「ポー大学セミナー」は反体制の「巣窟」のような扱いを受けている印象を持った。それゆえに、ある種の「緊張感」で身構えたことを覚えている。

「コロキオ・デ・ポー」は正式には「一九・二〇世紀研究セミナー」（ポー大学「スペイン研究センター」主催）である。一九七〇年に最初のセミナーが始まった。一九七七年から七九年まで、つまり筆者がスペイン滞在中に入手できた資料によると、各回のテーマが設定させていたことが分かる。「一九・二〇世紀スペインにおける社会、政治、文化」（一九七二）、「スペイン現代における労働運動、政治、文学」（一九七三）、「スペイン（一八二〇～一九三六）における出版と社会」（一九七四）、「スペイン現代における農業問題」（一九七五）、「旧体制の危機からフランキスモへ」（一九七六）、「一八九八～一九三六　スペイン国家の危機」（一九七七）、「一九・二〇世紀スペイン国家における〈法的＝公的〉憲法と〈実質〉憲法」（一九七八）、「スペイン現代史　正史序説」（一九七九）。初期のセミナーが関心テーマと方法論の紹介に始まり、スペイン現状の推移に適応した問題提起、その根底にある歴史的な筋道を明らかにしようとしていたことが分かる。これらのテーマと討議に触発された影響は、スペイン内外の研究者が発表した研究成果が証拠になっている。

主催者トゥニョン・デ・ララはセミナーの内容と成果を出版物として公表することに努めたと言う。一九七〇年代後半にスペイン研究に専心するようになった筆者は現代史に関する著作や雑誌（*Historia16* など）を検分するようになった。その「タイトル」を見るだけでも、「コロキオ・デ・ポー」成果が見て取れる。トゥニョン・デ・ララ自らが「出版」を手配したとも言う。フランコ時代とフランコ後の時代では扱いが違うが、フランコ時代にフランスで出版された著作や雑誌（スペイン国内では発禁）に見られた作者名が「コロキオ・デ・ポー」関係の書物に登場、またその会場で知った名前もある。

第八回セミナー（一九七七）には前述したように余り予備知識もなく参加したが、その成果をまとめた書物を見ると、テーマに関する議論の内容が思い出される。第二共和国がスペインに初めて民主主義を持ち込み、その混乱が内戦の誘因となったという討論に興味を持ったことが思い出される。留学前に、上智大学大学院時代の恩師の著作『スペイン人民戦線資料』のゲラ校正を手伝っていた時に、引用される文献の著者たちについて名前だけは憶えていたが、その著者たちがセミナー会場で議論していた。スペイン内外の研究者の名前と顔が一致した。次の第九回セミナー（一九七八）は参加登録してポーへ出かけた。ビルバオにおける指導教授も参加し、彼の先生であったミゲル・アルトラ（マドリード自治大学教授）もメイン・スピーカーとして加わっていた。帰路、バスク地方サンセバスティアンの故郷に寄ると言い訳しながらも、当時のスペイン史研究の重鎮が登場する会場にはメディアも入っていた。

一九七七年と七八年、一年の経過ながらフランコ後の「民主化移行」による「緊張」緩和が体感できた。

会場は政治（公的なこと）と社会（現実）に話が進んだ。その時、トゥニョン・デ・ララがユーモアを込めて「制度」よりも「現実」、社会全体への目配りを訴えた。そのシーンがいつまでも残っている。なぜなら、その第一日目の中心テーマ討論の後、学生たちがトゥニョン・デ・ララの自宅に向かった。大学の敷地近くにあった自宅玄関で学生と握手する「カリスマ」はにこやかだった。筆者も日本の学生であることを告げると、改めて手を握り締めて抱擁してくれた。しかし、間近にした「カリスマ」の眼光は鋭く、周りを圧倒するものがあった。耳が遠いようで、大きな耳を近づける様から、「日本から」が理解されたどうか、不安になった。登録は留学先「デウスト大学」であったから。後日、指導教授が日本への「報告書」の中に「ポー大学セミナー」（書面には〝コロキオ・デ・ポー〟）参加を有意義な活動と記していたので溜飲をさげた。その後、この指導教授はトゥニョン・デ・ララが主催する「ゲルニカ爆撃調査委員会」にも筆者を参加させ、東京でその報告をしてもらった。その内容は、*Historia16* に掲載された。

一九七〇年代、フランコ体制の末期と終焉、民主化移行という時代背景の中で「ポー大学セミナー」は評判になった。スペイン現代史研究の情報交換の場であり、自由に討論できた。スペイン国内で入手できない文献・資料がセミナー会場には展示されていた。筆者が参加した七〇年代後半には、すでに町中の古本店やその露店に「発禁本」が発見できた。スペインへ向かう途上、パリ・セーヌ川沿い古本屋台で「ルエド・イベリコ」出版（スペイン内戦亡命者たちが設立、スペイン国内では発禁扱い）の書物や雑誌を収集した。しかし、マドリード・アトチャ駅近くの古本屋台でも発見できるようになっていた。ビルバオの古本市にもあった。スペイン内戦とフランコ体制の「暴露本」に並んで民衆は競って「発禁本」を買い求めていたのである。

スペイン政府情報・観光省内にあった「スペイン戦争研究資料室（Biblioteca del Ministerio de Información y Turismo. Unidad de Estudios sobre la Guerra de España）」には国内外の「発禁本」が集められていた。内戦研究者が研究目的で出入りすることは可能であったので、ポー大学に集められていた「発禁本」を筆者はすでに一九七六年に検分していた。ポーに集った研究者にとってこの機関は「敵視」すべきもの、ましてその機関の室長が保守派の歴史家リカルド・デ・ラ・シエルバ（Ricardo de la Cierva）だったので、敬遠されたのであろう。しかし、その研究者たちが後に公刊した出版物を見ると、この資料室を利用していることが判明し、双方の研究者を知る者としては、安堵した。ポーで学んだ若い研究者たちは、社会史研究の第一歩に「新聞資料」活用を説き、実践していた。マドリードでもビルバオでも「新聞資料室」（Hemeroteca Municipal）において顔見知りになった研究者は、社会史研究の必要性を言っていた。これは、「ポー大学セミナー」の影響でもあった。

「ポー大学セミナー」は自由の象徴と受け取られていた。その主催者トゥニョン・デ・ララは自由の騎手だった。ポー大学定年退職後、バレアレスやバスクの大学が彼を迎えた。一九八〇年代にスペイン国内で「セミナー（コロキオ）」は継承された。スペイン現代史の方法は、「ポー大学セミナー」で確立して、その参加者たちによって今に伝えられている、と言ってもよい。しかし、今日のスペインは「孤立」していない、「自由」がある。一九七〇年代の「孤立」感は強く、国境の向こうに「代償」の場が提供されていた。そこに「自由」の花が植えられ、その種が国境なく広がったのである。

かつて一八世紀後半、ルソーが最後の旅をしていた。同行するバスク人の友人はピレネー越えを立案したが、国境警備の「官憲」に阻止されてルソーはイギリスへ向かう。その友人は故郷に帰り町長となり、ルソーとの書簡交流を続けて、ルソーの推奨する「啓蒙思想」を受け入れて改革を実施した。町には仲間が集い、啓蒙思想を受け入れた有為な人材を育成する学校を作った。バスク移民が活躍するアメリカ植民地からも新しい思想を学ぶ若者が集った。やがて一九世紀アメリカ植民地は自由主義思想が広まり独立へ向かう。

国境という人為的な「壁」は人の知恵によって乗り越えられる。「ポー大学セミナー」は転換期の事項として後世に伝えられても良い「歴史」である。

参考文献

Granja, José Luis de la y Reig Tapia, Alberto, *Manuel Tuñon de Lara.El compromiso con la historia. Su vida y su obra*, Sevicio Editorial Universidad del País Vasco, 1993.

VIII Coloquio de Pau: La crisis del Estado español 1898-1936, Editorial Cuadernos para El Dialogo, S.A. EDICUSA, Madrid, 1978.

El País, 6 abril de 1978: El IX Coloquio de Estudios sobre los siglos XIX y XX.

（同『エル・パイース』紙には一九七八年三月三一日から四月一日、二日の三日間に一〇大学から七〇名教員、約四〇名の学生が参加したとある。）

スペイン内戦期の小説

井尻　直志

はじめに

スペイン内戦が終わって八〇年近くの時が経過した。その間には、スペイン内戦を主題にした文学作品が数多く書かれ、[1]内戦の影響がなんらかの形で影を落としている作品となると枚挙に遑がない。また、それらの作品に関する論文や研究書も数多く存在する。しかし、内戦の間に書かれた文学作品に関する研究は意外なほど少ない。本稿では、内戦期に書かれた小説に焦点を当て、その問題点について考察したい。

一　研究状況

内戦期の文学作品を包括的に論じた最初の研究書は、一九九四年に出版されたアンドレス・トラピエリョの『武器と文学作品――文学と内戦（一九三六～三九）』[2]だとされている。[3]ところで、『武器と文学作品』に関する評価は分かれており、それはそのまま、研究者の立場の違いを明瞭に示していて興味深い。共和国側に好意的な立場からは、たとえば、「これは非常に有益な書物である。この本はきわめて価値の高い情報を与えてくれると同時に、各党派、各陣営に対して分け隔てなく公平に、十分に客観的で党派性から自由な見解を提供している」[4]といった評価がなされている。一方、反乱軍側[5]に立つ研究者からは、この本は共和国側に立って書かれているとして、次のような批判がなされている。

左派の批評家たちはマエストゥ[6]の知的価値を貶めるのが常であり、マエストゥに対して激しい非難を浴びせ続けて来た。トラピエリョは、『武器と文学作品』の中で、マエストゥの価値は「フランコ派の捏造」であり、「マエストゥという作家の死を著名な作家であるガルシア・ロルカの死に対置しようとする試みは、戦争の残虐さが両陣営において同じように広がっていたことを示そうとするフランコ派の絶望的な努力である」と言っている。(7)

このように立場の違いによって一つの研究書に対する評価も異なるのであるが、それはとりもなおさず、内戦をめぐる言説に客観性と中立性を求めることの難しさを表している。

内戦期に書かれた文学作品の研究は端緒についたばかりで、その数も限られているが、さらにこの時期の小説の研究となると、詩の研究に比してかなり少ない。その理由の一つとしては、内戦期には小説よりも詩が多く書かれたことが挙げられる。紙やインクなどの物資不足や作者および読者の時間的・精神的余裕の欠如、さらに、前線の兵士の士気を高め銃後の市民を鼓舞する効果の大きさなどを考慮すると、長い物語よりも律動的で短い詩が戦時下の文学としてはふさわしかったと言える。(8) しかし、そのような状況においても小説は書かれ、また読まれていた。内戦期の物語言説に焦点を当てた最初の研究書である『漂流者の声：一九三六〜三九年の共和国の物語作品』(9)には三八の作品が取り上げられているが、これはタイトルが示しているように共和国側の作家の作品に関するもので、反乱軍側の作家が書いた作品には言及されていない。

反乱軍側に立つ作家の作品を対象にした研究書としては、たとえば、二〇〇九年に出版された『内戦期の〈国民戦線派〉文学の歴史』(10)があり、詩や演劇とならんで、四〇人の小説家の作品が紹介されている。この本の著者は次のように述べている。

両陣営の比較をして、何らかの具体的な論点についてどちらかに軍配を上げようというような意図は私にはない。したがって、共和国側に関する言及は最小限にとどめることにする。私は終始、共和国側および国民戦線側と呼び、共産主義者側、ファシスト側とは呼ばない。その理由は中傷的と受け取られる恐れのある呼称を避けるためである。私はこの本の執筆にあたって、常に最大限の客観性とイデオロギー的中立性を保持しようと試みた。それは、政治的な文書ではなく真実の歴史を書こうとするならば必要不可欠な条件であるが、達成するのは容易で

はない。この本のすべてのページで私が公正に振る舞えていたならばよいのであるが。(11)

ここにも内戦期の文学を語ることの困難さが表明されており、内戦をめぐる言説において、中立性、公平性を保つのはきわめて難しいことを物語っている。

二　作家の置かれた状況

内戦期には両陣営で言論統制が行われたが、その有り様は各陣営でいささか異なる。反乱軍側は、一九三六年七月二四日にブルゴスで国家防衛評議会を結成するとすぐに権力をひとつに集中し、厳しい検閲を開始しただけではなく、宣伝活動を統括し新聞や雑誌を監視する機関を設置した。一方、共和国側では、法的には、言論の自由は保証されていた。しかし、そのため、一極に権力を集中し言論統制を徹底した反乱軍側とは対照的に、穏健な民主主義者、共産主義者、アナーキストなどイデオロギー的に対立する党派間での批判が繰り返された。また、現実には、人民戦線を構成するほとんどの党派が自分たちの所有する印刷所や紙の使用を管理し、自らの党派の指示に従うように書き手を強制した。(12)このような状況の下で、共和国側の作家はいずれかの党派の組織や共和国政府の機関に属するほかはなく、そういった組織や機関の庇護を受けずに自由に執筆し出版することはきわめて危険な行為となっていった。そのため、そういった制約を忌避して国外に避難場所を求める作家も少なくなかった。そのような作家のひとりであるオルテガ・イ・ガセットは、共和国側が徴発した『ABC（アーベーセー）』紙の一九三六年七月三一日の紙面に掲載された宣言文について、「共産主義者たちは、作家や学者にきわめて強い圧力をかけて、宣言文に署名し、ラジオを通じて話すよう強要した」(13)と後に述べている。オルテガの言う宣言文とは次のようなものである。

ここに署名した私たちは、スペインを飲み込んでいるこの争いにおいて、自らの自由のためにかくも模範的な英雄的態度を示して戦っている共和国政府の側、人民の側に立つことを宣言する。(14)

この宣言文には、アントニオ・マチャードやファン・ラモン・ヒメネスといった最後まで共和国側を支持した作家(15)と並んで、メネンデス・ピダルやグレゴリオ・マラニョンといった内戦後のフランコ体制のもとで要職についた碩学も署名をしており、それぞれの思想的立場によってこの宣言文に署名する際の思いは異なるものがあったはずであるが、少なくとも何らかの強制力が働いていたことは想像に難くない。

内戦期には両陣営において言論の自由が制限されていただけでなく、出版の形態も制限されていた。紙などの物資不足や持ち運びの軽便さなどの理由から、書籍という形で出版される作品は比較的少なく、大半は小冊子や雑誌に発表された。小説が掲載された共和国側の雑誌としては、一九三六年八月に創刊され一九三九年二月まで続いた『青い作業服（モノ・アスール）』や一九三七年一月から一九三八年一一月まで続いた『スペインの時（オラ・デ・エスパーニャ）』などが有名である。反乱軍側でも多くの雑誌が出版されたが、なかでも一九三七年四月に刊行が始まり内戦後も存続した『頂点（ベルティセ）』には多くの短編や長編の小説が掲載された。雑誌に掲載された小説は紙幅の関係で短編が主で、長編小説の場合は複数の号にわたって章ごとに発表されるのが常であった。このように、内戦期の作家は思想的、物理的両面において厳しい制約のもとでの執筆活動を余儀なくされていたのである。

三　語りの形式

内戦期の文学作品の様式について、『スペインの小説の歴史』には、「文学の領域における小説というジャンルの疑いようのない衰退に対して、戦争の記録、事件の報告、戦争によってもたらされた波瀾に富む出来事の証言といったものが隆盛をきわめることになった[16]」と記述されている。確かに、内戦期に書かれた文学作品は、現実に起こった出来事の記録や報告、当事者の証言といったもので構成されており、所謂ルポルタージュという文学ジャンルに含まれるものが多い。ルポルタージュは第一次世界大戦後に生まれた語りの形式であり、内戦期にルポルタージュが多く書かれたことは首肯できる。ただ、内戦期に書かれた小説もまた個人的な体験や事件の当事者の証言、あるいは戦争の記録に基づいて書かれたものがほとんどで、そのため、事実をありのままに語るとされているルポルタージュとの境界がどうしても曖昧になってしまう。たとえば、共和国側で最初に出版された小説とされているオテロ・セコとエリアス・パルマが共同執筆した『バリケードのガブローシュ[17]』は、きわめて多くの証言的要素を含んでいる作品であるが、著者は序文で次のように述べている。

これは小説でもルポルタージュの本でもない。もっとも、もし私たちが「小説とは道に沿って歩いている一枚の鏡である」というスタンダールの定義と「見る、聞く、語る」というルポルタージュの現代的定義を受け入れるならば、そのどちらでもありうる。しかし、これら二つの文学ジャンルの一般的な意味においては、この本はルポルタージュでも小説でもない。前者としては個人的・主観的な要素があまりに強く、後者としては想像力に乏しい。(18)

あるいは、『漂流者の声：一九三六〜三九年の共和国の物語作品』では小説に分類されているラモン・J・センデールの『反撃』(19)も、「一人称で語られた小説化された記録形式の証言作品」(20)と呼ばれているように、きわめて証言性の強い一種の記録文学であり、センデール研究家のチャールズ・L・キングは、「これは、内戦初期六ヵ月間に共和国側の兵士としてセンデールが体験したこととそれに関する感想からなる個人的な物語である。この本の最後の部分でセンデールはサモラでの反乱軍による彼の妻の処刑について抑制した調子で語っている」(21)と述べて、この作品を「エッセイ、ジャーナリズム、個人的な物語」の項目に分類している。さらに、エドゥアルド・サマコイスの『マドリード包囲』(22)には、新聞の記事、軍事的な文書や記録、作者自身が雑誌や新聞に寄稿した報道記事などが散りばめられており、また、ビセンテ・サラスの『一兵士の戦争日記』(23)にも『スペインの時（オラ・デ・エスパーニャ）』をはじめとする様々な雑誌から集められた数々の証言が用いられている。

こういった特徴は反乱軍側の作品にも同様に見いだすことができる。(24)たとえば、反乱軍側の代表的な作家であるアグスティン・デ・フォクサのファランヘ党員を主人公にした小説『マドリード、王都から秘密警察都市へ』(25)は、自伝的要素がきわめて濃い作品で、様々な文学者、知識人、政治家などが実名で登場する。あるいは、ファランヘ党員で内戦勃発後マドリードのアルゼンチン大使館に亡命したハシント・ミケラレナの『別の世界』(26)もやはり自伝的な作品であり、ファランヘ党の雑誌に投稿されたルポルタージュをもとにして構成されている。

このように内戦期の小説には記録的要素や証言性の強い作品が数多く書かれたのであるが、文学ジャンルという観点からすると、先に挙げた『バリケードのガブローシュ』の作者が吐露しているように、ルポルタージュと証言的要素の濃い小説を如何にして区別するのかという問題が生じる。『漂流者の声：一九三六〜三九年の共和国の物語作品』[27]では物語言説を、新聞や雑誌に掲載された報道記事、個人的な証言の記録や日記、証言的要素の濃い小説的な作品、小説に分類しているが、それでは、個人的な証言や記録文学と小説の境界はどこにあるのか。畢竟、小説の定義が問題となる。

ところで、小説というジャンルの定義は定まっていない。なぜなら、定義とはある概念の内包を限定して他の概念から区別することであるが[28]、他のどのような概念と区別するかによって内包の性質が異なってくるからである。つまり、小説を詩と区別する場合とノンフィクションと区別する場合では、小説の内包は変わってくる。詩と区別する場合であれば、たとえば、詩の言葉は自立したオブジェとしての言葉であるが、小説の言葉は意味を伝える道具としての言葉である、といったような定義によって区別できる[29]。一方、小説をノンフィクションと区別しようとすると、ともに意味を伝える道具としての言葉である以上、このような定義は通用しない。

ジュネットは、虚構的物語言説と事実的物語言説を作者と語り手の関係によって規定して、虚構的物語言説においては作者≠語り手であるが、事実的物語言説においては作者＝語り手であるとしている[30]。あるいは大西巨人は、一人称小説か三人称小説かに拘わらず、また小説の物語内容と客観的事実の間の照応に拘わらず、小説において作者はフィクション・メーカーであり、語り手はファクト・テラーであるとしている[31]。さらにバルガス＝リョサは、ノンフィクションの評価は客観的事実との照合によって決まるが、フィクションの評価は、その内容が如何に客観的事実に基づいていようと、それとは無関係に、作者が創り上げた虚構の世界の真実性によって決まる、と言っている[32]。

このようなフィクション観が示しているのは、フィクションとノンフィクションの違いはその作品に認められる客観的事実の多寡によって決まるのではない、ということである。実際、ノンフィクションと小説の境界線を画する証言的要素の割合を定めることなど不可能であり、また、そのような数量的差異化の客観的な根拠を示すこともできない。したがって、フィクションとノンフィクションを区別するのは作者と語り手の関係である、とする考え方には妥当性があると考えられる。フィクションにおいては、語り手とは作者が創造した虚構の存在でなければならないとする観点に立てば、内戦期に書かれた物語言説は、その多くが作者と語り手が重なってしまっており、作者＝語り手であるような作品、作者が意図的に語り手を創造している作品、すなわち小説と呼ぶことのできる作品はわずかである。もっとも、内戦期において作家は出来事の当事者としてその渦中を生きていたのであり、描く対象との時間的・空間的距離を取ることができなかったという状況を考慮すれば、作者と語り手の一致はやむを得ないというべきであり、それをもって内戦期の小説を批判することはできない。

四　物語内容

内戦期という状況は語りの形式だけではなく、当然のことながら物語の内容にも大きな影響を及ぼしている。共和国側の作家の作品も反乱軍側の作家の作品も敵方の陣営を非難し、味方の陣営を擁護するために書かれており、またそうでなければ作品を発表することは難しかった。そのような制約のなかで書かれた作品は、必然的にマニ教的二元論に落ち入っており、描かれる人物もステレオタイプである。たとえば、強く勇敢に戦う男（兵士）とそれを銃後で支える女（母親や恋人）、という構図はいずれの陣営の作家の作品にも共通している特徴であり、前線の女性が描かれる場合もその基本的な役割は傷ついた男を癒し看護することである。共和国側と反乱軍側の小説に描かれている女性像と男性像を詳細に分析した『砲列：内戦期のスペイン小説に見る性と国家』でゴンサレス・アリェンデは、両陣営ともに既存の差別的な性別役割を重視している点には違いがないとした上で、次のよう述べている。

私の分析した作品と挿絵が明らかに宣伝効果を狙っていることは、これらの作品のメッセージがそれぞれの陣営のイデオロギーに適合しているのを見れば歴然としている。これらの作品は、士気を高め協力を得るために銃後の市民と前線の兵士に向けて書かれている。国家における男と女の役割に関しては両陣営の考え方に大差はない。しかし、模範的な男と女のモデルを押し付ける度合いは異なっている。前線で能動的に戦う女性も描かれてはいるが、一般的に言って、反乱軍側の作家には女性を聖母マリアに重ねて、女性に犠牲と献身を求める傾向が強い。

また、反乱軍側の作家は共和国側の作家よりも、兵士の規範的な男らしさや、戦死した兵士との友愛を描き出す傾向が強い。さらに、反乱軍側の作家は敵を野蛮人としてよりも臆病者として描くことが多いが、共和国側の作家の場合はその逆である。(33)

このように、共和国側の作家と反乱軍側の作家の作品の間に微妙な違いはあるものの、両者がともに善悪二元論的な考え方に基づいて、自らの陣営のイデオロギーを擁護し、ステレオタイプの人物を描いている点では共通している。ところで、小説とは価値の多様性・複数性を描く物語言説であるという考え方がある。たとえばサルトルは、「作者は絶対的な判断を下す権利がない。小説はいろいろ異なった観点から物語られた行動である」(34)と述べている。あるいはバフチンは、複数の声が対話的関係に置かれた多声的な小説をポリフォニー小説と呼んで、「小説は対位法の基礎の上に建てられている。それはひとつのテーマを別々に歌う違った声たちである。それは生の多様性と人間の複雑さを開示する多旋律である」(35)と述べている。また、小説とは人間的事象の相対性と両義性に基づくこの世界のモデルであるべきだと考えるクンデラは、(36)次のように言う。

人間は、善と悪とが明確に判別されるような世界を望んでいます。といいますのも、人間には理解する前に判断したいという欲望があるからです。さまざまの宗教やイデオロギーのよって立つ基礎は、この欲望であります。宗教やイデオロギーは相対的で両義的な小説の言語を、その必然的で独断的な言説のなかに移しかえることがないかぎり、小説と両立することはできません。(37)

このような小説観に照らし合わせれば、内戦期の小説はそのほとんどが、いずれの陣営においても、特定のイデオロギーを擁護するために書かれたわけであるから、畢竟、小説としての評価は低くならざるをえない。

おわりに

以上見てきたように、内戦期に書かれた小説は、形式的にも内容的にも多くの問題を含んでいる。しかし、内戦という過酷な状況のもとで書かれざるを得なかったことを考えると、それをもって内戦期の小説を批判すべきではないであろう。内戦期に書かれた小説は、文学的な価値によって評価されるべきものではなく、むしろ、時代の証言としての、あるいは歴史的、思想的な資料としての価値によって評価されるべきものだと考える。

註

（1）Cf. David Becerra Mayor, *La Guerra Civil como moda literaria*, Madrid, Clave Intelectual, 2015. 同書によれば、一九八九年から二〇一一年の間だけでも、内戦をテーマにしたカスティーリャ語の小説は一八一作品に上る。

（2）Andrés Trapiello, *Las armas y las letras. Literatura y Guerra civil (1936-1939)*, Barcelona, Planeta, 1994. もっとも、内戦期の文学作品に言及している研究書は同書以前にも出版されている。なかでも、Carlos Blanco Aguinaga, Julio Rodríguez Puértolas y Iris M. Zavala, *Historia social de la literatura española (en lengua castellana) Vol. II*, Madrid, Ediciones Akal, 1978 は、一章（七五頁）を割いて両陣営の作品について論じている。

（3）Ignacio Soldevila Durante, *Historia de la novela española (1936-2000) Volumen I*, Madrid, Cátedra, 2001, p. 238.

（4）*Ibid.*

（5）共和国に対して蜂起した側の呼称には、反乱軍、フランコ軍、国民軍、国民戦線派、ファシスト側など複数あり、それぞれの研究者がそれぞれの考え方に基づいて異なる呼称を用いているが、本稿では反乱軍（rebeldes, sublevados）を用いることにする。

（6）Ramiro de Maeztu は、一九三六年に共和国側に処刑された「九八年代」の作家。

（7）Pío Moa, *Los mitos de la guerra civil*, Madrid, La esfera de los libros, 2014, pp.262-263. モアの著作には、ゲルニカの犠牲者は人口に膾炙しているよりも実際にはかなり少なかったといったような歴史修正主義的な言説が多々見いだせる。同書、三九六～三九八頁を参照。

（8）Cf. Carlos Blanco Aguinaga y otros, *op. cit.*, pp. 320-321.

（9）Gemma Maña, Rafael García, Luis Monferrer y Luis A. Esteve, *La voz de los náufragos: la narrativa republicana entre 1936 y 1939*, Madrid, Edc. de la Torre, 1994.

（10）José María Martínez Cachero, *Historia de la literatura <nacional> en la Guerra Civil*, Madrid, Castalia, 2009.

（11）*Ibid.*, pp. 9-10.

（12）Cf. Igancio Soldevila Durante, *op. cit*, pp. 236-237.

（13）José María Martínez Cachero, *op. cit.*, p. 53.

（14）Cf. Fernando H. Llano Alonso, *El Estado en Ortega y Gasset*, Madrid, Dykinson, 2011, p.192.

（15）マチャードが一貫して共和国を支持したことは周知の通りである。ヒメネスの共和国支持に関しては、Gemma Maña y otros, *op. cit.*, pp.139-167を参照。

（16）Ignacio Soldevila Durante, *op. cit.*, p. 239.

（17）Antonio Otero y Elías Palma, *Gabroche en el parapeto*, Madrid, Nueva Imprenta Radio, 1936.

（18）Cf. Gemma Maña y otros, *op. cit.*, p. 304.

（19）Ramón J. Sender, *Contraataque*, Barcelona, Nuestro pueblo, 1938.

（20）Gemma Maña y otros, *op. cit.*, p.318.

（21）Charles L. King, *Ramón J. Sender: An Annotated Bibliography, 1928-1974*, Metuchen, Scarecrow, 1976, p.41.

（22）Eduardo Zamacois, *El asedio de Madrid*, Barcelona, Mi revista, 1938.

（23）Vicente Salas Viu, *Diario de guerra de un soldado*, Barcelona, Edic. Ejército Popular, 1938.

（24）「国民戦線軍側で出版された物語作品は小説よりもルポルタージュや手記のようなものが多かった」。José María Martínez Cachero, *op. cit.*, p. 276.

（25）Agustín de Foxá, *Madrid, Corte a checa*, San Sebastián, Edición Jerarquía, 1938.

（26）Jacinto Miquelarena, *El otro mundo*, Burgos, Aldecoa, 1938.

（27）スペイン語のnarrativaは日本語では物語とも小説とも訳せるが、この研究書では物語言説を包括する概念として用いられている。

（28）認知意味論的には概念の内容はその概念のプロトタイプということになるが、本稿では形式論理学的な定義を採用する。

(29) たとえば、ジャン＝ポール・サルトル『文学とは何か』(加藤周一・海老坂武他訳)、人文書院、一九九八年、一三〜二八頁、ロマーン・ヤコブソン『一般言語学講義』(川本茂雄監修)、みすず書房、一九七三年、一八七〜一九六頁を参照。

(30) ジェラール・ジュネット『フィクションとディクション』(和泉涼一・尾河直哉訳)、水声社、二〇〇四年、六六頁を参照。

(31) 大西巨人『大西巨人文選2・途上』みすず書房、一九九六年、八二〜八九頁を参照。

(32) Cf. Mario Vargas Llosa, *La verdad de las mentiras*, Barcelona, Seix Barral, 1990, p.10.

(33) Iker González-Allende, *Líneas de fuego: Género y nación en la narrativa española durante la Guerra Civil (1938-1939)*, Madrid, Siglo Veintiuno, 2011, pp. 241-242.

(34) ジャン＝ポール・サルトル『シチュアシオンⅠ』(小林正他訳)、人文書院、一九六五年、三九頁。

(35) ミハイル・バフチン『ドストエフスキイ論』(新谷敬三郎訳)、冬樹社、一九七四年、六五頁。

(36) ミラン・クンデラ『小説の精神』(金井裕、浅野敏夫訳)、法政大学出版局、一九九〇年、一六〜一七頁を参照。

(37) 同書、八頁。

スペイン内戦と映画

《ミツバチのささやき》（一九七三）と《パンズ・ラビリンス》（二〇〇六）における少女の象徴性

小阪　知弘

一　スペイン内戦と映画

スペイン内戦（一九三六〜三九）を扱った優れたスペイン映画が幾作品か存在する。ビクトル・エリセの二作品、《ミツバチのささやき》（一九七三）と《エル・スール》（一九八三）、同名の小説を基にして創造された映画《蝶の舌》（一九九九）、そしてメキシコ人映画監督、ギジェルモ・デル・トロが創造したダーク・ファンタジー、《パンズ・ラビリンス》（二〇〇六）などが代表的な作品である。本稿では、これらの作品の中から、《ミツバチのささやき》と《パンズ・ラビリンス》を分析対象に選定して論述を展開させる。分析対象をこれら二作品に限定する理由は、両作品に類似点が看取されるからである。両作品の類似点はスペイン語文学者、柳原孝敦によって『映画に学ぶスペイン語―台詞のある風景』（二〇一〇）において既に指摘されている。柳原は両作品の差異と類似点を以下のように記している。

エリセの《ミツバチのささやき》（一九七三）は少女がフランケンシュタインに出会うという話だった。少女にはグロテスクな怪物が自然に見えるのだ。それを映画で表現するとなった時、極めてシンプルな特殊メイクによるフランケンシュタインと、三十三年後の技術の粋を凝らして表現された怪物たち（《パンズ・ラビリンス》に登場する怪物たちのこと――引用者註）とでは、私たち観客にはあまりにも違って見える。

見方を変えれば、《パンズ・ラビリンス》は、技術の達成を前提に取り直した新版《ミツバチのささやき》だと言えるだろう。見比べてみると楽しいに違いない(1)。

柳原は両作品に看取される差異が「技術の達成」に帰結すると判断している。つまり柳原は、二作品の差異が特殊メイク等、映画表現の進化に起因すると捉えているのである。

柳原が提起する「技術の達成」以外にも、二作品間に介在する差異には他の要因があるのではないかと、本稿の筆者は推察している。従って、本稿では、柳原による指摘も考慮して、少女の視点から見たスペイン内戦という観点に基づいて、《ミツバチのささやき》と《パンズ・ラビリンス》の比較分析を展開させることにする。そして最終的に、柳原の提起する「技術の達成」に加えて、二作品に差異が生じた他の要因を究明していくことにする。

二《ミツバチのささやき》（一九七三）

映画に言及する前に、ビクトル・エリセの略歴を手短に記しておくことにする。ビクトル・エリセ・アラスは一九四〇年六月三〇日にスペインのバスク自治州ビスカヤ県カランサで生まれた。エリセは一九六〇年秋にマドリードにある映画研究養成所に入学し、同養成所は国立映画学校と改名され、一九六三年に監督号を取得し、修了している。エリセはオムニバス映画《挑戦》（一九六九）の第三章を担当して、映画監督としてデビューした。エリセは一九七三年に《ミツバチのささやき》を発表し、サン・セバスチャン映画祭でグランプリの「黄金の貝殻賞」を受賞した。エリセは十年ごとに映画を創作しており、《ミツバチのささやき》の後は一〇年後の一九八三年に《エル・スール》を創作し、続けて画家、アントニオ・ロペスの創作活動を追う映画《マルメロの陽光》（一九九二）を撮影している。では、《ミツバチのささやき》に焦点をあてることにする。

《ミツバチのささやき》（スペイン語原題：*El espíritu de la colmena*《ミツバチの精霊》）はビクトル・エリセ自身がアンヘル・フェルナンデス＝サントスと脚本を共同執筆し、撮影した作品である。物語は一九四〇年頃のスペイン、カスティーリャ地方に位置するオユエロス村で展開する。巡回映画のトラックがオユエロス村の公民館に到着し、同公民館で映画《フランケンシュタイン》が上映される。村の多くの子供たちが映画を鑑賞し、その中に、主人公の少女アナとその姉、イサベルも含まれている。アナはこの映画を食い入るように鑑賞し、その晩、寝室においてイサベルに映画の内容について質問する。アナはイサベルから、フランケンシュタインは殺されたのではなく、村はずれに住んでいる精霊で、会いに行くことができ、話しかければ、彼とコミュニケーションを図ることもできると教えられる。二人の母テレサは汽車の郵便箱に昔の恋人らしき人宛ての手紙を投函する日々を送り、父フェルナンドは巣箱でミツバチを飼育し、その生態をノートにつけ続けている。ある日、村はずれに位置する井戸のある一軒家に姉のイサベルがアナを連れていく。アナはその一軒家にフランケンシュタインが隠れ住んでいると思い込んで、通うようになる。ある日、アナは村はずれに位置する一軒家に隠れ住んでいる負傷した脱走兵を見つけ出し、彼にリンゴと父の外套を与えて助ける。だが、その晩、その脱走兵は治安警察隊に見つけられ、銃殺されてしまう。脱走兵の所持品から父のオルゴールが出てきて、アナは父に詰問され、家を飛び出す。その夜、アナは水辺で怪物のフランケンシュタインと出会う。翌朝、廃墟のそばで倒れていたアナは救助され、衰弱しきっていたのでしばらくの間、家で安静にする日々が続くことになる。ある晩、目を覚ましたアナはベッドから起きて窓を開ける。月明かりに照らされたバルコニーで瞳を閉じて、アナが次のように唱えて映画は幕を閉じる。“Soy Ana, soy Ana”「私はアナ、私はアナよ」

《ミツバチのささやき》では、映画の後半に組み込まれている〈村はずれに位置する一軒家に逃げてきた負傷した脱走兵〉のエピソードにスペイン内戦の歴史的外傷が見受けられる。この脱走兵はスペイン内戦当時、スペイン第二共和制に与して戦った兵士であり、その罪でフランコ政権下において投獄され、脱走してきたという前提のもと、スクリーン上に登場する。アナが甲斐甲斐しく世話したにもかかわらず、フランコ政権が有する治安警察隊によって彼は殺害されてしまうのである。スペイン内戦が終結したのは一九三九年四月一日であり、物語は一九四〇年頃に設定されていることから、内戦が終わってから一年ほどしか経っておらず、この脱走兵を治安警察隊が粛清したエピソードは映画そのものを結末へと導く原動力として機能すると同時に、スペイン内戦が包摂する歴史的外傷の深刻さを可視的に表現している。エリセが《ミツバチのささやき》で用いた、第二共和制側に与して負傷した男と無垢な少女という構図は次作である《エル・スール》において再び採用されることになる。従って、《ミツバチのささやき》と《パンズ・ラビリンス》の比較分析に移行する前に、エリセが創造した両作品をスペイン内戦の知見から概観しておくことにする。

三《エル・スール》（一九八三）

もう一つのエリセ映画《エル・スール》（スペイン語原題：*El Sur*『南』）はアデライダ・ガルシア・モラレスの著した同名の小説『エル・スール』（一九八五）に着想を得て、創作された。小説版『エル・スール』は映画が公開された二年後に出版されているが、エリセ自身が映画のクレジットで“Basado en un relato de Adelaida García Morales”「アデライダ・ガルシア＝モラレスのある物語に基づく」（映画内世界一分四秒から一分九秒まで）と表記していることからも明らかなように、映画は小説版『エル・スール』の内容を基にして創作されている。(2) 原典である小説版『エル・スール』は野谷文昭と熊倉靖子による共訳を通してスペイン語から日本語に直接訳出され、カタカナで『エル・スール』と表記されて、二〇〇九年に日本で出版されている。(3)

映画の概略は以下のとおりである。作品の時代設定は一九五七年秋で、物語はスペインのある北の街において展開する。主人公の少女、エストレーリャは父アグスティンのことを尊敬している。父は振り子を用いて、地下水脈を探し当てることのできる、ダウンジングの能力を持つ人物で、娘のエストレーリャの目から見れば、父のおこなうことは一種の奇跡として映るのである。エストレーリャは父が映画女優のイレーネ・リオス（本名はラウラ）という人物のことを気に掛けていることを知り、この女性が過去において父の恋人だったのではないかと勘繰るようになる。父はこの女性に手紙を書き、その返事をスペイン南部から受け取ることになる。スペイン第二共和制を支持し、南部から逃げるように北部に移住してきた父は、自らの人生に行き詰まりを感じ、映画後半の一場面において猟銃自殺してしまう。エストレーリャは父の自殺がショックで病気になり、しばらくの間、療養生活を送ることになる。療養のため、エストレーリャが父の母親、つまり彼女にとっては祖母の住む南部に行くことが決まったところで物語は終結する。

エリセによる映画版《エル・スール》が製作費の欠如のため、父が自殺し、エストレーリャが南部に行くことを決意した時点で終了しているのに対して、アデライダによる小説版『エル・スール』では、主人公の少女が父の自殺後、父の故郷であるエル・スールすなわち、スペイン南部を訪問して物語が終結している。このように、同じタイトルの映画版と小説版には多くの違いが散見される。小説と映画の間に垣間見られる差異に関しては、幾人かの日本人研究者が既に指摘している。

スペイン語文学研究者、杉浦勉は「アデライダとビクトル——『エル・スール』の家をめぐって」(二〇〇〇)と題した論考において、作品世界内における家という空間の役割に注目しながら、両作品に見受けられる差異を以下のように論じている。

> エリセの映画が娘という女性のセクシュアリティを対象としているようでありながら、家父長的な物語として完結している。(中略)ガルシア＝モラレスの家(小説世界内の家のこと——引用者註)は、何よりも女たちの住む場所として成り立っている。(4)

小説版『エル・スール』を熊倉靖子と共訳したスペイン語文学研究者、野谷文昭は「訳者解説」(二〇〇九)において、セクシュアリティーの観点から小説と映画の差異を以下のように述べている。

> 小説と映画では、セクシュアリティーの描き方も違っている。とりわけ映画では父と娘の関係にインセスト的な匂いがする。ところが、女性的視点によるアデライダの小説にこの匂いはあまり感じられない。冒頭から娘は父親と距離を置き、過去をノスタルジーよりもむしろ批判をこめて回想しているからだ。(5)

二人の日本人研究者による指摘からも明らかなように、小説版『エル・スール』では主人公の少女が北部から父の故郷である南部に訪問することによって、「地理的、文化的な北と南の和解」(6)が成立しているのに対し、映画版《エル・スール》では家父長的な側面が全面に押し出され、父と娘の関係に焦点が置かれているのである。では続けて、スペイン内戦の知見に基づいて、《ミツバチのささやき》と《エル・スール》を包括的に比較考察しておくことにする。

二作品間における最大の共通点は、第二共和制側に与して戦い負傷した男と無垢な少女という構図である。《ミツバチのささやき》では負傷している脱走兵とアナという構図で、《エル・スール》では父アグスティンと娘エストレーリャのそれである。両作品とも共通して、戦争を表象する視覚的記号である銃によって第二共和制に与していた一人の男が死んでしまうのである。《ミツバチのささやき》では、治安警察が脱走兵を銃殺することから、フランコ側と第二共和制側という二項対立の構図と第二共和制の敗北が可視的に映像で表現されている。一方、《エル・スール》では父アグスティンが自殺するため、直接的にはスペイン内戦の対立構図が映像を通して明示されているわけではない。だが、アグスティンがフランコ側を支持する父（エストレーリャにとっては祖父）に反目して北部に逃げてきたことと、内戦開始時点から常に、アンダルシア地方とエストレマドゥラ地方を擁する南部がフランコ体制を支持してきたことに留意すれば[7]、アグスティンが南部に住む昔の恋人ラウラから手紙を受け取ったことが原因で、猟銃自殺してしまったことは、間接的にフランコ体制によって第二共和制支持者であったアグスティンが殺されてしまったのだと解釈することが可能となる。また、アナとエストレーリャの両少女が、男性の死後、ショックで寝込む点も共通している。そして両作品は、映画最終局面にも幾つかの類似点を有している。《ミツバチのささやき》においてアナが窓を開け放って物語が終結する点と、《エル・スール》のエストレーリャが父の故郷である南部に行くことを決意して物語が終わる点は、両作品とも主人公のヒロインが再生に向けて歩み出したことを示唆している。

スペイン内戦の見地からエリセの創造したこれら二作品を考察した論考は既に存在している。若松隆は「スペイン内戦から見た《ミツバチのささやき》と『エル・スール》」（二〇〇〇）において比較映像論的観点から、「遠い地へのひそやかな手紙」と「娘（少女）」に内在する象徴性を分析している。そこでまず、若松が手紙の象徴性に言及している記述に着目してみる。

いずれにせよ、フェルナンド－テレサ夫妻にしろ、アグスティン－フリア夫妻にしろ、内戦の辛酸を直接嘗めた世代である。とりわけその影を引きずっているのはテレサとアグスティンであり、遠い地へのひそやかな手紙にそれが象徴されている。[8]

引用した記述において、若松は手紙の象徴性を指摘しているが、手紙が表示する具体的な象徴的意味を明らかにはしていない。そこで、若松の見解を基にして、手紙に内在する象徴的意味の特定を試みることにする。《ミツバチのささやき》のテレサと《エル・スール》のアグスティンは両者とも内戦時において第二共和制を支持した人物で、「遠い地へのひそやかな手紙」は自分と同様、第二共和制に与していた過去の恋人に対して書かれた手紙なのである。別言すれば、この「遠い地へのひそやかな手紙」は、第二共和制を支持し犠牲となった者が胸に秘めるスペイン内戦の包摂する精神的な歴史的外傷を象徴的に表示する視覚的記号なのである。では続けて、「娘（少女）」の象徴性を考察する。

若松は「娘（少女）」でなければならない必然性に注目しながら、その象徴性について以下のように論述している。

> そして彼らの娘たちには何の寓意が込められているのか。娘であって、なぜ息子であってはならないのか。それはおそらく、非闘争の和解の寓意としての娘（少女）なのであり、国民の歓呼の声をもって迎えられた第二共和国が「美しい少女」に擬せられた顰《ひそみ》にならい、エリセは作中の少女アナとエストレーリャの姿をかりてスペインの再生を期していたのかもしれない。[9]

引用した若松の意見に着目すれば、「娘（少女）」が包含する象徴的意味の諸相を以下三点に整理することができる。すなわち、（一）非闘争の和解、（二）美しい少女、（三）スペインの再生、という三点である。

（一）〈非闘争の和解〉を「娘（少女）」が象徴するのは、フランコ率いる反乱軍とスペイン第二共和制との闘争の中で、「娘（少女）」が闘争に参加することがなかったことに帰結する。エリセの撮影した二作品において、両娘は対立する二つの派閥を和解させようと行動する。《ミツバチのささやき》のアナはフランコ政権下で投獄され、負傷している脱走兵を助けようとすることで、本人も気づくことなく、フランコ側と第二共和制側との和解を実現させようと試みている。《エル・スール》のエストレーリャは父の死後、〈南〉へ旅することを決めることで、父が成しえなかった「地理的、文化的な北と南の和解」すなわち、第二共和制支持者たちが隠れ住む〈北〉とフランコ側勢力の根拠地である〈南〉との闘争を和解させようと試みるのである。

（二）〈美しい少女〉はスペイン語の「**La Niña Bonita**（ラ・ニーニャ・ボニータ）」のことを指し、一九三一年四月十四日に無血革命によって誕生したスペイン第二共和制そのものを象徴する視覚的図像である。[10] 第二共和制を表象する少女像はエリセの両作品に登場する二人の「娘（少女）」の面影とも重なりあう。《ミツバチのささやき》において、アナが第二共和制に与して戦い負傷している脱走兵に手を差し伸べ、食べ物を与える映像は、彼女自身が第二共和制側に共感する少女であることを物語っている。同様に、《エル・スール》のエストレーリャもダウンジングの手ほどきを受けるなどして、父アグスティンのことを尊敬している。父が自殺した後、〈南〉に住む過去の恋人に手紙を書いていた父の意思を継いで、彼女が〈南〉に行くことを決めた映画内事実から、エストレーリャは第二共和制側の人間に共感する少女であることが露見するのである。

（三）〈スペインの再生〉を両娘が表象していることは、二作品の結末場面における映像表現に注目すれば、自ずと理解できる。《ミツバチのささやき》のアナは脱走兵が殺され、フランケンシュタインと遭遇した後、病気になり、療養生活を送ることになる。だが、結末場面において、閉じられている窓を開け放ち「私はアナ、私はアナよ」と発話する映像は、彼女が精神的ショックから立ち直り、自らの再生に向けて立ち上がったことを表象している。《エル・スール》においても、父の自殺後、精神的ショックから病気になり、床に伏していたエストレーリャが父の故郷である〈南〉へ行くことを決意することは、父の死によって精神的に衰弱していた彼女が、父の意思を引き継いで「地理的、文化的な北と南の和解」を実現させるために、自らの再生に向けて歩み出したことを示唆している。

本稿の筆者は、若松が指摘する「娘（少女）」に内在するこれら三点の象徴性に、もう一点象徴的意味を加えることを提起する。その象徴的意味とは〈第二共和制側の死者たちへの祈り〉である。《ミツバチのささやき》のアナは脱走兵が治安警察に射殺された後、夜中にひとりで森の中をさまよい、水辺において森の精霊が可視化した姿であるフランケンシュタインに遭遇する。そして、精神的ショックで一時的に病気になった後、立ち直って、真夜中に窓を開け放ち「私はアナ、私はアナよ」と精霊に向かって話しかけるが、アナによるこれら一連の行動は殺された脱走兵に対する一種の祈りだと捉えることができる。その理由は以下二点に起因していると考えられる。第一に、アナが生と死を超越した精霊と出会い、話しかける行為は虐殺という行為に対する救済と祈りを求めての行動だからである。

第二の理由を明らかにするため、シンボリズムの知見から「窓を開け放つ」行為を洞察してみる。アト・ド・フリースの著した『イメージ・シンボル事典』（一九七四）に依れば、「窓」は「幻視への出入口」、「愛と死が入ってくるところ」、「魂、精神への出入口としての目」[11]を表象していることから、アナが脱走兵の魂が救済されることを希求しながら祈りを捧げていることが明らかとなる。

同様に、『エル・スール』のエストレーリャが父の亡き後、その生前の面影を辿るべく、父の故郷である〈南〉へ旅することは、父の魂に祈りを捧げるためのある種の〈巡礼〉を意味している。この登場人物の名前はエストレーリャすなわち、スペイン語女性単数名詞の「estrella（星）」を意味し、いつも彼女が右手に星の形をした指輪をはめていることも映画内世界で視覚的記号として象徴的に作用している。なぜなら、シンボリズムの観点から見れば、「星」は「(霊）の導き」を意味するからである。[12]実際に、エストレーリャは亡き父の「霊の導き」に誘われて、〈南〉へと祈りを捧げるための〈巡礼〉の旅に出かけることになる。エリセが創出した両作品における「娘（少女）」の象徴性を整合すると以下四点にまとめることができる。

（一）非闘争の和解
（二）美しい少女
（三）スペインの再生
（四）第二共和制側の死者たちへの祈り

では続けて、《パンズ・ラビリンス》の作品分析へ移行することにする。

四　《パンズ・ラビリンス》

《パンズ・ラビリンス》を考察する前に、この映画を創作したギジェルモ・デル・トロの略歴に触れておくことにする。メキシコ人映画監督ギジェルモ・デル・トロは一九六四年にハリスコ州グアダラハラに生まれた。トロはメキシコ国立自治大学付属映画学校で特殊メイクを学んだ後、《クロノス》（一九九二）で監督デビューした。トロは

《ミミック》（一九九七）、《デビルズ・バックボーン》（二〇〇一）、《ブレイド2》（二〇〇二）、《ヘル・ボーイ》（二〇〇四）などの恐怖映画を撮影する監督として知られている。二〇〇六年にスペインで撮影した《パンズ・ラビリンス》によってトロは世界的に高い評価を得て、ファンタジー映画の優れた担い手として評価されるようになった。また、トロはロボットアニメなどに表象される日本のポップ・カルチャーにも精通している。トロは菊池凜子を起用して、"Kaiju"「怪獣」と人間が操作する人型ロボットが死闘を繰り広げる映画《パシフィック・リム》（二〇一三）を創造しており、この英語映画に日本のポップ・カルチャーの影響を直接的に投影している。では、本稿の分析対象である《パンズ・ラビリンス》に言及していくことにする。

《パンズ・ラビリンス》（スペイン語原題：*El laberinto del fauno*《牧神の迷宮》）の概要は以下のとおりである。物語は内戦直後、一九四四年のスペイン北部で展開する。内戦で父を亡くした少女、オフェリアは母メルセデスと共に、母の再婚相手の軍人、ビダル大尉のもとに引き取られ、森の中にある軍の要塞で暮らすことになる。ビダル大尉の子を身ごもっている母は体調が優れず、床に伏している日々が続く。ビダル大尉の身の回りの世話をしている家政婦で、実はレジスタンスの長であるマキの姉であるメルセデスだけがオフェリアのことを気に留めているなか、少女は書物と空想に耽りながら孤独に暮らしている。オフェリアはある日、森の中で石の破片を見つける。その破片を近くにある片目の欠けた石像の目の部分にはめ込むと、ナナフシの形をした妖精が現れる。ある夜、その妖精に導かれてオフェリアは森の中にある迷宮へと辿り着き、そこの番人である牧神（パン）と出会う。牧神いわく、オフェリアは本当は地下に存在する国、モアナ国の王女だったが、今は完全に人間になってしまっているという。そこで、満月になるまでに三つの試練を乗り越えることができれば、地下の王国に王女として迎え入れることを牧神はオフェリアに約束する。三つの試練は以下のとおりである。

（一）大木の下に住む大蛙の鍵を獲得する。
（二）食卓を守る怪物から短剣を獲得する。
（三）弟の血を一滴、牧神に捧げる。

そんななか、オフェリアの母親は男の子を出産するが、身体が衰弱しきっていたため、亡くなってしまう。オフェリアが牧神と妖精に導かれて、並行して存在する神話世界で試練に挑み続ける一方、現実世界では、ビダル大尉率いるフランコ政府軍と第二共和制を支持し、フランコ政権に抵抗し続けるレジスタンス、マキの一党との熾烈な戦いが繰り広げられていく。なんとか二つの試練を克服したオフェリアは三つ目の試練に挑戦することになる。

牧神の指示に従い、ビダル大尉のもとから、生まれてきた弟を奪い去って、森の中の迷宮にやって来たオフェリアは牧神に一滴だけ弟の血を差し出すよう要求されるが、頑なに拒む。息子を奪われ、オフェリアの後を追って来たビダル大尉は奇妙な光景を目にすることになる。オフェリアは弟（ビダル大尉にとっては息子）を抱きかかえたまま、ひとりでなにかに向かって話し続けているのである。大尉は息子を奪回すべく銃でオフェリアを正面から撃ち殺す。オフェリアが血を流してその場に倒れ、ビダル大尉は自分の息子を取り戻すことに成功する。だが、周囲を見回すとマキが統率するレジスタンスに自分が取り囲まれていることに彼は気づく。ビダル大尉は観念して、自分の息子をレジスタンス側に引き渡し、大尉はレジスタンスたちに銃で四方から連射され、その場に倒れて死ぬ。血を流して倒れているオフェリアを抱きかかえて、メルセデスは泣きながら子守唄を歌う。こうして、現実世界においてオフェリアはメルセデスの腕の中で子守唄を聴きながら、静かに息を引き取る。現実世界でオフェリアは悲劇的な死を遂げるが、並行して存在する神話世界では異なる結末を迎えることになる。

迷宮の中で、血を流しながらオフェリアが倒れていると、彼女の血が迷宮の水溜りの中に映し出された満月の中に流れ込み、黄金の光に包まれて、オフェリアは地下の王国へと迎え入れられる。地下の王国では父と母が各々、王と女王として玉座に坐しており、牧神はオフェリアに最後の試練の隠された意味を説明する。牧神いわく、最後の試練は弟の血を差し出すことではなく、自己犠牲だったのである。こうして、王女としてオフェリアは地下の王国で幸せに暮らしていくことになる。再び場面は転換し、カメラは現実世界を映し出す。現実世界ではメルセデスの歌声が森の中で響き続けているのが聞こえている。オフェリアが大蛙から鍵を獲得するために、ドレスを掛けた森の枯れ果てたイチジクの木の枝から一輪の真っ白な花が可憐に咲き、その姿をナナフシが見守るなか、物語は終わりを告げる。

スペイン内戦を扱ったスペイン映画の中で、《パンズ・ラビリンス》が異色なのは、この映画がフランコ政府軍と第二共和制を支持していた残党の結成したレジスタンスとの壮絶な戦いを全面に押し出している点である。情け容赦のない戦いに巻き込まれた空想好きの少女オフェリアは時空間を異にする並行世界を自らの脳内に生成して、その中に逃げ込みながら生きていくことになるが、フランコ政権から送り込まれてきたビダル大尉による残虐非道な現実が彼女の創りあげる神話世界にも浸食し始め、最後はオフェリアの死によって、並行して存在してきた二世界が統合されて映画は終焉を迎えることになる。換言すれば、フランコ側勢力と第二共和制に与したレジスタンス側勢力という二項対立の対戦構図が物語そのものの原動力として作用し、物語の結末をも決定づけることになるのである。続けて、並行世界発現の起点となるオフェリアの開眼に着目して、論述を進めることにする。

五　オフェリアの開眼

並行世界発現の起点となるのは、石像の目である。目の欠けた石像にその破片をオフェリアがはめ込んだ時点から、もうひとつの時空間を異にする神話世界が少女の視界に立ち現われてくることになるからである。トロが日本文化に精通していることを考慮すれば、オフェリアが石像の欠けた目を見つけ出してはめ込む行為は心眼の獲得、すなわち禅仏教における〈悟り〉への到達と捉えることができる。仏教学者、鈴木大拙は『禅仏教入門』（一九三四）において、〈悟り〉を「それは事物を見る新しい観点を得ることである[13]」と記述した後、以下のように同仏教用語を説明している。

> 悟りとは、これまで夢想だにしなかった新しい真理が、突如として意識のうちに閃き出ることである。（中略）宗教的に言えば、それは新しき誕生のわけである。知性の面から言って、それは新しい観点を得たことになるのである[14]。

引用した鈴木大拙の言説を考慮すれば、オフェリアが不可視の世界を可視化することに成功したのは、禅仏教的な心眼を獲得したからだと判断することができる。禅仏教的観点からすれば、記憶と想像が知覚に参与することによって、はじめて心眼が獲得されることになる。エドワード・ホールは空間哲学の視座に基づいて、京都の竜安寺に内在する心眼獲得の秘密を『かくれた次元』（一九六六）の中で以下のように記している。

空間を取扱う巧みさは、かつての首府京都の郊外にある十五世紀の禅寺、竜安寺の庭に集約的に現れている。庭の現れ方そのものが驚きをひきおこす。暗い、羽目板で囲まれた本堂を通ってある角を曲ると、突然力強い創造力の発現の前に立たされる。十五個の岩が砂利の海から立上がっているのである。（中略）庭の石は、どこから眺めてもその一つがいつもかくれているように配置されている（これは恐らく日本人の心への、もう一つの手掛りであろう）。彼らは記憶と想像がつねに知覚に参与すべきだと信じているのである。（中略）日本人の空間の研究は人をある点まで導いて、そこで何かを自力で発見できるようにするという日本人の習慣を説明する。[15]

ホールの記述に留意すれば、オフェリアはかくれていた視覚を自ら見つけ出し、不可視の世界を可視化する力強い創造力を獲得したことが露見するのである。では続けて、戦争に巻き込まれた子供の視座から、二世界並行の様相に着目して分析を展開させることにする。

六　戦争に巻き込まれた子供と二世界並行

眼前に神話世界が現出し、以後、オフェリアは戦争という現実世界と牧神の住む神話世界という二世界並行を同時に生きていくことになる。大人が生み出す残酷な戦争に巻き込まれた子供が逃避の手段として、時空間を異にする並行世界を見出し、二世界並行を生きるというのは、《パンズ・ラビリンス》特有の手法ではない。C・S・ルイスが著した『ナルニア国ものがたり』（一九五〇〜五六）の第一巻『ライオンと魔女』（一九五〇）は、第二次世界大戦（一九三九〜四五）の惨事から逃れるために、ピーター、スーザン、エドマンドそしてルーシィという四人の子供たちがロンドンから田舎へ疎開し、その疎開先のお屋敷に置かれている衣裳だんすを通じて、時空間を異にするナルニア国へと移行する物語である。この物語においても、第二次世界大戦という残酷な戦争からの逃避の手段として子供たちはナルニア国を衣裳ダンスの奥に見出すことになる。ナルニア国から戻ってきたルーシィは仲間たちに以下のように述べる。

あれは―あれ、魔法《まほう》の衣装だんすよ。そのなかに、森があって、雪がふってて、フォーンと魔女《まじょ》がいて、ナルニアっていうところよ。(16)

トロが創造した《パンズ・ラビリンス》においても、フランコ政府軍と第二共和制支持者の残党が結成したレジスタンスとの間における戦いに巻き込まれた少女が残酷な戦争から精神的に逃避するために、牧神の存在する神話世界へと一時的に移行するのである。映画評論家、アンディ・ウィリスは《パンズ・ラビリンス》を称賛しながら、以下のように同映画を評価している。

内戦後のスペインを背景にした《パンズ・ラビリンス》は、観客にとって大いに称賛したくなる映画である。だが、驚くほどの美しさと表現力を備えているにもかかわらず、物語の寓意的要素が現実および幻想の要素と完全に融合していないため、いささか不満な出来にとどまっている。その結果、《パンズ・ラビリンス》は一つの華々しい統一体というよりは、優れた半分が二つあるという状態のままなのだ。(17)

ウィリスは見事な評論を展開しているが、「《パンズ・ラビリンス》は一つの華々しい統一体というよりは、優れた半分が二つあるという状態のままなのだ」という彼の評価は正鵠を射ているとは言い難い。《パンズ・ラビリンス》は「優れた半分が二つあるという状態」に留まっているのではなく、現実世界と神話世界が共在する優れた二世界並行の物語なのである。トロ作品の概要と物語構造を把握できたので、これから《ミツバチのささやき》との比較分析をおこなうことにする。

七《ミツバチのささやき》との比較分析

トロの《パンズ・ラビリンス》とエリセの《ミツバチのささやき》との比較分析を展開させるために、第三節で提起した「娘（少女）」が備える象徴性四点に留意しながら、論述を進めていくことにする。

《パンズ・ラビリンス》の少女、オフェリアも、エリセ映画のアナ同様、（一）〈非闘争の和解〉を象徴する存在である。なぜなら、オフェリアはフランコ政権を象徴するビダル大尉の家族でありながら、マキが統率する第二共和制支持者の残党から成るレジスタンスを陰から支援するメルセデスとも通じているからである。オフェリアはフランコ側と第二共和制側との狭間に位置しており、両者の〈結び目〉として映画内世界で機能している。映画後半場面において、オフェリアはメルセデスと共にレジスタンス側に逃げていこうとして戦いに巻き込まれ、結果的に身内であるビダル大尉に射殺された後、フランコ政府軍と第二共和制側との戦いはいったん停止することになる。別言すれば、オフェリアの犠牲をもってして、フランコ政府軍と第二共和制側との戦いが一時的に休戦することになるのである。また、オフェリア自体、闘争を好まずフランコ政府軍と第二共和制側との戦いが和解することを希求しながら、残酷な現実世界から逃避するために神話世界を生きた人物であることを考慮すれば、彼女が〈非闘争の和解〉を象徴する人物であると捉えることが可能となる。

エリセ作品のアナと同様に、オフェリアも、(二)〈美しい少女〉、「La Niña Bonita(ラ・ニーニャ・ボニータ)」を表象する人物である。物語開始時点では、オフェリアはフランコ政権の所有する軍隊を指揮するビダル大尉の家族として登場するが、ビダル大尉の残虐非道なやり方を嫌悪し、生まれてきたばかりの弟を連れて、マキの統率する第二共和制の残党から成るレジスタンスのもとへ逃げ込むことになるからである。そして、映画結末場面において彼女は、フランコ政権を象徴するビダル大尉によって銃で射殺されることになる。この映画内事実はフランコ反乱軍によって滅ぼされた第二共和制の死そのものを視覚的に表示していると見做すことができる。この映像表現から、映画を鑑賞する観客たちは、オフェリアが第二共和制が掲げた視覚的図像である「美しい少女」を表象していることを理解することになるのである。

また、オフェリアは(三)〈スペインの再生〉も表象している。映画結末場面においてオフェリアが死した後、彼女が大蛙から鍵を獲得するために、ドレスを掛けた森の枯れ果てたイチジクの木の枝から一輪の真っ白な花が可憐に咲く映画内事実に留意すれば、オフェリアは真っ白な花として再生したのではないかと仮定できる。筆者の立てた仮説を立証するため、トロが映画結末場面に仕掛けた映像表現をシンボリズムの観点からとらえ直してみることにする。

前述した『イメージ・シンボル事典』に依れば、「白い花」の「白」は「平和、停戦、救済、慈悲、無血革命、再生[18]」を象徴し、「花」は「芽生え（春）、交配、死、再生という植物の周期[19]」を表している。すなわち、シンボリズムの視座に立脚して映画結末場面における白い花が咲く映像を解析すれば、第二共和制が死した後、血を流すことなく、スペインは立憲君主制国として再生したことをこの映像が表現していることが見えてくる。よって、オフェリアは、エリセ映画のアナと同様に、〈スペインの再生〉を内包する人物だと捉えることができる。

また、オフェリアが変幻して白い花として再生したことは、(四)〈第二共和制側の死者たちへの祈り〉を表象していると見做すことができる。前述したように、「白い花」の「白」は「救済」を象徴する。そして、マイケル・ファーヴァーの著した『文学シンボル事典』（一九九九）が「花が美徳を意味し、祈りの言葉になっているキリスト教の祈祷書をも思いおこさせるものである[20]」と記していることから、「花」が「祈り」を表現することを理解できる。シンボリズムの知見に準拠して進めてきた分析から、白い花に変幻したオフェリアが〈第二共和制側の死者たちへの祈り〉を表象していることが明らかとなるのである。従って、エリセ映画のアナと同様、《パンズ・ラビリンス》のオフェリアも「娘（少女）」が備える象徴性四点を包摂した人物であると結論づけることができる。

八　結　論

《ミツバチのささやき》と《パンズ・ラビリンス》における最大の共通点は、〈少女と彼女を導いていく生死を超越した霊的な存在〉という構図である。《ミツバチのささやき》ではアナとフランケンシュタインという構図で、《パンズ・ラビリンス》ではオフェリアと牧神（パン）という組み合わせになっている。だが、〈生死を超越した霊的な存在〉である、フランケンシュタインと牧神の間には大きな差異が見受けられる。エリセ映画のフランケンシュタインと比べて、トロ映画の牧神は非常にグロテスクな容姿をした登場人物である。また、登場人物たちのグロテスクさに加えて、トロ映画では戦闘場面が全面に押し出され、エリセ映画よりも残虐表現が際立っている。従って、両作品に観察される差異の諸要因をこれから究明していくことにする。

第一に、両作品間には三三年という時間的な隔たりが介在している。この点を考慮して、先に引用したように柳原は映画表現における「技術の達成」がグロテスクさをめぐる二作品間の差異の一要因となっていることを指摘している[21]。

第二に、二〇〇〇年以降のスペイン社会では、スペイン内戦とフランコ政権という〈負の遺産〉とスペインの人々が直接向き合うことができるようになったため、《パンズ・ラビリンス》では、スペイン内戦が包摂するグロテスクさと残虐性を全面に押し出すことができるようになったのである。この点に関して、スペイン映画研究者、那須まりはスペイン映画史の観点から、以下のように説明している。

スペインではフランコ独裁後、平和的な民主主義国家への移行が実現したが、それはスペイン内戦や独裁政権に関する忌まわしい記憶は「忘却」するという政治エリートたちの選択の上になりたっていた。適切に取り扱われなかった負の記憶をめぐる問題は、二〇〇〇年以後のスペイン社会で再浮上した[22]。

実際、現代スペイン映画を代表する担い手の一人であるスペイン人映画監督ペドロ・アルモドバル（一九四九〜）はスペイン内戦とフランコ独裁政権という〈負の遺産〉と向き合う必要性があることを、自作の映画《ライブ・フレッシュ》（一九九七）公開後のインタヴューにおいて、以下のように述べている。

フランコに対する僕の復讐は、彼の存在そのものも、彼の記憶も認めないことだった。彼が存在しなかったかのように映画をつくることだった。いまでは、この時代を忘れるべきではないと思っている。そして、この時代がそんなに昔のことではなかったことも[23]。

《パンズ・ラビリンス》が発表されたのは二〇〇六年、すなわち、二〇〇〇年以降である。引用したアルモドバルの言説に留意すれば、トロもスペイン内戦とフランコ政権というスペイン史が包含する〈負の遺産〉と真摯に向き合うために、敢えてグロテスクな人物たちを登場させ、残虐非道な戦闘場面を演出してみせたのだと捉えることができる。

第三に、トロは外国人であるが故、スペイン内戦とフランコ政権という〈負の遺産〉を客観的かつ直接的に表現することができたのである。確かに、メキシコ人であるトロはスペイン人と同様、スペイン語を母語とし、カトリックという宗教文化や、スペイン内戦やフランコによる独裁政治といったスペイン史とスペイン文化全般にも通暁しているが、トロ自身はメキシコというアメリカ大陸中部に位置する国の出身である。外国人であるトロとスペインとの間には空間的及び心理的距離が介在しているため、彼は客観的かつ直接的にスペイン史の有する〈負の遺産〉を描き出すことができたのである。

第四に、エリセが抒情溢れる映画詩を志向する映画作家であるのに対して、トロは残虐な戦闘場面を内包する恐怖映画の創作を得意とする映画監督である。映画表現をめぐる両者の志向性の違いが、結果的にスペイン史の有する〈負の遺産〉をめぐる扱い方にも影響を与えているのである。だからこそ、スペイン内戦の歴史的外傷をめぐる映像表現に関しても、エリセが残虐性を抑制した静謐な映像表現を用いたのに対して、トロは残虐性を前面に押し出した映像表現を採択したのである。以上進めてきた比較分析を通して、両作品間に差異を生み出した諸要因を以下四点に整合することができる。

（一）歳月がもたらした〈技術の達成〉。
（二）二〇〇〇年以降、スペイン社会はスペイン内戦とフランコ政権という〈負の遺産〉と直接向き合うことができるようになった。
（三）トロは外国人であるが故、スペイン史の有する〈負の遺産〉を客観的かつ直接的に描写することができた。
（四）エリセが抒情溢れる映画詩を志向する監督であるのに対し、トロは恐怖映画を志向する監督であったため、残虐表現をめぐって二作品に大きな差異が生じた。

このように、少女の視点から見たスペイン内戦という同一のテーマを有する《ミツバチのささやき》と《パンズ・ラビリンス》は多くの共通点を内包しながら、残虐表現をめぐっては決定的な差異が生じることとなったのである。それでもなお、スペイン映画史という俯瞰的視座から両作品を眺めれば、これら二作品がスペイン映画を代表する傑作であることに我々観客は気づかされることになる。別言すれば、《ミツバチのささやき》と《パンズ・ラビリンス》は驚くほどの美しさと抒情的表現力を備える映画詩としてスペイン映画史の中で光彩を放ち続けているのである。

註

（1）柳原隆敦『映画に学ぶスペイン語――台詞のある風景』東洋書店、二〇一〇年、一二五頁。
（2）Adelaida García Morales, *El Sur seguido de Bene*, Barcelona, Editorial Anagrama, (20ª ed), 1997.
（3）アデライダ・ガルシア＝モラレス『エル・スール』（野谷文昭・熊倉靖子訳）、インスクリプト、二〇〇九年。
（4）杉浦勉「アデライダとビクトル――『エル・スール』の家をめぐって」『ビクトル・エリセ』（金谷重朗監修）、エスクァイア・マガジン・ジャパン、二〇〇〇年、一一一頁。
（5）野谷文昭「訳者解説」『エル・スール』、前掲書、一二二頁。
（6）同上書、一二〇頁。
（7）アントニー・ビーヴァー『スペイン内戦 一九三六〜一九三九（上）』（根岸隆夫訳）、みすず書房、二〇一一年、五九頁。
（8）若松隆「スペイン内戦から見た『ミツバチのささやき』と『エル・スール』」『ビクトル・エリセ』、前掲書、九三頁。
（9）同上書、九三頁。
（10）関哲行・立石博高・中塚次郎（編）『スペイン史2』山川出版社、二〇〇八年、一〇五〜一〇六頁。
（11）アト・ド・フリース『イメージ・シンボル事典』（山下圭一朗他訳）、大修館書店、一九九八年、六九〇頁。
（12）同上書、六〇二頁。
（13）鈴木大拙『禅仏教入門』（増原義彦訳）、春秋社、二〇〇一年、一一六頁。
（14）同上書、一一六〜一一七頁。
（15）エドワード・ホール『かくれた次元』（日高敏隆・佐藤信行訳）、みすず書房、二〇〇七年、二一一〜二一二頁。
（16）C・S・ルイス『ライオンと魔女』（瀬田貞二訳）、岩波文庫、二〇〇二年、三九頁。
（17）アンディ・ウィリス「パンズ・ラビリンス」『死ぬまでに見たい映画一〇〇一本』（スティーヴン・ジェイ・シュナイダー総編集）、野間けい子訳、ネコ・パブリッシング、二〇一五年、九〇七頁。

（18）アト・ド・フリース『イメージ・シンボル事典』、前掲書、六八七頁。
（19）同上書、二五七頁。
（20）マイケル・ファーヴァー『文学シンボル事典』（植松靖夫訳）、東洋書林、二〇〇五年、二一三頁。
（21）柳原隆敦『映画に学ぶスペイン語――台詞のある風景』、前掲書、一二五頁。
（22）那須まどり「『抱擁のかけら』――過去と現在を旅して」『NHKテキスト　テレビ　旅するスペイン語』、NHK出版、二〇一七年二月号、七三頁。
（23）フレデリック・ストロース（編）『ペドロ・アルモドバル：愛と欲望のマタドール』（石原陽一朗訳）、フィルムアート社、二〇〇七年、二三五頁。

Cristina Ruiz Serrano, "La última guerra idealista en imágenes: la guerra civil en el cine español".

映像に見る最後の理想主義戦争――スペイン映画で描かれた内戦

クリスティーナ・ルイス・セラーノ

＊日本公開作品は邦題のみ、未公開作品については原題も記している。

スペイン内戦（一九三六～三九）と後に樹立された三六年にも及ぶフランシスコ・フランコ将軍による独裁政権（一九三九～七五）は、今でもなおスペインでは論争の的となり続けている。その論争は実際、内戦に関わるあらゆる側面を含んでいる。また、弾圧や数十年間蓄積されたトラウマ、そして一般的には公にされていなかった内戦や独裁についての逸話は、新たな研究を通して絶え間なく発見されることにより、今日のスペイン社会に根強く残っている。

一九七五年のフランコ死去後、独裁政権から民主政移行期では、忘却の契約または沈黙の契約と呼ばれた現象を理由に、政治家たちが内戦を「忘れる」ことを容認し、過去に関する話を表に出さなくなった。この契約は、平穏で安定した体制を築くためには必要不可欠な条件だと認識されていた(Gómez-Montero 14-15)。この文書化されていない契約は、内戦時や独裁政権下で遂行された政治的理由による犯罪が赦免される一九七七年の特赦法に伴って生じた。内戦が制度的、政治的にそのように解決されるのであれば、社会的には集団的記憶を回復し、フランコ体制から続く完全にねじれた内戦の歴史を見直し、そして過去二五年の「記憶のブーム」と命名された現象に通じる共和国派の名誉を回復する必要性があった。

歴史的記憶の回復は、過去を新たな形で表現することを前提としている。なぜなら歴史の修正過程において少しずつ培われた知識は、集団的記憶の構築に貢献するからである。現代社会では、ジェームズ・ウェルチが断言するように、過去の回復、すなわち個人的、集団的に一貫したアイデンティティの成立を可能にする「利用可能な過去」の構築に、記憶は決定的な役割を果たすだけでなく、記憶は社会が過去、現在、そして未来を理解するために重要な要素なのである (Wertsch 32-33)。

国のイメージの形成、そして国の製品の販売促進[1]において、映画は重要である一方で、映画は民衆に広がった偏見に影響する力や拡散能力も兼ね備えており、その意味において、集団的記憶の構築、回復において、映画は比類なき文化的道具といえる。そのため、本稿では、集団的記憶の構築においての映画の重要性を念頭に置き、スペイン内戦とフランコ独裁政権の「利用可能な過去」の構築において、映画[2]が担う効力の全体像を概観する。そのため、各時代で好まれた様々なテーマに注目し、フランコ時代から今日に至るまでの内戦映画を一通り検証する。

映画は、二〇世紀初頭にイデオロギーの宣伝手段ともなり、特にその傾向は音声の同時録音が可能になった一九二〇年代に高まりを見せた。有声映画の出現後すぐに勃発したスペイン内戦が有声映画にとって、最初に起こった最も重要な軍事衝突となり、共和国軍側、反乱軍側は、それぞれのイデオロギーや価値観[3]が反映されたドキュメンタリーやニュース、長編映画を戦争宣伝に利用した。映画作品が政治宣伝おいて大切な要素となったことは言うまでもない (Archivald 20-21; Triana-Toribio, *Spanish Cinema* 31-37)。

反乱軍側の勝利とフランコ独裁政権が課した残酷な弾圧は、勝者の信条に反対する敗者側の声を完全に沈黙させることを意味し、いわゆる「映画聖戦[4]」の下、勝者は数十年にわたり人々を再教育し、内戦についての独断的な見解を身に付けさせるために映画を用いた。共和国軍側の観点や価値観からすると、スペイン内戦についてのフランコ派の映画は戦闘が中心に展開され、フランコが独裁政権期に強調していた政治目標を反映している。ドキュメンタリー作品《民族》(*Raza*) (José Luis Sáenz de Heredia, 1941) や映画《君が泣くのを見たから》(*Porque te vi llorar*) (Juan de Orduña, 1941)、イタリアとスペイン共同製作作品《変わりない王宮》(*Sin novedad en el Alcázar*) (Augusto Genina, 1940) や《英雄部隊》(*Legión de héroes*) (Juan de Orduña, 1942) のような内戦が終結して数年後に撮影された、共産主義、無神論、フリーメーソンに対する聖戦勝利を示す内戦としての映画表現から、一九五〇年代にはイデオロギー表現は和らぎ、戦争の葛藤を「和解的」に描く試みがなされるようになった (Archibald 21-22)。この変化は、フランコ政権の第二次世界大戦戦勝国に対する歩み寄りの熱意とヒトラーやムッソリーニとの友好の断絶に合致し、それは《民族の精神》(*El espíritu de una raza*) (José Luís Sáenz de Heredia, 1950)[5]、《二本の道》(*Dos caminos*) (Arturo Ruiz Castillo, 1952)、《母なる大地》(*Tierra de todos*) (Antonio Isasi Isasmendi, 1961) といった作品の中で感じ取ることができる。それ以降、スペイン内戦がテーマとなった作品は、常にフランコのイデオロギーとキリスト教的価値観が賛美されていたが、一九六〇年代から独裁政権の終わりにかけて、フランコ体制の穏健派の進歩主義者と彼らの国際共同体への統合意欲に沿って、あまり反動的ではない描写がなされるようになった。この現象は、《前進した拠点》*Posición avanzada* (Pedro Lazaga, 1965)、《海を横切って》*Cruzada en el mar* (Ishidoro M. Ferry, 1968)、《奇襲だ、爆発だ》(*Golpe de mano ¡Explosión!*) (Antonio de la Loma, 1969)、《岸辺》(*La orilla*) (Luis Lucía, 1970) や、フランコ政権を結果的に称賛するに至る、スペインをルーツに持つ疑い深いアメリカ人記者が主人公の作品《時空の橋》(*Un puente sobre el tiempo*) (José Luis Merino, 1964) で見受けられ、この作品によってフランコ独裁政権の弁明が国際的に知られるようになった。

フランコ政権では、検閲が実施され、政府には偏った独裁政権の視点で入念に考えられた過去を民衆に強制させようとする意志があったにもかかわらず、その目的は達成されなかった。それはスペイン社会で、映画界の新世代の人々の間に生じたような、意見の不一致が再び見え始めたことによる。そのため独裁政権の終わりには、別の価値観やスペイン内戦の別の見方が反映された長編映画が現れた。しかしながら、検閲に引っかかるのを防ぐため、一般的にはまだ核心に迫ることのない、寓意的な表現がなされた。この時期の作品には、フランコ体制とカトリック教会に対してシュールレアリスム的に批判した作品《死よ、万歳》(Fernando Arrabal, 1971)[6]、《ミツバチのささやき》(Víctor Erice, 1973)、《従妹アンヘリカ》(Carlos Saura, 1973)、そして当時にはまだ数少ないマキについて描かれた映画、《パン、パン、パン、発砲だ!》(*Pim pam pum... ¡fuego!*) (Pedro Olea, 1975) が例に挙げられる。

従来《ミツバチのささやき》と《欲望のあいまいな対象》(Luis Buñuel, 1977) は、現代スペイン映画の出発点と考えられている。それぞれフランコ体制後期、民主政移行期初期に制作され、それらの映画にはスペイン社会が抱えているトラウマが描かれ、スペインでの新しい映画の始まりを表す作品として位置付けられている。ビクトル・エリセの《ミツバチのささやき》の舞台は戦後のスペインで、その頃の弾圧が寓意されている。主人公のアナは、その場の成り行きにまかせるような、きわめて感受性が強い女の子である。彼女はある逃亡中の政治家を手助けする。彼は後に暗殺される。これは敗者に対する恐ろしい弾圧を避けるために山へ逃れた逃亡者を暗示している。さらに、映画では「フランコ」は言及されていないものの、登場人物のフランケンシュタインは、フランコの化身と考えられる。批評家ロビン・フィディアンは、フランケンシュタインとアナが出会ったことで、彼女は精神的不快感を感じ、また逃亡者の遺体が公にさらされることで、彼女は明らかに動揺していると指摘する (Fiddian 28)。《従妹のアンヘリカ》はスペイン内戦を敗者の視点から描いた最初の映画であるといえ、内戦をテーマとした映画において画期的な作品となった。カンヌ映画祭で公式にスペインを代表する長編映画になったにもかかわらず、スペインでは検閲に引っかかり、政府の方針のダブルスタンダードが浮き彫りになった。マドリードやバルセロナでその映画を上映した映画館は、極右準軍事組織の攻撃の的となり (*Film Cultures* 25-26)、フランコ体制後期にすでに表面化していた政治的、文化的変化に対する社会の分裂がはっきりと表れた。

独裁政権の終わりごろ、映画関係者の中でより自由な映画制作が要求され、歴史修正主義的立場から内戦を取り上げようと主張する声が多くあり、その結果、映画制作の中で観客の感情がより反映されるようになった。トリアナ・トリビオが指摘するように、当時の映画雑誌に寄せられた手紙を見ると、民主主義の到来とスペイン映画芸術アカデミーの創立とともに、敗者の視点を描いたスペイン内戦映画をもっと観たいという人々が増加したことがわかる (*Spanish Cinema* 27)。

独裁政権後、大半のスペイン人は、完全に歪曲された歴史的過去の回復に大きな魅力を感じており、そのことはその時期に内戦や独裁がテーマとなった作品の多さ、そしてそれらが人々にかきたてた関心の高さから見ても明らかである。当時から徐々に共和国側の名誉が回復されるようになり、亡命したスペイン人の映画関係者の間でそのテーマが取り上げられた一方、スペイン人の多くはそのような作品を鑑賞することは禁止されていた。たくさんの映画の中でも、《ファミリーポートレート》(*Retrato de familia*) (Giménez Rico, 1976)、《三六年の長期休暇》(*Las largas vacaciones del 36*) (Camino, 1976)、《反乱軍の銃》(*La escopeta nacional*) (Luis García Berlanga, 1978) がとりわけこの時代を描いている。フランコ体制時代の「古い映画」は、一九七〇年代に幕を閉じ、特に一九七七年からはヨーロッパ映画や作家主義映画の形式、そして新しい価値観が反響を呼び、「新しい映画」は民主主義の発展や歴史的記憶の回復に寄与する教育的なツールとなった。

この時代から内戦と独裁に関する様々な側面を描いた文学的テクストの翻案が顕著に見られる。一九八一年のミゲル・デリーベスの小説に基づいた《無垢なる聖者》(Mario Camus, 1984) は、一九六〇年代の田舎が舞台となっている。ここでは内戦後の恐怖が引き継がれ、大地主が使用人に対して残忍に権力を乱用するという、フランコ政権時代の社会的抑圧が前代未聞のレアリズムで描かれている。内戦とその勝者による弾圧によって悪化したスペインの社会的分裂というテーマは、メキシコで『モセン・ミリャン』(1951) というタイトルで初版されたラモン・J・センデールの短編小説である《スペインのある農夫へのレクイエム》(Francesc Betriu, 1985) でも扱われている。この作品では、とある小さな村の主任司祭モセン・ミリャンの罪悪感が描かれている。司祭が内戦時に村の権力者と連携し、子どもの頃から知り合いである共和国派の粉屋パコを裏切り、彼を死に追い詰めたという物語である。

多数のゴヤ賞にノミネートされ、脚色賞を受賞した、《蝶の舌》(José Luis Cuerda, 1999) でも社会分裂が重要なテーマとなっている。この長編映画は国内外で人気を博し、内戦が主題の映画において傑作と考えられている。映画の大筋はガリシア人作家マヌエル・リバスの短編集、『私に何を求めるの』(*¿Qué me quieres, amor?*) (1995) で掲載された三つの短編小説（映画の中心的な物語となった「蝶の舌」«La lengua de las mariposas»、「霧の中のサックス」«Un saxofón en la niebla»、「カルミーニャ」«Carmiña») を基にしている。舞台は内戦が勃発する数ヵ月前のガリシア地方の村で、そこでモンチョが学校に通い始めて間もなく、知識人で自由教育学院の産物そのものとも言える共和国派のグレゴリオ先生の教育の虜になるというストーリーである。内戦の勃発で共和制時代の長閑な空気は破壊され、新しい現実によりモンチョは、敬愛する先生と彼が提示した信条への裏切りを余儀なくされる。実際、《蝶の舌》の前半部分では、共和制とモンチョの幼年時代が、理想、純粋、明るい未来への希望として表現されるのに対し、後半部分では、内戦下のスペインで、モンチョの成長とともに、偽善、偽り、裏切りなどといった前半部分とは大きく異なる厳しい現実が描写されている。

《狼たちの月》(Julio Sánchez Valdés, 1987) はその革新的な題名で大いに関心を集めた。この作品はフリオ・リャマサーレスの同名小説（一九八五）を基に、山へ逃れた逃亡者をテーマにしており、当時では目新しい作品の一つである。この主題は、後にジャーナリストの証言や研究によって、徐々に注目を集めた。逃亡者は、反フランコ主義を掲げ、フランコ政権に抵抗するために逃れたのではなく、フランコ政権による絶え間ない拷問や侮辱から逃れるためであった。これは、治安警備隊や密告の圧力など、家庭を苦しめた暴力によって野外生活を余儀なくされた彼らの生き残りを懸けた戦いの物語である。

他の映画作品で高評価を受けているのは《サラミスの兵士たち》(David Trueba, 2003) である。この映画はハビエル・セルカスの小説が基になり、ある女性教師兼作家が、内戦後期に起こった、反乱軍側のファランヘ党員ラファエル・サンチェス・マサスの銃殺未遂事件をどのようにして調査するのかが描かれており、また彼を救った共和国軍に属する共産主義者の民兵、ミラーレスとの遭遇も交えた作品となっている。この興味深い物語では理想、人情、現在と過去が混ざり合い、様々な批評がなされている。

内戦を主題とした映画の中で、バスクや地方を扱った作品を挙げると、ゴヤ賞新人監督賞を受賞し、東京、トリノ、アレクサンドリアでの国際映画祭でも賞を獲得した長編映画《バカス》(Julio Medem, 1992) がある。この映画は、一八三三年のカルリスタ戦争から一九三六年の内戦初期にかけて三世代にわたる二家族の対抗関係を描いている。また、無政府主義を望み続けた活動家、サルバドール・プッチ・アンティックの拘禁と処刑を描いた作品、《サルバドールの朝》(Manuel Huerga, 2006) では、スペイン内戦に関わった著名人の人生が展開されている。《リベルタリア／自由への道》(Vicente Aranda, 1996) も同様である。

一九八〇年代から内戦のテーマは、コメディー分野でも扱われるようになり、より多くの人々に親しまれるようになった。《小さな牛》(Luis García Berlanga, 1985) は、この現象の初期に製作された。しかし、作品を特徴づけるステレオタイプと分かり易いユーモアは、後期のコメディー作品《ベル・エポック》(Fernando Trueba, 1992) や《母ヒルダ》(*Madregilda*) (Francisco Regueiro, 1993) のレベルまでには届かず、悲喜劇の奥深さにおいても、後に製作された作品《歌姫カルメラ》(Carlos Saura, 1991)、《リベルタリア／自由への道》、《君の瞳に映る少女》(*La niña de tus ojos*) (Fernando Trueba, 1998) やその続編《スペインの女王》(*La reina de España*) (Fernando Trueba, 2016) に比べて質は高くない。これらの映画は歴史的記憶回復の論争に新しい話題をもたらしている。

カルロス・サウラの映画《歌姫カルメラ》(一九九〇) は、《小さな牛》と同じく、舞台は内戦真只中に設定されている。共和国側占領地域で親しまれていた舞台のメンバーが、うっかり境界線を越えてしまい、反乱軍によって捕えられてしまうという物語である。自由を取り戻すためには、反乱軍側が集中する地域で、共和国軍をからかうような内容を上演することが求められた。当初一団の芸術家たちにとって、そのことは取るに足りないことのように思われていたが、その地域の囚人や国際旅団の兵士と友好を築いたときには、事態は複雑さを極めた。囚人や兵士たちの理想を追い求める大胆な道徳観を目の当たりにした、政治に無関心な舞台関係者たちは、次第に自身の見解を明らかにするようになった。多数の賞を受賞したこの映画は、内戦期における国際旅団の役割に関する知識の普及に貢献し、スペイン人の新たな世代として、この内戦がもたらした国際的影響力と当時四万人もの国際旅団兵士がいたという事実を強調している。

《リベルタリア／自由への道》では、内戦に関する映画が、観客にもたらす知識を通して、「利用可能な過去」の構築に貢献するという手法が顕著に表れている。本作では、前線を離れず、後方での役割は受け入れない方針を取る女性たちで結成された無政府主義者団体、「ムヘーレス・リブレス」(「自由な女」) の活動家たちが主人公である。現在、歴史的記憶の回復過程を取り巻く議論で、話題性のある事柄の多くが彼女たちを通じて活気づいている。《リベルタリア／自由への道》は、歴史的側面において、共和国側に存在していた内部衝突やまとまり不足を浮き彫りにするだけでなく、内戦前と内戦中のスペイン史における無政府主義の重要性を指摘している。このテーマは資料が不十分で、スペイン人では一般的にほとんど知られていない。この作品は極左の革新的な理想を扱っているにもかかわらず、社会に残っている矛盾と性差別を強調し、内戦中の女性の役割についても再提起している。しかし主な登場人物を形作る歴史的時代錯誤ともいえるステレオタイプ (Archivald 125-127) は、一九三六年のアラゴンにおけるアフリカ人兵員の存在 (Crusells 4) と同じくらい、この作品の信頼性を失わせている。ともあれ、《リベルタリア／自由への道》は、スペイン人女性たちが共和国側内外で繰り広げた戦いの揺るぎない価値を表現している。

今日の時事性を扱ったいくつかの作品でも内戦と独裁は広く描かれている。メキシコ人のギジェルモ・デル・トロの作品のうち二本は、一般的に批評家によりスペイン映画と考えられており、取り上げる価値がある。《デビルズ・バックボーン》(Guillermo del Toro, 2001) はペドロ・アルモドバルと共同制作されたスペインとメキシコの合作映画で、スペインで撮影された。物語は共和国側の子どもたちのための孤児院で展開される。ホラー映画特有のスタイルで、反乱軍の攻撃により苦しんでいる子どもたちの日常生活に、幽霊や登場人物の秘密が入り込むというストーリーである。

ギジェルモ・デル・トロ監督による別の映画《パンズ・ラビリンス》(Guillermo del Toro, 2006) では、幻想的なものと内戦映画の要素が組み合わさり、絶大な評価を受け、スペインのゴヤ賞で八部門、メキシコのアリエル賞で九部門、そして三部門のアカデミー賞を獲得し、監督のキャリアの中で最も成功した作品の一つとなった (Smith 145-46)。スペイン映画界では歴史的現実と幻想世界の共生は珍しく、幻想世界と内戦のテーマの融合は非常に革新的である。《パンズ・ラビリンス》でのこの組み合わせの成功の理由を、ラサロ・レボルは次のように推論している。「この映画は特に、スペイン内戦の遺産や［……］その歴史的記憶に関する問題を描いたことで、スペイン人の精神に直接語りかけることに成功した。歴史的記憶についての議論は激しさを増し、二〇〇〇年に設立された「歴史的記憶回復協会」によって、広大な埋葬地の発掘やフランコ政権下の弾圧犠牲者の遺体捜索が要求された。［……］同様にスペイン内戦の犠牲者の記憶が認知され、二〇〇七年、後に物議を醸すことになった「歴史記憶法」がホセ・ルイス・サパテーロ首相の社会党政権下で可決された (Lázaro-Reboll 256)。」

《パンズ・ラビリンス》での主人公オフェリアは、内戦後の荒廃した現実世界に住む一方で、太古の王国の王女として自然界や想像界をさまよう。この映画は一九四四年のスペイン北部の山間部が舞台で、民衆が経験した恐怖を描いており、フランコ派の役人が全滅させようとしているゲリラ軍を村の人々が生き残れるように助けるという物語である。一九四四年のフランスからの増援部隊マキの到着は、登場人物の運命を変えた。歴史的背景は驚くほど入念に考えられており、またそれだけでなく、アラン渓谷侵略や反フランコゲリラ兵(7)といった、歴史的記憶の回復過程において、今日大いに注目されている戦後のテーマが強調されている。

反フランコ闘争のテーマと共産党が担った重要な役割については、フランコ独裁政権の間まったく言及されなかった。近年の小説では、そのテーマの研究や包括が商業的に大きな成功を収め、この歴史的出来事の見直し(8)を可能にしている。反フランコ闘争のテーマは、他の作品《リミットのない町で》(*En la ciudad sin límites*) (Antonio Hernández, 2002) にも垣間見ることができる。アルゼンチンとスペイン合作の長編映画であり、登場人物の中には戦後期の反フランコ闘争を率いた共和国軍関係者やフランスに亡命したスペイン人が含まれていた。

フアン・アントニオ・ペレス・ミリャンは、内戦がスペイン映画で頻繁に取り上げられる歴史的テーマの一つであるにも関わらず (Coronado Ruiz 31)、フランコ政権が終わる一九七五年以前のスペイン映画で、内戦を描いた作品は三パーセントにも満たないと表現している。さらに、フランシスコ・ハビエル・フルートス・エステバンは、文化省の統計を引き合いに出し、「一九三六年から二〇〇四年の間に制作され公開された、共和国や共和主義運動、フランコ独裁政権、マキ、フランコ将軍などがテーマとなったスペイン内戦の映画数は、その時代のスペインで作られた全タイトル数の三パーセント未満である (Frutos Esteban 98)」と裏付けている。とはいえ、ここ数年国際市場におけるスペイン映画の配給や紹介が活発になったのに加え、近年のスペイン映画制作が活気にあふれていることは、市場でのスペイン映画の知名度を上げ、スペイン内戦の映画は遠い存在ではないということが分かるようになった。

内戦に関するスペイン映画の数は、二〇〇一年から二〇一一年まで(9)の一〇年間で全体の一・四パーセントへと減少し、二〇〇〇年代のスペイン映画界では、多くの映画関係者は内戦のテーマに触れなくなった[10] (Vargas; Crespo)。この現象は、近年の具体的なデータはないが、スペインの最新政治動向が影響したと考えることが可能である。また、この現象は今後も続くように思われる。

スペインでは歴史的記憶の回復を支持して、二一世紀初頭に動き出した歴史的記憶回復協会の設立（二〇〇〇）や歴史記憶法の導入（二〇〇七）にみられるプロジェクトは近年停滞しているように思われる。二〇〇二年、最大保守勢力の国民党政権は、内戦と独裁政権下の犠牲者を管理する部局を財政難のため閉鎖し、二〇一三年には歴史記憶法を廃止した。現在のところ、歴史的記憶回復協会は個人寄付によって存続している。政府によると、歴史的記憶の回復過程は完結しているという。

さまざまな障害があったにもかかわらず、歴史的記憶の回復過程が継続しているのと同様に、内戦を題材にした素晴らしい作品の制作もこの一〇年間続いている。調査がまだ十分になされていない内戦関連の出来事を掘り下げる必要性が高まり、マドリード戦線陥落時での無政府主義の意義などをテーマに扱った《堂々と生きる、シプリアノ・メラの戦い》(*Vivir de pie. Las guerras de Cipriano Mera*) (Valentí Figueres, 2009) のようなドキュメンタリー映画が出てきた。この映画では、セヒスムンド・カサド大佐が内戦終結直前の一九三九年三月に引き起こしたクーデタを支援した、無政府主義者の英雄、シプリアノ・メラについて描かれている。クーデタは共和国軍側の完敗と無条件降伏を予想させた。他のドキュメンタリー作品《共和国の女教師たち》(*Las maestras de la República*) (Plar Pérez Solano, 2013) では女性の権利と教育の近代化を求める共和国軍側の女教師たちの長い戦いがテーマとなり、二〇一四年、ゴヤ賞の長編ドキュメンタリー賞を受賞した。

内戦映画において、第二共和制期、内戦期、独裁政権下の対抗運動期における女性活動の認識は、特別な注目を集めた。このテーマは実話に基づいた《一三本のバラ》(*Las 13 rosas*) (Emilio Martínez Lázaro, 2007) で扱われ、この作品は内戦直後の一九三九年に起こった、一三人の少女たちの投獄とその後の拷問を描写している。国際的な抗議運動にもかかわらず、彼女たちはガリンド将軍の暗殺容疑で銃殺された。ドゥルセ・チャコンの小説（二〇〇二）を翻案した、《眠れる声》(*La voz dormida*) (Benito Zambrano, 2011) でも女性が中心的役割を担っている。この映画は、フランコ派の女性刑務所、内戦期や戦後の女性運動、反フランコ闘争における共和国軍関係者の働きなどを描写し、これらは近年[11]の映画や物語に対する特別な関心を掻き立て、論争を呼んでいるテーマである。反フランコ派のゲリラ兵やゲリラ部隊における共産党の働きという題材は、近年の作品で頻繁に描かれている。その一例として、武力戦を放棄するという一九五一年の訓令に背き、反フランコ闘争継続のために山に入り込んだ無政府主義者のゲリラ軍の歴史を描いた長編映画《焼けた顔》(*Caracremada*) (Galter, 2010) が挙げられる。《恋人たちの喜び》(*Miel de Naranjas*) (Imanol Uribe, 2013) は、一九五〇年代のアンダルシアが舞台の作品で、日々の弾圧と戦うために若者たちが反フランコ派の活動に引き込まれるという物語である。

これまで議論されることがなかった問題で、多くの映画監督や映画ファンが関心を引き、「利用可能な過去」の構築と現在の理解を可能にする過去の見直しに貢献しているのが、スペインの強制労働施設のテーマである。同様に、一般的に人々に知られていなかったのは、亡命した共和国軍関係者が、大多数の人が非業の死を遂げたナチスの強制収容所のみならず、フランスの強制収容所にも劣悪な条件で送り込まれたことである。このテーマは《波》(*Las olas*) (Alberto Morais, 2011) で触れられている。内戦中の亡命者であったスペイン人が、数千人の同胞とかつて五〇年以上も収容されたフランスのアルジェレス・シュル・メールにある特に厳しい強制収容所に帰る物語である。《ふたりのアトリエ――ある彫刻家とモデル》(Fernando Trueba, 2012) でも、このテーマがよりアンティミスム風で描かれている。占領下フランスで共和国派の若い女性が強制収容所から逃れ、彫刻家として晩年を迎えていた有名な芸術家のミューズとなる物語である。

スペインの強制労働施設は、多くのフランコ独裁政権の関係者が富をなすのに利用され、それは《気狂いピエロの決闘》(Álex de la Iglesia, 2010) において主要な題材となっている。一九三七年、共和国軍によって募集されたサーカス団に関するこの映画では、「戦没者の谷」にある強制労働施設でのサーカス団の一人のメンバーと、独裁政権下における彼の息子の生涯が描かれている。この作品は、今日のスペイン社会において重要な議論の一つと関連している。

内戦後、フランコ派の勝利のシンボルとなり、フランコの霊廟が建設された「戦没者の谷」には、多数の共和国派の人々が家族の許可なく埋葬されており、遺族は遺体の取り戻しを求めているが、未だ実現していない。

独裁下での弾圧、復讐、内戦に関する機密は、人々がごく普通の人生を送るのに妨げとなり、ここ数年でさまざまな映画の主要テーマとなっている。独裁政権の文化的政策によって阻まれた人生を描いた《バルセロナ（地図）》(Ventura Pons, 2007) や、カタルーニャの村での内戦時や戦後に関する秘密やトラウマを表現した長編映画《ブラック・ブレッド》(Agustí Villaronga, 2010) が例に挙げられる。機密やトラウマといった題材は、近年のさまざまな長編映画でも取り上げられ、またこれらの映画は、弾圧を避けるために数十年隠れて過ごし、人生を犠牲にした、「戦後のスパイ」と呼ばれる人々の悲劇を掘り下げ、非常にドラマ性が高い。《目の見えないヒマワリ》(*Los girasoles ciegos*) (José Luís Cuerda, 2008) は、アルベルト・メンデスの小説（二〇〇四）を基にし、戦後の恐ろしい弾圧により体面を繕うことを強いられ、多くの秘密を隠さなければならなかった家族が描かれている。父親が何年間も家で隠れていたスパイということが秘密のうちの一つである。フランコ派に父親の居場所が密告され、主人公の若者ロレンソは、父親の自殺を目撃する。《三〇年の闇》(*30 años de oscuridad*) (Manuel H. Martín, 2011) では同じテーマが題材となっている。内戦終了後、共和国派のある市長はスペインから脱出を試みるが失敗し、帰宅する。その後、勝者により課された残酷な弾圧を前にし、彼と彼の妻は壁の隙間に身を隠すことに決める。続く三〇年間を彼はそこで過ごすことになる。

最後に、ここ数年の内戦に関する全ての映画が前述のような題材を扱っているのではないということを示す必要がある。最新のいくつかの映画作品は、幅広いテーマを採用し、人間の個人主義をより前面に出している。例えば、ある兵士の実話に基づいたコメディードラマ《ロバ》(*La mula*) (Michael Radford, 2013) では、内戦の終わりごろ、ロバに出会った兵士が、思いを寄せる女性に近づくために、ロバを連れていくことを決める。また《流刑》(*El destierro*) (Arturo Ruiz Serrano, 2015) では、人里離れた所に位置する小さな監視哨で展開される物語が描かれており、数人の反乱軍側の兵士が、ポーランド人女性の国際旅団関係者を性的行為と引き換えに匿うという物語である。

内戦映画の量を考えると、本研究は、一つの論文では包括不可能な分野の全般的なアプローチにすぎない。しかし本研究は、フランコ独裁政権下でイデオロギー流布のために利用された文化的道具として、また私たちの時代における「利用可能な過去」の構築過程に貢献するツールとしての映画の重要性を提示しようと試みた。今日のスペイン社会において、数十年間黙殺され、歪曲された過去を知り、物語を通して、集団的記憶を構築するためには、映画はきわめて必要な存在であり続けている。内戦に関する映画は、民主政移行期中や移行期後に生まれたスペイン人の新世代が、民主主義的観点からの内戦の見方を身に着けるのに貢献した。さらに、これらの映画が国内外で公開されることにより、歴史家フリオ・アロステギが定義しているように、スペイン内戦が「最後の理想主義戦争」として認知されることにつながったのである。

（訳・西洞院遥美／安田圭史）

註

（1）マリア・M・デルガドは、二〇一一年六月一一日、第六回マドリード・デ・シネ（スペイン映画スクリーニング）のICAA（スペイン映画視聴覚芸術協会）代表カルロス・クアドロスの言葉を用い、「映画は国と国の製品のブランドを広めるのに最良のツール」としてこの考えを強調している。この主張は、スペイン貿易投資庁副総裁エンリケ・サラサールの「スペインが発展するには対外イメージと後ろ盾が必要であり、国の経済やイメージには映画が鍵となる要素である」との表現によりさらに強固なものとなっている。(Delgado 5)

（2）本論文は一般大衆向け映画を中心に検証しているが、ドキュメンタリー映画や短編映画、テレビドラマなどの視聴覚作品も、スペイン内戦や独裁に関する「利用可能な過去」の構築過程に影響を与えたということも強調しておかなければならない。

（3）アルフォンソ・デル・アモ・ガルシアが『内戦映画の総目録』（*Catálogo general del cine de la guerra civil*）の序文で指摘しているように、内戦中両派によって制作された映画作品の保存は嘆かわしい状況である。それは一九四五年にリエラ映画現像所を襲った不慮の事故による。国家映像部は、押収された共和国側制作の映画を反乱軍側制作の映画と同様に保管していた。(Del Amo García 14-15)

(4) 聖地(エルサレム)の奪還のため、キリスト教国がイスラム教国と戦った中世の十字軍に言及している。スペイン内戦を聖戦とする概念は、スペインのカトリック教会が示した内戦についての見解によるもので、無神論の外国人と認識される敵、すなわち共和国軍を絶滅させる必要性を唱っている。これはカトリック教会が一九三七年に作成した「集団的書簡」から明らかになる。

(5) *El espíritu de una raza* は *Raza* からの改訂版で、フランコがアメリカ合衆国に歩み寄り、対外イメージの向上を必要とした時期に公開された。*Raza* を模倣した他の作品ではフランコに関する逸話がさらに反動主義的に描写されているが、現在、これらのほぼ全ての作品は処分されてなくなっている。

(6) 内戦時から一九六〇年代まで反乱軍側地域で活動していた反フランコ派のゲリラ兵もマキと呼ばれる。「マキ」という語はナチスの占拠に対するフランスの抵抗運動に参加し、フランスに亡命した共和国派のスペイン人を意味する、フランス語の maquisard を起源とする。

(7) 一九四四年一〇月、フランスからのドイツ軍の撤退と共に、およそ六千から七千人のマキがフランコ独裁政権打倒に連合国側が協力することを期待し、ピレネー山脈からスペインに侵入した。しかし連合国側からの協力は得られず、期待通りの侵攻はできなかったが、多数のマキがスペインに入り込み、一九三九年から山地に潜伏しているゲリラグループと接触した。

(8) このテーマについては拙稿(«Traigo la camisa roja de sangre de un compañero: la mujer en la guerrilla antifranquista» *Revista canadiense de Estudio Hispánicos* 36.1 Otoño 2011: 169-186.)を参照されたい。

(9) 当時、FAPAE(スペインオーディオビジュアル製作社連盟)の会長であったペドロ・ペレス(Crespo)と監督兼プロデューサーのアントニオ・サラサール(Price)が発表した見解による。

(10) ファン・カルロス・バルガス(Juan Carlos Vargas)(編)*Tendencias del cine iberoamericano en el nuevo milenio. Argentina, Brasil, España y México*. Guadalajara: Universidad de Guadalajara, 2011 所収のバレリア・カンポレシ(Valeria

Camporesi）の論文«Panorama de la cinematografía española en el período 1990-2008»（73-93）を参照されたい。

（11）アルムデナ・グランデスの二〇一二年から一五年に出版された三作品が例に挙げられる。

参考文献

Archivald, David. *The War That Won't Die. The Spanish Civil War in Cinema*. Manchester: Manchester University Press, 2012.

Aróstegui, Julio. «No os olvidaremos.» *La despedida española: Homenaje a las Brigadas Internacionales [1938-2008]*. Ed. Manuel Requena Gallego. Sevilla: Espuela de Plata, 2008. 15-18.

Coronado Ruiz, Carlota. «Postmemory of the Spanish Civil War: Cinematographic constructions of the conflict in the twentieth-first century.» *Catalan Journal of Communication & Cultural Studies* 8.1 (2016): 31-43.

Crane, Susan A. «Writing the Individual Back into Collective Memory.» *The American Historical Review* 102 (1997): 1372-85.

Crespo, Irene. «Sólo el 1,4 % de las películas de la última década hablan de la Guerra Civil.» *Cinemanía*, 27 de septiembre de 2011, www.cinemania.es/noticias/solo-el-14-de-las-peliculas-de-la-ultima-decada-hablan-de-la-guerra-civil/. Fecha de acceso: 2 de noviembre de 2016.

Crusells, Magí. «*Libertarias*: La utopía durante la guerra civil española no fue solo cosa de hombres.» *Film-Historia* Vl. 3 (1996): 295-300.

Del Amo García, Alfonso y María Luisa Ibáñez Ferradas, Eds. *Catálogo general del cine de la guerra civil*. Madrid: Cátedra, 1996.

Delgado, María M. *Spanish Cinema 1973-2010. Auteurism, politics, landscape and memory*. Ed. Maria M. Delgado and Robin Fiddian. Manchester: Manchester University Press, 2013. 1-20.

Faulkner, Sally. *A History of Spanish Film. Cinema and Society 1910-2010*. London: Bloomsbury, 2013.

Fiddian, Robin. «*El espíritu de la colmena/The Spirit of the Beehive* (Víctor Erice, 1973): *To Kill a Mockingbird as neglected intertex.*» *Spanish Cinema 1973-2010. Auteurism, politics, landscape and memory*. Ed. Maria M. Delgado and Robin Fiddian. Manchester: Manchester University Press, 2013. 21-34.

Frutos Esteban, Francisco Javier. «*Caudillo* (1974), de Basilio Martín Patino. Entre la historia y la memoria.» *Guerra Civil. Documentos y memoria*. Ed. María Dolores de la Calle Velasco y Manuel Redero San Román. Salamanca: Ediciones Universidad de Salamanca, 2006. 97-111.

Gómez-Montero, Javier, ed. *Memoria literaria de la transición española.* Madrid: Iberoamericana, 2007.

González Arce, Teresa. "El texto migratorio: nota sobre la adaptación cinematográfica de tres cuentos de Manuel Rivera." *Alpha* 20 (2004): 135-50.

Lázaro-Reboll, Antonio. *Spanish Horror Films*. Edinburgh: Edinburgh University Press, 2012.

Pérez Millán, Juan Antonio. «El cine y la Guerra Civil Española.» *Guerra Civil. Documentos y memoria*. Ed. María Dolores de la Calle Velasco y Manuel Redero San Román. Salamanca: Ediciones Universidad de Salamanca, 2006. 77-84

Price, C.N. «Del canto de sirenas y los mitos en el cine español» *In Cinema. Cine desde dentro*, 3 de abril de 2011, www.revistaincinema.wordpress.com/2011/04/03/del-canto-de-sirenas-y-los-mitos-en-el-cine-español/. Fecha de acceso: 3 de noviembre de 2016.

Smith, Paul Julian. «*El laberinto del fauno/Pan's Labyrinth* (Guillermo del Toro, 2006): Spanish horror.» *Spanish Cinema 1973-2010. Auteurism, politics, landscape and memory*. Ed. Maria M. Delgado and Robin Fiddian. Manchester: Manchester University Press, 2013. 145-157.

Triana-Toribio, Nuria. *The Spanish Film Cultures. The Making and Unmaking of Spanish Cinema*. London: Palgrave, 2016.

—— *Spanish National Cinema*. London: Routledge, 2003.

Vargas, Juan Carlos, ed. *Tendencias del cine iberoamericano en el nuevo milenio. Argentina, Brasil, España y México*. Guadalajara: Universidad de Guadalajara, 2011.

Wertsch, James. *Voices of Collective Remembering*. Cambridge: Cambridge UP, 2002.

Antonina Rodrigo, "Mujer: república, guerra, exilio y resistencia".

女であるということ――共和国、内戦、亡命、抵抗を生きて

アントニーナ・ロドリーゴ

真実は偽りによっても、沈黙によっても朽ちてしまう――キケロ

一

一九三一年四月一四日は、スペインの人々にとって忘れられない大切な一日で、この日付は今日では祝日となっている。

この日に、政府から共和制施行の宣言が出されたのである。この日を境にして女たちは初めて、公民としての権利が政府によって、公的に保障されたのである。女たちにとってそれは、突然のことだった。喜びのあまり女たちはドッと街へ繰り出した。そして大歓迎の男たちの間を抜けて通りや路地を埋め尽くし、今まで立ち入りが許されなかった場所に押しかけてその場を占領した。こんなふうに許された自由は、一九三九年までしか続かなかったが、それはひとつの革命であった。

しかし、突然もたらされたようにみえるこの革命は、長い前史を持っていた。それは、秘かに時代の空気を震わせていたのである。一九二〇年代に入ってから大学の門戸は、女性にも少しずつ開かれるようになった。女たちは、それまで締め出されていた世界へ徐々に足を踏み入れるようになっていった。「女学生」という存在が生まれたこの初期のころから、彼女たちはプリモ・デ・リベラ将軍の独裁に抵抗する学生たちの運動に参加した。その結果、男たち

と同じように投獄もされたのである。これは、女たちにとって次のことを意味した。すなわち、自分の頭で考えること、その過程で得られた結論に従って自分の意志で行動を選択すること、その結果として男たちと肩をならべてさまざまな任務を担い、その責任を果たすこと、である。この時代は厳しい圧政下であったために、のちに先駆者として評価される男たちが負うことになった時代の刻印は、否応なしに女たちにも刻まれることになった。

この前史から現代まで続く長い女たちの闘いの歴史は、そのひとつひとつを、歴史的な真実として発掘し記憶していかなければならない。というのも、フランコの独裁下においてこれら先駆者たちの存在と功績は、表の歴史から排除され、語り継ぐことさえはばかられ、抹殺されてきたからである。女たちが男同様に牢獄にすし詰めにされたこと、塀にそって並ばされて死を強制されたこと、そのなきがらが共同墓地に山積みにされたこと、すんでのことで死を免れたにしても、亡命先やスペイン国内において困難な抵抗運動を強いられたこと、これらの歴史的事実を私たちは決して手放すわけにはいかない。

二

そこで、失われた歴史の発掘のために私がやってきたことは、さまざまな資料などから抹殺された事実を、女たちから直接聞き取ることによって取り戻すことであった。当時の女たちが辛い人生の中で獲得した言葉、聞く人には漠然と抽象的な表現にとどまっているように聞こえても、当人にとっては具体的なイメージと根拠を持っている言葉、私たちの時代を切り開くことになった言葉のひとつひとつを、蘇らせたいと考えるのである。

このように課題を設定したとき、その前提として私の心をとらえるのは、それまでの全歴史を通して女たちが置かれていた状況、その社会的不平等についてであった。あらゆる社会的な制約の中で、不平等というテーマはもっとも重要であり、とりわけグラナダのような前近代的伝統が支配する地方都市においては深刻な問題となった。私が心を砕いてきたのは、これらの状況のなかで生きた女たちに加えられる不当な評価を取り払うことである。社会から黙殺されてきたこれら一群のひとびと、すなわち迫害に耐えつつ、働き、学び、書き、声を荒げることもなく静かに闘った女たちを発掘することである。彼女たちは、社会に対する不満はおろか、自分の心の中にわき上がる想いを表明することすら、禁じられていたのである。

とくに私の心をひいたのは、働く女たちであった。彼女たちは、家庭と労働とを歯をくいしばって両立させなければならなかったからである。あらゆる労働が、すなわち工場や作業所や農場や鉱山での過酷な日々の労働が女たちに振り当てられた。それは具体的には、機織り工場の織子だったり、たばこ工場の労働者だったり、港や波止場での石炭や魚の荷役だったりした。またたとえば、海から戻ってきた男たちを迎えるときは、男たちが魚を下ろすのを手伝い、そのあとルエニョ〔荷物を頭に載せるときの当て布〕を当てた頭に魚かごを乗せて通りや市場に出かけて売り歩くことであったりしたのである。そのうえ、彼女たちは絶え間なく子どもを身ごもっていた。そんな彼女たちにとって青春とは、瞬く間に過ぎていくほんの一瞬の輝きに過ぎなかった。そのころの女たちの写真を見ると、心を打たれる。その面影には、時代の苦しみが刻まれ、疲れきっていて、わずかに悲しい笑顔がうかんでいる。生まれてきた子供たちの多くは、十分に手をかけられることもなく、手厚い看病もされずに、右から左に死んでいったのである。そんななかでも女たちは、仲間と固く結ばれていた労働組合の活動をやめようとはしなかった。共和国はこのような人々とともにあった。

女たちが文章を書くということと無縁だったこの時代に、女の歴史を自ら書いてきたのは、修道女たちだった。私は女性史の研究の過程で、さまざまな修道女たちに出会うことになった。女たちが誰に見せるあてもなく自分が経験してきたことを書いてきたのは、自分を見失わないため、自分を救うため、誇りを持ち続けるためであった。修道女のうち、自分の意志で修道院に入ってきた者はごくわずかであった。両親や夫たちによって、修道院へ押し込められた者たちが数多くいたのである。彼女たちは遺産相続のごたごた、嫉妬や、その他あらゆる悪意や野心の犠牲になったのである。今でいえば逮捕・監禁・追放に当たるこの不当な仕打ちを、教会や法制度が支えていた。このような女たちは、忍従の闇のなかに閉ざされて生きるしかなかった。しかし奇跡的に光のなかに踏み出した女もいた。マリアナ・ピネーダ〔一八〇四～三一。自由主義者たちの陰謀に加担したかどで処刑される。最後の二ヵ月は、修道院に幽閉される」である。彼女は、イサベル女王を別にすれば、グラナダで銅像になって記念されている唯一の女性である。私が彼女の名前をを知ったのはまだ子供の頃で、その頃よく歌われていたこんな歌とともにその名を記憶している。

ああ、今日はグラナダの
一番悲しい日
石ころさえも泣いている
だってマリアナが処刑台で殺される
たったひとことも、もらさなかったから

マリアナの事績が示すものは、理想を実現するために当局の目を盗んで秘密裏に行動し、そのために命を捧げることになった一人の女性の存在である。それは、絶対主義の圧政に抵抗する、ひとりの革命的女性の物語でもある。彼女のことを調べていた間ずっと私の心をとらえ、夢中にさせたのは、その生き方であった。密告すれば釈放してやるという官憲の誘いをはねのけて、処刑されることになっても同志たちの名前を最後まで明かさなかったのは、強い誇りと正義感と勇気があったからである。マリアナは私に、生きるとは何かということを学ばせてくれた。

私が共和制政治や内戦、亡命などの経験を研究する際には、とくに女性だけを取りあげようとするわけではない。男女の別より、その人自身に惹かれるからである。そのようにして、権力から徹底的に抹殺されてきたフェデリコ・ガルシア・ロルカについて書いたりもした。優れた男たちが彼と同じように、内戦のあいだに殺され、その事績ばかりか存在すらも抹殺されてきた。「フェデリコ」という名はこれらの、権力によって消された男たちの象徴なのである。しかし私が注目したいのは、これら男たちのそばにいて運命をともにした女たちの存在である。たとえば、マリア・テレサ・レオンは、若い人には、ラファエル・アルベルティの妻としてのみ知られているが、著述家であり、脚本家であり、共和派の兵士であったという彼女のもうひとつの姿は知られていない。内戦を経験した多くの人たちは、子供たちの世代がフランコ体制によって未来が閉ざされないように、本当の事実を子供たちに伝えることには慎重にならざるをえなかった。このようにして、内戦における女性リーダーたち、例えば「自由女性同盟」の創設者のルシア・サンチェス・サオルニルやメルセデス・カンポサーダ、医者であり作家でもあったアンパロ・ポク・イ・ガスコン、独学者でありアラゴン戦線において『大地と自由』紙の特派員として行動したローラ・イトゥルベなどの功績は埋もれたままとなった。仮に、内戦終結後において学校などでこれらの人物たちの話題が出るようになっても、そのイメージは歪められて子供たちに説明された。フランコ派のせいで、内戦で闘った共和派の女性たちは悪い評判をたてられていた。とりわけ、フェデリカ・モンセーニやドロレス・イバルリなどは「悪魔」とさえ言われた。

すでに内戦の間から、フランコ派はこんなふうに言っていた。「パショナリア〔イバルリのこと。彼女は有名人であったから、ラ・パショナリア（受難の花）という別称で人々に広く知られていた〕は子どもを食べる。夜には、スプーンで神父たちの目の玉をくり抜く」と。私なども、昔はフェデリカ・モンセーニのことを女闘牛士だと思い込んでいた。なぜなら、母が私にある日「彼女は闘牛場を満員にした女だ」と言ったからである。もちろんその時、私はアンダルシアのまだ小さな女の子だったから、それ以上のことを知ろうともしなかった。同級生からある日小学校で、「フェデリカは角と尻尾がある悪魔だ」と言われた。そこで私は、すっかり混乱してしまった。そして帰ると母にこう言った。「フェデリカは女闘牛士だけじゃなくて、悪魔でもあるのね」と。母はあきれて、私にこう切り返した。「フェデリカは、闘牛士でも悪魔でもないのよ。正しいことを言った数少ない人の一人で、正しいことを聞きたい人たちが押しかけて闘牛場を満員にしたのよ。こんなこともわからない人は馬鹿だよ」と。そう言った後で母は声をひそめ、「でもね、このことは同級生の誰にも言わないように」と釘を刺したのだった。

つまり、弾圧があまりにも厳しく、あまりにも際限のないものであったので、人々は恐怖のために口をつぐむほかなかった。ひとびとは嫌疑を逃れるためにしろ、生き延びるためにしろ、ただ気が狂わないためだけにしろ、沈黙を守った。その結果、子どもたちの世代は両親の政治的経験を知ることもなく、さらにまた、弾圧やその犠牲者のことも知ることがない、ということになってしまった。恐怖の統治は、沈黙の強制が何より第一の約束事である。その沈黙が四〇年も続いたのである。過去に内戦に関わったことを隠して、独裁政権の目的に服従しなければならなかった事例は、無数にある。公文書館や図書館では、あの時代の関係書類や新聞雑誌類を閲覧することさえ禁止されていた。子供たちは、スペイン国内では真実に触れる機会がなかったのである。権力の迫害がもたらした困窮のせいで我が子を養子に出さなければならなくなった両親は、何重もの苦しみを味わうことになった。我が子を永遠に手放す苦しみ。その子に、親が何者であるかを伝えることができない苦しみ。そのうえ、権力に迎合するひとびとに我が子をゆだねなければならない苦しみ。スペイン国内にとどまる限り、共和派の家族を襲うこの苦痛と絶望を避けることは難しいことだった。

三

ひとびとは、祖国から受けるこのような迫害から逃れて誇りと信念を守るために、亡命を試みることになった。内戦終結の一九三九年には、多くの人たちが国外追放になった。外国にも知られた文化人や有名人は「栄誉ある敗北者たち」として、祖国を離れていった。彼らはヨーロッパ各国や、中南米にあらたな生活の場を求めていった。それとは別に、共和派に属する、あるいは共和派ではなくてもフランコを容認しない無名の人びとは、戦火と迫害を逃れて、山越えして続々と地続きのフランスへ亡命していった。当時フランス政府はスペイン内戦に対して不干渉を建て前としていたので、逃れてきたスペイン人を積極的に助けようとはせず、「人道上の措置」として亡命者を劣悪な条件のもとに難民キャンプに収容し、自国民と交流しないように隔離した。フランス政府がおそれたのは、スペインからの「革命の波及」であり、スペインのファシスト政権との軍事的緊張であった。フランスの内務大臣アルベール・サーローは、表向き次のように表明した。「スペイン人が帰国するかどうかは、本人の自由意志にゆだねられている」と。しかしそれは、表向きの言葉に過ぎなかった。多くの収容所では、フランコ派の宣伝活動が放任された。フランコ派のジャーナリストは大手をふるって出入りしていたのに、左派の記者は入国さえ拒否された。拡声器は最後通牒のように、こう言った。「アンダイエかセルベール経由でスペインへ帰ろう!」強制送還に向けて、まず子供たちが移送されることになり、そしてやむなく両親たちが同行した。人びとでぎっしり詰まった列車が彼らの意思に反して次々に、元来た場所に戻っていった。

左派の報道機関は、スペイン人の亡命者たちが戦争の捕虜よりもひどく扱われていると報じた。フランスへの亡命を余儀なくされた人々はフランスのアルジュレス・シュル・メールやサン・シプリアン、ル・バルカレスの収容所に集められた。それは、海岸近くにあり、鉄条網で囲われただけの野ざらしの施設だった。人々は家畜のようにそこへ投げ入れられ、セネガル人傭兵によって監視された。これがフランス政府の「保護」の実態であった。その後、世論や外国からの批判を受けて最低限のサービスを提供するため、別の収容所がアグドやブラム、セットフォンやコリウール城に開設された。このような、非常な辛苦にもかかわらず、大多数の難民はスペインへの帰国を拒否したのであった。収容所の生活は、完全な孤立のなかで、長期にわたることになった。

ここでいう「孤立」とは、単に食料が充分にないとか、薬や衣服がないとか、どこからも支援が期待できないというだけではない。看守たちが使う言葉すらわからない、ということだった。フランス政府の隔離政策とフランコ派の意を受けたジャーナリズムの宣伝によって、近くに住む大部分の住人はスペインからの難民に敵意を持っていた。「善良な民」である村人たちは、亡命者たちをまるで猛獣を見るように観察していた。近くを通りかかった子どもが母親にこう言っているのを、亡命者たちは聞いた。「ママ、こいつら、ちっとも赤くないじゃないか」。共和派支持の亡命者たちは「rojos（アカ）」と呼ばれていたからである。このような偏見と悪意に堪え忍びながら、それでもなお人びとは、スペインに帰るよりも収容所や保護施設に残ることを選んだ。

そんななかでも女たちは、生き延びるチャンスを逃さなかった。「あの、悪魔にとりつかれたアカどもは、噛みつきはしない」――ということがしばらくしてわかってくると、村のおかみさんたちは女たちに次のように聞いてきたのだ。「あんたたちは、何ができるの?」と。フランス語が通じないので、身振りや手振りを使って。つまり、「縫い物や掃除、料理なんかは、できるんだろうね?」という問いかけだった。そしてこれらのおかみさんたちのうち、いくらか余裕のある「マダム」は、女たちの幾人かを囲いの中の生活から開放して、安上がりの「ボンヌ・ア・トゥー・フェール（何でもする女中）」として雇ってくれることになった。もちろんその際には、スペインの女たち皆が持っている誇りや当意即妙の才知は、用心深く押し隠さなければならなかった。これが、亡命者がフランスで自分の場所を見つけ出す小さな第一歩だった。

ヒトラーは、一九三九年九月一日の演説〔第二次大戦の始まりとなった、ドイツ軍のポーランド侵攻に際しての国民向け演説〕において、こう告げている。「われわれは、この必要不可欠な行動を完遂するであろう。この行動のおかげで、子どもや女たちは戦火から守られることになるのである」と。そしてヒトラーはこの言葉とは反対のことをした。子どもや女たちは男たちと同様か、無防備なだけにむしろ男たち以上に身も心も傷つけられて苦しむ事になったのである。一九四〇年五月に西ヨーロッパの戦端が開かれると、ドイツ軍は数週間のうちに瞬く間にフランス全土を制圧した。ドイツ軍の侵攻とともに、指揮系統を失って、バラバラになったフランス軍は逃走した。見捨てられたフランス国民は着の身着のまま逃げ出し、戦闘が行われた道路は自動車であふれ、あらゆる階層の人々が充満していた。ドイツ軍はこれら民衆を無慈悲に蹴散らしていった。スペイン人にとってはその姿は、内戦最後の激戦地カタルーニャからの撤兵のときに生じたあの惨状の再現であった。

フランスはそれから四年間、北部はドイツ軍が直接統治し、南部は傀儡政権であるヴィシー政府が統治した。スペインの難民たちは主に、この傀儡政権の下で暮らすことになった。スペイン本国では、「ラス・アルパルガタス（ズック靴）の兵隊」と難民たちが呼んでいた共和派の残党が一九四〇年にスペイン北部の山岳地帯で蜂起し、三二週間もの長きにわたってフランコ軍と干戈を交えた。この事実がフランスへも伝わると、難民の間ではこのことが繰り返し語られて伝説化し、やがて小さくても消えない希望となった。そして、フランス国内で組織されたレジスタンスの活動、すなわちフランスの山岳地帯で闘ったレジスタンスの一団「マキ maquis」や、イベリア・ゲリラへの秘かな支援活動にスペイン難民たちも参加するようになった。フランスの活動家がしたと同じようにスペインの女たちも、文書、秘密の新聞、報道記事、武器や指令などを秘匿したり受け渡したりしたのである。さらにゲシュタポや、ナチの手先であるヴィシー政府の警察に追われている人びとを、自分たちの居住区にかくまったりもした。フランスにおけるスペイン人難民収容所がレジスタンスの根拠地となっているということ、生きることにさえ難渋している女子供がそれに関与しているということは権力側の盲点でもあったが、それが摘発された後では「隣国から来た難民」という事情はまったく考慮されず、フランスの反政府活動家とおなじ過酷な扱いを受けることになった。このようにして捕まった人びとは、ラーフェンスブリュックやその他の強制収容所へ送られた。その実数は、いまだに正確なところは把握されていない。

フランス全土をナチスが統治することになってから、フランス国内の亡命者収容所はドイツの友好国であるフランコの出先機関になってしまった。すなわち、スペイン人を国外追放しようとする強制的な力は、フランス全土で強まった。ただし、フランス南部は一応、ドイツからは自立している体裁をとっている関係から、直接の強制送還はできなかった。

収容所にいるスペイン人へのフランコからの誘いは、次のような言葉でなされていた。「勝利を得た偉大なスペインは、困難を乗り越えて今や平和を取り戻し、着実に発展つつあります。あらゆる階層、あらゆる立場をあげて助け合い、一致団結し、その力たるや、いまや頂点に達しつつあります……。」「戦火を逃れてちりじりとなったスペインの女子供たちは、みな我が家へと帰り着くことになるでしょう。たとえその我が家が元のままでないとしても、それはそれで幸せを感じることになるにちがいありません。なぜなら、そこには取り戻された平和があり、また一から始めるんだという建設への喜びがあるからです。」「スペイン国民には、あらゆる種類の便宜がすでに用意されています。スペイン国民は、自分が行きたいところ、気にいるところへ向かうことも許されているのです。」

このような主張が、フランスの公的なお墨付きのもとにフランコの手先によって、収容所のなかで広められていった。最初のころは、フランス当局は露骨な手段は控えていたが、女たちが帰国をためらうのを見て、やがてあからさまに帰国を強制するようになった。そして、祖国への帰還を決意した女たちには、あらゆる便宜がはかられた。お金を受け取ることができた。手紙を書くこともできた。彼女たちの要請を受けて、別の収容所にいる夫の処遇を改善することも可能になった。医療も改善され、食事もよくなり、日々の生活が楽になっていった。国境を越えるときにばらばらになった家族も、一緒になれると約束された。そのために、一部の人達は、誇りと信念をこの際だからと棚上げにして、見え透いた欺瞞に乗ってしまうことになった。それらの人々が国境を越えて祖国へと足を踏み入れるやいなや目にしたのは、待ちうけているあらたな収容所か刑務所、そして結局は処刑部隊であった。

祖国を離れた人々が経験したものは、スペインの公的な歴史とは別の、全く知られていないもうひとつの歴史の姿である。それは、スペインの小学校や教会で示されるものとは、想像もできないほど違ったものである。亡命を経験した人たちが私に語ってくれたことは、亡命がたんに戦火を逃れ、自分と家族の命を守るためだけのものではなかった、ということである。そもそも、君主制を打ち倒して生まれた共和国政府によって始められたさまざまな改革こそは、彼らの暮らしと思いそのものであった。それらの改革は、自分たちの中から生まれてきたものであり、彼らはその改革の中で自分自身を発見し自分自身を再生させたのである。そこにこそ、祖国があったのである。だから、これらの改革を否定することは自分を否定することになってしまう。同時に、自分の中の、自分と直接に結びついているまだ見ぬ祖国、いま民衆の中で生成しつつある祖国を裏切ることになるのである。だから、フランコに占領された現実のスペインは偽りの祖国であり、それを拒否して、真の祖国を求め続けること、そのためにそれが可能な場所で闘いを継続すること、これが彼らの「亡命」だったのである。

このことを、亡命の経験者ひとりひとりから聞き取りをするなかで私は、確かめていった。当然のことであるが、彼らの胸に刻まれたこの亡命の記憶は、時間の経過とともに徐々にあいまいになり、一部においては理想化されていった。しかしその理想化は、具体的な歴史的事実の上に立っているのである。実際にあった歴史的事実と、彼らによって語られた事実を厳密に突き合わせながら、今は失われようとしている真実をつきとめていかなければならない。

ここで重要なことは、内戦や亡命の経験は切実に生きられた生そのものであるから、その内容についてあれこれ評価したり価値づけたりしてはならない、ということである。たしかに、すべての女たちがファシズムに正面から立ち向かったわけではない。むしろ普通に生活してきた多くの女たちは、労働組合にも、政治的な問題にも直接関わっていたわけではなかった。しかし、子どもたちや両親、兄弟、仕事仲間が迫害を受けることで、それらのことは彼女たち自身の問題となったのである。いったんそのことを引き受けたとき、彼女たちはそれぞれの立場から、巻き添えをくらうことを承知の上で、危険の方を選びとったのである。たとえば、こんな言葉で。

「息子が行くというのなら、それがどこであろうと、そこが私の場所だよ」「わけがあって息子が闘いに立つのなら、そのことを息子はいちいち説明しないだろうけど、わたしは息子の側にいるよ」。女たちのこのような立ち居振る舞いのなかに、そのかけがえのなさが現れている。なかにはもういい年のひともいたが、家族に対する深い愛があればこそ、事態に正面から立ち向かう事になったのである。

四

「亡命」ということが、どういうものだったのかを具体的にたどるために、一つの事例を報告しておこう。マリア・マジャ・ファブレガスのケースである。彼女は私に亡命の経過を、詳しく語ってくれた。それだけではなく、彼女はすぐれた文学者でもあるので、そのことを作品においても表現してくれている。このように亡命の実態が、本人を通して首尾一貫して語られることは少ない。これが、ここに彼女を紹介する理由である。

彼女がフランスへの亡命を果たしたのは、第二次大戦が終結して二年後の一九四七年であり、フランスはナチスから解放され、「戦後世界」が始まったばかりのときである。スペインからのフランスへの亡命者は、戦争中のようにすぐに強制送還される危険は少なくなっていた。レジスタンスを経験した政治家が政権中枢を占めた戦後のフランスは、世界で唯一生き残ったファシスト政府であるフランコ政権と対決していた。そこで、フランコから逃れてくる人びとには政治的亡命者として、できるだけ保護する政策をとった。それでも、亡命者たちにとって亡命は、ただ圧政から逃れるだけでなく、フランコの独裁に対する抵抗の継続である、という本質に変わりはなかった。

マリアは、しばらくはフランスへ亡命している恋人が祖国へ帰るのを待っていた。やがて、恋人の帰還が絶望的なことが明らかになって、自分の方が亡命することにしたのである。

ピレネーを越えるとき、自分が長い間暮らしてきたカステルベル・イ・エル・ビラールの風景は、心に深く刻まれることになった。その風景は、フランスにいる間いつも彼女とともにあり、床についてから毎夜、まどろみの中でくりかえし思い描かれた。それは、望郷の念によってより生き生きとしたものとなって、しばしば文学作品の中に再現された。しかし実際に帰郷するのは、フランコの死まで待たねばならなかった。

厳密にいうと、彼女はカステルベル・イ・エル・ビラールの生まれではなかった。それでも、自分がその土地の一部であると思うくらい、この土地への愛が彼女の中に育まれていたのである。

マリア・マジャ・ファブレガスは一九一八年、カタルーニャのアルガイアのレリダというところで生まれた。今でもこの地に、彼女の先祖たちは眠っている。両親はその地から一九一九年に、まだ赤ん坊のマリアを連れてカステルベル・イ・エル・ビラールに移住して来た。彼らは、地域の産業の中心であるこの地に出稼ぎに来て住み着いた多くの家族のひとつであった。この一家は、「ガレリアス・ボラス」と呼ばれている労働者のための住居に身を落ち着けた。父親はボラス社の繊維部門の責任者として採用され、母親は同社の一般労働者として働いた。その居住地区はモンセラート山の麓、モニストロルの近くにあった。そこには、ボラス社の機械に動力を与えるジョブレガート川が、豊かな水量をたたえて流れていた。

マリアは才気あふれる女の子であった。人生最初の先生は、祖母のサトゥルニーナだった。祖母はもとはナバラ地方の出身であった。しかし祖母の両親はふたりとも自由主義者としての信念を持つ教師であったために、カルリスタ戦争〔一九世紀中後期、三次にわたって起こった内乱。王位継承をめぐる争いの形をとったが、本質的には「近代化か王政復古か」が問われた）の巻き添えになって、カタルーニャ地方へ追放されていたのであった。祖母は知的な人で、いつも穏やかであり、孫の興味を繋いでおく話術の天分を持っていた。マリアは幼いころは、体がひ弱で、自分から外で遊ぶことが少ない女の子だった。いつも家にいるマリアに祖母は、「本を読む」という、わくわくするような体験をさせてくれた。彼女は三歳で読むことを覚え、七歳ではすでにヴィクトル・ユゴーの『レ・ミゼラブル』、デュマの『モンテクリスト伯』、さらにはジュール・ヴェルヌの『海底二万里』を読んでいた。マリアは書物の背中に乗ってどこへでも飛翔し、数々の大いなる冒険を重ねたのであった。

少女になったマリアは人生最初の詩を七歳の時に書いた。この詩は「イエス」という題で、小学校の教師に言われて書いたものであるが、学校中で評判になって、学年祭で皆に披露したのであった。父親は、娘が持っている霊的な独特の感受性に早くから気づいていた。そして何年か後、教会が押しつける道徳的保守的な影響力から引き離そうとして、彼女を近所の子供たちが行く教会付属の学校ではなく、公立学校に通わせることに決めた。

もの心がつくようになると、マリアは図書館の司書になることを夢見るようになった。いつでも本に触れることができるからである。しかしそれには高等教育を受ける必要があり、一介の労働者の家族にとっては贅沢な、文字通りの夢に過ぎなかった。両親は彼女の手に職を持たせようと、理容師の技を覚えさせることにした。その修行のためにマリアは家族から離れて、生まれた地であるレリダに移り、そこに住む親戚家族と一緒に暮らすようになった。同居した彼女の叔父たちはアナキストだったので、彼女は自然にアナキズムの洗礼を受けることになった。具体的には、バクーニンやクロポトキン、あるいはトルストイなどの思想をとおして。これらの人たちが書いた刺激的な著作によって彼女は、自分の心の奥底に潜む、自主独立を旨とし自由を求めるアナキストらしい気性を引き出すことになった。

ところが、マリアは健康を害して理容師の修行を続けることができなくなってしまった。そこで、すっかりなじんだレリダの地を後にして、再び両親のもとに戻り、両親といっしょにボラス社で働くようになった。カステルベル・イ・エル・ビラールという地方は、繊維関係が主要産業であり、そこに住む大部分の若者はみなボラス社で働いたからである。彼女は、女の手作業すなわち、機織り、糸紡ぎ、綾取り、仕上げなどで一日の大部分を過ごすという生活に入っていった。まず、差し針に糸を通すことを習い、その差し針で図柄をしつけることを覚えた。その後で、織機を使って横糸やさまざまな型紙を使って布地模様に織るのである。これは古くから伝わる職人の技術であった。

彼女はその工場で働くうちに、職場で組織されていたアナキスト系の労働組合であるＣＮＴ（全国労働連合）に加入した。最初は会議や政治集会の手伝いをしていたが、一九三六年八月にアナキスト青年同盟が創設されたときただちにそれに加入して、党員として活動を開始した。彼女はその時、一八歳になっていた。この年の七月には、フランコらの共和政府に対する叛乱はすでに開始されていた。彼女は同盟の事務局の職務を遂行し、同時に、図書室の仕事にもたずさわった。ここで曲がりなりにも、諦めていた少女のころの夢を実現することになったのである。彼女の労働問題に対する取り組み方やその献身的努力が認められて、工場の委員会メンバーに指名されることになった。その一方、マリアは通信教育によって、自分の力でより高いレベルの勉強にも勤しんでいた。

この若いころのマリアを見ていると、すでに彼女がふたつの戦線で闘っていることがわかる。ひとつは、民衆に迫り来る脅威との、具体的で現実的な闘いである。そしてもうひとつは、心の中での闘いである。すなわち、自分の精神の中に闘いのための砦を創り出し、心の自由を守るための文学的な世界をそこから生み出す闘いである。この二つの闘いを彼女はそれ以降、終生継続し、どちらもおろそかにすることはなかった。

内戦はすぐに厳しいものになった。やがてマリアは、恋人であるクレメンテ・プジョール・エスカレ・デ・ラ・バウマやその仲間たちが、戦争の最前線へと出陣するのを見とどけることになった。その部隊の中には、彼女の親しい女友だちもいた。この中の幾人もが、戦場から戻ってくることはないであろう、そのことをみんなよくわかっていた。今は持ち場があるが、そのうち自分も行くことになるはずだった。

こうして彼女は、自分が見送り、そのまま戦場で断ち切られてしまった若い命のために、のちに詩による墓碑を作品のかたちをとって、建ててゆくことになるのである。たとえば、『本の中にて、よみがえる *Renacen entre páginas*』

という著書のなかに、こんな詩がある。

コンスエロ、カルメラ、ソコロ
みんな　筋金入りの女兵士たち

今となっては　その名は
こう聞こえる

カルメラよ、慰藉（コンスエロ）せよ　そして救え（ソコロ）
ずたずたにされた身体たちを
守る術のなかった命たちを

今も聞こえる　あの軍隊のラッパが、
あの残忍な　モーロ兵たちのラッパの響きが、
犯され、責め苦にあった身体たちの苦しみの声が、
大砲に吹き飛ばされカラスの餌食となっていった
身体たちの……

五

内戦が終結した後、追放された共和派のジャーナリストたちがパリに拠点を置いて、スペイン国内へ向けたラジオ放送を始めた。抵抗を続ける国内のスペイン人にとっては、それが信頼できる唯一の情報源だった。マリアの家でも

このラジオ放送、「こちらラジオ・パリ」をよく聞いていたものだった。マリアはこんなふうに語る。

私たちは、この放送を聞くことで、生きる希望を取り戻していました。共和国が滅んでしまったわけじゃなくて、まだ亡命の地で生きながらえているってことが、信じられたのです。この放送に勇気づけられて、今は亡命している恋人が祖国へ帰ってくるのを待っていたのです。

一九四四年に入ると、アラン渓谷で共和派が蜂起したというニュース報道によって、私たちの希望は燃えあがりました。でも、その蜂起はすぐに鎮圧されて、希望は幻となったのです。第二次世界大戦が終わると、欧米諸国はファシスト政府であるフランコ政権を厳しく追い詰めましたが、それでもフランコの独裁はゆるがないのを見て私はたいへん失望しました。恋人が戻れる状況がないのを思い知ったのです。そこで私は、一九四七年になって、恋人クレメンテに会うためにフランス行きを決めたのです。

準備には何度も失敗を重ねて、大変な苦労をしましたが、国境の通行証を手に入れることができてやっと完了しました。もちろん偽造です。その通行証には、バルセロナ在住と記載されていました。そのあとも、列車の中や、終点のスペイン側国境の町プッチサルダーに到着する時など、数多くの冒険を経験することになったのです。私はこの時ひとりだったのでまだ楽だったのですが、家族連れは大変でした。プッチサルダーでは私が到着する前の日に、一人の女性がスペインの警官に撃たれて殺されていました。彼女は子供を連れて、夫に会うために国境の川を渡る途中でした。夫の方は川の対岸で、彼女を待っていたのです。子供は無事でした。父と子は、なきがらとなった女性、かつて妻であり母であったこの女性と、霊安室で対面することになったのです。私にとって「亡命」というと、まずこのシーンを思い出します。

国境を超えるというのは、大変なことです。自分のことで精いっぱいで、他人のことまでなかなか手がまわりません。悲劇が起こっても、ただ目撃することしかできないのです。私も、だれからも助けてもらえず、だれも助けることができませんでした。そうやって、なんとか私は国境の川を越えたのです。忘れもしません、この年の八月二一日のことでした。対岸にたどり着いたとき、私は心も体も燃え尽きるような思いでばったり倒れこんで、雑草に顔をうずめて大泣きに泣いたのでした。夏だというのにそのとき、服を何枚も重ね着していました。フランスに持っていける家財道具といえば、着込んだ服以外になかったからです。

このようにして、八年越しでマリアとクレメンテは再会した。このときクレメンテは、スペイン国境に程近いフランスのランダス県トランサックに住んでいて、製材所所属の木こりとして働いていた。クレメンテのもとに来たときマリアを待っていたのは、彼が建てた小さな丸木の掘っ立て小屋だった。それは森のなかにあり、電気も水道もなかった。そのうえ難題だったのは、そこにはその丸木小屋を含めてたった三軒しか家がなかったことである。一番近い村さえ、五キロも離れていた。マリアは週に一度、食糧をもとめて、自転車でその村に行かなければならなかった。彼女の仕事はその買い出しや家事だけでなく、自分たちが食べる野菜を育てたり、家畜の世話をすることも含まれていた。外でするこれらの仕事は、奥深い森の中だから、冬になると危険でさえあった。

このような過酷な暮らしになったのには、わけがあった。フランス政府の対亡命者政策を完全に頼みにすることができなかったからである。何といっても亡命者のほとんどは、偽造旅券を持った不法入国者であり、不法滞在者であるには違いなかったのである。実際に、強制送還された人たちもいた。だから、身分を証して職を探すわけにもいかず、おなじ亡命者同士も簡単に心を許すことができなかった。そしてなにより、片言のフランス語だったり、つよいスペイン語なまりであったりするので、フランス人の輪の中に入っていけるはずもなかった。

恋人のクレメンテは、もともと共和国軍二八師団に属していた。フランコの叛乱軍との三二ヵ月に渉る戦闘の後、刀折れ矢尽きて彼は、フランスへの亡命を余儀なくされた。フランスでは、アルジュレス・シュル・メール強制収容所に収容され、のちにアグドに移送されることになった。第二次世界大戦が終わって、着の身着のままで釈放されたのである。恋する若い娘は大いなる危険を冒して、こんなクレメンテのもとにやって来たのである。彼女は亡命に際しての数々の危険を、ロマンティックな愛に支えられて乗り越えた。しかし再会を果たした後は、ロマンは去り、きびしい現実が降りかかった。その過程で、共和派の亡命者の誰もが経験することになる貧窮と屈辱の経験を、彼らも味わうことになった。

共和派の人々の多くにとって、他国での再会は、一時の歓喜がすぎると、喜ばしいものとはならなかった。とりわけ祖国から逃れてきた女たちは、あまりにも多くのものを捨ててきていた。物も心も思い出も。

だから再会した後の暮らしで本当に難しいのは、貧窮でも生活上の制約でもなかった。別れて暮らしていた短くない時間の中で、どちらも困難や辛苦を味わってきたとはいえ、その中身はまったく違ったものだった。環境も違えば、男と女という立場も違っていた。過酷な経験の中では、性格や思いも本人が気づかぬうちに変わっていくものである。要するに、再会した時には、以前の彼でもなければ以前の彼女でもなかったのである。だからそれからのふたりの生活では、現実の当面する困難と闘いながら、別れて暮らしていた相手の過去の時間を自分のものにして、共に生きる精神的な基盤をもう一度作りあげていくという努力が必要になったのである。子供がいる場合は、子供もこの共通基盤に立たせてやらなければならない。もしこのことに失敗すれば、困難に立ち向かう気力が失われて、一家離散するしかないのである。

しかし、いつものことなのだが、こんなふうに家族が大きな困難に直面する時には、自己犠牲を厭わぬ女の力がものをいうのである。マリアの場合、文明的とはとても言い難いほどの、ただ生きているだけというレベルまで暮らしはおとしめられた。彼女は、がむしゃらに働いた。そんな一日が終わり、夜に空いた時間ができると、ランプのわずかな明かりの下で文章を書き溜めた。睡眠時間を切り詰めて、書き物に没頭した。彼女においては、この過酷な現実を撥ね返すために、現実を超え同時に現実と向き合うためのもうひとつの場所を必要としたのである。その場所を与えてくれたのが、文学であった。彼女は書くことを諦めず、自分の才能を過小評価することもなかった。この創作の過程で、彼女は自分の中に過ぎていった多くの時間を、客観的に把握し普遍化し、人に手渡すことのできるものにすることができたのである。

彼らは、森の伐採の仕事が一段落すると、それまでの森の奥の小屋から、もう少しましな住まいに移動した。一年が経った一九四八年七月はじめには、ランド県ダクスにて長女が生まれた。そして五三年には、ランド県モン・ド・サルマンにて次女が生まれた。五四年には、借家住まいからようやく脱して、ジロンド県ウルタンに小さな家を買って定住した。マリアがフランスへきてから七年が経っていた。クレメンテは、その家から仕事場のある森へ出かけてテントに寝泊まりし、週末に帰ってきて家族と過ごした。そうこうしている間にクレメンテはレンガ職の仕事を覚え、木こりはやめて自宅近くで働くようになった。一家に運が向いてきたかのようにみえた矢先に、クレメンテが病に倒れた。セメントが身体に合わなかったのである。それからずっと、彼の身体は元気にならなかった。一家の苦難はずっしりとマリアの肩にのしかかるようになった。その中で、相変わらずマリアは闘い続けた。

ようやく一息ついた一九六二年に、マリアとその家族は生活の場をパリ郊外のドランシーに移した。しかし、また新たにクレメンテに病気が忍び寄り、今度は深刻で、医者たちが彼の足のしびれが脊椎の損傷が原因であることを発見するまで一年も入院しなければならなかった。このころのマリアについて、マリアの次女グラシエタはこう回想している。

> 私たちの少女時代は、一家はずっと困難な時期を過ごしました。でも、母はいつも私達を貧困から守るために、それはもう奇跡と言って良いほどのことを、しました。家の中にある少しのもので、料理をし、畑を耕し、鶏を育てて、やり繰りをしたのでした。そして、何か私たちが勉強を続けるのに必要なものがあると、奨学金や援助金などを手配して、手に入れてくれたのでした。ですから私たちは、たとえ貧乏だからと言って、不安になることはまったくありませんでした。

娘たちは心ゆくまで勉強を続けた。都会に出て来て以来、彼女たちが喜んでやったことは、頻繁に市立図書館に行くことであった。つぎつぎに古典文学を借り出すことは、とても楽しいことだった。このようにしてマリアは娘たちに、文学の歓びを伝え渡したのである。そのことは同時に、共和国のもつ自由の精神を渡すことにほかならなかった。それは、共和国からの亡命者のだれもが何らかの形で、子供たちにしていることでもあった。

マリアはパリ近郊に住むことによって、一気に花開くことになった。書き溜めてきた原稿の出版が可能になったのである。また、他の亡命者との交流も深まった。そして、彼女はフランスにおける反フランコの活動に積極的に参加するようになった。

フランコが死んでスペインが民主化されると、念願のスペイン国内における彼女の著作の刊行も実現した。念願だったカステルベル・イ・エル・ビラールへの帰郷も実現した。それからは、幾度もこの地を訪れ、そのたびに滞在した。しかし生活も仕事もフランスに根を下ろしていた彼女は、移住することはなかった。

ある日マリアは私を、ボラス社の労働者だったころに住んでいた家族の家に連れて行ってくれたことがある。その家は昔のままの状態で残っていて、私はそこに少女から思春期にいたるマリアの姿をかいま見る思いであった。

一九九五年、七七歳でマリアはフランスで亡くなった。その小さな墓は故郷の様式で作られ、そこに故郷を象徴する山、モンセラート山がかたどられていた。そして、なによりも本を愛し、図書館の司書になりたかった彼女を顕彰して、その郷里の図書館には、彼女の名前「マリア・マジャ」が冠せられている。

おわりに

冒頭で述べたように、一九三一年の共和国の成立はひとつの革命であった。長い間、教会、王侯貴族に虐げられて声も上げられなかったスペインの農民や労働者や庶民が、はじめて主役として登場したのである。その共和国は、わずかに八年でフランコの独裁に終わることになった。

しかし本当は、何も終わっていなかった。共和国の歴史は、一九三一年から始まり今日まで続く、長く大きなひとつの物語であった。フランコによるスペイン制圧は、まだ物語のほんの始まりに過ぎなかった。共和国が地上に存在することが許されなくなった時、夢見られる共和国、求められる共和国として、スペイン国内の抵抗者の胸の中に、そして亡命者たちの胸の中に引き継がれたのである。この思いなくして亡命者の生活はなかったことは、マリア・マジャの足跡をたどれば明らかである。

共和国成立から、内戦へ、そして亡命と抵抗へと展開していくこの過程が、フランコ亡き後の民主化を、すなわち共和国の理念の再生を準備したのである。

一九三〇年代、ロルカが生きたころのスペインの女たちは、ヨーロッパ諸国の中でもっとも虐げられた存在であった。しかし、長く困難な抵抗と闘いの中で、女たちは強くなり、自立し、自分の誇りに見合う地位を獲得してきたのである。そしてこれが、社会を根底的に変えたのである。

しかしながら、今のスペインは、本当にかつて人びとが夢見た社会であるだろうか。もしそうなら、あの過酷な時代を生きて想いを果たせず死んで行った多くの無名の人々の真実を、ひとつひとつ発掘し確認し記憶しているはずである。現状は、それには程遠い。

真実が明らかになるのが不都合だからと、それを拒む人々がまだたくさんいる。歴史の混乱の中で、大きなわだかまりを抱えて、思い出そうとしない人たちがいる。そして、若い世代の中には、関心さえ持とうとしない人たちもいる。このなかで、真実を発掘しその意味を問い続けることは、今でも重要なことである。それは、過去にこだわることではなく、すぐれて未来にかかわることなのである。

（訳・平井うらら）

筆者略歴

アントニーナ・ロドリーゴ・ガルシア　Antonina Rodrigo García

一九三五年、スペインのグラナダに生まれる。グラナダ育ち。生粋のグラナダっ子である。もの心つく頃には、フランコの独裁がスペイン全土を支配していた。それにもかかわらず、共和派を支持し続ける人たちが両親・親族を含め、周囲にたくさんいる環境で育つ。そして、共和派が二〇世紀初頭に設立した、グラナダで唯一の世俗校である、ヌエストラ・セニョーラ・デル・カルメン校で学ぶ。

卒業後は大学へは進学せず、若いころから自立したジャーナリストとしてキャリアを積む。アンダルシアの有力な地方新聞『パトリア *(Patria)*』や『イデアル *(Ideal)*』に、歴史と調査報道を組み合わせた独自の手法で次々に問題作を発表して、評判になる。それまでの定説や歪曲された事実を実証的にくつがえしていくその方法には、フランコ政権当局も文句がつけられなかった。熱心な読者には支えられたが、論壇や文壇、学会には無視されて、フランコが生きている間は無冠だった。ところが、フランコが亡くなって民主化が果たされると、次々に著名な賞を受賞した。

早くから伝記の著述に取り組み、マリアナ・ピネーダ、マルガリータ・シルグ、マリア・レハラガ、サルバドール・ダリ夫妻、フェデリコ・ガルシア・ロルカ、ラ・パショナリア＝ドロレス・イバルリ、マリア・サンブラーノなどの伝記研究で有名である。一九六五年に、フランコ政権下でも生き延びていたＣＮＴの活動家であるエドゥアルド・ポンス・プラデスと結婚。その結婚の日取りは、マリアナ・ピネーダの生まれた日（九月一日）だった。結婚後マドリードに移る。一九七〇年からは、バロセロナに住む。

日本では唯一、*Lorca - Dalí : una amistad traicionada.*（1981）が『ロルカ・ダリ——裏切られた友情』として六興出版から一九八三年に刊行されている。これは、ロルカとダリの若き日の出会いと別れを、「同性愛者どうしの恋愛感情のもつれ」から解釈するそれまでの定説をくつがえし、芸術家としての世界観の違いからくるものだったことを実証的に解き明かしたものである。アントニーナはこの作品で、伝記・ルポルタージュ部門の栄誉であるプラネタ社主宰のエスペホ・デ・エスパーニャ賞を、一九八一年に受賞している。

（平井うらら）

María José Giménez Micó, "Remedios / Celia: una mujer libre".

自由を求めた一人の女、レメディオスとセリア

レメディオス・モンテロ『セリアの物語――ファシズムと戦った女性ゲリラの回想録』とドゥルセ・チャコン『眠れる声』

マリア・ホセ・ヒメネス・ミコ

過去を知らなければ、現在は未来へとつながりません。――レメディオス・モンテロ

二〇〇二年に出版された『眠れる声 *La voz dormida*』は、圧倒的な成功を獲得しただけでなく、スペイン文学の中に新たな流れを作り出した。この小説は、マドリードのベンタス刑務所に収監された女性グループの体験を描いたもので、作者ドゥルセ・チャコン〔一九五四～二〇〇三〕は、フランコ派の弾圧に苦しんだ女性たちの人生からその着想を得ている。チャコンのこの小説は二〇一一年にベニート・サンブラノ監督によって映画化もなされている[1]。

チャコンは小説『眠れる声』を書くにあたり、レメディオス・モンテロ〔一九二六～二〇一〇〕の回想を参考にし、恐怖と危険に満ちた人生の記憶を打ち明けてくれたことをレメディオスに感謝している。なぜなら、一九三九年の内戦終結から一九七五年に民主主義が到来するまでの反フランコ派による抵抗運動の実態を、女性の視点を通して文学的に再現し得たのは、レメディオスの回想録で知った様々な事実のおかげだったからである。

ドゥルセ・チャコンは、レメディオス以外の女性たちの人生に起きた過去の出来事も『眠れる声』の中に織り込むことで、特に女性のゲリラ兵が果たした業績が歴史的に認識されていないという点を強調している。チャコンはその

原因を、彼女たちが歴史の空白に閉じ込められているためであるとし、文学を通してその業績を広く知らしめる必要があると考えた。非合法に戦ったゲリラ兵についてのエッセイは二一世紀になってからいくつか出版されていたが、女性が成し遂げた業績は知られないままであった。

ドゥルセ・チャコンはこれまですべての作品で女性を主役にしてきた。そして『眠れる声』においても、社会正義の名のもと戦いに参加し、スペイン内戦中およびフランコ派の独裁政治の期間中ずっとファシズムに反対した女性たちに自らの関心を置いている。そして小説は主役を担った女性の一人ひとりが、ファシズムに対する戦いに特有の様相を表している。本稿では論者の関心を、レメディオス・モンテロの証言に基づく女性ゲリラ兵に置いている。

作家アルフォンス・セルベラ〔一九四七～〕の小説『マキたち *Maquis* (1977)』、〔報道記者でドキュメンタリー映画監督でもある〕アルフォンソ・ドミンゴ〔一九五五～〕の著書『ふくろうの歌――反フランコ派ゲリラ兵たちの山の生活 *El canto del búho, La vida en el monte de los guerrilleros antifranquistas* (2002)』、そして映画監督ギジェルモ・デル・トロ〔一九六四～〕の映画『パンズ・ラビリンス *El laberinto del fauno* (2006)』といった作品は、フランコに立ち向かうゲリラ兵の存在を教えてくれているが、どれも女性ゲリラ兵に自らの歴史を語る声を与えてはいないからである。

レメディオス・モンテロは、アルフォンス・セルベラをはじめ、プライベートな会話の中で自分の人生を話して聞かせた友人たちから繰り返し頼まれたことで、自伝を執筆するに致った。セルベラは、レメディオスがその思い出を記すことを長く躊躇ったのちに、彼に一七枚の草稿を見せ、「この中に私の人生があります」と告げたと述べている。そしてセルベラは次のように彼女に答えたという。「もしあなたが、（これまで語ってきたことを）何も書かなければ、あの時代の歴史、あなたたちの歴史、周辺に刻まれた小さな、あるいは大きな歴史のことは誰にも分からなくなってしまうのですよ。内戦の勝者たちが、彼らのやり方で歴史を語り続けてしまうのです」（レメディオス：7）。

セルベラのこの言葉が、二〇〇四年、七八歳のレメディオスにペンを執らせ、ようやく一冊の書物『セリアの物語――ファシズムに立ち向かった女性ゲリラの回想録 *Hisotira de Celia, Recuerdos de una guerrillera antifascista*』が生まれた。レメディオスはこの本を生涯を捧げた戦いの延長と捉えているため、タイトルに当時の彼女のゲリラ名である

〝セリア〟を選んでいる。そうすることで、政治活動と結びついた特別なアイデンティティを取り入れているのである。

レメディオスは自伝の一ページ目から、戦争や暴力、独裁の回避に貢献することへ関心があると述べている。「若者は、自分たちの国で内戦後に起きた非常に恐ろしい出来事をほとんど知りません。（…）たくさんの血が流れ、命が失われた、あのような忌まわしい出来事が二度と再び起こらないようにするために、書くことでこそ戦えるでしょう」（レメディオス：11）、と彼女は考え、自らが生きてきたスペインの歴史を公表しようと決意したのである。

レメディオスは自著を、［同志でもある夫や、苦難を共にした仲間に加え］彼女の人生のいくつかの要素を用いてエルビラという人物を創り出した作家ドゥルセ・チャコンにも捧げた。(1) 一方チャコンはレメディオスの人生から小説の着想を得ただけでなく、そこで登場人物エルビラに、レメディオスが当時使用したのと同じセリアというゲリラ名を使わせている。(2)

『セリアの物語』では、記憶が作品の基礎要素であることに留意すべきである。つまり、そこで語られている出来事に直接巻き込まれている語り手によってテクストは決定されている。著者は、可能な限り事実に最良の外観を施し、かつ最も分かりやすい方法で提示することを望む仲介役である。

読み進める上で考慮すべきもうひとつの基本的観点は、出来事が起きた時〈出来事時〉と、それが語られた時〈発話時〉の時間的隔たり（内戦が終結した一九三九年と、二一世紀最初の数年間）である。レメディオスは〈出来事の真実〉を語るつもりだと述べているが、書かれているのは〈彼女の真実〉である。歴史的な出来事に積極的に参加したひとりの女性の真実は、公式の真実に代わる見解を提示しようとするだけでなく、公的記録がレメディオスはじめ女性ゲリラたちを忘れ去っていることをも語る。

『セリアの物語』が書かれたおかげで、読者は山に潜むゲリラ兵グループの働きや、彼らを援助するための拠点の存在とそれが果たした成果、そして農村地域で働く連絡員の存在を知る。そしてその連絡員の幾人かは治安警察に発見された際、生き延びるために、山のゲリラに転じたことも知るのである。

レメディオスが提供する情報の中には、治安警察の手に落ちた際の身元確認を困難にするため、ゲリラとしての呼び名を使う必要性が見出せる。本名を知らなければ告発できないので、別名を使用することで協力している抵抗グループの残りのメンバーを守ることができた。しかしながら、このやり方はそこまでうまく機能していなかったにちがいない。なぜなら、お互いの本名を知らなかったにもかかわらず多くの密告やひどい弾圧が報告されていたし、ゲリラになりすました治安警察が潜入し、山中で活動する反フランコの抵抗運動の殲滅に一役買っていたとレメディオスが述べているからである。そしてそれは次の引用のように、作者／目撃者が体験したこととして書かれると、ドラマ性と信憑性がいや増す。

一九四八年の後半、援助拠点にとって事態はさらに悪化しました。治安警察が《コントラパルティーダ》と呼ばれるグループを結成したのです。それはゲリラ兵になりすました治安警察のことです。彼らは助けを求めるふりをして家々に向かい、もしその家の住人がなりすましに気づかずに彼らを助けたり、あるいは〔治安警察に〕告発しなかったら、住人自身の家で無慈悲に罰しました。またその人たちを刑務所へ連行し、ときには死ぬまで殴りつけました。（レメディオス：24〔実際は二三～二四ページである〕

レメディオス／セリアの回想録は、その著書の冒頭で説明しているように、正規の教育を受けていないひとりの女性による、書くという労力を要する作業の成果である。「私たち〔彼女と姉のピエダとコンチャ〕と、幼いカシミロとフェルナンドは読み書きを学ぶことができました、父が教えてくれたからです」（レメディオス：14）レメディオスと彼女の兄弟姉妹たちが子ども時代を森林地帯で過ごしたのは、父親のエウスタキオ・モンテロの職業が森林警備隊員だったからである。生活は父親に負うところが大きかった。(3) 自宅は、一番近い学校からもかなり距離があったので、〔年少の〕子どもたちが受けた唯一の教育は父親によるものだった。彼は子どもたちが成長し、より長い距離を歩けるようになって、レメディオスの兄たちが通っていた一番近いバルデモロの学校に通えるようになるまで、彼自身による教育を継続しようと考えていたのだが、しかし、内戦がこの計画を断ち切った。

レメディオスは、エルミニオ、マキシモ、ラファエル、カシミロ、フェルナンドの五人の男の子たち、そしてピエダ、コンチャとレメディオス本人を含む三人の女の子たちから構成される大家族の一員だった。慎ましく、左翼思想で、結びつきが強い幸せな一家として描写されている(4)。

物語の冒頭でレメディオスは、一家が第二共和制の支持者であり、父親は労働組合員だったと明かしているが、これは内戦前の時代に珍しいことではなく、多くの労働者たちが、自分たちが暮らしている生活圏や、働いている生産分野に属す様々な労働組合に加入していた。最も人気のあったのがCNT（アナーキスト的傾向の全国労働連合）と、UGT（社会党に近い労働者総同盟）だった。レメディオスは父親について次のようにはっきりと述べている。


〔彼は〕左翼で、UGTの組合員でした。したがって、父を手本とする私たち子どもにとって、その理想が正しいと判断することは至極自然なことでしたし、私たちは皆、父が教えてくれたことのために常に戦い続けていました。（レメディオス：12）

政治的知見を語るにあたっては、本の最後の部分に歴史的出来事[2]を挿入することで、その個人的情報を補完している。レメディオスと家族の政治的な決意は、一九二六年に生まれた彼女が生きることになった時代においては驚くようなものではなかった。（〔彼女が生まれたその年は〕一九一七年のロシア革命から九年後、一九三六年スペイン内戦勃発の十年前、そして一九三九年の第二次世界大戦開始の一三年前にあたる。）

内戦前の時代に生きた多くのスペイン人が第二共和制への支持を表明し、そして、それに代わるものとして、アナーキズムや社会主義、共産主義を支持する選択をしたことは覚えておくべきである。

内戦末期、多くの人たちと同じように政治的共感にもとづき、レメディオスの家族は〈赤《ロホ》〉の一家となった。つまり敵対者たちが言うところの、あらゆる屈辱や罰、そして給料を払う価値のない強制労働力として扱われるのがお似合いの、社会の除け者となったのである。[5]〔引っ越し先のバルデモロの〕村に着くと、レメディオスの父は〈赤〉として告発され、刑務所に送られた。

〔父は〕五年間服役しました。何度も棒で殴られ、腕と脚を骨折するほどでした。父は刑務所の独房に放り込まれました。刑務所にいた仲間たちは、父をできる限り介抱しましたが、そんなにたくさんの手段はないので、かなりのあいだ傷だらけのままでした。（…）母もこの頃に亡くなりました。今でも、他の人たちを殺したように、彼らが母を殺したのだと思っています。警察と治安警察は、彼女の死に責任があります。父を拷問したとき、警察は母を捕えてその場に同席させました。〔拷問を終え〕父を床に放り出すと、母を解放しました。母は心理的痛手と恐怖を負って帰宅し、二度と回復することはありませんでした。だから私はその体験が母の命を奪ったのだと思っています。（レメディオス：18）

この引用部分は、はっきりと、かつ直接的な方法で書かれている。母親だけでなく、未成年だったレメディオスにとってもトラウマとなったこの事件の描写は、読者が彼女の両親の身にふりかかったことを理解するのに十二分な情報を含んでいる。しかし、「思っています」という言葉を用いた彼女の視点で締めくくることによって、感情的な推断は消失している。レメディオスは自らの証言に責任を持つが、その証言内容が彼女にもたらした感情を読者に強制しようとはしない。

苦境に陥った一家を説明する際には、不幸を生み出した敵意ある環境を伝えたいという想いと同様、客観性を維持しようという執筆の努力が見てとれる。父親への拷問や母の死という痛ましいエピソードでありながら、センチメンタリズムに流されるのではなく、レメディオスは読者に対して、思い出す事実を書くにとどめている。

父親の逮捕の記述に続いて登場するエピソードは、父への凄惨極まる暴力を正当化しようと彼に〈赤〉のレッテルを貼り、人間以下に扱った独裁体制に対する告発を含んでいる。レメディオスは、父の逮捕が法に対するいかなる違反のせいでもなく、内戦以前には合法であった労働組合への加入のためであったこと、そしてバルデモロの隣人のせいだったことを強く主張している。「〔隣人マリアノ・ビアデルが〕（前線から戻り）自宅に着いて最初にしたことは、私の父を〈赤〉だと密告することでした。なぜなら他に父を告発する方法がなかったからです」。（レメディオス：15）

レメディオスが選択した文体は、語彙や動詞の時制、統語的構造など、どれも完璧である。口語や高尚過ぎる言い回しを避け、話し言葉、書き言葉いずれにも共通な言葉を用いているので、読んで理解しやすい。

取り上げた抜粋は、全体的に一定の語り口と気負いの無い簡素なスタイルを保っているので、自分の考えを表現するために、レメディオスが記録文書から選び出したひとつの事例だと思われるかもしれない。スペインでは、内戦に関して決着がついていない諸問題を、戦争時の命令だったことや、もう時間が過ぎてしまっていることを理由に黙らせようとする声が今でも多い。そのことを考慮するならば、レメディオスのこの淡々とした書き方は重要であろう。

他の家族の先例を見れば、父親やレメディオスが、内戦後に母親が亡くなると、自分たちの暮らしていた家を反フランコのレジスタンス・グループの拠点の一つとしたということは驚くに当たらない。しかしそのとき彼らに共産党の計画に役立とうという自覚があったかどうかについては、本文でははっきりと語られてはいない。父と娘ふたりが求めていたのは、何よりも長兄エルミニオを援助することだったからである(6)。

レメディオスは、当時まだ幼かったことで内戦の恐怖から守られていたのだと明言している(7)。類似の発言は、内戦による戦闘や爆撃、軍隊による占拠やそのほか種々の影響が残る地区に暮らしていた当時に子どもだった人たちからも聞こえてくる。

レメディオスと父親は、長兄エルミニオおよび彼と共に独裁者と戦っていたゲリラ兵たちを援助することで、政治的行動の第一歩を踏み出した。

兄のエルミニオは山にいたので、私たちは彼らを助けるために連絡をとり、我が家はゲリラの拠点となりました。最初に援助を始めたのは父でした。当初私たちには援助のことを隠していましたが、それに気づいた私たちは、父がそれを続けるのは無理だと説得しました。なぜなら父は体調が悪かったからです。その上、父は村で名を知られた存在で、目をつけられてもいました。(…)そこでそのときから、父がしていたように、もう一人の女の子、友人のエスペランサ・マルティネスと一緒に援助活動を引き受けたのです。(レメディオス：19-20)

右の引用部分でレメディオスは、自分と同じく反フランコの戦いに身を投じるもう一人の若い女性を登場させる。[8]それはレメディオスと何年も戦いを共にした親友エスペランサで、ゲリラ名をソーレと言った。[9]のちに彼女は秘密裏に共産党の重要な幹部となっている。[10]ドゥルセ・チャコンは『眠れる声』の他の登場人物らを創造するのに、このエスペランサ(ソーレ)からもインスピレーションを受けている。

ゲリラ側の戦法は、フランコ体制が始めた反対派を根絶するための日増しに抑圧的になるその手法を取り入れながら、次第に進化していった。[11]レメディオスから提供される情報によって我々読者は、この二人の若い女性が、山に潜伏するゲリラたちが生き延びるのに必要な物資を調達するため、非合法活動の中でどのように行動したかを知ることができる。[12]またレメディオスは、彼女たちが避けるべき監視の目と、逮捕された際の残酷極まる制裁についても語っている。[13]

レメディオスたちの援助活動が発覚すると、それまで逃亡など考えたこともなかったにもかかわらず、彼女は家族と共に山の中へと避難しなければならなかった。数年間を連絡員として活動したのち、一九四八年に、彼女の人生において、そして彼女の家族にとって、新たな段階が始まる。レメディオスは、何日間も食べる物に事欠き、冬の厳しい寒さや夏の酷暑の中でも常に地べたで睡眠をとり、あちこち移動しなければならなかったその時期の極限状態とも言うべき生活の過酷さを認めつつも、活動家だった当時の良い思い出も語っている。[14]

生活はかなり辛く、夜間に移動し、川を渡り、地面で眠り、いつも治安警察を警戒していました。しかしあらゆる困難にもかかわらず、私たちは街の中にいるよりずっと安全で落ち着いていました。(…)山での私たちの生活は、彼ら（男性ゲリラ）のそれと同じで、背嚢を背負い、いざという時のために武器を装備していました。（…）いかなる差別も、女性であるが故の特別扱いもありませんでした。わたしたちにはよい教師陣がいて、教養や政治の研修講座を開き、それらすべては私たちを大いに育ててくれました。野営地の任務には全員が参加しましたが、グループの決定ではいかなる差別もなく、そこで私たちは皆平等でした。（レメディオス：24–25）

この引用では、レジスタンス・グループ内部での平等な待遇が、フランコ派社会における女性差別と対照的であると、暗に提示されている。フランコ派社会での女性の隷属的なポジションは、この全体主義体制の中では階級制度という形で男性に関しても生じていた。一方、ゲリラの組織にはそのような階層区分は存在していなかった。しかし、少し後でレメディオスは次のようにも述べている。「村で食べ物か援助が必要となったとき、私たち女性が出かけることは決してありませんでした。男性の同志だけが行きました、でも以前は連絡員の仲介で、危険を冒さずにどこへ行けるか、知らされていたのです」（レメディオス：27）。これは、グループのすべてのメンバー間での平等に関して、その前に言明していたことと矛盾しているようである。

その時期、「山に入って五ヵ月か六ヵ月した頃に、一六歳を迎えたばかりの弟フェルナンドが殺され」（レメディオス：25）、そして翌年には彼女の父が、「一九五〇年の五月九日、仲間たちと別の野営地に向かう途中」治安警察との衝突のなかで死亡し、その後彼女は、「共産党を組織するためにバレンシアの村、ビジャロンガに」（レメディオス：28）移動している。

これが、レメディオスが共産党へ政治的に関わったことについて話した最初である。戦後すぐには、独立したやり方で活動したり、あるいは社会党といった政党に依存しているグループがあったが、弾圧が強まるにつれそのいくつかは消滅し、共産党の援助を受け入れ、作戦行動で連携するなど外部との接触を維持したグループだけが残った。

身分を偽ってビジャロンガに身を落ち着けた時から、レメディオスの潜入の時代が始まった。彼女は自分を受け入れてくれた家族と生活を共にしながら、党の宣伝を携えてバレンシアへ脚繁く通い、住民の間で熱心に勧誘活動を行った。しかし、彼女は再び発見される危険から逃げなければならなかった。「同志を集め、彼らをフランスへ連れていく」（レメディオス：33）というような、より組織化された作戦へ参加し始めたが、結局逮捕されてしまう。刑務所で再びエスペランサ（ソーレ）に出会うのは、この時期のことである。二人は拷問を受け、禁錮二〇年の刑に処せられた。

共に過ごした刑務所での八年間、彼女たちは、制限された中で政治活動を続けるために、そして、スペイン社会で生み出されている変化に関する情報を得るために知恵を絞った。彼女たちを訪ねてきた親戚らの協力を得て「私たちは党のように組織化することを決めました、私たち女性は皆、共産党員でした。（…）やれることはわずかだったかもしれませんが、でもそれが活動家であり続けること、そして自分たちの行動原理を忘れないための方法でした[3]」。（レメディオス：55-56）

出所し、条件付きで自由になってから二年後〔一九六三年〕にレメディオスはフランス行きを果たし、そこからプラハへ向かい、そこで、治安警察の待ち伏せで死んだと思っていたゲリラ時代の古い仲間〔フロリアン・ガルシア〕と偶然にも再会した。お互いに音信不通の月日を経て、一九六六年に恋に落ち、結婚した。ゲリラ活動で出会った二人が、最も重要だと考えていた行動原理にどれほど傾注していたか、そしてその後の人生の新たなステージでどのように恋愛を発展させたと描写されているか見てみよう。

> もちろんそこ（ゲリラ組織）ではカップルではありませんでした。私たちの間に恋愛関係はありませんでした。同志はたくさんいましたが、その内、女性は三人だけでしたし、そもそも戦闘は激しく、とても危険でした。私たちは〔恋愛が〕グループ全体や組織、そしてとりわけ治安警察との時のような非常に困難な戦いの邪魔になることを感じ取っていたのかもしれません。（…）以前は恋人同士ではありませんでしたが、今度〔プラハで〕は恋愛関係になるのに時間はかかりませんでした。人生には、私たち二人を結びつける多くのことがありました。愛は知らないうちにやって来て、私たちはそれを最高の愛情を持って受け入れたのです。（レメディオス：

69〔実際は68、69ページである〕

すでにチェコスロヴァキアで引退し、それまでの働きに見合った後半生を送ることができたにもかかわらず、このカップルはスペインに戻った。生活費を得るために働き、共産党が合法化されると再び党員となって政治活動に参加した。亡命から帰国したレメディオスたち夫婦が見出した祖国は、かつて二人がそのために闘っていた民主国家ではなかったが、結局は折り合いをつけた(15)。

レメディオスは、自分たちがスペインへ戻ったのは郷愁を感じたからではあるが、それと同時に、プラハの春におけるソヴィエト連邦の策略に落胆したせいかもしれないと語っている(16)。

レメディオスが提供した情報の多くは、当然ながら、彼女の骨身を削るような執筆作業無くして、我々の知るところとはならなかっただろう。なぜなら、レメディオスのように全体主義と戦った女性たちは、公式の歴史に黙殺されていたからである。いっぽう、戦闘員であることが、彼女たちの品位を貶めることはなかった。

フランコ派は、男性ゲリラ兵の気晴らしや満足のためだけに女性がゲリラ集団にいると思わせることで、私たち女性の威信を奪いたがっていました。彼らは女性自らそう証言し、そしてその発言が調書に記録されることを望んでいました。しかし逮捕時に何度ひどく殴られても、そのように証言することはありませんでした。私たちは、彼ら（山での戦闘に共に参加した男性ゲリラ兵たち）が女性を尊重したようには、これまでの人生で敬意を持って接されたことはなかったと、拷問係全員の前で明言したのです。ゲリラ活動において私たちは、仲間の助けを借りて、女性は男性と同等で、すべて同じ権利を有することを学んだのです。（レメディオス：25）

レメディオスは、かつて彼女の父親に〈赤〉のレッテルを貼ったような、フランコ派が創り出したステレオタイプを拒絶している。そして、彼女が下した決断は彼女自身によるものであり、自立した存在で、侵害された権利のための戦いを自覚したひとりの女性の決断の権利を主張している。

フランコは銃殺し拷問しただけでなく、以前に認められていたあらゆる権利を無効としました。農民からは、共和国が与えた土地を取り上げ、私たち女性が獲得した権利はなかったものとされ、働くことはできず、家の中の労働だけ、つまり裁縫やそのたぐいの作業だけが女性の仕事だと彼らは言っていました。（レメディオス：21）

レメディオスの人生は忘れがたい出来事ばかりである。そして我々は、彼女が実際に関わった出来事を、自らわかりやすくまとまった手記の形にするために払った多大な労苦を想像せずにはいられない。まず、自分自身や家族が長い間ずっと耐え抜いてきた刑罰の苦しみを映し出す言葉を探さなければならなかった。そのうえ、〔正規の学校教育ではなく、父親から読み書きを習っただけのレメディオスにとって、まとまった文章を〕書くことは、独裁者との戦闘を共にした多くの同志たちを失う試練に匹敵するほどの挑戦だったはずだ。しかし、疲れを知らないこの女性闘士は、あらゆる挑戦を乗り越えることで、重要な物語を書きおおせたのである。

〔**Askash Singh** と **Rimira Mohapatra** の共著 *Reading Hegel. The introductions* によると〕ゲオルク・ヴィルヘルム・フリードリヒ・ヘーゲルは歴史についての言及の中で、歴史を、起きた出来事〔出来事史〕**res gestae** と、起きた出来事の叙述〔物語史〕**rerum gestarum** の二つに区別し、過去の記憶なくして歴史は存在しないだろうと主張している。さらに、出来事は住民や共同体にとって重要であり、その出来事は認識されなければならない、つまり集団の認識は集団の記憶を考慮すべきであると指摘してもいる。（Singh & Mohapatra:145）

本稿は、レメディオス・モンテロの自伝が集団的記憶にとって重要であり、歴史を通して考察されるべきものであることを立証しようという試みである。

（訳・松本有希子）

訳註

［1］脚本はシナリオ作家イグナシオ・デル・モラルとの共作で、二人は第二六回ゴヤ賞の最優秀脚本賞にノミネートされている。またサンブラノ監督は最優秀監督賞にもノミネートされた。日本での公開は二〇一五年で『スリーピング・ボイス——沈黙の叫び』というタイトルでDVDも発売されている。

［2］レメディオスは、スペイン国内における共産党の合法化（レメディオス：80）と、その後の党員としての彼女たちの活動について（同：81）、また一九八一年二月二三日のテヘーロ中佐が国会を占拠したクーデター（二三-F）と、時を同じくバレンシアでミランス・デル・ボッシュ将軍が起こした反乱、さらに翌一九八二年の選挙結果から一九九六年頃までの政治情勢にも言及している。（同：81-83）

［3］刑務所の中で女性たちが行っていたことは次のように描かれている。「私たちは二、三人のグループを作りました。一つのグループには責任者が一人いて、グループからグループへと指令を回していたので、注意をひくことはありませんでした。集まれた時には、誰かの家族が面会の際に会話の中に紛れ込ませたニュースや、こっそりと私たちのところに持ち込まれた新聞が話題となりました。町はどうなっていて、外ではどのような状況で暮らしているのか把握するために、気になるニュースを分析しました。また刑務所内での生活についても議論しました。私たちがすべきことと、何か制裁を課された時や、禁止されたことが容認できない時に取るべき態度について意見をまとめました。」（レメディオス：55-56）

原註

（1）そして、ドゥルセ・チャコン、私の最愛なるドゥルセへ…（レメディオス：5）

（2）私の名はレメディオス・モンテロ、クエンカ地方の小さな村、ベアムード・デ・ラ・シエラで生まれました。ゲリラ活動での名前はセリアでした。（レメディオス：11）

（3）そのため私たちはどんな村からも遠い、松林の真ん中にある家で暮らしていました。最も近い村は自宅から馬で三時間の距離にあるクエンカで、父はいつも私たちの必要なものをそこへ買いに行っていました。（レメディオス：12）

（4）私たちはみんなその家でとても幸せでした、一九三六年が来るまでは。内戦が始まると、スペイン全土も、私たちの生活も変わりました。（レメディオス：15）

（5）内戦が終わると私たちはバルデモロで暮らすために引っ越しました。（…）対立するファシストが大勢いて、彼らは私たちを〈赤〉と呼んでいました。アガピートは主に〈赤〉の家を訪れて、女性たちを教会、広場、通りの掃除をさせるために強制的に連行する役目を引き受けていました。制裁として〈赤〉の女性に、村中で直しを必要とする物すべてを修理させました。（レメディオス：14、15、16）

（6）当初、犠牲者の身内の者たち、つまり子どもを処刑された父親や母親、報復として殺された者の兄弟姉妹、共和主義者の未亡人、政治犯の家族などは、逃亡中の者たちにとって最も重要な援助体制を確立した。やがて、連絡員は苦しめられた家族組織以外からも募集された。この地元のネットワークは田舎や山地で機能した。援助のネットワークは、食べ物や衣類、薬、そして可能な場合には、弾薬や武器の購入を引き受けた。（ドミンゴ：38–39　＊オベロン社版（2002）では22–23：訳者確認）

（7）内戦についてはほとんど話すことができません。なぜなら当時はほんの小さな子どもだったからです。極めて強烈で悲しい思い出というのは、内戦が終わり、フランコが恐怖体制でスペインを自らの手中に収めたときにやってきました。（レメディオス：15）

（8）援助グループのメンバーはお互いを知らないでいるべきだったが、レメディオスは、ある友だちもレジスタンスに協力していることを知る。「エスペランサは親友でしたが、山の人たちを援助しているとはただの一度も私に言いませんでしたし、私も彼女に言っていませんでした。ある日話の中で、私たち二人が同じことをしていて、エスペランサの家族もゲリラたちを援助していると分かり、驚きました。」（レメディオス：20）

（9）（エスペランサとレメディオスの二人が、それぞれゲリラを援助していると）知ったのはお互いに好都合でした。立場が分かったので、一緒にもっとたくさんのことが出来たからです。私たちは疑われることも殆どありませんでした。女性はいつも差別されていて、相手は若い女の子二人が何か出来るとはまったく思っていなかったので、その先入観をとてもうまく利用しました。当時、女性は何の権利も持たず、父親や男兄弟、夫に依存しているだけだったからです。その状況は、あの場合、私たち自身と私たちの計画にとって、そして人びとや治安警察の追跡をかわすのにおあつらえむきだったのです。(レメディオス：20)

(10)フランコ派の弾圧は残虐で、スペイン共産党を除くすべての抵抗運動の中枢を破壊した。スペイン共産党はソヴィエト連邦の援助に頼り、国の内外で作戦を実行し続けていた。同党は唯一の選択肢だったということもあり、フランコ体制に反対する者たちすべてをひとつにまとめ上げた。

(11)〔共和国側の〕政治的な分布図にも留意すべきである。カタルーニャのゲリラは無政府主義である。アストゥリアスには社会主義と共産主義、二つのゲリラが存在していたが、最終的にはガリシアでのように、共産主義が優位となった。いくつかの地域では共産主義者と社会主義者がうまくやっていた。ほかの地域では、シウダ・レアルのように〔共産主義と社会主義は〕分離していた。常に多様な政治グループが混在していたが、共産主義に比べると、社会主義者と無政府主義者が徐々に減少しつつあった。(ドミンゴ：62〔オベロン社版(2002)では31〕)

(12)私たちの仕事はゲリラ兵に食料、薬、衣類、武装部隊の情報を提供したり、さらなる任務を伝えることでした。村では買い物ができなかったので、その業務はとても難しいものでした。なぜなら、小さな集落では全員が顔見知りで、私たちにお金がないことを皆が知っていて、買い物することは自分自身を危険にさらすことだったからです。だからクエンカまで買い出しに行っていました。(レメディオス：21)

(13)山にはギジェムと呼ばれているテルエル出身の同志がいて、奥さんは援助拠点〔の一員〕として活動していました。彼女の活動を見破った治安警察は、奥さんを自宅で死ぬまで殴りつけてから吊るし、自殺していたのだと言いました。刑務所へ連行された人たちもいました。棒でひどく殴られた挙句、生き延びた人たちもいましたが、その後の人生は寝たきりでした。(レメディオス：23〔論者はこの次の段落にこの注をつけていたが、内容的にこちらの段落につける方が適切である〕)

(14)レメディオスは、プラハに移ってから数年後に次のように述べている。「あの困難な時代に実際にあったことすべてが脳裏に思い浮かびました。すべては私たちが生きたあの時代への郷愁だったのです！(レメディオス：68)

(15)新しい環境に馴染むのに正直なところ少し時間がかかりました。政治的な生活は、私たちが考えていたようなものではありませんでした。すでに強大な独裁者フランコはおらず、民主国家がありました。（…）それまでと同じ体制である右派政権を維持するためにフランコが選んだ国王がいました。（…）でも順応しなければなりませんでした。皆と同じように、今あるものと共存しなければなりませんでした。（レメディオス：80）

（16）それは大きな敗北でした。プラハにとってだけでなく、一般的な社会主義全体にとっての敗北でした。（レメディオス：76）

参考文献

Chacón, Dulce. *La voz dormida*, Madrid, Alfaguara, 2002.

Domingo, Alfonso. *El canto del búho. La vida en el monte de los guerrilleros antifranquistas*, 2002 Editor digital: jasopa 1963 ePub base rl.1.

Montero, Remedios. *Historia de Celia. Recuerdos de una guerrillera antifascista*, Valencia, Rialla-Octaedro, 2004.

Singh, Askash and Rimira, Mohapatra. *Reading Hegel. The introductions*. Editid and Introduced by Askash Singh and Rimina Mohapatra, Re.press, PO.Box 75, Seddon, 3011, Melbourne, Australia, 2008.

Manuel Toribio García, “Antonio Jaén. Un historiador en la Guerra Civil española”.

アントニオ・ハエン――スペイン内戦のさなかのある歴史家

マヌエル・トリビオ・ガルシア

三年間に及んだあの戦争（一九三六～三九）は、大砲や銃のみならず、言葉でも戦われた。両陣営のプロパガンダには、特別な役どころが割り振られた。兵士たちや一般市民の士気を高めるために、あるいは逆にパニックや恐怖心の種を蒔くために、ラジオや新聞、パンフレットや本の出版、公的な集会や催しを介して、プロパガンダは本来の意味での心理的な武器としての性質を帯びたのだった。

事態が醸し出す熱気のなかで執筆されたテキストの多くは、未完成ながらも歴史叙述に近い、しかしイデオロギー的にはっきりとしたバイアスのかかった、戦闘を解釈する企てであったと考えることができる。前線や後衛から届いたばかりのニュースに基づいて作成されたそれらは、起こっていたことを分析する最初の試みを意味するとともに、今を生きる歴史家たちにとっての重要な史料にもなっている。しかし、世論の獲得のための戦いに勝利し、生起しつつあった現実が、スペインばかりか、むしろ特にスペイン国外に知れわたることにより、〔戦局を占ううえで〕決定的ともなりうるような友好関係を育もうとの、はっきりとした狙いが、それらにあったことは忘れられるべきではない。共和派にしても、クーデタに訴えた軍人たちにしてもことは同じだろう。

折り紙つきの共和派。マヌエル・アサーニャ〔第二共和制の陸相・首相・大統領を歴任〕の政党〔左翼共和党〕の活動家。そして、常にスペイン第二共和制に奉仕する公職に就き続けた長い経歴の持ち主〔〔コルドバの〕市議会議員、代議士、コルドバ・マラガ両県の知事、ペルー〔及びフィリピン〕での外交官、複数の国会委員会の代表その他〕。さらに、名声を博した教師にして歴史家。このアントニオ・ハエン・モレンテ（一八七九／コルドバ～一九六四／

コスタ・リカのサン・ホセ）のような人物は、自らの極めて洗練された弁舌と評価の高い文筆の才能を、合法的に生まれた政府に捧げ、フランコ派に敵対するために用いることに迷わないだろう。

一九三六年七月〔一八日〕。マドリードの中等学校への職場の転換の手続きと併せて、首都において国会の職務を執り行いつつあったため、アントニオ・ハエンは自分の故郷での軍事クーデタの帰結に苛まれることはなかった。コルドバでは、ファシストの軍人たちが勝利を収め、すぐさま共和派や左翼の指導者やリーダーたちを見舞う残虐な弾圧が始まったのだった。このとき不在であったにもかかわらず、〔フランコ派の〕新体制はアントニオ・ハエンに牙を剝き出しにする。一九三六年八月一七日、コルドバ市役所はアントニオ・ハエンに「市の呪われた子ども」の烙印を押した。市役所は、爆撃されるべき〔市内の〕攻撃目標を第二共和制の政府側の飛行部隊に指示した責めを負うべき輩と、アントニオ・ハエンを見なしたのである。おまけに、アントニオ・ハエンはパージの対象とされて市内の中等学校の校長の職責を解かれ、自身が担当していた講座も取り上げられてしまう。すべては、「〔コルドバに隣接する〕モントーロ戦線のマルクス主義者たちの指南役」と考えられたせいだった。確かに、ラジオ・リナーレスを通じて、アントニオ・ハエンはあらゆるためらいを捨て去り、マドリードの政府に従うよう隣人たちに要請していた。爆撃の後、コルドバ市内の街頭では大衆の憤怒と合い言葉を示すためのデモ行進が行われた。大衆が叫ぶ合い言葉は、「アントニオ・ハエンに死を！」であるだろう。アントニオ・ハエンの自宅は捜索された。その蔵書は運び出され、われわれにナチズムの最悪の時期を思い起こさせる狂乱のなかで、ラス・テンディーリャス広場で焼かれてしまう。

地元のブルジョワたちは、一九三一年まではアントニオ・ハエンをコルドバの偉大な歴史家と見なし、偶像視していた。ところが、その同じブルジョワたちが、アントニオ・ハエンの、以後ときを追って大きなものとなっていった社会的な事業への関与や、〔一九三六年二月、〕自身をコルドバ県選出の代議士に選出させることになる人民戦線の選挙協定へのアクティヴな参加を許すことはないだろう。〔一九三二年八月の〕ホセ・サンフルホ将軍のクーデタ騒動の折には、第二共和制の正当性を擁護してみせた。また、〔フランシスコ・フランコ将軍らによる〕軍事クーデタに先立つ一九三六年三月には農地改革の再活性化を要請、人民大衆とその願望の正真正銘のスポークスマンを自負した。このような決然とした彼の姿勢に対しても同様である。中等学校の校長としての彼の仕事も、〔ブルジョワたちから〕おそらく忘れられていなかっただろう。脱宗教化や男女の共学。単なる知識の詰込みを超えて、環境への適応能力の向上を狙った教育内容の一新。社会のあらゆる階層への施設の開放。勤務先の中等学校を舞台に、共和主義的な教育理念の実現に向けて、アントニオ・ハエンは大胆な賭けに出た。歴史的なモニュメントのためのコルドバ県委員会の代表としての彼の活動も、やはり〔ブルジョワたちの〕記憶から失われてはいなかっただろう。同委員会にあって歴史的・芸術的な遺産の保全という郷土愛に満ちた営為を推し進めるため、アントニオ・ハエンは怠慢や投機狙いに対抗したのだった。

コルドバの奪回を虚しくもくろんだホセ・ミアハ将軍指揮下の兵士たちに合流すべく、七月二八日、アントニオ・ハエンは民兵たちの集団とともにマドリードを離れていた。その後、例えばバレンシアやシウダ・レアールにおいて、われわれはアントニオ・ハエンが共和国側の後衛でのさまざまな催しに関わっていたとの情報を得ている。決起した側が電波を通じて行なっていた演説、とりわけセビーリャからのゴンサーロ・ケイポ・デ・リャーノ将軍のそれに対抗する目的で、アントニオ・ハエンはしばしばラジオ演説に訴える。イスパノアメリカと北アフリカに足を運び、二つの地域の情勢を知悉していたおかげで、アントニオ・ハエンは〔国外向けの〕トランス・ラジオ社やウニオン・ラジオ社を通じての放送への出演を引き受けることになるだろう。

フランコ派が犯していた悪逆無道を断罪するため、アントニオ・ハエンが『戦争の版画（Estampas de guerra）』と命名された一連のパンフレットを世に問うたのは、このころのことである。『戦争の版画』は挿絵つきの四ページで構成され、バレンシアで印刷されていた。編集に当たっていたのは、左翼共和党の全国評議会である。発行日時の記載はない。しかし、それらの刊行は一九三六年から三七年にかけての冬季のことであったものと推測される。というのも、一九三七年の夏、フィリピン・グアム・極東における特命全権公使兼総領事の職務に従事するため、アントニオ・ハエンはマニラに向けてスペインを離れており、内戦の終結まで彼の地に留まり続けることになるからである。

『戦争の版画』の創刊号には、「モロッコ。教師のいない学校（彼は殺害された）」との題目が付されている。スペイン保護領モロッコとアントニオ・ハエンとの関係は、かなり前まで遡る。中等学校での生徒たち相手に使うため、アントニオ・ハエンは以前、既に一九二〇年代には植民地の地理に関する複数のテキストを出版していた。さらに、フランスやイギリスのような他の国々とは対照的だった、植民地政策をめぐるスペインの関心の乏しさを告発するうえで、それらの著作はアントニオ・ハエン自身にとっても有益だった。第二共和制の時代が到来すると、アントニオ・ハエンはスペイン保護領モロッコに何度か旅行し、スペイン国家の最高責任者、高官として名声を博しさえもするだろう。アントニオ・ハエンの宿願はモロッコを共和主義化すること、さらに議場での多岐にわたる活動や発言を通じて、国会のなかで自称「イスパノアフリカ少数派」を自らが率いることにさえもあるだろう。文化的・宗教的な差異を尊重しながらも、「ムーア人やユダヤ人と、保護領に居住する一五万人と見積もられるスペイン人の肉体的・精神的な混淆、融合や統合」の提案を取りまとめるに至るほどの、〔保護領のスペインへの〕十全な統合の確固とした支持者として、アントニオ・ハエンはわれわれの前に常に立ち現れる……。「スペイン第二共和制の憲法の意義をモロッコにもたらさねばならない」。

件のパンフレットは、教師にして左翼共和党の活動家でもあったアントニオ・デ・オンタビーリャの暗殺のありさまを描いている。アントニオ・デ・オンタビーリャは、〔スペイン保護領モロッコの〕アルカサルキビールで自身の仕事に没頭していた。われわれに事件を語る際、アントニオ・ハエンはイエス・キリストの受難との対比を持ち出す。「オンタビーリャはときに二五歳、人生の盛りを迎えていた。共和派の心、イデオロギーを持っていた。左翼のなかの左翼。言葉を巧みに操り、そのペンは公正にして輝いていた」。かねて、つまり人民戦線に勝利をもたらした一九三六年二月一六日の、正しくその総選挙のときから、この人物はアフリカが根城だった軍人たちの〔第二共和制打倒の〕謀略への強い思いを政府に申し立てていた。政府内に聞く耳を持つ者はいなかったものの、この申し立てがアントニオ・デ・オンタビーリャへの彼らアフリカ派の軍人たちの憎悪を掻き立てたのだった。軍事クーデタが勃発した折、アントニオ・デ・オンタビーリャは母親を伴ってガリシアで休暇のひとときをすごしていた。そこで、アントニオ・デ・オンタビーリャは捕虜となる。裁きのために、モロッコから身柄の引き渡しが要請された。八月二三日、アントニオ・デ・オンタビーリャは、ファシズムの狼どもの紛れもない巣窟である保護領にいた。ある日、軍法会議に召喚されるまでの間、アルカサルキビールの監獄で拷問を受け、強制労働を押しつけられた。新たなナザレの人として、軍法会議の場、自分自身のゴルゴタの丘まで、ムーア人たちの都市の街路を引き回された。侮辱され、貶められたあげく、極刑を宣告された。複数の人間がその命を救おうと尽力した。市中の壁には、慈悲を求める走り書きも現れた。しかし、九月四日、アントニオ・デ・オンタビーリャは銃殺され、標識も名もない粗末な墓穴に埋められた。すぐにも、墓には花が手向けられた。慎ましい弟子たちが持ってきたのだった。

この、斃れた兄弟への非宗教的な慈愛に満ちた詩的で情緒的なテキストのなかで、アントニオ・ハエンは共和主義に殉じた人間たちの名簿を作成しはじめる。それは、カトリック教会とその上層部が第二共和制に対する「〔自称〕十字軍」のなかで既に作成に着手していた名簿に対立するものだった。結びは清澄である。「九月四日の夜明けの直前、獄中での最後の数時間に、アントニオ・デ・オンタビーリャはある人物に向けてメッセージを残した。『君が助かる身であるならば、私に永遠の別れを告げてくれ』。アントニオ・デ・オンタビーリャは報復を求めなかった。ただ、自身の教訓が失われないことを願ったばかりである。メッセンジャーは遅れてやってきた。しかし、ともかくもやってきた。メッセンジャーを迎え、メッセージを受け取ったのは、この私である。それは昨日のことだった。スペインの教師たちよ。スペインの学校の大いなる殉教者名簿に、アントニオ・デ・オンタビーリャの名を書き留めるのだ。教師だったアントニオ・デ・オンタビーリャの受難と死を書き留めてくれ。大いなる歴史的受難劇として、アントニオ・デ・オンタビーリャは捕縛、鞭打ち、〔引き回された〕苦い街路、裏切り、そして磔刑をその身に刻んだ。復活のための以上の数行は、君たちの記憶のなかからも、私の記憶のなかからも、アントニオ・デ・オンタビーリャが消えてしまわぬようにしたためられたものである」。

われわれが分析する第二のパンフレットは、「殉教のガリシア。カステラオの版画」と題されている。内戦に捧げられたこのガリシアの芸術家の一〇の版画が俎上に載せられ、天才フランシスコ・デ・ゴヤと一八〇八年〔から一四

「殉教のガリシア。カステラオの版画」

年まで」の独立戦争をめぐるその作品との類似性が明らかにされている。アントニオ・ハエンは、「最後の授業。教師は死んだ。殺された」との題目が付けられたアルフォンソ・ダニエル・ロドリーゲス・カステラオの作品に特に注意を払っている。「荒涼とした、まったくの一本道。その先に人の気配はない。広々とした地平線のなかで、生は営みを停止してしまったかに見える。その教師は硬直した一個のかたまりだ。ただ一人縛りあげられ、なすすべもなく殺された。その両腕はぴくりともしなかった。黒髪は道に垂れている。その路上に教師は斃れている。はるか後方に草木が息づきはじめているものの、二本の棘だらけのサボテンがそれらを圧している。スペインらしい植物ではおよそない。温かみのある植物、オレンジの樹でもなければ、オリーヴの樹でもない。ザクロの樹でもなければ、無花果の樹でもない。逆立った、異国風の、棘のあるサボテン。あらゆる方向に向けて、不快の象徴のようにその棘を投げだしている。今日では、実はそれがスペイン的な植物なのだ。死を目の当たりにした、幼い生。村の二人の子どもが、死んだ教師のために涙を流している。小さい方は膝をついている。わずかに年上のもう一人が、その子を支えている。二人は支えあい、抱きあいながらともに呻いている。思想の種を蒔いた人を前にして、打ちひしがれた二人は首を垂れている」。

アントニオ・ハエンは、明瞭にして衝撃的なメッセージのゆえに、この版画が幾たびも刷られ、それが誰の手にも配られることを提案する。要は、ファシズムの狂気が、老若を問わず教師たちに特に激しく襲いかかったということである。というのは、この国の数世紀来の文化の欠如に終止符を打つという願いを込めて、第二共和制を照らしていた光源の一つが教育であったのだからである。アントニオ・ハエンは「ファシストのスペインは、教師たちの巨大な墓場である。あらゆる地方において、教師たちはお好みの標的だった。第二共和国の指標にして種子であったのだから」とまで言ってのけるだろう。

アントニオ・ハエンは、自分が生まれたコルドバから届けられた、ファニート・ガルシア・ラーラが墓地の塀際で銃殺されたとの知らせにここでは固執しつつ、このパンフレットと先のそれとを結びつける。ガルシア・ラーラは、FUE（スペイン大学及び初等・中等学校連盟）の代表だった。もう一度、イエス・キリストとの対比が現れる。「この教師は、道徳上の権威、われわれの偉大な紋章である。この究極の権威は決して消滅しないか、消滅する最後の権威であるだろう。教わる者に及ぼされる、教える者の権威。そして、至高の教育！　師であるイエスよ。最後の教えを、あなたもそのように伝えられはしなかっただろうか」。

結びに当たって、アントニオ・ハエンは「亡骸ではなく、種子が葬られる」と題されたカステラオの別の版画に目をやり、さらに「ラ・パシオナリア」ことドローレス・イバルリ〔共産党〕の燃えるような演説と自身が執筆したものとを引き比べ、それらすべてに「戦争と革命におけるわれわれの闘争の魂」を見出そうとする。

第三のパンフレットの題目には、「レウス。若さ。剣」とある。そのなかで、アントニオ・ハエンは、このタラゴーナ県の都市で共和主義青年団が組織した集会について語っている。レウスは、イサベル二世に引導が渡された一八六八年の九月革命の英雄ファン・プリム〔将軍〕の生誕の地である。プリムその人のために建てられた彫像をじっと見つめながら、アントニオ・ハエンは、それまでの戦いの時期を通じて、〔軍人としての〕象徴的な負荷のせいで、これらの彫像の多くにいかに敬意が払われてこなかったかを熟慮する。さらに、ミアハの軍隊とともにエル・カルピオに居合わせたときのことその他、アントニオ・ハエンは自らがアンダルシアで体験した戦闘のエピソードにも触れている。当時、ミアハの軍隊は、アルコレアの橋からのフランコ派による砲撃に苦しめられていた。正しく、この橋こそは一八六八年の名誉ある革命における決定的な戦闘が行われたところである。アントニオ・ハエンは独立戦争、具体的には〔一八〇八年六月の〕バイレーンの戦いとの類似性に立ち返り、アンドゥハルの名称を持ち出す。アンドゥハルは、ピエール・アントワーヌ・デュポン〔将軍〕のフランス軍との間で降伏文書に署名がなされた都市である。第二共和国軍の南部の重要な拠点であるアンドゥハルは、巡礼地ビルヘン・デ・ラ・カベッサの包囲に対する報復としての、ファシストの側からの空襲に今や悩まされている。そして、アントニオ・ハエンはこうした戦闘のエピソードに『戦争の版画』の別の作品を捧げたかったかにも思われる。というのも、アントニオ・ハエンがその執筆に着手したこと、そして所謂「サンタ・マリーア〔＝ビルヘン（処女）〕・デ・ラ・カベッサのロマンセ」がその核心となったであろうことを、われわれは知っているのだからである。

軍事クーデタは、ハエン県では奏功しなかった。第二共和制政府は、虐殺を避けるため、多くが治安警備隊員だった決起した人間とその親族らが、アンドゥハルに近い、シエラ・モレーナの辺鄙で孤立した場所にある巡礼地ビルヘン・デ・ラ・カベッサにこぞって身を寄せることを許可した。一九三六年の夏を通じて、避難した者たちは当地で穏やかに過ごす。しかし、九月、政府は彼らに無条件降伏を求めた。サンティアゴ・コルテス大尉に率いられた治安警備隊は要求を拒絶。それが、この巡礼地が最終的に制圧される一九三七年の五月一日までの間の決死の抵抗に繋がる。〔やはり軍事行動が不発に終わり、一九三六年の七月から九月にかけて――ただし、こちらの方は第二共和制政府の「許可」なしに――フランコ派が立て籠もった〕トレードのアルカーサルとの共時性は明らかであり、巡礼地の攻防は双方の陣営からプロパガンダとして用いられることになる。ミゲル・エルナンデス〔共産党〕やイリヤ・エレンブルグらは従軍記者であり、ビルヘン・デ・ラ・カベッサでのことの始終の直接の証言者でもある。アントニオ・ハエンは、その信憑性についてはわれわれの与り知らぬことにペンを遊ばせている。一人の治安警備隊員が〔投降し〕第二共和制の領域に移ると、コルテスはその隊員の連れ合いと子どもを塹壕の生身の盾として使う決断を下す。他でもないその母子の死が、ファシズムの残虐性を告発するロマンセを産みだすのである。

アントニオ・ハエンの軽やかなペン、歴史的な知識の豊かさ、流麗にして雄弁な文体は、第二共和制の大義のために差し出される。『戦争の版画』は、戦闘の熱気のなかから出現した豊潤な文学作品の一つの例である。人間としての限界も節度も弁えない残虐な戦争に直面し、不安と恐怖に脅かされた大衆の精神を奮い立たせるための直接的なメッセージ、熱い言葉、ほとばしる情熱……。しかし、それは第二共和国軍の士気を高めるために考え抜かれた言葉でもあった。

一九三七年の夏、アントニオ・ハエンは外交上の任務のため、〔既述のとおり〕フィリピン・グアム・極東の全権公使兼総領事としてフィリピンへと向かった。到着した直後から、数多くの講演をこなし、さまざまな文書を公刊したうえ、マニラ在住のスペイン人の共和派たちが編集していた『デモクラシア・エスパニョーラ』誌のページを通じて、その職務を継続する。第二共和制を代表した二年間、アントニオ・ハエンはフィリピンの島々を隈なく回り、フィリピン労働者連盟その他の組織が企画したたくさんの催しの場を借りて、彼の地にあって自らの声に耳を傾ける用意のある者たち、組合と左翼政党、労働者と農民、大衆に話しかけた。その目的は、アジアの辺境から、あらゆる類のファランへ党員やフランコ派の強い存在感を一掃してしまうことにあった。一九三八年二月には、東京と大阪の大学生たちに語りかけるため、日本への旅行を計画してさえもいる。しかし、その阻止に向けてフランコ派がすぐさま手を回したため、日本行きは叶わない。

自身の演説のなかで、それを拠りどころにカトリック教会がフランシスコ・フランコ将軍を支えてきた「十字軍」という〔内戦の〕概念を論駁することが、アントニオ・ハエンにとっての一つの執念と化していく。フィリピンのように優れてカトリック的な土地にあって、アントニオ・ハエンはスペイン第二共和制を世俗的な、ただしどんな宗教にも敵対しない国家のモデルの一つとして提示することに熱意を注いだ。良心の自由を謳い、いかなる宗教の自由な信仰をも保障する第二共和国憲法の二七条に注意を喚起しながら、である。にもかかわらず、一九三一年五月の、〔とりわけマラガで甚大な被害の出た〕宗教施設の焼き討ちという嘆かわしいエピソードの折に自身がマラガ県知事であったため、アントニオ・ハエンは右翼から正しくそのエピソードの張本人との汚名を着せられる破目になる。実際のところ、あのときアントニオ・ハエンは焼き討ちを避けるために最善を尽くしたのである。

当時、フィリピンはアメリカ合衆国の統制下にあった。そこで、アントニオ・ハエンはアドルフ・ヒトラーのナチズムとベニート・ムッソリーニのファシズムという全体主義の対極に位置する民主主義のモデルとして、アメリカ合衆国の歴史を思い起こしている。そして、兆しつつあった世界大戦を、ある意味で先取りする次のようなメッセージを発している。「単純な内戦という概念を超えたスペインの戦争が、局地的な妥協に終わることはありえない。そこから、スペインの戦争の大きな困難〔が現れる〕。人類全体から見れば、スペインの戦争は全世界的な内戦の最も大きな一章なのである」。スペイン内戦の国際的な広がりをこのように伝え、内戦をファシズムと民主主義との間の世界大戦の一つのエピソードと考えていたのである。さらに、アントニオ・ハエンは日本人たちに侵略されていた、当人の言葉では「スペインの反徒らと結託した反民主主義的な帝国主義により磔にされた」中国のように、〔スペインと〕同じ辛酸を舐めつつあった国々への連帯の意志を表明する。

内戦が終わったとき、アントニオ・ハエンはスペインを遠く離れていた。しかし、マニラで家族と合流することができ、エクアドルを目指して亡命へと旅立つ。アントニオ・ハエンは、「敗者とは、歩きまわる死者のことである」と自らの状況を説明している。エクアドルにあって教師としての、また歴史家としての新たな人生が始まる。しかし、アントニオ・ハエンは将来のコルドバへの帰還という、実現不可能な思念を片ときも忘れないだろう。新たな目的地にたどり着く前に、パナマで下船。そこで地元紙のインタビューに応じ、自らの祖国に起こったことに関する苦い思いを開陳した。「ファン・ネグリン政権のせいで、戦争は敗北に終わった。なぜなら、ネグリン政権は負けるべくして負けたのであるから。私は『崩壊した共和国』という本をほとんど書き終えており、なかでそのことを説明している。『私は罪人』を歌おうというわけではない……。そうではない。単に真実を語るだけのことなのだ。〔軍事行動の火蓋が切られた直後のマドリードの〕モンターニャ兵営での〔決起に失敗した軍人たちの〕殺戮や、一九三六年八月の〔同じくマドリードでの、収監されていた右翼を標的にした〕モデーロ監獄での別のそれが起こった際、私はこの戦争はもう負けだと言ったものである。あんな残虐や野蛮は起こりえないはずであったし、あんな統治者や軍人たちがいてはならなかったのだ……。われわれの側には、第一級の軍人はいなかった。〔一九三七年一二月、〕テルエルでは一週間で勝利を収めた。そして、追撃もしないままに数週間が経過した。フランコに与した軍人たちは反撃した。こうして、テルエルは失われてしまった……。ミアハは勇猛な軍人ではあったものの、ものを見る目がなかった。一九三六年一一月、そのミアハはマドリードを救わなかった。マドリードを救ったのは、国際旅団の到着である。それが真相だ。われわれが抱えていた最良の軍人だったビセンテ・ロホ将軍〔ママ。トレードの攻防の時点では少佐〕は、われわれと一緒に〔マドリードに〕いた。なぜなら、ロホ自身、トレードのアルカーサルへの突入に間に合わなかったくらいなのだから。他は与太話の類だ」。アントニオ・ハエンの決めつけには、驚く向きもあるだろう。このような断定は敗北に打ちひしがれるなか、第二共和制の指導者だったネグリンとアサーニャに敗北の責めを帰しつつなされている。しかし、その後、落ち着きを取り戻してからのアントニオ・ハエンは、第二共和制の大義を一貫して受け容れ続ける。大義を擁護し、確固とした信念を放棄したりすることはもはや決してないだろう。

つまるところ、われわれは一人の歴史家の行動と意見を提示したかったのである。スペインの戦争はその歴史家の心身を破壊し、祖国から遠い彼方へと彼を追いやった。戦争は正真正銘の、国外へと移されたコルドバを形作ったのである。

（訳・渡辺雅哉）

参考文献

AA.VV., *Antonio Jaén Morente. Hijo predilecto de Córdoba*, Córdoba, 2016.

Barragán Moriana, A, *Realidad Política en Córdoba, 1931*, Córdoba, 1980.

Morente Díaz, M, *La depuración de la enseñanza pública cordobesa a raíz de la Guerra Civil*, Córdoba, 2011.

Moreno Gómez, F, *La victoria sangrienta 1939-1945*, Madrid, 2014.

Toribio García, Manuel, *Antonio Jaén Morente. El límite imposible*, Córdoba, 2013.

Id., "Antonio Jaén Morente. Una vida al servicio de la II República", *IV Congreso sobre Republicanismo*, Córdoba, 2006, pp.580-588.

「自由なアンダルシア万歳！」――ブラス・インファンテ・ペレスの生と死

渡辺　雅哉

「アンダルシアの土地はアンダルシアの日雇い農たちの手に」とは、固有の言葉で自らを語るすべを持たなかった、南スペインの特異な地域ナショナリズム（アンダルシスモ）を率いたブラス・インファンテ・ペレスの悲願である。グアダルキビール川の中下流域を中心に展開する、二一世紀の今日にあっても一向になくなる気配のないラティフンディオ（大土地）。インファンテにとってのアンダルシアは、そこに剝き出しの資本の論理が導入され、大土地所有制が確立を見た一九世紀の中葉以降、際立って悲惨な境遇に生きることを強いられながらも、ごく薄い中間層を間に挟んで階級社会の対極に位置する農業エリートへの、そして彼ら一握りの大地主と太い絆で結ばれた、「自由主義」を標榜する国家権力への反逆の狼煙を上げ続けてきた日雇い農たちの「くに（パイース）」である。

膨大な数の日雇い農たちに――一九三〇年代にインファンテらが発行していたアンダルシスモの機関紙の呼称を借りれば、「アンダルシアの民（プエブロ・アンダルス）」に――、反逆のための理念的な支えを提供したのは、例えば一八五七年のエル・アラアール（セビーリャ県）の騒擾において観察されたように、当初は共和主義だった。しかし、ブルボン家の支配がいっとき中断され、スペインに最初の共和制が導入された「革命の六年間（一八六八～七四）」の動乱のなかで、「民」は「破壊への衝動」と「創造への衝動」とが混然一体となったミハイル・バクーニンのアナキズムに、自らを解放するための根拠を見出す。

一八七〇年に第一インターナショナル傘下のＦＲＥ（スペイン地方連盟）が誕生して以降、アンダルシアはカタルーニャと並ぶリベルテールたちの拠点と化した。第一共和制の崩壊に続いた復古王政の時代、一九世紀のＦＲＥ・ＦＴＲＥ（スペイン地方労働者連盟）のアナキズムは、二〇世紀を迎えて大衆的な支持基盤の裾野を広げながら、Ｃ

NT（全国労働連合）のアナルコサンディカリズムへと脱皮を遂げる。そして、アンダルシアにおけるその「脱皮」の証しが、ロシア革命の政治的な衝撃と、第一次世界大戦が中立国スペインにもたらしたインフレーションの進行が惹起した「ボリシェヴィキの三年間（一九一八～二〇）」における組織的・計画的な農業ストライキの頻発と、「三年間」のさなかの一九一八年五月のセビーリャでの、CNT傘下の労働力を地方レベルで統轄するアンダルシアCRT（地方労働連合）の発足だった。

アンダルシスモは、一八九八年の米西戦争でのスペインの大敗をきっかけにピレネーの南に湧き出た、低迷が続く祖国の再生への道を模索する思潮のなかから生まれ出た。ジブラルタル海峡の向こう側に生息する、レコンキスタが一四九二年に完了する過程でアル・アンダルスを追われたムスリムの末裔たちにも連帯の手を差し伸べた、インファンテ自身の言葉によれば「国際主義的・普遍主義的な」地域主義ないしはナショナリズム、「反ナショナリスト的な」ナショナリズムの勃興は、アナキズムからアナルコサンディカリズムへの、南スペインにうごめく日雇い農たちの反逆の作法の変化と時期的に符合している。

一九三一年四月、ブルジョワ出の共和派と社会党との握手のもとに第二共和制が船出した。憲法制定議会が招集され、ともかくも農地改革法やカタルーニャ自治憲章が日の目を見た「改革の二年間（一九三一～三三）」に首位政党の座を占めた社会党は、同党系列の労組UGT（労働者総同盟）傘下のFNTT（全国土地労働者連盟）を窓口に、復古王政期にはリベルテールたちの「金城湯池」だったラティフンディオの本場、グアダルキビール川の中下流域にも触手を伸ばす。「ボリシェヴィキの三年間」にはアナルコサンディカリズムの独壇場であったかに見えたコルドバ県においても、一九三三年春の農業ストライキ攻勢を指導するのはもはやCNTではない。それから一年のときを経てFNTTは全国規模での農業ストライキの実施を企図し、社会党の下野に伴って傘下の日雇い農たちが弾圧に晒された「暗黒の二年間（一九三四～三五）」に乾坤一擲の大勝負を挑むだろう。

ここであらかじめ先回りしてしまえば、二〇世紀の初頭から内戦までの間、農業エリートにかつて「強奪」された「土地」を自らの、そして「アンダルシアの民」の存在根拠とする、自称「反ナショナリスト的な」ナショナリズムからのアピールが、アナキズム・アナルコサンディカリズムとマルクス主義の値踏みに忙しい（？）「民」の琴線に触れることはない。そして、一九三六年の夏、ブラス・インファンテにはむごたらしい最期が待ち構えていた。

＊

アンダルシアの労使が正面から激突した「ボリシェヴィキの三年間」を通じて、最も激しい騒擾に見舞われたのはコルドバ県。主としてグアダルキビール川の南に点在する県内の市町村を、一九一八年一一月と一九年三月と五月の併せて三度、農業ストライキ攻勢が連鎖的に席巻した。最初の攻勢は、その直前にカストロ・デル・リオのアナルコサンディカリストたちが地元に招集した農業労働者大会での事前の協議に基づいていた。当時の南スペインの地域ナショナリズムの機関紙『アンダルシア』は同大会に多大な関心を寄せるとともに、「三年間」で最初の集団的な抗議行動の波動が終息してほどなく、「奴隷」から「自由な人間」へと変身を遂げたコルドバ県の日雇い農たちに驚きと共感の眼差しを注ぐ。

一八八二年の暮れに始まった、FTREの勢力拡大を懸念する「お上」の手で捏造された可能性が高い、アナキストのテロ組織「マノ・ネグラ（黒い手）」をめぐる騒動の震源地は、ヘレス・デ・ラ・フロンテーラとその近辺だった。それからほぼ一〇年の歳月が流れた一八九二年一月、「アナーキー万歳！」と叫ぶ日雇い農たちが大挙して向かった先も、シェリーの醸造で名高いカディス県のこの都市である。また、一九〇二年五月にゼネラル・ストライキを主武器とする新たな闘争の流儀が試されたのは、セビーリャ県のモロン・デ・ラ・フロンテーラにおいてである。このように、FREが成立してから二〇世紀の初頭に至るまでの間、南スペインの労使紛争の舞台は概ねグアダルキビール川の下流域に集中していた。

労働市場の本格的な形成を待って、グアダルキビール川の中流域がカディス県やセビーリャ県の後塵をなお拝しながらも激しい労使紛争の場へと転じるのは、一九〇三年以降のことである。しかし、遅れて舞台に姿を現したコルドバ県の日雇い農たちは、「ボリシェヴィキの三年間」には「自由な人間」としてアンダルシアの階級闘争の前衛を務めるまでに成長していた。ファン・ディアス・デル・モラールの名著『アンダルシアの農民騒擾史――コルドバ県（農地改革の背景）』（一九二九）によれば、コルドバ県内だけで都合二〇〇件もの農業ストライキが発生したという「三年間」は、アンダルシスモにとっても正念場だった。

一九一九年一月にコルドバで発表されたマニフェストのなかで、インファンテら地域ナショナリストはアンダルシアを一つの「ナショナリティ」と規定したうえで、「廃れた王政」と「汚れた寡頭専制支配」の護持に汲々とする国家からの「分離主義」の立場を公言した。一九一四年のセビーリャのアテネオでの自身の講演をまとめたインファンテの『アンダルシアの理想――アンダルシアのルネサンスに関する諸研究』（一九一五）では、アンダルシアはスペインの進歩に寄与する一つの地方、との位置づけがなされていた。アンダルシスモの原点が祖国再生の流れのうちに求められるとすれば、『アンダルシアの理想』がこのような視点を打ち出したのは当然のことではあった。それは、一九一八年一月にマラガ県のロンダで採択された「反ナショナリスト的な」ナショナリズムのモットー――「自立し、スペインと人類に貢献するアンダルシア」――からも窺われる。しかし、インファンテのセビーリャでの講演から五年、そしてロンダでの集いから一年を経て、アンダルシスモの言説は明らかに急進化した。その原因に、アンダルシア、わけてもコルドバ県内での「ボリシェヴィキの三年間」の労使対立の激化があったことに疑いの余地はない。

だが、「ボリシェヴィキの三年間」のコルドバ県では二度目の農業ストライキ攻勢が終わりつつあった三月下旬、こちらもやはりコルドバでまとめられたもう一つの文書を流れる調子は、「分離主義」を謳った一月のマニフェストのそれとは明らかに異なっていた。新たな騒擾の波に揉まれた今回、インファンテらは「アンダルシアの民」による「流血を伴った革命」を回避するための手立てとして、農業エリートの所有地の収用を、また特に持ち主の手により経営状態に何ら改善が施されていない地所についてはその無償の「没収」を、マドリードの「お上」に乞い求める。換言すれば、「汚れた寡頭専制支配」の正しく要をなす南スペインの大地主たちとは切っても切れない間柄の「廃れた王政」に、である。

それから二ヵ月後に沸き起こった、「ボリシェヴィキの三年間」のコルドバ県では三度目の、そして最後の農業ストライキ攻勢に、「流血の回避」を期待されたはずの復古王政は戒厳令の布告をもって返礼する。南スペインの地域ナショナリズムが「アンダルシアの民」と自らを一体化させる糸口を発見できないうちに、「廃れた王政」の軍事介入により、「三年間」の労使対決は一気に攻守ところを変えた。一九一九年春のＣＮＴ傘下の日雇い農たちの敗北は、『進歩と貧困』（一八七九）を書いたアメリカのヘンリー・ジョージの土地への単一課税論に拠りながら、大土地所有制の解体と農業プロレタリアートの自作農への、ただし自らが育んだ農作物はともかく、自らが経営する地所を処分する権限は持たない「自作農」への転換をもくろんだ『アンダルシアの理想』の著者の、延いては「反ナショナリスト的な」ナショナリズムの挫折でもあったのである。

その六年前の一九一三年五月、社会的不平等の根底に土地所有の歪みを見た『進歩と貧困』の著者の思想に共鳴する運動家たちの国際的な大会がロンダで催されていた。セビーリャ代表の一人として同大会に臨んだインファンテは、その折に「資本と労働は兄弟であり、ともにその唯一の敵である独占の犠牲者なのである」との自説を披歴した。だが、南スペインの「資本」は、ウエルバ県のリオティントやコルドバ県のペニャロージャの鉱業に寄生する外国資本を唯一の実質的な例外として、農業エリートによってほとんど「独占」されていた。一八八五年にロンダと同じくマラガ県内にあるカサーレスの中農の一家に生を受け、自身の周囲にたむろする持たざる者たちの惨状をその目に焼きつけるようにして育ったインファンテの「善意」そのものを疑う理由はおそらく何もない。しかし、「ボリシェヴィキの三年間」に噴出する労使間の階級憎悪からあまりにも遠く隔たった、あまりにもおめでたいこの見立てのうちに、アンダルシスモの敗北はあらかじめ定められていたように思われる。

地域ナショナリズムの総帥は、「ボリシェヴィキの三年間」以来の盟友だったパスクアル・カリオンとともに、第二共和制が樹立された直後に発足した農地改革のための専門委員会に加わっていた。大土地所有制の桎梏を知らぬレバンテに生まれたカリオンは「三年間」当時セビーリャにあって頻発する農業ストライキを目の当たりし、所謂「アンダルシアの農業問題」の根深さを痛感、南スペインの地域ナショナリズムに接近した農業技師。そのカリオンとインファンテを結びつけた直接のきっかけは、ヘンリー・ジョージと、かつてこのアメリカ人にいち早く感化されたホ

「自由なアンダルシア万歳！」

アキン・コスタへの両者の傾倒だった。コスタは、「反ナショナリスト的な」ナショナリズムを南スペインに芽吹かせもした、かつての祖国再生に向けての営為の旗振り役の一人。貧富の隔たりが、他のどの地方にもまして著しかったアンダルシアにおいてとりわけ猛威を振るい、インファンテらをも悩ませたカシキスモ（ボス支配）に初めて本格的な批判を加えたのも、このアラゴン人だった。

一九三一年六月の憲法制定議会選挙に際し、「革命的共和派」を名乗る集団に混じってセビーリャ県から出馬したインファンテとカリオンはあえなく落選する。さらに、「アンダルシアの労働者の統一戦線」の形成を訴えた彼ら「革命的共和派」には、投票日が間近に迫るなかで発覚・流産したとされる、「アンダルシア共和国」の樹立と日雇い農たちの解放をもくろむ「陰謀」を企てていた可能性も取り沙汰されている。「革命的共和派」はタブラーダ空軍基地の軍人らに決起を促してセビーリャを爆撃させ、併せてこのアンダルシアの中心都市を日雇い農たちに襲撃させたうえでの、「自由な国家」の建設を画策したとの、ときの内相ミゲル・マウラが提示した「ロマンセ」を、インファンテは言下に否定した。だが、著名なアナキストにして「貧しい者たちの医師」ペドロ・バジーナも顔を出すこの騒ぎの真相は、なお闇のなかにある。いずれにせよ、農地改革にその手腕を発揮することが大いに期待されていたはずのカリオンも、「反ナショナリスト的な」ナショナリズムの牽引役も、おかげで以後は第二共和制から冷遇される憂き目を見るのである。

憲法制定議会選挙の前夜に「革命的共和派」と対峙したマウラは、復古王政の末期、「生まれつつあった革命」のなかで「正当な保守の原理を守るために」共和主義を受け容れた元王政派である。陣営が抱える候補者の一人で、後の独裁者の実弟でもあったラモン・フランコの口を通じて、選挙戦のさなかに「自由と正義」が担保されない「共和国」に代わる「連邦共和国」の導入を高らかに主張するなど、自身が想定する「穏健な」ブルジョワ共和制の枠組みを棄損しかねないかにも思われた「革命的共和派」の動静に、マウラが神経を尖らせていたのは間違いない。だが、インファンテ自身の姿勢には揺らぎが見える。

一九三一年六月、インファンテはコルドバ県からも出馬し、やはり惨敗を喫している。しかも、同県では「アンダルシアの労働者の統一戦線」の形成にはおよそ関わりそうもない、アレハンドロ・レルーの急進党から名乗りを上げたのだった。周知のように、一九三一年の秋、レルーは社会党との共闘を嫌って連立政権から離脱。以後、急進党は「改革の二年間」の最大の不安定要因へと転じる。のみならず、レルーは一九三三年一一月の総選挙において教権主義のＣＥＤＡ（スペイン独立右翼連合）と結託、「改革の二年間」そのものをついには難破に追いやることになる。水と油のような二つの陣営からのインファンテの立候補のうちに、「ボリシェヴィキの三年間」に一旦は「分離主義」を宣言しながらも、それからあまり間を置かずに「アンダルシアの農業問題」の解決をマドリードに一任した地域ナショナリズムの迷走が再現された観もある。「自由なアンダルシア、もしくは自由なスペインが〔復古〕王政のもとで日の目を見ていたならば、私は決して共和主義者にはならなかっただろう」。これは、一九三五年にインファンテが同僚たちに宛てた手紙のなかの一節である。

地域主権の拡充、それに「アンダルシアの民」への土地の供与を通じて農業エリートの一枚岩的な支配を打破しようとした「反ナショナリスト的な」ナショナリズムは、恐ろしく頑迷な敵を相手にしながらも、カタルーニャにおける左翼共和党に比較されうるような独自の地域政党を持たぬまま、結局は漠然としたポピュリズムに終始した。第二共和制期、インファンテらは復古王政時代の「アンダルシア・センター」に代えて、「アンダルシア・リベラリスト評議会」を起ち上げている。憲法制定議会選挙に敗れた直後のインファンテ当人の見立てでは、アル・アンダルスの流れを汲むアンダルシア八県と、スペイン保護領モロッコから構成されるはずの新たな「国家（州）」体制のあり方を定める「真に連合主義的な」アンダルシアの自治憲章は、「上からの」自治権の獲得に邁進するカタルーニャとは反対に、市町村自治体の「下からの」参加を待って完成を見なければならない。しかし、復古王政が消滅した後も、南スペインの市町村はカシキスモの重圧からなお自由ではない。「センター」から「リベラリスト評議会」への看板の書き換えをよそに、「ボリシェヴィキの三年間」に既に脆さを露呈していた、おまけにその総帥が第二共和制から袖にされたアンダルシスモの前途は多難だった。

フランコ将軍らの軍事行動がいよいよ時間の問題となりつつあった一九三六年六月、ようやく日程に上ったアンダルシア自治憲章の作成のイニシアティヴはインファンテその人の手を離れ、セビーリャ県議会に付託される。もっとも、七月五日にそのセビーリャ県議会で催されたアンダルシア自治憲章のための準備会議の席上、インファンテは憲章の作成に当たる地方評議会の「名誉会長」に選ばれてはいる。さらに、インファンテをこのポストに推挙したセビーリャ県議会議長のホセ・マヌエル・プエーリェス・デ・ロス・サントスの発議により、件の憲章が採択される日取りも「九月の最後の日曜日」と定められた。しかし、「反ナショナリスト的な」ナショナリズムが待ち望んだ「日曜日」がアンダルシアの日雇い農たちを祝福することはない。おまけに、『アンダルシアの理想』の著者自身、そしてプエーリェスもまた、「九月」にはもはやこの世から姿を消してしまっているだろう。

　インファンテがセビーリャの郊外に斃れたのは、一九三六年八月一一日のこと。「自由なアンダルシア万歳！」。自らの人生に暴力的に幕が引かれる直前、『アンダルシアの理想』の著者はそう叫んだらしい。インファンテの営みが、自身がその救済を祈念した日雇い農たちからついに振り向かれることもないままに断ち切られてしまったとすれば、その死にざまは二重の意味で痛ましいという他はない。このインファンテ以外にも、前日一〇日の夜から一一日にかけて、セビーリャでは「改革の二年間」に市長を務めたホセ・ゴンサーレス・イ・フェルナンデス・デ・ラバンデーラ、人民戦線期の社会党代議士マヌエル・バリオス・ヒメーネス、フリーメーソンの指導者フェルミン・デ・サジャス・マデーラらが銃殺されている。

　ホセ・サンフルホ将軍がところも同じセビーリャで軍事クーデタに失敗したのは、正しく四年前の八月一〇日。ブラス・インファンテがコリア・デル・リオにあった自宅で、セビーリャから来たファランへ党員たちにその身柄を拘束されたのは、殺害される一週間以上も前の八月二日である。『アンダルシアの理想』の著者や、第二共和制の破壊をもくろむ初めての大がかりな企てに市役所から頑強に抵抗したゴンサーレスら、セビーリャの著名な「アカども」が相次いで非業の死を遂げなければならなかった背景には、明らかに決起した軍人たちによる第二共和制への報復の意味合いが込められていたのだった。なお、元市長と同じく、四年前のサンフルホの軍事行動に率先して抗った過去を持つプエーリェスが処刑されたのは一足早く、八月五日である。

因みに、当初「十字軍」の総指揮者の役回りを引き受けるはずであったのも、実はサンフルホ将軍その人だった。しかし、仲間たちの決起の報を受けて亡命先のポルトガルからスペインへ戻ろうとした矢先、将軍は飛行機事故であえなく死ぬ。そして、ここで登場するのが、サンフルホの「へま」を熟知していたこともあって、人民戦線期を通じて軍事クーデタの立案に積極的ではなかったフランシスコ・フランコ将軍である。フランコは、自身が念入りにそのシナリオを書いた、トレードのアルカーサルに籠城していたホセ・モスカルド大佐らの九月下旬の救出劇を梃子に、翌月「十字軍」側の国家元首に就任する。

一九三六年の夏に南スペインに現出したものは、「内戦」の響きが連想させる多少とも拮抗した二つの戦力の衝突では決してなかった。七月一八日、シリアーコ・カスカーホ大佐らの軍事行動が電撃的な成功を収めたコルドバ県の県庁所在地では、フランコ派から出た犠牲者はわずかにCEDAの弁護士一人だけである。その一方で、同県のバエナでは、七月下旬のわずか三日間に七〇〇人近い「アカども」が一挙に殺害されたものと見られる。一九一九年一一月に「ボリシェヴィキの三年間」で最初の農業ストライキ攻勢の口火が切られたのは、このバエナにおいてである。「フランシスコ・フランコ将軍にノーベル平和賞を」。内戦が——というよりも、むしろ無慈悲な「ジェノサイド」が——、大土地所有制のもとでの苛烈な階級闘争を強引に断ち切ってから四半世紀の歳月が流れた一九六四年、こんな声を上げたのは、「アンダルシアの民」を依然として苛み続ける飢えや貧困とはおよそ無縁の、そして「アンダルシアの土地はアンダルシアの日雇い農たちの手に」との、インファンテのかつての叫びには貸す耳をまったく持たなかったに違いないバエナの大地主たちである。

参考文献

Infante Pérez, Blas, *La verdad sobre el complot de Tablada y el Estado Libre de Andalucía*, Granada, 1979(1ª ed. 1931).
Ortiz Villalba, Juan, *Sevilla 1936: del golpe militar a la guerra civil*, Córdoba, 1997.
岡住正秀「アンダルシア主義の歴史——同等の権利と共生を求めて」立石博高・中塚次郎編『スペインにおける国家と地

「自由なアンダルシア万歳！」

域――ナショナリズムの相克』国際書院、二〇〇二年。
渡辺雅哉『改革と革命と反革命のアンダルシア――『アフリカ風の憎しみ』、または大土地所有制下の階級闘争』皓星社、二〇一七年。

ファン・ディアス・デル・モラール
――時代の荒波に翻弄された「社会史の先駆者」

渡辺　雅哉

スペイン第二共和制の陸相・首相・大統領を歴任し、内戦（一九三六〜三九）が終わった翌年に南フランスのモントバンに没したマヌエル・アサーニャ・ディアスの軌跡に比べれば、ディアス・デル・モラールの歩みは決して劇的なものではなかった。また、その言動からは、「骨の髄まで」ブルジョワだったアサーニャをも凌ぐ「階級的な」匂いがときとして発散されもした。だが、『アンダルシアの農民騒擾史――コルドバ県（農地改革の背景）』（以下、『騒擾史』）（一九二九）の著者にして、一九三一年から三三年にかけてコルドバ県選出の第二共和制の憲法制定議会代議士を務めたディアス・デル・モラールも祖国の近代化を、少しばかり強引に要約してみればその「ヨーロッパ化」を許さぬ「もう一つの」スペインが引き起こした悲劇の紛れもない犠牲者の一人ではあった。

アサーニャと同じく敗残の共和派として、ただしこちらの方はフランシスコ・フランコ将軍が鎮座する「もう一つの」スペインで不遇のうちに生涯を閉じたディアス・デル・モラールを「社会史の先駆者」と呼んだのは、一九四〇年代の半ば以降、ピレネーの北からフランコ独裁への異議申し立てを継続、一九七五年のフランコ将軍の死去とともに始まったスペインの民主化のなかで開花する現代史の研究の土台を築いたマヌエル・トゥニョン・デ・ラーラである。『騒擾史』を通じて、「先駆者」は二〇世紀の初頭から「ボリシェヴィキの三年間」までの間にコルドバ県の持たざる者たちが演じた、大土地所有制に対する優れてリベルテール的な反逆のありさまを克明に――労働運動史家のジェラルド・H・ミーカーの的を射た表現を借りれば、「ツキジデス流に」――再現してみせたのだった。

『騒擾史』こそは、「アンダルシアの農業問題」――グアダルキビール川の中下流域を中心に強固に根づいた大土地所有制のもとでの、過剰な労働力の滞留に起因する失業の構造化と階級対立の激化――を論じた正しく古典のなかの古典であり、初版の上梓から八〇年目の二〇〇九年には、その復刻版（ファクシミリ版）も刊行されている。因みに、「ボリシェヴィキの三年間」とは、第一次世界大戦が中立国スペインに惹起したインフレーションの進行とロシア革命の衝撃を受けて、農業ストライキ攻勢が従来にない規模で南スペイン、ことにコルドバ県を揺るがした一九一八年から二〇年にかけての三年間を指す。「三年間」の名づけ親もまた、ディアス・デル・モラールその人である。

ファアン・ディアス・デル・モラールは一八七〇年にコルドバ県のブハランセに生まれ、一九四八年にマドリードに没している。セビーリャ大学で、文学と法学の博士号を取得。スペインがアメリカとの戦争に惨敗を喫した一八九八年以降、故郷にあって長く――孫のアントニオ・タステ・ディアスによれば、一九三五年まで――公証人の職責に従事した。「ブハランセの公証人」の呼び名で、『騒擾史』の著者はコルドバ県では今日なお親しみを込めて語られている。ブハランセの町役場の裏手には「ディアス・デル・モラール広場」があり、県庁所在地コルドバの繁華街には「歴史家ディアス・デル・モラール小路」が走っている。ところで、『騒擾史』に添えられた副題（「農地改革の背景」）が物語るように、ブハランセの公証人は「アンダルシアの農業問題」にかねて一家言を持っていた。第二共和制の「改革の二年間」（一九三一～三三）には独自の立場から農地改革の事業に参画。一九三一年八月から一年ばかりの間は、農地改革の国会委員会の代表の椅子に腰を下ろしていた。

周知のように、第二共和制は共和派の「インテリゲンツィヤ」と社会党の握手のもとに船出した。その誕生に一役買ったのがホセ・オルテーガ・イ・ガセを旗頭とし、「共和制奉仕団」（以下、「奉仕団」）を名乗る知識人たちの集団だった。ディアス・デル・モラールもまた、そのプロパガンダ活動により、一九三一年四月の地方選挙での都市部の反王政派の勝利に大きく貢献し、国王アルフォンソ一三世を亡命へと追いやる結果を招いた「奉仕団」に加わっていた。発足したばかりの第二共和制の臨時政府がさっそく国民に公約したのが、それまで悲惨な境遇のなかに放置されてきた「膨大な数の農民大衆」を救済する農地改革の実施だった。そして、スペインの「膨大な数の農民大衆」の悲劇を、一世紀にも及ぶ、大土地所有制への執拗な抗議行動を通じて最も先鋭な形で体現してみせたのが、アンダルシアにあって尋常ではない飢えにのたうつ「膨大な数の」日雇い農たちだったのである。

＊

第二共和制に参集した知識人の多くは、第二共和制に先立つ、国家と教会とが分かちがたく結びついた復古王政の時代を通じて、スペインの知的刷新の砦であり続けた自由教育学院と何らかの形で繋がっていた。農地改革や軍制改革、あるいはカタルーニャへの自治権の付与と並んで政教分離を推進した第二共和制の破壊をもくろんで決起した「もう一つの」スペインが目の敵にしたのが、「ライックな（世俗的・脱宗教的な）」原則を掲げた、このマドリードの私的な教育機関であったことは無理もない。「アカども」からの「カトリックの」スペインの解放をもくろむ「十字軍」を自称したフランコ派は、「祖国を混沌の淵に追いやった革命的な精神の親たち」として学院の面々を容赦なく断罪した。

ディアス・デル・モラールの「奉仕団」への参加は、オルテーガの要請に負うところが大きい。『騒擾史』は、フランシスコ・ヒネール・デ・ロス・リーオスらの思い出に捧げられている。ヒネールは、他でもない自由教育学院の創設者である。オルテーガとディアス・デル・モラールの親交も、この学院を取り巻く環境のなかで培われた。その限りで、ブハランセの公証人は、作家のアソリンが「知識人の共和制」と命名した新時代の本流に間違いなく連なる人材だったのである。内戦に勝利したフランコ将軍のスペインが設けた裁きの場には、ディアス・デル・モラールの人となりに関して、一九三一年の秋、形を取りつつあった憲法の宗教条項をめぐる論戦のなかで「スペインはカトリック的であることをやめた」と確かに語ったアサーニャの政党に身を寄せていた「過激派」「反宗教的な輩」との、地元ブハランセの住民たちからの証言が届けられるだろう。しかし、「社会史の先駆者」が「アサーニャの政党」、具体的には共和行動党もしくは左翼共和党に所属した事実はない。

一九三一年六月の憲法制定議会選挙に際し、オルテーガとディアス・デル・モラールの名前が、社会党執行部の推薦を受けたうえで、それぞれハエン県とコルドバ県の同党の候補者リストに掲載された事実こそは、「インテリゲンツィヤ」と社会党との「蜜月」を正しく象徴するエピソードだった。このとき、ディアス・デル・モラールは七万票以上の支持を集めて全県選挙区での首位当選を果たす。オルテーガも勝利した。この、一世を風靡した『大衆の反逆』（一九三〇）の著者は、旧カスティーリャのサモーラ県からも出馬しており、憲法制定議会には同県選出の代議士の資格において臨むことになる。

他方で、ディアス・デル・モラールはブハランセにあって公証人を務める傍ら、自身が所有するオリーヴ畑の経営に勤しむ正真正銘の農業ブルジョワでもあった。ミゲル・プリモ・デ・リベーラ将軍の独裁期（一九二三〜三〇）には、南スペインの仲間たちとともに「すべての農業経営者」の結集を企図する「農業ブロック」の形成に邁進。将軍その人の反対にあって、一つにはオリーヴ栽培業者の利益の防衛を目指した「ブロック」の試みは挫折を余儀なくされたものの、プリモ独裁から第二共和制にかけての一時期、ディアス・デル・モラールはＡＮＯ（全国オリーヴ栽培業者協会）の重要な役どころを演じている。第二共和制の誕生と前後して、国内のオリーヴ栽培業者を糾合するこの団体の書記長にまで「出世」した「社会史の先駆者」は、自身がまとめ役のはずの国会委員会が作成した農地改革法案に難色を示して独自に「私案」を公表、一九三二年五月の国会の場でその擁護演説を行なった。

その「私案」のなかで、ディアス・デル・モラールは農地改革を「土地所有の再分配」と定義づけながらも、「再分配」の主な対象を借地経営の土地に限定する。対照的に、大規模な直接経営のもとに置かれた、大量の資本や労働力の投下が自ずと必要な不動産は「再分配」の対象から除外される。旧態依然の借地経営の主体が概して旧領主貴族であったとすれば、その資産を最大の標的に仕立てた「私案」の狙いが、「膨大な数の農民大衆」の救済それ自体よりも、むしろアンダルシアの農業の合理化・発展に、さらに突き詰めれば、旧領主貴族の不動産を「生贄」に供したうえでの「ブルジョワ的な」農業経営の維持にあったことは否めない。「私案」の恩恵に最もよく与るのは収用される土地での耕作に従事してきた借地農らであり、南スペインの労働人口の主力をなす「膨大な数の」日雇い農たちは、ディアス・デル・モラールが構想する農地改革による救済の、少なくとも第一の対象ではなかった。

精彩に富んだ『騒擾史』のなかでも特に印象深いのが、土着のアナキストたちの言説が醸す「世界の破局の観念」

（ジョルジュ・ソレル）と混然一体となった、ラティフンディオ（大土地）の「再分配」の夢にコルドバ県の「農民大衆」が胸を焦がす光景である。にもかかわらず、「社会史の先駆者」の「私案」の擁護演説は、「労働者の権利」と「土地の再分配」との間に必然的な連関を認めない。日雇い農たちの権利は、差し当たり「国家」、つまり第二共和制の労働立法を通じて満足させられるべきものだった。ラティフンディオの解体に向けられたコルドバ県の「農民大衆」の、労働運動史家のエリック・J・ホブズボームから「千年王国的」と見なされた熱望のありさまを間近に観察していたにもかかわらず、ディアス・デル・モラールの「私案」とその擁護演説は、農地改革の必要性を端的に象徴するアンダルシアの「土地所有」を十全な意味で「再分配」するだけの内容に欠けていた。

農地改革の国会委員会代表のそんな態度を糾弾、「私案」を一蹴したのは、ともに南スペインが憲法制定議会に送り込んだ二人の社会党代議士。ハエン県選出のルシオ・マルティネス・ヒルと、ディアス・デル・モラールと同じくコルドバ県選出のファン・モラン・バージョである。社会党系労組ＵＧＴ（労働者総同盟）傘下の農業労働者組織ＦＮＴＴ（全国土地労働者連盟）の全国委員会書記長でもあったマルティネス・ヒルの見るところでは、直接経営の土地が収用の対象に含まれないのでは、そもそも「入植に値する土地はない」。また、モラン・バージョは借地経営に矛先を向けた同県人の議論に大土地所有制の現実の隠蔽以外の意図を見出さなかった。さらに、このマルティネス・ヒルの同志は「社会史の先駆者」の当選がコルドバ県内の社会党とその支持層、つまりは新時代を迎えてアナルコサンディカリスト労組ＣＮＴ（全国労働連合）を離れ、ＦＮＴＴ（ＵＧＴ）へと近づきつつあった日雇い農たちの支援の賜物であったという、どうやら否定しがたい「事実」を突きつけ、恩を仇で返すかのようなディアス・デル・モラールの姿勢を厳しく戒めた。

それは、一九三一年一二月に発布された憲法を通じて自らを「すべての階級の勤労者の共和国」と規定した第二共和制が生まれるうえでの原動力だった「奉仕団」の精神のあり方に、「改革の二年間」の首位政党が真っ向から異議を申し立てたひとときであったかにも見える。つい一年ばかり前には貧富の垣根を越えて、オルテーガとともに「左翼」の友愛を見事に体現してみせたはずのディアス・デル・モラールに対する「相方」からの痛罵は、一年半後の

「暗黒の二年間（一九三四～三五）」の到来に連なる「インテリゲンツィヤ」と社会党との共闘の破綻を予告していたように思われる。

農地改革を主導する立場にありながらも、ANOの書記長は無産者たちの農業経営の能力に懐疑的な態度を隠さなかった。仮に日雇い農らに土地が与えられるとすれば、それは彼ら日雇い農が「最も熟練し、如才なく、堅実な生産者」である場合に限られるという。マルクス主義を奉じる側からのことの本質を衝いた批判に晒されたにもかかわらず、ディアス・デル・モラールが考える「土地所有の再分配」には以後も何ら変わりがなかった。内戦のさなかに執筆された『第一次大戦後のヨーロッパにおける農地改革（一九一八～二九）』（以下、『農地改革』）のなかで、ディアス・デル・モラールは「大戦争」後に実施されたギリシャその他での土地の極端な細分化に基づいた農地改革の「失敗」に触れながら、完全な無産者たちへの土地の分与にはやはり否定的な結論を導き出すのである。なお、この『農地改革』は著者没後の一九六七年に子息のカルメーロ・ディアス・ゴンサーレスが序文を付して出版に漕ぎ着けた。

ディアス・デル・モラールの「階級的な」制約は、『騒擾史』の行間からも看取される。その著者は、南スペインをリベルテールたちの「金城湯池」と見なし、特異な熱狂を伴ったコルドバ県の「農民大衆」の反逆の作法を、「宗教的・ユートピア的な」アナキズムに帰依した「イマジネーションに富みながらも無教養な」アンダルシア人気質そのものの反映と考えた。ディアス・デル・モラールを「社会史の先駆者」と讃えながらも、トゥニョン・デ・ララはその眼識の曇りを指摘することをも怠らない。紛れもない農業経営者が著した『騒擾史』は、アンダルシアのラティフンディオが醸し出す否定なイメージ――粗放農法に委ねられた大農場と、貧困に苦しむ日雇い農たちの群れ――を覆す内容さえをも含んでいる。

『騒擾史』では、圧倒的なまでの貧富の格差を背景に、とりわけ南スペインにおいて猖獗を極めたカシキスモ（ボス支配）も、復古王政時代のスペインではどこにでもある現象として、ほとんど等閑に付されている。しかし、反体制派の権力獲得への回路を遮断するこの狡猾な仕掛けを無視したのでは、「宗教的・ユートピア的な」アナキズムのアンダルシアへの根づきを説明することはおそらく難しい。ついでながら、「アンダルシア」と「カシキスモ」を等号で結んだのは、ディアス・デル・モラールを政治の世界へと誘ったオルテーガである。

さらに、「私案」とその擁護演説のなかで、ディアス・デル・モラールは、グアダルキビール川の中下流域を中心に大土地所有制を確立させ、「アンダルシアの農業問題」の発現を招いた一九世紀中葉の自由主義的農地改革を、当時の立憲王政の確立に寄与したとの理由からむしろ好意的に評価する。他でもない『騒擾史』著者の曾祖父も、件の「改革」の一環としてのデサモルティサシオン（永代所有からの解放）の対象に選定された土地の集積に成功した人物である。そして、祖父と父親の代に一度は失われてしまった資産の一部の再建を成し遂げたのが、ブハランセの公証人その人だったのである。

それでもなお、ディアス・デル・モラールが農業経営者としての論理に埋没しきってしまうことはない。一九一〇年代の半ば、「ボリシェヴィキの三年間」の開幕を前に、アンダルシアの日雇い農たちを「最も無知、最も後進的、最も怠惰、それでいて〔組合のおかげで〕最も甘い汁を吸っている」連中と決めつけたホセ・スリータ・イ・カラファに、『騒擾史』の著者は「この地方のある階層に属する農業経営者たちの見解の忠実な反映」を見た。この自称「この上もなく慎み深い」レブリーハ（セビーリャ県）の農業ブルジョワと「見解」を等しくする「ある階層に属する農業経営者たち」が「それほど多くない」ことに、ディアス・デル・モラールは慰めを見出そうとする。一九一九年五月の戒厳令の布告を追い風に、「三年間」は大地主たちの勝利に終わる。「三年間」のことの顚末を「あらゆる社会的な営みに不可欠な、強靭で持続的な努力のできない大衆の無自覚・無教養」と総括しながらも、ディアス・デル・モラールには少なくとも貧しい者たちへの「階級的な」敵意を剝き出しにしたスリータのような言動は見当たらない。

それまではまったく無名の集落だったカディス県のカサス・ビエハス（現ベナループ‐カサス・ビエハス）を舞台に、第二共和制の行方を大きく左右する惨劇が突破した一九三三年一月。ディアス・デル・モラールは、「アンダルシアの土地はアンダルシアの日雇い農たちの手に」がモットーの、ブラス・インファンテ・ペレスら南スペインの地域ナショナリズムの面々がコルドバに招集した集会に足を運ぶ。さらに前後して、四ヵ月前にともかくも農地改革法を成立させていた「改革の二年間」に敵対する姿勢も露わな県内の有力な農業経営者たちが顔を揃えた、同じコルドババでの会合の場に姿を見せ、やや及び腰ながらも（！）第二共和制の事業への支持を訴えたのも、確かに「社会史の先駆者」だったのである。

それから三年後、「社会史の先駆者」は第二共和制最後の総選挙に先立って人民戦線への支持を表明した。一九三六年七月、ビスケー湾に臨む北スペインのサンタンデールで軍事クーデタの知らせに接したディアス・デル・モラールは、一旦フランスに逃れた後、改めて家族が待つマドリードへと向かった。フランコ派の怒濤の進撃にあってマドリードの陥落がもはや時間の問題かに思われた同年の秋、バレンシアに居を移す。『農地改革』が著されたのも、この第二共和制の新たな首都においてである。内戦の間も「先駆者」は政治活動を断念せず、ディエゴ・マルティネス・バリオの共和主義同盟に籍を置いた。

ディアス・デル・モラールは、一九三四年の春にＡＮＯの書記長を辞任している。数ヵ月後にこの団体のコルドバ県支部が発足した折、メンバーのなかにサルバドール・ムニョス・ペレスが含まれていた。ムニョス・ペレスは、一九三六年七月一八日の県庁所在地での軍事クーデタの電撃的な成功と同時にフランコ派初のコルドバ市長に就任する。コルドバ県のアダムース在住の、このディアス・デル・モラールの同業者は遅くとも「ボリシェヴィキの三年間」以来の農地改革反対の急先鋒であり、人民戦線の勝利をきっかけにいよいよ具体化したコルドバにおける第二共和制破壊の策謀に深く関与していた。ＡＮＯを舞台にしての二人のオリーヴ栽培業者の「すれ違い」は、単なる偶然にすぎなかったのだろうか。

ディアス・デル・モラールは、内戦に勝利した「もう一つの」スペインから政治責任法に従って裁かれる対象とされたものの、第二共和制期の政治活動を理由に厳罰に処せられる事態ばかりは免れた。その際に大きくものを言ったと思われるのが、例の「農業ブロック」のマニフェストは自身が執筆したもの、との弁明だった。プリモ独裁の検閲を通過したうえで印刷に付された件のマニフェストのなかにその名前が見える、結局は流産する定めが待っていた「ブロック」のコルドバ県代表の肩書きの持ち主は、同県の農業会議所の代表を務めた経験もある、カストロ・デル・リオのホセ・リオボ・ススビエーラス。コルドバでの軍事行動の当日、その指導者のシリアーコ・カスカーホ大佐らが陣取る兵営に駆けつけることになる県内の有力な農業経営者のなかの一人である。

また、ディアス・デル・モラールは「奉仕団」に自分が参加した理由に関して、「新しい体制が極端な方向に走る可能性を封じるとともに、農業経営、とりわけオリーヴのそれの利益を守るため」との釈明を行なっている。農業ブルジョワとしての自身の顔を前面に押し出す「戦略」に則って弁明に努めた結果、ディアス・デル・モラールの共和派としての足跡が、もちろんすべてではないにせよ帳消しにされたことは確かである。しかし、「もう一つの」スペインにあって、「過激派」「反宗教的な輩」は不遇をかこつ他はない。ムルシア県のカラバーカ・デ・ラ・クルースの公証人役場への異動を命じたフランコ独裁の人事は、一人の知識人の第二共和制期の営為に向けられた報復措置以外の何ものでもなかった。

自らに死の影が着実に忍び寄りつつあった一九四八年の春。マドリードでしたためられたコルドバの友人宛ての手紙のなかで、ディアス・デル・モラールは自分が満を持して世に問うた、「他のどんな書物も言及していない」コルドバ県の労使紛争に光を当てた『騒擾史』が地元のジャーナリズムから黙殺された過去を苦々しく振り返っている。『騒擾史』の最初のリプリント（縮刷版）が同胞の手許に差し出されたのは、奇しくも（?）『農地改革』が上梓されたのと同じ一九六七年のこと。当時フランコ将軍は依然として健在であり、鬼籍に入って既に久しかった「社会史の先駆者」自身が脚光を浴びるときはまだ訪れていない。

参考文献

Maurice, Jacques, "Juan Díaz del Moral (1870-1948): historia social y reforma agraria", *Historia Agraria*, núm. 50, 2010.

アントニオ・バラガン・モリアーナ「ディアス・デル・モラールの政治的軌跡」（渡辺雅哉訳）、『西洋史論叢』第二四号、二〇〇二年

渡辺雅哉『改革と革命と反革命のアンダルシア――『アフリカ風の憎しみ』、または大土地所有制下の階級闘争』皓星社、二〇一七年

V　アナキズムとスペイン内戦

スペイン・アナキズムの歴史と現代への示唆

森川　莫人

一八六八年一〇月、アナキズム思想を宣伝すべくイタリア人アナキストのジュゼッペ・ファネッリがスペインに到着した。九月革命でイサベル二世が逃亡し、「革命の六年間」が始まった時期だった。ファネッリはスペイン語を話せなかったが、その演説は聴衆に大きな感銘を与え、アナキズム思想はマドリーとバルセロナの労働運動の根幹思想として徐々に根付き始める。マドリーではアンセルモ・ロレンソを中心に、フリーメーソンを含む様々な傾向と接触。一八七〇年初頭にはメンバー数二千人を公言し、『連帯』という雑誌を出版する。労働組合が勃興しつつあったバルセロナではファルガ・ペリィセルを中心に、一種の加盟戦術を使い、既存の労働者連合センターを、そして連合センターの機関誌『連合』をも乗っ取った。『連帯』と『連合』、そして地方への宣伝者によってアナキズム思想は他の地域へも広がっていく。

この運動には様々な傾向の人々が参画していたが、その中核はアナキストだった。ペリィセルはバクーニンと連絡をとり続け、国際労働者協会（第一インターナショナル）のバーゼル大会に参加し、バクーニンの国際同胞団（後の社会民主同盟）のメンバーとなる。彼等は国際労働者協会に加盟し、スペイン地方連合と名乗り、一八七〇年に第一回大会を開催する。この大会で職業の組織と地域社会の組織から成る二重構造（後年のサンジカリズム組織を先取りした構造）が示される。各地でスペイン地方連合の雑誌や新聞が発刊されるが、支部の反応の悪さ・慢性的な資金欠如によって運動は遅々として進まず、バルセロナで流行した黄熱病のために組合員数も激減。中心的な活動をしていたアナキストの間にも軋轢が生じる。さらに、一八七一年のパリコミューンのあおりを受け、警察による弾圧が始まる。一八七〇年の大会で選出されたスペイン地方連合の評議会はその年の六月にポルトガルへ移動した。ポルトガルでアナキズム思想を広めたものの、スペインの情況は危機的になっていた。
スペインに戻った評議会は、この情況を打開するため組織構造をもっと中央集権的なものに変更した。これは、後年スペイン社会党を結党するパブロ・イグレシアスのような権威主義者の影響だった。徐々にこうした権威主義者とロレンソのような反権威主義者との対立が明確になる。一八七一年一二月にマルクスの娘婿ポール・ラファルグがマドリーに送り込まれ、この対立が激化する。一八七二年六月三日にマドリー支部から権威主義者が除名された。同年九月二日、バクーニンとギョームが国際労働者協会から除名され、バクーニン派の同志たちはスイスのサンティミエで独自の国際労働者協会を設立した。スペイン地方連合はこの新しい協会に加盟した。こうした背景により、連合評議会は反権威主義を全面に打ち出せるようになった。一八七二年春、評議会メンバーは不測の事態に備え、地下組織を作るべく地方支部を巡回した。一八七二年一二月二五日に、第三回スペイン地方連合大会をコルドバで開催し、中央集権的組織体制を放棄して完全に分権型の組織になった。連合評議会は単なる連絡・統計委員会に縮小された。職業の組織も地域社会の組織も主権を有する独立団体へと昇格し、全国組織への所属をいつでも破棄できるようになった。

一八七三年二月十一日、アマデオ国王が王座を放棄し、スペインの第一共和制が成立した。第二代大統領になった連合主義者のピ・イ・マルガルはスペインを「連邦共和国」にすると宣言したものの、中途半端な政策しか打ち出せず、連合主義陣営の非妥協派とカントナリスタ（自治州主義者）が各地で反乱を起こす。ピ・イ・マルガルは辞職するが、反乱は拡大。スペイン地方連合は規模も小さく、この反乱で大きな役割を果たしてはいなかったものの、現場レベルでカントナリスタと協力し、一部の地方ではメンバーが蜂起の主導的役割を果たした。バレンシア州南部のアルコイでは、スペイン地方連合のメンバーが中心となって七月七日にゼネストを決行。市役所との団交で警察が挑発したことで九日に暴動へと発展し、遂に市役所を乗っ取った。スペイン地方連合のメンバーはアルコイの町を管理するための福祉委員会を設置し、接近しつつある軍との交渉を行い、一二日に有利な条件で降伏した。この事件はスペイン中にセンセーションを巻き起こした。パリコミューンのイメージと共に、公然たる革命的労働者階級組織が指揮した武装蜂起が初めて起こったからである。混乱する内外情況の中で、軍のクーデターが起こり、第一共和制は崩壊する。一八七五年一月に王制が復活し、「革命の六年間」は終わりを告げる。スペイン地方連合は激烈に弾圧され、消滅した。そして、献身的なアナキストだけの小規模な蜂起主義組織に転換した。だが、一般の労働者は蜂起主義を受け入れず、バルセロナなど北部工業都市の労働者はもっと穏健な労働運動へ向かっていった。スペイン南部はそれまで連合主義運動が隆盛だったが、カントナリスタ蜂起を政府が弾圧したことで連合主義者がアナキストに転向した。そして、都会の弾圧を逃れてやってきたアナキストたちがこの地方で宣伝活動を行った。この地方の情況を背景に、アンダルシアにはアナキストの秘密結社が蔓延していく。

一八八一年二月に比較的穏健なサガスタ内閣が成立すると、全国的な労働者連合を再建する動きが現れ、九月二四日にスペイン地方労働者連合が設立された。しかし、この連合は本質的に労働組合主義であり、アナキズムを理想と掲げながらも戦闘的ストライキの実行を厳密に制限した。

翌年にセビーリャで行われた第二回大会ではカタルーニャの労働組合主義者とアンダルシアのアナキストの間で激しい論争が行われる。産業都市のアナキズムはサンジカリズムの傾向を強め、農民アナキズムは伝統的プエブロが持つ道徳的要素を保持していた。サンジカリズムの立場をバルセロナのホセ・リュナスが、無政府共産主義の立場をセビーリャのミゲル・ルビオが主張した。「廃嫡者」というアンダルシアのグループは、連合の日和見方針を非難して連合を離脱。直接行動に従事する独自の組織を形成した。そうした中、スペイン南部でマノ・ネグラ（黒い手）騒動が起こる。アンダルシア地方のブドウ園労働者がストライキを行っていた最中、治安警備隊が、大規模な秘密組織マノ・ネグラが地主全員を虐殺しようとしている、と発表したのである。でっち上げの可能性が高いにも関わらず、多くの闘士が投獄され、アンダルシアの運動も労働者連合も崩壊していった。また、アナキストの間で起こった組織と戦術を巡る激しい論争も労働者連合の崩壊を加速させた。スペインでクロポトキンの著作が翻訳され、入手できるようになったのは一八八〇年代に入ってからだった。クロポトキンは当時「行為による宣伝」を強調しており、また、亡命してバルセロナにいたイタリア人無政府共産主義者たちも純正主義組織とテロリズムの重要性を強調していた。アナキストの間で純正主義組織とテロリズムの強調について激しい論争が起こったのである。

労働者連合に代わって出現したのが、全くアナキストだけの組織とイデオロギー的に緩やかな労働組合だった。前者のスペイン地域アナキスト機構は一八八八年九月にバレンシアで設立され、その見解は主として無政府共産主義だった。構造的に後のＦＡＩ（イベリア・アナキスト連盟）同様、親しい仲間同士の小グループの連合で成り立ち、主に、アナキズムの宣伝活動と個々の転向者を味方に引き入れるという地道な活動を行っていた。一方、労働組合運動は、経済闘争に焦点を当て、一八八八年にスペイン地方団結・連帯同盟を組織した。この新組織は主としてカタルーニャの運動であり、戦闘的サンジカリストの影響下にあった。こうした組織が創設されたものの一八九〇年代はテロリズムの時代となった。

一八九一年五月一日、団結・連帯同盟の呼びかけで一日八時間労働制を求めたストライキが行われた。この最中に最初の爆弾事件が起こる。そして、一八九二年一月八日の深夜、南部のヘレス・デ・ラ・フロンテーラで暴動が起こり、四人が絞首刑にされる。この報復として七ヶ月後にアンダルシアのアナキスト、パウリノ・パリャスがバルセロナで将軍爆殺未遂事件を起こし、銃殺刑に処せられる。一一月七日には彼の友人のアナキストがバルセロナの劇場の天井桟敷から爆弾を投げ、絞首刑となった。その後も爆弾事件は続く。警察は、アナキストと労働者闘士だけでなく、共和党員と一般の反教権主義者をも一斉検挙した。四百人以上がモンジュイックの地下牢で拷問を受けた。拷問は新聞で暴露され、欧州と南米から莫大な抗議が殺到する。一八九七年八月八日、首相がイタリア人アナキストに銃殺された。一八九九年、モンジュイックでの残虐行為に対する抗議行動を受けた大赦によって、投獄されていた人々の多くが解放された。その中には、その英雄的行動から「聖者」と呼ばれていたアナキスト、フェルミン・サルボチェアもいた。

一八九六年に団結・連帯同盟は解散した。アナキスト機構は混乱状態だった。労働者は数年前に参加した時と同じぐらいの早さで組織を離れ始めた。アナキストの大部分は一九〇〇年までにテロリズム戦術を放棄し、社会的目標を達成するための教育の重要性を強調し始めた。この時期、アナキストが影響を与えていた地域で教育プロジェクトが全盛となった。その最も有名な活動がフランシスコ・フェレルの近代学校である。一九〇一年九月、フェレルは近代学校をバルセロナに設立した。

同じ時期、増大する経済諸問題とフランス流サンジカリズム思想が合流して、すぐに、新たなアナキズム系労働者組織が形成された。マドリーの煉瓦職人組合の主導で会議が開催され、スペイン地方労働者協会連合が組織された。この組織はバレンシア・セビーリャ・サラゴサなどアナキズムの拠点となっている場所で起こったゼネストの波に乗った。アンダルシアでは、町から町へとストライキが広がり、無政府共産制だけを要求した場合やヘレス暴動を連想させる小規模な蜂起もあった。

労働者協会連合は、一九〇一年一二月の金属加工労働者のストライキに連帯して一九〇二年二月にゼネストを行った。このゼネストは何の要求も掲げず、指導部もなかった。純粋に金属加工労働者への連帯のゼネストだった。ゼネストは丸々一週間継続し、ほとんどが平和的に行われた。一九〇三年にはさらに多くのストライキが行われたが、弾圧により労働者協会連合は崩壊していく。それでも指導的な労働者たちは繋がりを保ち続け、一九〇七年八月三日に「労働者の連帯」をバルセロナで設立し、一〇月には同名の新聞を発行し始める。数は少なくとも先鋭的な闘争を雇用主と行い、一九〇九年春には一九〇二年と同様の情況になっていった。五月一五日、テル渓谷のルシニョール工場が閉鎖され、八〇〇人の労働者が解雇された。連帯のストライキが七月二六日から八月一日まで続き、バルセロナは全面蜂起の様相を呈した。悲劇の一週間である。指導部はなく、兵士も発砲命令を拒否した。バリケードが労働者階級地区で急造され、武器が分配された。教権に対する憎悪から多くの教会や教会関連施設が破壊された。バルセロナの孤立を利用して政府は事実を歪め、カントナリスタの運動だと伝えたため、他の地域からの支援はほとんどなく、バルセロナの戦闘は七月三一日に終わった。軍法会議で多くの労働者が告発され、五人が処刑された。その一人がフェレルだった。フェレルは冤罪だった。この処刑に対し欧州全土でデモが行われ、このために政権は失脚する。政府はこの反乱を口実として、カタルーニャの労働組合を弾圧し、新聞の発行を停止し、地方の私立学校を閉鎖した。こうした施策がカタルーニャのプロレタリア階級をさらに急進化させ、労働運動におけるアナルコサンジカリストの影響力を増加させた。

一九一〇年一〇月二一日に政権が交代し、弾圧が緩められると、労働運動は復活する。一九一〇年一〇月三〇日、スペイン中の地方連合から代理人がバルセロナに集まり、非公式の意見交換を行った。再建されたカタルーニャ労働連合はこの集会でCNT（全国労働連合）設立を呼びかけ、CNTは一九一一年九月八日から一一日に創立大会を開催した。CNT創立から五日後、ビルバオのストライキを支持するべく、そしてモロッコでの戦争に対する抗議として、CNTはゼネストを呼びかける。全国規模のゼネストは弾圧され、CNTは地下に潜ったが、その後も様々な工場でストライキを行い、運動を継続した。第一次世界大戦勃発でCNTは反戦の立場を貫き、継続的に弾圧されたものの、地下活動を続けた。

第一次世界大戦後の物価高騰と軍の不満を背景に、スペイン国内の様々な傾向が同盟を組むようになり、CNTの穏健派サンジカリスト傾向のメンバーはUGT（労働者総同盟〔一八八八年に結成された社会党系労働組合〕）との共同行動を促し、一九一七年八月一三日にゼネストが呼びかけられた。大部分の地方では数日で鎮圧されるが、いくつかの地方で全面蜂起の様相を呈した。

そしてロシア革命である。スペインの労働者はロシア革命の高揚感を共有し、支配階級は恐怖におののいた。この高揚感と共にCNTは成長した。一九一八年冬、アナキストは独自に全国大会を開催し、アナキストがCNTに参加し、革命化する方針が決議された。

スペイン南部にもCNTのアジテーションが広がり、紛争が頻発した。この時期は「ボルシェヴィキの三年間」と呼ばれる。一九一三年の春にコルドバで創設されたFNAE（スペイン農民全国連合）は一九一九年にCNTに吸収される。最終的に一九一九年五月に政府が一個師団を南部に送り、すべての反抗的な町や村落を制圧した。南部は鎮圧されたが、北部の弾圧は逆効果だった。CNTの組合員数は増加し、地下組織ながらも成長し続けた。この時点で英国系カナダ資本の水力発電企業（カナディエンセ）のストライキが始まった。事務員が賃金カットを理由に会社側と紛争し、八人が解雇され、一九一九年二月八日に事務職員全員が座り込みを始めた。これに連帯したストライキがカタルーニャ全土で起こる。三月一七日に労働者側と経営者側が合意に至り、労働者は賃上げ・労組の承認・解雇された労働者の職場復帰・一日八時間労働制を勝ち取った。しかし、投獄されて裁判中の労働者は解放されなかった。ストライキ参加者の集会では、差し当り仕事に戻るが全ての囚人を釈放しなければストライキを再開すると決まった。政府は囚人を釈放せず、三月二四日に再びゼネストが始まる。政府は弾圧を強め、警察はCNTメンバーやストライキ委員会を見つけ次第全員検挙した。ストライキは徐々に縮小し、四月七日には本質的に終結した。

CNTは一九一九年一二月一〇日にマドリーで第二回全国大会を開催した。組合員数は七〇万人を越えていた。この大会で、CNTは無政府共産主義への信条を明言し、それまでの職業と地方という二重組織構造を破棄し、都市毎・地域毎の単一労働組合を基礎とした諸連合から成る分権型組織へと再編された。CNTはさらに全国的な様相を帯び、カタルーニャとアンダルシアを超えて拡大する。

大会の最大の問題は、UGTと共産主義インターナショナルに対する関係だった。アストゥリアス地方とカスティーリャ地方はUGTと融合したいと考えていた。アンダルシアやその他の地方は猛烈に反対した。評決では融合派は敗北したが、棄権票も非常に多かった。共産主義インターナショナルは暫定的に支持する、とされたものの、その後、クロンシュタットの弾圧やロシアを訪問した人々の報告から、CNTは共産主義インターナショナルと距離を置き、ベルリンで創設されたサンジカリスト組織AIT（国際労働者協会）に加盟する。後にPOUM（マルクス主義統一労働者党）を設立するホアキン・マウリンはレリダ地域のCNTに加盟していたが、アンドレウ・ニンと共にロシアを訪問した際にボルシェヴィキに感銘を受け、共産党系のグループを設立し、当時創設されたばかりのスペイン共産党と合同した。

比較的孤立していたアナキスト集団も地方連合を形成し始めた。アンダルシア地方アナキスト連合は一九一七年に設立され、カタルーニャやその他の地方でも連合ができていた。これらの連合は最終的に緩く組織された全国アナキスト集団連合に集結し、その後にフランスで亡命者の連合が設立された。これら二つの連合がFAIの基礎を形成することとなる。

カナディエンセのストライキを境に、暗殺戦術が雇用主側とアナキスト側双方で行われるようになる。一九一九年後半から雇用主側によるCNT闘士の暗殺が増加し、同時に、アナキスト行動グループによる暗殺や襲撃も増加した。アナキスト行動グループの一つが、ドゥルティもメンバーだった「ソリダリオス」である。武装したアナキストと雇用主に雇われた暴漢との獰猛な抗争で、多くの労働組合員だけでなく、多くの官僚・雇用主・国家の要人の命が奪われた。国会議員からアナキスト闘士に至るまで誰もがリボルバーをポケットに入れ、大規模組織の殆ど全てに一種の民兵組織があった。こうして内戦を生み出す社会的雰囲気が醸成されていく。

一九二三年九月一三日に独裁政権が誕生すると、その翌日にCNTはゼネストを宣言した。しかし、軍によって直ぐに鎮圧されてしまう。一九二四年五月七日、アナキストがバルセロナ警察当局者を暗殺し、警察はCNT委員会メンバーとアナキスト集団のメンバーを見つけ次第一斉検挙した。だが、アナキスト行動グループは武装攻撃を独裁に対して繰り返し試みる。「ソリダリオス」は一九二四年夏にパリを公式訪問していたスペイン国王の誘拐未遂事件を起こす。こうした行動の一方で、一九二五年五月に戒厳令が解除されると、サンジカリズムやアナキズムの理論誌、芸術家やナチュラリストも関わる様々なアナキストの刊行物が出現し始めた。

CNT内部では穏健派と武闘派との対立が大きくなっていた。CNT全国委員会は穏健派サンジカリストが占めていた。穏健派に対抗すべく、全国的なアナキズム運動を復活させる活動が行われた。一九二七年七月二四日と二五日、アナキストの秘密会議がバレンシアで開催され、FAIが設立される。FAIメンバーは全員がCNT労組に参加することになっていたが、FAIそのものの基本単位は親和グループだった。一つの親和グループが一二人以上の数になることは滅多になく、個々のメンバーは、共通の社会原則だけでなく、共通の個人的傾向でも引き寄せ合っていた。親和グループが地域レベルと地方レベルで連合し、地方連合は半島委員会で結合する。半島委員会は組織の合意事項を執行するだけだったが、FAIの声明は半島委員会の名で示された。この組織はその秘密性を注意深く守り、一九二九年一二月までその存在を公にしなかった。穏健派が戦闘的アナキストを非難しながら新しいCNT諸原則を要求し、CNTの合法化を図っている段階で、半島委員会は初めて公に声明を出した。

一九三〇年一月、独裁制瓦解の兆しと共に、多くの労組は非合法ながらも公然と活動し始めた。しかし、穏健派とアナキスト闘士との葛藤は消滅しなかった。穏健派は共和国の枠組み内で用心深く協調的な戦略を進めようとした。アナキスト闘士は、独裁であろうと、君主制であろうと、共和国であろうと、国家に反対する方針を支持した。

一九三〇年八月三〇日、ＣＮＴは合法化され、機関誌も復活した。組合員数も徐々に回復し、一年後には五〇万人になった。そして、一九三一年四月一二日の選挙でスペイン第二共和制が成立する。ＣＮＴは六月一一日にマドリーで臨時全国大会を開催した。穏健派サンジカリストが統制する全国委員会は、産業別・専門技能職別の全国連合による組織再編、民主的権利、宗教と無関係の学校、ストライキ権の必要を宣言した最小限綱領などを提案した。ＦＡＩメンバーは即座の革命を提案したが承認されず、全国委員会の提案が承認された。しかし、大会の出席者やＣＮＴの一般組合員は、独裁と君主制の急速な崩壊・経済危機の深まり・民衆の不穏状態という社会状況を背景に、ＦＡＩの革命的姿勢に傾倒するようになっていた。

七月四日、電話通信労働者がストライキに突入し、電話通信業務が完全に遮断された。平穏にストライキをしようとしていた労組指導者をよそに、武装した労働者が電話会社のビルを攻撃し、戦闘が勃発した。労働大臣（社会党）はストライキを違法だと宣言し、ＵＧＴはスト破りを派遣した。セビーリャでは七月二〇日にゼネストが勃発し、戒厳令が敷かれた。ＣＮＴ本部は攻撃され、九日後、重装備の警察分遣隊が街路をパトロールし、ゼネストは終わりを迎えた。

こうした出来事によってＣＮＴはさらに二極化した。ＦＡＩにとっても大部分のＣＮＴ闘士にとっても、共和国は君主制や独裁制と何も変わらなかった。ＦＡＩは、政府に対する全面的社会戦争を呼びかけた。一九三一年八月、穏健派の三〇人がＦＡＩの陰謀主義的で極端な革命政策を非難する「三〇人宣言」に署名した。そして、この宣言に同調する労組と共にＣＮＴを脱退し、「反対派労組」を結成する。

穏健派の脱退後、ＦＡＩはアナキスト行動グループが軍事作戦を行うための全国防衛委員会を組織し、暴動を開始する。暴動のニュースに触発され、スペイン南部の貧しい村、カサス・ビエハスのアナキストが無政府共産主義を宣言して村を乗っ取った。重武装した治安警備隊と軍隊によって住民の大部分が虐殺され、スペインのほぼ全ての地域社会が憤慨した。国内の自由主義者や社会党は左翼へ、中産階級は右翼へと押し流された。CNTは投獄されている闘士を釈放すべくストライキを行い、全国にその波が広がる。共和国政府はカサス・ビエハス事件の九ヶ月後に辞職した。CNTは「投票よりも社会革命を」というスローガンの下、反選挙キャンペーンを行った。その結果、一九三三年一一月の選挙で右翼が連合政権を樹立する。一九三三年一二月八日、国会開会初日にCNTとFAIは蜂起を行うことにした。だが、政府は緊急事態宣言を出して、主導的なCNT・FAIメンバーを逮捕し、新聞を検閲し、労組を閉鎖した。四日間で蜂起運動全体が粉砕された。不充分な準備の蜂起・散発的な衝突・長続きしない局所的勝利・軍による迅速な勝利というFAIの暴動サイクルは終わった。ここから先、スペインのアナキストは勢力の回復とメンバーの団結に専心する。

カタルーニャでは、UGTや反対派労組等の労働者組織が一九三三年一〇月に同盟を形成していた。CNTは警戒して参加しなかったが、アストゥリアスのCNT支部は自主的に地域のUGTと同盟関係を結んだ。これがアストゥリアス鉱山労働者の一〇月蜂起のお膳立てをした。

一九三四年一〇月四日の夜にアストゥリアス地方の町でサイレンが鳴り、鉱山労働者が治安警備隊と突撃隊の兵舎を攻撃してストライキが開始された。治安警備隊と突撃隊が降伏すると、労働者の縦隊は様々な町を占領しながら移動し、一〇月六日に州都オビエドを攻撃した。銃を持たない鉱山労働者はダイナマイトを手に闘った。数日の内に、鉱山労働者はアジェール川とナローン川流域の大部分の町、オビエドの殆ど全て、工業都市ラ・フェルゲラを占拠した。アナキストもこの同盟のスローガン「プロレタリアの同胞、団結せよ」（UHP）の下で蜂起に参加したが、裏切られてしまう。政府軍に抵抗すべくアナキストが武器を求めても、社会党と共産党は完全に無視したのだった。

アストゥリアス蜂起は一〇月一八日まで続いた。鉱山労働者の行動は尊厳と道徳に溢れていた。ブルジョアは労働者と同じ量の食糧配給を受け取った。医師は、政府軍の負傷者も革命軍の負傷者も同じように治療するよう指示された。ノンポリの中産階級や専門職を革命民兵が命がけで保護した。生き残った兵士と司祭は、革命委員会指導部が司祭と捕虜の暗殺を妨げ、多くの命を救う治療活動をしたと証言している。アナキストが管理していた町ラ・フェルゲラでは、労働者が民衆集会を開催し、この工業都市の経済を社会化した。住民は区に分かれ、それぞれの区で供給・分配委員会を選出した。委員会は区の消費ニーズを決定し、輸送機関を管理し、都市の医療・衛生ニーズに関わる責任を負った。アストゥリアスの鉱山労働者と工業労働者は、様々な地域で地元経済の直接管理を確立し、アナキズムの方針に従って地域社会を構造化した。アナキストが示した前例と、長年にわたる宣伝と教育のおかげだった。

社会党はこれに匹敵する諸機構を創設できなかった。ミエレスという町では、共産党が権威主義の戦争委員会を設立し、この町の革命委員会を無効にした。社会党と共産党はアストゥリアスの町に対する党派的統制に没頭していたため、オビエドで戦うはずだったマルクス主義民兵は政治目的で待機させられた。フランコ将軍は政府から蜂起鎮圧を命じられ、スペイン史上初めてムーア人傭兵部隊と外国人部隊を国内で使った。蜂起に伴って報道検閲が行われていたが、蜂起鎮圧に際して行われた拷問の情報が徐々に漏れ、スペイン中を震撼させた。

アストゥリアス蜂起の余波が続く中、賭博合法化に関わるスキャンダルが明るみになり、相続税増税に関わる連立内閣内の意見の食い違いから一九三五年一二月一四日に内閣が辞職。二月一六日に総選挙が行われることになった。右翼政党に幻滅した自由主義政党や共和主義政党は左翼に流れ込み、社会党との同盟を結び、共産党やPOUMも参加して一九三六年一月中旬に人民戦線協定が結ばれる。

一方、CNTは独自の現実政策に取りかかり始めた。CNTは人民戦線に何の期待も持っていなかったが、選挙で右翼が勝利すればほぼ確実に左翼は弾圧される。CNTはアナルコサンジカリスト勢力の再結集を模索し、以前分裂した反対派労組や三〇人グループ、実用的な労働組合主義者との団結を模索した。UGTとの同盟も求めたが、無駄だった。

CNTは人民戦線に完全に敵対したわけではない。選挙が近づくにつれ、CNTとFAIはそれまでの反政治スタンスを緩和させ始めた。そして、一九三六年二月の選挙で人民戦線側の政党が勝利する。

一九三六年二月に人民戦線内閣が形成されて一週間で、労働者の群衆が刑務所を開放し、同志を釈放した。UGT

とＣＮＴは広範囲で即時の恩赦を求めてゼネストを宣言した。その後の五ヶ月間、スペインはストライキ・大規模デモ・対立する群衆間の街頭闘争・殺し屋集団間で繰り返される銃撃戦・土地の奪取・人民戦線政党内部と政党間の党派的策動で大きく揺れ動いた。右翼と左翼の両極は極度に分裂し、政府は右翼だけでなくＣＮＴもＵＧＴも弾圧した。まさに革命寸前だった。

この状況下でＣＮＴはサラゴサで全国大会を開催した。サラゴサ大会は一九三六年五月一日から一〇日間続き、ＣＮＴの歴史の中で最も重要な会議の一つとなった。反対派労組をＣＮＴへ戻しただけでなく、無政府共産主義社会の性質について重要な議論が行われたのである。

一方、軍と一部の政治家は三月に会合を持ち、軍部蜂起を計画していた。ＣＮＴは選挙直後の二月一四日に右翼分子のクーデターを予言しており、四月には、事実を把握した人民戦線側の党員が軍の反乱を警告した。しかし、大統領は取り合わなかった。軍がクーデターを宣言するまで人民戦線政府は積極的な準備をしなかった。

バルセロナの労働者は本気で準備をしていた。州政府を無視し、ＣＮＴは労働者階級全体に厳戒態勢を取らせた。停泊中の船から武器を奪い、武器庫を襲い、造船所からダイナマイトを奪取した。そして、七月一七日を迎える。

ここまで雑駁に概観した通り、内戦に至るまでのスペインのアナキズムは幾度も弾圧と復活を繰り返してきた。その生命力は現代では考えられないほどのものだった。この歴史的経過は現代日本とどこまで関係しているのだろうか。現代の日本に少なくともこのような革命的動乱状態はない。ゲーム感覚で恐るべき兵器を投下できる時代に、スペイン内戦のような闘争は起こり得まい。格差がどれほど拡大しようと、資本主義に完全制圧され、ストライキは迷惑に思われている。ゼネストにいたっては死語になってしまったようだ。ＦＡＩが存在したとしても、現代のマスコミ報道にかかれば、完全にテロリスト扱いされるだろうし、実際にアナキストの行動はテロリスト扱いされている。最大のテロリストは国家や政府だというのに。

だが、本当に関係ないのだろうか？　自治と自由の理念は消滅してよいのだろうか？

一八六九年一月二四日、ファネッリは、個々人やグループが自身の努力・自身の価値観によって発展することで、個々人・地域の特性を失わずに、多様な要素の総和である全体を産み出すと述べていた。スペインは地理的にも地域産業的にもまさにこの言葉に合致していた。ガリシア・バスク・カタルーニャ・アラゴン・カスティーリャ・エストレマドゥーラ・アンダルシア・バレンシア・ムルシアといった気候も風土も異なる地域で、様々な産業が発展していた。そしてプエブロだ。この言葉は村落と共に民衆をも示し、ピット‐リバーズによれば「ギリシア語の単語であるポリスは、訳語としていかなる英語の単語よりもはるかに『プエブロ』に近い。というのもこの共同体はただ単に地理的あるいは政治的単位であるというだけでなく、あらゆる文脈において社会の単位なのである。プエブロは人間関係の完結性をそなえ、そのことがまた逆にプエブロをあらゆる社会思想の根本概念にしている。」（邦訳書、四二頁）伝統的に各地域にはフエロ（地域特別法）もあった。これは地域ごとの慣習法であり、国家や国王の命令に対して地域が抵抗できるようにしていた。高度に民主的な社会管理指針がフエロによって与えられているのに、遠く離れた官僚主義的匿名国家にスペイン人が求めるものなどなかったのだ。つまり、スペインは本来的に地方分権型自治体連合の要素を充分持っていたのである。ファネッリは刺激を与えれば良かったのであり、アナキストは常に日和見主義に陥りがちな労働組合運動にこの要素を注入し続けたのであり、地中海沿岸南部のムルシアからバルセロナにきた人々（ムルシアノス）は産業革命前のプエブロ文化を都市に持ち込み、絶え間ない発酵作用をもたらしたのだった。

日本の歴史にも同様の伝統が見いだせる。住民自治が保たれていた時代は確かにあった。復活させるべきは住民自治の伝統ではないか。村落が持つ否定的な側面は充分理解している。しかし、真の革命が外国の伝統だけから起こるとは思えない。ファネッリがそうだったように、マフノがそうだったように、アナキズムのプロパガンダは地域の伝統を刺激してこそ有意義ではないか。少なくとも初期のスペインのアナキストは、自分のライフスタイルをアナキズム思想に即したものにしようとするだけでなく、プエブロからポジティブな特徴を取り出し、村落生活が持つ相互扶助の側面に基づいて未来の概念を構築しようとしていた。スペインのアナキズム史家、アグスティン・ギリャモンは次のように述べている。「革命的プロレタリア階級の観点から書かれた真の階級闘争史を明らかにすることは、それ自体で既に歴史の闘争、革命史の闘争です。階級闘争の一部となる闘争です」（二〇一三）。地域の民衆自治の伝統を掘り起こすことも同じではないだろうか。

また、スペインのアナキストは常に全国的な連合を模索してきた。弾圧をされながらも、穏健な時代になると必ず組織を希求してきた。様々な組織構造を試し、常に下部が意志決定をできる組織構造を示してきた。教育・ストライキ・暴動・暗殺といった多様な戦術を使いながら、その理念を現実にしようとしてきた。大規模な組織を求める必要はない。周囲に仲間がいるのであれば、親和グループから初めることもできる。ストライキや暴動はできないとしても、学習会の開催やミニコミ誌の発行などを行うことはできる。顔を突き合わせた関係の中で、ある種の文化を育むことは今でも可能だと思う。当然、対立や分裂もあるだろうが、オルタナティブな場が在り続けることは重要ではないだろうか。

現在でも、メヒコ南部のサパティスタやシリア北部のロジャヴァのように自治を実践する運動は続いている。資本主義の終焉が幾度となく叫ばれ、世界の情況が混沌としている今、権力が破壊されるまで権力を分割しさらに再分割するために行えることは増えているのではないだろうか。

参考文献

ジョージ・ウッドコック『アナキズムⅡ』（白井厚訳）、紀伊国屋書店、二〇〇二年
川成洋『図説スペインの歴史』河出書房新社、一九九九年
J・A・ピット・リバーズ『シエラの人びと』（野村雅一訳）、弘文堂、一九八〇年
Murray Bookchin, *The Spanish Anarchists: The heroic years 1868-1936*, AK Press, 1998.
山内明（編）『スペイン革命』平凡社、一九七三年
Interview with Agustín Guillamón (translated by Paul Sharkey), http://www.christiebooks.com/2014/08/interview-with-agustin-guillamon-historian-of-the-working-class-revolution-in-barcelona-in-1936-by-txema-bofill-translated-by-paul-sharkey/.（二〇一七年三月二五日閲覧）

幻の〈かくめい〉へ――スペインにおけるアナーキーな共同性

じぶんで、したことは、そのように、はっきり言わなければ、かくめいも何も、おこなわれません。じぶんで、そうしても、他のおこないをしたく思って、にんげんは、こうしなければならぬ、などとおっしゃっているうちは、にんげんの底からの革命が、いつまでも、できないのです。

（太宰治「かくめい」）

久保　隆

わたしが、スペイン革命に関心を抱いたのは、六〇年代後半の頃だ。いわゆる、様々な対抗的運動が大きな渦となり拡がっていった時期である。ロシア革命が、ある意味、裏切られた革命だったとすれば、短期間とはいえ、スペイン革命は、アナキストたちが主導した唯一の〈革命〉だと思ったからだ。考えてみれば、当時から逆算しても、たかだか三〇年ほど前のことだったにもかかわらず、十代後半のわたし（たち）にしてみれば、遥か遠い〈歴史的時間〉のなかに、ひとつの憧憬を抱いていたことになる。それから、五〇年という時間が経過した現在という場所に立って遠望した時、〈革命〉ではなく、どのような〈かくめい〉としての像を描けるのだろうかということが、さしあたって本稿が向かっていく先ということになる。

一九三六年七月、スペインで内戦と革命が生起したのは、周知のように国軍の反乱、つまり、共和国政府に対するクーデーターによって喚起されたものだった。バーネット・ボロテンは、「社会的・政治的対立の観点に立てば、内戦の起源はスペインそのものにあった」として、次のように述べていく。

外国勢力がその思惑から内戦を利用したことは事実だが、内戦の導火線に火がつくのに外国の干渉など必要なかった。国軍の反乱開始の数週間前に、（略）スペインには戦争勃発の空気が充満していたのである。マドリード、バルセロナ、バレンシア。マラガ、ビルバオ等の主要都市の反乱失敗は、反乱派が当初考えていた緒戦における決定的勝利の可能性をすべて失わせるものだったが、いくつかの点でボリシェヴィキ革命の初期より激しくかつ広汎な社会革命が勃発するにはこの敗北で充分だった。左翼の攻撃から有産階級を防衛するどころか、（アナキズムないし無政府共産主義の実現を目指すイベリア・アナキスト連盟すなわちFAIの指導的メンバーだったフェデリカ・モンセニの言葉を借りれば）国軍反乱が「革命を逆に促進してしまった。われわれ全体それを望んでいたのだが、かくも早期に起きるとは誰も予想していなかった」／彼女の発言は、もちろんアナルコサンディカリストないしアナキストの領導する巨大な労働連合体のCNT（全国労働連合）向けに行なわれていたわけで、FAIはCNTに指導的な影響力を及ぼしていた。そのCNTは人民戦線綱領を「きわめて保守的な文書」であり、「スペインの表面から発散している革命的な力」を反映していないとして、これを非難していた。（『スペイン革命──全歴史』七九年刊、渡利三郎訳・日本語版、九一年・晶文社刊、以下『革命全史』）

わたしは、ここで思想的言語における概念を厳密に措定したい欲求を抑えることができない。だが、アナキズム（無政府主義）、無政府共産主義（わが列島では、戦前期、純正無政府主義という考え方もあったが、それはとりあえず除外しておく。ただし、クロポトキン的な無政府共産主義という概念に対しては、首肯できない位相が多々あることを、付言したい）、アナルコサンディカリズムといった思考を包括させて、わたしなら、〈アナーキーな共同性〉という拡張した視線で捉えてみたいのだ。渡利三郎は、「『無政府主義者』、『無政府共産主義』とあるのは、それぞれ、**Libertarios**,**Comunismo Libertario** の訳語である。本来、このリベルタリオスという言葉は、一九世紀末に、アナーキーという否定的なニュアンスを嫌って、**Libertar**（自由にする、解放する）という積極的なニュアンスを加えようとして用いられ始めたアナキストたちの造語だった」（「訳者解説」）と述べているが、わたしは、〈アナーキー〉に「否定的なニュアンス」があるとするなら、それは、国家や政府、そこに潜在し続ける権力というもの対して常に対抗する視線を有していくことを意味しているからであって、自由というものを希求する思念には、権力を止揚する方位を曖味にしてしまうものを含んでいるといっておきたい。だからこそ、CNTが、「人民戦線綱領を『きわめて保守的な文書』であり、『スペインの表面から発散している革命的な力』を反映していない」と断じた時の、「革命的な力」とは、わたしなら、直截に「アナーキーな力」と捉えていいのではないかと思っている。

アナルコサンディカリストの農民組合は、内戦勃発時、そのほとんどがアナキズム思想に刺激を受けた日雇い農業労働者や窮乏した農民たちからなっていた。この熱狂した農民たちにとって、農業の集産化は革命の暁に確立せんとしていたアナキズム、ないし無政府共産主義の新体制の礎石であった。（略）CNT・FAIの大多数は無政府共産主義を彼らの運動の最終的な到達点と考えていたが、雇用労働に反対し、アナキズム社会をただ生産システムの問題の一つに限定すべきでないとする〝個人主義的〟アナキストも少数ながら存在した。スペイン無政府主義派の重鎮の一人はこう書いている。「アナキズムはあらゆる枷から解放された多種多様のシステムや個人から成り立たねばならない。それはあらゆる人間性のタイプにとって……実験場のようなものでなければならない」（略）新体制の誕生した各地方にはCNT・FAIの委員会が設立された。この委員会は立法および行政上の権限を行使しただけでなく、司法も司った。最初に着手したなかに、私的売買の廃止、また農場の建物、機具、家畜、輸送手段だけでなく富農の土地、時には貧農の土地の集産化もあった。（略）多くの共同体では内部流通用には貨幣は廃止された。アナキストは「貨幣や権力は、人間を同胞ではなく狼や凶暴な敵にしてしまう魔性の媚薬である」との考えに立っていたからである。（略）地元産のものは、余剰がある場合はふんだんに配給されたが、その他の物品は共同体の倉庫でクーポン券と引き換えに入手できた。余剰生産物は他のアナキストの町村とやり取りされた。貨幣は新たなシステムを導入していない共同体と取り引きする場合にのみ使用された。（『革命全史』）

革命というものは、統治権力を簒奪することではない。これまでの共同体の有様を、どのように改変し、そこで暮らしている人たちのためにあるべき共同体へと近づけていくのかということに尽きる。いうなれば、地べたの共同性を豊饒なるものにしないで、統治権力の移行だけでは、革命とは承認できないということだ。スペイン革命という時、わたしなら、集産化に象徴されるような、各地での大胆な試みを意味しているといいたい。

また、ボロテンは、「〝個人主義的〟アナキスト」の考え方として、「アナキズムはあらゆる枷から解放された多種多様のシステムや個人から成り立たねばならない」ということを引いているが、これは、〝個人主義的〟か、どうかに関わらず、多様な個の有様を容認することが、アナキズムの本源的な思考であるといえるはずだ。だからこそ、中央政府の構成員（入閣）になっていくことよりも、各地の委員会がそれぞれ連携しながら、共同性をかたちづくっていく人たちの生活を重視していく様態をひたすら喚起していくべきだったのだ。

「四分五裂状態の国家機構を革命的手段によってではなく、崩壊したばかりの共和制を基本に再建」すべくラルゴ・カバイェロ政権は、革命勢力に大きな影響力を有するCNT・FAIのアナキストを閣内に入れようと画策していく。

三六年十月二五日、ラルゴ・カバイェロ派（引用者註＝社会党左派）の機関紙『クラリダ』は次のように述べている。「現在、閣議からはずされている労働者階級の相当部分に、政府の方針と権威に従わざるを得ないと思わせることができるという点を考えれば、たしかに現政権にCNTの代表を入閣させることは、国の指導機関に活力と威信を付与することになるだろう」。しかしアナルコサンディカリストが中央政府の大臣になって国家の再建に参画したいと思うだろうか？　たとえ彼らが従来からの大原則に背いてカタルニァの地方自治政府につい先頃入閣していたとはいえ、これは疑問の余地があった。（略）本能的に国家に敵意をいだく無政府主義者は、国家を「人間に対する人間の権力の究極形態、人民を奴隷化するためのもっとも強力な手段」とみなしていた。彼らはロシア革命の最初の数年間にアナキズム運動を圧殺したソ連政府を含め、左右を問わずあらゆる政府に対し一様に敵意をいだいていた。（略）いかなる形態の政府に対しても示すアナキストの敵意は、十九世紀後半、ロシアの大物アナキストでその著作によってスペイン労働運動に広汎な影響を及ぼしたバクーニンがカール・マルクスを相手にくり広げた論争のなかで強烈に現われている。（『同前』）

ボロテンが引例するカバイェロ派の「労働者階級の相当部分に、政府の方針と権威に従わざるを得ないと思わせることができるという点を考えれば、たしかに現政権にCNTの代表を入閣させることは、国の指導機関に活力と威信を付与することになる」という論述は、極めて政治的で、政略的な発想でしかなく、"労働者階級"に対する、上から下へと視線を向けていく欺瞞的な態度でしかないといえる。

　国家や政府というものが、人々を抑圧し、支配し、統治していくものだと想起していくアナキズムの考え方は、そこには必ず抑圧する〈権力〉、統治する〈権力〉というものが潜在しているというものだ。だから、アナキズム、あるいは無政府主義というものが、国家や政府というものを否定し無化していくことを指向するのは、初源的にいえば、あらゆる権力そのものを無化していくことを意味しているといっていい。スペイン革命の、あるいは、スペインのアナキストたちの悲運は、統治システムに内在し続ける権力に対して、結果的に見れば、徹底的に向きあうことをしなかったことにある。

　権力を付与されたものは、不易の社会法則によって、必ず社会の抑圧者搾取者となる（略）われわれは、自然生活ならびに社会生活が思想に先行するものであって、思想は生活の一機能にすぎず、けっしてその結果ではないことを確信している。さらに生活は、一連の抽象的内省によってではなく、一連の種々な事実によって、自己の内部の尽きせぬ深部から発展してくるものであり、抽象的内観はつねに生活が生みだすものであって、逆に生活を生みだすものではなく、ただ道標として生活の指針やその自立自生の発展のさまざまな場面を指示するにすぎないことを、われわれは確信している。（略）あらゆる国家権力、あらゆる政府なるものは、その本性からして、またその人民の外や上におかれるという位置からして、必ずや人民を彼らに無縁の秩序と目的に従わせようと努めるはずであり、それゆえにこそわれわれはあらゆる政府権力、あらゆる国家権力の敵であり、国家機構一般の敵であることを自己表明し、自主的かつ完全な自由な連合によって、官憲の手はいっさい借りずに個人と諸派の多様にして自由な影響関係を通して下から上へと組織され、自らの生活を想像する時にこそ、はじめて人民は幸福に、自由になれると考えるものである。（略）革命的独裁と国家制度との差異は、まったく外面的なものにすぎない、本質において、両者はともに多数者は愚昧で少数者は聡明であるかのようにこじつけて、後者による前者の支配を同じように考えているのだ。したがってこれらは等しく反動的であり、直接の必然的な結果として、いずれも少数支配層の政治的経済的特権を強化し、人民大衆の政治的経済的奴隷制を強化することになる。（ミハイル・バクーニン『国家制度とアナーキー』一八七三年、『バクーニン著作集6巻』所収・一九七三年、白水社刊、左近毅・訳）

「スペイン労働運動に広汎な影響を及ぼしたバクーニン」の論述は、このように一四〇年以上前のものとは思えないほど、鮮烈だ。なによりも、「自然生活ならびに社会生活が思想に先行するものであ」り、「思想は生活の一機能にすぎ」ないという視線は、際立っている。だから、アナキズムという考え方もまた、思想の有様である以上、個々の生活を強いていくものであってはならないのだ。アナキズムを「特別の人種の特別の思想ではなく、吾々日常の生活の上に知らず知らず実行している平凡で普遍的な行為と思考なのだ」（『上野延代遺稿集 蒲公英――百一歳 叛骨の生涯』）と述べたのは、生涯にわたって対抗的渦動のなかへと身を置き続けた上野延代（一九一一～二〇一二）という人だ。わたしには、CNTに参集する多くの人たちもまた、上野が、あるいは、バクーニンが述べるように、自分たちの「生活」を起点に闘っていったと思っている。

また、「下から上へと組織され、自らの生活を想像する時にこそ、はじめて人民は幸福に、自由になれる」と述べているのは、必ずしも革命の方法論や戦術論を提示したいからではない。すくなくとも、わたしたちが向かうべき道筋を措定していかないかぎり、方法論や戦術論を先行させるのは、転倒した考え方でしかないということを指し示しているのだといっていい。

それでは、バクーニンとは違う時代に生きているわたしたちは、国家というものを、どう捉え、どう感受していくべきなのだろうか。誤解のないようにいえば、国家という構造と政府という行政機構とは、同一の位相にあるものではない。もう少し簡潔にいうならば、国家というかたちがなくても、行政機構というものは、存続しうるということだ。バクーニンの時代は、民族の共同体が、国家へと編成されていく時間性を持っていた。現在は、確かにアジアやヨーロッパ、ロシア、さらにいえばアフリカも含めて、国家（並びに国境）というものが、民族の共同性と民族性を表象する宗教とが絡み合い、政治的経済的な構造を賦与された国家から、民族宗教的な国家へと変成させられてきていると見做すことができる。もちろん、国家や政府に胚胎する権力性は依然、深い問題として在り続けているのは、確かなのだが。八〇年前のスペインにおける革命と反革命の動態は、現在におけるイスラム原理主義者たちによる抵抗と対抗のテロルという情況に、重ねて捉えることを可能にしているのではないのかというのが、さしあたって、わたしなりの考え方だ。

通例、スペイン革命という時空間において、民主的勢力対ファシズムとの闘いということが喧伝されるが、実態はそうではない。ファシズムとスターリニズム、そしてアナキズムとのトライアングルという構図のなかで革命と内戦が激化していったというべきである。だから、形骸化しつつあった共和国政府に共産党とともにCNTからも入閣した時点で、ソ連を後ろ盾にするスペイン共産党の思惑の中に入り、スペイン革命は、やがて来る終末へと向かっていくことになるのは必然的なことだったといえる。

無政府主義運動にとって教義の建て前をまさに根底から覆さないかぎり入閣などできる相談ではなかったが、指導部の一部には国政を丸ごと対立組織の手に委ねてしまうのを不満に思う者もいた。政府への介入をもっとも強硬に提唱した者のなかにCNT全国委員会の書記長で現実的な無政府主義者のオラシオ・M・プリエトがいた。彼は九月三日の決議（引用者註＝地方連盟代表者会議において入閣の要請を拒否する）を「非現実的」だとし、「時間がぎりぎり切迫している」と感じていたから、CNTに対し「堂々と恥じ入ることなく大臣数人を」入閣させるよう主張した。（『革命全史』）

「教義の建て前」を「根底から覆さない」かどうかというよりは、「国政を丸ごと対立組織の手に委ねてしまうのを不満に思う」ことにこそ、わたしは、愕然とする。既に形骸化していたはずの共和国政府が、その時点で実質的な機能を、果たしていたとは、とても思えないからだ。政府に参画すれば、革命後のヘゲモニーでも握れると思ったのだろうか。なにも、八〇年後の現在から振り返って述べているわけではない。ボロテンによるテクストを同時性として読み込んだうえでの捉え方である。

「CNTの代表は陸軍大臣と大蔵大臣を含め五人の大臣を要求したが」、カバイェロは拒否し、「司法・工業・商業・

保健の四名で折りあった」というが、工業と商業は「本来、一人の大臣のものだった」ようだ。一一月三日に再組閣された政府の構成は、社会党が首相をはじめ六人、共産党が二人、左翼共和党が三人、共和主義同盟、エスケラ（カタルニァ民族主義派の連合組織）、バスク民族党からそれぞれ一人ずつというもので、CNTから四人という人数は社会党に次ぐものではあったが、それが、どんな意味を持つのかなどというのは、空無なことでしかないのは明らかなことだ。ボロテンは、次のように述べていく。

　CNTの大臣たちにとって政府責任を担うという不慣れな領域に足を踏みいれることについて、懸念がなかったわけではない。事実、ある無政府主義者の著述家によれば、彼らは大臣の席についた際、革命への影響力の喪失を自覚していたという。たしかに、ラルゴ・カバイェロがCNTに大臣の席を一つではなく四つ与えようと決意したのは、彼らに対する好意とか寛大さによるものではなかった。フランコ軍がすぐにも首都を制圧するとの考えから政府をバレンシアに移転しようとしつつ、政府の権威をさらに高めたいとの思いで動いた節がある。（略）彼はまた根拠のあるなしにかかわりなく、内閣が無政府主義運動の代表者を入閣させておかないでマドリードを離れた場合、CNT・FAIが独自の統治機関を組織してしまうのではないかとのおそれをいだいていた。（『同前』）

保健・厚生大臣だったフェデリカ・モンセニが、その頃のことを戦後、述懐しているとして、ボロテンは次のような論述を紹介している。

　政府は当時、真の政府ではなく、権力は街頭にあり、戦闘員や生産者たちの手に握られていたにもかかわらず、いずれ「政府」権力は再編・強化され、しかもなお悪いことに私たちの協力とあと押しによって再編・強化され、そしてそのことが私たちの多くを道義的にだめにしてしまうだろう。私や私たちは皆、そのことを見通していました。（『同前』、「　」、傍点はママ）

　やはり、わたしには、モンセニがそのように振り返ってしまうことに納得はいかない。見通していたならば、プリエトからの要請を頑強に拒否すればよかっただけのことなのだ。内戦と革命運動が生起した後、CNT・FAI主導によって各地の革命委員会が、本来の行政組織が持っていた機能を画期的に代行していたはずだった。アナルコサンディカリストたちの入閣を契機にして既存の政府機関が革命委員会を簒奪し形骸化させることを意味していたのは、明白である。にもかかわらず、入閣してしまったことの罪科は大きいといわねばならない。

たいていの場合、革命委員会はCNTおよびUGT内部の急進派に支配されており、その権力も土地土地で事実上、無制限なものになっていた。共産党（そして社会党や共和派も）の立場は、政府を構成しているすべての党派の代表が入り、その権限も国法により制限される合法的行政組織に革命委員会は席を譲るべきであるというものだった。アナルコサンディカリストは、そうではない、革命機関は新社会の礎石たるべきだと主張した。（略）しかし閣内では、CNT・FAIの大臣が一歩一歩、政敵に譲歩していく。政敵たちは対外的配慮と、西側列強からの武器確保の政府見通しを明るくするという理由から、革命委員会の権力が消滅するようたえまなく圧力をかけていた。（『同前』）

もはや、アナキスト派が閣僚に入っていることに、なんの意味もない状態となっていく。やがて共産党主導の政府・内閣は、各地方の革命委員会と対立していく構図を生みだしていくことになる。そして、スペイン内戦、スペイン革命は、共和国政府対フランコ軍の闘いから、共和国政権内における共産党による革命への「抑圧」へと変質した段階へと進んでいったのだ。

共産党がCNTの産業の無政府主義的な社会的所有化構想に反対した理由の根底には、社会的所有化が党の国有化計画にとって脅威であり、またCNT構想が実施に移された場合、中産階級の資産への侵害が必至であるという事実があった。クレムリンにとって自国の外交政策の成功のためにはその中産階級の支持が必要だった。スペイン共産党はこの脅威に対抗し、中産階級を犠牲にした革命推進の動きを、労働者の政治的認識の欠如が原因だと難じた。（略）カタルニァの状況（引用者註＝三七年六月）は、農村や都市の集産体の破壊だけでなく、大量逮捕、秘密拘置所での監禁、拷問、誘拐、そして暗殺によって覆われた。革命絶頂期におけるCNTとFAIの自然発生的で非組織的なテロ行為は、今やそれより手のこんだ組織的で、したがってさらに恐怖に満ちた共産党のテロに変わった。(『同前』)

スペインの主導的な革命的アナキストたちは、なぜ民衆のアナーキーな共同性の渦動のなかを進んでいかなかったのだろうか。砂上の楼閣ともいえる幻想の「政府」へと、その身を委ねた時、スペイン革命は終息へとなだれ込んでいってしまったといわざるをえない。

権力のある所には抵抗があること、そして、それにもかかわらず、というかむしろまさにその故に、抵抗は権力に対して外側に位するものでは決してないということ。人は必然的に権力の「中に」いて、権力から「逃れる」ことはなく、権力に対する絶対的外部というものはない、何故なら人は否応なしに法に従属させられているから、と言うべきであろうか。(略)権力の関係は、無数の多様な抵抗点との関係においてしか存在し得ない。(略)権力の関係の網の目が、機関と制度を貫く厚い織物を最終的に形成しつつ、しかも厳密にそれらの中に局限されることはないのと同じようにして、群をなす抵抗点の出現も社会的成層と個人的な単位とを貫通するのである。そしておそらく、これら抵抗点の戦略的コード化が、革命を可能にするのだ、いささか、国家が権力の関係の制度的統合の上に成り立っているように。(ミシェル・フーコー『性の歴史Ⅰ知への意志』七六年刊、渡辺守章訳・日本語版八六年刊)

「権力の関係」は「網の目」のように、「無数の多様な抵抗点との関係」においてあるとすれば、スペイン民衆の熱きアナーキーな革命的エネルギーは、確かに、「無数の多様な抵抗点」を生起させたといっていいはずだ。八十年前にヨーロッパの西南の半島に、まぎれもなく〈かくめい〉の幻像はあったと、わたしは思っている。

だからこそ、わたしたちの現在というものは、過去に通じ、未来へと繋がろうとする連続した時空間であるならば、「にんげんの底から」の〈かくめい〉を、わたしは、信じたいと思っている。

José Luis Gutiérrez Molina, "A los 80 años de la Revolución Española de 1936".

一九三六年のスペイン革命から八〇年の節目にあたって

ホセ・ルイス・グティエーレス・モリーナ

＊本稿は、二〇一六年九月三日（東京古書会館）・一〇日（四谷地域センター）の催し「1936-2016 スペイン革命と現在」のために執筆されたテキストの翻訳。

一九三六年七月一七日、金曜の午後、軍の一部が北アフリカのスペイン植民地でクーデタに訴えた。翌一八日の土曜には、イベリア半島の他の守備隊も残らず同じ行動に出る。それは、第二共和制を揺るがす最後のもくろみだった。そうしたもくろみは、〔この共和制が生まれた〕一九三一年の正しく同じ春から、社会の最も保守的な一派が行なってきていたものだった。ホセ・サンフルホ将軍による一九三二年八月のそれのように武力に訴える手口もあれば、ドイツのナチズムをまねたＣＥＤＡ（スペイン独立右翼連合）のような「時流に乗じる」やり口もあった。ＣＥＤＡは極右の大多数を糾合した政党である。

一九三六年七月の軍事クーデタも〔サンフルホの企ての場合と同じく〕、全国的に見れば失敗に終わった。クーデタはモロッコ、カナリア諸島、ガリシア、カスティーリャ、ナバーラ、それにアンダルシア、エストレマドゥーラ、アラゴンの一部で勝利した。だが、他の多くの地域では水泡に帰したし、権力の最も重要ないくつかの拠点を制圧することもできなかった。それらのなかには、カタルーニャと首都のマドリードが含まれる。結果として、当初はたかだか数週間と思われていた軍事行動は約一、〇〇〇日にもわたる戦闘へと、またとりわけ革命的なプロセスを誘発する信管へと転じたのだった。そして、このプロセスはほとんど誰も想像できなかった次元にまで土地や人間たちのありようを一変させた。それが、スペイン革命だった。政治的・社会的・経済的・人間的な諸関係を深く変革する、ヨーロッパ最後の試みである。

自分たちが主役を演じた出来事に関して書かれる歴史のなかで、敗者が幸運に恵まれることはそれほど多くない。それどころか、枕を並べて敗れた仲間から評価されることすらもない。一九三六～三九年のスペインでの、集産化の企ての場合もそうである。スペインであれヨーロッパであれ、それは現代〔史〕のパズルにはめ込むのがむずかしい断片で、ほとんど好意的に見られることも理解されることもない。従って、歴史家もそれぞれの解釈にこの企てを整合させることに困難を抱える破目になる。最もよく繰り返されてきた手は集産化を一つの例外として、「スペインは異なっている」ことの表現として、またイベリア半島にお馴染みの立ち遅れの指標として片づける。〔カタルーニャの現代史に詳しい〕ミケル・イザールの本の題名を借りれば、「他者」が集産化を知ることはそもそも望まれていない。他方で、「われわれ」がそれを忘れることは確かに望まれているのである。

自由主義者やマルクス主義者らには、一九三六年の革命の牽引役の一つだったスペインのリベルテールたちの世界を件のパズルのなかに位置づけ、理解することは難しい。彼らが軍事クーデタの失敗の後に起こったこと、失敗が生み出した反応に説明を施したいと願うのであれば、ことはいっそう複雑なものになる。彼らの大方は、スペインでの所謂「内戦」を国内の最も反動的な諸集団と、必要な改革を模索する諸集団との間の抗争の産物と考えるに留まっている。そして、近代化の道を歩むなかで、その改革が決定的な形で件の抗争を惹起したというわけである。彼らはまた、「内戦」を一九三〇年代のヨーロッパを脅かした権威主義的な現象のエピソードの一つに含めようともする。その場合、スペインでの戦闘はファシストらと反ファシストらの闘い、ドイツやイタリアのような権威主義的な列強からの攻撃に対する「愛国的な戦争」の色彩を帯びるだろう。

こうして、「社会戦争」としてのその性格が隠蔽されてしまう。事実はといえば、広範な階層にわたるスペイン人たちは、「民主主義的な共和国」の単なる防衛のためにではなく、王政であれ共和制であれ、それまでの自由主義的なモデルとは大きく異なった新しい社会のモデルの創造のために軍事クーデタに立ち向かったのだった。反動的な世界と結びついた市民階層や揺籃期のスペイン・ファシズムからの支援を受けた軍の一部による〔自称〕「国民運動」

は、第二共和制の実質的な崩壊と、さまざまな動因や内実を伴った大衆による広範な返礼の展開を招いた。それこそがスペイン革命である。それは、一九世紀の複数のブルジョワ革命や一九一七年のロシアでの権威主義的な革命とは違っていた。同時代を生きた人間たちには驚愕を、歴史家らには拒否反応を引き起こした現象である。同時に、スペイン革命は歴史家たちが「客観性」と呼ぶものの不在を証明した。彼ら歴史家は、実際のところ、不可能な「中立性」のマントのもとに〔自らの〕党派性を語ろうと願っているのである。

兄弟どうしの争いの帰結として一九三六年から三九年にかけて生起したことについてのフランコ派の、争いの責めはすべての同胞にあるのだという説明は、〔内戦の再現を回避するための所謂「忘却の契約」のおかげで〕フランコ独裁が議会制に立脚した現在の王政へと転換した後も見事に生き延びた。権威主義者の陣営と民主派からの拒絶にあって、アナルコサンディカリズムは忘れさられ、隠蔽された。〔それどころか〕スケープゴートとして利用されるのも、ごくありきたりなことだった。暴力に関するエピソードの数々は、アナルコサンディカリズムのほとんど十八番とされた。そして、アナルコサンディカリズムは〔第二共和制の〕最終的な敗北の全責任を負わされてきた。戦闘のなかでのその行動と位置づけを説明するために、千年王国主義・無責任・裏切りにまつわる形容詞が最も頻繁に持ち出された。

内戦で挫折した最たるものが、アナルコサンディカリストたちが独占的な、ではなかったにせよ、間違いなく本質的な役どころを演じて実現された集産化の試みだった。集産化の実現をめぐっては、どんな傾向の歴史叙述もおずおずとしか語ってこなかったか、厳格とはほとんど見なされがたい視点から焦点を当ててきたのである。この問題に関する最高のスペシャリストの一人であるアレハンドロ・R・ディエス・トーレが書くように、「現象を覆い隠す」ことに大方の主眼が置かれてきた。ことは証言のおもしろさの次元、〔集産化のありさまを伝える〕新聞や雑誌の記事への言及、そして集産化に携わったリベルテールの活動家たちの資質そのものへと還元された。

それでもなお、われわれの手許にはアラゴン、レバンテ、カタルーニャ、アンダルシア、カスティーリャのような集産化が実施されたいろいろな地方を対象にした著述があるにはある。〔近年〕何らかの変化は窺われるにせよ、それらは依然として情報操作や固定観念に満ちている。われわれは、それらが生み出された文脈を忘れるべきではない。文脈とは、議会制に拠って立つ王政の確立である。〔一九七五年のフランシスコ・フランコ将軍の死去と同時に産声を上げた現〕王政は、フランコ独裁の法的・政治的な装置を近隣諸国が謳うリベラルな民主主義にもっと同化しうるような別の装置へと改造した。そこで、われわれはそれらの研究をそっくり覆っている性質を理解することになるだろう。第一に、それらは、どんなイデオロギー的な感染からも無縁なものとして自らを提示することに固執する。歴史家とは純粋無垢な精神の持ち主たちででもあるかのように。もちろん、そんなことはない。これらの著述の多くは知らぬ間に自由主義的な、あるいはマルクス主義的な「感染」を受けている。アナキスト的な「感染」と同じく、それは当然ではある。しかし、その「感染」は客観的・学術的なものとして提示されている。

とはいえ、偏見を抱かずに件の現象に近づこうとする観察者なら誰でも、第二共和制政府側のあらゆる領域にわたったその広がりを、その経済的・社会的な大きさを、さらにはそれがさまざまな様相を帯びながらも、自分たちの運命を集団的な形で自分たち自身が定めようとする数百万の人々の願いの一つの表現であった点を見逃すわけにはいかない。社会党のジャーナリスト、アラルド・プラッツ・ベルトランが書いたように、集産化された空間に集う数千の男女は、〔反体制派の権力獲得の回路をあらかじめ遮断しておくための狡猾な支配のシステムとしての〕カシキスモ（ボス支配）の時代が一掃されてしまっていること、自分たちが新しい世界の建設において永遠なるもののための労働に従事していることを確信していた。

数百万ヘクタールの土地、数万の工場や商業施設、そしてそこに生きる数百万の人間たちが、資本主義的な統治構造や経済構造の倒壊を目の当たりにした。そのときまで、こうした構造のもとに彼らは生きてきていたのだった。共和国の改良主義のなかで生きながらえてきたカシキスモと不平等は崩れ去った。それは、イデオロギー的な前提と実際にあったものとしての希望のうちに凝縮されたさまざまな要素が溶けあった多様なプロセスである。

一九三六年七月の軍事クーデタが解き放った革命的なプロセスは、まったく予想されていなかったというわけではない。二月の人民戦線の勝利は、第二共和制の改良主義的な方向への回帰を意味していた。この回帰の結果、最速のピッチを得たのが農地改革の分野だった。農場の占拠やストライキ運動の形をとった抗議行動が続き、〔第二共和制が誕生した一九三一年四月からの〕最初の二年間に緩慢なリズムながらも予定されてあったいくつかの改革を支えていた党派〔共和派と社会党〕の政治的な圧力が増大した。スペインの経済と社会構造に占める土地の重要性は、農村部における革命をスペイン革命のなかの要とした。

農村部は旧来の体制が倒壊し、別の新しい世界が建設されるありさまを最も深く体験した。都市部の商工業施設への介入と接収、そしてそれらの集産化はとりわけ生産を保障し、戦時の必要性をカヴァーし、収益を社会化する方向へと徐々に改めるための可能性を模索した。規模の大小はともかく、農業の集産化は単に経済の変革をもくろんだけではなかった。それは経済の領域ばかりではなく、制度や個々人、社会の領域にも関わる広範なプロセスだった。集産化は軍事クーデタへの返礼であるとともに、社会革命でもあったのである。

集産主義は集団的な指導のなかでさまざまな問題を解決し、自立した社会の土台を構築しようとした。軍事クーデタに先立って、〔一九世紀末にホアキン・コスタが着目していた、自由主義的な原理に基づく村落共同体の破壊にもかかわらず、なおも根絶されるには至っていなかった〕「習慣的な集産主義」と呼ばれるものと、数世紀にわたって略奪されていた共有地の奪回の既に長期的な要求が存在した。他方で、第二共和制の農地改革は遅れ、それが介入しようとしていた現実から乖離していた。農地改革は政権の座にあった党派の利害に過度に従属していた。干渉が目に余ったうえ、官僚主義的な動脈硬化を来していた。〔それでも、農地改革に関わる〕契約の新たな形態も現れていた。集団借地である。それは〔一九三二年九月の農地改革法の制定に伴って設置された〕他ならぬＩＲＡ（農地改革機構）によって直に、あるいは労働者組織をつうじて実施された。〔その恩恵を被ったのはアナルコサンディカリスト労組ＣＮＴ（全国労働連合）ではなく、主に社会党系労組ＵＧＴ（労働者総同盟）であったにせよ、〕こうしたすべての集団借地もまた集産主義への道を踏み固めていった〔例えばアンダルシアの場合、第一インターナショナルの時代から概ねリベルテールたちの牙城であり続けた西部は、その大半が内戦初期の段階でフランコ派の軍門に下ってしまう。もともとＣＮＴの影響力が微弱だった東部では、集団借地の経験を既に積んでいたＵＧＴが集産化を主導した〕。

軍事クーデタと、国内の広い範囲でのその頓挫は、農村部と都市部での集産主義への期待感を高まらせた。クーデタが水泡に帰したところでは、国家による統治がカシキスモの世界もろとも霧散する事態が生じた。それらに代わって、ローカル単位の新しい組織と権力が誕生した。そのなかで社会革命が胎動した二重のプロセスである。一九三六年の夏。国内の多くの地域や部門において、既存の社会の行政上の枠組みに突然変異が生じた。国家権力を超えて、新たな権力が生まれた。それは実にさまざまな形態、異なった深みを帯び、長かれ短かれ独自の歩みを示した。にもかかわらず、形式の点でも深みの点でも、当初から変質は自明だった。軍事クーデタが制圧された都市部や農村部の光景は、実質的な変化を遂げた。政治集団や組合のさまざまな符牒の出現、身づくろいの「プロレタリア化」、工場の集産化・接収・社会化の告知には驚くべきものがあった。目に見えるものとしての国家の姿は霞んでしまい、それはもっと別のものに取って代わられた。

単に形のうえでの変化ばかりではなかった。起こったことは国家権力の、形態の多様化を超えた、新しい状況に派生する権力による実質的な交代だった。軍事クーデタへの反応は、脅かされた第二共和制の統治の単なる防衛ではなかった。それは、就中、新しい社会の確立だったのである。結果は着実で、しかもいろいろな現れと深みを伴った経験の塊りだった。多くの場合、〔自生的に生じた〕「委員会」が統治機構に取って代わった。〔国民国家の形成へ向けての契機ともなった独立戦争が勃発した〕一八〇八年に端を発するスペインの政治の旧い伝統の表現は、民主主義国家とは一線を画したものの表現へと、そこに孕まれていたあらゆる問題をよそに転じたのだった。

〔軍事行動の瞬時の奏功を免れた〕すべての地域で、市町村役場は「委員会」に圧倒された。「委員会」は、一方では住民や戦局に関わる喫緊の必要性に応える任務に自ら対処し、他方では治安の維持や法的な秩序に関わる権能を引き受けた。それがどんな形態をとり、どれほどの深みを伴ったかにかかわらず、また従来の経済的な枠組みをそれが〔真の意味で〕乗り越えたか否かについても措くこととして、一九三六年の夏は途方もないものだった。一つの生き方が消滅し、新しい生き方が生まれたからである。それは、スペイン内外で知られていたものとは何か大きく異なった現象として知覚された新しい社会の姿だった。

（訳・渡辺雅哉）

「恐るべきＦＡＩ」の「頭目」？

――「三人の匪賊」アスカーソとドゥルーティ、そしてガルシア・オリベール

渡辺　雅哉

一九三〇年代前半のスペインの労働運動の特徴として議会民主主義の否定と武装蜂起への執着の二点を指摘するとともに、こうした傾向に一九世紀以来の「革命文化」の残存を看取するのはサントス・フリアである。この現代史家によれば、一九世紀の中葉以降、一般に無産者の政治参加の可能性が拡大したピレネーの北の諸国とは異なり、スペインでは復古王政時代における強力な労働者政党の不在が反国家的な色彩の強い「革命文化」、換言すれば「政党」に対する「組合」の優位と、議会外行動への働く者たちの傾斜の持続を決定づけた。周知のカシキスモ（ボス支配）がとりわけ農村地帯に強固に根づいたスペインにあっては、一八九〇年の普通選挙制（成年男子）の導入にもかかわらず、反体制派が「政党」に拠りながら権力の座に到達するための回路はあらかじめ遮断されていたのだった。

一九三三年一一月の総選挙での惨敗を大きな節目として、第二共和制の発足時には「議会民主主義」をともかくも受け容れていた社会党も、同党系列の労組ＵＧＴ（労働者総同盟）も国家権力との対決姿勢を鮮明にする。一九三四年一〇月のアストゥリアスこそは、その端的な証しである。とはいえ、第二共和制期を通じて「革命文化」に最も忠実であり続けたのが、ＦＡＩ（イベリア・アナキスト連盟）に集結した、反政治的な傾向が顕著なうえ、大衆の自発性に信頼し、そんな「大衆」や自分たちが組合の統制のもとでの集団的な規律に過度に縛られる事態を嫌う、所謂「純粋」アナキズムの「使徒」らであったことは間違いない。

「破壊への衝動」と「創造への衝動」とが混然一体となったミハイル・バクーニンの「純粋」アナキズムへの回帰

を目指すＦＡＩは、プリモ・デ・リベーラ将軍の独裁期（一九二三〜三〇）のさなかの一九二七年にバレンシアで密かに設立された。ＦＡＩはアナルコサンディカリスト労組ＣＮＴ（全国労働連合）との、いっそう正しくはＣＮＴのみとの「絆」の強化に邁進しつつ、増殖を繰り返す。一九三一年四月に誕生した第二共和制の「改革の二年間（一九三一〜三三）」の早い段階で、ＦＡＩはＣＮＴの要をなすカタルーニャＣＲＴ（地方労働連合）のヘゲモニーを掌握し、「すべての階級の勤労者の共和国」を自称する第二共和制の破壊とリベルテール共産主義体制の樹立に乗りだした。一九三二年一月と翌年一月・一二月の三度にわたる、「反乱のサイクル」と総称される大がかりな武装蜂起がそれである。

ＣＮＴにあってＦＡＩ派に屈服させられたのが、「勝利の翌日には独裁者にも転じかねない」「大胆な少数派」による無謀な反乱への大衆の動員を懸念して、一九三一年九月に「三〇人宣言」を発表した穏健なサンディカリストたちだった。ＣＮＴ傘下の「組合」が十全な意味で「革命文化」の武器となるためには、「三〇人派」、つまり「三〇人宣言」に署名した活動家とその同調者たちの「組合」からの駆逐が必要だったのである。

一八九六年にレオンに生まれたブエナベントゥーラ・ドゥルーティ・ドゥマンへ。一九〇一年にアルムデーバル（ウエスカ県）に生まれたフランシスコ・アスカーソ・アバディーア。そして、一九〇六年にレウス（タラゴーナ県）に生まれたファン・ガルシア・オリベール。ＦＡＩに塒《ねぐら》を見出した多士済々の「純粋」アナキズムの「使徒」たちのなかでも、この三人はその言動が周囲に及ぼしていた影響力の大きさの点で抜きんでていた。同時代のブルジョワ・ジャーナリズムが総じて「三〇人宣言」を「ＣＮＴ内の良識派の表現」と受けとめ、「ドゥルーティとアスカーソとガルシア・オリベールの三人の匪賊を頭目とする恐るべきＦＡＩ」への攻撃に乗りだしたのには、相応の理由があったのである。

「三人の匪賊」は、スペインのアナキスト、アナルコサンディカリストたちの「聖地」としての地位を他の都市に断じて譲ることのなかったバルセローナを主な活動拠点とした。一九三六年七月二〇日、このカタルーニャの中心都市での軍事行動の瞬時の奏功が阻まれた最初の戦闘のさなかに、アスカーソはあっけなく死ぬ。ドゥルーティもまた、それからちょうど四ヵ月後の一一月二〇日、既に第二共和制の首都ではなくなっていたマドリードで最期のときを迎えなければならない。残るガルシア・オリベールは内戦／革命を生き延び、一九八〇年に亡命先のグアダラハーラ（メキシコ）に客死する。「三人の匪賊」のうち、ガルシア・オリベールだけには回想録（『足音――街頭・政府・亡命のなかのアナルコサンディカリズム』〔一九七八〕）を執筆するための時間が残されたのだった。

あえて図式化してみれば、アスカーソが「革命文化」の「理想」に殉じたのに対し、フランコ派の決起を境に、ドゥルーティとガルシア・オリベールは「革命文化」それ自体の存続を困難にする剝き出しの「現実」に直面しなければならなかった。ことに「現実」に翻弄された観が強いのが、ガルシア・オリベールである。回想録の副題にもあるように、この際立って戦闘的だった「純粋」アナキズムの「使徒」には、スペインが内戦の渦中にあった一九三六年一一月、フランシスコ・ラルゴ・カバリェーロ（社会党・UGT）首班の第二共和制政府に、他の三人のアナルコサンディカリストと一緒に、しかもよりによって自身は法相として入閣する皮肉な巡りあわせが待ち受けていた。法務省の門をくぐった「匪賊」が真っ先に着手したのは、あらゆる犯罪記録の抹消である。「洗練」とはおよそ無縁の、率直すぎるほどに率直な筆致で波乱に富んだ自らの人生を綴った『足音』のページをはぐってみれば――棘を孕んだガルシア・オリベールのペンは、ときにはアスカーソとドゥルーティにも容赦がない――、「恐るべきＦＡＩ」の「頭目」の唯一の生き残りが、フランコ派の決起が突きつけた「現実」に迫られたうえでの自身の選択を大いに悔やんだ様子はない。

＊

フランシスコ・アスカーソとブエナベントゥーラ・ドゥルーティが初めての出会いを遂げたのは、一九二二年のサラゴーサ。アナキスト・グループ「ロス・フスティシエロス（義人たち）」の、ある会合の席でのことだった。「ロス・フスティシエロス」はすぐにも「クリソール（るつぼ）」へとグループの呼称を改め、折からアナルコサンディカリズムの動員力を警戒する地元の金融・産業資本が街頭に刺客を放ち、有力な活動家たちの肉体そのものの抹殺に手を染めていたバルセローナを目指す。ドゥルーティらの肝煎りにより、このカタルーニャの中心都市で新たに結成されたグループ「ロス・ソリダリオス（連帯する者たち）」に合流した一人が、フアン・ガルシア・オリベールである。第二共和制期を迎えてＦＡＩの一翼を担うまでに成長した「ロス・ソリダリオス」は、「ノソトロス（われわれ）」を新たに名乗ることになる（ドゥルーティらがＦＡＩに加入した時期については諸説ある）。

一九三一年六月のＣＮＴマドリード大会では、大衆の自発性を尊重する立場から、ドゥルーティ、そしてとりわけガルシア・オリベールが、傘下の組合を産業別に統制するＦＮＩ（全国産業別連盟）の設置案に強硬に反対した。この設置案を持ち出したのは、ＣＮＴ全国委員会書記長のアンヘル・ペスターニャやカタルーニャＣＲＴ機関紙『ソリダリダ・オブレーラ』編集長のフアン・ペイロらの、穏健なサンディカリズムの信奉者たちだった。両者は後の「三〇人派」の代表格。ことに、ペスターニャは「三〇人宣言」の実質的な起草者である。

他方で、この大会とほぼ同時にやはりマドリードに、しかし、こちらの方は秘密裡に招集されていたＦＡＩ半島会議では、ＦＡＩが「組合から」ＣＮＴのあらゆる「逸脱」に対抗していく方針が確認された。ＦＡＩ派と「三〇人派」の確執が表面化するのは、どうやら既に時間の問題だった。結局、ペスターニャはＣＮＴ全国委員会書記長の座を追われたうえ、自身が所属していたバルセローナの「組合から」も放り出される破目になる。ペイロも、『ソリダリダ・オブレーラ』紙編集長の地位を失う。ペスターニャとペイロのそれぞれの後釜は、ＦＡＩのマヌエル・リーバスと、ドゥルーティの伝記作家アベル・パスによれば「生粋のアナキストとしてあまりにもよく知られた」フェリーペ・アライスだった。

自身、バクーニン直系の「純粋」アナキズムに深く傾倒するパスは、「ＦＡＩ派」の「勝利」をことさら重視する。しかしながら、「純粋」アナキズムの「使徒」たちが「三〇人派」を制した結果、双方の対立・抗争の主要なドラマが演じられたカタルーニャＣＲＴの基盤それ自体が大きく損なわれてしまった事実も無視されるべきではないだろう。先のＣＮＴマドリード大会の時点で、カタルーニャＣＲＴは三〇万人ほどの労働力を擁していた。それが、主として「三〇人派」の大量離脱にたたられて、一九三三年一二月にはおよそその三分の一にまで激減してしまう。それでも、カタルーニャＣＲＴは、一九三六年五月のＣＮＴサラゴーサ大会までにはやや失地を挽回する。同大会でのかつての

「三〇人派」の、一部を除くCNTへの復帰の承認を受けて、カタルーニャCRTの組織員数は五年前の約半分にまで回復した。

FAI派の指導のもとにCNTが断行した「反乱のサイクル」の、第二波のなかで突発したのが、カサス・ビエハス（現ベナループ・カサス・ビエハス）での殺戮劇だった。第二共和制が反乱の鎮圧のために投入した治安維持装置が過剰に応戦、アンダルシアの名もない集落の二二人が犠牲に供された一九三三年一月のこの事件は、マヌエル・アサーニャらブルジョワ出の知識人とラルゴ・カバリェーロら社会党・UGTの面々が共闘、農地改革法やカタルーニャ自治憲章がともかくも制定され、政教分離や軍制改革も推進された「改革の二年間」そのものの頓挫を招く要因の一つにも数えられる。

『ソリダリダ・オブレーラ』紙上から、カサス・ビエハスで地獄絵の制作を指揮した突撃警備隊のマヌエル・ロハス大尉の責任を厳しく問い質したのは、「三〇人派」によるFAIへの批判ないしは非難を「アナキズムに対する、ひいてはCNTのイデオロギーに対する偽装された攻撃」と一蹴していたアスカーソである。他方で、「三〇人派」以外のアナルコサンディカリストたちからも、好戦的に過ぎるFAIのあり方に危惧の念を表明する声が上がった。声の主は、バルセローナにあって当時のカタルーニャCRTのなかに生じた軋轢を仔細に観察していたAIT（国際労働者協会）のアレクサンドル・シャピロである。

「反乱のサイクル」の第二波の終息から三ヵ月後、このロシア人アナキストは「三〇人宣言」の趣旨をほぼ受け容れつつ——ただし、「三〇人派」が「純粋」サンディカリズムへと「堕落」する恐れをも併せて示唆しながら——、「最低限の準備」すらないままに武装蜂起を介してのリベルテール共産主義社会の建設を急ぐ、「分別」とはおよそ無縁の、革命への「信仰」に凝り固まったかのようなFAIの姿勢を厳しく戒めたのだった。「われわれの大衆はイデオロギーを欠いているにせよ、潜在的にはアナキストである以上、スペインにおけるリベルテール共産主義の導入は可能なのである」。一九三一年秋の「三〇人派」との論争のなかで、革命とはリベルテール共産主義の実現のための「準備」にではなく、優れて「意志」に関わる問題であると断わったうえで、このように主張したのは、紛れもなくガルシア・オリベールである。確かに、それは凡俗の論理を超越した「革命信仰」の告白だった。

カサス・ビエハスが屠殺場と化したそもそものきっかけは、不利な情勢をあえて度外視したうえで――「お上」がことの半ばを事前に察知し、複数の著名な活動家が既に司直の手に落ちていたにもかかわらず――、武装蜂起に踏み切ったカタルーニャ地方防衛委員会の判断に、ＣＮＴ全国委員会書記長のリーバスが、自身が兼任するＣＮＴ全国防衛委員会書記長の資格において――リーバス本人によれば、「活動家・アナキストとしての心情」から――支持を与え、カタルーニャでの反乱の開始を各地の仲間たちに通知したことにあった。このときカタルーニャ地方防衛委員会を率いていたのは、「革命信仰」に凝り固まったガルシア・オリベールその人である。ガルシア・オリベールの「蛮勇」に共鳴したもう一人の「革命文化」の継承者の「心情」が起動させたメカニズムが悲劇へと連なった形である。

一九三三年一一月の総選挙を前に、ＣＮＴは従来にもまして激しい調子で棄権を呼びかけ、なおかつ「（中道」を標榜する急進党をも含む）右翼」が勝利した暁には社会革命をもって返礼する、との姿勢を鮮明にしていた。「カサス・ビエハスの共和制」を糾弾するＣＮＴからの時限付きの支援（？）にも後押しされて、「右翼」が件の総選挙を制するや、ＣＮＴは予告どおり武装蜂起に打って出た。「三人の匪賊」は、いつでも足並みを揃えていたわけではない。ドゥルーティとアスカーソの両名とは異なり、リベルテール共産主義社会を建設するための営為は「ブルジョワ政府」の首のすげ替えとはまったく無関係との立場から、ガルシア・オリベールは三度目の武装蜂起には与しなかった。

主にアラゴンの市町村を直撃した「反乱のサイクル」の第三波も、あえなく水泡に帰す。この最後の攻勢は、広がりの点で第一波と第二波を大きく凌駕していた。それでも、カサス・ビエハスで既に証明されていたように、実質的に大衆の自発性のみに依拠したローカル単位の反乱を個別に掃討する「作業」は、第二共和制の治安維持装置には朝飯前のことだった。しかし、「サイクル」を容易にねじ伏せた国家権力が、フランコ派の決起に揺さぶられ瓦解状態に陥ったのが、一九三六年の夏だった。このときローカルの空間に生じた第二共和制の治安維持機能の喪失に乗じて、ＦＡＩ派を始めとする、地元にあって最も左傾した集団のイニシアティヴのもとに、「イデオロギーを欠いているにせよ、潜在的にはアナキストである」はずの大衆が、一九一九年一二月にCNTがマドリードで開催した大会以降、このアナルコサンディカリスト労組が自らの最終目標に掲げてきた「リベルテール共産主義の導入」に勤しむ機会が訪れる。久しく成就のときが熱望されてきた革命への扉を開いたのは、皮肉なことに第二共和制の粉砕を「右から」企てた反革命的軍事クーデタの衝撃だったのである。

バルセローナでは、軍事クーデタを――パスによれば「自力で」、しかし現実には空軍のフェリーペ・ディアス・サンディーノ中佐や、治安・突撃の両警備隊の多大な協力のもとに――撃退した「武装した大衆」が、かねに飽かした所有者たちが姿を消した工場その他の施設を接収、生産・流通過程の自主管理・集産化に着手する。それは、グループ「ノソトロス」の仲間の一人にして、ドゥルーティの死後、その軍団を代わって統率することになるリカルド・サンスが惜しむしかなかったように、「恐るべきFAI」の「頭目」の一人、アスカーソがついに見届けることのできなかった革命の本格的な幕開けだった。

やや特異な展開を見せたかに思われるのが、カタルーニャの西に広がるアラゴンの革命だった。サラゴーサが含まれる、この中心都市を除けば概してUGTがCNTに対して優位を占めていた西アラゴンは、内戦の勃発とときを同じくしてフランコ派に蹂躙されてしまう。その一方で、ひとまずは第二共和制側の領域に留まった東アラゴンは概ねCNTの勢力圏に符合していた。労働運動史家のフリアン・カサノバによれば、東アラゴンの革命の牽引役の多くは、かつて出稼ぎ先のバルセローナで組合活動の手ほどきを受けていた農民たちだった。内戦以前の段階でCNT系列の組合が存在しなかった市町村では、フランコ派からのサラゴーサの解放を目指してカタルーニャを離れた民兵隊が、進撃の途次、リベルテール共産主義体制の導入や農業の集産化に主導的な役割を果たした。例えばドゥルーティ軍団や、死んだフランシスコのいとこで、自身もカタルーニャのFAI派と密接な関係にあったホアキン・アスカーソ・ブドリーアが率いるオルティス軍団がそれである。なお、農業その他の分野での集産化の試みを、CNTの宿願だったリベルテール共産主義の発現と見なしうるものかどうかに関する議論は、ここでは措く。

ともかくも生起した革命は、遠からず二つの脅威に直面する。むろん、一つはフランコ派の軍事力である。西アンダルシアは一九世紀にはアナキズムの、二〇世紀にはアナルコサンディカリズムの、カタルーニャと並ぶ砦であり続けた。一九三六年の夏、西アンダルシアではいくつかの市町村でリベルテール共産主義体制の樹立が確かに宣言されている。内戦に関する出色のルポルタージュを著したオーストリア人のフランツ・ボルケナウは、同年九月、リベルテール共産主義体制のもとに置かれたカストロ・デル・リオに「多くの点で、一五三四年にミュンスターのアナバプティストたちが導入したものによく似たアナキストのエデン」を発見した。だが、このカストロをも含む西アンダルシアは、わずかにシエラ・モレーナを除いて、年越しを待たずにそっくりフランコ派の軍門に下ってしまう。

革命にとってのもう一つの脅威は、一旦は統治機能を喪失しながらも、ときを追って蘇生へと向かった第二共和制である。しかも、そこには軍事クーデタが勃発するまでほとんどまったくの弱小政党でしかなかった共産党が、コミンテルンがピレネーの南に派遣したイタリア人のパルミーロ・トリアッティの表現を引き写せば「スペイン全人民の確固たる水先案内人」、「人民戦線の組織者」にしてその「原動力」を装いながら介入した。アドルフ・ヒトラーに脅えて英仏への接近を画策するヨシフ・スターリンにとって、両国が育んできた「議会民主主義」の否定に繋がる「革命文化」のスペインでの開花は看過しがたいものだった。

首都機能をバレンシアに譲った直後のマドリードの、フランコ派による攻略の企てが国際旅団の初登場もあって阻まれた一九三六年一一月の戦闘を契機として、共産党はソ連を後ろ盾にその発言力を飛躍的に高めていく。七月以降、無産者たちの「横暴」に青息吐息の中産階級は、書記長ホセ・ディアス・ラモスの所謂「先例なき議会民主主義の共和制」の勝利を訴えつつ、革命の隠蔽やその進展の阻止に邁進する共産党のもとに殺到した。開戦の前夜に四万ほどだったその党員数は、一九三七年三月には二五万にまで膨れあがっている。

一九三六年七月一八日以後の第二共和制を、その変質に着目しつつ「第三」共和制と呼ぶことに躊躇しなかったのは、ジャーナリストとして動乱のスペインを取材するなかで、コミンテルン／共産党がまき散らす「大いなる欺瞞」に自身も悩まされた過去を持つ革命史家のバーネット・ボロテンだった。アラゴン戦線が総崩れになったのは、一九三八年の三月。カタルーニャはそれからさらに一年近く、内戦の終結が間近に迫るまでともかくも持ちこたえた。

東アラゴンとカタルーニャでは、革命と国家権力とが鎬を削る局面が出来する。

この点で事態が錯綜していたのは、革命に加えて、第二共和制が地域ナショナリズムとも対峙しなければならなかったカタルーニャである。緒戦に勝利を収めたCNT、あるいはCNT‐FAIの「首脳」は地域ナショナリズムの旗振り役のルイス・コンパニス（カタルーニャ左翼共和党）に丸め込まれ、ジェネラリタ（カタルーニャの地方行政府）のもとに新たに設置された「カタルーニャ反ファシスト民兵中央委員会」（以下、「民兵中央委員会」と略記）への合流を、つまりは軍事クーデタの衝撃と、それに続いた革命状況の現出に圧倒された地域ナショナリズムとの協調を、パスの見立てでは下部の「武装した大衆」に諮らぬままに決定する。こうして、バルセローナはジェネラリタと、法律上はその管轄下にありながらも、CNT‐FAIも加わった「民兵中央委員会」との二重権力状態に置かれた。「武装した大衆」を後ろ盾にしたアナルコサンディカリズムの有形無形の圧力を武器に、当初は「民兵中央委員会」がジェネラリタに対してともかくも優位に立っていたことは間違いない。

一九三四年一〇月のバルセローナでの、コンパニスらによる「スペイン連邦共和国内のカタルーニャ国家」の樹立の企てにCNTが関与しなかった背景には、持ち前の「純粋」アナキズムに忠実な、ときのカタルーニャCRT書記長アスカーソの決断があった。そのアスカーソがフランコ派の凶弾に斃れた直後、茫然自失の体にありながらも、地域ナショナリズムの「延命」への希望をなおも捨てないコンパニスとの会見に応じたアナルコサンディカリストのなかには、「恐るべきFAI」の残された二人の「頭目」ドゥルーティとガルシア・オリベールの二人も混じっていた。ガルシア・オリベールは一一月のラルゴ・カバリェーロ政権への入閣に先立って、「民兵中央委員会」にも自ら参加する。だが、「民兵中央委員会」は一〇月には消滅。その直前には、またもや「武装した大衆」の与り知らぬところで、この組織に名を連ねるすべての「政党」と「組合」のジェネラリタへの参加が決定されていた。地域ナショナリズムが息を吹き返すなか、二重権力はもはや完全に形骸化されつつあった。

バルセローナにおける二重権力の解消とその後の成りゆきに多大な影響を及ぼしたと思われるのが、「民兵中央委員会」発足の翌日（七月二三日）に旗揚げされたPSUC（カタルーニャ統一社会党）である。カタルーニャ共産党や社会党カタルーニャ連盟その他が合体して日の目を見たＰＳＵＣは、組織のうえでは独立した政党でありながらも、基本的にはコミンテルンの戦略に従って共産党と行動をともにした。そのＰＳＵＣが目の敵にしたのが、「マルクス主義」を看板に掲げながらもモスクワに抗うＰＯＵＭ（マルクス主義統一労働者党）とＣＮＴ－ＦＡＩだった。ＰＳＵＣの策略にあって、一二月にはＰＯＵＭはジェネラリタを追われる。緊張の高まりの果てに待ち受けていたのが、（枝葉を切り落とし、話をあえて単純化してしまえば）カタルーニャ左翼共和党・ＰＳＵＣとＣＮＴ－ＦＡＩ・ＰＯＵＭとの間に生じた、翌年五月に同じカタルーニャの中心都市の街頭を震撼させた騒乱である。

この通称「五月事件」（以下、「事件」と略記）を「組合」に対する「政党」の反逆と解釈するのは、先のサントス・フリアである。ＰＯＵＭは確かに「政党」でありながらも、「議会民主主義」に対立する「革命文化」をＣＮＴ－ＦＡＩと共有している。そのうえ、ＰＯＵＭはカタルーニャにあってはなるほど無視しえない集団ではあったにせよ――ジェネラリタを追われた段階でのその党員数は約三万。「事件」当時、「天敵」のＰＳＵＣはおよそ五万人の党員を抱えていた――、動員力の点でカタルーニャＣＲＴには大きく引き離されていた。五月三日の、エウセビオ・ロドリゲス・サラス（ＰＳＵＣ）指揮下の突撃警備隊による、ＣＮＴ－ＦＡＩが管轄していた中央電話局への襲撃を直接の引き金とする「事件」は、アサーニャにとっては、あくまでも「アナキストの反乱」以外の何ものでもなかった。「事件」の本質は確かに「組合」と「政党」との対決、さらに言えば「組合」に対する「政党」の勝利にあったかに思われる。しかし、結局のところ、勝鬨を上げた「政党」はカタルーニャ左翼共和党ではなかったし、一敗地にまみれた「組合」もＣＮＴばかりではなかった。

この「事件」当時、正しく「現場」に居合わせたのが、一年前に首相から大統領への転身を図っていたアサーニャである。「事件」の前夜にバルセローナで脱稿された自身の戯曲『ベニカルロの夜会――スペイン戦争の会話』（一九三九）のなかで、この稀代の文人政治家は混迷を極める内戦のさなかに第二共和制の治安維持装置と「組合」が衝突する可能性に言及していた。さらに、アサーニャは、内戦の火蓋が切られて以来、「すべての階級の勤労者の共和国」がかつてない危機にあえぐなか、前線から遠い「のどかな」カタルーニャにあって、「国家」そのものを否定するCNT‐FAIのみならず、CNT‐FAIとの「内輪もめ」に明け暮れているかにも映じたコンパニスらにも冷ややかな眼差しを注ぐ。

武装蜂起したCNT‐FAIとPOUMを鎮圧するうえで、そのコンパニスにはバレンシアの第二共和制政府に治安維持装置の投入を要請する以外の手立てはない。おかげで、五〇〇名もの人命がバルセローナの街頭に失われたとされる「事件」の終息を受けて、一九三二年九月に日の目を見た自治憲章が保障していた、治安維持に関わるジェネラリタの権能は政府へ移管されることになる。その意味するところは、むろんなお不完全な形ではあるものの、カタルーニャにおける第二共和制の国家権力の復元だった。「事件」から五ヵ月後には、バレンシアに代わってバルセローナが第二共和制の首都に選ばれる。新たな遷都は、カタルーニャの地域ナショナリズムになおいっそうの陰りをもたらさずにはおかないだろう。

「事件」の直後、ラルゴ・カバリェーロは首相を辞任した。やはり社会党に在籍するファン・ネグリンが首班を務める新政権には、UGTの組織員の姿もアナルコサンディカリストの姿もない。ボロテンの「品定め」に従うと、社会党＝「政党」の実力者ではあれ、UGT＝「組合」からは距離を置くネグリンは、モスクワの完全な操り人形でしかない。『ソリダリダ・オブレーラ』紙は「反革命政府」の発足を非難する。しかし、「革命文化」の拠りどころとしての「組合」は「政党」に対する優位を既に失っている。それは、もはや「革命文化」そのものが根底から脅かされる局面が到来したことを物語っていた。

「革命文化」のさらなる後退、ないしはその帰結としての事実上の終焉を如実に浮き彫りにしたかにも思われるのが、「事件」から三ヵ月後の「アラゴン評議会」（以下、「評議会」と略記）の解散だった。「評議会」は、広い範囲にわたって農業集産体が芽吹くなかの一九三六年一〇月六日、各地に展開する民兵隊の行きすぎた行動に歯止めをかける――通過する民兵隊への強いられた食糧の供給が、ローカル単位に集産化された農業経済を枯渇させる事態も実際に生じていた――、東アラゴンの社会的・経済的・政治的な活動を統制する目的に沿って、ブハラロス（サラゴーサ県）で産声を上げた。議長に選出されたのは、オルティス軍団の総帥のドミンゴ・アスカーソ。ドミンゴ以外の六名も、一人残らずＣＮＴの組織員たちだった。

「偽装されたアナキスト独裁」との想定済みの（？）そしりに応えるべく、「評議会」がラルゴ・カバリェーロ政権から承認を取りつけたのは、年の瀬が迫る一二月二五日のこと。新たに発足した「評議会」には、ＣＮＴの他、共産党とＵＧＴ、それにアサーニャの左翼共和党とサンディカリスト党の面々が加わっていた。サンディカリスト党は、「三〇人派」の急先鋒だったペスターニャが一九三四年に結成した政党。「評議会」の書記長に就任したのは、人民戦線期にアラゴン選出の同党代議士を演じた元ＣＮＴのベニート・パボンである。

第一期に引き続き、代表はアスカーソが務めたものの、第二期には「評議会」の公共事業部門を担当するホセ・ルイス・ボラオから、ＣＮＴが推進する農業の集産化がもたらしている弊害への苦情が語られた。「評議会」のなかで名目上はＵＧＴを代表しながらも、ルイス・ボラオは共産党のアラゴン地方委員会の要職を占めてもいた。『共和国広報』を通じて、「評議会」の解散の指令が下されたのは一九三七年八月一一日。「評議会」の解散に続いたのは、東アラゴンのアナルコサンディカリズムの指導者たちの身柄の拘束と農業集産体の破壊である。その過程で豪腕を発揮したのは、知られるように共産党のエンリケ・リステルである。以後、アラゴン戦線が翌年春に崩壊するまでの間、当地の農業の維持に努めたのは、農業省に帰属するＩＲＡ（農地改革機構）だった。一九三六年の暮れに合法化された後も、「評議会」はこのＩＲＡからの資金供与には一切与っていない。ときの農相は、これまた共産党のビセンテ・ウリーベである。同年九月、第一次ラルゴ・カバリェーロ政権に初入閣を果たしてから内戦の終結に至るまで、ウリーベは一貫して農相の椅子に座り続ける。

さて、ガルシア・オリベールである。内戦の前夜、この「恐るべきＦＡＩ」の「頭目」の一人は予想される軍事行動を迎撃し、「権力」の獲得を目指すための軍隊式の武装集団をＣＮＴのなかに組織することさえをも提言していた。アパスの見立てでは、ガルシア・オリベールは「革命的な見地から権力の問題を提起したただ一人のアナキスト」。「アナーキー」が「無権力」を意味する以上、「『権力』の獲得」を云々すること自体、既に論理の破綻でしかない。だが、内戦の幕開けは、グループ「ノソトロス」を後に「アナルコボリシェヴィキ」と揶揄するフェデリーカ・モンセニら、

「アナーキー」を心の支えとしてきた他のすべての人間にも「権力」の問題を突きつけた。少し前までは「三〇人宣言」を嘲笑うかのように「アナキスト独裁」の樹立をも辞さなかったガルシア・オリベールは、やがて「アナキスト及びアナルコサンディカリスト独裁によって必然的に革命の絞殺へとつながる革命的全体主義を断念した」と述べて、自身の「民兵中央委員会」や第二共和制政府への参加を正当化する。

「事件」の折、革命的な気運の後退を嫌ってバルセローナの街頭を占拠した仲間たちに職場への復帰を直に要請したのも、ガルシア・オリベールその人である。また、「事件」に先立ってCNT・FAI系統の民兵隊の第二共和制の正規軍への編入を自ら主張した際、ラルゴ・カバリェーロ政権の法相は「潜在的にはアナキスト」であったはずの「大衆」を軍隊機構の、換言すれば国家権力の「歯車」と見なすことにむしろ積極的でさえあった。民兵隊の正規軍化を提唱した有力なアナルコサンディカリストは、もちろん他にもいた。ガルシア・オリベール自身が合流を拒んだ一九三三年一二月の武装蜂起を前に、サラゴーサに置かれた全国革命委員会にドゥルーティとともに陣取った過去を持つシプリアーノ・メラ・サンスもその一人である。しかし、「事件」の顚末に伴う「組合」と「政党」との関係の変化、その逆転が、「革命文化」の後退、ないしは消滅を意味していたとすれば、一九三〇年代の前半に「革命文化」の化身を自負したはずのFAI派の「革命信仰」の喪失は、この、濃密な内戦史を著したピエール・ヴィラールの見事なレトリックを借用すれば「権力への蔑視と嗜好の間で揺れ動いた」元（?・）「匪賊」の言動の変化のうちにおそらく最も象徴的な形で凝縮されていた。

ガルシア・オリベールが「大いなる欺瞞」が渦巻く「現実」のなかでのたうち回る役どころをあえて引き受けたのに対し――『足音』の著者には、一九三六年の夏、多くの同胞が無残な死を強要されるなかにあって、「いつも誇りとしていたイデオロギーの完全性」に忠実であるよりも、自らに課せられた「義務」をまっとうする方が重要であったという――、正念場を迎えた「革命文化」のための新天地を東アラゴンに求めたのが、ドゥルーティである。バルセローナを離れる前夜、カナダ人のジャーナリスト、ヴァン・パーセンを相手にドゥルーティは次のように語っている。「ブルジョワジーはその歴史の最終段階にあって世界を破滅させせようとするであろうから、われわれが廃墟以外の何物をも受け継がないのは覚悟のうえだ。けれども、われわれは廃墟を恐れない。われわれは心のなかに新しい世界を抱いているのだから。そして、今このときもこの新しい世界は成長を続けているのである」。

しかし、東アラゴンの大地を舞台に「新しい世界」の建設に着手した「匪賊」の野望は、「評議会」の変質とその解散を待つまでもなく、自身が率いる軍団のマドリード戦線への移動に伴って断ち切られねばならなかった。共産党の牙城と化しており、もともと生還の見込みすら覚束なかったマドリードへのドゥルーティの派遣を持ち出したのは、遠からずスターリンのもとに召喚され、そのまま消息を絶つことになるソ連総領事のアントーノフ・オフセイエンコだった。他方で、ＣＮＴの「首脳」は、「共産党や……国際旅団から政治的に圧倒されるのを嫌い、ドゥルーティをマドリードに送り込むことによって名声を確保する作戦を思案していた」（パス）。

死の前日（一九三六年一一月一九日）にドゥルーティが致命傷を負った経緯そのものは、未だに謎に包まれている。しかし、盟友をむざむざ死なせた張本人として、ガルシア・オリベールが満腔の怒りとともに名指したのは、ＣＮＴ全国委員会書記長に就任したばかりのマリアーノ・ロドリーゲス・バスケスと二人のＦＡＩ派、ディエゴ・アバ・デ・サンティリャンと、自分と同様にラルゴ・カバリェーロ政権で閣僚（厚相）を演じるモンセニである。バルセローナでの五〇万人（！）が参列したドゥルーティの葬儀の場でガルシア・オリベールとともにマイクを握ったのは、「うぶな」アナルコサンディカリズムの「首脳」を手玉に取ってみせたオフセイエンコとコンパニスだった。両名の弔辞は、それぞれ「ファシズムに死を！」「前進せよ！」の叫びとともに結ばれた。反「ファシズム」闘争の「前進」の先には、ところも同じ「アナーキー」の「聖地」を襲う、まずは「革命文化」に、次いでカタルーニャの地域ナショナリズムに引導が渡される「事件」が待ち受けている。オフセイエンコのみならず、策に溺れた観の強いもう一人の「策士」コンパニスも前途は多難だった。

参考文献

Balcells, Albert, *Breve historia del nacionalismo catalán*, Madrid, 2004.

Casanova, Julián, *Anarquismo y violencia política en la España del siglo XX*, Zaragoza, 2007.
García Oliver, Juan, *El eco de los pasos. El anarcosindicalismo en la calle, en el Comité de Milicias, en el gobierno, en el exilio*, Barcelona, 1978.
Íñiguez, Miguel, *Esbozo de una enciclopedia histórica del anarquismo español*, Madrid, 2001.
Juliá, Santos, "Partido contra sindicato: una interpretación de la crisis de mayo de 1937," *Socialismo y Guerra Civil*, Madrid, 1987.
Sanz, R. *Figuras de la Revolución Española*, Barcelona, 1978.
ピエール・ヴィラール『スペイン内戦』（立石博高・中塚次郎訳）、文庫クセジュ、一九九三年
アベル・パス『スペイン革命のなかのドゥルーティ』（渡辺雅哉訳）、れんが書房新社、二〇〇一年
バーネット・ボロテン『スペイン内戦——革命と反革命』（渡利三郎訳）、上・下巻、晶文社、二〇〇八年
シプリアノ・メラ『スペイン革命の栄光と敗北——アナキスト将校の内戦と監獄と亡命』（土屋洋子訳）、三一書房、一九八二年
渡辺雅哉『改革と革命と反革命のアンダルシア——『アフリカ風の憎しみ』、または大土地所有制下の階級闘争』皓星社、二〇一七年

José Luis Gutiérrez Molina, "Federica Montseny, la mujer que hablaba (Madrid, 12.02.1905 - Toulouse, 14.01.1994)".

語り続けた女、フェデリーカ・モンセニ

ホセ・ルイス・グティエーレス・モリーナ

今日のスペインの社会に暮らす大多数の人間にとって、フェデリーカ・モンセニ（マドリード／一九〇五年二月一二日〜トゥルーズ／一九九四年一月一四日）は実質的に二〇世紀を通じてスペインのアナキズムのなかで最も影響力のあった女流活動家としてというよりも、スペイン最初の女性閣僚、そしてヨーロッパでも初めての女性閣僚のなかの一人として、むしろいっそうよく知られている。フェデリーカの生涯は、それが長期にわたって、さまざまな局面のなかであらゆる権力に敵対しながらも、なおかつ自身が権力の座を占めることを意味したという矛盾に縛られていた。

もっぱらカタルーニャのアナキズムとのみ同一視されるにせよ、ひょんなことからフェデリーカはマドリードで生まれている。一八九六年のバルセローナでの聖体パレードのさなかの爆弾騒動に続いた弾圧の結果としての、フランスとイギリスへの短い追放を経て、フェデリーカの両親は――ともにアナキズムの知識人だったファン・モンセニ・カレ、別名フェデリーコ・ウラーレスとテレーサ・マニェ・ミラベ、別名ソレダ・グスターボ――、マドリードに難を逃れていたのだった。ウラーレス一家は、その存在そのものがスペインのアナキズムとアナルコサンディカリズムの歴史の基軸の一つをなしている。その新聞〔・雑誌〕と人間としての影響力により、われわれはこの一家を前世紀の社会史のあらゆる「表舞台」のなかに見出す。総じてスペインの現代史を、また特にスペインのアナキズムを知り、かつ理解するうえで、『ティエラ・イ・リベルタ』紙と『ラ・レビスタ・ブランカ』誌は、真っ先に参照されるべき二つの導きの糸である。

若いころの、因襲からおよそかけ離れていたフェデリーカの人格形成は、その両親に強く影響されていた。フェデリーカは書物や、自由と連帯に関するさまざまな集いに取り囲まれ、スペインの異なった社会的・政治的なあり方を模索する大物たちと接触するなかで成長を遂げていった。強烈な個性の持ち主であり、そのイデオロギーには教育の重視、サンディカリズムよりもアナキズム〔への傾倒〕、社会を変革するうえでの不可欠の原動力が〔大衆の〕教化にあるとの信念などの要素が織り込まれていた。生きるための条件の防衛と女たちの役割が、特別の重要性を帯びている。

フェデリーカはまだ思春期にあったころにものを書きはじめ、一九三六年の軍事クーデタ以前に存在していた大衆小説の最大の叢書であり、ウラーレス一家が編集していた「理想小説」にアクティヴに関わった。「理想小説」に収められたフェデリーカの作品は、五〇冊ほどに上る。自伝的なものをも含めて、これ以上ないほどに多様なテーマをめぐって、いずれも自身がその編集部に身を置いていた『エル・ルチャドール』紙や〔先の〕『ティエラ・イ・リベルタ』紙や『ラ・レビスタ・ブランカ』誌、あるいは『ソリダリダ・オブレーラ』紙に掲載された数百本もの著述や記事の他に、である。フェデリーカは、とりわけ女たちの自由の問題とその十全な意志表明の権利〔の実現〕に心を砕いた。男と女の解放は、平等と知識に起因すべきもののはずだった。

一九三〇年、フェデリーカは自らの人生をヘルミナール・エスグレアスのそれに結びつけた。ヘルミナール・エスグレアスは、ジュザップ・アスグレアス・ジャウマの別名である。ヘルミナール・エスグレアスは、カレーリャとマンレーサのCNT（全国労働連合）傘下の組合に確実に早くから、しかも目立った形で参加していた。二人はビーダ、ヘルミナール、ブランカの三人の娘をもうけた。ブランカが生まれたのは一九四二年。当時、フェデリーカはゲシュタポにより身柄を拘束され、〔フランシスコ・フランコ将軍が待つ〕スペインに送還される手筈が整えられていた。フェデリーカを確実視されていた死から最終的に解放したのは、自身の懐妊だったのである。

フェデリーカは、一九二三年にサルデニョーラにあったCNT系列の組合に加入したかにも見える。しかし、一九三一年まではそうではなかった。以後の〔スペインでの〕数年間と、一九三九年に始まる亡命時代を通じて、フェデリーカは決定的な行動を伴った、ＣＮＴの最も傑出した人物の一人となる。その最も重要な活動は、弁舌であれ著述であれ、プロパガンダにあった。国内全土にわたって数多くの行脚を行ない、数えきれないほどの集会で登壇した。一九三六年五月のサラゴーサでは〔当地でのＣＮＴの全国〕大会の閉会式の多くの発言者たちに混じっていたし、リベルテール共産主義の定義が記された共同声明の執筆者の一人でもあった。後には、ＣＮＴとＦＡＩ（イベリア・アナキスト連盟）の複数の主要な委員会にも加わっている。

一九三六年七月。軍事クーデタが奏功せず、革命的なプロセスが開始されると、第二共和制の政府側の政治勢力との協調への支持を自ら宣言した。それは仲間たちの多くに対しても、自らに対しても、困難な立場に立たされる破目になる選択だった。フェデリーカは、強い圧力に晒された。第二共和制の政府への入閣を引き受けた際には、他でもない自分の父親からアナキズムに見切りをつけたとして責められている。

フェデリーカは、〔一九三六年一一月から〕半年ほど厚相を務めている。ほんのわずかしか実現されなかったものの、それはフェデリーカが幼い子どもを迎え入れる施設や乳児のための食堂の設置を企てた時期だった。娼婦らの選択肢としての所謂「売春からの解放所」の設置も推進したし、中絶のための法案も作成した。同法案は、閣内の同僚たちの反対に直面しなければならなかった。その他、一般市民を無差別爆撃から引き離す目的に沿った、ときを追って増大していった難民たちの集団の、縮小していった第二共和制の政府側の領域内での移動の組織化や、数千名の幼い子どもたちの国外退去を自らの責務とした。一九三七年、〔バルセローナでの〕五月事件と、共産党や社会党や共和派からなる敵に対するＣＮＴの政治的な敗北を経て、フェデリーカは政府を離れた。

一九三九年二月、バルセローナがクーデタを起こしていた側の軍人たちに占拠されると、フェデリーカは他の数十万のスペイン人らと同じくフランスに移った。そこがドイツ軍に占領されるまでの間は、トゥルーズを塒とした。一九四二年に逮捕され、リモージュの監獄に入れられた。スペインへの移送を待つばかりの身だった。身重であったためにその措置が中止されると、サロン・ド・プロヴァンスに落ちついた。一九四四年のフランス解放までは、このサロンに留まっている。

一九四五年を通じて、フランスでスペインのリベルテール運動が再組織化された後、フェデリーカはフランスに亡命していたスペイン人のリベルテールたちの間での最も重要な潮流だった、アナキズムの反政治主義の最もオーソドックスな理念の擁護者を自負した。連れ合いのエスグレアスとともに、長期にわたってスペイン国外のアナキスト組織のいくつかの重責を担った。同時に、『CNT』紙や『エスポワール』紙のような新聞を通じてのプロパガンダのための営為や出版事業を継続した。

独裁者のフランコ死後の一九七七年、フェデリーカは帰国を果たす。CNTの再建にアクティヴに関与し、数多くの催しに登壇、アナルコサンディカリズムの歴史的な原理や目的を擁護した。

フェデリーカが死去した後、その人となりはスペインのアナキズムの最も代表的なシンボルへと転じ、国内の至るところでその名が街路や図書館、教育・厚生施設に冠せられた。もっとも、スペインの民主主義体制への移行にとって不都合であったと覚しいあらゆることがらの無視と忘却という、極めて特徴的な政策から、フェデリーカも逃れられたわけではなかった。それでも、その言葉には今日なお反響を呼ぶものがある。

人間の自由の第一の敵は国家の存在である。そこで、それが何であれ、またそれが何に由来しようとも、あらゆる権力は必然的に抑圧的であり、仕舞いには独裁と化すのである、との前提のもとに、とりわけ個々人の自由と、抑圧者のいない社会とに立脚した十全な意味において社会主義的な世界が芽吹かねばならない。

フェデリーカの文学作品のなかからは、例えば〔いずれも「理想小説」叢書所収の〕以下の小説が挙げられる。自身が最初に編集した小説である『悲劇的な時間』（一九二〇）と『勝利』（一九二五）、『クラーラの息子』（一九二七）、『屈従しない女』（一九二八）、『一人の女以外の何ものでもなく』（一九三五）。他の作品に『男の問題としての女』（一九三二）、『ブエナベントゥーラ・ドゥルーティ』（一九三六）、『両性の問題。結婚、自由な結びつき、ともに暮らすことのない愛』（一九五〇）、『「ラ・リベルタリア」マリーア・シルバ』（一九五一）。アナキズムとCNTに関しては、『スペインのアナキズムの諸問題』（一九七一）、『CNTのクロニクル一九六〇～六一』（一九七四）、『アナキズムとは何か』（同）がある。自伝的な二つのテキストも書いている。『私の人生のなかの六年間』（バルセローナ、ガルバ社、一九七八）と、『四〇歳まで』（バルセローナ、プラサ・イ・ハネス社、一九八七）がそれである。

フェデリーカの人物像をめぐる研究には、カルメン・アルカルデ『フェデリーカ・モンセニ、赤と黒の言葉』（バルセローナ、アルゴス‐ベルガーラ社、一九八三）、ミゲル・イニゲス『スペインのアナキズムの歴史事典』（ビトリア、イサアク・プエンテの会、二〇〇八、一一五四～一一五六頁）、イレーネ・ロレンソ『フェデリーカ・モンセニ、権力の座についたアナキスト』（マドリード、エスパーサ社、二〇〇四）、さらにスザンナ・タベーラ『フェデリーカ・モンセニ、屈従しない女』（マドリード、テマス・デ・オイ社、二〇〇五）がある。

（訳・渡辺雅哉）

ムヘレス・リブレスのアナキズム

久保　隆

スペイン内戦（革命）渦動のなか、女性たちだけのアナキズム運動があったことは、意外に知られていないように思う。それは、ムヘレス・リブレス（Mujeres Libres：自由な女性）という、一九三六年四月から三九年二月にかけて活動が続けられた運動体によってなされたことなのだが、女性の社会的立場が劣悪な様態を強いられていた時代情況のなかで、ラディカルな指向を持つ運動があったことの意義は大きいといっていい。

ムヘレス・リブレスの活動の記録や情宣、啓蒙文、さらには賛同者（たとえば、エマ・ゴールドマンなど）の論文を収めた『自由な女――スペイン革命下の女たち』（一九七五年刊、日本語版・八三年刊、川成洋・長沼裕子訳）の編者・マリー・ナッシュによれば、「支部総数は一四七になると思われ、そこには、二万人の入会者が集まり、その大部分が労働者階級に属していた」ようだ。ナッシュの論述に添って述べてみれば、「女性解放、特に女性労働者の解放、つまり、彼女らの上にのしかかってくる、無知、生産活動からの疎外、男性への隷属という三重の隷属からの解放を、活動の基本的な目的とし」、「それまでの伝統的な受け身の役割から脱し、生産過程や社会生活に積極的に参加する」ことを通して、「女性たちが社会闘争に、殊に労働者階級の革命成就への絶え間ない支援に、自発的に参加するようになることを」指向していったことになる。そして、「事実上女性を差別してはいたが」、「『男性は前線に、女性は労働に』というのがこの期間を通じての」、「不変のスローガン」であり、「女性の闘争の場が後衛にあることを強調することによって、その方針は推進された」のだという。

基本的理念はいいとしても、「男性は前線に、女性は労働に」、「女性の闘争の場が後衛にある」といった捉え方になると、戦時下の「大日本帝国」における〈銃後〉の婦人（女性）たちの像に繋がっていくように思えてならない。

一九三〇年代の革命と戦争のただ中にあったスペインと、満洲国という植民地を足掛かりにアジアの盟主たらんとした、同時期の「大日本帝国」を敷衍させれば、闘う女性たちの政治・思想的様態は両極端であったとしても、半円を描きながら、〈銃後〉という強いられた存在性は同じことのように見通すことができる。シモーヌ・ヴェイユが、絶えず苦悩していた、革命と戦争の問題は、ムヘレス・リブレスにおいても、負の様態を露出しているといっていい。にもかかわらず、ムヘレス・リブレスは、切実で重要な問題を提起していたのは間違いない。

性差を超えでるための思考は、「ウーマン・リブ」、「フェニミズム」、「ジェンダー」そして、さらに踏み込んで、ドゥルーズ＝ガダリたちが主唱した「n個の性」（『アンチ・オイディプス』）といった言葉や概念で語られてきたわけだが、もとより、そのようにして、男女という差異を特化しなければならなかったこと自体が問題なのだ（八十年代ころから、女性が働く現場で、男性から言葉の暴力によって差別行為をされることをセクシャルハラスメントと定義され、いまだにそのことは、無化されることなく潜在し続けていることをここでは強調しておきたい）。わたしなら、率直に、「男と女、五分と五分」（中上健次『軽蔑』）であるというだけだ。どうして、そのような当然のことを、普遍性として見做すことが出来ないのだろうかと思う。

アナキズムという考え方・思想だからといって、性差の関係を無化しうる確たるものを持っているとは限らない。むしろ、女性に対して差別がないことの方が稀有かもしれないのだ。例えば、大杉栄の自由恋愛論は、位相を転換させてみれば、男性優位の考え方がその基層に胚胎していたと見做すことができるからだ。

ナッシュによる『自由な女——スペイン革命下の女たち』の編者解説から引いてみる。

ムヘレス・リブレスは、スペインのアナキストやアナルコサンジカリストの間で革新的な試みを提案していたが、その提案がいくつかの組織によって非難されたことからしても、その提案は、男性アナキスト活動家たちが好んで受けいれるものではなかった。ムヘレス・リブレスとCNT〔全国労働連合〕との関係、FAI〔イベリア・アナキスト連盟〕とFIJL〔イベリア・アナキスト青年団連盟〕との関係は緊迫した雰囲気のなかで展開した。彼女たちが、アナキズム運動のなかでの活動が困難だったのは、特に、アナキズム機関の理解不足と、一方では、非常に批判的であり、もう一方では寛容なといったその政治姿勢によるものと考えていた。／ムヘレス・リブレスは、社会闘争や政治闘争、または、生産活動が男性の独占的領域であるという支配的な考えを批判し、アナキズム団体がすべての政治的、経済的領域に女性を参加させる必要に気がつくように活動した。アナキズム運動において、女性に関するすべての問題に代表権をもつだけではなく、会員の女性活動家たちが、いくつかの機関の底辺ばかりではなく、CNTの組合の理事会のレベルや工場の委員会のレベルといった、指導部にも参加できるように働きかけた。／しかしながら、その要求は、概して、他のアナキズム団体の非協力によって実現を阻まれ、多数の男性活動家たちの姿勢を特徴づける妬みと父権主義をついに克服するにいたらなかった。ムヘレス・リブレスの、CNT、FAI、FIJLとの絶え間ない摩擦の原因が、男性活動家の相変わらずの偏見と、男性の独占物と間違えて考えられた仕事を、女性の手に渡すことへの反感にあると考えていた。

編者は、この論述に対して、ラルゴ・カバイェロ内閣の保健・厚生大臣だったフェデリカ・モンセニに関する註記を付している。重要な視線を示しているので長くはなるが、編者註の全文を引いておく。

本書において、フェデリカ・モンセニーがこの時期の最も有名な女性アナキストの中に含まれていないことや、ムヘレス・リブレスについて論じる時にも、私たちが彼女について取り上げないことは奇妙に思われるかもしれないが、彼女を除外することは、たとえF・モンセニーが『ムヘレス・リブレス』（引用者註・機関誌名）の論文や、支部での講演に協力するようになり、その団体の総会に出席するようにさえなっても、この女性団体とは、本質的に食い違っていたという理由で納得できるだろう。F・モンセニーは、女性解放は、自我をもった人間としての人間解放であり、女性だからといって特殊な問題があるのではなく、人間としての普遍的な問題があるだけである、と考えていた。同時にその問題は、組織レベルではなく、個人レベルで解決されるべきであり、男女の解放問題は、自己を克服することを通して、新しい人間性のある人間を創造する時に解決されると主張した。F・モンセニーは、このように女性解放問題を特殊な問題として取り扱うことに反対したのと同様に、組織レベルでの解決を考えることに反対していたことから、論理的には、特に女性のアナキズム団体の存在を適切だとは考えなかったのである。

そもそもCNTにしろFAIにしろ、本来の意味において、女性たちに開かれていなかったということはナッシュの記述には示されている。ましてや、ムヘレス・リブレスに参集している女性たちの多くは、「労働者階級に属していない」たわけだから、モンセニのような閣僚になるような知的階層ではないという差別的な視線が、そこには潜在しているのだ。そして、わたしが、最も注視したいのは、あくまでも、ナッシュが捉えたモンセニの考え方であることを前提にして述べてみるならば、「女性解放は、自我をもった人間としての人間解放であり、女性だからといって特殊な問題があるだけはなく、人間としての普遍的な問題があるだけ」であり、「男女の解放問題は、自己を克服することを通して、新しい人間性のある人間を創造する時に解決される」という、一見、正論のようにみえながら、実は、大きな陥穽を持った極めて皮相な見解でしかないということだ。「人間」、「人間解放」、「新しい人間性」というい方には、なんら内実は含まれていない観念としての言葉でしかないし、「自我」や「自己を克服する」ということを前提するに至っては、世界は困苦に満ちたものだという透徹した視線を放棄して、自分がそのように思考すれば、すべてが開かれていくといった偽善的な宗教観のようなもの説いているに過ぎないといっていい。

エマ・ゴールドマン（一八六九〜一九四〇）が、機関誌『ムヘレス・リブレス』に寄せた「女性の社会的地位」という文章を引いてみれば、それは、より鮮明になっていくはずだ。

人間の進歩は、きわめて緩慢である。人類は、一歩前進するごとに隷属の方へ二歩進んだと言われてきた。ただ、前世紀末葉から、教会や国王らの神聖不可侵な権利や、支配階級の権力に跪いた従順な態度からは徐々に解放されてきたのである。（略）世界中で、資本主義制度に反対した抗議が増大しつつあるが、その闘争を勝ちとれそうな所は、スペインである。／しかしながら、一般的にいって、常に自らの解放のためには勇ましく闘おうとする男性も、こと女性解放に関しては微塵も考えていないのである。（略）例えば、スペインでは、女性は単なる快楽の対象として、子供を生む者として男性よりきわめて劣った存在であると考えられているのであり、それも、ブルジョアジーたちだけがそのように考えるのなら私は驚かないのであるが、それどころか、男性労働者たちやアナキストの男性同志たちの間でさえ、同様の太古の考えがみられるのは全く信じられないことである。（略）人類は両性から成り立っており、人類が世代交代しながら永存することからして、女性はこの両性のなかで最も重要な存在であり、女性の精神面、肉体面の発達が完全になればなるほど、人類はますます完全になるであろう。

ＣＮＴの主導的立場にあるフェデリカ・モンセニと、ロシア革命の欺瞞性を看破し、スペイン革命に共鳴してムヘレス・リブレスを支援するエマ・ゴールドマンとの間に、なぜこのような懸隔があるのだろうか。これは、スペイン革命からスペイン内戦、そして、やがてファシスト政権が人民戦線に楔を撃つまでの時間性を逆説的に象徴していると見做すことができる。ゴールドマンとモンセニの論述もしくは見解を対比してみれば、アナキズム思想が多様性であることをもって、その特質であるといえるとしても、多くの無名の大衆・労働者の共同性を一握りの「前衛」が、運動自体を代象していくわけではないにもかかわらず、渦動の起点を忘失していくことの証左として、これらのことを解していくことができるはずだ。わたしは、ＣＮＴが政府・内閣の構成へ参画した時点で、スペインにおける多くのアナキスト、アナルコサンジカリスト大衆から離反し、革命の終息へと加速化していったと見做している。何度でも俎上に載せたくなるのだが、「男女の解放問題は、自己を克服することを通して、新しい人間性のある人間を創造する時に解決される」というモンセニの考え方には、男女間、あるいは自己の内部に潜在する権力性の問題を捨象しているといえる。つまり「自己を克服」することは、必ずしも自己権力を無化していく方位を示していないと見做していいのだ。だから、モンセニの見解とは違い、エマ・ゴールドマンは、男女間といえども、そこには、抑圧する権力という問題が必ず横たわっていることを明確に述べていることになる。『自由な女――スペイン革命下の女たち』に収められた幾つかの論述を見てみれば、そのことが、さらに鮮明になっていくはずだ。

私たちはまず、男性同志たちの脳味噌から、「優等」思想を根こそぎ取り去ることから始めなければならない。そして、女性は、手なべや家畜といった家のなかのものにどっぷり埋もれて暮らしているが、すべての人間が平等であるという場合、その人間というもののなかに、女性が含まれていることに気づくであろう。／あなたにとっては、他の女性同志たちがあなたと同じことに関心をもつことが必要であり、あなたは彼女たちに、彼女たちはあなたに支えられる、という相互関係が必要である。一言でいえば、あなたは共同体のなかで働くべきであり、別の言葉で言い換えれば、あなたは女性支部をつくらなければならないのである。そして、あなたが、ここから、私たちの経験豊富な指導と支援を望むなら、まさしくこの支部は、ムヘレス・リブレスという名称でなければならない。／ムヘレス・リブレス支部は、多かれ少なかれよくある、影の男性オルガナイザーの指導によって行動する女性たちによっては、組織されていない。また、男性同志たちと、女性解放論をめぐって衝突しようとするグループでもない。ムヘレス・リブレス支部は、基盤となる理論をもっている。／今はもう、人間の搾取を正当化する神話は存在しない。「革命」は、人類のきわめて大きな犠牲をもってなされた。今は、何もかもが発展のリズムにある。私たちは、「歴史」において、「労働」の転換や戦争と革命の痛ましい出来事を後においてきた。私たちは、「呪い」を忘れてしまい、天国を信じない。私たちの幻想は現実を編み、そして、現実は幻想を編む。私たちの均衡がすなわち、私たちの任務である。活気あふれる沈着な意志が、完全に統一ある人間の未来において向上させる。人間は生き、機械が働く。

これらの発言を、一九三〇年代のスペインでのことだと特化するわけにはいかない。女性の自立とか、モンセニふうに自我をもつとか自己を克服するといったことで、抑圧された性を解放できるわけではない。必要なのは、お互いの置かれた立場を理解しあえる相互関係を生成する共同性をかたちづくることにある。それが、イデオロギーや綱領としてではない、本来ありうべき理念としてのアナキズムだといえるはずだ。さらに、別様にいうならば「幻想は現実を編み、そして、現実は幻想を編む」ことでもあるのだ。だからこそ、こうもいえる。「機械」は、「人間」が生み出した道具でしかないのだから、機械のように人間が働くのではないし、機械に働かされるわけでもない。人間の性は、必ずしも男と女にだけ峻別できるわけではなく、n個の性であったとしても、人（男あるいは女）と人（女あるいは男）とは、「五分と五分」なのだと、わたしは断言しておきたい。

カサス・ビエハス
――紡ぎだされた「伝説」と「語り部」センデールらのその後

渡辺　雅哉

一九三一年四月一五日。前日に発足したばかりのスペイン第二共和制臨時政府はそれまで悲惨な状況のなかに放置されてきた「膨大な数の農民大衆」の存在に触れ、農地改革の実施を公約した。その背景には、消滅したばかりの復古王政時代を通じて執拗に繰り返された「膨大な数の」アンダルシアの日雇い農たちの大土地所有制に対する優れてリベルテール的な抗議行動があった。懸案の農地改革法は一九三二年九月に国会を通過する。

しかし、それからわずか三ヵ月後、早くも同年一二月の時点で、同法の成立を受けて発足していたＩＲＡ（農地改革機構）の代表を務めるアドルフォ・バスケス・ウマスケは、南スペインの日雇い農たちの「無理からぬ苛立ち」が「暴力的な局面」を惹起する可能性への強い懸念を表明せざるをえなかった。年明け早々、ＩＲＡ代表の不安はカサス・ビエハス（現ベナループ‐カサス・ビエハス）において的中する。当時はカディス県の山間に広がるメディナ・シドニアのなかの集落だったカサス・ビエハスを見舞った殺戮劇を通じて、一九世紀以来の「アンダルシアの農業問題」は第二共和制の行方そのものをも左右する結果を生んだ。

アナルコサンディカリスト労組ＣＮＴ（全国労働連合）は、その要をなすカタルーニャＣＲＴ（地方労働連合）のなかでヘゲモニーを掌握していった、所謂「純粋」アナキズムを信奉する強硬派が集うＦＡＩ（イベリア・アナキスト連盟）に主導される形で、一九三二年一月を皮切りに、翌年一月と一二月の都合三度、第二共和制の破壊とリベルテール共産主義体制の樹立をもくろみ、国内各地に大掛かりな武装蜂起を繰り広げた。この「反乱のサイクル」のなかで世論に最も甚大な衝撃を与えたのが、一九三三年一月の、地元のＣＮＴが「サイクル」の第二波に合流したカサス・ビエハスでのことの顚末だった。このとき鎮圧のために投入された第二共和制の治安維持装置が過剰に応戦、二二人がその餌食にされてしまう。

カサス・ビエハスを「犯罪の集落」と呼んだのは、事件発生から間もなく、マドリードの『ラ・ティエラ』紙編集長のエドゥアルド・デ・グスマンとともに、同じくマドリードで発行されていた『ラ・リベルタ』紙の特派員としてこの集落に足を運び、重苦しい空気があたりに漂う現地を精力的に取材した著名なアナキスト作家のラモン・ホセ・センデールである。センデールの奮闘は、『犯罪の集落への旅（カサス・ビエハスのドキュメンタリー）』（以下、『旅』と略記〔一九三四〕）に結実する。共和主義の看板を背負ったバレンシアの文豪ビセンテ・ブラスコ・イバーニェスが一八九二年一月の、これもカディス県内にあるヘレス・デ・ラ・フロンテーラの騒擾に着想を得て書いた『ラ・ボデーガ』（一九〇五）と並んで、『旅』は「アンダルシアの農業問題」に光を当てた文学作品の傑作であり続けている。

惨劇があった翌月の国会で、首相のマヌエル・アサーニャ・ディアスは、詳細を正確に把握しないまま「われわれが知る限り〔!〕、カサス・ビエハスでは起こるべきことが起こった」と発言、大いに物議を醸す。治安維持装置の側からも三人の犠牲者が出たこの事件は、アサーニャ自身が牽引役を務めた「改革の二年間（一九三一～三三）」に終焉をもたらす同年一一月の総選挙の大きな争点となる。そればかりではない。「犯罪の集落」は、一九三六年七月の軍事クーデタを正当化するための理由づけにも使われる。多分に「後知恵」の観は免れぬにせよ、フランシスコ・フランコ将軍が内戦に勝利した後に語ったところでは、今やスペインに鎮座するこの独裁者が第二共和制の統治能力に見切りをつけるきっかけとなったのが、他でもない一九三三年一月の出来事であったというのである。

そんなフランコ将軍のスペインは、南スペインの社会的な悲惨と暴力を象徴した「犯罪の集落」の「実名」をそっくり消し去ってしまう。一九七五年の独裁者の死去に続いた民主化の流れのなかでも、「犯罪の集落」は「兄弟殺し」の再演を忌避し、同胞のひとまずの和解を優先する「忘却の契約」に従って、なおしばらくの間は「ベナルーブ・デ・シドニア」としての自己を装い続ける他はない。惨劇から六五年目の一九九八年に至って、「犯罪の集落」は「ベナルーブ‐カサス・ビエハス」の呼称のもとにようやく復活を遂げたのだった（その七年前に当地が「集落」から「自治体」に「昇格」した際、「ベナループ・デ・シドニア」から「デ・シドニア」が削除されていた）。「屠殺場」と化したカサス・ビエハスからは、あまたの「伝説」が紡ぎだされた。フランシスコ・クルースのあばら屋を舐めつくした炎は、「社会革命への道を照らしだす力強い松明となるだろう」。アンダルシアＣＲＴ地方委員会の名において国家権力の暴虐を弾劾するパンフレット『けだものどもが通りすぎていった！――カサス・ビエハスについての真実』（以下、『けだものども』と略記（一九三三））を書いた同委員会の書記長ビセンテ・バリェステール・ティノーコにとって、リベルテール共産主義体制の構築を目指したカサス・ビエハスの反乱は、「栄光の叙事詩」であると同時に「新時代への出発点」をなしていた。以下、センデールの『旅』を中心にカサス・ビエハスをめぐる「伝説」の一端に触れながら、併せて「伝説」の「語り部」たちのその後をたどってみる。事件当時、カディスが生んだ傑出したアナルコサンディカリストであるバリェステールや後述のミゲル・ペレス・コルドン、それに「改革の二年間」に続いた「暗黒の二年間（一九三四～三五）」に入って自身の「伝説」を完成させたセンデールは揃ってＦＡＩに所属する身だった。

なお、センデールが『旅』から二〇年近い時間を隔ててカサス・ビエハスを改めて俎上に載せた『心優しい死刑執行人』（以下、『死刑執行人』と略記（一九五二））については、「現物」を入手できなかった。同作品に関しては、ともに一九・二〇世紀の南スペイン、特にカディス県の労使紛争に詳しいジェラール・ブレイとホセ・ルイス・グティエーレス・モリーナが編んだ、「犯罪の集落」をめぐる研究の集大成とも見なされる『歴史・文学・ジャーナリズムにおけるカサス・ビエハスの事件（一九三三～二〇〇八）』（二〇一〇）のなかで提示された、スペイン文学者クロード・ル・ビゴーの分析に全面的に依拠する他ない。

＊

あらかじめ、カサス・ビエハスで「起こった」ことの概略をここでたどっておくことにしよう。一九三三年の一月一一日未明。この集落のアナルコサンディカリストたちはヘレス・デ・ラ・フロンテーラで事前に持たれていた秘密裡の会合での決定に従って電信・電話回線を切断。次いで四人の治安警備隊員が駐在する詰め所を包囲し、ひとまず集落を制圧する。その後、地元のCNTが食糧の分配に着手し、税務署の出張所が焼き打ちされた。しかし、午後に入ってこれもカディス県下にあって、しかもカサス・ビエハスに隣接するアルカラ・デ・ロス・ガスーレスから、異変を察知した治安警備隊員一二人と突撃警備隊員四人が駆けつけ、詰め所の包囲を解くや形勢は一挙に逆転。CNTの組織員たちは、その多くがカサス・ビエハスから逃げだした。だが、古参のアナキスト「セイスデードス（六本指）」ことフランシスコ・クルース・グティエーレスのあばら屋に当人以下、併せて九人が立て籠もる。

「セイスデードス」のあばら屋に火を放つよう突撃警備隊のマヌエル・ロハス・フェイへスパン大尉が命令を下したのは、翌一二日の午前二時。間一髪、「セイスデードス」の二人の孫、マリーア・シルバ・クルースとマヌエル・ガルシア・フランコだけが辛くも脱出に成功したものの、残る七人は揃ってあばら屋のなかで焼死する。四〇人の部下を引き連れてマドリードから現地入りしていたロハス大尉はさらに強引な家宅捜索を命じ、身柄を拘束された一三人があばら屋の前で即決で銃殺される。都合二二人の「殉教者」のうち、残る二人は家宅捜索の過程で生命を断ち切られた。

「伝説」の中心に置かれたのが、実際に手足の六本の指が生えていた「セイスデードス」と、その孫娘のマリーア・シルバである。炭焼きが生業だったフランシスコ・クルースは、皮肉なことに炭となって自らの生涯を閉じなければならなかった。既に七二歳の高齢に達しており、反乱には実際には何ら積極的に関与していなかったにもかかわらず、「セイスデードス」はほどなく南スペインの日雇い農たちの救済に殉じた「キリスト」の高みへと昇華していく。また、女流アナキストのフェデリーカ・モンセニは、「キリスト」のあばら屋を辛くも抜け出したマリーア・シルバにすぐさま「無知蒙昧を脱却したスペインの女たちの革命的な精神の象徴」を見た。理性に立脚した共和国の建設を夢見るアサーニャとは対照的に、国家の存在そのものを頑なに否定する世界観を共有する人間たちにしてみれば、「キリスト」の孫娘こそはカディス県の山間に現出した地獄絵のなかに咲いた、正しく名花「ラ・リベルタリア（女リベルテール）」に他ならない。

ラモン・ホセ・センデールはマドリードから空路セビーリャへと向かい、このアンダルシアの中心都市からへレス・デ・ラ・フロンテーラを経てメディナ・シドニアへ、そしてさらに「犯罪の集落」へと向かった。北スペインのアラゴンに生まれたセンデールにとって、その眼前に展開する南スペインのラティフンディオ（大土地）は大きな驚きであったに違いない。アンダルシアを苛むものは、センデール自身が肌身に知る北スペインとは比べようもない過酷なまでの飢え、そして悲惨と憎しみだった。「旧い家々」を意味するカサス・ビエハスには、「旧い家」も「新しい家」もない。成年に達し、極貧の親元を離れた極貧の若者たちが暮らすのは「家」ではない。「セイスデードス」の住いと同じ「あばら屋」である。

腹を空かせた二〇〇万もの農業プロレタリアートの対極には、エゴイズムに凝り固まった一握りの大地主が位置している。センデールの見立てでは、メディナ・シドニアをも含むアンダルシアのあちこちでの、二つの階級の間に深淵を穿つ小ブルジョワジーの「完全な」不在が、絶望的なまでのひもじさと相まって、日雇い農たちを生きるか死ぬかの階級闘争へと駆り立てていた。因みに、当時のメディナ・シドニアにあって一番の大地主は、一万ヘクタールを超える地所を所有していたネグロン侯爵。「改革の二年間」には、その所有地の半分ほどが農地改革法に基づく収用の対象とされている。

『旅』は、そのまま「アンダルシアの農業問題」の簡潔にして見事な診断書にもなっている。ただし、おそらくネグロン侯爵をメディナセーリ公爵と取り違えるなど、その所見にはやや強引なところも見出される。例えば、一九二〇年前後のアンダルシアの日雇い農の人口に関しては、アルメリア県を除いて「七〇万」との数字も残されており、その後の人口増加を加味しても「二〇〇万」には届きそうもない。また、「カサス・ビエハスのドキュメンタリー」との副題をよそに、『旅』では脚色が勝ちすぎている観も否めない。クロード・ル・ビゴーに従えば、センデールに同行した『ラ・ティエラ』紙の編集長が同紙に自ら執筆した記事の狙いは就中ことの真相の究明にあり、それはセンデールが『旅』で練りあげようとしたものとは一線を画していた。その限りで、スペインのアナルコサンディカリズムが育んだ屈指のジャーナリスト、エドゥアルド・デ・グスマンは「伝説」の「語り部」ではない。

『旅』には、殺戮劇を演出したロハス大尉の実名は出てこない。既に屋根がほぼ全壊していたあばら屋への放火は、反乱の掃討に当たっていた治安維持装置の隊員たちの思いつきがその発端とされている。ル・ビゴーが端的に「小説化」の企てと呼んだものは、他にも『旅』のあちこちに散見される。「今日にもスペイン全土でリベルテール共産主義体制が実現される」旨を謳って地元の日雇い農たちを反乱へと誘い、カサス・ビエハスでの新しい社会の誕生を厳かに宣言したのも、流血の回避を可能な限り願いつつも、CNTへの投降を拒んで詰め所のなかから発砲した治安警備隊の軍曹とその部下に結局は猟銃で応戦してしまうのも、『旅』ではいずれもフランシスコ・クルースである。ついでながら、センデールが思い描くカサス・ビエハスのアナキストたちは――そして、むろんその「元締め」の「セイスデードス」も――、「キリスト」よりも「豊かな者たちから奪い、貧しい者たちに施した」という、一八世紀のアンダルシアが生んだ任侠の匪賊ディエゴ・コリエンテスに近い。

一九三三年一月に先立って、「反乱のサイクル」を主導するFAIはカサス・ビエハスにも橋頭保を築いていた。仲間たちを「サイクル」に引きずり込んだのは、そのFAIにイデオロギー的に極めて近いリベルテール青年団に在籍していたアントニオ・カバーニャス・サルバドールであったらしい。この通称「ガジニート（若い雄鶏）」は、「飢えて死ぬよりも戦って死んだ方がいい」とかねて公言して憚らなかった好戦的な「純粋」アナキストである。また、リベルテール共産主義社会の樹立を実際に宣言したのは、地元のCNTの代表だったホセ・モンロイである。ただし、『旅』では「一介の」農民として治安維持装置に連行されたあげく、なおも燻り続けるあばら屋のそばで銃殺される役どころが割り振られているモンロイ当人とFAIとの関係は不明である。

カサス・ビエハスにまつわる「伝説」のもう一つの源泉である「ラ・リベルタリア」マリーア・シルバは、『旅』にはほとんどの場合「マリキーリャ」の愛称とともに登場する。センデールのペンに従えば、「マリキーリャ」は生まれながらの知性の持ち主。その賢明さには、「並みの」都会人を大きく上回るものがあったという。「マリキーリャ」の一家のアナキズムは、「土地と権利と自由」に関する新聞やパンフレットを読み漁り、リベルテール的な理念に目覚めた祖父仕込み。ただし、ホセ・ルイス・グティエーレス・モリーナによると、「マリキーリャ」にアナキズムを直に伝授したのは、奇しくも「マリキーリャ」当人の「伝説」の熱烈な「語り部」の役を自ら買ってでることになるフェデリーカ・モンセニと、その両親がバルセローナで編集・刊行していた「理想小説」叢書の作品を孫娘に読んで聞かせた祖母のカタリーナ・ヒメーネスである。

『旅』では、「マリキーリャ」を「ラ・リベルタリア」と呼んだのは、反逆の狼煙が上がった「犯罪の集落」に差し向けられた突撃警備隊員らということにされている。しかし、「ラ・リベルタリア」のもともとの名づけ親は、CNTの赤と黒の旗をあしらったスカーフを愛用したマリーアを憎んだ地元駐在の治安警備隊員であったらしい。それはともかく、祖父の「セイスデードス」と父親で、やはりアナキストのファン・シルバ・ゴンサーレスら、第二共和制の治安維持装置は「ラ・リベルタリア」の親族七名を惨殺した。「犯罪の集落」の「殉教者」の、実に約三分の一は「マリキーリャ」の身内だった。また、ファン・シルバとともにあばら屋のそばで銃殺されたビルバイーノ・スマケーロは、一九一五年に不可解な状況のもとで自殺に追い込まれた、当時のカサス・ビエハスのCNT代表ガスパールの子どもである。グティエーレス・モリーナが指摘するように、ロハス大尉が命じた「人間狩り」の標的は、『旅』が読者に与える印象とは異なって「無作為に」選ばれたものではどうやらなかった。

一九三一年一月を契機に、それまで頑迷な王政派だった大地主たちが、今では歓喜して共和派へと鞍替えしている。このように、『旅』は治安維持装置の「狼藉」を目こぼしし、「アンダルシアの『封建的な』大地主たちにひれ伏した」「欺瞞に満ちた」第二共和制へのすこぶる強烈な皮肉を交えつつ結ばれる。確かに、突撃警備隊のロハス大尉に反乱の鎮圧を命じた警視総監のアルトゥーロ・メネンデスは、一旦は逮捕されたものの晴れて（?）自由を勝ち取った。ロハス大尉は自身の「犯罪」により二一年の禁固刑を宣告され、モトリールにあったグラナダの県立監獄に送られる。その忌まわしい名前は、アンダルシアの血塗られた現代史に改めて登場する。一九三六年七月の軍事クーデタにより「解放」されると、ロハスはグラナダ市内に潜伏したフェデリーコ・ガルシア・ロルカの発見に血眼になるのである。

グラナダ県の詩人と同じく、「マリキーリャ」も内戦の初期に惨殺された。フェデリーカ・モンセニが一九五一年に亡命先のトゥルーズで発表した『マリーア・シルバ『ラ・リベルタリア』』では、わずか二一歳で散った名花は二〇世紀の「ジャンヌ・ダルク」とも称されるべき存在である。FAIの「純粋」アナキズムにかねて心酔しており、内戦期にそのFAIに加入したフェデリーカが情熱の赴くままに語る「伝説」の第二幕では、マリーアは子どもを獄中で出産した後、毅然として自らの死を受け容れたことになっている。「ラ・リベルタリア」はナチスの強制収容所や、収容所に向かってひた走る封印列車のなかで子どもを産んだすべての母親の先駆けだという。しかし、「獄中出産」はそもそも事実に反する。

ここで断りを入れておけば、カサス・ビエハスの「伝説」に、すべてのアナルコサンディカリストが無条件に共感を寄せていたわけではない。FAIがとりわけカタルーニャCRTのヘゲモニーを掌握する過程で敗北を余儀なくされたのが、FAIの「独裁」を懸念して作成された「三〇人宣言」(一九三一年九月)に因んで「三〇人派」とのレッテルを貼られた穏健なサンディカリストたちだった。「三〇人派」に近かったと思われる南スペインの活動家の一人に、モロン・デ・ラ・フロンテーラ(セビーリャ県)のアントニオ・ロサード・ロペスがいる。

当人が死んだ翌年(一九七九)に日の目を見たその自伝的回顧録『土地と自由――アンダルシアのあるアナルコサンディカリスト農民の回想』のなかで、ロサードはバリェステールの『けだものども』をエミール・ゾラの名高い『私は弾劾する』(一八九八)に匹敵する抗議文と讃えながらも、「時代が醸成した、第二共和制が解決するすべを知らない社会戦争」に引きずられるままに悲劇に向かって猪突猛進したかにも見える「犯罪の集落」の日雇い農たちには醒めた眼差しを向ける。一九三三年一一月の総選挙を前に、CNTは従来にもまして声高に棄権を呼びかけ、なおかつ「右翼」が勝利した暁には社会革命をもって返礼する、との姿勢を鮮明にしていた。結果的に「右翼」に勝利をもたらしたCNTとその組織員たちの選択に一応の理解を示しながらも、既に一月の時点で自身が痛感していたに違いない、FAIに魅せられた周囲の仲間らの「政治経験の不足」を指摘しているのも『土地と自由』の著者である。

アンダルシアに農業ストライキの大波が打ち寄せた「ボリシェヴィキの三年間(一九一八～二〇)」に頭角を現して以後、一貫して地道な労使交渉に労を惜しまなかったモロン・デ・ラ・フロンテーラのサンディカリストは、フェデリーカとはまったく異質の精神の持ち主だった。内戦期を通じて、とりわけ一九三七年七月の、CNT傘下のアンダルシアＦＲＣ（地方農民連盟）の誕生と同時にその書記長に就任してからのロサードは、第二共和制の領域に留まった南スペイン各地を奔走、それまでＣＮＴが自らの最終目標として掲げてきたリベルテール共産主義体制の実現を事実上断念したうえで、社会党系労組ＵＧＴ（労働者総同盟）傘下のＦＮＴＴ（全国土地労働者連盟）との共闘のもとでの農業の集団経営の導入の推進に心血を注ぐことになる。

「ラ・リベルタリア」の、実際には一九三五年に生まれた子どもの父親は、パテルナ・デ・リベーラ（カディス県）のミゲル・ペレス・コルドン。ペレス・コルドンは、メディナ・シドニアと境を接した自身の故郷での取材に基づき、センデールとグスマンよりもわずかに早くカサス・ビエハスで「起こったこと」を報じていたＦＡＩ派だった。世論が「起こったこと」を知るためには「著名人」二人のペンを必要としたにせよ、である。ペレス・コルドン自身が「犯罪」が行なわれたカサス・ビエハスに初めて入ったのは、一月の下旬。すぐさま身柄を拘束された、殺戮劇に関わる最初の「語り部」は、メディナの監獄で旧知の「ラ・リベルタリア」と再会する。当時、マリーアとミゲルには心を通わせていたはずの別の相手がそれぞれにいた。マリーアのそれは、あの「ガジニート」である（『旅』では、「マヌエル・」カバーニャス）。にもかかわらず、熱烈な情愛の念が二人をたちまち虜にしたのだった。

マドリードの『ＣＮＴ』紙に掲載された右の記事には、「第二共和制と（一九三一年四月に）崩壊した復古王政とを隔てるものはない」し、「かつては独裁のもとに軍人と貴族がわれわれを殺し、今日ではあらゆる類の知識人と、最後に働いたのがいつのことか思い出せないような労働者連中が民主的にわれわれを『暗殺している』」とある。ブルジョワ出の知識人と社会党とが握手して船出した第二共和制を痛罵するその姿勢は、『旅』のセンデールに通じていた。ところが、社会革命の即時の実現に固執していたはずのペレス・コルドンは、かつては自ら「スト破りの総本部」と切り捨てたＵＧＴとの共闘へと戦略を大きく転換する。

「伝説」とないまぜになった、「カサス・ビエハスの共和制」を弾劾する執拗なキャンペーンも手伝って「左翼」が惨敗した一九三三年一一月の結果を受けて、結局は一月の二の舞になる反乱の火蓋が切られる前夜に、これまた『ＣＮＴ』紙に発表された、組織の「孤立」を憂慮する論考の執筆がその発端だった。一九三五年の初頭には、ＣＮＴの

「非政治」はあくまで自明としながらも、『ラ・ティエラ』紙を通じて投票に「必要悪」としての意味合いを認める。一つにはカサス・ビエハスとその「伝説」が招き寄せた「暗黒の二年間（一九三四〜三五）」の、ことにアストゥリアスとカタルーニャに激震が走った一九三四年の一〇月革命以降の、（もちろんCNTをも含む）「左翼」への徹底的な弾圧が、ペレス・コルドンに「反政治」に固執するFAIの「純粋」アナキズムからの離脱を促したのだった。

類似の趣きは、『けだものども』の著者の言動の変化からも看取される。一九三五年の秋に執筆され、翌年春にフェデリーカ・モンセニらが編集する（！）バルセローナの『ラ・レビスタ・ブランカ』誌に掲載された論考のなかで、バリェステールは「革命的な状況も存在せず、大衆も情熱に欠け、他でもない革命家たち自身にも準備と熱意がないなかでの」無謀な企てだったと「反乱のサイクル」の第二波を総括している。カサス・ビエハスは「栄光の叙事詩」では既にない。また、「フランシスコ・クルースのあばら屋を舐めつくした炎」も、もはや「社会革命への道を照らしだす力強い松明」ではなかった。内戦が近づくなか、バリェステールもまた、「破壊への衝動」と「創造への衝動」とを等置するミハイル・バクーニンの嫡子を自負するFAIの「純粋」アナキズムに三行半を突きつけていたのだった。

一九三六年二月の人民戦線選挙に際し、自身が起ち上げていたサンディカリスト党の党首アンヘル・ペスターニャはカディス県から出馬し、当選を果たす。この、「三〇人宣言」の実質的な執筆者の勝利の背後に、バリェステールの力添えがあったことは間違いない。CNTカディス市連盟を率いるバリェステールは、このときUGTとの共闘の実現に邁進してもいた。一九三六年五月、バリェステールは自他ともに認める社会党・UGTの「顔役」フランシスコ・ラルゴ・カバリェーロを地元に招き、二大労組の過去の軋轢の克服を強く訴えた。ともに内戦のなかで落命する定めが待つ――「ラ・リベルタリア」と同じくバリェステールはフランコ派に手にかかって処刑され、ペレス・コルドンは戦死する――、ともにカディス県生まれのカサス・ビエハスのかつての「語り部」二人の姿勢は、紆余曲折を経て、FAIの「純粋」アナキズムとはもともと無縁だったロサードのそれに近づきつつあったかに見える。

センデールの場合には、事情はもう少し込み入っている。そもそも、『旅』が配本されたのは既述のとおり「暗黒の二年間」のさなかのことである。従って、惨劇の直後に『ラ・リベルタ』の紙面を飾ったセンデール自身の記事や、『旅』に先駆けてセンデールが発表していた『カサス・ビエハス』(『死刑執行人』と同じく筆者未見〔一九三三〕)はともかく、『旅』そのものは「改革の二年間」の倒壊には何ら関係していない。また、センデールはマドリードのFAI系グループ「スパルタクス」に身を置く一方で、サンディカリスト的な傾向が強いバレンシアの雑誌『オルト』にも記事を書いていた。『旅』の著者は内部分裂を来したアナルコサンディカリズムそのものとしばし袂を分かち、「規律」と「結束」を誇示する一枚岩の共産党への接近を図る。入党の事実こそ確認されていないものの、『旅』が出版された一九三四年、センデールは間違いなくある共産党系紙の編集に従事していた。死臭が張りついた「犯罪の集落」をともに歩いたグスマンとの関係は、遠からず完全に破綻する。

「反乱のサイクル」はなるほど各地に広がりを見せたにせよ、実質的に大衆の自発性のみが拠りどころの孤立・分散型の武装蜂起の撃退は、治安維持装置には造作もないことだった。それを証し立てもしたのが、カサス・ビエハスである。一九三四年一月、一ヵ月前の「サイクル」の最終的な失敗を契機にUGTとの共闘をいち早く、しかも最も大胆に提唱したのは、「セイスデードス」を「キリスト」になぞらえていたバリャドリの「語り部」バレリアーノ・オロボーン・フェルナンデスである。『旅』には、その「キリスト」のもとに届けられた、社会革命の成就を約束してカサス・ビエハスを反乱に駆り立てた「ビラ」の「現実をわきまえぬ」「無責任な」執筆者たちに対するセンデールの、後に「伝説」を離れたバリェステールの「革命的な短絡さ」への批判を先取りするかのような苛立ちが率直に綴られていた。

しかし、一九三六年の夏、軍事クーデタの瞬時の奏功が妨げられた空間に現出した社会革命の隠蔽と抹殺に、内戦期を通じて狂奔した共産党の、スペイン革命史家のバーネット・ボロテンが「大いなる欺瞞」と呼ぶ、人民戦線を隠れ蓑にしたマキャベリズムにセンデールは幻滅させられる。共産党と絶縁し、アナキズムへと回帰して久しいセンデールが『死刑執行人』を世に問うたのは、『マリーア・シルバ『ラ・リベルタリア』』が刊行された翌年の一九五二年。等しくフランコ将軍の魔手を逃れながらも、メキシコを経由して亡命したアメリカでセンデールが選んだ立ち位置は、「ジャンヌ・ダルク」を引き合いに出しながら、張り扇を片手に「伝説」の拡大再生産になおも勤しんだフランスのフェデリーカのそれとは極端に違っていた。なお、『死刑執行人』が出版されたのはアメリカではなく、チリ（サンティアゴ・デ・チレ）においてである。

ＣＮＴ傘下の大衆を無謀な武装蜂起へと煽動した「反乱のサイクル」の首謀者たちを非難する点では、『旅』と『死刑執行人』との間に違いはない。だが、『旅』を際立たせた、国家権力による「犯罪」を糾弾するアナキストらしい強い調子は、『死刑執行人』からは消えている。「犯罪の集落」も「カサス・ビエハス」ではない。舞台は「ベナループ」であり、一九三三年一月は内戦の一つの前触れとしてのエピソードに還元される。『死刑執行人』では、『旅』のなかで「犯罪の集落」が帯びていた政治的な重要性は完全に捨て去られる。カサス・ビエハスを遥かに凌駕する未曾有の悲劇、つまり内戦と第二次世界大戦を知ったセンデールが語るのは、一般的な意味での「悪」の不可避性である。大地主も日雇い農も、暴力の噴出を招いた「共犯者」であって、責められるべきは人間性そのものなのだという。内戦を招いた紛れもない要因の一つであり、『旅』のなかで生々しく描写された「アンダルシアの農業問題」は、諦念に支配されたかのような『死刑執行人』ではどこかに棚上げにされてしまったのだろうか。

参考文献

Brey, Gérard, y Gutiérrez Molina, José Luis (coords.), *Los sucesos de Casas Viejas en la historia, la literatura y la prensa (1933-2008)*, Cádiz, 2010.

Sender Ramón J, *Viaje a la aldea del crimen (Documental de Casa Viejas)*, Madrid, 2000 (1ª ed. 1934).

野々山真輝帆『スペイン内戦――老闘士たちとの対話』講談社現代新書、一九八一年

渡辺雅哉『改革と革命と反革命のアンダルシア――『アフリカ風の憎しみ』、または大土地所有制下の階級闘争』皓星社、二〇一七年

――「ラモン・J・センデールのカサス・ビエハス」『トスキナア』創刊号、二〇〇五年

――「打ち砕かれた『希望』」『トスキナア』第八号、二〇〇八年

――「『ボロテン神話』?――『本流』から疎んじられた超絶の内戦史」『図書新聞』第二八七五号、二〇〇八年六月二八日

José Luis Gutiérrez Molina, "La matanza golpista del anarcosindicalismo gaditano(1936-1937)".

決起した軍人たちによる、カディスのアナルコサンディカリズムの殲滅（一九三六〜三七）

ホセ・ルイス・グティエーレス・モリーナ

一九三六年七月にクーデタに踏み切った軍人らは、その勝利が共和主義の政党や労働者政党、それに組合の最も傑出したメンバーたちの肉体的な抹殺に至ることをしっかりと認識していた。これらの組織に所属していた面々の他、決起した軍人たちの教権主義やカトリックの反自由主義に敵対すると見なされたフリーメーソン団の団員たちにも同じ定めが待っていた。全国規模での軍事クーデタが失敗に終わった事実が知られるや、抑圧のもくろみは絶滅の政策へと転じた。そこで、夏とそれに続いた数ヵ月間の間に占領された市町村では「フランコ独裁の原点となる殺戮」、あるいは「スペインのホロコースト」と呼ばれる事態が生じたのだった。

決起した軍人たちは、一九三一年四月に第二共和制の樹立が宣言されて以来、加速されてきていた経済的な諸関係の変革や、スペインの社会全体の変革に歯止めをかけようとした。共和派の集団の穏健な変革にも、アナルコサンディカリズムの世界での最も深い変革にも、である。軍事クーデタの失敗は、それが阻もうとしてきたはずの革命の進展を引き起こした。最初に排除されるべき敵はより急進的な立場を代表していた人間たち、つまりリベルテールらの世界だった。

本稿では、カディスにおけるアナルコサンディカリズムの世界の根絶がいかにしてなされたのかを描きたい。カディスは、主要な経済部門である金属工業・輸送業・建設業がＣＮＴ（全国労働連合）のもとに支配されていた都市である。弾圧がこのカディスのCNTの活動家たちすべてにまで及んでいたことを忘れずに、筆者はその最も傑出した数人の活動家に焦点を当てたいと思う。

一 軍事クーデタといくつかの最初の暗殺劇

アフリカで軍事クーデタが開始されたとの知らせは、同じ七月一七日金曜の夜にはカディスに届いていた。退役軍人で、マヌエル・アサーニャの左翼共和党の党員だったカディス県知事マリアーノ・サピーコは、クーデタの波及を押しとどめようとさまざまな手立てを講じた。例えば、カルリスタのエンリケ・バレーラ将軍の逮捕や市民各派の会合の招集がそれである。その会合にはアナルコサンディカリストたちも駆けつけた。一九三五年の秋以降、それまで弾圧に晒され、また三三年の武装蜂起の失敗により分裂していたCNTは、第二共和制への休戦の申し入れを決定していた。

〔一九三六年二月の〕総選挙での人民戦線の勝利を経て、軍事クーデタの噂が増えていくなか、CNTのある地方総会はクーデタが発生した場合には他の政治勢力と行動をともにし、革命的なプロセスの可能性が展望された場合にのみ共闘の枠を乗り越えるという戦略を傘下の組合に推奨していた。CNTのカディス市連盟も、そのようにしたのだった。一九三六年七月一八日の土曜の未明、抵抗の準備のため、CNTのカディス市連盟は共和制当局や社会党・共産党と手を組んだ。クーデタの火蓋が切って落とされると、CNTの最も傑出した活動家たちの姿はまず県庁に、次いで街頭での戦闘のなかにあった。このように行動の足並みは一致しており、地元のCNT防衛委員会が一八日土曜の午後に撒いた〔団結を呼びかける〕ビラも同日付けになっていた。

地元の最も秀でたアナルコサンディカリストの一人、ホセ・ボナ・オルテーガが死んだのは、そんな戦闘の最初の局面においてのことだった。一八九〇年六月に生まれたボナは、大工を生業としていた。一九一六年から一九年にかけての間、ボナはCNT傘下のカディスのいくつかの組合の設立者の一人だった。アナキズムのなかで活発に活動していたし、『レベリオン』紙や『バンデーラ・リブレ』紙のような地元の新聞の刊行を推進していた。さらに、全国的なアナキスト紙にも寄稿していた。第二共和制の成立が宣言されると、経済防衛委員会を取り仕切った。一九三一年一〇月、同委員会は家賃の減額を求めてカディス初のゼネラル・ストライキを呼びかけた。このストは弾圧された。ストをめぐってテロの容疑で告発されたため、ボナはカディスを離れ、数ヵ月間セビーリャで暮らしている。セビーリャで、ボナは反軍国主義的な自身のプロパガンダのせいで軍法会議に巻き込まれている。

ホセ・ボナはカディスに戻ると自分が持っていた町工場を貸し、ラ・リベルタ広場の市場で働いた。一九三六年まで、収監されたCNTの組織員たちに配慮する囚人支援委員会で主として活動した。その死は、軍事クーデタの最初の帰結だった。七月一八日の午後四時前後、ボナはラ・リベルタ広場を横切っていた。クーデタ派は、戒厳令を発令したばかりだった。カンデラリア広場のCNTのいくつかの組合または県庁を目指して、ボナはサン・ベルナルド街にあった自宅から出てきたところだった。それらのどこにも着かなかった。オスピタル・デ・ムヘーレス街の角のあたりで、ある家屋の出窓から銃声がとどろいた。ボナは地べたに倒れ、同じその場所で死んだ。七月二二日、自宅で落命した者としてボナは葬られた。ボナは、殺害された最初の傑出したアナルコサンディカリストである。カディスのCNTの、殺害されてしまう破目になる、「首脳部」の実質的に全員のリストのページがここに開かれた。

二　軍事クーデタの失敗と殺戮の始まり

カディスでは勝利を収めたものの、全国的に見てみれば、軍事クーデタに訴えた者たちは失敗した。抵抗は想定されていたものよりも激しく、経済的・社会的な状況をラジカルに変革する革命的なプロセスが展開されさえもした。クーデタの立案者たちは、遭遇しうる返礼を過小評価していた。例えば、カディスでは占拠までの間にほぼ二〇名の人命が失われている。

軍事クーデタの勝利後も、ときを追って厳しい内容になっていった戒厳令を通じて、弾圧は実行され続けた。われわれは、これを戒厳令の適用と呼ぶことにする。カディスでは、既に複数の殺害があったものの、殺戮はエドゥアルド・バレーラ・バルベルデの八月六日のカディス県知事就任と同時に開始された。この日、七月一九日に身柄を拘束されていた市の主な当局者たちに銃弾が浴びせられた。

八月中に殺害されたCNTの組織員たちのなかに、セレスティーノとホセのアルバラード・キロース兄弟とマヌエル・ロペス・モレノがいた。カディスの最も傑出したサンディカリストたちのなかに含まれる三人である。おまけに、マヌエルの場合には、この都市で最も有名なアナキストの一人でもあり、〔第二共和制最後の〕県知事〔マリアーノ・サピーコ〕と突撃警備隊の大尉と並んで抵抗を組織した責任を負わされたのだった。

アルバラード・キロース兄弟は金属工だった。セレスティーノは三三歳の旋盤工。ホセは鍋づくりだった。セレスティーノはCNT傘下の金属工たちの強力な組合の書記にして、一九二〇年代の末以来、最も活動的なアナキストの一人。第二共和制期を通じて、アナルコサンディカリストたちの催しに熱心に足を運ぶとともに、熱弁を振るいもした。連れ合いと一緒に、新聞スタンドを営んで〔も〕いた。弟のホセの方は、CNTのカディス市連盟の会計係だった。二人は行方知れずになってしまう。

われわれは、ホセが八月一三日にカディスの監獄に収容された事実は把握している。一七日、ホセはそこから引き出された。監獄に転じられていた蒸気船ミラフローレス号に身柄を移送される手筈だった。〔もっとも、〕この非常措置に関して、われわれは実質的に何も知らない。船に着いたのかどうかもわからない。ホセが殺害された日時も不明である。というのは、ホセは少なくとも名前が記載されたうえで墓地に葬られることのなかった人物の一人なのだからである。セレスティーノに関していえば、われわれはもっと知るところが少ない。伝承によれば、カディス市内のどこかに潜伏した後、プントゥアーレスの船着き場で船に乗る腹づもりだったらしい。密告により、セレスティーノはそこで捕まってしまう。ファランヘ党の本部に移され、翌日その亡骸がコルタドゥーラの浜辺で発見された。遺族によると、セレスティーノはカディス市内の共同墓地に埋葬されたに違いない。

マヌエル・ロペス・モレノもまた、カディスの主だった、そして最も影響力を持つアナキストの一人だった。七月一九日の朝、軍事クーデタに訴えた軍隊が、アフリカからの兵力が到着した後にカディス県庁を占拠した際、ロペス・モレノは捕らえられていた。前日の昼から、ロペス・モレノはそこにいた。抵抗を組織していたなかの一人だったのである。その数時間にカディスの街頭で起こったことは、当局の側からの武器の引き渡しや銃砲店の接収の許可、決起した軍人たちの武装解除、ゼネラル・ストライキの宣言、包囲網の打破、果ては軍事行動が制圧された暁には、〔社会革命に向けての〕事態のなおいっそうの推進も可能との見通しなど、FAI（イベリア・アナキスト連盟）の〔一九三二年から翌年にかけての〕武装蜂起の企図に通じる特徴を示した。

ロペスは、マドリード生まれの三五歳のウエイター。ホセファ・ポンセ・ポンセと結ばれていた。CNTカディス市連盟にあって図抜けた存在であり、さまざまな委員会のメンバーを務めた。当時の催しの手慣れた講演者・弁士だった。第二共和制当局に抗ったとの理由から、一九三二年には数ヵ月間にわたって入獄している。〔一九三六年の夏、一旦〕県立監獄に繋がれた後、八月一〇日にそこから蒸気船ミラフローレス号に移送された。遺体はラ・ビクトリアの浜辺で発見され、カディスの墓地に埋葬されたと、同じ墓地の埋葬記録に記載されるまでの間の、他の情報もわれわれの手許にはない。

三　殺戮の拡大

九月は、CNTの傑出した活動家たちが最も多く殺害された月である。その数は九名。このうち、決起した側が最も札つきの活動家と考えたのがビセンテ・バリェステールとアントニオ・カレッロ、ホセ・ドゥラン・ラモンとホセ・ロペス・ペドローサの四名だった。バリェステールとカレッロは一頭地を抜くアナルコサンディカリスト、ドゥラン・ラモンとロペス・ペドローサも同じく抜きんでた「行動派」と見なされていた。

ビセンテ・バリェステール・ティノーコは、一九三六年には三四歳を迎えていた塗装工。カディスのアナルコサンディカリズムにあって、既にベテランの域に達していた。アンダルシア地方はもちろん、全国的にも最も著名なアナルコサンディカリストの一人だった。カディスのCNT市連盟の書記を務めており、一九三六年五月にはCNT全国委員会書記長の候補者の一人にも挙げられている。一九一〇年代の最後の数年間にサンディカリズムで鍛えられ、カディスのリベルテールの代名詞的な存在になった。一九三二年から三三年にかけて、バリェステールは〔FAIのイニシアティヴのもとにCNTの〕武装蜂起が繰り広げられた時期のアンダルシアCNTの書記〔長〕の地位にあった。〔一九三三年一月の〕カサス・ビエハスでの虐殺と、同年一二月の運動〔武装蜂起〕の失敗は、〔FAIの活動家でもあった〕バリェステールに自身の立場の再考を促した。バリェステールは、〔社会党系労組〕UGT〔労働者総同盟〕との間で革命的労働者同盟を設立する提案を最初に支持したアナルコサンディカリストたちのなかに含まれていた。一九三六年五月、ラルゴ・カバリェーロ〔社会党・UGT〕の参加を得てカディスの闘牛場で開かれた催しは全国的な反響を呼び、それは反動の進展に対抗するためには労働者たちが団結する必要があることの一つの証しと化した。

史料的な裏づけはないものの、七月一八日、バリェステールは県庁で開かれていた会合に参加していたに違いない。その日の午後、バリェステールが組合にいて、展開中のゼネラル・ストライキに合流していたことは確実である。その後、暴力の歯止めが利かなくなるや、伝えられるところでは、夜更けにかけて郵便局のあたりで起きた銃撃戦に身を投じていた。さらにその後、確実視された自身の身柄の拘束を逃れるために隠れ場を探した。二ヵ月の間、バリェステールは複数の家屋に身を潜めている。九月一九日の払暁、靴職人のアントニオ・レアール・アギレーラの自宅で発見された。

二人の身柄の拘束は、見せしめとして、地元紙へのそのもようの掲載を認可するクーデタ派の面々により都合よく大々的に喧伝された。バリェステールとレアールは警察署へ連行された。ここ数ヵ月のうちに多発していた殺害の場合と同じように、翌二〇日のサン・ホセの墓地への両者の埋葬が登記されるまでの間の事情はわれわれにはわからない。最もありそうなことは戒厳令の二人への適用である。ただし、他の複数の事例とは反対に、バリェステールとレアールがプエルタス・デ・ティエラの濠端で殺害された事実は明記しておかねばならない。このプエルタス・デ・ティエラは、クーデタに訴えた軍人たちの特別な監視のもとにあった。というわけで、両名は警察署から歩兵連隊の兵営へと身柄を移されたに違いない。そして、そこから引き出されたうえで〔問題の場所で〕銃殺されたのだった。同じ日、闘牛場の周囲で他に一〇体の亡骸も埋葬された。そのなかには、いずれもCNTの組織員だったホセ・セバーダ・ソトとラモン・レアール・ヒメーネスが含まれていた。セバーダ・ソトは囚人支援委員会のメンバーであり、レアール・ヒメーネスは「行動派」として断罪されていた。

九月に殺害された、カディスで名声を博していたもう一人のアナルコサンディカリストが、運輸部門の組合の書記の地位にあったアントニオ・カレッロ・アルマリオである。一九三六年、カレッロ・アルマリオはカディス市役所の公道・公共事業部門に勤務していた。プエルト・レアールに生まれたカレッロ・アルマリオの活動は、ミゲル・プリモ・デ・リベーラ将軍の独裁期が幕を下ろす間際、CNTが再建されるなかですば抜けたものとなり始めた。第二共和制の時代には何度か逮捕されたものの、バリェステールが〔FAI派としての当初の〕反乱への傾倒から〔UGTとの〕革命的労働者同盟〔の提唱〕へと立場を改めるうえで手を貸している。カサス・ビエハスでの虐殺をめぐる公開裁判では、司法手続きに則った行動にも協力した。組合を拠りどころとしたアナキストとしてのその活動と、〔カディスにあって有力な右翼の〕カランサ一族が行なっていたファランへ党員たちのグループへの資金供与へのその非難のせいで、カレッロ・アルマリオはクーデタ派からは目の仇にされていた。

カレッロ・アルマリオもまた、二ヵ月ばかりは潜伏することができた。他の多くの仲間たちと同じく、居場所を転々とし、密告やクーデタ派の警察からの仮借のない迫害を逃れた。七月三一日には、警察の一団がドゥーケ街一二番地にあった彼の自宅を急襲した。記録によれば、蔵書や書簡、それに組合員証が押収されている。八月の半ば、クーデタ派の司法当局から出頭命令が出た。カレッロ・アルマリオに対する審理が始まっていたのである。最終的に、カレッロ・アルマリオもまた密告により捕らえられ、九月二四日に市内の監獄に入れられる。二七日の日曜日までそこにいた。この日、公式にはエル・プエルト・デ・サンタ・マリーアの監獄に移送されるため、カレッロ・アルマリオは引き出された。エル・プエルトの監獄に着くことは絶対になかった。他の一一の遺体と一緒に、カレッロ・アルマリオの遺体は闘牛場の近辺で発見された。埋葬されたのは、翌日のことである。

最後に、カディスの最も傑出したアナルコサンディカリストたちのなかにいたのが、クレメンテ・ガレ・カンポスである。一九三六年には四九歳。一九一〇年代には、このカディスのCNTの設立者の一人だった。大工にして石工。たびたび、強大な建設工組合の指導部に所属していた。アナキスト紙を創刊し、FAI系グループに所属していた。

仲間たちと同じように、カディスが占拠された後、身を潜めた。二ヵ月ほどは、追手から逃れることができた。九月二一日、とうとう民兵たちの一団がサン・ディマス二番地に現れた。連れ合いのホセファ・バリェステーロス、それに五人の子どもたちとともに、ガレはそこで暮らしていたのだった。

逮捕のやり口は、至って粗暴なものだった。ガレは民兵たちの到着を察知し、自宅の屋上に上ろうとした。銃撃戦となって、ガレを取り押さえようとした民兵たちの指導者と、一九歳だったガレの娘アウローラが負傷した。その後、市警察の報告書によれば、逃亡を図ったガレは〔屋上から〕小さな庭に下りることはできたものの、そこで捕まった。ファリャ劇場の広場に近づいたところで、ガレには逃亡者処罰法が適用された。その遺体は広場に横たえられ、アウローラを連れていった近隣のモラ病院からの帰宅の途上にあった連れ合いにより発見された。二三日の埋葬の登記簿には、遺体はサン・ディマス街の自宅から運ばれたとある。

他に三人、同じ九月にカディスで殺害された名の知られたアナキストがいた。ホセ・ドゥランテ・ロマンとホセ・ロペス・ペドローサ、それにアントニオ・ミラ・ルイスである。クーデタ派から、この三人はカディスのアナキズムの最も危険な行動派で、第二共和制期にこの都市で発生した暴力的な行為の多くに関与していたものと見なされた。九月一五日、水夫だったドゥランテはある家屋の屋上で発見された。市警察が提供した報告では、複数の警官と民兵からなるグループがドゥランテを追跡した。逃亡の途中、ドゥランテは庭に飛び降りたところを撃たれ、死んだ。ロペス・ペドローサは、四日前の九月一一日の夜九時にソプラニス街のただなかで取り押さえられた。市役所の報告書によると、ロペス・ペドローサを逮捕したのは治安警備隊員たちである。市警察に従えば、ロペス・ペドローサは同じ夜にスペイン広場の県庁の前で殺害されたことになっている。遺体は一三日に埋葬された。最後は、警察が「エル・ガニョーテ」の異名で知っていたアントニオ・ミラである。これも治安警備隊の情報課によれば、ミラは九月二一日にラ・ビーニャ地区のポルリエール街で身柄を拘束された。

県立監獄に入れられた後、九月二三日、エル・プエルト・デ・サンタ・マリーアの監獄に移されるためにそこから引き出された。同じ日、ミラの遺体は逮捕されたのと同じポルリエール街から運ばれたものとして葬られた。もっとも、ミラの連れ合いはミラは県立養護院の後ろで殺されたのだと主張している。

地元カディスのＣＮＴとアナキズムの主要な指導者たちの殺害は、一二月のアンドレス・フェルナンド・マシーアス・ガルシアのそれで幕を閉じる。マシーアス・ガルシアは二八歳だった。ハバナで生まれ、航空機製造業のカーサ社の組立工として働いていた。マシーアス・ガルシアは、カディス市警察の社会的・政治的な行動を監視する班（以下、監視班）にとってはかねて知られた存在だった。一九三一年一〇月には、エンリケ・バレーラへのテロと、さらにカーサ社の工場長を狙ったテロのためともに囮の役どころを演じたとの廉で告発されている。クーデタ派にしてみれば、マシーアス・ガルシアの殺害は優先事項に含まれていた。一一月までの間は、追っ手を逃れることができた。

マシーアス・ガルシアの自宅と、その恋人の自宅は引き続き家宅捜査の対象であり続けた。マシーアスは、エル・プエルト・デ・サンタ・マリーアに避難所を見出すことができた。恋人の父親と親交のあった年配の婦人、マリーア・ウセーロ・グスマンの家に、である。他の場合と同様、内通によりその痕跡が警察に伝わった。ある日のこと、マリーア・ウセーロ・グスマンの家に、第二共和制時代には監視班を率いる立場にあって、今ではクーデタ派に奉仕するファン・ホセ・ゴンサーレスとその手下たちが現れた。マリーア・ウセーロの家の一室で、マシーアスは発見された。カディスへ連行され、二八日に県立監獄に収監された。一二月七日、エル・プエルト・デ・サンタ・マリーアの監獄へ移送するとの口実のもとに県立監獄から引き出された。同じ日、マシーアスの遺体は闘牛場の近辺で発見された後に埋葬された。

四　テロルの法廷

一九三七年が始まったときには、殺戮は既成事実であって、それに付随したテロルがどんな抵抗をも打破するとともに、政治組織や組合組織の指導者たちを抹殺していた。にもかかわらず、戒厳令の適用を通じて殺害を継続することは不可能だった。軍事クーデタの失敗は第二共和制の領域のなかで革命的な状況を招いていたし、抗争はときを追うにつれていよいよ通常の戦争の様相を呈していた。クーデタ派が占領した領域では、多くの行政部門にあって、その任務に当たる人員に変わりはなかったにせよ、新たな国家組織を創造する必要があった。一〇月には、政府のものまねである国家専門評議会が発足し、クーデタ派による裁きの適用が準備され始めた。戒厳令に代わって、テロルの法廷が生まれ出ようとしていた。

テロルの法廷は、軍人たちの手に一切の弾圧を任せた。一九三六年の夏と秋を生き延びた者たちであれ、その後もひとまず生き延びた者たちであれ、逮捕された者たちの身柄は一人残らず、クーデタ派の軍法会議に委ねられた。一九三七年三月、テロルの法廷の幕が上がる。以後の九ヵ月間に、カディス県の戦争評議会が統制していた領域では、四五六件が審理され、少なくとも一、二八五人が裁かれた。そのなかの、二二三人が県庁所在地〔カディス〕の人間である。三三人に死刑が宣告され、二三人が処刑された。うち二人は下部の組織員たちを代表するとともに、指導的な地位にあったCNTの活動家。ホセ・ディアス・マリスカールとモデスト・セルディオ・オベーソである。

ディアス・マリスカールは一八九九年生まれの大工。ラ・ビーリャ地区のビダール街に暮らしていた。カーニバルの集団の牽引役として名声を獲得していた。CNTの木工労組のメンバーであり、その執行部では何度か会計係を務めた。第二共和制期には、街頭でビラを貼ったり、ストライキを告知する印刷物を配布したり、治安維持装置と小競り合いを演じたため、何度か逮捕された。これらすべての事情から、ディアス・マリスカールは監視班により知られた人物だった。

そこで、監視班を率いる警官のフアン・ホセ・ゴンサーレス・フェルナンデスは、パンを求める行列のなかにディアス・マリスカールの姿を認め、その身柄を拘束した。特段の理由があって告訴されたわけではなかった。蒸気船ミラフローレス号とサン・フェルナンドの監獄に移された後、九月の末に釈放された。一〇月二五日、ディアス・マリスカールは改めて逮捕された。この度は、七月一八日の午後に地方裁判所の建物への襲撃に加わっていたとの理由で、身柄を拘束されたのだった。新たに、ディアス・マリスカールを過激派、ストライキや社会紛争の参加者にして旗振り役と見なす報告が現れた。カディスで収監され、一九三七年三月にテロルの法廷が機能を開始した際にも、そこにいた。ディアス・マリスカールには、新たに導入された緊急審理の予審の場に真っ先に立つという悲しい名誉が与えられた。割り振られた審理番号は一番である。

ディアス・マリスカールは、クーデタ派の死のくじのあらゆる当選番号を持っていた。アナキストであり、サンディカリズムの活動家であり、抵抗に合流していた。予審は、予想どおりのやり方で行われた。マリスカールを捕えた警官たちが宣誓し、ファランへ党やカルリスタの民兵隊、それに治安警備隊の手下たちが証言した。一九三七年の三月八日から二八日までの、ほんの二〇日ばかりのうちに結審し、被告は裁かれた。四月一九日に軍法会議が招集された。検事は死刑を求め、そのとおりの判決書がしたためられた。マリスカールは社会的に危険な人物であり、おまけに軍事クーデタに抵抗し、「裁きの運営」に重大な混乱を招いた。このように、宣誓供述人は単刀直入に語った。四日後、セビーリャは死刑判決を承認した。二九日の未明にカディスの歩兵連隊の兵営へ身柄を移されるよりも前、マリスカールは判決文への署名を拒絶していた。五時に礼拝堂に置かれ、それから一時間後、税関警備隊の一団によりプエルタス・デ・ティエラの濠端で銃殺された。

カディスのアナルコサンディカリスト組織のなかでディアス・マリスカールよりももっと有名だったのは、モデスト・セルディオである。カンタブリアの出身で四〇歳代を迎えており、火夫が生業だった。一九二〇年代にアナキズムのなかで活動を開始した。第二共和制の時代にはＣＮＴカディス市連盟の会計係にして、ＣＮＴに在籍する囚人たちを支援する委員会の常連だった。警察の上層部は、セルディオを地元のＦＡＩの最も影響力のあるメンバーの一人、カディスのＣＮＴの最も傑出した組織員たちと個人的に親しかった人物と見なしていた。一九三六年七月、セルディオは自分が住んでいたラ・ビーニャ地区の防衛に参加した。クーデタ派の諜報係は数ヵ月にわたり血眼になりながらセルディオを探したものの、発見することはできなかった。自身が証言したところでは、チクラーナ・デ・ラ・フロンテーラとメディナ・シドニアに潜伏していたという。その後、セルディオはラ・クルース街の自宅に戻った。

一九三七年の四月一三日の朝、治安警備隊の諜報係のグループの一つにより逮捕され、県立監獄に入れられた。一週間後、クーデタ派の法廷はセルディオに対する特別緊急訴訟に着手した。続く数週間、歯車は休まずに回り続けた。歯車とは治安警備隊員や隣人、逮捕されたセルディオの供述に登場した人間たちの証言、そして諜報係の報告書のことである。六月一八日、すべてが決した。この日、軍法会議が招集され、「ひどすぎる前歴」を持ち、武器を手にして抵抗に馳せ参じ、「ヒットマンとして頭角を現し、革命的な組織の指南役を務めるまでになって、労働者たちをあらゆる種類の悪行へといざなったマルクス主義の典型的な指導者……」と考えられた人物への死刑判決が下された。判決文への署名を強く拒んだモデスト・セルディオは、一九三七年八月七日の午前六時三〇分にプエルタス・デ・ティエラの濠端で銃殺された。処刑を実行したのは、ラファエル・アナルテ・ビエラ少尉が率いる治安警備隊の小部隊である。一九三三年一月のカサス・ビエハスでの虐殺劇の間、そのアナルテ・ビエラは現場にいた。

セルディオの殺害をもって、当初の殺戮のサイクルと、テロルの法廷によるその続編は完結を見た。カディスのアナルコサンディカリズムは指導者たちを失い、数百人に上る活動家が収監されるか、流刑に処せられた。クーデタ派の警察が一九三六年夏に作成していたリストに掲載されていた人間たちのうち、四分の一が殺されていた。他の者たちは長期にわたる懲役刑を宣告された。難を逃れた者は、ごく限られていた。アントニオ・デルガード・マルティネスらは、第二共和国側の領域に脱出することができた。フェーリクス・オルテーガ・ルアのように、一九四〇年四月まで身を隠し、〔イギリス領の〕ジブラルタルへ移ることを企てた際に逮捕された者もいる。カディスにおいて、ＣＮＴが再組織化されるまでには数年を必要とするだろう。一九四三年から四四年にかけてそれはなされる。一九四五年、ＣＮＴは再び機能不全に陥った。しかし、それはまた別の歴史である。

（訳・渡辺雅哉）

参考文献

本稿を作成するに当たって、「フランコ独裁の原点となる殺戮」という概念を、筆者は Francisco Espinosa, *La columna de la muerte*, Barcelona, Crítica, 2003, から借用した。戒厳令を介してであれ、テロルの法廷によってであれ、カディスでなされた絶滅政策に関しては、Alicia Domínguez, *El verano que trajo un largo invierno*, Cádiz, Quorum, 2004, と José Luis Gutiérrez Molina, *La Justicia del Terror*, Cádiz, Mayi, 2014, の二冊を用いた。後者は、軍事クーデタへの抵抗の分析のためにも使われ

た。他に、Joaquín Gil de Honduvilla, *Militares y sublevación: Cádiz y provincia*, 1936, Sevilla, Muñoz Moya, 2008, も使用された。埋葬については、カディスの市営墓地の記録が使われた。

　引用された人物たちが生きた環境や暗殺された状況に関して、ホセ・ボナ・オルテーガの場合には Santiago Moreno Tello, *Periodistas represaliados en Cádiz*, Cádiz, Asociación de la Prensa, 2008, を、アルバラード・キンテーロ兄弟の場合には Antonia Alvarado が著した略伝（http://www.todoslosnombres.org/contento/biografias/celestino-alvarado-quinteros）を、マヌエル・ロペス・モレノの場合には、セビーリャの第二軍管区軍事法廷歴史文書庫（Archivo Histórico del Tribunal Militar Territorial Segundo en Sevilla〔ＡＨＴＭＴＳ〕）の legajo128/4341 の訴訟記録 130/136, を、ビセンテ・バリェステール・ティノーコの場合には José Luis Gutiérrez Molina, *Se nace hombre libre*, Cádiz, Diputación, 1997, 及び id., *Crisis burguesa y unidad obrera*, Madrid, fundación Anselmo Lorenso,1994, を、またアントニオ・カレッロ・アルマリオの場合にはＡＨＴＭＴＳの legajo131/4535 の訴訟記録 128/36, と、https://pacosalud.blogspot.com.es/2009/01/antonio-carrero-ramario.html, を、さらにクレメンテ・ガレの場合には、カディス市立歴史文書庫（Archivo Histórico Municipal de Cádiz〔ＡＨＭＣ〕）の市立警察の報告書が収められた Caja1004, http://pacosaludo.blogspot.com.es/2014/09/clemete-gale-campos-fusilado-por-los.html, を用いた。

　ＡＨＭＣに集められている史料はホセ・ドゥラン・ロマン、ホセ・ロペス・ペドローサについても用いられた。アンドレス・フェルナンデス・マシーアス・ガルシアに関しては、ＡＨＴＭＴＳの legajo1181/30314 の特別緊急審理記録 245/37 に依拠している。テロルの法廷での審理の結果として銃殺された者たちをめぐっては、ホセ・ディアス・マリスカールの場合にはＡＨＴＭＴＳの legajo1174/30146 の特別緊急審理記録 245/37 及び http://mastipiconolohay.blogspot.com.es/2016/02/jose-diz-mariscal-cadiz-1899-1937.html. を、モデスト・セルディオ・オベーソの場合にはＡＨＴＭＴＳの legajo1181/30297 の特別緊急審理記録 222/37 を参照した。

José Luis Gutiérrez Molina, "José Sánchez Rosa. Grazalema (Cádiz). 22 de octubre de 1864-Sevilla, 1 de agosto de 1936", Introducción de *Discordancias de bronce. Nuestra opinión sobre el sindicalismo.* Folleto editado a propósito del 150º aniversario de su nacimiento (RMHSA-CGT.A, 2014).

アンダルシアのアナキスト、ホセ・サンチェス・ロサ

ホセ・ルイス・グティエーレス・モリーナ

ホセ・サンチェス・ロサ（グラサレーマ〔カディス県〕／一八六四年一〇月二二日～セビーリャ／一九三六年八月一日）は、子だくさんの家族の一員。幼いころから日雇い農として働いた。

二年ほど学校に通っていたおかげで、この靴職人のせがれは、たいへん若いころから、自分が入手したリベルテール紙やリベルテール的なプロパガンダを大きな声で仲間たちに読んで聞かせる役目を引き受けた。おそらく、読書への早熟の嗜好により、教育に従事しようとの思いがサンチェス・ロサに兆したのだろう。「お上」が与える教員免許を手にするようなことは、まったくなかった。にもかかわらず、同時代のサンチェス・ロサは教師として知られていたし、後世にあってもそうである。その人格のうちに、社会的な正義のために戦う組織の活動家のインク、アナキズムのプロパガンディストの言葉、さらに労働者たちの教師のチョークが一体になっている。

自身の活動にたたられて、サンチェス・ロサは何度か監獄に送られた。最初は「マノ・ネグラ（黒い手）」事件〔一八九二年の年の瀬、カディス県のヘレス・デ・ラ・フロンテーラとその近辺で数件の不可解な殺人事件が発生。王政の転覆と大地主らの抹殺の企図を理由に、アナキストたちのテロ組織「マノ・ネグラ」の暗躍が摘発された事件。しかし、「マノ・ネグラ」の存在は実証されていない〕の折のこと。事件は、カディス県内での初めての労働運動の進展を阻むために生み出された官憲の謀略だった。その後、一八九二年、サンチェス・ロサが既にヘレスに住んでい

たころ、所謂「農民のヘレス襲撃」（一八九二年一月、シェリーの生産で名高いこの都市に、四〇〇人から六〇〇人ほどの日雇い農が「アナーキー万歳！」と叫びつつ押しかけた事件）の組織者の一人として起訴され、再び収監された。一八九一年には、インターナショナル（ＦＲＥ（スペイン地方連盟）・ＦＴＲＥ（スペイン地方労働者連盟））の再建が企図されたバルセローナでの大会に出席していた。当時のサンチェス・ロサはとうに著名な活動家であって、「フェルミン」の通称で知られていた。この通称は、流刑先での一〇年間の刑期を終えて一八八五年の暮れにカディスに帰還、そのころにはもはや神話的な存在と化していた〔アナキストの〕フェルミン・サルボチェアに敬意を表してのものだったのだろうか。あるいは、自分の父親がそのように呼ばれていたためであったのかもしれない。いずれにせよ、一八九二年には、サンチェス・ロサとサルボチェアの二人はヘレス襲撃をめぐる警察の包囲網に絡め取られていた。

それは、〔一〇年前の「マノ・ネグラ」事件に続いた執拗な弾圧を被りながらも〕周辺地域の労働者組織が再生し、新しいアナキスト・グループが組織され、街頭が八時間労働の実現を要求する労働者たちであふれるなかで練り上げられた策略だった。サンチェス・ロサは、既にカディスで獄中にあったサルボチェアと、ヘレスの占拠を組織的に企てる目的で会見したアナキストらのなかに含まれていたとの廉で罪に問われたのだった。仲間のホセ・フェルナンデス・ラメーラよりは幸運だった。ラメーラは、それから数週間後に鉄環による絞首刑に処せられる憂き目を見ることになる四名のうちの一人である。数ヵ月の後、サンチェス・ロサは他の四五人と一緒に軍法会議に出頭。終身刑を宣告された。一九〇一年、アストゥリアス皇女の結婚に際して大赦が発せられ、娑婆に戻るまでに八年の歳月が流れた。この間を、サンチェス・ロサはセウタにあったエル・アチョの監獄で過ごしている。このアフリカの都市セウタに、一八八九年以来の連れ合いのアナ・ビリャローボスと、二人の娘であるパカも移っていた。イベリア半島に戻ると、サンチェス・ロサはさらに子宝に恵まれた。フェルミンとマリーアの二人である。

日雇い農や靴職人としての仕事に戻ることはもはやない。労働者組織の教師としての、三〇年にも及ぶその長い歩みが始まった。サンチェス・ロサは、〔バルセローナの〕フランシスコ・フェレール・グアルディアが提起した学校の方針に忠実な、合理主義〔のみ〕に立脚した教師ではなかった。サンチェス・ロサはフェレールの近代学校との関係を保ち、その刊行物を活用しながらも、他の源泉をも自身の糧とした。他の源泉とは、自分が収監されるよりも前に知り合っていた、大農場に働く日雇い農たち相手の教師らであり、アンダルシアに固有の語らいや書きものの伝統である。このような伝統は、サンチェス・ロサ本人が数年がかりで編集した手引書や教科書のコレクションに結実する。ひとまずはロス・バリオス〔カディス県〕に向かい、彼の地の労働者組織が設立した学校での仕事を引き受けた。一九〇三年まで、サンチェス・ロサはロス・バリオスの軍当局の圧力に抵抗した。同年、軍当局は学校を閉鎖に追い込み、さらに世論を煽動したとして、グラサレーマ生まれのこの男を断罪。おかげで、サンチェス・ロサはタンジェへの亡命を強いられる破目になる。

　サンチェス・ロサは、組織のなかでの活動やプロパガンダ活動を断念しなかった。FSORRE〔スペイン地方労働者抵抗組織連盟〕に加わり、アナキズムのプロパガンダのためのさまざまな催しにも参加した。FSORREは、〔FRE・FTREの流れを汲んで一九〇〇年に〕再建された、反権威主義的な傾向を帯びた全国組織である。サンチェス・ロサは革命的なゼネラル・ストライキの熱烈な信奉者だった。労働運動は単に環境の改善を訴えるだけの防衛的な組織ではなく、革命的な目的をも持たなければならなかった。三六歳にして、ほとんど一〇年を獄中での暮らしに費やしていたサンチェス・ロサは、勢いづく労働者たちの世界に改めて合流する。それは組織運動の幼少時代に別れを告げ、革命的サンディカリズムの成熟期に正しく入ろうとしていた。現代的なものはアナキズムであり、旧いもの、廃れてしまったものは資本主義の世界である。サンチェス・ロサはこうした理念の普及に身を捧げた。プロパガンダの職務を任され、数ヵ月にわたってスペイン全土を駆け回った。また、ウラーレス一家が編集していた『ラ・レビスタ・ブランカ』誌の常連の寄稿者となり始めた。この一家とは、長きにわたる親交を確立する。

　その教育活動は、ジブラルタル周辺の平原地帯にあった〔ロス・バリオスの〕学校での授業ばかりに留まらなかった。一九〇二年には、最初のパンフレット『二つの勢力――反動と進歩』を編集した。この著作を皮切りに、一九三〇年代までにさらにもう一八冊が続く。版を重ね、数万冊が捌けたという、特別の成功を収めたのが以下の三つの「手引書」だった。一九〇九年に出た『労働者の算数』、ともに一二年に出版された『文法』と『労働者の弁護士』の三冊である。最初の『算数』では、労働者に計算のための道具を提供することが模索された。賃金の支払いやものの売り買いの際に、労働者が騙されたりしないようにするためだった。『文法』の目的も同じだった。『文法』の明解でわかりやすい正字法や文法の提示を通じて、働く者たちは表現力や理解力の水準を高めただろう。最後の『弁護士』は、法律・政令・条例についての、状況に合わせて常に改訂された概要である。同書のおかげで、労働者は自分たち自身でさまざまな異議申し立てや要請、あるいは組織の設立の申請を届け出ることができた。それらが実際に受理される可能性を抜きにして、ともかくも謝礼だけは受け取るような輩に助けを求めることなく、である。

一九〇四年の暮れにスペインに戻ったサンチェス・ロサは、セビーリャ県のアスナルコリャルにあった労働者組織の学校の仕事を引き受けた。一九一一年にセビーリャに移るまで、この町で暮らしている。七年の間、チョークとインク、そして言葉が、アンダルシアのアナキストたちの世界の代名詞へとうに転じていた男の人生を彩り続けた。サンチェス・ロサはアスナルコリャルの労働者組織の再建に手を貸し、逆境に逆らって、ときには〔校舎を離れて授業を行うべく〕町のなかを巡回しながらも学校を維持した。地元の教権主義や、アスナルコリャルの経済を支配する鉱山会社と戦った。「お上」と治安警備隊からの圧力と、殺害の脅迫に苛まれ、その状況は耐え難いものとなった。一九一〇年には、鉱山の複数の職長の家での爆発と、いくつかの農場での破壊行動が相次いだ。サンチェス・ロサはそれらを教唆し、さらにそのうちのいくつかに直に関わったとして非難された。非難の出どころを「反動的なテロリズム」のキャンペーンに求めつつ、サンチェス・ロサは自ら弁明を行なっている。

にもかかわらず、サンチェス・ロサは結局アスナルコリャルを引き払う破目になった。新たな時代の幕が開くだろう。自分が参加し続けてきた催しのなかで、サンチェス・ロサは旧い労働者組織を現代的な組合へと改変する見解の実現の可能性に触れ、その一刻も早い普及を提唱してきていた。それが、一九一一年、セビーリャに移って間もなかったころに出たパンフレット『サンディカリストの労働者とその雇い主』を満たしている見解である。アンダルシアの中心都市にたどり着いたとき、サンチェス・ロサは四七歳になっていた。二〇年前のアナキズムに対する大がかりな裁判で有罪を宣告されたなかの一人として箔がついていたし、リベルテール的なプロパガンディスト・教師としての確固とした名声を博してもいた。手始めに、トリアーナ地区のパヘス・デル・コーロ街に学校を開く。その後、セビーリャのアナキズムの拠点の一つだったサン・フリアン地区のエンラドリリャーダ街に引っ越し、そこにしっかりと腰を据えた。サンチェス・ロサの学校は日中は三歳から一〇歳までの児童を、夜間は大人たちを迎えた。エンラドリリャーダ街に居を構えてからまだ日も浅かった〔同じ一九一一年の〕一〇月、セビーリャを見舞ったゼネラル・ストライキに合流。おかげで、サンチェス・ロサはセビーリャでは初めて、自身が逮捕される事態を経験した。

以後の数年間というもの、サンチェス・ロサは倦むことなく活動を継続した。数多くのプロパガンダ行脚に加わり、アンダルシア全域や国内も他の地方へ足を運んだ。社会主義者らとの論争の催しにも顔を出した。パンフレットの執筆と教育活動にも従事し続けた。フリーメーソン団にも入った。かつては自身もアナキストで、今では急進党の共和主義とスペインのフリーメーソン団の傑出した指導者となっていたディエゴ・マルティネス・バリオとの関係がもたらしたものだった。一九一一年、サンチェス・ロサはフリーメーソン団の会所「正義と自由」に加入、「サルボチェア」という象徴的な名が与えられた。しかし、サンチェス・ロサを際立たせたのは、何といってもサンディカリズムの組織の創設と教育へのその献身だった。

サンチェス・ロサの最大の願望は、労働者組織の自治体ごとの連盟の創設にあった。アナキストたちの間に、サンディカリズムに対する不信感が既に生まれていたにもかかわらず、グラサレーマ出身の男はそれを支持する姿勢を維持した。一九一八年、サンチェス・ロサはCNT（全国労働連合）のアンダルシアにおけるセクションとしてのFROA（アンダルシア地方労働者連合）の創設を自ら取り仕切るまでになる〔CNTの誕生は一九一〇年〕。

それは、アナキズムの世界にあって、いっそう相応しい他の分野での行動を放棄することを意味してはいなかった。最初は地方レベルでの、後には全国的なアナキスト・グループの組織を形成するためのさまざまな企てに参加した。また、平和のための国際会議のいくつかの部会に出席するため、〔一九一五年には〕エル・フェロール〔ア・コルーニャ県〕まで足を運んだ。ヨーロッパで勃発していた戦争〔第一次世界大戦〕に反対する者たちを糾合しようとしたこの大会は、結局「お上」による妨害に遭遇した。家賃や物価一般の上昇に抗議するセビーリャでの借家人たちの連盟の設立にも関わった。この段階まで、サンチェス・ロサはアナキズムとサンディカリズムとのバランスを取ろうとしてきた。事実、サンチェス・ロサは、一九世紀に誕生し、既に廃れてしまった組織のあり方を現代的なサンディカリズムとそのアナキズム的な外観とに結びつける著名な活動家の生きた見本として、CNTへの参加とその枠内での行動を介して人間たちを合理的に導く理念の擁護者として立ち現れることができたのだった。CNTは、スペインの大多数のプロレタリアートの労働条件の改善の願望や革命的なそれに触媒作用をもたらす乗り物へと転じつつある組合だった。しかしながら、一九一九年以降、疑いと不信感、そして矛盾が爆発した。自身がそれまでの人生をそっくり捧げてきた世界から、組合組織そのものからサンチェス・ロサはついには離脱してしまうだろう。

一九一七年を通じて、アナキストたちとサンディカリストたちとの間の隔たりは目に見えるものとなり始めた。CNTが急激に肥大化するなか、〔そのCNTに〕アナキストたちはさまざまな組合構造を獲得しつつあった権力の発現を見た。さらにロシアでの出来事〔一一月のロシア革命〕とボリシェヴィキのもとでのアナキストの排除が続いた。こうした流れのなかで、〔サンディカリズムとは一線を画した〕特にアナキスト的な組織を設立する企図が改めて勢いを得た。理論をめぐる討論も開かれた。組織の設立の企図と理論のための討論は、結局アナルコサンディカリズムの誕生へと帰結するだろう。サンチェス・ロサはその両方に首を突っ込み、自らペンを走らせた。組合へのアナキストたちの合流を、組合そのものの放棄を主張する分子を向こうに回して擁護もすれば、そうした分子が想定する革命それ自体にとっての危険性、組合の権力構造、そしてアナキズムとサンディカリズムの差異に派生する相互作用に警鐘を鳴らしもした。

一九一九年の初頭まで、サンチェス・ロサはCNTの枠組みのなかで活動した。〔一九一八年五月の〕FROAの最初の大会がそうであったように、人目を引く催しの主役はこの人物だった。複数のアナキスト・グループが〔一九一八年一一月に〕バルセローナで開催した全国会議の席上、アナキストたちの組合への残留を擁護しもした。

〔一九一九年〕三月の借家人たちのストライキの結果、サンチェス・ロサはエストレマドゥーラに追放された。セビーリャに戻った折に、憎しみが噴出した。原因は、セビーリャの組合を支援するためにカタルーニャから送られた資金の不明瞭な使途と、CNTの複数の活動家による暴力の行使にあった。すぐにも、サンチェス・ロサ個人への中傷が対立により合わさった。一九一九年一二月のマドリードのコメディア劇場での〔CNTの全国〕大会へのサンチェス・ロサの欠席と、パンフレット『ブロンズの不和』〔一九一九〕の刊行が、そうした閉塞状況の証しである。事実はサンチェス・ロサがついにCNTとの関係を絶ち切ったということであり、『ブロンズの不和』は、マドリードの文芸協会でアンヘル・ペスターニャとサルバドール・セギが行なっていた主張への返答としてサンチェス・ロサが書いたテキストである。件の主張のなかで、両名は革命的な唯一の組織と理念はサンディカリスト的な組織であり理念であると断言していたのだった。

一九二〇年の半ば。個人的な侮辱や中傷の嵐が吹き荒れるなか、サンチェス・ロサは正式にアンダルシアCNT〔FROA〕を離れた。「卑しい豚野郎」「下種な輩」は最も穏やかな部類の侮辱であり、中傷だった。以来、サンチェス・ロサはCNTの組織や運動との公式的な関係を残らず捨て去り、アナキストとしての活動のなかに立て籠もった。一九二三年三月にマドリードで開かれた全国大会では、アンダルシアのアナキスト・グループを代表。エンラドリリャーダ街の学校での教育の仕事を継続し、自身が招かれた催しや集会に姿を見せた。〔一九二三年九月の〕プリモ・デ・リベーラ将軍の独裁樹立の宣言は、サンチェス・ロサの新たな逮捕・収監・流刑を予想させた。一九二四年九月、セビーリャの〔CNT傘下の〕組合が非合法化されるのとときを同じくして、サンチェス・ロサは逮捕され、ムルシアの監獄に移された。一九二五年の半ばに釈放され、セビーリャに戻るまでの間、このレバンテ地方の監獄に一年近く留めおかれた。とうに六〇歳を過ぎており、組合の再組織化やFAI（イベリア・アナキスト連盟）の創設〔一九二七〕とは無縁だった。それらの動きを知っていたにせよ、自ら加わろうとはしなかった。第二共和制期のアナキズムとサンディカリズムは、もっと若い世代の営みとなるだろう。

それはともかく、サンチェス・ロサはセビーリャのアナキズムの顔であり続け、「お上」の目を免れることはない。旧くからの活動家仲間たちの眼差しからも同様である。第二共和制の当局は、サンチェス・ロサを監視し続けた。一九三二年、〔一月のCNT - FAI主導の大掛かりな武装蜂起が招いた弾圧への抗議の意思表示として決行されたゼネストへの関与を疑われて〕サンチェス・ロサはアフリカにあった植民地に危うく移送されるところだった。結局は、カディスのサンタ・カタリーナの要塞に閉じ込められる破目になる。この年、「五月の爆弾」の呼び名で知られる事件〔セビーリャ県内の複数の市町村で生じた不可解な爆弾騒動〕が経過するなかで、またもや逮捕された。他方で、一〇年ばかり前の旧い遺恨は忘れられた。この年のメーデーで、サンチェス・ロサは、セビーリャのCNTがルイス・モントート街にあった映画館オリエンテに開催した集会の弁士を務めた一人である。アンヘル・ペスターニャがセビーリャを訪ねた七月には、サンチェス・ロサはこのCNT全国委員会書記長と同席している。一九三二年に〔「五月の爆弾」と、それに続いた農業ストライキへの参加を理由に〕裁きの場に立たされた農民たちを弁護した記事が、サンチェス・ロサの公的な生活における最後の証言となった。この記事は、一九三三年一〇月にマドリードの日刊紙『CNT』の紙面を飾る。見出しには、「アナーキーへの自由な歩み」としたためられてある。

記事は、七〇歳の高齢をよそに、アナキズムの理想が実を結ぶであろうとの自らの確信を謳いつつ結ばれた。サンチェス・ロサは間違っていなかった。サンチェス・ロサがそれ〔アナキズムの理想の実現としてのスペイン革命〕を自身の肌身に知るに至らなかったとすれば、それは一九三六年七月一八日の軍事クーデタがセビーリャにおいて彼を捕えてしまったためである。この都市が占拠されるや、エンリケ・バラウ・サラードを頭と仰ぐ準軍事的な集団により、サンチェス・ロサはラ・マタ広場にあった自宅から拉致された。〔糖尿病その他の〕疾病を患っていたサンチェス・ロサは、強奪された自分の所持品の一部を積んだトラックに乗せられ、ヌエーバ広場のホテル・イングラテーラへと連行された。そこでは、〔バラウら極右の〕カルリスタが自分たちの兵営と秘密警察を設置していた。八月一日の払暁、サンチェス・ロサがホテルから引きずり出され、セビーリャの墓地の塀のなかで殺害されたことは確実である。

（訳・渡辺雅哉）

ホセ・マルティネス・ゲリカベイティア——「忘却の契約」に敗れた悲劇の編集者

渡辺　雅哉

マヌエルとアントニオのマチャード兄弟を見舞った悲劇を思い起こすまでもなく、スペイン内戦（一九三六〜三九）は、文字どおり「兄弟殺し」の様相をも呈して国民感情に深い禍根を残した。一九七五年一一月にフランシスコ・フランコ将軍が「帰天」した直後、「まだ開いたままの傷口」や社会を分断する「深淵」に言及しつつ、同胞の意識が三六年と「同じ病」に苛まれている事態を深く憂慮したのは、二七年生まれの作家のファアン・ベネだった。フランコ将軍と、第二共和制の廃墟の上に築かれたその独裁体制（一九三九〜七五）、さらにはフランコ派の残党に実質的に無罪を宣告した一九七七年一〇月の「恩赦法」に受肉された「忘却の契約」の名のもとに、スペインの民主化は国民を引き裂いた忌まわしい過去の「記憶」をひとまず封印しつつ遂行されていく。

皮肉なことに、フランコ独裁への一貫した対決姿勢のために、将軍自身の死と同時に開始された民主化の流れの外に置かれ、ついにはその存在すらも半ば忘れられてしまった出版社がある。一九六一年にパリで産声を上げたルエド・イベリコ社である。この「ルエド」とは、「討論の場」ほどの意味に解されるべきだろう。そして、白熱した「討論の場」にあって中心的な役回りを演じていたのが、歴史家のゲイブリエル・ジャクソンによれば「自身が属する世代が共有したさまざまな経験のなかで、内戦が最も決定的な出来事だった」ベネよりも六年早くこの世に生を受けていた、従って内戦から直に被った衝撃の度合いもあるいはベネよりもいっそう甚大であったかにも思われる、アナキストのホセ・マルティネス・ゲリカベイティアである。

四〇年近くにも及んだフランコ独裁のもとでの内戦の敗者たちへの執拗な弾圧と、民主化の過程での「忘却の契約」を通じて失われた過去の「記憶」の呼び戻しを訴える声が勢いを得たのは、内戦はもとより、フランコ独裁をも知らない若い世代がスペインの社会のなかで大きな比重を占めるまでになった、二〇世紀末から今世紀の初頭にかけてのことである。現代史と美術史の双方の分野に造詣の深いアルベール・フォルメンが七〇〇ページ近い『ホセ・マルティネス――ルエド・イベリコ社の叙事詩』を世に問うたのは、二〇世紀の最後の年。それから四年後には、マドリードの学生館でルエド・イベリコ社の刊行物の展示会が催され、併せてそのカタログ『ルエド・イベリコ社――知的挑戦』が出版される。こうした動きも、当時の世相を反映してのことであったに違いない。

件のカタログには、ルエド・イベリコ社でのマルティネス・ゲリカベイティアの創業以来の同僚であり、高名な歴史家クラウディオを父に持ち、自身も同じ職業に身を捧げたニコラス・サンチェス・アルボルノースが味わいに富んだエッセイを寄せている。内戦を、そして内戦が惹起した革命を肌身に知るスペイン人らの数が自ずとごく限られたものになりつつある現在、フォルメンの大著と、正当にも「記憶の回復」との表題が付された、分量のうえではささやかなサンチェス・アルボルノースのエッセイに主として依拠しながら、マルティネス・ゲリカベイティアとルエド・イベリコ社がたどった数奇な軌跡の一端をここで改めて振り返っておくことにしたい。本稿は、内戦から七〇年の節目に書かれた渡辺雅哉「『知的挑戦』の果てに――ある編集者の悲劇」（『図書新聞』二〇〇六年一月一日、第二七五六号）に、大幅な加筆と若干の修正を施したものである。

＊

ホセ・ペイラツの『スペイン革命におけるCNT』（一九七一〔今村五月訳、自由思想社、一九八四。全三巻のうち、第一巻のみ訳出〕）やセサル・マルティネス・ロレンソの『スペイン革命におけるアナキストと権力』（一九七二〔今村五月訳、JCA出版、一九八二〕）、あるいはシプリアノ・メラの回想録『スペイン革命の栄光と敗北』（一九七六〔土屋洋子訳、三一書房、一九八二〕）その他、マルティネス・ゲリカベイティア自身の精力的な編集方針に基づいて、ルエド・イベリコ社からはもちろんアナキズム関連の書籍が多数刊行されている。

傘下の組織員たちの労働環境の改善に資する組合であると同時に、革命の成就をもくろむ組織としての性質をも併せ持ったアナルコサンディカリスト労組のあり方。一九三六年の夏、軍事クーデタの波動に直撃され第二共和制の統治機能が麻痺状態に陥るなかでの、CNT（全国労働連合）－FAI（イベリア・アナキスト連盟）による、「アナルコボリシェヴィキ的」とも揶揄された街頭での権力の掌握。これも自身がその編集に心血を注いだ雑誌『ルエド・イベリコ・ノート』の別冊「スペインのリベルテール運動」（一九七四）に、「フェリーペ・オレーロ」のペンネームで執筆された論考において、マルティネス・ゲリカベイティアは創設から一九三九年に至るまでのCNTとFAIの軌跡を、そして内戦／革命期に民兵隊と工業や農業の集産化のうちに具現され、結局のところ「政治」の犠牲に供された、と自身が見なす大衆の革命的な精神と営為を高く評価しつつ、パリの街頭を揺るがした一九六八年の五月革命以後のアナキスト的な闘争作法の、延いてはスペインにおけるリベルテール的な運動の再生に望みを繋ぐ。

その姿勢は両親から受け継がれた、紛れもなく戦闘的なアナキストのものである。内戦／革命の勃発からおよそ二ヵ月後、一五歳のマルティネス・ゲリカベイティアはそのころレケーナ（バレンシア県）にあった、行動理念をFAIとともにするリベルテール青年団に加入、アナキストとしての活動を開始した。一九三七年五月のバルセローナの市街戦を経てFAIの活動家らに粛清の魔手が伸びるなか、マルティネス・ゲリカベイティアも身柄を拘束され、バレンシアの監獄に放り込まれた経験を持つ。なお、「フェリーペ・オレーロ」のペンネームは、レケーナにほど近いマルティネス・ゲリカベイティアの故郷ビリャール・デル・アルソビスポ（バレンシア県）で初等教育に従事していたフェリーペ・ゲリカベイティア・オレーロに因む。フランコ独裁の初期、この、ルエド・イベリコ社の創業者の母方のおじは銃殺隊の前に立たされる憂き目を見ていた。

もっとも、「討論の場」はアナキストたちにのみ開かれていたわけでは決してない。ルエド・イベリコ社の設立には、いずれもフランコ独裁下に弾圧を被った五人の亡命スペイン人が関与していた。彼らのうちアナキストと目されるのは、実はただ一人出版業の経験を持っていたマルティネス・ゲリカベイティアだけである。先のサンチェス・アルボルノースは左翼の共和派。エレナ・ロモとビセンテ・ヒルバウは、それぞれ共産党員と社会党員。残るラモン・ビラダースは、カタルーニャの地域ナショナリストだった。周知のとおり内戦中には確執を深め、ときには戦局の悪化をよそに悪罵の限りを浴びせあった各派の面々が「反独裁」を旗印に改めて歩み寄った結果が、特異な「知的挑戦」の始まりだったのである。

同社が最初に世に問うた書物が、人民戦線を擁護する色彩の強いヒュー・トマスの『スペイン市民戦争』（都築忠七訳、二巻、みすず書房、一九六七〜六八）のスペイン語版であったという事実は、この意味で象徴的であったように思われる。動乱のスペインに取材し、ソヴィエト・ロシアに帰還した後、猜疑心に凝り固まったヨシフ・スターリンの毒牙にかかるジャーナリスト、ミハイル・コリツォーフが書き綴った『スペイン日記』（一九六三〔小野理子訳、三友社、一九八七〕）のスペイン語版や、反モスクワを標榜するＰＯＵＭ（マルクス主義統一労働者党）のイデオローグ、ホアキン・マウリンの『スペインにおける革命と反革命』（一九六六〔山内明編『スペイン革命』平凡社、一九七三、に牧由起による抄訳〕）の版元もルエド・イベリコ社である。

「ラディカルに自由。ラディカルに厳正。それ以上でも、しかしそれ以下でもなく」。『ルエド・イベリコ・ノート』の創刊号（一九六五）に掲げられたこの「宣言」に忠実に、マルティネス・ゲリカベイティアらはフランコ独裁への「知的挑戦」を開始する。因みに、五人が出会ったのは、二〇〇三年に物故したマルクス主義の歴史家、ピエール・ヴィラールの高等研究院でのゼミナールにおいてである。ヴィラールの『スペイン史』（一九六三〔藤田一成訳、文庫クセジュ、一九九二〕）は、フランコ将軍が鎮座するスペインでは発禁処分を受けていた。ルエド・イベリコ社の出版物もまた、むろん同じ扱いに耐えねばならない。

内戦に敗れた後、主にイスパノアメリカ諸国へ散った亡命者たちが起ち上げたほとんどの出版社の場合とは異なり、スペイン本国にあってフランコ独裁に苦悶する同胞へのメッセージの発信を自らに課した点にルエド・イベリコ社の営為の最大の特徴があった。同社の書籍や雑誌はともにスペインとの国境に近いペルピニャン（カタルーニャ側）やバイヨンヌ（バスク側）でも売りさばかれ、さらに有志らの手で密かにピレネーを越えた。周到な方法により、スペイン国内の一部の書店で販売されたものもある。

フランスの世論に連帯を呼びかけるべく、ルエド・イベリコ社が重要な著作のフランス語への翻訳に尽力した点も特筆される。トマスの『スペイン市民戦争』のスペイン語版が出版されたのと同じ一九六二年には、「兄弟殺し」の幕引きからほとんど間を置かずに、その原因の究明に挑んだジェラルド・ブレナンの『スペインの迷路』（鈴木隆訳、合同出版、一九六七）のフランス語版が、スペイン語版と並んで上梓されている（英語で執筆された原著の刊行は一九四三）。内戦の勝者たちが垂れ流すプロパガンダの欺瞞を念入りに暴いてみせたハーバート・リュートリッジ・サウスワースの『フランコ十字軍の神話』（邦訳なし）は、一九六三年にまずスペイン語版が、その翌年にフランス語版が発売された。ホモ・セクシュアルでも知られた恐ろしく繊細なグラナダ県の詩人、フェデリーコ・ガルシア・ロルカの死の真相に迫ったイアン・ギブソンの『ロルカ・スペインの死』（内田吉彦訳、晶文社、一九七三）のスペイン語版とフランス語版が日の目を見たのは、それぞれ一九七一年と七五年のことである。

国内に持ち込まれた部数こそおそらく知れたものであったにせよ、マルティネス・ゲリカベイティアらの大胆不敵な「知的挑戦」はフランコ独裁の土台を揺るがした。ルエド・イベリコ社が誕生した翌年に情報・観光相に就任したマヌエル・フラーガが、同省の『官報』のなかでしばしば同社を槍玉に挙げたのがその証左である。一九六四年、フラーガ当人の肝煎りにより、実質的にはルエド・イベリコ社に対抗する目的で同省にスペイン戦争研究セクションが設置された際、フランコ独裁の内戦「研究」の牽引役を引き受けたのがリカルド・デ・ラ・シエルバだった。そのデ・ラ・シエルバが中心になってまとめられた『スペイン戦争（一九三六～三九）とその前史に関する文献目録』（一九六八）の「偏り」を痛罵したのは、『フランコ十字軍の神話』の著者である。

一九五〇年代の半ば以降、フランコ独裁への影響力を強めていったテクノクラートの一群の実態をすっぱ抜いたヘスース・インファンテの『オプス・デイの素敵な冒険』（一九七〇〈翻訳なし〉）は、ルエド・イベリコ社のベストセラーの一つに数えられる。このヘスース・インファンテの著述が「ラディカルに自由」な同社の編集方針の現れの典型を示していたとすれば、「ラディカルに厳正」な同社の刊行物の「見本」と見なされるべき作品は、ファン・マルティネス・アリエールが書いた『大土地所有の安定性』（一九六八〈邦訳なし〉）だろう。内戦の大きな要因としてしばしば挙げられるのが、二一世紀に至っても未解決のままに残された「アンダルシアの農業問題」である。内戦初期に大虐殺が起きたコルドバ県のある村落での自身の実地調査に基づき、マルティネス・アリエールは失業を不断に再生産し続ける弊害を持ちながらもその存在そのものには一向に揺るぎがない、南スペインの大土地所有制の構造の解明に大きく寄与した。今日なお農村社会学の古典としての価値を何ら失っていない『大土地所有の安定性』の著者は、容易に想像されるように深刻な資金難にしばしば直面しなければならなかったルエド・イベリコ社の経営にも関わっている。

一九七一年一一月、同社はフランクフルトの書籍の見本市に初めての出店を果たし、フランスや旧西ドイツのジャーナリズムの間にただならぬ反響を巻き起こす。当時の西ヨーロッパにあって最も重要な見本市と目されていたこの催しの会場では、フランコ将軍を愚弄するポスターが貼られた同社のブースの両脇に、独裁お抱えの書肆のブースが設置されていたという。その二ヵ月ばかり前には、『ルエド・イベリコ・ノート』の紙面を介して精力的な著述活動を行なっていたルシアーノ・リンコンが、フランコ将軍への侮辱罪で懲役一一年の実刑を宣告されていた。リンコンは、スペインからのバスクの分離・独立を叫ぶＥＴＡ（バスク祖国と自由）の活動家たちを狙い撃ちしたブルゴスでの軍事裁判（一九七〇年一二月）をめぐる論評をも含めて、「ルイス・ラミーレス」その他の偽名を使いながらフランコ独裁への「知的挑戦」を継続した、ビルバオが根城の「ラディカルに自由」なジャーナリストである。一九七五年一〇月には、カルティエ・ラタンのラトラン街にあったルエド・イベリコ社の社屋が「反テロリズム・反ＥＴＡ」を名乗る極右組織の爆弾テロに見舞われてさえもいる。フランコ将軍がベッドの上で大往生を遂げるのは、幸いにも死傷者を出さなかったこの事件から一ヵ月と少し後のことだった。

一九七七年に亡命生活を切り上げ――この年、マルティネス・ゲリカベイティアがパリで最後に手がけた書籍は、これまた疑いもなく「ラディカルに厳正」な視座から、内戦のさなかに繰り広げられた第二共和制の領域のなかでの複雑怪奇な権力闘争の全貌を再現してみせたバーネット・ボロテンの『スペイン革命』（渡利三郎訳、晶文社、一九九一）のフランス語版である――、バルセローナにイベリア出版を起ち上げたマルティネス・ゲリカベイティアは不遇をかこつ。同業者の乱立もあった。だが、「忘却の契約」を盾に、分断された国民の「和解」を訴えたスペインの民主化のあり方が政治色の強い出版社を敬遠したことが、他の何にもまして致命的だった。

ルエド・イベリコ社の業務を引き継いだイベリア出版は、一九三〇年代の前半には武装蜂起による第二共和制の倒壊をもくろみながらも、内戦中は同じ共和制の法相に就任、スペインのアナキズムの右往左往を他の誰にもまして体現した観のあるファン・ガルシア・オリベールの大部の回想録『足音』（一九七八〔邦訳なし〕）を例外に、目ぼしい業績を上げられぬまま一九八二年一〇月二二日に倒産。その六日後にフェリーペ・ゴンサーレスが率いる社会党が総選挙に勝利し、スペインの民主化は「見事に」成就する。国民の信任を得た社会党の有力者たちのなかには、かつてパリに学んだ折、他でもないルエド・イベリコ社の業務に携わっていたパスクアル・マラガールらも含まれていた。

ところで、ルエド・イベリコ社の創業者と同じく一九二一年に生まれ、同じように長期にわたってパリでの亡命生活を強いられたアベル・パスもまた、ピレネーの南に生じていた事態に苦い思いを噛みしめる他なかったアナキストの一人である。『ルエド・イベリコ・ノート』の件の別冊に掲載された論考のなかで、この『スペイン革命のなかのドゥルーティ』（一九八六〔渡辺雅哉訳、れんが書房新社、二〇〇一〕）の著者は、既に終わりのときが間近に迫りつつあった独裁体制に呻吟するスペイン人たちを、既存の階級社会に対する新たな反乱へといざなっていた。しかし、マルティネス・ゲリカベイティアと前後して帰国したパスの目に映じたものは、一九三六年の七月、軍事クーデタに対峙するなかで十全に発揮されていたはずの、破壊力と混然一体となったミハイル・バクーニン流の創造力をすっかり喪失し、なおかつフランコ将軍の幻影に脅える病んだ同胞の群れだった。「フェリーペ・オレーロ」が楽観的に思い描いたように、パリの五月の衝撃がスペインにリベルテール的な精神の蘇りをもたらすことはなかったのである。

一九八六年七月、フェリーペ・ゴンサーレス首班の社会党政権は、半世紀前に「スペインの自由と民主主義の防衛に殉じた人々」と「民主的なスペインとは別の立場から、異なった社会を目指して戦った人々」の双方に配慮してみせる。一九七〇年代半ばに締結された「忘却の契約」は、際立って暴力的な独裁体制から立憲王政への移行の「平和裡の」達成を可能にするための、おそらく最も「現実的な」選択肢ではあった。しかし、おぞましい過去の棚上げは、ルイス・ピオ・モア・ロドリーゲスらネオ・フランコ派の台頭にも繋がっていく。「修正主義」を看板に掲げつつ、かつての独裁者を手放しで称讃する思潮（?）の出現は、一方では「記憶」の呼び戻しを訴える声がようやく巷に聞かれるようになる時期にほとんど合致していた。

失意のうちにイベリア出版を畳んだ後、マドリードに塒《ねぐら》を移していたマルティネス・ゲリカベイティアの波乱万丈の人生にいかにも唐突に幕が引かれたのは、社会党政権が過去の「記憶」の封印を高らかに（?）公言したのと同じ一九八六年の、三月八日である。サンチェス・アルボルノースは「不慮の死」と書いて多くを語らぬものの、フランコ独裁にではなく、言わば「忘却の契約」に敗れた悲劇の編集者の最期を「自殺」と断じる向きもある。

マルティネス・ゲリカベイティアには、恐ろしく気難しい一面があった。ルエド・イベリコ社の創業当時の四人の仲間のうち、自身との間に一粒種の娘をもうけたエレナ・ロモ、それにラモン・ビラダースとの関係は完全に破綻した。また、インファンテの『オプス・デイの素敵な冒険』やガルシア・オリベールの『足音』の編集の過程で、あるいはヴィラールの指導のもとに執筆され、ソルボンヌに提出されたサウスワースの博士論文『ゲルニカの破壊』（一九七五〔邦訳なし〕）の単行本化（フランス語版）を進めるなかで、マルティネス・ゲリカベイティアはそれぞれの著者に常軌を逸するほどに激しい言葉を投げつけてもいた。

マルティネス・ゲリカベイティアの死因は一酸化炭素中毒。フォルメンによれば、数日前から自宅の暖房設備の不調が伝えられており、テーブルには遣りかけの仕事が残されてあったという。状況から判断する限り、その最期は正しく「不慮の死」以外の何ものでもない。しかし、かつてＮＡＴＯ（北大西洋条約機構）からの離脱を主張していた社会党の一八〇度の方針転換に、当時のマルティネス・ゲリカベイティアは怒り心頭に発していた。怒りの矛先は、パリでは互いに胸襟を開いた間柄であったに違いないマラガールにも向けられている。生前最後にしたためられたと思われる手紙の一つのなかで、社会党を「フランコ独裁の落とし子」と吐き捨てたマルティネス・ゲリカベイティアが、発作的に自殺に走りかねないほどの、極度の情緒不安定に陥っていたことも想像に難くない。フランコ独裁への「知的挑戦」に自らの半生を賭けた筋金入りのアナキストの変わり果てた姿が発見されたのは、奇しくも国民投票の結果を受けてスペインのＮＡＴＯ残留が正式に決定され、社会党が反戦の理念に完全に背を向けたことが動かしがたい既成事実と化した三月一一日のことである。

「彼が死んで、胸を撫で下ろした人間たちもいたことだろう。そうではないわれわれにとって、彼の死は打撃だった。何かが、おそらくは一つの時代が、おそらくは一つの希望が、われわれの生の一部が、見果てぬ夢が、彼とともに終わりを告げていたのである」。これは、ルエド・イベリコ社の創業者の死から三年後に、議会制民主主義を謳歌するスペインの有力紙『エル・パイース』に、自身にも遠からずこの世に別れを告げる定めが待っていたあのルシアーノ・リンコンが寄せたエッセイの一節である。ホセ・マルティネス・ゲリカベイティアとルエド・イベリコ社の残された膨大な量の文書は、アムステルダムのＩＩＳＧ（国際社会史研究所）での閲覧が可能である。

付記

フランコ独裁から民主主義への平和裡の移行は、ルエド・イベリコ社の創業者を絶望の淵に叩き込んだ「忘却の契約」の賜物などでは絶対にない。それは、迷走に迷走を重ねたあげく自ら破局を招いた第二共和制の二の舞を避けるために、一九七〇年代半ばのスペイン人たちが知恵を絞ったおかげだった。こう断言するのは、自称「修正主義」陣営のご意見番と化して久しいスタンリー・Ｇ・ペインである。「民主主義的な」価値観の擁護者ではなかったフランシスコ・フランコ将軍が、一九三六年七月に「民主主義的な」国家秩序の崩壊の阻止のために決起したこと。第二次世界大戦下に強いられた選択ではあったにせよ、自給自足体制をもともと自身の好みとしていた独裁者が、その後の東西冷戦のなかで、鄧小平の開放政策の先取りを通じて今日の大衆消費社会の到来を準備したこと。レイモンド・カーやゲイブリエル・ジャクソンらと並ぶ、英語圏のイスパニスモ（スペイン学）のかつての牽引役は、その近著『スペインを擁護して——神話と黒い伝説を退ける（Stanley G. Payne, *En defensa de España. Desmontando mitos y leyendas negras*, Barcelona, 2017.）』において、自分が構築した論理にスペインの現代史の逆説を見出そうとしているかに思われる。そのペンの運びに、ピオ・モアほどのえげつなさは感じられない。とはいえ、あざとさの点では、ペインはネオ・フランコ派の旗頭をむしろ上回ってさえもいるかもしれない。

同書は版元エスパーサ社の二〇一七年の出版賞受賞作（PREMIO ESPASA 2017）。それなりに版を重ねているものと推測される。二一世紀のスペインは、どこに向かおうとしているのだろうか。

参考文献

Forment, Alberto, *José Martínez: la epopeya de Ruedo ibérico*, Barcelona, 2000.
Ruedo Ibérico. Un desafío intelectual, Madrid, 2004.
Suplemento de Cuadernos de Ruedo Ibérico. El movimiento libertario español. Pasado, presente y futuro, Paris, 1974.
米田綱路編著『はじまりはいつも本――書評的対話』パロル舎、二〇〇六年
渡辺雅哉「バダホースの殺戮」『スペイン内戦とガルシア・ロルカ』南雲堂フェニックス、二〇〇七年

Ulrich Lins, "Esperantistas en la Guerra Civil Española".

スペイン内戦中のエスペランチストたち

ウルリヒ・リンス

＊この論説は一九九三年「ドイツ内外労働者文献に関するフリッツ・ヒューザー学会」（ドルトムント）が発行した書籍に掲載されたものである。

スペイン内戦は今世紀の世界的規模をもつ事件だと言える。数十万のスペイン人の命を奪ったばかりでなく、国境を越えて、その及ぼした影響からもそう言える。周知のように、この内戦はスペイン人自身の闘いであるとともに、外国勢力や様々な対立するイデオロギーがしのぎを削るという二面性を持っていた。

我々はスペインのエスペランチストの政治的傾向についてあまりよく知らない。いわゆる人民戦線政府をもたらした一九三六年二月の選挙で、彼らがどちらに投票したのか統計がないのでわからない。想像できることは、他のヨーロッパ諸国におけるエスペラント運動と同じく、政治的、社会的問題に対しては中立的な態度をとっていたように思う。エスペラントを推し進めていきさえすれば、社会的出自、政治的な見解や立場の異なった人々も連帯に向かうであろうと信じていたフシがある。一九三六年以前での運動の統一性は、フランコが指導する右翼保守勢力による反乱でズタズタにされた政治的生活における分極化にそれほど損なわれはしなかった。

スペインにおけるエスペランチスト間の軋轢について言えば、その最も長く続いたものは、中央集権国家の信奉者と自治主義者との間のそれであった。特にカタルニア人たちの間では、エスペラント支持をカタルニア語とその文化遺産の擁護に結びつける傾向が常に存在した。彼らの行動が成功を博したので、当局はそれに分離主義の疑いをかけた。ＨＥＡ（スペイン・エスペラント協会）は、カタルニア・エスペラント連盟がマドリードを通り越して直接に国際的運動とつながろうとする意向を嫌った。

一方、労働者エスペランチストと「中立派」との対立、ヒトラー以前のドイツやフランスでは結構実り多い役割を果たしたような対立は、スペインにはほとんど存在しなかった。

一九一一年には社会主義的傾向を持つエスペランチストはマドリードに「自由人」というグループをつくった。そして一九一四年には『社会主義的エスペランチスト』なる二言語雑誌が現われた。ビルバオ、バレンシア、バルセロナそれにヒホンに労働者グループが出来た。一九二八年二月、社会党大会でエスペラントを各種労働者文化研究会で教える努力に対して好意的な決議が採択された。しかし実際には、あまり大きな成果はなかった。労働者エスペランチストの全国的結成が立ち上げられることもなかった。

内戦当初のスペインエスペランチストの過半数とまではいかないが、大多数が抱いていた政治的傾向を多少とも理解するために、私は内戦中のエスペラント運動において重要な役割を果たした人物に注意を向けたい。それはマリオ・マンガーダ・ロゼネルンである。

マンガーダは一八一七年キューバに生まれた。一九〇五年にエスペラントを学んだ。そのときにはすでに軍人としての経歴を始めていた。彼はフリーメーソンの雑誌“Luz Española”（スペインの光）でエスペラントの宣伝をしている。一九一二年には、彼は小雑誌『人類』を創刊した。一九一三年、その中で彼はザメンホフの「ホマラニスモ宣言」を公表した。一九一七年には、別の雑誌『スペイン・エスペランチスト』を創刊、一九二五年には彼のイニシャチブでＨＥＡが設立された。それは、集権主義的性格を持つ組織で、特にカタルニア、アラゴン、バレンシアですでに出来ていた地方連盟に対抗するものであった。マンガーダは最初ＨＥＡの副会長となり、後に会長となった。彼は多くの講習会を指導し、多数の翻訳もし、原作詩も発表するなど、スペインでも外国でもスペインエスペラント運動の傑出した代表者として名声を博した。

（註）著名な作家サルバドル・デ・マダリアガはその著『我が時代のスペイン人たち』でマンガーダをとりあげている。

一九三六年七月、フランコの指導する軍人たちの反乱に対して決定的な反撃を行った人物こそ、そのマンガーダであった。彼は大衆の中から志願者を募り、すばやく軍団を結成し、反乱勢力に対し数々の勝利をえて、マドリードへのその初期的脅威を取り除くのに大いに貢献した。住民たちは彼を民衆の英雄として讃えた。マンガーダが躊躇することなく共和国擁護のために行動したのは別に不思議なことではなかった。大衆はすでに彼のことを知っていた。一九三二年、共和国成立の一年後、軍の高官たちの晩餐会の席で、「共和国万歳！」という新しいスローガンに対して「スペイン万歳！」という演説をした将軍に彼は抗議を申し入れるという際立った行為があった。同様に、共和国政府側の勢力と伝統主義的反対派との間の非情な争いにおいてマンガーダがとったすばやい、積極的な地位確保にエスペランチストたちは驚くことはなかった。マンガーダがその軍人としての職業意識とエスペラント精神とを上手に調和させているのを皆は承知していた。ホマラニスモ（人類人主義）を彼は他の国のどの運動指導者よりもはるかに熱心に受け入れた。彼はザメンホフを、その死後、「現代のもっとも偉大な聖者」と呼んだ。そして一九三三年、彼は演説の中で、自分がエスペランチストであるのは、エスペラントを唯一の国際語と考えているばかりでなく、それが真の同胞愛の思想を内包しており、全世界的に使用することによって、この忌まわしい内戦に対する最も効果的な手段と考えているからである、と説明した。

続く数年の間、ＨＥＡのメンバーたちは、そのような確信を持った人物を会長として選んだのであった。そのフリーメーソン思想のゆえにスペインでは権力の座から外されていることが知られていた。我々はスペインのエスペランチストたちを共和国のために動員したマンガーダの功績を高く評価すべきである。その多くの人たちはブルジョワ自由主義の、または社会主義の信念から、共和国政府をいかなる場合も支持したと言える。しかし、動揺していた人たちも、エスペランチスト的価値観の上にその行動の基礎を置き、反乱者に対して前衛的に闘った人間がいたことを無視するわけにはいかなかった。

マンガーダがスペインのエスペランチストに一つの模範を示そうと努力している一方、他の者たちは国外のエスペランチストに支持を訴えていた。匕首を構えてスペインに襲いかかろうとするナチス・ドイツとファシスト・イタリアを描いたポスターに「全世界のエスペランチストよ、国際的ファシズムに断固反対しよう！」と書かれている。これはカタルニア宣伝省から発行されたもので、スペイン内戦に関する別の角度からの、つまり、独裁に対する民主主義の、ファシズムに対する社会主義の、植民地化に対する民族独立の、野蛮に対する文明の優越を決定づける闘争という角度からのものである。

エスペラントのポスターが現われただけでなく、一九三七年一月以来、カタルニア政府は毎週初めにエスペラントの報道雑誌を発行した。様々な政治グループがこの言語を利用した。もっとも積極的だったのはアナキストたちであった。一九三六年七月以後の最初の数ヶ月、アナキスト・グループは軍人たちの反乱に対する抵抗運動を社会革命に転換させることに部分的に成功した。その際、フランコ派が犯した血なまぐさい事件に負けず劣らずの残虐行為があったとかで世界の世論にショックを与えたようである。一九三八年二月までバルセロナではＣＮＴ（全国労働連合）、ＡＩＴ（国際労働者協会）およびＦＡＩ（イベリア・アナキスト連盟）の『会報』が出ていた。共産党もそれ自身のエスペラント会報を出していた。

（註）すでに一九三二年からバルセロナでは、アナキスト系のイベロ・アメリカ・プロレタリア・エスペラント同盟機関誌『プロレタリアの声』が出されていた。一九三七年には反スターリン派のＰＯＵＭ（マルクス主義統一労働者党）も『スペイン革命』を少なくとも二号まで発行していた。

同様に、他の地区でも労働者エスペランチストは活発に運動した。特に注目すべきはバレンシアである。当地の“Grupo Laborista Esperantista”（労働者エスペランチスト・グループ）は一九三四年にＳＡＴ（“Sennacieca Asocio Tutmonda”「全世界無民族協会」）第一四回世界大会を成功裏に開いた。それには一三ヵ国から四〇〇名のエスペラント労働者が参加している。一九三六年一一月一日、その同じグループが“Popola Front”『人民戦線』の第一号を発行、その副題として「スペインの、ファシズムに対する闘争に関する国際情報誌」という語句を掲げている。その全内容は内戦の国際化を反映しており、一〇月、スペインへの最初の義勇兵による国際旅団の到着の華々しい記事で埋まっていた。

『人民戦線』は購読料を要求しなかったが、読者にカンパを訴えた。発行元のバレンシアは一九三六年一一月に共和国政府の本部となったが、その援助を受けることなく編集部は、この雑誌は「貧しい労働者の、空っぽにも等しい乏しい財布をはたいて」発行しているのだと胸を張っていた。内容的には、その大部分は政府の機関誌に似たものであった。論説の大部分は無署名であり、明らかにスペイン語から訳されたものだった。とはいえ、編集部が独自に持ち込んだ原作物もあった。すべての論説は、一つの目的、つまり内戦の意義の再認識、共和国側のやっていることへの正当な理解、国内の反乱軍と国外のファシスト支持者に対する闘争への全世界的連帯を呼びかけることであった。この目的に沿って、『人民戦線』の文体は大変闘争的なものであった。その例を示そう。

「スペインは皆の自由防衛のために血まみれになって立ちはだかっている。」

「エスペラントは今や質素な階級の隠れもない肉体的化身となって活躍している。」

「スペインの高貴な拳は外交官の手袋よりも強いものとなるであろう。」

「エスペラントは党派の教義ではなく、進歩の道具である。」

事実、それまでのエスペラント雑誌では、それほどまでに立派な著作と目を奪うほど潤沢な文体を集めたものは少なかった。『人民戦線』はその功績を第一に編集長であるルイス・エルナンデス・ラウエルタ（一九〇六〜一九六一）に負うている。エルナンデスは独学のリトグラフィー画家で、一九三四年のSAT大会の組織者としてよく知られていた。彼は「叙情的気質」の作家であり、「うっとりさせるほどの多彩な」弁論家でもあった。

『人民戦線』の成功は読者の増大を見れば明らかである。最初は三、〇〇〇部だったのが、やがて五、〇〇〇部にもなった。カンパが多数寄せられ、特別欄『弾薬庫』にその一覧表が載せられた。読者からは活発な反応があり、当時スターリンによるエスペラント弾圧が始まりつつあったソビエトからさえも反応があった。

（註）ソビエトのエスペラント詩人ミハイルスキーは『人民戦線』に「スペインのロマンス」という詩をマンガーダに捧

げるために書いている。

さらに中国からも、そこでは日本の侵略にその雑誌の中で闘いつつ、エスペランチストはスペイン人との精神的親近感から声援を送ってきた。

（註）日本のエスペランチスト長谷川テル "Verda Majo" は中国人と協調し、将軍マンガーダの名を高めた。

オランダでも『人民戦線』のオランダ語版が発行された。バレンシアの新聞雑誌も国際旅団で闘っている多くのエスペランチストの連帯について、その消息や現在地に関する情報を提供してくれた。

亡くなったエスペランチストの訃報も避けられなかった。戦死の報だけではない。一九三七年三月の誌上に敵側のラジオ報道が載せられた。それによるとコルドバでは エスペランチストたちがフリーメーソン会員などと一緒に銃殺されたという。その情報は国外にも大きな衝撃を与えた。カトリック派のエスペランチストはフランコに直接確かめた。その結果、彼はエスペラントに対する敵意を否定した。

『人民戦線』のおかげか、または他の報道源からか、国外のエスペランチストは、共和国側を圧倒的に支持したようである。民主的な業績を、したがってエスペラント運動も保証してくれると信じたからである。

まさに一九三六年ドイツではナチスがエスペラントに関する活動を一切禁止したばかりだったので、フランコが勝利すればスペインではエスペラントが息を止められると考えたのも無理からぬことだった。エスペラント運動の政治的中立性がスペインとの明らかな連帯宣言を妨げたが、ワルシャワ大会（一九三七）でもロンドン大会（一九三八）でも参加者は、カタルニア政府から送られてきた挨拶文に絶大な拍手をもって迎えたものである。

（註）イタリアの代議員は、スペイン共和国代表の出席に抗議して、ロンドン大会の開会式への列席を拒否した。

しかしながら、『人民戦線』の成功は限定されたものであった。その原因は、戦局が思わしくなかったせいばかりではない。共和国陣営そのものの中にあった政治的、イデオロギー的対立もその効果にブレーキをかけていたからである。一九三七年、特にカタルニアでは革命的成果を守ろうとするアナキストと、他の人民戦線派のメンバーと同様、革命が戦争での勝利という一般目的を危険に晒すものとみなしていた共産党との間でも軋轢が先鋭化していた。その

だ。

ちに敵対する分子、つまりスターリン下のソ連のやり方に批判的なレーニン主義党ＰＯＵＭを粛清する機会を得たの

軋轢は五月のバルセロナ事件で頂点に達した。そこで共産党はアナキストを抹殺しようとしたばかりでなく、自分た

バルセロナ事件を『人民戦線』は、共産党路線に全く同調して、ヒトラーの手先による反乱行為だときめつけた。当然、責任ある審議は「反ファシスト的総意の拍手の間」で窒息させられてしまった。ＰＯＵＭに関しては、ファシストに奉仕するスパイ活動を行ったという致命的な確言が繰り返された。しかし、やがてエルナンデスは、反ファシスト陣営内の内ゲバに関する報道が、国外のエスペランチストにどんな影響を与えたかを個人的に経験することとなった。編集仲間のギレルモ・ボッシュと共に、彼はロッテルダムでの第一七回ＳＡＴ大会（一九三七年七月三一日〜八月五日）に参加した。ＳＡＴのメンバーからの支持をとりつけるつもりで出かけたのだったが、大会の間中、カタルニアでの革命家たちの投獄についての不快な質問や、『人民戦線』での中傷記事について鋭い批判を浴びなければならなかった。さらに加えて“Sennacieca Revuo”『無民族評論』にバルセロナの“Informa Bulteno”『情報通報』からの長論文「バルセロナ、革命の最高の希望」が再掲載された事実が彼を悩ませた。その記事は五月事件とアナキストに対する迫害について大変詳細に書いていた。

バレンシアに戻ってエルナンデスは、彼自身共産党員だったが、自分の雑誌の立場を、教条主義的な、一辺倒的なものではないと規定した。「我々の階級闘争は多くの自由な中立派の好意を受け入れるにあたって十分柔軟であるべきだ」として、読者をなだめようとした。彼は主張した、「まじめな労働組織ならば、だれでも政府からの迫害や干渉には我慢できない」と。しかし、それ以上には出なかった。彼は、ソ連に対するいかなる批判も認めないという政府の法令を正当化した。一方『人民戦線』は読者からますます多くの疑問の声を受けた。編集部は、広がりつつある裂け目をどんなに危険だと思っているかを隠さず、論争は「私にとってきわめて不快なもの」である、なぜなら、スペイン人民が必要とする全世界の自由な意見の支持を弱めることになるからだ、と告白した。

一九三八年一月『無民族評論』は、“L'Espagne nouvelle”『新しいスペイン』に現れた論説の翻訳を掲載した。それ

は「フランコに勝つためにはスターリンに勝つ必要がある」という檄で終わっていた。『人民戦線』は怒りをもって疑問をぶつけた、著者は「フランコに雇われている」と。しかし、その檄を引用しようとも、またスペインに対するソ連の搾取に関する証言に反発しようともしなかった。

『人民戦線』の編集者が活躍する条件はますます重苦しいものとなった。エルナンデスも編集の助手たちも兵士とならなければならなくなった。一九三八年五月、雑誌は隔週発行から月刊に代わった。ついにバレンシアに残ったのは、たった二名となり、兵役は免除され、経営に携わった。編集部は、初期のころと比べてどんなに条件が変わったかを回想して、「ある種のけだるい憂鬱を感じている」と言明。当時は「悲劇でもなおロマンチックな様相にあった」し、「仕事も義務ではなく、ある崇高なたのしみであり、気晴らしであり、休息でもあった」と。

一九三八年一一月半ば、国際旅団はスペインを去った。共和国政府は、それが撤退すれば、ドイツやイタリアもフランコ軍への支援を縮小するだろうと期待した。しかし、事実は相違し、後者はますます強化されていった。

一九三九年一月『人民戦線』はたったの四頁の、粗悪な紙で現れた。三月末、内戦は終わった。スペイン共和国は、強力な二つの勢力に支援された反乱軍の前に屈した。しかし、それは西欧民主国の不干渉政策のせいでもあった。フリオ・マンガーダは急遽その祖国を去らねばならなかった。彼は最初アルジェリアに亡命、そこからあるエスペランチストの助けでメキシコに行くことができた。国際旅団で闘った外国エスペランチストたちはいち早くフランスに逃れていた。国内では迫害の嵐が吹き荒れ、人民戦線側で闘ったエスペランチストもその犠牲となった。ルイス・エルナンデスは投獄された。新制度の中に留まることのできたエスペランチストは、迫害されている若干の同志たちの命を救うことができた。しかし、エスペラント運動は一〇年間、沈黙を強いられたのだった。

「スペインは彼らの希望であった」とは、スペイン共和国左翼陣営援助に関するドイツ語著書のタイトルだった。エスペランチストたちはエスペラントの進歩派に属していた。彼らは反ファシズム闘争にその特有の、つまりエスペランチストとしての、情熱を捧げた。もちろん、マンガーダやエルナンデスのような人々は、闘争への息吹をエスペラントからだけ汲んできたわけではない。ただ、明らかに、それは彼らにとって重要な、動機づけとなる、使命にも似た役割を演じていたのだ。その結果は別として、特筆すべきは、共和国陣営のためにどれほどエスペラントはその情熱を生み出せたかということである。

希望は成就しなかった。だからといってエスペランチストたちの貢献まで挫折したと言っていいだろうか。マンガーダやエルナンデス、その他の者たちの運命をみると、彼らの行為に尊敬の念を抱くにやぶさかではないが、やはりその通りだと答えるかもしれない。たしかに彼らの情熱は矛盾を隠し、隠蔽を許し、誤りを育んだかもしれない。だが一方、それはエスペランチストの間に、意に反することもままあったとはいえ、論争へと導いてくれた。内戦の意義について鋭い政治論争さえ見られた。特にロッテルダムでのSAT大会中とSATの雑誌での論争は「スペインのために」エスペランチストが残した重要な遺産を形作っている。それはエスペランチストの間で考えを深めながら、すなわち、もし他の色合いの、少なからず反人間的思想と同盟したら、進歩派たちはファシズムに対する闘争の信用を失うだろうという意識を働かせたのである。だから、ヒトラー・スターリン協定を前にした数年間、左翼陣営がどれほど沈黙を強いられたかを思うと、そのことは決して些細なことではないと言えよう。

（訳・青島　茂）

スペイン革命と遠藤斌

小松　隆二

一　遠藤斌さんが関わったスペイン革命

遠藤斌《さかん》さんは、スペイン革命には特別の思いを寄せ続けていた。思想や運動では手も足も出ない戦時下の厳しい時代に、ヨーロッパの遠い国で、幻に終ったが、アナキズム社会への接近や実現に向かう期待・夢を懐けた出来事であったからである。スペイン革命には長く情熱を燃やし続けたのも、実際に翻訳書の他、エッセーなども結構残しているのも、それを教えてくれよう。

遠藤さんの周りには久保譲さんなど、ヨーロッパの滞在経験も豊富で、ヨーロッパの動向に関心の強い人たち、スペイン革命にも情熱を向ける人たちがいた。そのつながり・影響もあって、遠藤さんもスペイン革命には殊のほか強い関心を示し続けた。

遠藤さんがスペイン革命に遭遇したのは、日本無政府共産党事件（一九三五）との関わりを避けて九州方面に身を隠し、しばらく様子をみて、捜査が終わり、一件落着を確かめ、東京に戻った直後であった。

遠藤さんは無政府共産党事件のような大きな事件では、事情聴取や取り調べに応じたら必ず何かをやられるので、身を隠すのが一番と、東京から逃れ、九州に身を隠したのであった。現に学生運動を通して早稲田時代の相沢尚夫、榎本桃太郎らとは知り合いでもあったので、巻き込まれる危険性がゼロではなかった。それを回避するための逃避行であった。

遠藤さんは、人と付き合うのに結構好き嫌い・好みがあった。幸いその点でスペイン革命に情熱を燃やし合ったことのある人たちとは気が合う感じで、長く付き合いが続いていた。山鹿泰治、久保譲、長谷川進さんらへの親しみがそうであった。

そのうち長谷川進さんとは、同郷（山梨県）の上、新居格編輯を銘うって刊行した『自由を我等に』（創刊号〜3号、一九三三）には、共にペンネームと縁の下の力持ち役で関わった仲であった。同誌は新居格、小川未明らを表に出し、川合仁の手づるで集めた広津和郎、芹沢光治郎、福田正夫、辻潤ら広い人材でカムフラージュして刊行されたアナキズム系の戦前最後に近い機関誌の一つであった。それに、長谷川さんは戦後の『自由思想』への寄稿者でもあった。

私も遠藤さんに連れられて、長谷川さんの自宅のマンションに訪ねたこともあった。法政大学教授として社会学を教えていたが、奥さんが亡くなられて間もなく一人暮らしの頃であった。長谷川さんは物静かに、しかしにこやかな表情で、流暢にではなく、ぼそぼそと遠慮がちに話をするタイプであった。それでいて、新宿などの焼き鳥屋や居酒屋でも遠藤さんと長谷川さんは会うことがあった。二人はそういう信頼できる間柄であった。

一九六〇年頃、安保闘争の時代にも、またその後しばらくも、遠藤さんのスペイン革命への関心・共感は変わらなかった。私が遠藤さんとスペイン革命について語ることができたのは、この時期に限られている。またこの前後が、遠藤さんがスペイン革命に大きな情熱を燃やした最後ではなかったかとも思う。

遠藤さんがヴァーノン・リチャーズの『スペイン革命の教えるもの』（一九五二）を翻訳、刊行したのもこの頃である。同書を手にした遠藤さんは、大いに興味を引かれ、出版を考えた。それからすぐに翻訳にとりかかった。同書はアナキズム系支援の視点から書かれたものではないので、アナキストの政権参加などアナキズム系の批判もしばしば見られる。しかし、同時にリバータリアン的・自由連合的視点・認識は強く、アナキズム系と共有できる面も多く持っている。

遠藤さんが翻訳を完成し、刊行したのは一九六〇年であった。スペイン革命の文献としては日本では先駆した著書の一つであった。版元は、韮沢謙さんのやっていた審美社であった。審美社は創業間もなく、出版点数を増やそうとしていた。遠藤さんはその韮澤さんの有力な後援者の一人でもあった。

実際に、遠藤さんはそれ以前にアメリカ障害者団体の『我らに職を』を審美社から翻訳、出版していた。実は審美社は、遠藤さんと私が出した雑誌『自由思想』の発行元でもあった。その頃の同社は東京・神保町の裏通りの古ぼけたビルの二階の一室に、他の小出版社三社と共に、成功の夢を描きつつ机を並べで、それぞれが一人で頑張っていた時代であった。四社とも若い社長兼編集長兼事務員であった。

審美社は後には文芸もの中心に成功し、同社の文芸賞まで設定するほど隆盛を迎える時期もやってくる。韮澤さんは外貌が作家の田村泰次郎とそっくりで、バーなどでよく間違われるという話も聞いたことがある。しかし出版の方の成功は長くは続かなかった。私も韮沢さんとは同郷ということもあり、いろいろの思い出を持っている。今も長く世話になっている論創社の森下紀夫さんが出版社を始めたいと言い出した時に、韮澤さんを紹介して会ってもらったこともあった。

その『スペイン革命の教えるもの』がどの程度売れたのかは分からないが、それを久保譲さんが『自由思想』第二号（一九六〇）に書評をしているのが二人の関係から面白い。その書評を久保さんが「読者は訳者の親切な解説を先に読むといい」と結んでいることにも、久保さんと遠藤さんの長年の交流・友情を推測することができるであろう。

二　チェリスト・カザルス、そして亡命者への共感

遠藤さんはチェリストのパブロ・カザルスに興味を持っていた。というより、興味を超えて敬愛の気持のようなものを抱いていた。カザルスがスペイン革命の支持者として、祖国を棄てた亡命者であったので、フランコ体制を支持する国では演奏活動をしないとか、いろいろとカザルス講話を、私は遠藤さんから聞かされた。

後のことになるが、私がアメリカ留学から帰国してから、アメリカみやげのカザルスのLPレコードを遠藤さんに拙宅で聞いてもらったことがある。それはケネデイ大統領に招待されてホワイトハウスでチェロの演奏したメモリアル盤であった。遠藤さんは、特にスペインの曲、中でもピカソやカザルスにもゆかりのカタロニアの「鳥の歌」が気に入ってくり返しそのレコードをかけてきいたこともあった。

そのカザルスが日本にやってくることになった。遠藤さんは明らかに興奮するほど、心をときめかせていた。たまたま同じ頃、スペインからの亡命者も中南米から時たま来日してアナキストグループと交流していた。

それを機に、遠藤さんはスペイン亡命者へのカンパ集めを思いついた。私と二人で話し合って挑戦してみることになった。ただ広がりや人数からいっても、集まる金額が多いはずはないので、大きなことはできない。それは最初から分かっていた。せめてスペイン革命のこと、今もフランコ体制を拒否する亡命者・難民が中南米中心に多く滞在していて、反独裁・反フランコ運動をやっていることを知ってもらうだけでも良いと言うことになった。

その寄付集めは、印刷物を作って大々的に行ったわけではないので、結局友人中心の協力で終った。その集まった寄金を来日中の亡命者に手渡した。それだけのことであった。それでも、亡命者など革命関係者にわずかであれ、共感の気持を伝えることはできたので、それで十分ではないかと言うことになった。

そのスペインからの亡命者へのカンパ活動について、裏付け記事が記録として残っている。カザルス来日の記事とカンパ集めの結果の報告記事である。たまたま『自由思想』の五号（一九六一年四月）と六号（一九六一年七月）に載っているのである。前者は遠藤さんが書いたもので「カザルスの来訪を機会にスペイン難問支援の訴えにこたえよう」という呼びかけと「パブロ・カザルスの人と思想」という紹介であり、後者は「スペイン難民救援のために」というカンパ募集の報告である。

その記事で、遠藤さんと私の二人で作った組織は「スペイン難民救援の会」を名乗っており、その事務局は私の当時の住居であった東京渋谷区代々木になっていることも確かめられる。『自由思想』第六号のあとがきにあたる「編集室」にはこの辺の経緯について次のように記されている。

チェリスト　パブロ・カザルスの来朝を機に、かねて聞いていたスペイン難民救援の訴えをなんとかしたいという同人の切なる希望もあって、さしせまった演奏を前に、少しでも早く救援につき読者の皆さんにおはかりしたいものと努めました。スペイン亡命者の革命への熱意はすでに二世にひきつがれて刮目すべきものがある反面、想像に余る困難の中にあるものが多く、最近の救援会からの来信はモロッコで老人と五人の子どもをかかえ、自身もまた子供も結核におかされている一家の悲惨を伝えております。友の会にかわりここで重ねてご協力を懇請する次第です。

これほどの気持をこめてスペイン亡命者に対するカンパの要請を行った団体は、当時日本では他にはそうなかったのではないか。

最終結果としてのカンパの総額は報告されていないが、協力者に一二名の名が記載されている。すべて遠藤さんと私の知友である。その中には、先の長谷川進さん、バイオリニストの諏訪根自子の妹の晶子さん、大宅壮一夫人の昌子さん、学芸通信社社長の川合仁さんらの名前が見える。

それら仲間内といってよい人から寄せられた僅かの寄金は、時間も間に合わず、カザルスに対してではなく、滞日中のスペイン難民に手渡された。それで寄付集めの計画・活動は終わり、その後記憶されたり、思いだされたりすることも無くなるはずであった。実際に私は五五年以上前に関わった、このような活動をすっかり忘れていた。しかるに、スペイン革命八〇周年という企画・活動のなかで思いもかけず記憶が蘇ったのである。

こんなとりとめもない話であるが、遠藤さんを語るには忘れてはならない活動・事績である。遠藤さんは行動には割合慎重で、ゆっくり取り組むタイプなのに、スペイン革命の翻訳やカンパによる支援に関しては迅速に積極的に行動した姿の方が思い出される。少しでも、気持だけでも、何とか形にしたいという遠藤さんの意思がこのカンパ集めに凝集されていたように思う。

かつて遠藤さん、久保譲さん，山鹿泰治さんらスペイン革命に遠いアジアの一郭から共感・声援を送り、その後もスペインへの思いを心にとどめ続けた人たちはもう居ない。すっかり世代が変わってしまった。

ところが、今、新たにスペイン革命に関心を示す若い人たちが出てきたのである。そのエネルギーに圧倒され、感謝もしているが、お蔭で遠藤さんとスペイン革命の関わりも思い出すことができたのだから、遠藤さんも天国で喜んでおられるのではないかと思う。

日本のアナキズム運動とスペイン〈革命〉

久保　隆

戦前期の日本におけるアナキズム運動を、スペインの一九三六〜三九年における情況へと重ねてみる時、ある種の不思議な繋がりが見えてくる。そこには、アナキストたちの同じような苦闘の様相を胚胎していると捉えることができるからだ。

大杉栄惨死（一九二三年九月一六日）後の二四年、いわゆるギロチン社事件が起きる。それは中浜哲、古田大次郎らのギロチン社に、労働運動社の村木源次郎と和田久太郎が加わり、英国皇太子暗殺未遂計画、甘粕大尉（大杉殺害の首謀者）の弟五郎（当時中学生）への襲撃、陸軍大将福田雅太郎の狙撃未遂、資金源強奪のため銀行員（一名死亡）を襲い失敗する小阪事件など、一連のテロルによる行動のことである。古田と中浜に死刑判決。和田久太郎は無期、獄中にて自死。村木源次郎は予審中仮出獄後病死するなど、十人以上の逮捕者が出ている。

その後のアナキズム運動は、冬の時代を迎えるのだが、昭和の時代に入り、二つの衝撃的な事件が生起する。

従来の反組織主義に検討を加え、自主自律の名目によるブルジョア的自由主義を捨象して、あたらしく戦闘的な地下組織として結成させたものが無政府共産党であった。正式な名称として「党」と名のったものは、日本のアナキスト団体としてはおそらくこのときが最初であった。（略）その秘密地下組織が、相沢尚夫、二見敏雄らの銀行襲撃に端を発した一斉検挙によって暴露したのは昭和十年（一九三五）十一月である。

（秋山清『日本の反逆思想』）

ギロチン社は、ある意味、アナーキーで緩やかな共同性によってかたちづくられていた。そのため、様々な行動が未遂や失敗に終わり、多くの逮捕者が出たことで、無政府共産党は「アナキズムの頽勢と、如何ともしがたく頽勢をつづけざるを得なかった組織的弱体を強化するために、中央集権的党組織を敢えて取ろうと試みた」（秋山、前掲書）のだといっていい。だが、組織体を強固にしようが、指示系統を上から下へ完全コントロールしようが、運動体として、関係性の有様から発露される思念の場所を共有できるかどうかが肝要であるとわたしならいいたい。思念（イデオロギーや思想ではない、もっと原初的な感性といいかえてもいい）をめぐる共同性というものは、組織的共同性を優先した途端、変質あるいは霧散していくものなのだ。どんな崇高な思念を抱こうが、組織体を堅牢にすることによって、権力の円環から抜けおちることができなくなるといえる。スターリニズムやファシズム、そして、CNT（全国労働連合）のように内閣に入ってしまう失敗も含めて、そのことは証左されているとわたしはいいたいと思う。

無政府共産党事件から一年数カ月後の一九三七年一月に農村青年社事件が起きる。

第二次大戦前にアナキストが活動した最後の事件であり、ファシズムに塗りつぶされようとしていたわが国における顕著な農村での活動で、「（略）東京に主体を置き長野県農村に秘密結社『農村青年社』を結成、アナキズムを奉ずる青年達を中心にまず信州地方暴動から日本全国を黒色革命の旋風に巻き込まんとする大陰謀」（読売新聞号外）であるといわれた。（秋山、前掲書）

三〇名ほどが起訴された事件ではあるが、機関誌を購読していただけで、嫌疑をかけられたような、ある意味、異様なフレームアップといっていい事件であった。

本当は、ここで農村青年社事件を丹念に触れてみたい欲求があるのだが、本稿の主旨から離れてしまうので、簡潔に述べておきたい。農村青年社の思念の有様には、東京と地方（農村）という空間的陥穽を切開していく方途を内在しているとともに、土着的アナキズム、村落的アナキズムの位相を孕んでいる。渡辺雅哉の渾身の労作『改革と革命と反革命のアンダルシア』（二〇一七）から喚起されて述べるならば、アンダルシアにおける土着の社会主義・村落アナキズムの思念と共通するものを潜在させているはずだ。そのことは、わたし自身のなかで常に内在化させようとしてきた課題であったということに留めておきたい。

当時の日本では、スペイン内戦をどのように報道していたのかということも考えていく必要があると思う。差しあたって、わたしの視線は、次のような箇所に引きつけられることになる。いずれも、『東京朝日新聞』からの記事（川成洋編著『スペイン戦争と日本の新聞報道』収載）である。

「無政府分子蜂起」（一九三七年五月五日）

カタロニア政庁の人民戦線派は、過般来無政府主義分子と対立再三内閣を改造してわずかに局面を糊塗してきたが、政庁当局がヴァレンシア政庁からの指令に基き、警官ならびに突撃隊を動員して無政府主義分子から武器を徴発する行動に出たため、無政府主義分子は一斉に蜂起、カタロニア政庁と正面衝突を演ずるに至った。（略）無政府主義派は「Ｆ・Ａ・Ｉ」（イベリア無政府連盟）の旗幟を掲げて、数日前バルセロナ中央電話局を占拠してまず通信機構の心臓部を押へ、さらにアラホン州各地においては完全に行政警察を掌握したといわれている。（略）ビグセルダ、（略）セオ・ド・ウルヘルにおいては、数百名の無政府主義分子がバリケードを構築して、人民戦線軍を撃退する手筈を整えているともいわれ、情勢は極めて重大である。

「無政府主義分子　再び盛返す」（一九三七年五月八日）

スペイン人民戦線の牙城バルセロナ市に勃発した無政府主義分子の暴動は、カンパニーズ大統領等必死の鎮撫策で一先づ終息したと伝えられているが、ロンドン各紙の報道によれば、無政府主義分子は六日朝再び勢力を盛かえし、革命委員会を組織して、あくまで人民戦線派に対抗する気勢を示しているといわれている。（以下略）

おそらく、人民戦線派とはなにか、なぜ、人民戦線派と無政府主義分子とが対立しなければならないのか、記事に接しただけでは、多くの人たちには、よく理解できなかったに違いない。それは、報道する側も同じだったはずだ。周知のように、人民戦線派を正確に表記すれば、コミンテルンの意を受けた共産党勢力が主導する人民戦線派となるのはいうまでもない。日本の無政府主義分子たちが、たて続けに不穏な行動を起こして多くの逮捕者を出した時期を経ての報道記事は、わたしにとって不思議な感慨を抱かせることになる。

ところで、日本のアナキズム運動の担い手たちとスペイン〈革命〉との関わりの始まりは、わたしが知る限り、山鹿泰治（一八九二〜一九七〇）と遠藤斌（一九〇八〜二〇〇八）である。当時、ＣＮＴから「全版のオフセット多色刷りのポスターなど」を送ってきていたと、後年、遠藤は川成洋との対談（「スペイン戦争のアナキストたち」）で語っている。恐らくポスターは、支援要請を込めたものだと思われる。

遠藤斌は、戦前期、『バクーニン全集』刊行に参画し、敗戦後は日本アナキスト連盟に加盟。六〇年に、ヴァーノン・リチャーズ著『スペイン革命の教えるもの』を翻訳刊行している。なお、『日本アナキズム運動人名事典』（ぱる出版・〇四年刊）の遠藤の項目のなかに、三五年の「無共党事件の発覚後、弾圧を逃れて一時九州に身を隠し、しばらくして上京、執筆と出版活動に従事」（記・小松隆二）とある。無共党とは、無政府共産党のことであり、遠藤は直接関わっていたわけではなかったが、周縁で活動していたものにとって、波及を忌避しようと考えたほどに、衝撃的な事件だったことがわかる。

戦後に入って、日本のアナキズム運動のなかで、スペイン革命の受容と共感をめぐる有様は、継続しながら現在まで、記念集会やシンポジウム、書籍や冊子などの刊行というかたちで行われてきている。確認できるかたちでの最初は、日本アナキスト連盟主催で「スペイン革命二三周年記念集会」が一九五九年七月に市ヶ谷の私学会館で開かれている。どうして二三周年記念なのかということよりも、六〇年安保闘争の前年に行われたということに注視すべきかもしれない。

なぜ、日本のアナキストたちは、スペイン戦争やスペイン内戦とはいわず、スペイン〈革命〉と見做すのかといえば、次のような捉え方がほぼ共有されてきたからだといえる。

スペイン革命（略）は、ファシズムによって挫折したが、しかし人間の歴史上はじめて〝社会革命〟を実現した革命、ということができる。／スペイン・プロレタリアの、とくに農村における〝コレクティヴィダド〟（自由コムミユン集合体）の業績は、世界のプロレタリアに、未来における新らしい革命社会のあり方を示した。しかし、この輝かしいスペイン革命は、ほとんど日本では知られていない。それは、モスクワの組織した世界的沈黙によるものであるとともに、日本の場合、日本の思想界の主流をなすものがマルクス主義であって、マルクス主義以外の社会主義の存在の余地を与えないようになっているからである。／マルクス主義者にとって、国家権力なしにおこなわれる、労働者農民の革命など、到底思いもおよばないことであった。スペインの社会革命の事実を、事実として認めることは、権力主義的社会主義というべき、マルクス主義の原理を放棄することを意味することであった。かれらには、自由主義の原理の上にたつ社会主義は、ユートピアでしかない。だからこそ一九三六―三九年の短い期間において、実現された自由主義的社会主義、又は共産主義の革命を黙殺して、四十年以上をすぎたロシヤ革命を、いまだに過度期として容認できるのである。

（久保譲『スペイン革命（一九三六～三九）――C・N・Tを中心として』・一九五四年五月刊）

人民戦線派という衣を纏いながら、実はコミンテルンが主導するプロレタリア独裁国家を推進するために、マルクス主義者（スターリン主義者）たちは、アナキスト派から革命の主導権を簒奪することに邁進した結果、ファシスト政権の樹立を成立させてしまったといえなくもないのだ。あるいは、「国家権力なしにおこなわれる、労働者農民の革命」を容認してはならないため、ファシストと対峙するよりもアナキストに対峙していくことが優先されたのだといいかえてもいい。さらに付言するならば、ロシア革命が、クロンシュタットの水兵たちの反乱や、ウクライナでのマフノ率いる農民運動を弾圧し、アナキスト派を排除したかたちでボリシェヴィキ権力を強固にしていったことを考えてみれば、ロシアよりはスペインという思いが持続してあり続けてきたのだのといっていいはずだ。

さて、日本のアナキスト派が、スペイン〈革命〉をいかに評価し続けてきたかを例示してみるならば、以下のようになる。

一九六六年六月二〇日「スペイン革命30周年記念大集会」（全電通会館）。講演・大沢正道、遠藤斌、斎藤龍鳳、松尾邦之助、秋山清。映画「スペイン革命戦争」。主催・日本アナキスト連盟。

一九六六年七月二日「スペイン革命シンポジウム」（教育会館）。討論・大沢正道、野島三郎、山内明。主催・現代思潮社。

一九六六年七月九日「スペイン革命30周年記念関西大集会」（府立勤労会館）。講演・遠藤斌、向井孝。主催・京都アナキスト連盟。

一九七七年一一月二三日「ＣＮＴ交流会」（ＣＮＴのメンバー三名来日）。

一九七八年三月『激動のスペインから──甦るＣＮＴ』（スペインＣＮＴ交流会世話人会編集委員会・編集発行）。

一九七九年一月二七日「ＮＯ　ＰＡＳＡＲＡＮ!!　スペイン革命ドキュメント」（四谷公会堂）。映画《スペインの短い夏》、映画《希望と欺瞞の間に》。

一九七九年一月『スペイン革命記録写真集』『スペイン革命ノート』（スペイン現代史研究会・発行）。

一九七九年六月『激動のスペイン』（地域労働者運動評議会・発行）。

一九八〇年八月『歴史・現状・日本における課題』（ＡＩＴに連帯する会日本連絡センター・刊）。「第５回ＣＮＴ全国大会報告」収載。

一九八六年六月一日「スペイン革命50周年六・一集会」（豊島区民センター）。ドキュメンタリィフィルム上映《武装せる民衆》、問題提起 質疑 アベル・パス「スペイン革命とその環境」他。六月八日、大阪集会（国労会館）。

一九九六年一〇月七日～一三日「スペイン革命60周年記念週間」（ＵＰＬＩＮＫファクトリー、大久保地域センター）。ドキュメント上映《希望と欺瞞の間に》、《スペインの短い夏》。トークショーゲスト、天本英世、逢坂剛、松田政男。シンポジウム「スペイン革命・斜影と閃光」川成洋、山口健二。主催・ＡＡＡの会。

二〇〇七年七月二一日～八月五日「キネマ・フェスタ『アナーキー』──スペイン革命ドキュメンタリー映画《希望と欺瞞の間に》日本語字幕化記念」（ポエトリー・イン・ザ・キッチン）。上映《希望と欺瞞の間に》、《スペインの短い夏》、《歌は何のために──ジョリモーム路上コンサート》、《ルイズ・その絆は～関東大震災60年目》他。主催・キネマ・フェスタ実行委員会（アナキズム文献センター、ＩＲＲＥＧＵＬＡＲ ＲＨＹＴＨＭ ＡＳＹＬＵＭ、『アナキズム』誌編集委員会）。

二〇一五年一二月「アナキズムカレンダー・スペイン革命80周年 ２０１６」（アナキズム文献センター・編集発行）。

二〇一六年九月三日、一〇日「1936-2016スペイン革命と現在」（東京古書会館、四ツ谷地域センター）。講演・川成洋。「パネルディスカッション」川成洋、渡辺雅哉、森川莫人、奥沢邦成。映画《ＥＣＯＮＯＭＩＡ ＣＯＬ・

LECTIVA》、《スペインの短い夏》、《スペイン革命の中のドゥルティ》、《希望と欺瞞の間に》。主催・「スペイン革命と現在」実行委員会。

もちろん、すべてを抽出したわけではない。遺漏はかなりあると思う。そのうえで述べてみたいことがある。二〇〇七年と一六年に関わった立場でいうならば、郷愁や憧憬といったことでは続かないし、ましてやスペイン内戦時のアナキストたちの思念や行動をまるごと評価するだけでは、開く意味はない。やはり、アナキズムとはなにか、アナーキーであることは、どういうことを発露していくことになるのかということを、現在という場所から問い続けていくこと以外にないということである。

わたしにとっては、いまだ答えは未明のままであるが、これからも一九三六年から三九年のスペインという場所に拘泥していくつもりである。

【特別付録】

スペイン戦争のアナキストたち

第二次世界大戦の前夜、革命と反革命の嵐の中に繰り拡げられたアナキストたちのドラマ

〈対談〉遠藤 斌　川成 洋

ジャック白井のほかにいた日本人義勇兵

川成　ぼくは、昨年（一九八〇）一一月に『朝日新聞』に「スペイン戦争と日本人義勇兵」という題で、第一五国際旅団にいたジャック白井（一九〇〇？～一九三九年七月一一日、マドリード防衛戦のブルネテ戦線のビリャヌエバ・デ・ラ・カニャーダで戦死）の戦死のニュースとその伝わり方、そしてそれ以外匿名の日本人義勇兵のことについて、調べられる限りのことを短い文章で書いたんです。

それに対してぼくのところに、差出人の名前のない手紙がとどいて、その手紙によりますと、岡山市に在住の老アナキストの話として、当時五人の日本の無名のアナキスト青年がスペイン戦争に参加したというんです。

その五人というのは各県の有志で、ひとまず上海に渡って、それから中国人の旅券で渡航し、おそらく中国人の名前でスペインの戦場で戦死したであろう、そういうことを知っているか、という手紙をぼくがいただいたんですけれども、そのへんのことについてはぼくはまったくわからないんで、当時CNT（全国労働連合――アナキスト系）と関係があった遠藤さんに、ちょっとそのへんのところをお聞きしたいんです。

遠藤　ぼくの知っているかぎりでは、CNTの情報は、日刊機関紙『ソリダリダード・オブレラ（労働者の連帯）』のほか、『インフォメーション・ブレッティン』と、そのエスペラント語版『インフォルマ・ブルターノ』が入って来ていたが、よく連絡を取っていたのはエスペランチストの山鹿泰治（一八九二～一九七〇）で、山鹿やぼくの知っている範囲ではアナキストが行ったというような事実はありません。

山鹿が現地へ行きたいという連絡を取ったが、向こうでは

あなた方が来ても働く場所がない、いまこっちのほうには黒色火薬だけで白色火薬が不足している始末で、むしろ武器の購入資金が欲しいと言って来て、さすがの活動的な山鹿も渡航を諦めたくらいです。

山鹿はその後台湾から、さらにフィリピンに行くんですけれども、その場合もすでに一九三九年九月で、もちろんスペインへ行こうというのではなく、窮屈な日本を出ようという気持じゃなかったかと思う。子供二人をふくめて家族連れで行ったのです。

だからぼくたちの知っている範囲では、アナキストがスペインへ行ったということは考えられないな。いわゆるそのころの自由連合派は、無政府共産党というとんでもない事件に巻き込まれて、これも動きが見られなくなっていたのです。内戦勃発の一九三六年といえば、二・二六の年ですから。

川成　そうですね。

遠藤　日本自体がもう戦時態勢に入っていたわけです。そういう状況の中で、アナ系の連中が行ったということは考えられない。

川成　ただね、ジャック白井以外に、しかも初期のアラゴン戦線に、日系人もしくは日本人の義勇兵が二人いたというのは、これはかなり信憑性があるような気がするんですよ。何種類かのスペイン戦争関係の本に同じような記述がありますからね。

遠藤　それはジャック白井と同じようにアメリカから行くとか何とかしたんじゃないだろうか。

川成　多分、初期のアラゴン戦線であれば、コミンテルンの指導下の国際旅団の義勇兵は行かないと思うんですよね。まっすぐアルバセーテの基地に行きますね。初期の段階のアラゴン戦線といえば、アラゴン評議会のあったところだから、アナキストのグループだと思うんですね。外国人義勇兵がアナキストのグループの戦列に加わる場合には、国際旅団とちがって、たとえば兵籍のようなものがちゃんと整備されていなかったから、結局いまもってわからないんだろうと思うんです。

もし日本人が仮りにいたとしたら、またアラゴン戦線が事実とすればアナキストか、ＰＯＵＭ〔マルクス主義統一労働者党――バルセロナを主拠点とする反スターリニストの政党で、トロツキスト系だったといわれている〕の民兵隊にいたという可能性が強いわけですよ。だけども、ぼくも遠藤さんがおっしゃるように、日本から行ったとは考えられないです。ヨーロッパから行ったとか、アメリカから行ったというのは考えられますけど。

というのは、結局、当時のスペイン戦争自体のニュースとか、そのスペイン戦争の勃発する前のスペイン国内のいろんな政治情勢のニュースというのは、日本にそう明確なかたちで入ってきていなかったわけですから。ですからスペイン戦争が勃発したって、日本から行くなんてことはちょっと考えられないわけですね。

遠藤 それにぼくたちの仲間で、クロポトキンの訳などもある久保譲というのが当時フランスに渡っていたのだが、そのかれですら隣りのスペインへ入ろうとしながら、ちゅうちょされるような状況だったということを、あとで直接聞いています。

川成 はあ、そうですか。

遠藤 それからアメリカの著名なアナキストのエマ・ゴールドマンが、革命がはじまったという連絡で九月に行ってるんですけれど、彼女としては前線にいて、革命に直接役立ちたいと希望したけれども、スペインの同志たちは「あなたは英国へ行って、国際関係の広報活動をやってくれないか」ということで英国へ行くわけです。

そんなふうで、やっぱり適材適所ということもあるし、大体、兵器が不足しているというような場合にやたら人を迎え入れるわけはないと思うんだな。それにことばの問題もありましょう。

川成 義勇兵として非合法にピレネーを越えるとか、マルセイユから船に乗ってバルセロナに入るというのは、当時としてはむずかしかったわけですね。夜、監視兵が見ていないところを通って行かなきゃならないとか、いろんなことがありましたから。やはりパリにあった国際旅団の義勇兵派遣本部とか、コミンテルンに関係のある組織の伝手《つて》を使わなきゃ、個人ではとても入れなかったですよね。

ジャーナリストは記者証を持っているから入れたわけですけど、一般の義勇兵という形ではむずかしかったんではないかと思いますね。

遠藤 さっきいった久保は、英・仏語ができても、ちゅうちょして入っていかなかったんだから、そうやたら入って行ける状況じゃなかったんじゃないかな。状況が見定められないということでしょう。

アナキストの持っていた革命的ストイシズム

川成 それは、日本の新聞報道についても同じことですね。

遠藤 そう、そう。日本の報道をぼくは見ていたわけだけど、実際日本人にわかるわけがないんだ。ということは、アナキズムだとかアナルコ・サンジカリズムという言葉で情勢を報告して来ているわけですよ。新聞特派員がね。

ところが日本のアナキズム理解というのは非常にゆがめられている。明治のころ日本にはじめてアナキズムが紹介されたのは、虚無党ないしは虚無主義といったたぐいのもので、

『鬼哭愁々』というのは、ステプニアクの作品でしたかね。

川成 そうですね。

遠藤 ロシア革命前史の物語がまず入って、そのあとが大逆事件の幸徳秋水の直接行動論の歪曲。そのあとの大杉栄にいたって、全国労働組合自由連合会の結成を見たものの、震災のどさくさに大杉が虐殺され、それにつづく報復事件――アナキストというのは非常にゆがめられて一般に印象づけられていたわけです――テロリストとか、観念的だとか。

川成 ボヘミヤンとかね。

遠藤 だから特派員にも十分理解できなかったわけです、あなたの最近まとめられた坂井米夫〔一九〇〇～一九七八。佐賀県生まれ。明治学院中退後、渡米。在米の邦人新聞の記者をつとめ、スペイン戦争中、両陣営を取材した〕の『動乱のスペイン報告――ヴァガボンド通信・一九三七年』ね。あれでも革命派とフランコ派、それが混乱しちゃったというようなことも、ぼくは無理はないと思う。

川成 大体、『毎日新聞』や『読売新聞』や『朝日新聞』でも最初の軍事蜂起はやはり「叛乱軍」だったですよね。七月一七日、一八日、そこから一週間ぐらいは「叛乱軍」だった。つまり、二・二六事件のアナロジーが働いたわけでしょう、日本の新聞記者には。もっとも当時のヨーロッパにいた日本の特派員にしてみれば、ベルリン・オリンピックは重要だったけれども、スペイン自体を無視していたわけですから、無理からぬことでしょうけれども。

スペインの場合、佐官クラスがやったけれども、二・二六事件と異なり、どうもバックに将軍とか、もしかしたら亡命した国王がついているらしい、そうすると叛乱軍という用語はよくないと。事実、そういう圧力が新聞界に加えられたらしい、という「新聞時評」もありましたよ。それで「革命軍」という用語を付けたんでしょう。

遠藤 前からフランコの動きが非常にあやしいというので、彼はカナリアス諸島にやられるんですね。

川成 そう。左遷されましたね。

遠藤 それが一九三六年の二月の選挙かな?

川成 ええ、二月の総選挙。

遠藤 それまでの形勢を見て、モロッコで動き出したわけね。

川成 そうです。

遠藤 それで彼はモロッコへ急ぐわけだから。モロッコを本拠にして本国と連携を取った。いわゆる教会だとか、それから……。

川成 地主だとか、右翼系の政治団体や政党とか。

遠藤 地主、産業資本家ね。そして叛乱が具体化するわけだからね。

川成　フランコ自身も「革命」という言葉を使っているんですよね。つまり右翼革命と言わなかったけれども、スペインを建て直すという意味での革命をやっていると。それがそういう形で軍事蜂起した連中というのは、必ず新聞社だとか放送局だとかを占拠して、軍事的に行動しながらもプロパガンダしますね。そのときに革命という言葉が出たり、それから自分たちはスペインを救う十字軍であると。そういうふうに言っていたことが断片的に日本の新聞の載り、いつの間にか「革命軍」という用語が定着したんじゃないですか。

それでいつの間にか「革命軍」が「反政府軍」になって、「反政府軍」が今度は「フランコ政府軍」になって、いつの間にか「スペイン政府軍」になってその間、共和国軍は、「政府軍」という呼称はなくなり、「人民戦線軍」、さらに「人戦派」とまるで貶められた呼び名になって終戦になるわけですね。

遠藤　そうですね。

川成　ですから日本の一般の新聞の読者は、スペイン戦争っていうのは一体何だったのか、皆目わからなかったんじゃないかという気がしますね。

遠藤　ぼくたちにしても、本当のところはわからなかった。山鹿を通じて全版のオフセット多色刷りのポスターなども送ってよこしましたが。

川成　それはアナキストからですね。CNTから送られてきたわけですね。

遠藤　ええ。絵としてもみなりっぱで、白と黒の旗を掲げた三角の帽子をかぶった闘士のものがあった。たしか、ベレーじゃなかったな。そんなふうな印象がいま残っているけど、それを山鹿が『日本学芸新聞』へもってきてぼくがいったん預かったが、あとで山鹿に返したか、記憶にないんですよ。戦災でぼくはみんな焼いてしまったから。

そうしたポスターの中に、アル中防止のものや売春排撃のものも入っていました。ぼく自身、こんなものを何で一緒に送って寄こしたんだろうと思っていたわけです。あとになってジェラルド・ブレナン〔一八九四年、マルタ島に生まれたイギリスの作家。第一次大戦後よりスペインのマラガに定住〕の『スペインの迷路』に、マラガでCNTの連中が、売春婦たちに使節を送ったというようなことが出ていてうなずけたわけです。

それからバルセロナでも、キャバレーとかバー、売春宿、そういったものの浄化というようなことを、革命がはじまってすぐに始めているわけです。それをあとでかれの本で知って、ようやくぼくにもわかったのです。ああいうふうなポスターもあり得たわけだと。

川成　遠藤さんはスペイン革命とおっしゃるわけだけれど

も、かりにうんと限定してスペイン戦争の時期だけとっても、共和国が握っていた地域で、国際旅団にいた連中の回想記みたいなものを読んでみますと、休暇に売春宿へ行ったとか、喉が乾いたからバーで酒を飲んだとか、それから銃後にいる国民は酒などを飲まないで、それらを前線に送りましょうという運動があるんですね。

だからそういうところから見ますと、スペインのアナキストのＣＮＴのグループというのは、きわめてストイックですね。

遠藤　それでね、ぼくが思い出すのはバクーニンのことです。かれの追随者でロスという男がいるのですが、それがあまり感心できないことをするので、バクーニンが戒めて手紙を出しているのです。

その手紙の一部を紹介すると、「革命的行動は不道徳ないし、卑劣な情熱に基づいてはならない。革命はその目標が高邁で、人間的な理想を持っていない限り、決して勝利を収めることはできない」という意味のことをロスに書いている。それからして、一般にまだアナキズムと言われていないころ、第一インターナショナル以来の反権威主義者の側の伝統的なもんじゃないかと思うのです、あなたの言うストイックさといったものがね。

川成　それでなければ、アナキズム運動が、スペインの社会運動としてあれほどまでに定着し得なかったと思うんですね。たんなるイデオロギーがかった集団であれば、ごくわずかの人間たちがそれに参加したに過ぎないのであって、やはり社会運動にまで広がっていったというのは、それだけほかの国では見られないアナキズム運動があったんじゃないか、という気がするんです。

それがスペイン戦争のときに最高潮に達したというか、そのアナキズム運動がスペイン戦争を通じて検証されて行くわけですね。

遠藤　それはヴァーノン・リチャーズ〔イギリスのアナキズム週刊紙『フリーダム・プレス』の編集者〕が『スペイン革命の教えるもの』の中で言っていたと思うけど、スペインのアナキストに限らないけれども、アナキストは人生哲学としてアナキズムを理解しているのです。情緒と自覚に基づいて目的はすでに明らかだと。ということはやはりルネッサンス以来の、それからアメリカの独立戦争、そしてフランス革命があって、産業革命とともに社会主義が勃興してくる。その伝統の上に立って目的というものはもうはっきりしている。かれらにとっての問題は、自動車が作用することを機械的・科学的に証明するように、手段を検証することではなかったか。そこからかれらの、あなたのいうストイックといったあり方が出てきているんじゃないですか。

理念と反したアナキストの共和政府への入閣

川成　通常日本ではスペイン内戦にしろ、内乱にしろ、戦争にしろ、市民戦争にしろ、ともかくそういういろいろな名称で紹介されているけれども、スペイン革命という言い方は、アナキストの人たちがそう言っているわけだけれども、結局、スペイン革命というのは、要するにイベリア半島にアナキズムというものが流れたときからはじまるわけですね。

そうすると、最初はやはり、紡績工ムンツの運動からはじまるわけですか。

遠藤　そうね。一八四〇年のムンツの協同組合的な紡績工の運動、それが弾圧されてしまうわけですよね。

川成　ええ、そうでしたね。

遠藤　そのあと一八四八年のフランス革命に鼓舞されて、それがもう一度来てくるわけです、同じ四八年ころ。

川成　バルセロナですね。

遠藤　そう、バルセロナで。それがまたひどい弾圧に合うわけです。

川成　五五年七月、五万の紡績工の一〇日にわたるゼネスト、それにたいする弾圧ですね。

遠藤　それでもう一人、フランシスコ・フェレル〔一八五九～一九〇九。スペインのアナキストで、教育実践者、「近代学校」運動の創設者〕も影響されたと自分で書いているピイ・イ・マルガルという人がいる。この人はプルードンの翻訳者で、非常に人格の高潔な人だったらしく、プルードンの相互主義を鼓吹した。そして、スペイン第一共和制〔一八七三年二月、国王アマデオの退位により、共和制成立〕の執政官になっています。

プルードンの影響が非常に強いところへ、バクーニンの仲間でイタリー人のファネッリがバクーニンの意をうけて、早くも一八六八年に反権威主義を持ち込んでいます。マルクス派が入ってきたのが一八七一年のパリ・コミューンが壊滅してそのあと、『私有財産・その起源と進化』の著者として日本にもよく知られている、マルクスの次女ラウラの女婿ポール・ラファルグがスペイン社会運動に登場する。この人は第一インターナショナルのスペイン部書記をしていたのだが、そのときにはすでに反権威主義派のファネッリの勢力ができ上がっているわけです。インターナショナル・スペイン地方連合の成立は一八七〇年です。そのときには、ゴンサレスとか、それからフェレルの『近代学校』の序文を書いているアンセルモ・ロレンソなどが組織者として働いているわけです。このロレンソという人は、印刷工ですが、学識を積んでいて、一八七二年にロンドンの第一インターナショナルの集会に出席して、そのときのマルクスの印象やインターの歴史を『プロレタリアの戦い』という本にまとめています。

じゃあなぜファネッリの反権威主義が、それだけのわずかな時日で力を得たかということになると、スペインの事情というものを考えなくちゃならない。なぜアナキズムが土着したような形で力をつけたか。

その前にあなたのおっしゃった戦争か革命かという問題ですが、人民戦線政府が、三六年の二月に成立していますね。

川成　ええそうです。三六年の一月に人民戦線が締結され、翌二月一六日総選挙でした。

遠藤　あのカサレス・キロガ〔一八八一～一九五〇。スペインの共和党左派の指導者。一九三六年五月一〇日、首相に就任し、七月一八日辞任した〕の政府というのは七月の軍国主義者の叛乱にたいして全然戦意がなかった。あのまま放っとけば、フランコのクーデターが成功したにちがいない。そのときにバルセロナの一部の部隊にフランコに同調しないきざしが出たり、CNT戦列が動き出したわけですよ。

反対した連中から武器を取り上げたり、ほかの兵舎へ行ってみんな武器を接収して、フランコに呼応した国内の軍隊を抑えてゆく。そしてフランコ側はスペインの三分の二の地域で敗退する。かくて共産党のドロレス・イバルリ〔一八九六年に生まれる。スペイン共産党の女性指導者。内戦中は「ラ・パッショナリア（情熱の華）」と呼ばれ、共和国崩壊後フランコ体制中はソ連に亡命、現在は共産党名誉議長をつとめ、共産党選出の代議士〕が「国家機構全体が破壊されて国家権力が町内の人びとの手にあった」という状況が現出したわけです。七月二二日にはそういう状況に入って、そのまま二～三カ月経過するわけですね。その間に、CNTは公共機関をはじめカタルーニヤに集中する工場を接収して交通運輸の確保、兵器など物資の生産に努めてゆく。影響下の農民は刈り入れにあたって食糧の生産にかかり、共同体を組織してゆく。かれらの考え方というのは、結局人民のイニシアチブを信頼し、これを鼓舞することが自らの仕事だと承知していて、戦闘にも武装した人民によって、独・伊に支援されるフランコ叛乱軍を迎え撃とうとして戦争と同時に革命が進行してゆくわけです。

川成　そうですね。

遠藤　かさねていえば、人民が立たなくては戦争には勝てないということです、政府にやる気はないんだから。それで自分らの手にする武器をつくるための工場の接収、それから食糧をつくるため――そのときちょうど収穫期にぶつかっていたので、刈り入れと同時に農民たちの、土地の収用がはじまって来るわけです。

だから、革命を進めることで戦争に勝とうとしたわけです。その考え方は、すでにバクーニンが、はっきりいったりしていることなのです。また事実ぼくもそれ以外になかったと思う。政府が戦う意志をもたないとき、人民が武器を持って立つよりほかにないでしょう。それでCNTの立場からすれば、革命と見るほかないわけです。

川成　うん、そうですね。人民の武装化と自発的エネルギーが結集したというわけですね。

遠藤　それでなきゃ理解できないということですね、スペイン内戦は。戦争に勝つためには革命をすすめ、人民が武装しなければならないということになる。

川成　そのことは感性的にはよくわかるんですけれども。

遠藤　そこにCNT内部にむずかしい問題が出てきたわけです。まず国際関係、それから武器の輸入などの問題から、政府もまんざら捨てちまってはまずいだろうという考え方が出てきた。

川成　その問題はありますよ。極端に反国家というか国家否定というものを掲げて運動をしてしまうと、それはアナキストの理念からいうとそうではあるけれども、交戦国として当然の権利である、国際法上認められている武器の購入ができなくなりますからね。

この問題が一つあって、たとえばフェデリカ・モンセニー〔一九〇五年、マドリードに生まれた。内戦終了後、フランスに亡命し、そこで逮捕され、第二次大戦終了まで自宅で幽閉された。現在トゥルーズに在住〕のように、厚生大臣として入閣するということもありましたね。

遠藤　ところであの不干渉政策ね。フランス人民戦線政府が中心になって協定をつくる。ソ連も独・伊も入って行くわけだ。不干渉協定はできていたけれども、やはりフランスや英国とは昔からの関係があるから、かれらに期待したんじゃないかな。

国際関係というものもあるし、武器の輸入その他があるからということで、かれらはまずいと知りながら政府に入って行くわけですよ。モンセニーも父親のウラレスに忠告されています。ヴァーノンの『スペイン革命の教えるもの』にもありましたね。

川成　泣いて入ったというやつですね。

遠藤　そう、そう。

川成　三六年一一月六日、マドリードからバレンシアに首府を移すときにちょうど入って行ったわけですね。

遠藤　うん。フェデリコ・ウラレスというのがお父さんですよね。この人はスペインの哲学史二巻なども書いているし、『レビスタ・ブランカ（白色評論）』という雑誌を出しつづけた著名な文学者で、長いあいだアナキズム、リベルタリアニズムを鼓吹して来た人です。その人がまた健在で、それでモンセニーを諫めるわけです。政府という権力の座につく危険性を警告して……。

さっきからいわれている外部の関係とか、同志——CNTの有力な闘士たちの中にも、この場合それもやむをえないということで賛成する者があったのでしょう。

川成　それとやっぱり政府中枢としては、CNTの勢力を無視できなかったんじゃないだろうか。つまり、CNTはもう一五〇万ぐらいになっていましたでしょう。

遠藤　そのころはまだそれほどではなかったでしょう。あのね、カタルーニャ自治政府大統領のルイス・クンパニース〔一八八三～一九四〇。カタルーニャ州の独立主義者〕と会見したでしょう。あのとき結局クンパニースを立てたということがまずかったんじゃないかな。

川成　もしその問題に触れるんだったら、つまり戦争か革命かという問題に触れるんだったら、一番大切な問題はさっきいったフェデリカ・モンセニーの例みたいな場合がある。その例が一番疑問というか、問題だったんだとぼくも思いますけれども、つきつめていえば、その問題は、要するに綱領主義派と、現実に対応している派というんでしょうか、その二つの対立があったんだろうと思うんですね。

だけれども、純粋なアナキズムからいうと、やっぱり綱領主義派のほうが正しかったということになるわけですか？

遠藤　結果から見てね。

あのとき、政府に入って行った四人のうち、フェデリカ・モンセニー、ディエゴ・サンティリャン——この人は経済学に非常に造形の深い人ですが——すくなくともこの二人はまずかったと自己批判しています。やむをえなかったとはっきりがんばっているのはガルシア・オリベルだけなのです。それが今日まで尾を引いているわけですよ。

七七年末に、CNT全国委書記カサスのメッセージをもってバーヨ夫妻ともうひとりガリー・ガウという青年が来日しているが、そのときガウにぼくが聞いたところ、いまだにそれが尾を引いているという。

しかしオリベルの考え方を支持しているのは少数派で、それも年寄りが多いということでした。若い人はやはり綱領に忠実な考え方をしているそうです。

転機を画したバルセロナの五月事件

川成　ところで、共和国が負けたということに関してはいろんな理由が考えられますよね。たとえば共和国内部の自壊作用だとかね。それとか独・伊のいわゆる軍事的な干渉とかね。それからソ連が結果として見ればあれも干渉ですよね。一連のでたらめなことをやってきたわけだから。それと列強の不干渉政策みたいな問題が出てくると思うんです。

そうするとね、アナキストの影響下のCNTからすると、

ＣＮＴが独自に持っていたもので、共和国の敗北の一つの要素になったというのはありますか。たとえば、上手にいえないのですが、民兵隊というのは武力で抵抗する民衆ですよね。それで、民衆としての長所と短所の両面を兼ね備えていたと思います。イニシアティブと連帯性、寛容と自己犠牲的なヒロイズムなどは、スペインのＣＮＴの民兵隊にあふれていた。だが、組織的な行動性とか、アナキズムに本来的に内在しているような、地方主義的視点、つまり視野のせまさなどがあったように思うのですが。

遠藤　それはぼくは、勝敗を決した大きな理由じゃないと思いますよ。やっぱり独・伊の力が強かった――武器が優勢だったということ。それから国内的には共産党が徹頭徹尾、いわゆる人民の力をそいでいったということでしょう。

一九三六年当時、ソ連ではトロツキー、ジノヴィエフらの合同本部事件というやつの公判がはじまっているわけです。

それから三七年にはトハチェフスキー元帥以下八名が銃殺刑に処せられています。国内の粛清がうんと進んでいる間に、スペイン革命に介入すると同時にスペイン国内でも粛清を仮借なくやっているわけですよ。

トロツキー派共産党のアンドレス・ニン〔一八九二～一九三七。ＰＯＵＭの指導者。ソ連の秘密警察によって殺された〕やゴルキンも暗殺されていますね。アナルコ・サンジカリスト関係では、イタリー人義勇軍政治委員ベルネリ博士をはじめ、カルロ・ロッセリ博士という、これは非常に優秀な経済学者で、イタリーのムッソリーニから欠席で死刑判決をうけている人もやられている。目立った人たちを片っ端から殺していっているのです。そして人民からは武器を取り上げて、それを正規軍に編成しようとかかっているわけですよ。

ところがそういう状況の中で、ＣＮＴが共産党の意向にそうわけがない。さきにふれたエマ・ゴールドマンの見方にここで注意してもらうといいと思う。彼女が入って行ったのは九月です。そのとき、エマは彼女の考えている革命がやらなくてはならないこと、すなわち工場並びに農場の共同体、自由な学校、それから人民義勇軍などを、いずれも自由な雰囲気の中で実際に見たのです。そして大衆集会で、喜びにみちてこうあいさつしています。

「私は私自身のことであなた方のところへやって来たのです。というのは、あなた方の理想はこれまで四五年間の私の理想であったし、それは私の死ぬまで変わることのない理想だからです」と。また、イベリア・アナキスト連盟の若い人たちには「あなた方の革命はアナキズムが無秩序をめざすものだとする考え方を永久に駆逐するでしょう」と告げている。そういうふうに非常な喜びと期待を持って入って行ったわけです。

ところが一一月にソ連が入って来る。かなりそれで何か不安を覚えるわけですよ。友人のところへバルセロナから「あきらかに不可能な方法を正当化している」という手紙を書いているんです。彼女はかつてロシアに革命が起こったということで、欣喜雀躍して帰国したが、レーニンのやり方を見て、革命が圧殺されたということで『ロシアにおける幻滅』や『ロシア革命の圧潰』というような本を書いているのです。そういうロシアでの経験からソ連と一緒にやるということは、彼女には考えられなかったわけです。それがこの手紙にある、人民戦線に加わってソ連と一緒にやるということは「不可能な方法」だということなのです。

それからバルセロナの五月事件（五月三日、ＰＳＵＣの党員でカタルーニャ州政府の治安部長のロドリゲス・サラスが、ＣＮＴが管理している電話局を視察した。電話局の従業員は、サラスに発砲をもって答えた。これが、ＣＮＴ・ＰＯＵＭ労働者の反政府市街戦に拡大して、五月八日、ＣＮＴは停戦を声明した）のあと、エマは老同志ロッカー〔一八七三〜？〕――この人はＡＩＴ（国際労働者協会）が一九二二年に再建されて、ベルリンの本部の責任者だったがヒトラーに追われてアメリカに亡命して、幾冊かりっぱな本を書いていますが――このロッカーに宛てて手紙を書いています。

「私たちの多くが予見したような恐ろしいことが起こって、最初はそれを非難するよりもと、ひたすら骨を折って理解するように努めました。その代わりにいくらかの武器というロシアとの協定が、悲惨な結果をもたらしたのです。情容赦もないスターリン一味が、カミッロ・ベルネリその他の同志を殺したことや、ＣＮＴ・ＦＡＩ（イベリア・アナキスト連盟）の同志たちから武器を取り上げた背後に、彼らがいたことはおわかりになりましょう。いいかえれば、それはアナキストや社会革命に対する、レーニンとまったく同じ方法をもってする、ロシアの繰り返しなのです。私たちの同志の根絶や革命の骨抜きは、それほど早くは来ないだろうと、私は空頼みをしていたのです。」

だから五月の事件でエマもこのようにかなり失望している。そこへもって来て正規軍をつくるということでさらに武器の取り上げにかかったわけですよ。ＣＮＴの連中を自分たちの配下に組み入れようとして。

ソ連の軍事援助と共産党の勢力拡大

川成　ぼくの記憶違いでなければ、正規軍の編成というのは三六年の一二月ぐらいからじゃないでしょうか。つまり一一月から一二月にかけて第一回目のマドリード危機があって、民兵隊の廃止と正規軍の編成替えはそのときあたりですね。

人民から武器を没収して正規軍をつくり、それから一部はいわゆる共産党のドロレス・イバルリなんかがつくった、第五連隊が、ある程度軍事的に成功したから、これはいわゆるゴッチャの民兵隊組織よりも、指揮系統が統一できる正規軍がいいだろうということで、それをまねてつくったわけです。

一一月に国際旅団がマドリード防衛戦に初陣したのです。その一カ月前の一〇月に、共和国軍の中で、名目上は人民軍の創設と民兵隊の再編がはじまって、共和国軍の中で、徴兵令が公布されています。そして同じ一〇月の二二日に、共和国政府が国際旅団の創設を承認した。ですからこの辺のところで――一一月にマドリード危機がはじまったわけですね。で、国際旅団がマドリードに行って、いままでマドリードの制空権というのは独逸のコンドル兵団が持っていたんだけれども、初めてロシアの戦闘機が飛来して、追撃したので、それで一時何となく活気付いたわけですね。

で、いま遠藤さんのおっしゃったのが三七年の五月ですね。

遠藤　うん、うん。

川成　じつはその年の三月にバレンシアで共産党大会を開くときに、いわゆる反ＰＯＵＭ宣言をしちゃったために、結局共和国の内部で、政治的な路線をめぐる問題が表面に出てきちゃって、それに対して五月のメーデーにデモ行進するとかしないとかいう問題と、電話局の占拠事件があって、五月のバルセロナ事件というのが起きたわけですよね。

遠藤　そのころは共産党もカタルーニヤで社会党と合同したりして数だけは多くなっていたけれども、とにかく一九三六年の二月の総選挙以前は、共産党の代議士は一人しかいなかったわけです。

川成　そうですね。

遠藤　それがこの選挙で一六人を割り当てられるわけですよ。それでソ連を介入させることで徐々に勢力を伸ばして来るわけです。それでジェラルド・ブレナンはね。彼はアナキストではないけれども、二月までは大体三〇〇〇人と見ているわけですよ、共産党の影響下にあった者をね。それもセビリアとアストウリアスにしかいないわけだ。

川成　ああ、そうでしょうね。

遠藤　そういう党員二〇〇といった小さい勢力がフランコ蜂起四日後あたりから急に膨れ上がってくるわけです。というのはカバリェロがロシアの代表たちと話し合って、さっきエマが言ったような武器を送ってくれるということで、スペイン銀行の最初二〇〇トンの正貨を渡すわけですよ。それが五〇〇トンにもなるのですけどね。

だからそれまでの共産党の勢力は非常に少ないものだし、その後に至っても暗殺やなんかでやっていかなければ、維持できないほど小さい勢力だったんですよ。

やがてソ連が介入することになって、アーサー・スタシェフスキーが財政・政治の顧問として入り込み、ベルツィン将軍がやってきて国際旅団を率いることになる。

川成　そうですね。

遠藤　それでスペイン銀行の準備正貨というのは、当時世界で二番目と言われるほどあったわけです。その数字は忘れちゃったけどね。それをCNTが後手に回っちゃって、パリ・コミューンの誤ちをくりかえしてしまった。

川成　押さえなかったですよね。

遠藤　もちろん押さえるべきだと、押さえにかかったんだけれども、すでにそれが内部での手配のうえで時期を失してしまった。

川成　七五年にモスクワから『スペイン戦争と国際団結』という本が出版されまして、その本は、スペイン戦争とソ連との関係をはじめて、ソ連側から記述した、画期的な本なのです。その中に、スペイン銀行の金塊についても書いてありますけれど、ソ連側の言い分によりますとこれは対価であると。つまり正しい商取引であったというふうに言っていますけどね（笑）。

遠藤　あんまり良い武器をよこさなかったんじゃないの。

川成　それはだって、一八七〇年製で、ロマノフ王朝の鷲を消して、その代り鎌と槌の紋をそこにほりこんだものも混っていたわけですからね。それで近代戦を戦っていたわけですから、ひどいものだったでしょう。ソ連は、『建設途上のソ連邦』という当時のグラビア雑誌で、ソ連国内の金の保有高が増大したことを特別号にして報道し、国内の金鉱山の開発が進んだと言っているが、まさしく、スペインの金のことでしょう。

遠藤　それをCNTの連中に言わせると、バルセロナの港外に船を乗りつけて、その都度、共産党の政府における力を強める条件でもって、チビチビと武器を渡したということです。

川成　それはそうでしょうね。

ぼくはもう一つのCNTの問題というのはさっきも言いましたが、いわゆる民兵隊の部隊と、共和国が民兵隊を廃止して正規軍に編成替えをしたという、つまり戦争をする場合のいわゆる民兵隊というものと、正規軍にするということの問題って、ぼくはあると思うんですよね。

スペインというのはもともといわゆるゲリラという戦術を発明した国だから、正規軍でやるよりはゲリラ戦法のメッカみたいな国ですね。確かに民兵隊の組織というのはそれなりに意味があったと思うし、事実たとえば一九三六年においては、ダイナマイトにそれこそ体を縛りつけて、敵陣に走って行って爆死したような勇ましい人もいたと言われるくらい士気も高かったわけです。

そんな連中にとっては、軍隊的な階級がなくたって、戦う気になったら戦えたわけだけれども、いま、一九三九年にスペイン戦争が終わったということを踏まえて考えた場合に、どうでしょうかね。やっぱり民兵隊と正規軍の問題、組織上の問題というのは、戦争を戦っていくうちに何か軋轢があったような気がするんですけどね。CNTはとにかく正規軍なんて認めていないわけですよね。でもね、革命も戦争も、つきつめれば、戦闘力が問題となってくるわけですから。

遠藤　それはCNTのやはり綱領の根底にある。結局戦争に勝つためには人民の、さっき言ったイニシアチブを鼓吹すると同時に、人民が武器を持つことだというのが彼らの根本の考え方だから、戦争に勝つためには革命をやらなきゃいかんということになる。だから戦争か革命かというふうに二者択一にとらえるときに混乱が起きて来ているわけですよ。

それればバクーニンが仏独戦争のとき、リヨンへ行って革命を起こそうとして失敗するわけだけれども、それはやっぱり人民に戦意を持たせることで、フランスの革命的な流れを支えようとしたわけです。地方都市から。

だから人民が武装するということ――これ以外に戦局を転換する方法はない。それには同時に革命を進めていかなくちゃならんということになる。だからさきにいったように、CNTの見地に立つ者の目には、あれは革命としかうつらない。

川成　五月のバルセロナ事件に戻っちゃうけれども、CNTが結局休戦を申し入れたわけでしょう、あの段階では。そうすると、いまおっしゃったようなことは矛盾するんで、あれはやっぱりあのままやるべきだったわけですよね。電話局の占拠は。

遠藤　それはやっぱり、内部でそう批判する人たちがいるわけです。

川成　電話局というのは最高の情報機関でしょう。すべての情報が集まるわけだから。

遠藤　そうそう、あれを押さえることで、マドリードやバレンシアとバルセロナ――政府の高官と、それからバルセロナのほうの勢力との連絡、その機関を全部労働者の側で握っていたから、話すことを全部つかんじゃって、それでかれらは警戒体制に入れたわけですね。

川成　だから結局、市街戦になったときにつまりモンセニーらがラウドスピーカーで市街戦の回避を呼びかけたわけでしょう。ということは、結果からすれば、電話局は退去することになるわけですよね。ということはさっき言ったCNTの路線からするとやはり後退なわけです。そうするとそこからCNTが、かれらの理念とする革命運動からだんだん後退していったと言えるんですか。

遠藤　そうそう、それはさっきのエマがロッカーに書いた手紙でもわかるように、士気が阻喪するわけです。そして後退していって、敗色がはっきりしてくるわけです。それで結局、共同体を守る運動に入っていくしかない、武器もほとんどないわけだからね。山鹿に白色火薬がないなどという悲痛な手紙をよこしたというのもその前後のことじゃないのかな。

それと同時に、各地の共同体をしめあげていく法令が共産党がヘゲモニーをにぎる政府の中から出てくるわけですよ。それでだんだん共同体も機能しなくなっていくわけですね。

川成　そうすると、もともとCNTが人民戦線政府に加わったということが間違いだったということですね。

遠藤　さっきいったように、結局そういうことになりましょう。

アナキズムと結びついた農民の宗教的感情

川成　人民戦線政府というのはなにも革命政府じゃないですからね。要するに現体制の中でファシズムに対してブロックしようというグループにすぎないわけであって、体制変革とか社会変革をそれほど意図していたわけではないですからね。ですから、自分たちの権力維持のために、敵と妥協しようとしたり、味方である部分と戦ったりしたわけです。しかもかれらは粛清と亡命によって露命をつなぎ最後には何の再編成も試みずに雲散霧消してしまったわけですよね。

遠藤　そうですね。なにもCNTがしかけた戦争じゃないし、革命じゃないわけです。しかも共産党は戦力をそぐような方法ばかりとっている、あいつぐ暗殺でよくわかるように。ニンなんていうのはトロツキー派の中心人物ですよ。マウリンもいられなくなった。ぼくはマウリンも殺されていると思っていたら、野々山さんの『スペイン内戦』には生きていると書いてるね、アメリカへ行って。そんなことで、五月事件のころは、トロツキー派の戦列もCNTと一緒になっちゃってる。それからUGT（社会党系の労働者総同盟）の組合員というのも、上部の人員はともかく、戦列ではもうすでに共闘しているわけです。ところが、だんだん士気をそがれると同時に、優秀な同志を殺されてるんだから、かれらが闘志を失うのは当り前ですよ。

だけど、共同体とか革命の記憶というのはいまも残ってると思うな。それに、スペインにはアナキズムに適応する土壌があったということが注意されなくてはならない。地図を見ても、上部のほうにあるのはカンタブリア山脈、それからフランスとの間にピレネー山脈、地中海側にはシェラネバダ山脈がある。これは二、〇〇〇～三、〇〇〇メートル級の山々でしょう。そして中央にメセータの高原地帯があって、これは平均六〇〇メートルといわれる。非常に気候はいいとこだけども、そういう地勢的な区分があるというところへもってきて、言葉がいくつもあるでしょう。スペイン語というのはカスティーリャ語ですね。

川成　いわゆる標準語のカスティーリア語というのです。

遠藤　でもカタルーニャへ行くとカタルーニャ文学というのがあるくらい、カタルーニャ語が通用している。さらにガリーシアなどはポルトガル語ですよね。

川成　その北へ行ってバスク語というのがある。

遠藤　バスク語なんぞはもっとも古典的な言葉だといわれていますね。

川成　源はよくわからないが、ロマンス語じゃないわけよね。アイルランド語みたいな、北方の、バイキングが持ってきたと言われている……。

遠藤　それで第二共和制のときですか、カタルーニャ州の独立が認められたのは。

川成　ええ、そうです。

遠藤　アストゥーリアスも前々から独立を要求していたけど、カタルーニャだけ認められたわけでしたね。それでいまバスクが相当頑張ってるわけだ、独立というか自治を認めろと。

川成　バスク問題というのは今年の二月の国会乱入事件と間接的な関係があるそうですね。ＥＴＡ（バスク祖国と自由）というグループがね。

遠藤　そうそう、「祖国と自由」の連中ですね。それで結局、戦争を革命と解釈したり、それから戦争は即革命によって勝つという考え方、それが生まれてくる地盤があるわけですよ。その自由自治の素地があるということで、ブレナンは三つ挙げています。それは、農地状況から集落が散在しているということ、それから資本主義制度がまだ未発達だということ、それに、自由自治の素地から協業の才能が住民に育成されているということ、そして農民・職人・漁師のあいだに、共産制にまで高められた相互扶助の制度と精神が昔ながら生きているということ。それからもう一つ、これはぼくは非常に卓見だと思うけど、ブレナンはこれを宗教的感情と呼んでいるのです。あのカトリックの教権、宗教と国家権力が結びついておって、古くからのカトリシズムの国と言われているわけですね。ブレナンは、宗教的感情と教会信仰とは違うといってる。むしろ教会は支配階級と結びついていたということから、住民は重視していない。なぜ宗教的感情を彼らがもっていてそれを大事にしたかというと、それが自分をつくり変えるために人間に必要だということ、それから、人間のあいだの愛に関する精神的価値への信条——こういうブレナンの見方は、ぼくは当たっていると思う。それで、アナキズムがそういう住民に対して生き方を提供したということ、生きると同時にアナキズムは生かされなければならなかった。それは人民がよりよく生きることだったということです。それで、アンダルシアの例をあげれば、幾つかの日刊紙をふくめてアナ系の発行物が五〇種もあったというようなことになった。多少にかかわらず、社会的存在である人間のあいだには、どこにでもこういう素地はあるんですね。たとえばロシア革命のときも同じで、ミールと呼ばれる村落共同体があった。トルストイらの愛した制度ですね。それからドイツのフルーツァングという制度、これは耕作組合でしょう。それから、あなたがよくご存知の英国のオープン・フィールド・システムという、共同利用農地制度ね。日本にもあるんですよ、入会地や共有林・共同水利などいまも協同の慣習は、日本のどこにも残ってています。こういった住民が生まれながらにもっているような制度がスペインには発達していたし、それが宗教的感情と結びついて、アナキズムがあそこで住民の生き方に適合していったということ。だから彼らが生きるためにはアナキズムを生かさなくちゃならなかった。だからCNTが人民を鼓舞するというか、その証拠がいっぱいあるんですよ。共同体がどのようにして成り立って、文盲の多い無知な農民の間でどのようにうまくいったか。これはガストン・ルバルがよく書いてますけどね。農工を問わず共同体をひじょうにうまく盛り上げていっています。その人たちに武器があればよく戦えるわけです。そういった人民のイニシアチブでもってアナキストは戦いに勝とうとしたわけですよ。

川成　だからそういう土着的な自然発生的な思想であれば、本来、ちゃんとしたというか、きわめて人為的な組織というのはできないはずですね。一五〇万人ぐらいいたアナキストのCNTの中で、たしか一人ぐらいなんでしょ、専従というか給料をもらっているというのは。

遠藤　それは三八年の時点でのことで、戦争前のCNTは一九三六年二月の時点で一〇〇～一六〇万人と言われていて、そのころいわゆる専従で給料をとっている者は一人しかいなかったのです。ということは、専従の多い方式だと官僚制ができてしまうけど、元来その必要のない組織方式でどこまでも下部がイニシアチブを取れるようになっているわけです。委員長が指令して動くという組織ではなかった。だから戦争中でも何度も大会や集会をやってるでしょう、地方連合や全国連合の。そういったことで、下部の考え方で、連絡と戦列のイニシアチブでさらにいえば下から上へという連帯と自由な連合で戦おうとしてできた組織なのです、そもそもCNTというのは。だからポーランドの問題などを見ても、アナルコ・サンジカリズムという軽々な判断はできないとぼくは思う。それから組織は同時に産業別、地方別になっていかなければね。ソ連やワルシャワ体制をひかえて苦心のほどはわかるけど、「一党独裁の境界のもとで」となると、卑近な言葉で言えば、雇われマダムの自主性尊重を要求しているような感じがするんだな（笑）。

CNTの栄光と悲惨

川成 その話はともかくとして、ぼくが不思議なのは、文盲のような連中までも、あの大衆組織であるCNTの中に組み入れていくことができたことなのです。それはそれなりにエネルギーがあったと思うけれども、それならなぜ五月の事件の前から閣僚に入っていっているかということですね。それは予想されうることでしょう。とすると、CNTの内部に官僚制みたいなもの、あるいは権威主義的なものが自然とできたんじゃないかしら。

遠藤 いや、そうじゃなくて、たとえばモンセニーなど非常に雄弁家だし、教養もあるしそれからCNTの革命的な勢力を作っていくうえで、いわゆる理想小説というのをウラレスなんかも書いているんですが、そういったものに培われていって、あらゆる点で優秀な人物なんですよ。ディエゴ・サンティリャンにしてもたいへんな知識人です。彼らが、戦列の信頼をかちえていたということです。さっきのアンセルモ・ロレンソにしても、印刷工でありながら見識が高い。それで、いち早く教育に着目してフェレルの教育運動を助けるわけです。一九〇一年に「近代学校」は生まれ、一〇年たらずでつぶされたが、革命が始まると同時に、近代学校的な学校が共同体と一緒にどんどんできてくるということ、それと同時にエスペラントを正課に取り入れたこと、そういったことで、あのエマのビジョンに織り込まれていたようなことがどんどんやられていったということね。それはやはりスペイン人民のイニシアチブに対する信頼はまちがってはいなかったということでしょう。だから、他の国と比べてアナキズムが適合してるということを別にしても、結局、第一インターナショナル以来の勢力がスペインに残ったことは、ああいう土壌で培われてきたことになりませんか。

川成 それはぼくも賛成するんですけど、ともかくわからないのは、五月のバルセロナ事件以降、ともかく士気が衰えてしまって、それは野に下ったということで、集産化運動に入っていったわけですけど、その集産化運動だってかれらにとっては革命なわけですよね。それはとりもなおさず戦争に勝利するということですよね。

遠藤 それは、物資や食糧を作らなくちゃ仕方ないし、革命としての段取りだったわけです。

川成 うん。野に下るということはもう一つ言えば、都会にある工場、つまり軍需工場……確かフランコが軍事蜂起したときに、いろんな工場を労働者が接収して、ともかくも武器を作らんといかんということだったわけですけど、そういう運動もアナキストの中にはありましたよね。

遠藤 CNTのおさえていたカタルーニャが中心的な工業地帯で、それですぐに公共施設、つまり鉄道とか電気とかを接収して混乱をふせぐことができた。フランコの蜂起が伝えられると、技術者をはじめ経営に当たっていた頭株がみんな逃げちゃうわけですよ。というのは、技術者というのはほとんどフランス人だった。そのあとを、すぐにCNTの連中が接収して立て直すのです。それで原料が必要だから、アストゥーリアス方面から原料を運ぶについて、途中のアラゴンに戦線が敷かれるわけですよ。

川成 それでアラゴン評議会を作った。アストゥーリアスというよりもむしろビルバオのほうから鉄鋼を入れて、アストゥーリアスから石炭を入れる。だからアラゴンが評議会を作ってともかく通路として確保しなくちゃいけないと。それはわかるんだけれども、つまも、そこまで組織できるCNTが五月の事件以降はまったく士気が衰えてしまって、ただ自分たちを守るだけに変わってしまった。それまでは非常に攻撃的で、実際に、正規軍であるフランコたちが軍事叛乱を起こしたときに、モンターニャ兵舎だとかいろんな兵舎を襲って、そこにいる連中でフランコ・シンパだと思われているのを銃殺して武器をとっていったという、あの辺のエネルギーと比べたらものすごい落差がありましたね。

遠藤 だからね、エマがアメリカから行って、英国で国際広報活動を受け持ち、雑誌『スペインと世界』を出してスペイン支援委員会を作った。W・H・オーデン、ジョージ・オーウェル、ジョン・カウバー、ボウイ、レベッカ・ウェストらを糾合して懸命にやるわけです。

それが五月の事件のときには、さっき言ったエマの手紙ですけど、その中にもうすでに非常な落胆、失望が見えるでしょう。それは彼女だけじゃなくて、全般の闘士たちの心情だったと思うんです。三八年の時点で、スペイン革命は、これまでに失敗に帰した運動の目録に加わったといっている論者もあります。だから、あなたの疑問に、ぼくはうまく答えられない。いわゆる人民のイニシアチブを鼓舞する以外、戦争に勝てない。そのためには食糧生産とか武器の製造というようなことがある、だから共同体を作っていくということね。事実、カタルーニャの公共施設とか工業というのは彼らが握っておったでしょう。にわかに共産党が増えたからって、共産党の連中にできるわけがない。工場で働いていた連中にしても、自動車のようなものをやっていた者がタンクを作るとかね。それから、あそこに外国人が行ってびっくりしてるのは、革命が起こったというので行ってみると、汽車なんかちゃんと動いていたと言っている。それは彼らが鉄道を接収して、動かし、修繕し、作っていってるわけですよ。

川成　それはオーウェルなんかも言ってますよね。バルセロナに上陸したときにそういった雰囲気にひたってしまってＰＯＵＭの民兵隊に入ったと言っているから。それは確かに五月事件の以前だから。

遠藤　オーウェルの五月事件の描写を見ても、士気の沮喪ということは察せられるでしょう。ＣＮＴにしろ、ＵＧＴにしろ……。

川成　うん、それからＰＯＵＭも含めてね。

遠藤　ＰＯＵＭというのは小さい組織だったけど、ＵＧＴはかなり大きな勢力になっていたにせよ、組合員の質が違うわけです。にわかに大きくなったんだし、それから重要な産業というのはみんなＣＮＴに組織されていたから。それにしてもＵＧＴの戦列もそのころはＣＮＴと共闘していたし、闘士を含めて地方へ散っていって民衆と一緒にイニシアチブを鼓舞していた連中が、あのとき非常に気落ちするということはわかるでしょう。

川成　ええ。気になるのは、くどいけど、五月の市街戦以降は、結局ＣＮＴというのは主だった場面には出てこないわけですよね。そのまま敗戦を迎えるわけですから。

遠藤　いや、主だった場面てね、結局、政治を中心に書いたものに出てくるわけがないから。

川成　いや、ぼくの言っているのはそれだけじゃなくて、たとえばアラゴン戦線もそうだし、それから三八年に始まったビルバオの攻防戦も、ＣＮＴが守らなきゃならなかったところから離脱したとか、そういうものがいろんなふうに書かれていますけれども、だから主だったというのは実際の戦闘の場面には出てこなかったということなんですかね。

遠藤　そうかもしれませんね。

川成　ビルバオの攻防戦に関してはちょうどゲルニカがやられた前後ですけど、あのときはやっぱりＣＮＴが戦線を離脱していたらしいですね。

遠藤　それはね、共産党がすでに権力を握った場合、ＣＮＴに武器を渡さないだろうし、離脱せざるを得なかったんじゃないかな、もし離脱したとしたら。

川成　ＣＮＴにとってみたら、共産党が戦争に勝ってスペインの主導権を取ったあかつきには自分たちは殺されるし、一方、フランコが勝ったあかつきにはまたＣＮＴは殺されるし、どっちにしても進退きわまったと思うんです。五月事件以降は。

遠藤　そうそう、やっぱりモンセニーが当初に悩むのは、そこなんだ。もしここで戦争に勝っても、後の党派の争いが、やはりロシア革命のときのように起こるだろうと。ロシア革命でいわゆる労働者反対派というのがあったでしょう。あるいは軍港のクロンシュタットやウクライナのマフノの運動のように粛清されるだろうと、彼女は悩んでいます。戦争と革命のはざまでどうしたらいいかと。だけどやはり泣いて入っていったというのは、そこに非常に悲劇的なものがあると思うんですよ。ビルバオ攻撃でCNTが主力を担わなかったという詳細なことはぼくにはよくわからんけど、おそらく士気が沮喪していってしまうと同時に武器が与えられなかったということが大きな理由だろうと思うんです。武器がなくて戦えなかったということじゃないんですか。共産党が武器を渡すわけないんだから。

川成　だけどCNTは民兵再編に関しては反対してて、三六年一〇月の民兵再編のときは要するにそれに従うグループだけは再編していったんであって、たとえばPOUMだとかCNTの連中は共産党の言うことに従わないわけですね。だけどもかれらだって同じグループだということだし、しかも戦う場所が違って主にバルセロナより北にCNTとかPOUMが陣取っていたんだし……CNTはその直後にマドリード防衛戦に加わりましたけどね……。だから結局、戦う場面が違うからそれはいいだろうということで、武器そのものは取られてなかったはずなんですよね。POUMは別ですよ、五月の事件以降、POUMの場合は中央委員会全員が逮捕され、党本部は閉鎖され、それがPOUMの幹部を収容する監獄になった。しかもPOUMの下部党員までみんなやられちゃったわけで、POUM関係者の裁判が終結したのは、たしか三八年一一月一日ですよ。だけど、CNTは武器を持ってたような気がしたんですけどね。武器の質がよかったかどうかは別として。

遠藤　いやァ、ほとんど渡してくれなかったんじゃないの。とにかくロシアの将軍たちが入ってきて指揮をとっていたわけでしょう。それでも、いく人かは正規軍の中へ入っていって、中佐なんていう位をもらったのがいるんですよ、CNTにも。だけどやっぱりそれが批判されていって、ブエナベントゥーラ・ドゥルティ〔一八九六～一九三六。三六年一一月のマドリード攻防戦に三、〇〇〇の兵力を率いてアラゴンから到着し、一一月一九日、マドリード大学の攻防戦の折に、流れ弾に当たって翌日死亡〕が『ニュー・ステイツマン』か何かの記者に語った言葉が残っているんですけど、ドゥルティのような意見が戦列の大部分の意見じゃなかったんですか。とにかくスペインを破壊してもいいと、片っぱしから。これを作ったのは労働者なんで、おれたちはまた再建する力を持っていると。そういうことで全然方向が違ってきちゃったんじゃないんですか、ビルバオの攻防戦のCNTの立場というものは。

川成　ドゥルティの言ったことはハーバート・リードも同じようなことを言ってますよね。要するに廃墟にしてしまえと。その上に新しい自主的な社会、国家とは言わないけど、そういう社会を建設すればいいんだと。だからそのままにならせばいいという……。

遠藤　そう、リードの詩にもあるね、――レモンは作るんじゃない、青い木に成るんだというのが。その一方でCNTの防衛委の連中がゴヤやグレコの作品や大寺院彫刻など一四、〇〇〇点、古写本など六〇万冊を空襲をさけてマドリードから疎開させていることも見逃がされてはならない。

川成　確かにすごいエネルギーをCNTが持っていたというのは、ぼくもよくわかるんだけど、それと、五月事件以降はしぼんでしまったというのもよくわかるんですけどね、気持としては。やっぱりだから、最初の話に戻っちゃうけれども、路線を守っていくべきだったんだろうなという気がしますね。結果論だけど。（一九八一年四月）

遠藤　斌　えんどう・さかん　一八九八年山梨県生まれ。慶応高等部在学中石川三四郎らと交流、「学連」結成。戦後『平民新聞』編集。訳書に、B・リチャーズ『スペイン革命の教えるもの』（創樹社）、F・フェレル『近代学校』（創樹社）。

（『現代の眼』一九八一年一一月号）

◉執筆者紹介　(50音順)

アントニーナ・ロドリーゴ
スペインの伝記作家。

アントニオ・バラガン・モリアーナ
元コルドバ大学教授。アンダルシアの現代史専攻。

青島茂（あおしま・しげる）
エスペランティスト。スペイン現代史専攻。

石川捷治（いしかわ・しょうじ）
久留米大学客員教授。九州大学名誉教授。現代政治史専攻。

井尻直志（いじり・なおし）
関西外国語大学教授。スペイン・ラテンアメリカ文学専攻。

市川慎一（いちかわ・しんいち）
早稲田大学名誉教授。フランス文学専攻。

ウルリヒ・ヴィンター
マールブルク大学（ドイツ）教授。スペイン文学専攻。

ウルリヒ・リンス
エスペランティスト。現代史家。

遠藤斌（えんどう・さかん）
元日本アナキスト連盟員。

小川英晴（おがわ・ひではる）
詩人。小川未明文学賞委員会・選考委員。

狩野美智子（かのう・みちこ）
現代史家。スペイン現代史・バスク史専攻。

川口一史（かわぐち・ひとし）
劇作・演出家。プロトタイプシアター17番劇場主宰。

カルロス・アレナス・ポサーダス
元セビーリャ大学労働問題研究学部長。アンダルシアの社会経済史専攻。

木下智統（きのした・とものり）
名古屋大学他非常勤講師。哲文学博士（サラマンカ・カトリック大学)。スペイン現代思想専攻。

木下登（きのした・のぼる）
南山大学名誉教授。哲文学博士（サラマンカ・カトリック大学)。スペイン哲学専攻。

クリスティーナ・ルイス・セラーノ
マキュアン大学（カナダ）准教授。スペイン文学専攻。

小阪知弘（こさか・ともひろ）
南山大学准教授。スペイン近現代演劇・比較文学専攻。

小松隆二（こまつ・りゅうじ）
慶應義塾大学名誉教授。ニュージーランド学・公益学・労働政策論専攻。

下山静香（しもやま・しずか）
ピアニスト。日本スペインピアノ音楽学会理事。桐朋学園大学・東京大学非常勤講師。

ジェラール・ブレイ
フランシュ・コンテ大学（ブザンソン）名誉教授。ガリシアとアンダルシアの現代史専攻。

杉村裕史（すぎむら・ひろし）
中央大学講師。フランス現代文学専攻。

高橋均（たかはし・ひとし）
マドリード在住のジャーナリスト。スペイン現代史専攻。

中村尚樹（なかむら・ひさき）
ジャーナリスト。専修大学社会科学研究所客員研究員。平和学専攻。

永川玲二（ながかわ・れいじ）
英文学者。元セビーリャ大学語学研究所講師。

西洞院遥美（にしのとういん・はるみ）
京都外国語大学非常勤講師。スペイン美術史専攻。

平井うらら（ひらい・うらら）
京都大学非常勤講師。文学博士（グラナダ大学）。スペイン文学専攻。

ファン・ホセ・ロペス・パソス
天理大学講師。文学博士（サンティアゴ・デ・コンポステーラ大学）。スペイン哲学専攻。

福島睦美（ふくしま・むつみ）
エリザベト音楽大学・広島修道大学講師。スペイン音楽専攻。

ベニト・ロペス・パソス
UNED（国立通信教育大学・マドリード）大学院研究生。ガリシア史専攻。

ホセ・マヌエル・アスコナ
フアン・カルロス１世国王大学（マドリード）教授。スペイン現代史専攻。

ホセ・ルイス・グティエーレス・モリーナ
歴史学博士（カディス大学）。アンダルシアのアナキズム専攻。

マリア・ホセ・ヒメネス・ミコ
ダルハウジー大学（カナダ）准教授。スペイン文学専攻。

松本有希子（まつもと・ゆきこ）
清泉女子大学非常勤講師。スペイン文学専攻。

マヌエル・トリビオ・ガルシア
ルイス・デ・ゴンゴラ中等学校（コルドバ）教頭。アンダルシアの共和主義専攻。

三森ちかし（みつもり・ちかし）
明治大学兼任講師。フランス現代政治史専攻。

森川莫人（もりかわ・ばくと）
『アナキズム』誌編集委員。

安田圭史（やすだ・けいし）
龍谷大学准教授。スペイン現代史専攻。

吉岡栄一（よしおか・えいいち）
東京情報大学名誉教授。文芸評論家。イギリス文学専攻。

渡部哲郎（わたなべ・てつろう）
横浜商科大学教授。スペイン現代史・バスク研究専攻。

渡辺万里（わたなべ・まり）
スペイン料理研究家。スペイン料理文化アカデミー主宰。

◉**編者紹介**

川成 洋（かわなり・よう）
1942 年札幌市生まれ。北海道大学文学部卒業、東京都立大学大学院人文科学研究科修士課程修了。ロンドン大学客員研究員、マドリード大学客員研究員、ケンブリッジ大学客員研究員。社会学博士（一橋大学）、法政大学名誉教授。
主要著書、『スペイン――未完の現代史』（彩流社）、『青春のスペイン戦争――ケンブリッジ大学の義勇兵たち』（中公新書）『スペイン戦争――ジャック白井と国際旅団』（朝日選書）、『スペイン歴史の旅』（人間社）、『幻のオリンピック』（筑摩書房）、『紳士の国のインテリジェンス』（集英社新書）、『スペイン内戦――政治と人間の未完のドラマ』（講談社学術文庫）、『英国スパイ物語』（中公選書）など。

渡辺雅哉（わたなべ・まさや）
1960 年秋田県本荘市（現・由利本荘市）生まれ、早稲田大学大学院文学研究科博士後期課程単位取得退学。文学博士（早稲田大学）。元『トスキナア』誌編集委員。
著書に『改革と革命と反革命のアンダルシア――『アフリカ風の憎しみ』、または大土地所有制下の階級闘争』（皓星社）。共編著に『スペイン内戦とガルシア・ロルカ』（南雲堂フェニックス）。共著に『ヨーロッパの分化と統合――国家・民族・社会の史的考察――』（太陽出版）、『ヨーロッパ史のなかのエリート――生成・機能・限界――』（同）、『はじまりはいつも本――書評的対話』（パロル舎）。訳書にアベル・パス『スペイン革命のなかのドゥルーティ』（れんが書房新社）、ホセ・ルイス・グティエーレス・モリーナ『忘れさせられたアンダルシア――あるアナキストの生と死』（皓星社）など。

久保 隆（くぼ・たかし）
1949 年秋田県湯沢市生まれ。中央大学法学部卒業。評論家。『アナキズム』誌編集委員、「アナキズム文献センター通信」編集委員。
著書、『戦後アナキズム運動試論』（北冬書房）、『権藤成卿論』（ＪＣＡ出版）、『吉本隆明ノート』（ＪＣＡ出版）。共著、『加藤泰の映画世界』、『つげ忠男読本』、『山野記』（いずれも北冬書房）、『修羅と永遠――西川徹郎論集成』（茜屋書店）、『マルクスの業績と限界』（ロゴス）など。

スペイン内戦（一九三六～三九）と現在

2018 年 6 月 1 日　　初版発行

編　者　　川成洋・渡辺雅哉・久保隆
発行者　　奥　沢　邦　成
発行所　　株式会社　ぱ　る　出　版

〒 160-0003　東京都新宿区若葉 1-9-16
電話　03(3353)2835（代表）　振替　東京　00100-3-131586
FAX　03(3353)2826　　印刷製本　中央精版印刷（株）

ISBN978-4-8272-1132-0 C3022